●収録内容一覧

■2025年度中学受験用

世田谷学園中学校

3年間(＋3年間HP掲載)スーパー過去問

入試問題と解説・解答の収録内容

2024年度　１次	算数・社会・理科・国語
2024年度　算数特選	算数 (解答のみ)
2024年度　２次	算数・社会・理科・国語
2024年度　３次	算数・社会・理科・国語 (解答のみ)
2023年度　１次	算数・社会・理科・国語
2023年度　算数特選	算数 (解答のみ)
2023年度　２次	算数・社会・理科・国語
2023年度　３次	算数・社会・理科・国語 (解答のみ)
2022年度　１次	算数・社会・理科・国語
2022年度　算数特選	算数 (解答のみ)
2022年度　２次	算数・社会・理科・国語
2022年度　３次	算数・社会・理科・国語 (解答のみ)
2021～2019年度(HP掲載) 「カコ過去問」 （ユーザー名）koe （パスワード）w8ga5a1o	問題・解答用紙・解説解答DL **◇著作権の都合により国語と一部の問題を削除しております。** ◇一部解答のみ（解説なし）となります。 ◇９月下旬までに全校アップロード予定です。 ◇掲載期限以降は予告なく削除される場合があります。

～本書ご利用上の注意～　以下の点について，あらかじめご了承ください。

★別冊解答用紙は巻末にございます。本書に収録している試験の実物解答用紙は，弊社サイトの各校商品情報ページより，一部または全部をダウンロードできます。

★編集の都合上，学校実施のすべての試験を掲載していない場合がございます。

★当問題集のバックナンバーは，弊社には在庫がございません（ネット書店な…あり）。

合格を勝ち取るための『スーパー過去問』の使い方

本書に掲載されている過去問をご覧になって，「難しそう」と感じたかもしれません。でも，多くの受験生が同じように感じているはずです。なぜなら，中学入試で出題される問題は，小学校で習う内容よりも高度なものが多く，たくさんの知識や解き方のコツを身につけることも必要だからです。ですから，初めて本書に取り組むさいには，点数を気にしすぎないようにしましょう。本番でしっかり点数を取れることが大事なのです。

過去問で重要なのは「まちがえること」です。自分の弱点を知るために，過去問に取り組むのです。当然，まちがえた問題をそのままにしておいては意味がありません。

本書には，長年にわたって中学入試にたずさわっているスタッフによるていねいな解説がついています。まちがえた問題はしっかりと解説を読み，できるようになるまで何度も解き直しをしてください。理解できていないと感じた分野については，参考書や資料集などを活用し，改めて整理しておきましょう。

このページも参考にしてみましょう！

◆どの年度から解こうかな　「入試問題と解説・解答の収録内容一覧」

本書のはじめには収録内容が掲載されていますので，収録年度や収録されている入試回などを確認できます。

※著作権上の都合によって掲載できない問題が収録されている場合は，最新年度の問題の前に，ピンク色の紙を差しこんでご案内しています。

◆学校の情報を知ろう‼「学校紹介ページ」

このページのあとに，各学校の基本情報などを掲載しています。問題を解くのに疲れたら息ぬきに読んで，志望校合格への気持ちを新たにし，再び過去問に挑戦してみるのもよいでしょう。なお，最新の情報につきましては，学校のホームページなどでご確認ください。

◆入試に向けてどんな対策をしよう？「出題傾向＆対策」

「学校紹介ページ」に続いて，「出題傾向＆対策」ページがあります。過去にどのような分野の問題が出題され，どのように対策すればよいかをアドバイスしていますので，参考にしてください。

◇別冊「入試問題解答用紙編」

本書の巻末には，ぬき取って使える別冊の解答用紙が収録してあります。解答用紙が非公表の場合などを除き，(注) が記載されたページの指定倍率にしたがって拡大コピーをとれば，実際の入試問題とほぼ同じ解答欄の大きさで，何度でも過去問に取り組むことができます。このように，入試本番に近い条件で練習できるのも，本書の強みです。また，データが公表されている学校は別冊の１ページ目に過去の「入試結果表」を掲載しています。合格に必要な得点の目安として活用してください。

本書がみなさんの志望校合格の助けとなることを，心より願っています。

株式会社　声の教育社　編集部

世田谷学園中学校

所在地	〒154-0005 東京都世田谷区三宿1-16-31
電　話	03-3411-8661
ホームページ	https://www.setagayagakuen.ac.jp/
交通案内	東急田園都市線・世田谷線「三軒茶屋駅」北口Bより徒歩約10分 京王井の頭線「池ノ上駅」より徒歩約20分/バス「三宿」下車徒歩約5分

くわしい情報は
ホームページへ

トピックス

★算数特選入試は14時50分と15時20分と15時50分から集合時間を選べる(参考：昨年度)。
★1次試験で3名,算数特選入試で20名,2次試験で10名の特待生選抜がある(参考：昨年度)。

創立年 明治35年

男子校

応募状況

年度	募集数		応募数	受験数	合格数	倍率
2024	①	本科 55名	186名	170名	74名	2.3倍
		理数　5名	128名	116名	5名	23.2倍
	算	本科 15名	389名	360名	204名	1.8倍
		理数 15名	345名	318名	84名	3.8倍
	②	本科 65名	538名	364名	205名	1.8倍
		理数 15名	375名	257名	56名	4.6倍
	③	本科 25名	369名	207名	50名	4.1倍
		理数　5名	265名	149名	7名	21.3倍

※本科コースと理数コースの試験問題は同じ内容です。
※①～③(算のぞく)は，本科コース300点満点，理数コース450点満点です。

６年間の教育システム

・本科コースと理数コース：2021年度から２コース制。本科コースは中３から特進クラスと一般クラス編成になります。特進クラスは，年間の成績により編成替えを行います。
・進路別学習：特進クラス・一般クラスともに高２で文系と理系に分かれます。特進クラスは東京大学をはじめ最難関大学に対応した授業を進め，一般クラスは高３から国公立・私立の各進路に合わせた指導になります。

入試説明会等日程（※予定）

・親子説明会【要予約】
５月25日，６月１日，７月27日*，７月28日*
開始時間は13：30～。＊は10：00～も開催。
・オープンキャンパス【予約不要】
６月22日　10：00～15：00
・入試説明会【要予約】
＜６年生対象＞
９月22日　10：00～12：00／13：30～15：30
10月20日　10：00～12：00
11月10日　13：30～15：30
12月８日　10：00～12：00
＜５年生以下対象＞
10月20日　13：30～15：30
11月10日　10：00～12：00
12月８日　13：30～15：30
・獅子児祭(文化祭)
９月15日・16日　９：00～16：00
※詳細は学校HPでご確認ください。

2024年春の主な大学合格実績

＜国公立大学・大学校＞
東京大，京都大，東京工業大，一橋大，東北大，北海道大，横浜国立大，埼玉大，電気通信大，東京農工大，防衛大，東京都立大
＜私立大学＞
慶應義塾大，早稲田大，上智大，東京理科大，明治大，青山学院大，立教大，中央大，法政大，学習院大，成蹊大，成城大，明治学院大，昭和大，順天堂大，東京医科大，日本医科大

編集部注―本書の内容は2024年4月現在のものであり，変更されている場合があります。正確な情報は，学校のホームページ等で必ずご確認ください。

算数 出題傾向＆対策

◆基本データ（2024年度１次）

試験時間／満点	60分／100点（理数コースは200点）
問題構成	・大問数…６題 計算・応用小問１題（６問） ／応用問題５題 ・小問数…16問
解答形式	応用問題のうち２題は，求め方を書くスペースがある。そのほかは，答えのみを記入する形式になっている。
実際の問題用紙	Ｂ５サイズ，小冊子形式
実際の解答用紙	Ｂ４サイズ

◆過去３年間の出題率トップ５

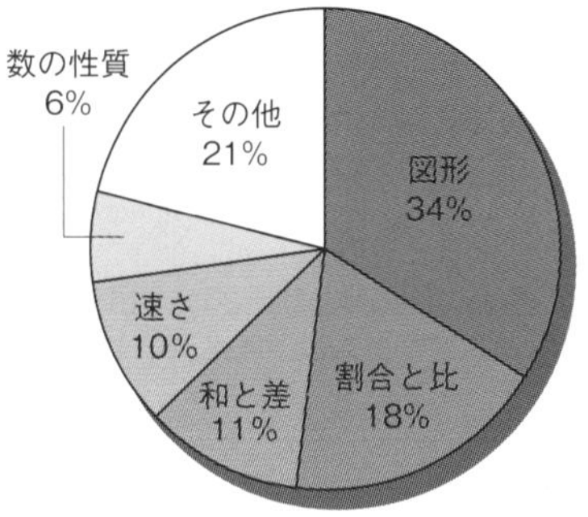

※　配点（推定ふくむ）をもとに算出

◆近年の出題内容

【　2024年度１次　】			【　2023年度１次　】		
大問	1	四則計算，差集め算，整数の性質，割合と比，場合の数，角度	大問	1	四則計算，整数の性質，平均とのべ，仕事算，割合と比，通過算，体積，相似
	2	消去算		2	立体図形－分割，構成，表面積
	3	平面図形－辺の比と面積の比		3	速さ，つるかめ算
	4	ニュートン算		4	ニュートン算
	5	立体図形－相似，辺の比と面積の比		5	濃度
	6	つるかめ算		6	平面図形－構成，面積

◆出題傾向と内容

全体的に見ると，基本的な考え方を組み合わせることによって確実に解けるものから，複雑な計算を要する応用問題やいわゆる難問まで，**はば広い出題**といえそうです。

●計算・応用小問…四則計算にはじまり，単位の計算，数の性質，場合の数，割合，比を使った計算，速さ，食塩水の濃度，面積，体積，倍数算など各分野から登場していますが，いずれも比較的簡単なものであり，公式に数値を当てはめれば答えを出せるような，ごく基本的なものが大半をしめています。

●応用問題…公倍数（公約数）の応用，植木算・数列などの規則性に関するもの，ニュートン算，速さと比，立体図形の展開図と切断面，回転体の体積・表面積など，やっかいな分野からの出題が目立っています。内容も高度になっており，正答するにはかなりの実力が必要と思われます。特に，図形の面積や体積を求めるものは高い頻度で出題されています。また，旅人算・時計算やつるかめ算などを主として，特殊算の出題が多くなっています。

◆対策～合格点を取るには？～

本校の入試対策としては，**計算力の養成と応用小問の文章題の克服**があげられます。まず，正確ですばやい計算力を毎日の計算練習でモノにしましょう。自分で無理なくこなせる問題量を決めて，習慣にすることが大切です。そして，計算練習を徹底してやるとともに，文章題は例題にあたって解法を身につけ，問題集で演習して，使いこなせるか確認しましょう。

算数は毎日コツコツと学習するのが大切です。そのさい留意したいのは，**ノートを最大限に活用すること**です。ふだんからノートに自分の考え方，線分図，式をしっかりとかく習慣をつけておきましょう。答え合わせをしてマルやバツをつけるだけではなかなか進歩しません。同じまちがいを二度とくり返さないよう，自分の弱点をそのつど発見するように心がけましょう。

算数 出題分野分析表

分野		2024 1次	2024 算特	2024 2次	2024 3次	2023 1次	2023 算特	2023 2次	2023 3次	2022 1次	2022 算特	2022 2次	2022 3次
計算	四則計算・逆算	○		○	○	○		○	○	○		○	○
	計算のくふう												
	単位の計算												
和と差	和差算・分配算								○			○	
	消去算	○		○									
	つるかめ算	○	○	○		○		○	○			○	
	平均とのべ					○			○			○	
	過不足算・差集め算	○											
	集まり												
	年齢算							○					
割合と比	割合と比	○				○			○			○	
	正比例と反比例												
	還元算・相当算							○					○
	比の性質							○					
	倍数算									○			
	売買損益											○	○
	濃度				◎	○			○	○			○
	仕事算				○	○				○			○
	ニュートン算	○	○			○	○					○	○
速さ	速さ					○				○			
	旅人算							○	○	○			
	通過算					○					○		
	流水算				○								○
	時計算			○								○	
	速さと比		○	○	○				○			○	
図形	角度・面積・長さ	○	○	◎	●	○	◎	◎	●	◎	◎	◎	◎
	辺の比と面積の比・相似	◎				○			○				○
	体積・表面積			○	○	◎		○	○		○		
	水の深さと体積									○			
	展開図								○				
	構成・分割		○	○		◎	○	○				○	○
	図形・点の移動		○	○			○	○			○		
表とグラフ			◎					○					
数の性質	約数と倍数				○								
	N進数		○				○						
	約束記号・文字式										○		
	整数・小数・分数の性質	○		○		○			○			○	
規則性	植木算												○
	周期算							○		○			
	数列			○			○			○			
	方陣算												
	図形と規則												
場合の数		○		○	○		○	○					
調べ・推理・条件の整理			○	○			○	○	○		○		
その他													

※ ○印はその分野の問題が1題，◎印は2題，●印は3題以上出題されたことをしめします。

社会　出題傾向＆対策

◆基本データ（2024年度１次）

試験時間／満点	30分／50点
問題構成	・大問数…３題 ・小問数…30問
解答形式	記号選択が多くをしめているが，用語の記入も見られる。また，１～２行程度の記述問題も複数出されている。記号選択は１つだけ選ぶ形式になっている。
実際の問題用紙	Ｂ５サイズ，小冊子形式
実際の解答用紙	Ｂ４サイズ

◆過去３年間の分野別出題率

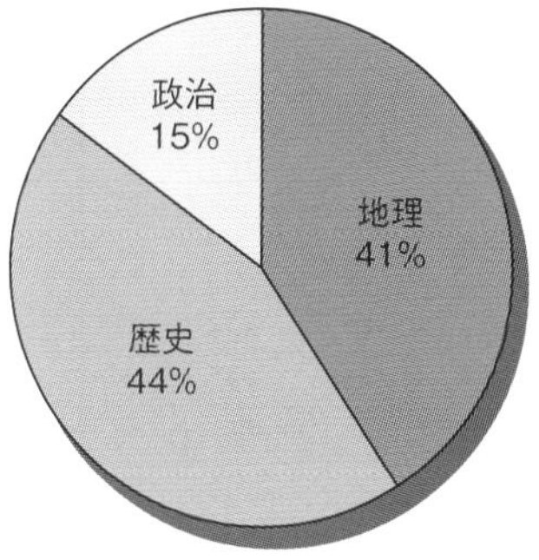

※　配点(推定ふくむ)をもとに算出

◆近年の出題内容

【　2024年度１次　】			【　2023年度１次　】		
大問	1	〔**総合**〕各地域の特色などについての問題	大問	1	〔**地理**〕各地域の特色などについての問題
	2	〔**歴史**〕各時代の歴史的なことがら		2	〔**歴史**〕各時代の歴史的なことがら
	3	〔**総合**〕日本の経済を題材にした問題		3	〔**総合**〕港を題材にした問題

◆出題傾向と内容

地理と歴史分野のウェートがやや高く，政治分野を中心とした大問が出されない年度も見られます。しかし，各大問とも融合問題に近い問題構成になっているので，特定の分野にかたよるといったことはありません。また，すべての分野で，**出題内容が日本国内にとどまらず，貿易，外交，国際社会など世界の国々に関連することがらにまでおよぶ**ことが共通しています。

●**地理**…地形図の読み取り，日本の国土と自然，日本の農業(自給率など)，各県・地方の特色や産業，日本の工業が出されています。ある地域に限定して細かい知識を問うことはほとんどなく，基礎的な問題で全体が組み立てられています。

●**歴史**…歴史上の人物，日本と外国の関係史，選挙制度の歴史，世界遺産や日本の貨幣，江戸と東京，日本に影響をあたえた外国人など，さまざまなテーマを取り上げた総合問題が出題されています。また，政治分野や時事問題との融合問題も見られます。

●**政治**…日本国憲法，地方自治，三権のしくみ，国際連合，非核三原則などが出されています。環境問題や時事問題をテーマにすることもあり，社会のできごとへの興味・関心がためされます。

◆対策～合格点を取るには？～

地理では，**白地図を使った学習**が大切です。それも，ただ地名や地勢をかきこむだけでなく，産業の特色・立地条件や，地勢との結びつき，あるいはその地方の特殊な産業とその中心地など，自然条件と産業との結びつきを重要視して取り組むようにしましょう。自分でかいてみることは，単なる暗記とちがい，自分なりの整理のしかたを見つけることができる効果的な学習法です。

歴史では，重要事件名，人名，事項などを**漢字で正確に書けるようにしておく**ことが大切です。特に本校では文化史・外交史に関する出題が目立ちます。このような分野は自分で一度年表を作りながらまとめてみて，時代ごとに整理して通観できるようにしておく必要があるでしょう。個々バラバラの知識だけでなく，ある流れの中で見ると，記憶しやすいものです。

政治では，**日本国憲法の基本的な内容をしっかりおさえる**こと。余裕があれば，テレビなどのニュースに注意するよう心がけ，基礎知識と現実の問題との関連を考えてみましょう。

社会　出題分野分析表

分野			2024			2023			2022		
			1次	2次	3次	1次	2次	3次	1次	2次	3次
日本の地理	地図の見方			○			○	○			
日本の地理	国土・自然・気候		○	○	○	○	○	○	○	○	○
日本の地理	資源			○	○						
日本の地理	農林水産業		○	○	○	○		○	○	○	
日本の地理	工業				○	○			○	○	
日本の地理	交通・通信・貿易					○	○			○	
日本の地理	人口・生活・文化		○	○	○		○	○	○		
日本の地理	各地方の特色		○			★	○		★	○	○
日本の地理	地理総合			★	★		★			★	
世界の地理			○	○	○	○	○			○	○
日本の歴史	時代	原始～古代	○	○	○	○	○	○	○	○	○
日本の歴史	時代	中世～近世	○	○	○	○	○	○	○	○	○
日本の歴史	時代	近代～現代	○	○	○	○	○	○	○		○
日本の歴史	テーマ	政治・法律史									
日本の歴史	テーマ	産業・経済史									
日本の歴史	テーマ	文化・宗教史					○				
日本の歴史	テーマ	外交・戦争史									
日本の歴史	テーマ	歴史総合	★	★	★	★	★	★	★	★	★
世界の歴史							○				
政治	憲法										
政治	国会・内閣・裁判所							○			○
政治	地方自治							○			
政治	経済		○	○				○		○	
政治	生活と福祉		○					○			
政治	国際関係・国際政治		○					○			○
政治	政治総合										
環境問題					○	○		★	○		○
時事問題			○		○						
世界遺産					○						○
複数分野総合			★	★	★	★	★	★	★	★	★

※　原始～古代…平安時代以前，中世～近世…鎌倉時代～江戸時代，近代～現代…明治時代以降

※　★印は大問の中心となる分野をしめします。

理科　出題傾向＆対策

◆基本データ（2024年度１次）

試験時間／満点	30分／50点（理数コースは100点）
問　題　構　成	・大問数…３題 ・小問数…23問
解　答　形　式	記号選択や語句，数値の記入など，解答形式はさまざま。記号選択は，あてはまるものを複数選択するものもある。作図や短文記述などは出題されていない。
実際の問題用紙	Ｂ５サイズ，小冊子形式
実際の解答用紙	Ｂ４サイズ

◆過去３年間の分野別出題率

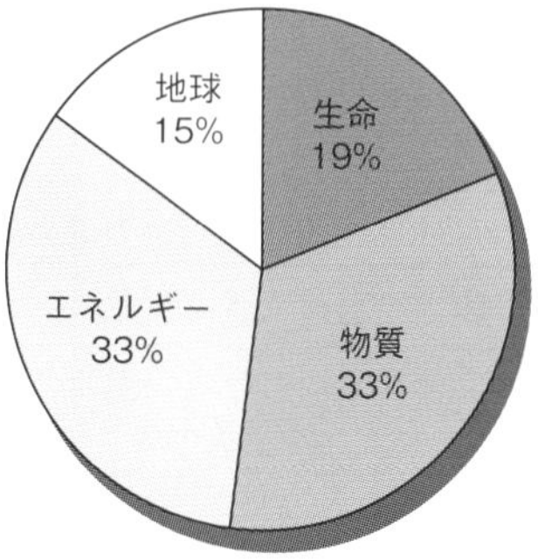

※　配点（推定ふくむ）をもとに算出

◆近年の出題内容

【　2024年度１次　】			【　2023年度１次　】		
大問	1	〔**地球**〕月の動きと見え方	大問	1	〔**エネルギー**〕豆電球と回路
	2	〔**エネルギー**〕ばねと力のつり合い		2	〔**物質**〕塩酸と金属の反応
	3	〔**物質**〕金属の性質		3	〔**生命**〕目の見え方

◆出題傾向と内容

年度によってかたよりもありますが，「生命」「物質」「エネルギー」「地球」の**各分野から出題される**と考えてよいでしょう。どれも実験や観察をもとにしたものが多くなっているので，筋道を立てて考えながら解く必要があります。

●**生命**…開花の条件，ものが立体的に見えるしくみ，ヒトのからだのつくりとはたらき，生物のつながり，外来種などが出題されています。

●**物質**…水溶液の性質，ものの溶け方，金属の燃焼などが出題されています。計算問題も多く出されています。

●**エネルギー**…力のつり合い（てこ，てんびん，ばね，滑車，浮力），ふりこの運動，磁石と電磁石，電気回路，光の進み方などが出題されています。

●**地球**…天体とその動きが比較的よく取り上げられており，その内容は，月の動きと満ち欠け，地球の自転と公転，星座の見え方，太陽と地球の動きなど，バラエティーに富んでいます。そのほかには，地層のでき方，地球上の水のじゅんかん，気圧と天候の関係などです。また，すい星や火星探査機といった時事的な問題も出されています。

◆対策〜合格点を取るには？〜

第一に，**学校で行われる実験，観察，観測に積極的に参加**し，その結果を表やグラフなどを活用してノートにまとめておくこと。

第二に，**基本的な知識を確実にする**ために，教科書・受験参考書をよく読み，ノートにきちんと整理してまとめておくこと。

第三に，**問題をできるだけ多く解く**こと。特に，「物質」や「エネルギー」では計算問題が多いので，正確な計算力をつけるようにしましょう。

最後に，身近な自然現象にはつねに深い関心を持つように心がけ，「なぜそうなるのか」という**疑問をそのままにしない**ことが大切です。また，時事的な問題が出されることもありますから，科学ニュースにも目を向け，新聞や雑誌の記事，テレビのニュース番組や科学番組などを，できるだけ関心を持って見るようにしましょう。

理科　出題分野分析表

分野	年度	2024			2023			2022		
		1次	2次	3次	1次	2次	3次	1次	2次	3次
生命	植物		★							
	動物								★	○
	人体			★	○					
	生物と環境									
	季節と生物						★			
	生命総合				★					
物質	物質のすがた								○	
	気体の性質		★	★	★		○	○		
	水溶液の性質		○					○		★
	ものの溶け方									
	金属の性質	★			○					○
	ものの燃え方	○				★				○
	物質総合							★		
エネルギー	てこ・滑車・輪軸	○						★		
	ばねののび方	★								
	ふりこ・物体の運動						★			
	浮力と密度・圧力									
	光の進み方		★		○	★				
	ものの温まり方								○	★
	音の伝わり方									
	電気回路			★	★				○	
	磁石・電磁石								★	
	エネルギー総合									
地球	地球・月・太陽系	★						★		
	星と星座									
	風・雲と天候								○	○
	気温・地温・湿度									
	流水のはたらき・地層と岩石					★				○
	火山・地震									○
	地球総合									★
実験器具										
観察										
環境問題							★			
時事問題										
複数分野総合									★	

※　★印は大問の中心となる分野をしめします。

国語 出題傾向＆対策

◆基本データ（2024年度１次）

試験時間／満点	50分／100点
問題構成	・大問数…１題 　文章読解題１題 ・小問数…16問
解答形式	記号選択が多いが，本文中のことばの書きぬきや記述問題も見られる。記述問題には字数制限のあるものとないものがある。
実際の問題用紙	Ｂ５サイズ，小冊子形式
実際の解答用紙	Ｂ４サイズ

◆過去３年間の分野別出題率

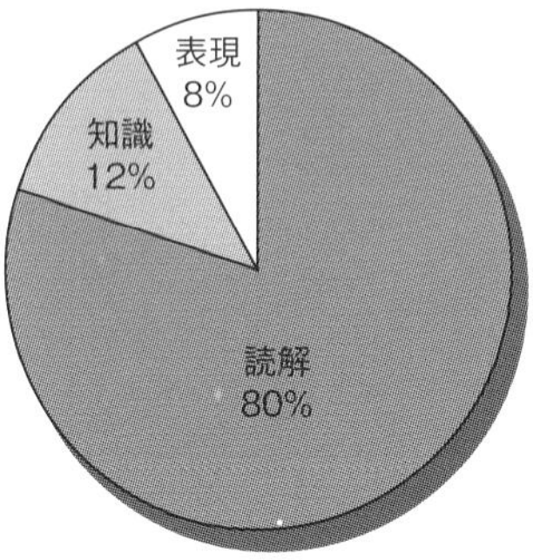

※　配点（推定ふくむ）をもとに算出

◆近年の出題内容

【　2024年度１次　】	【　2023年度１次　】
〔小説〕ドリアン助川『多摩川物語』（約7100字）	〔随筆〕ジェーン・スー『貴様いつまで女子でいるつもりだ問題』（約4500字）

◆出題傾向と内容

過去には，読解問題が２題出題されていましたが，近年は１題のみの出題が多くなっています。説明文，物語文，随筆から１題出される場合と，関連性のある物語文と説明文が１題にまとめられ，総合的に問われる場合があるようです。受験生の深い思考力と表現力をためそうとする出題になっています。

●**読解問題**…題材を見ると，説明文・論説文，小説・物語文がほとんどです。文章自体の長さは短めのものが多く，受験生が読み取るのに苦労しそうなものはありませんから，安心して読み進めることができます。設問は，文章中の語句の意味，適語補充（接続語や副詞など），文脈のはあくなどといろいろなものがあります。本校の特色の一つは，文章の要旨や主題についての設問がしばしば取り上げられていることと，これに関連して，その場面における主人公の気持ちや論理の展開なども問われていることです。

●**知識問題**…独立した大問のほか，文章読解題内の設問としても出題されます。漢字の書き取りに加え，ことわざ・慣用句，送りがな，熟語の構成，同音異義語，敬語表現など，広い範囲から出題されています。

◆対策～合格点を取るには？～

本校の国語は**長文の読解問題がメイン**です。読解力を養成するには，多くの文章に接する必要があります。読書は読解力養成の基礎ですから，あらゆるジャンルの本を読んでください。長い作品よりも短編のほうが主題が読み取りやすいので，特に国語の苦手な人は短編から入ってみましょう。新聞のコラムや社説を毎日読むようにするのもよいでしょう。そのうえで，書く力をつけるために，感想文を書いたり，あらすじをまとめたりすることをおすすめします。また，書いたものは必ず先生に見てもらうようにしましょう。

次に，**ことばのきまり・知識に関しては，参考書を１冊仕上げましょう。**ことわざ・慣用句は，体の一部を用いたもの，動物の名前を用いたものなどに分類して覚えましょう。ことばのきまりは，ことばのかかりうけ，品詞の識別などを中心に学習を進めます。また，漢字や熟語については，読み書きはもちろん，同音（訓）異義語やその意味についても辞書で調べておくようにするとよいでしょう。

国語 出題分野分析表

分野		年度	2024			2023			2022		
			1次	2次	3次	1次	2次	3次	1次	2次	3次
読解	文章の種類	説明文・論説文						★	★		
		小説・物語・伝記	★	★							★
		随筆・紀行・日記			★	★	★			★	
		会話・戯曲									
		詩									
		短歌・俳句									
	内容の分類	主題・要旨	○	○	○	○	○	○	○	○	○
		内容理解	○	○	○	○	○	○	○	○	○
		文脈・段落構成									
		指示語・接続語	○	○	○	○	○	○	○	○	
		その他	○	○	○	○	○	○	○	○	○
知識	漢字	漢字の読み									
		漢字の書き取り	○	○	○	○	○	○	○	○	○
		部首・画数・筆順									
	語句	語句の意味	○	○		○	○	○	○	○	
		かなづかい									
		熟語		○							
		慣用句・ことわざ		○	○	○			○		
	文法	文の組み立て									
		品詞・用法							○		
		敬語									
	形式・技法										
	文学作品の知識										
	その他										
	知識総合										
表現	作文										
	短文記述		○	○	○	○	○	○	○	○	
	その他										
放送問題											

※ ★印は大問の中心となる分野をしめします。

2024年度 世田谷学園中学校

【算　数】 〈**第１次試験**〉（60分）〈満点：100点(理数コースは200点)〉

〔注意〕 1．1 ～ 4 は答えだけを，5 と 6 は求め方も解答用紙に書きなさい。

2．円周率《りつ》は3.14として計算しなさい。

3．問題にかかれている図は，必ずしも正確なものとは限りません。

1　次の □ にあてはまる数を求めなさい。

(1)　$5\frac{2}{3}\times\left(1-0.6\times\frac{5}{12}\right)-3\frac{1}{2}=$ □

(2)　生徒にみかんを９個ずつ配ると，最後の１人だけ４個になります。７個ずつ配ると，全員に配ることができ15個余ります。みかんは全部で □ 個あります。

(3)　ある整数は，700を割ると７余り，3300を割ると66余ります。このような整数をすべて足すと □ です。

(4)　A，B，Cの３人は，遊園地で同じ金額を使いました。A，B，Cの残金はそれぞれはじめに持っていた金額の $\frac{2}{5}$，$\frac{5}{7}$，$\frac{7}{13}$ になりました。A，B，Cの３人がはじめに持っていた金額の比を，最も簡単な整数で表すと □ ： ： □ です。

(5)　1，1，2，3，4 の５枚のカードから３枚を取り出して並べてできる３けたの整数のうち，小さい方から数えて15番目の整数は □ です。

(6)　右の図のように，正方形と正五角形が重なっています。正方形の頂点Aは正五角形の辺上にあり，正五角形の頂点BとCは正方形の辺上にあります。角 x の大きさは □ 度です。

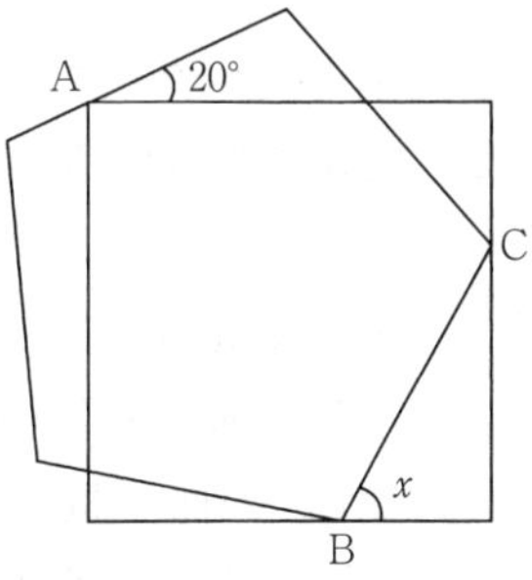

2　あるパン屋では，すべて値段の異なる５種類のパンを売っています。それらのパンから種類の異なるパンを２個買うとき，その金額は，290円，380円，420円，430円，470円，480円，530円，560円，620円，660円の10通りになります。

このとき，次の問いに答えなさい。

(1)　３番目に安いパンの値段は何円ですか。

(2)　２番目に高いパンの値段は何円ですか。

3　次の図は，２つの長方形を重ねた図形です。AH：HB＝3：2，BF：FC＝1：8で，四角形AHFDの面積が14.4cm²のとき，下の問いに答えなさい。

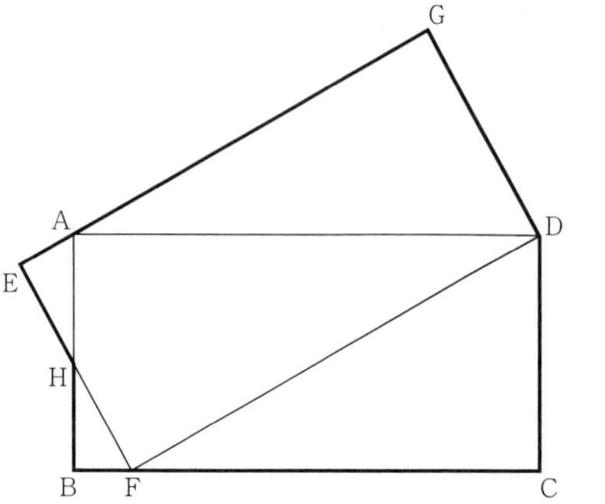

(1)　三角形CDFの面積と四角形AHFDの面積の比を，最も簡単な整数で答えなさい。

(2)　太線で囲まれた部分の面積は何cm²ですか。

4　ある牧草地に牛が放牧されています。牧草地の草を，52頭ではちょうど12日で食べつくし，37頭ではちょうど21日で食べつくします。ただし，１日あたりに牛１頭が食べる草の量と，１日あたりに生える草の量は，それぞれ一定とします。

　このとき，次の問いに答えなさい。

(1)　草を食べつくすことなく放牧できる牛の数は最大何頭ですか。

(2)　32頭を放牧すると，草を食べつくすのはちょうど何日ですか。

5　平らな机の上に，右の図のような，三角柱を３点D，E，Fを通る平面で切ってできた立体Xが，直角三角形ABCの面と机が接するように置かれています。FDを延長した直線と机との交点をP，FEを延長した直線と机との交点をQ，DEを延長した直線と机との交点をRとするとき，次の問いに答えなさい。

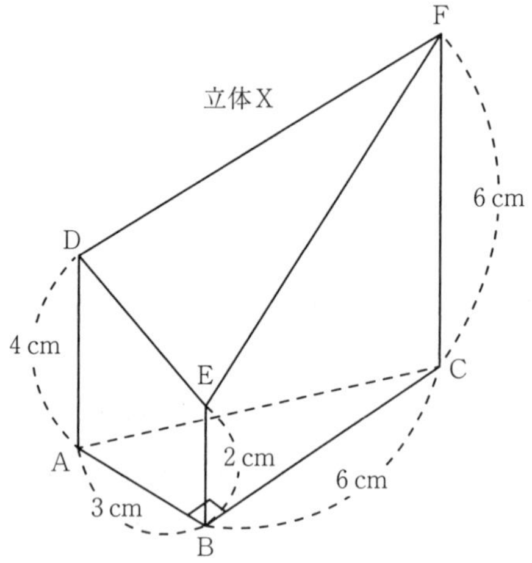

(1)　三角形APQの面積は何cm²ですか。

(2)　PQとQRの長さの比を，最も簡単な整数で答えなさい。

6　太郎さんの電動自転車には「パワー」，「オートマチック」，「ロング」の３種類のモードがあります。バッテリー表示が「100％」から「０％」になるまで，「パワー」モードのみでは30km，「オートマチック」モードのみでは45km，「ロング」モードのみでは60kmの距離を走ることができます。ただし，必ず３種類のモードのいずれかを使うものとし，各モードのバッテリー消費は走行距離のみで決まるものとします。

　このとき，次の問いに答えなさい。

(1)　太郎さんは家とA地点を電動自転車で往復しました。出発前のバッテリー表示は「100％」

でした。行きは「オートマチック」モードで行ったところ，Ａ地点でのバッテリー表示は「90％」でした。帰りは，はじめ「オートマチック」モードで進み，途中から「パワー」モードで進んだところ，家でのバッテリー表示は「77％」でした。帰りの「オートマチック」モードで進んだ距離と「パワー」モードで進んだ距離の比を，最も簡単な整数で答えなさい。

(2) 太郎さんは家とＢ地点を電動自転車で往復しました。出発前のバッテリー表示は「100％」でした。行きは「オートマチック」モードで行ったところ，Ｂ地点でのバッテリー表示は「70％」でした。帰りは，はじめ「ロング」モードで進み，途中から「オートマチック」モードで進み，最後に「パワー」モードで進んだところ，家でのバッテリー表示は「38％」でした。帰りの「ロング」，「パワー」のそれぞれのモードで進んだ距離の比は７：８でした。このとき，帰りの「オートマチック」モードで進んだ距離は何 km ですか。

【社　会】〈第１次試験〉（30分）〈満点：50点〉

1　夏休みの宿題として配信された学習課題と生徒の返信を読んで，あとの問いに答えなさい。

・学習内容
［Ⅰ］　次の課題資料の表中(1)～(6)の中から，主なできごとを一つ選択《せんたく》する。
［Ⅱ］　選択したできごとについて調べる。
［Ⅲ］　選択したできごとについて，自分の意見と感想を簡潔に書く。
・課題資料　2023年１月～６月の主なできごと

選択番号	月	主なできごと
(1)	１月	日本が12回目の(A)国際連合の非常任理事国に就任した。
(2)	２月	国土地理院の調査で(B)日本国内の島の数は14,125と発表された。
(3)	３月	(C)愛知県知事が「ラーケーションの日」の導入を表明した。
(4)	４月	総務省は，(D)日本の総人口が12年連続減少していることを発表した。
(5)	５月	(E)Ｇ７広島サミットが開かれた。
(6)	６月	(F)長崎県で絶滅《ぜつめつ》したと考えられていた淡水魚《たんすいぎょ》「スナヤツメ」が，約100年ぶりに県内で見つかったと発表された。

［佐藤君の返信］

［Ⅰ］　選択番号　(1)　国際連合について
［Ⅱ］　調べた内容
①設立：1945年10月
②国連旗

　世界地図のまわりに平和の象徴《しょうちょう》である(G)オリーブの枝がかざられたデザイン
③加盟国数：193カ国
④主要機関
　総会，安全保障理事会，経済社会理事会，国際司法裁判所
　信託《しんたく》統治理事会，事務局
⑤事務総長：アントニオ＝グテーレス
⑥安全保障理事会の構成
　常任理事国５カ国と非常任理事国10カ国
［Ⅲ］　自分の意見と感想
　現在の安全保障理事会では，(H)ウクライナや北朝鮮《きたちょうせん》情勢をめぐり，常任理事国のアメリカ合衆国・イギリス・フランスと中国・ロシアが対立しています。私は日本が

非常任理事国という立場から他国と協力して，世界平和のために安全保障理事会がしっかり機能するように努力してほしいと思います。

[田中君の返信]

［Ⅰ］　選択番号　(3)　ラーケーションについて

［Ⅱ］　調べた内容

①言葉の意味

学習の「ラーニング」と休暇《きゅうか》の「バケーション」を組み合わせた造語で，「校外学習活動日」を意味する。

愛知県 HP より

②内容

平日に保護者の休暇や(I)休日と合わせて，公立の小学校，中学校，高校などで年３回，自由に休みが取れるという取り組みである。

③目的

「休み方改革」の一環《いっかん》で，子供が平日に休めるようにすることで保護者と子供の過ごす時間を確保する。

④その他

校外での自主学習日なので，登校しなくても欠席にはならず，受けられなかった授業は，家庭での自習によって補う。

［Ⅲ］　自分の意見と感想

私の父親は土曜日と日曜日も仕事で，平日の月曜日と火曜日が休日です。この制度が全国で採用されれば，(J)家族がみんなで外出できる時間ができます。そうなればこの時間を使って色々な計画を立て，様々な経験や学習ができると思います。

[鈴木君の返信]

［Ⅰ］　選択番号　(6)　スナヤツメについて

［Ⅱ］　調べた内容

①スナヤツメ

近年の調査で「北方種」と「南方種」の２種類に大別される。環境《かんきょう》省レッドリストでは，両種とも絶滅危惧《きぐ》Ⅱ類に選定されている。

②長崎県内でのスナヤツメ南方種採集記録：1914(大正３)年以来

③発見された場所：護岸工事などがされていない西海市の川で発見された。

④研究チームの見解

(K)大阪市立自然史博物館と福岡工業大学などは「(L)河川の環境が改変され，絶滅することがないように保全が必要」としている。

⑤今後の課題

研究チームの大学教授は「生息できる環境が残っていたことが重要な点。河川環境の保全と工事などの河川管理をどのように両立させるかがこれからの課題になる」と話した。

［Ⅲ］　自分の意見と感想

私は釣《つ》り好きの父親の影響《えいきょう》で小学生のころから魚に興味をもつようになりました。今回の「絶滅種」の採集は大変にうれしいことであり，今後，自然に生息する川魚が絶滅しないように，河川環境を守る努力が必要だと思います。

問１　下線部(A)の本部があるアメリカ合衆国の都市を，次の(ア)～(エ)の中から一つ選び，記号で答えなさい。

(ア)　フィラデルフィア　　(イ)　ボストン

(ウ)　ワシントン D.C.　　(エ)　ニューヨーク

問２　下線部(B)に関して述べた文として誤っているものを，次の(ア)～(エ)の中から一つ選び，記号で答えなさい。

(ア)　島の定義については海洋法に関する国際連合条約に基づいている。

(イ)　電子化された最新の地図データを使い，国土地理院が計測し直した。

(ウ)　今回の計測結果により，島の数は以前より２倍以上に増えた。

(エ)　今回の計測結果では，島の数が一番多かったのは鹿児島県であった。

問３　下線部(C)について述べた文として誤っているものを，次の(ア)～(エ)の中から一つ選び，記号で答えなさい。

(ア)　焼き物の産地として有名な瀬戸《せと》市と多治見市が位置する。

(イ)　野菜などの栽培《さいばい》がさかんであり，菊《きく》やキャベツの生産量が多い。

(ウ)　人口は全国第４位で県内に政令指定都市が一つある。

(エ)　全国有数の工業県であり，製造品出荷額等は全国１位である。

問４　下線部(D)に関するあとの［図１］・［図２］について述べた文として誤っているものを，次の(ア)～(エ)の中から一つ選び，記号で答えなさい。

(ア)　出生中位の推計値をみると，総人口は2060年よりも前には１億人を下まわり，2070年には約9,000万人となる。

(イ)　出生低位の推計値をみると，総人口は2050年ごろには１億人を下まわり，2070年には約8,000万人となる。

(ウ)　2020年の人口ピラミッドでは，男女ともに第一次ベビーブーム世代の70歳《さい》代前半，第二次ベビーブーム世代の50歳代後半の人口が多い。

(エ)　2045年の人口ピラミッドでは，70歳代前半となっている第二次ベビーブーム世代の人口が一番多い。

［図1］　総人口の推移

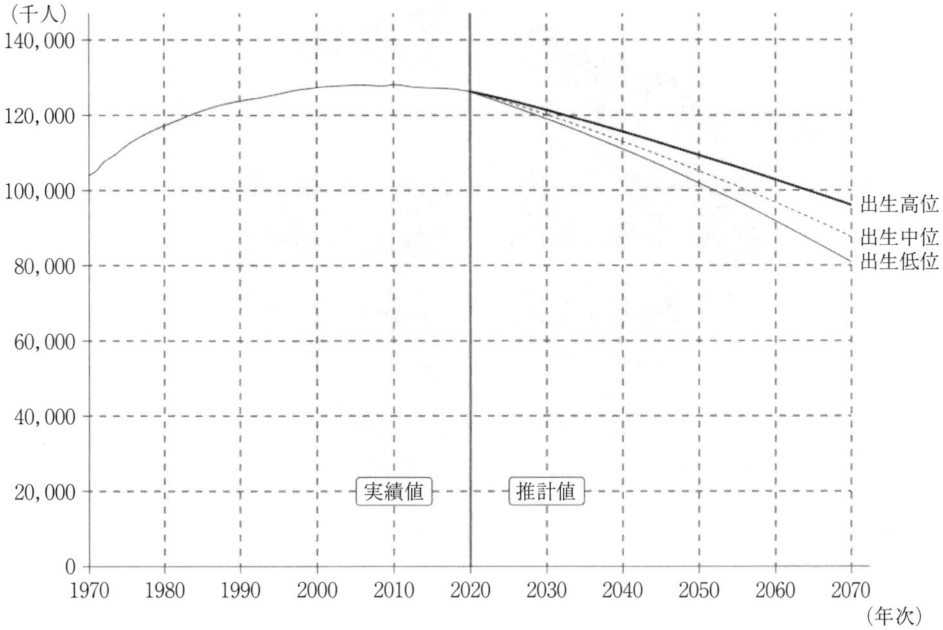

＊出生の将来推計については，高位・中位・低位の3つの仮定を設けている。

［図2］　人口ピラミッドの変化

(1)　2020年

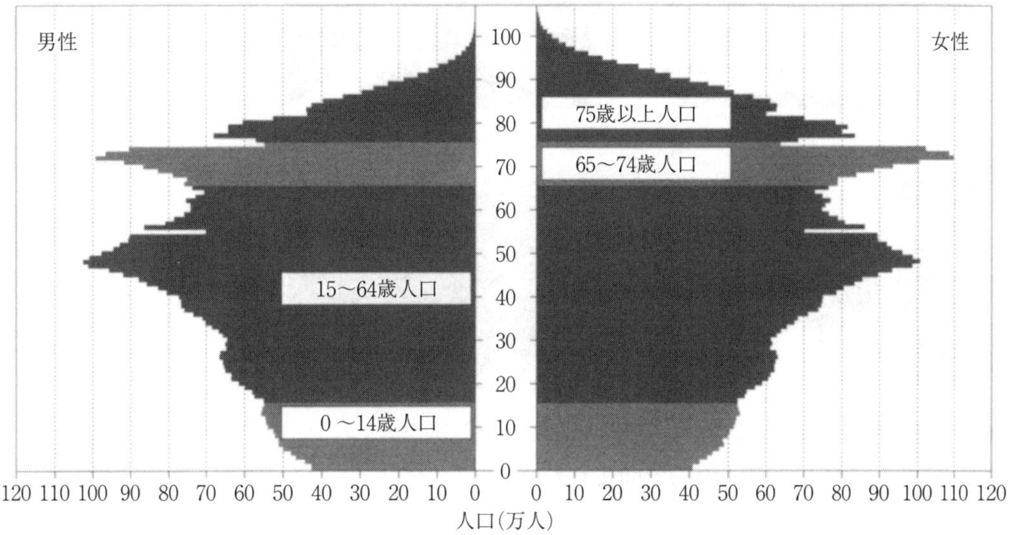

(2)　2045年(推計値)

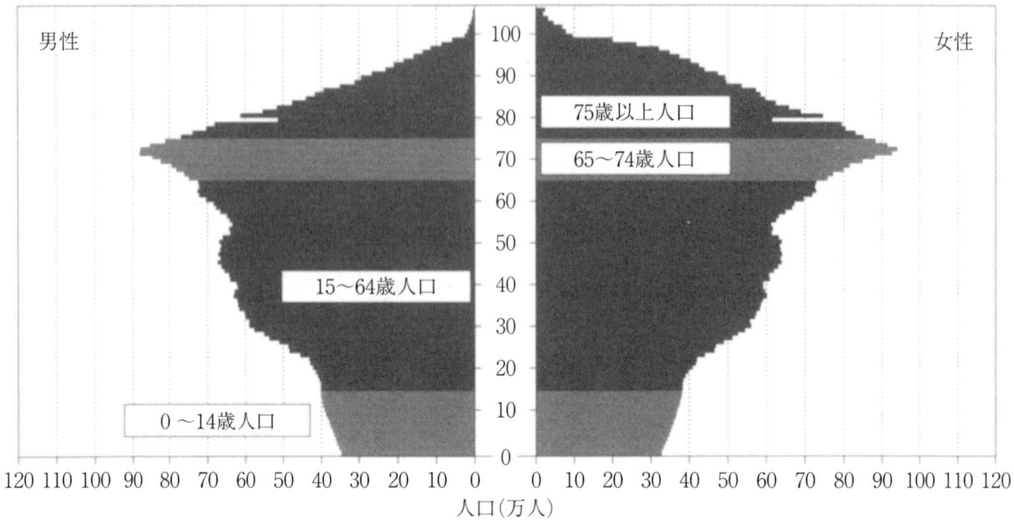

問５　下線部(E)にふくまれる国の国旗として誤っているものを，次の(**ア**)～(**エ**)の中から一つ選び，記号で答えなさい。

(**ア**)

(**イ**)

(**ウ**)

(**エ**)

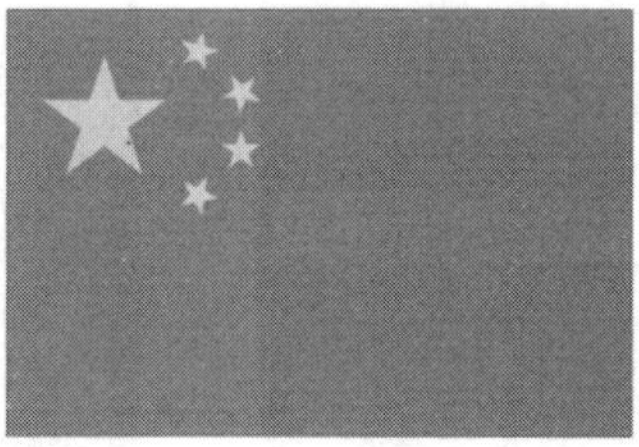

問６　下線部(F)の西方に位置し，世界遺産の一部を有する，右の地図中の◯で囲まれた島々の名称《めいしょう》を漢字４字で答えなさい。

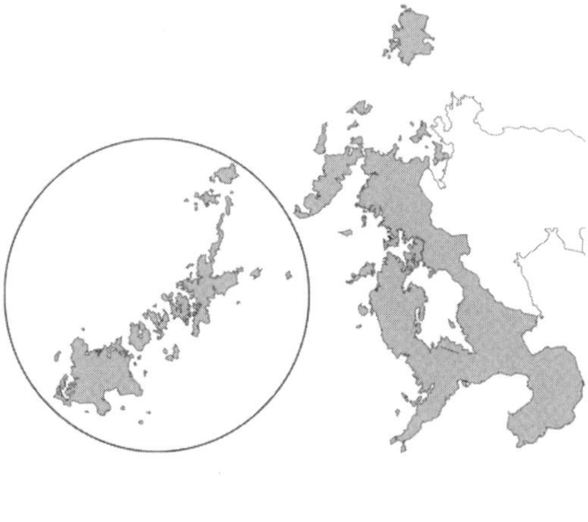

問７　下線部(G)の収穫《しゅうかく》量上位３位の都道府県と，全国にしめる生産割合を示した統計を，次の(**ア**)～(**エ**)の中から一つ選び，記号で答えなさい。

(**ア**)

順位	都道府県	収穫量(ｔ)	割合(％)
１位	山形	13,000	75.6
２位	北海道	1,310	7.6
３位	山梨	974	5.7

(イ)

順位	都道府県	収穫量（ｔ）	割合(%)
１位	香川	490	89.8
２位	大分	14	2.6
３位	広島	12	2.2
	熊本	12	2.2

(ウ)

順位	都道府県	収穫量（ｔ）	割合(%)
１位	栃木	22,700	14.3
２位	福岡	16,400	10.3
３位	熊本	12,200	7.7

(エ)

順位	都道府県	収穫量（ｔ）	割合(%)
１位	山梨	30,400	30.7
２位	福島	22,800	23.1
３位	長野	12,200	10.4

問８　下線部(H)が加盟申請《しんせい》をしている，ブリュッセルに組織の本部を置く軍事同盟をアルファベットで答えなさい。

問９　下線部(I)に関して，国民の祝日は１年間に計16日あります。その中の文化の日とスポーツの日について，次の説明［Ｘ］・［Ｙ］の正誤の組み合わせとして正しいものを，あとの(ア)～(エ)の中から一つ選び，記号で答えなさい。

［Ｘ］　文化の日は，日本国憲法が公布された日を記念して祝日としている。

［Ｙ］　スポーツの日は，2021年に開催《かいさい》された東京オリンピックの開会式を記念して祝日としている。

	(ア)	(イ)	(ウ)	(エ)
［Ｘ］	正	正	誤	誤
［Ｙ］	正	誤	正	誤

問10　下線部(J)に関して，次の資料は，2023年１月にアメリカ合衆国のニューヨーク・タイムズ紙が発表した「2023年に行くべき52カ所」に選ばれた日本国内にある都市の特徴《とくちょう》を示したものです。その都市が位置する場所を，あとの地図中①～⑥の中から一つ選び，番号で答えなさい。

１．市内には一級河川である中津《なかつ》川が流れている。
２．国の天然記念物に指定されている石割桜がある。
３．詩人の石川啄木《いしかわたくぼく》や宮沢賢治《みやざわけんじ》が学生時代を過ごした市である。
４．市の指定有形文化財である原敬《たかし》の生家がある。

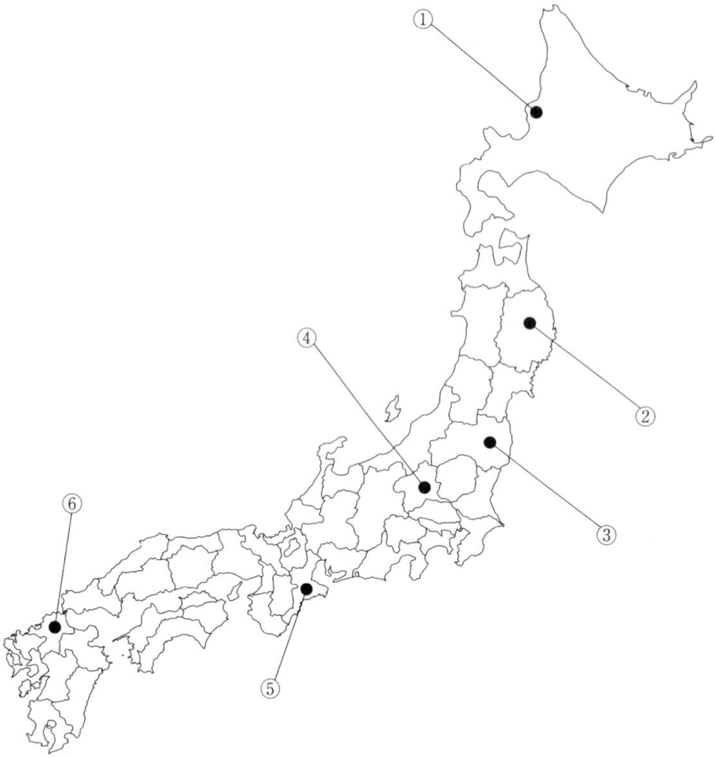

問11　下線部(K)について，2025年４月から開催される大阪・関西万博のテーマとして正しいものを，次の**(ア)**～**(エ)**の中から一つ選び，記号で答えなさい。

(ア)　いのち輝《かがや》く未来社会のデザイン　　**(イ)**　人類の進歩と調和

(ウ)　人間・居住・環境と科学技術　　**(エ)**　海・その望ましい未来

問12　下線部(L)に関して，日本の河川の特徴について述べた文として正しいものを，次の**(ア)**～**(エ)**の中から一つ選び，記号で答えなさい。

(ア)　日本列島は年間を通じて湿潤《しつじゅん》なため，季節ごとの河川流量の地域差はほとんどない。

(イ)　川の流れが速いため，川沿いであっても昔から水害が発生しにくい地域が多くみられる。

(ウ)　河口部は水の流れが遅くなり，小さな砂や泥《どろ》からできている三角州が形成されることが多い。

(エ)　流れが速く川底が深いため，大型船を利用した貨物輸送がさかんである。

データは国立社会保障・人口問題研究所 HP，農林水産省 HP，「日本国勢図会 2022/23」による

2　次の文章を読んで，あとの問いに答えなさい。

近年，世界中で新型コロナウィルス感染症《かんせんしょう》が広がりました。多くの人々が集まるスポーツイベントやコンサートの開催《かいさい》が延期されるなど，不要不急の外出を自粛《じしゅく》することが求められました。それでもなお，屋外キャンプや自宅での映画鑑賞《かんしょう》など個人でもできる娯楽《ごらく》に注目が集まりました。このように，私たちの生活には娯楽が必要であることがわかります。過去の時代の娯楽についてみてみましょう。

平安時代には，朝廷《ちょうてい》の政治は一部の有力な貴族によってとり行われていました。中臣鎌足《かまたり》の子孫である（　１　）は，世の中のすべての物事が自分の思い通りになっているという意味の

「もち月の歌」を詠《よ》むほどで，貴族は非常にゆうがな日々を過ごしていました。琴《こと》や琵琶《びわ》の演奏や蹴鞠《けまり》，当時の流行歌であった今様《いまよう》などを楽しんでいました。

(A)鎌倉《かまくら》時代や室町時代には，茶を飲む習慣が広がり，茶会が楽しまれました。また，観阿《かんあ》弥《み》・世阿弥《ぜあみ》父子が(B)室町幕府第３代将軍の足利義満《あしかがよしみつ》から保護を受けたことで（ ２ ）が確立されました。一方，狂言《きょうげん》は民衆の日常の会話を用いて行われたことで人々の間に広がっていきました。これらは，村をあげて行う(C)田植えのときに豊作をいのっておどられた田楽や，祭りのときに演じられた猿楽《さるがく》がもとになっています。このように，多くの人々が一緒に参加し楽しむ文化も少しずつ生まれてきたことがわかります。

その後，260年以上も安定した世の中となった(D)江戸《えど》時代には，江戸や大阪などの(E)都市や町を中心に，芝居《しばい》見物，(F)大相撲《おおずもう》，旅行が流行しました。町人の活気あふれる姿は（ ３ ）の作品『世間胸算用』にえがかれました。大相撲では，現在と同じく番付表がつくられ力士の順位を競い合いました。町人や百姓《ひゃくしょう》たちは(G)観光をかねてお寺や神社へお参りの旅に行けるようになりました。

(H)明治時代以後，人々はラジオをきいたり，活動写真と当時呼ばれた映画を観たりするようになりました。1927年にラジオ放送で全国中等学校優勝野球大会の実況中継《じっきょうちゅうけい》が始まり，家で放送を楽しむことができるようになりました。活動写真は劇場や映画館で上映されました。活弁士と呼ばれる，スクリーンの横で映画の解説などを行う説明者がおり，人々は映像を見ながら弁士の話を聞いていました。人々は活動写真に熱中し，太平洋戦争下で(I)暮らしのすべてが厳しく制限される中でも映画館を訪れ，アニメーション映画などを楽しみました。

人々の娯楽を知ることで，教科書では目立たない民衆の歴史を感じ取ることができるでしょう。

問１　（１）～（３）にあてはまる人名・語句をそれぞれ答えなさい。ただし，（２）は漢字で答えなさい。

問２　下線部(A)に起きたできごととして正しいものを，次の(ア)～(エ)の中から一つ選び，記号で答えなさい。

(ア)　鎌倉幕府は，東北地方で起きた二つの合戦で亡くなった人をとむらうため，平泉に中尊寺を建立した。

(イ)　鎌倉幕府は，田畑の面積や収穫量《しゅうかくりょう》，耕作している人々の名前を記録する太閤《たいこう》検地を行った。

(ウ)　鎌倉幕府の政治は，源頼朝《よりとも》の死後に将軍を助ける執権《しっけん》の職についていた北条氏を中心として行われた。

(エ)　鎌倉幕府は，窮乏《きゅうぼう》した一般庶民《いっぱんしょみん》の生活を救うために借金の取り消しを命じる法令をだした。

問３　下線部(B)の将軍になった人物について述べた文として正しいものを，次の(ア)～(エ)の中から一つ選び，記号で答えなさい。

(ア)　足利尊氏《たかうじ》は，鎌倉幕府にそむいて六波羅探題《ろくはらたんだい》をせめ落とした。

(イ)　足利尊氏は，これまでの鎌倉幕府の政治の仕組みをすべて無視した。

(ウ)　足利義昭《よしあき》は，勘合《かんごう》貿易とも呼ばれる明との貿易を終わらせた。

(エ)　足利義昭は，豊臣秀吉《とよとみひでよし》によって室町幕府の将軍の地位を追われた。

問４　下線部(C)に関して，鎌倉時代から室町時代の農業の様子について述べた，次の［X］・［Y］の正誤の組み合わせとして正しいものを，あとの(ア)〜(エ)の中から一つ選び，記号で答えなさい。

［X］　農業生産力を高めるため，草木を焼いた灰やふん尿《にょう》の肥料が使われ始めた。

［Y］　多くの武士も普段は農業に従事していたが，農民とは異なり，都市にやかたを構えていた。

	(ア)	(イ)	(ウ)	(エ)
［X］	正	正	誤	誤
［Y］	正	誤	正	誤

問５　下線部(D)に起きたできごとについて述べた，次の(ア)〜(エ)を古いものから順に並べたとき３番目にくるものを一つ選び，記号で答えなさい。

(ア)　平戸に置かれていたオランダ商館が出島に移された。
(イ)　イギリスなどの国々が下関の砲台《ほうだい》を攻撃《こうげき》して上陸した。
(ウ)　天保の大ききんが始まり，生活に苦しむ人が多くでた。
(エ)　元役人であった大塩平八郎《へいはちろう》が，大阪で反乱を起こした。

問６　下線部(E)に関して，江戸時代に栄えていた都市について述べた文として誤っているものを，次の(ア)〜(エ)の中から一つ選び，記号で答えなさい。

(ア)　江戸は「将軍のおひざもと」と呼ばれ，全国から武士が集まった。
(イ)　大阪には蔵屋敷《くらやしき》が並んでおり，各地から年貢《ねんぐ》米や特産物が集まった。
(ウ)　京都では美術工芸が高度に発達しており，商業もさかんであった。
(エ)　横浜《よこはま》は日米和親条約を結んだ直後に，日本の主要な貿易港となった。

問７　下線部(F)に関して，次の図は当時の人々の間で流行していた絵画の一つです。このように，当時の世の中や人々の様子が木版の技術を用いて色あざやかにえがかれている，菱川師宣《ひしかわもろのぶ》が創始したとされる絵画の総称《そうしょう》を答えなさい。

問８　下線部(G)について，この時代の人々がよく訪れた場所として，伊勢《いせ》神宮，鶴岡八幡宮《つるがおかはちまんぐう》，讃岐金刀比羅宮《さぬきことひらぐう》があります。それぞれの場所の組み合わせとして正しいものを，あとの(ア)～(カ)の中から一つ選び，記号で答えなさい。

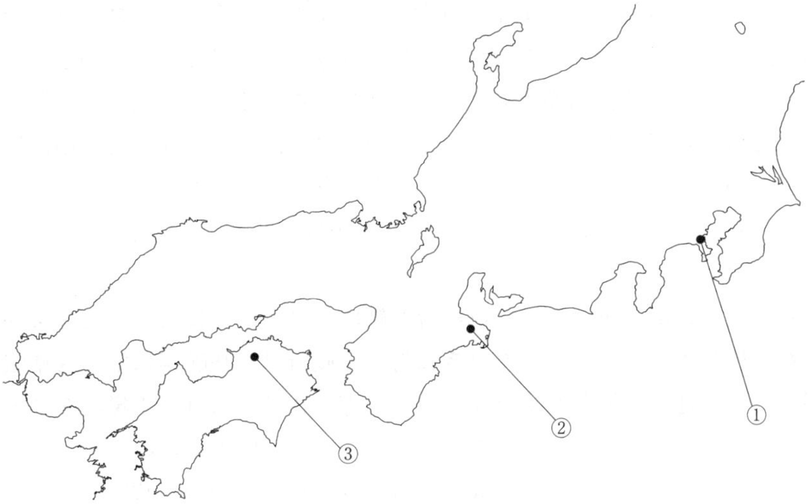

	(ア)	(イ)	(ウ)	(エ)	(オ)	(カ)
伊勢神宮	①	①	②	②	③	③
鶴岡八幡宮	②	③	①	③	①	②
讃岐金刀比羅宮	③	②	③	①	②	①

問９　下線部(H)に始まったこととして誤っているものを，次の(ア)～(エ)の中から一つ選び，記号で答えなさい。

(ア)　全国に小学校がつくられて無料で授業を受けられる，学校制度が整えられた。
(イ)　日刊新聞が創刊され，日々のできごとがより多くの人々に知られるようになった。
(ウ)　郵便制度が整えられ，全国各地に同一料金で手紙を送ることができるようになった。
(エ)　新橋－横浜間に鉄道が開通し，その後日本各地で線路がしかれていくようになった。

問10　下線部(I)に関して，戦争中の生活について述べた文として誤っているものを，次の(ア)～(エ)の中から一つ選び，記号で答えなさい。

(ア)　物不足により，米などの食料品が充分《じゅうぶん》に配給されないこともあった。
(イ)　学校では，授業の代わりに軍事訓練が行われるようになった。
(ウ)　情報統制により，国民は戦局の正確な情報を知らなかった。
(エ)　女学生が兵器工場などで働くことで，労働力不足が完全に解消された。

3　近代以降の日本の経済について述べた次の文章を読んで，あとの問いに答えなさい。

1880年代後半，紡績《ぼうせき》業などの軽工業を中心に日本でも(A)産業革命が始まりました。江戸《えど》時代は，手作業によって綿糸がつくられていたため，衣服は貴重な物でした。しかし，紡績機械によって綿糸がつくられるようになると，安く高品質の綿糸が大量に生産されたことで，衣服を豊富に供給できるようになり，人々の生活や働き方が変わっていきました。

(B)幕末の貿易開始直後，生糸は最大の輸出品で，当初は主にヨーロッパ向けに輸出されましたが，1880年代後半以降はアメリカ向けの輸出が中心となり，さらに輸出がのびていきました。長野県や山梨県では製糸業が急速に発展し，日露《にちろ》戦争後に日本は世界最大の生糸輸出国となりました。

政府は，重工業の基礎《きそ》となる鉄鋼《てっこう》の国産化を目指して，福岡県に官営の八幡《やはた》製鉄所を設立しました。鉄道網《てつどうもう》の発達や海運業の発展もあり，日本の(C)貿易は急速に拡大していきました。

工業の急速な発展は，様々な社会問題をもたらすことにもなりました。紡績業や製糸業で働く労働者の大半は，農村から出かせぎにやってきた若い女性で，衛生状態が悪い中，低賃金で長時間の厳しい労働を強いられ，肺結核《はいけっかく》などの病気で命を落とす者も多くいました。鉱山業や運輸業の労働者は男性中心でしたが，特に炭鉱で働く労働者の悲惨《ひさん》な状況《じょうきょう》は大きな社会問題となりました。

この社会問題に対して，日清戦争後には労働組合が結成されるようになり，労働条件の改善を求める労働争議が増加しました。こうした動きに対して政府は，1900年に治安警察法を定め，集会や結社を制限して労働運動を取りしまりました。一方，1911年には(D)工場法を制定して，労働者の保護を図りましたが，実際には様々な例外規定があり，労働条件の改善は進みませんでした。社会主義への関心も高まり，社会主義政党も結成されましたが，政府はこれを厳しく弾圧《だんあつ》しました。

第一次世界大戦はヨーロッパが主戦場となりました。日本は，イギリス・フランス・ロシアなど，戦争中の連合国には軍需《ぐんじゅ》品を，ヨーロッパからの輸入が止まったアジアには綿糸や綿織《おり》物《もの》を，大戦による好況《こうきょう》にわくアメリカには生糸を輸出し，貿易は大幅《おおはば》な輸出超過《ちょうか》となりました。また，世界的な船舶《せんぱく》不足を背景として，造船や海運業も今までにない好況となり，日本は世界第３位の海運国となりました。

都心に鉄筋コンクリート造りのビルが出現するなど都市化が進展し，住宅地が不足しました。私鉄会社は郊外にのびる鉄道沿いに住宅開発を進め，(E)乗客を増やすための新たな取り組みも行いました。

第一次世界大戦後，ヨーロッパの復興が進むと日本の輸出は減少し，不況《ふきょう》となりました。さらに関東大震災《だいしんさい》もあって，1920年代は不況が続きました。1929年にアメリカで始まった世界恐慌《きょうこう》の影響《えいきょう》が日本にもおよぶと，輸出はますます減少し，企業《きぎょう》が倒産《とうさん》して失業者が増え，深刻な恐慌となりました。

諸外国が恐慌からの脱出《だっしゅつ》を図る中，日本では大蔵大臣の高橋是清《これきよ》による財政政策で，輸出が大幅に増えました。特に綿織物の輸出拡大は目覚ましく，イギリスにかわって世界第１位の規模となりました。しかし，イギリスなどとの間で貿易摩擦《まさつ》が生じました。

軍事費を拡大させたことにより，軍需産業を中心に重化学工業が発展し，繊維《せんい》産業などの軽工業の生産額を上回るようになりました。自動車工業や化学工業では，新しい企業が現れて，軍部と結び付いて満州や朝鮮《ちょうせん》へ進出していきました。しかし，重化学工業の資源はアメリカからの輸入に頼《たよ》るようになりました。日中戦争が始まると，アメリカは日本への軍需資材の輸出を制限するようになりました。そのため，アメリカと日本との間での外交交渉《こうしょう》が行われましたが決裂《けつれつ》し，太平洋戦争が始まりました。

1945年８月，日本はポツダム宣言を受け入れて降伏《こうふく》しました。戦後の物不足などにより，極度のインフレーションが進み，労働運動が高まりました。1945年末から1947年にかけてGHQ

と日本政府により，労働組合法・労働関係調整法・労働基準法のいわゆる労働三法が成立しました。また，GHQは財閥《ざいばつ》や地主制が日本を戦争へ進ませる原因になったと考えて，財閥解体と農地改革を進めました。

日本経済は，1950年代半ばまでに，ほぼ戦前の水準まで回復しました。特に，1955年から73年までの経済成長率は多くの年で８％をこえ，日本の(F)<u>国民総生産(GNP)</u>はアメリカに次ぐ西側諸国第２位までに成長しました。これを支えたのは所得の増加と，それにともなう，三種の神器といわれた家電の購入《こうにゅう》などの積極的な(G)<u>家計支出</u>の増加などです。

1970年代に入ると，田中角栄内閣によってかかげられた「日本列島改造論」など，政府の方針や政策により物価が上昇《じょうしょう》しました。さらに，1973年に起こった第四次中東戦争によって原油の価格が急激に上がり，中東の石油に大きく頼っていた日本経済は打撃《だげき》を受けました。これにより，物価は「狂乱《きょうらん》物価」といわれるほど急激に上昇しました。その後，景気は急速に悪化し，日本経済の成長率は1974年に戦後初のマイナスを記録しました。

1970年代前半の物価上昇と経済成長の停滞《ていたい》は人々の消費や生活を変化させました。石油危機によって起きた物不足で人々は混乱し，生活用品の買いしめのため店頭に殺到《さっとう》しました。「狂乱物価」が落ち着いた後は，人々の間で節約意識が高まり，個人の生活や趣味《しゅみ》に合った消費が重視されるようになっていきました。

1980年代に入るとその傾向《けいこう》はますます強くなり，生活に必要な耐久《たいきゅう》消費財を求める動きが一段落して，家庭用ビデオ，コンピュータゲームなど趣味や娯楽《ごらく》的要素の強い耐久消費財に注目が集まりました。また，レジャーなどの娯楽や教育への消費支出も増大しました。

近年のインターネットやスマートフォンなどの普及《ふきゅう》や交通手段の発達は，情報や人，物などの国際的な移動を活発化させ，グローバル化を進展させました。こうした中，少子高齢《こうれい》化などの国内の問題だけではなく，経済や政治，安全保障，環境《かんきょう》など様々な面で，日本が世界でどのように役割を果たすべきかが議論されています。

問１　下線部(A)が最初に起こったイギリスでは，一時期，次の[図１]のような様子が見られました。[図１]にえがかれた職人は手に持ったハンマーで何をしようとしているのでしょうか，その理由もあわせて説明しなさい。

[図１]

問２　下線部(B)に関連した次の[図２]から読み取れる内容として正しいものを，あとの(ア)～(エ)の中から一つ選び，記号で答えなさい。

［図２］　主要輸出品の割合の変化

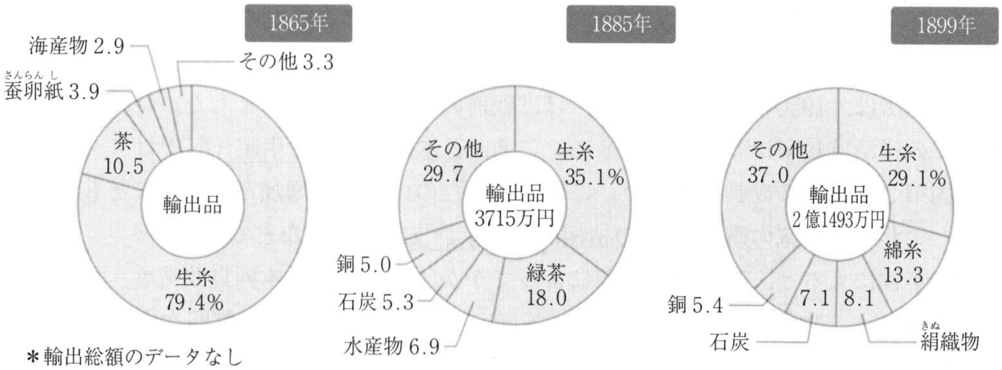

＊輸出総額のデータなし

(ア)　1899年の生糸の輸出額は，1885年と比べると増加している。

(イ)　1899年の生糸の輸出額は，1865年の10倍ほどになっている。

(ウ)　1885年から1899年にかけては，不作によって緑茶の輸出額が減少した。

(エ)　1899年に，水産物は全く輸出されなかった。

問３　下線部(C)には，※１自由貿易と※２保護貿易があります。自由貿易がよいと考えられる理由の一つに，「比較《ひかく》生産費説」という考え方があります。これは，「各国が最も得意なものに生産を特化すると，世界全体での生産高が増加する。そして自国で生産しないものは，自由貿易によって交換《こうかん》するとよい。」という考え方です。

※１　自由貿易とは，関税などの国家の介入《かいにゅう》をなくして自由に輸出入すること。

※２　保護貿易とは，関税をかけるなど輸出入に国家が介入すること。

W国とX国では，それぞれ自動車と小麦のみを生産しているとします。次の［表１］は，それぞれ１単位を生産するのに必要な労働者数を比較したものです。

［表１］

	自動車	小麦	合計生産単位
W国	100人	50人	２単位
X国	75人	25人	２単位

自動車と小麦を比較すると，どちらもX国の方が労働生産性は高いですが，W国と比較して75%の労働者数で生産できる自動車より，50%の労働者数で生産できる小麦の方が，より得意な産業であるといえます。したがってX国は小麦の生産に特化し，W国はX国で生産しない自動車の生産に特化し，この考え方に従って労働者が移動すると，生産できる単位数は次の［表２］のようになります。

［表２］

	自動車	小麦	合計生産単位
W国	150人	０人	1.5単位
X国	０人	100人	４単位

生産をより得意なものに特化した場合，合計生産単位は全体で４単位から5.5単位と，1.5単位増加することが分かります。

「比較生産費説」によると，次の［表３］の機械類と米のみを生産しているとするY国，Z国では，それぞれ何に特化して生産をするのがよいでしょうか。Z国が特化すべき品目名を答えなさい。また，その場合の生産単位の増加分は全体で何単位になるかも答えなさい。

［表３］

	機械類	米	合計生産単位
Ｙ国	80人	80人	２単位
Ｚ国	60人	30人	２単位

問４　下線部(D)について，次の［資料１］の条文をみて，労働条件についてこの条文では禁止されていないことを，下記の〈　〉内の語句を必ず使って説明しなさい。なお，使用する語句の順番は自由ですが，**使用した語句には必ず下線を引きなさい**。

〈男性　　時間〉

［資料１］　工場法（抜粋《ばっすい》）

第二条　工場主は，十二歳《さい》未満の者を工場で働かせてはいけない

第三条　工場主は，十五歳未満の者や女子を一日十二時間を超過して働かせてはならない
ただし，管轄《かんかつ》する大臣は業務の種類によって，本法律施行《しこう》後十五年間を限度として前項《ぜんこう》に定めた就業時間を二時間まで延長することができる

問５　下線部(E)とはどのようなものですか，その取り組みの例を，［写真１］・［写真２］や本文を参考にして一つ答えなさい。また，それによって鉄道の利用客が増える理由を具体的に説明しなさい。

［写真１］

［写真２］

問６　下線部(F)によって経済成長率をはかる場合，名目上の金額ではなく，比較する年との物価上昇率分を考慮《こうりょ》した，実質の金額で比較をします。例えば，GNP が100兆円から翌年には120兆円になったとしても，物価が上昇し100円のものが翌年120円になっていた場合，名目上の金額は増えていますが，生産された物の量は変わらず，この年の成長率は０％ということになります。これは120兆円を前年の物価水準で換算《かんさん》し直すと120兆円÷(120円÷100円)＝100兆円となり，前年の100兆円と比較すると０％の増減であることから分かります。

以上の考え方を用いて，右の［表４］における，2021年の対前年の実質経済成長率を％で，小数第１位まで答えなさい。ただし，割り切れない場合は小数第２位を四捨五入しなさい。

［表４］

	GNP	物価水準
2020年	180兆円	100
2021年	228兆円	120

問７　下線部(G)の消費支出にしめる食費の割合を表した数字を，エンゲル係数といいます。家計の支出などには消費支出以外に，保険料や貯蓄《ちょちく》，税がありますが，これらはエンゲル係数の計算にはふくまれません。右の［表５］に示した［X］の家計の場合，エンゲル係数は24.5％となります。

家計［Y］のエンゲル係数を小数第１位まで答えなさい。ただし，割り切れない場合は小数第２位を四捨五入しなさい。

［表５］

（万円）

	［X］	［Y］
住居費	6.0	11.1
食費	5.2	8.8
水道光熱費	1.5	2.3
日用品費	0.8	1.2
衣服費	0.9	2.0
医療《いりょう》費	1.0	1.3
交通通信費	3.2	5.7
教育費	0.5	3.6
教養娯楽費	2.1	3.1
保険料	0.4	3.6
貯蓄	0.5	1.8
税	1.2	4.2

問８　本文から読み取れる内容として誤っているものを，次の(ア)～(エ)の中から一つ選び，記号で答えなさい。

(ア)　日清戦争後に増加した労働争議対策として，政府は治安警察法を定め，労働運動を取りしまった。

(イ)　アメリカで始まった世界恐慌の影響で，日本では輸出が減少し，失業者が増加した。

(ウ)　ポツダム宣言を受け入れて降伏した日本では，労働三法が成立し，財閥解体や農地改革が進められた。

(エ)　1970年代前半の狂乱物価が落ち着いた後は，人々の間で節約意識が高まり，趣味や娯楽への関心は低下し，消費支出も減少した。

データは「中学歴史　日本と世界」による

【理　科】〈第１次試験〉（30分）〈満点：50点(理数コースは100点)〉

〔注意〕数値を答える問題では，特に指示がない限り，分数は使わずに小数で答えてください。

1　東京から観察される月について，あとの問いに答えなさい。

冬のある日の夕方，太陽がしずんだ後の夜空を見上げたところ，どこにも月を見つけることができませんでした。調べてみると，その日は新月だったので月を見ることができなかったと分かりました。そこで，新月だったこの日から毎日月を探し観察することにしました。

問１　新月から３日後の18時ごろ，月を見つけることができました。どのような形の月が観察されましたか。下の□内にある月の形の(ア)～(キ)から最も適当なものを１つ選び，記号で答えなさい。

問２　新月から１週間後と３週間後の晴れた日の18時ごろに夜空を観察しました。

(1)　どのような形の月が観察されましたか。下の□内にある月の形の(ア)～(キ)から最も適当なものをそれぞれ１つずつ選び，記号で答えなさい。ただし，観察できない場合は「×」と答えなさい。

(2)　月が観察された方角はどちらですか。下の□内にある方角の(ク)～(サ)から最も適当なものをそれぞれ１つずつ選び，記号で答えなさい。ただし，観察できない場合は「×」と答えなさい。

問３　満月が見られる日に，月の入りを観察することにしました。

(1)　何時ごろに観察すればよいですか。下の□内にある時間の(シ)～(タ)から最も適当なものを１つ選び，記号で答えなさい。

(2)　どの方角を観察すればよいですか。下の□内にある方角の(ク)～(サ)から最も適当なものを１つ選び，記号で答えなさい。

月の形

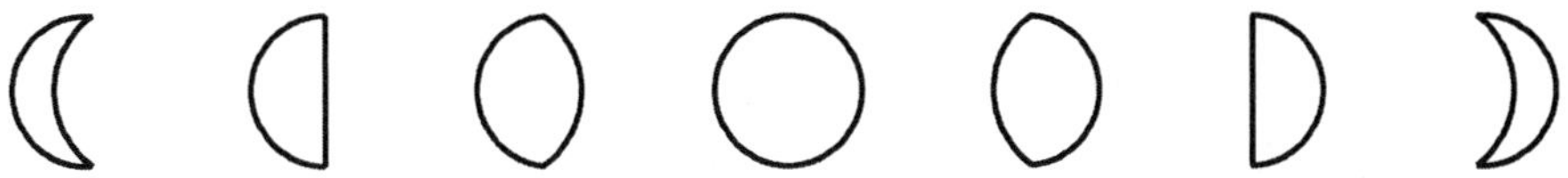

(ア)　(イ)　(ウ)　(エ)　(オ)　(カ)　(キ)

方角　(ク)　東　(ケ)　西

(コ)　南　(サ)　北

時間　(シ)　18時ごろ　(ス)　21時ごろ

(セ)　０時ごろ　(ソ)　３時ごろ

(タ)　６時ごろ

日数　(チ)　27.3日　(ツ)　28.4日

(テ)　29.5日　(ト)　30.6日

(ナ)　31.7日

夜空の月を観察するだけでは分からないこともあるので，月の満ち欠けや月の出入りについてくわしく調べてみることにしました。すると，次のような太陽と地球と月の位置関係を表す図を見つけました。

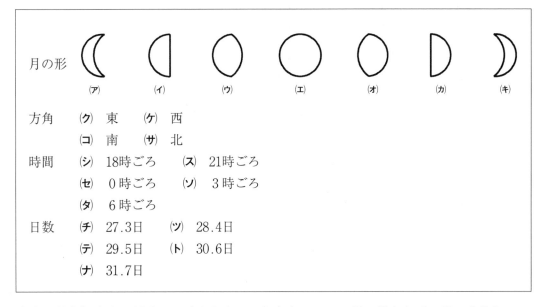

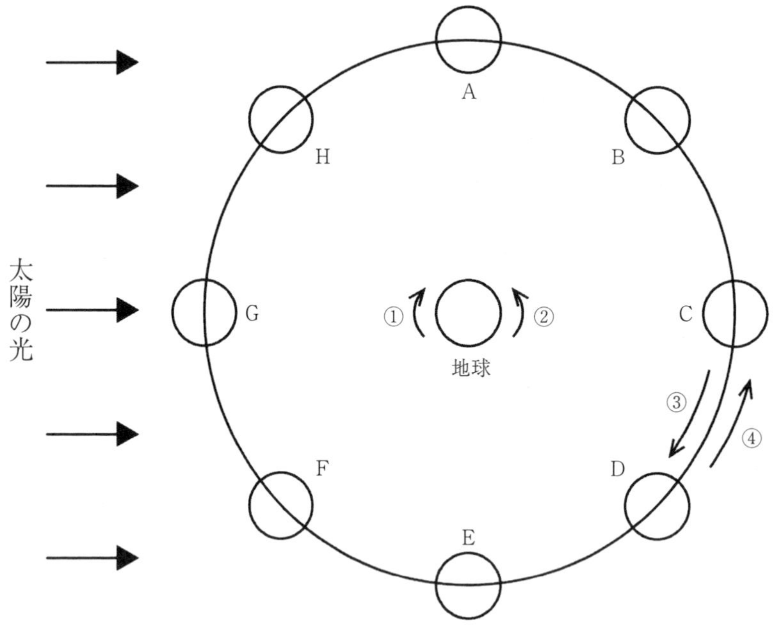

地球の北極方向から見る月の軌道

問４　月は地球のまわりを決まった軌道《きどう》で回っています。この月の運動を何と言いますか。漢字２字で答えなさい。

問５　図の地球と月の運動の向きはどちらですか。次の(あ)～(え)から１つ選び，記号で答えなさい。

(あ)　地球の運動の向きが①，月の運動の向きが③

(い)　地球の運動の向きが①，月の運動の向きが④

(う)　地球の運動の向きが②，月の運動の向きが③

(え)　地球の運動の向きが②，月の運動の向きが④

問６　満月として観察される月はどの位置ですか。図のＡ～Ｈから最も適当なものを１つ選び，記号で答えなさい。

問７　月が図のＥの位置にあるときについて考えます。

(1)　どのような形の月が地球から観察されますか。19ページの□内にある月の形の**(ア)**～**(キ)**から最も適当なものを１つ選び，記号で答えなさい。

(2)　月の入りは何時ごろですか。19ページの□内にある時間の**(シ)**～**(タ)**から最も適当なものを１つ選び，記号で答えなさい。

問８　月が地球のまわりを１周するのにかかる日数は何日ですか。19ページの□内にある日数の**(チ)**～**(ナ)**から最も適当なものを１つ選び，記号で答えなさい。

問９　月の満ち欠けの周期は何日ですか。19ページの□内にある日数の**(チ)**～**(ナ)**から最も適当なものを１つ選び，記号で答えなさい。

2　次の文を読んで，あとの問いに答えなさい。

天井《てんじょう》にばねを取り付け，もう一方のはしにおもりをつるします。**図１**は，ばねＡの全長[cm]とばねＡにつるしたおもりの重さ[ｇ]の関係を表したものです。

問１　次の文はばねＡについて書かれています。空らん(①)，(②)にあてはまる数字を答えなさい。

ばねＡにおもりを何もつるさないときの全長は(①)cmで，おもりの重さを40ｇ増やすごとに(②)cmずつのびていきます。

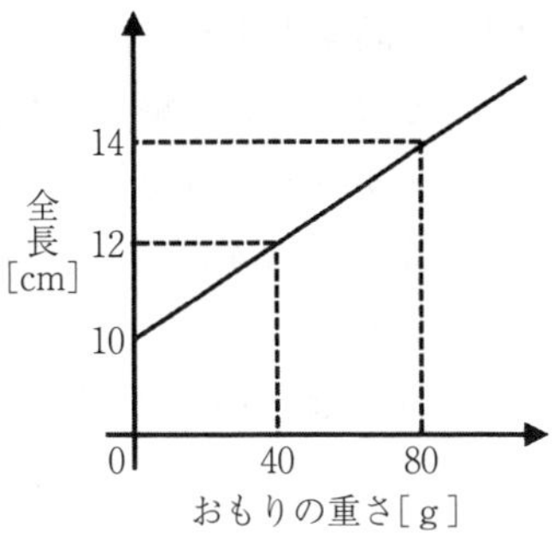

図１

問２　ばねＡに140ｇのおもりをつるすと全長は何cmになりますか。

問３　ばねを１cmのばしたり縮めたりするのに必要な力をばね定数[g/cm]と呼びます。ばねＡのばね定数[g/cm]はいくらですか。

問４　ばね定数がばねＡの半分の値のとき，どのようなばねになると考えられますか。次の(ア)～(エ)から１つ選び，記号で答えなさい。

(ア)　ばねＡと比べて，のびやすいばねになる。

(イ)　ばねＡと比べて，のびにくいばねになる。

(ウ)　ばねＡと比べてのびやすさに変わりはないが，短いばねになる。

(エ)　ばねＡと比べてのびやすさに変わりはないが，断面積の大きなばねになる。

ばねＢ，Ｃ，Ｄと軽い棒(重さを考えなくてよい)とおもりを用いて，**図２**～**図４**のような装置を作ります。ばね定数は，ばねＢが30ｇ/cm，ばねＣが50ｇ/cmであることがわかっています。答えが割り切れないときは，小数第２位を四捨五入して小数第１位まで答えなさい。

問５　**図２**のように，棒とばねＢと140ｇのおもりを使って装置を作り，棒を水平にします。

(1)　力ａを何ｇにすると棒は水平になりますか。

(2)　ばねＢは何cmのびていますか。

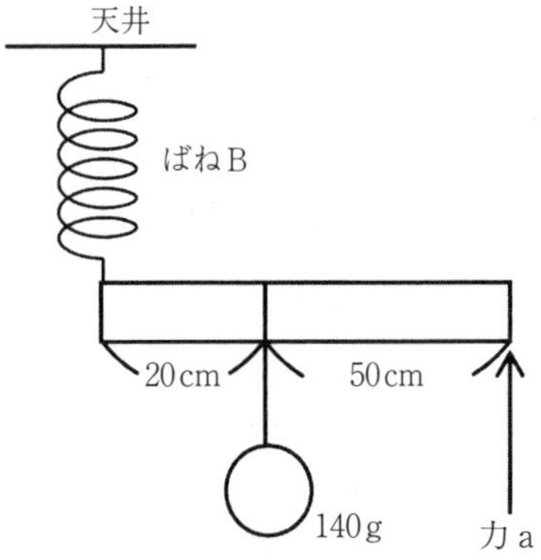

図２

問６　**図３**のように，棒とばねＢ，Ｃとおもりｂを使って装置を作ります。おもりｂをつるして移動させると，**図３**の状態で棒が水平になり，このときばねＢは５cm縮み，ばねＣは７cmのびていました。おもりｂの重さは何ｇですか。

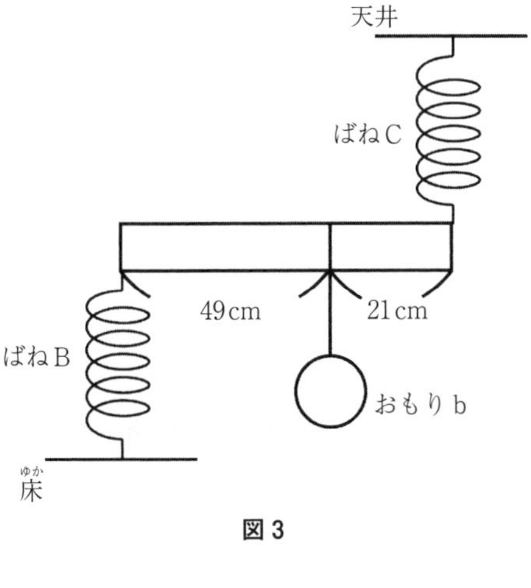

図３

問７　**図４**のように，棒とばねＢ，Ｄとおもりｃ，輪を２つ持つ輪じくを使って装置を作ります。棒の左はしから４：３の長さの比になる位置におもりｃをつるし，輪じくの大輪と小輪の半径の比は２：１となっています。棒が水平になったとき，ばねＢの縮みとばねＤののびは同じでした。

⑴　ばねＢとばねＤのばね定数の比を最も簡単な整数比で答えなさい。

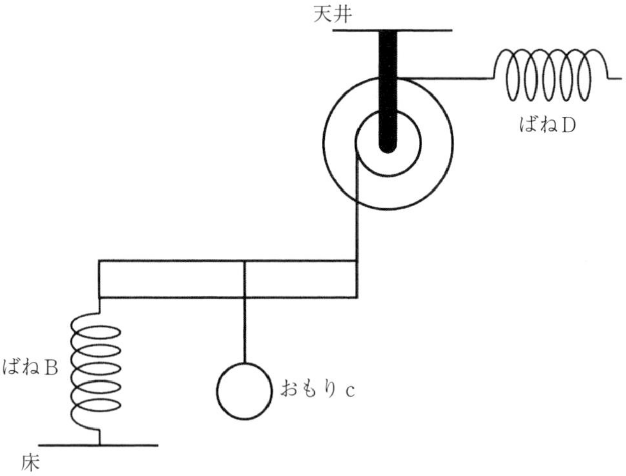

図４

⑵　ばねＤに加わる力が100ｇのとき，おもりｃは何ｇですか。

3　次の文を読んで，あとの問いに答えなさい。

私たちの周りにはたくさんの種類の金属があります。①金属というグループ全体で見ればその性質は似ていますが，②個別の金属ごとに異なった性質も持っています。日常生活ではその性質のちがいを活かして活用方法を変えているのです。

金属は太古の昔から活用されており，青銅(銅とスズを含む③合金)を使った銅鏡やたたら製鉄でつくる玉鋼《たまはがね》などは有名です。現在も鉄は建物の骨格材などとして無くてはならない材料となっています。昔も今も人類は，自然界にある物質から金属を取り出すための工夫を続けています。そこで今回は，金属の性質や金属を使った実験を確認していきましょう。

問１　下線部①について，金属というグループ全体で似ている性質として，空らん(Ｘ)，(Ｙ)にあてはまる語句をそれぞれ答えなさい。

・(　Ｘ　)や熱をよく通す。
・表面に(　Ｙ　)がある。
・引っぱるとのび，たたくとひろがる。

問２　下線部②について，次の(あ)～(う)の性質にあてはまる金属はどれですか。□内にある３種類の金属(A)～(C)からすべて選び，記号で答えなさい。ただし，あてはまるものがないときは「×」と答えなさい。

(あ)　塩酸と反応して水素を発生する。
(い)　水酸化ナトリウム水よう液と反応して水素を発生する。
(う)　反応しにくく，長い時間放置しても変化しない。

(A)　鉄	(B)　金	(C)　アルミニウム

問３　下線部③について，合金でないものはどれですか。次の(ア)～(オ)から最も適当なものを１つ選び，記号で答えなさい。

(ア)　金管楽器などに使われる真ちゅう　　(イ)　金属の接合に使われるはんだ
(ウ)　台所などに使われるステンレス　　(エ)　腕《うで》時計などに使われるチタン

(オ)　百円玉などに使われる白銅

色々な重さの銅とアルミニウムをそれぞれ別のステンレス皿に入れ，ガスバーナーを使って空気中で十分に加熱して，酸化銅および酸化アルミニウムを得る実験を行ったところ，次の**表１，２**のような結果が得られました。ステンレス皿は加熱によって変化しないものとします。

表１　加熱した銅の重さと生じた酸化銅の重さ

銅の重さ［g］	1.00	2.00	3.00
酸化銅の重さ［g］	1.25	2.50	3.75

表２　加熱したアルミニウムの重さと生じた酸化アルミニウムの重さ

アルミニウムの重さ［g］	0.90	1.80	3.60
酸化アルミニウムの重さ［g］	1.70	3.40	6.80

また，物質は原子と呼ばれる小さなつぶが集まってできています。原子はその種類によってそれぞれ大きさや重さが決まっており，物質は原子が決まった個数の比で結びついてできていることが知られています。今回の実験を例にあげると，銅原子１つと酸素原子１つの重さの比は銅原子：酸素原子＝4：1です。また，酸化アルミニウムは，アルミニウム原子と酸素原子が原子の個数の比でアルミニウム原子：酸素原子＝2：3の割合で結びついています。

問４　酸化銅の中の銅原子と酸素原子の個数の比を最も簡単な整数比で答えなさい。

問５　アルミニウム原子１つと酸素原子１つの重さの比を最も簡単な整数比で答えなさい。

問６　銅とアルミニウムを混ぜて8.6gの金属粉末としてステンレス皿にのせ，ガスバーナーで十分に加熱したところ14.2gの物質が得られました。金属粉末中の銅は何gですか。

問７　このような実験を行うときに気をつけなければならない点はどのようなことですか。次の(ア)～(オ)から２つ選び，記号で答えなさい。

(ア)　何回か同じ実験を行い，測定した値の平均値を求めてデータ処理を行う。

(イ)　測定値のぶれをなくすために，測定は１回にして注意深く実験する。

(ウ)　あらかじめこのような結果になるのではないかという予測をしておく。

(エ)　予測からずれた値が出た場合，予測した値に直してデータ処理を行う。

(オ)　何度か測定をして１回だけ他と明らかに異なるデータが得られた場合には新発見の可能性があるので優先して採用する。

持ち。

オ　バンさんがかつて自分の前で「たかちゃん」と眠りながら言っていたことを思い出し、自分は「たかちゃん」の代わりになるべきだったのにそれができなかったことを悔しく思う気持ち。

(3)　バンさんの雅之君に対する接し方からはどのようなことがうかがえますか。(1)・(2)を踏まえた説明として適当なものを次のア～オの中から一つ選び、記号で答えなさい。

ア　雅之君の絵に対する姿勢に幼くして失ってしまった自分の息子の姿を発見し、苦い記憶《きおく》がよみがえることを恐れつつも、バンさん自身が持つ絵への情熱を自然と雅之君へのアドバイスに注ぎ込んでいること。

イ　雅之君の姿に自分のせいで亡くなってしまった息子の姿を投影《とうえい》し、雅之君に絵の描き方を教えることによってかつての自分が抱いていた息子への罪悪感を取り払い、精神的に立ち直ろうとしていること。

ウ　雅之君の面影《おもかげ》に不本意ながら離れ離れになってしまった自分の子どもと共通するものを感じ、雅之君に絵の描き方だけでなくものごとの見方も伝えることで、擬似《ぎじ》的な親子の関係性を作ろうとしていること。

エ　雅之君の姿に今はもう会うことのできない自分の子どもの姿を重ね、絵の技術的なアドバイスだけでなく楽しんで描くことの大切さや絵を通じて表現することの意味について伝えようとしていること。

オ　雅之君の絵に対する情熱に若くして亡くなってしまった自分の息子と共通するものを感じ、雅之君に多様な色の作り方を教えることで彼を芸術の世界へ導き、ゆくゆくはパリへ留学させようとしていること。

問十四　――線⑪「雅之君はこめかみのあたりにびりびりとした震えを感じた」とありますが、それを感じた理由を、次のように記しました。［X］の中に当てはまる漢字二字を、本文中から抜き出して答えなさい。

・ホームレスを偏見の目で見る父親や世間の人々に怒りを覚えていたが、自分にも似たような［　X　］の要素があることを感じたから。

問十五　――線⑫「自分の顔もゆらゆらと、そこであいまいに揺れている」とありますが、この表現から読み取れる雅之君の気持ちはどのようなものですか。バンさんとの関係性に着目して、百字以内で説明しなさい。

問十六　この文章で語られている「根」とは何だと考えますか。また、「根」が表しているものとの関わり方についてどう考えますか、あなたの具体的な経験にもとづいて説明しなさい。

が得るとともに、そのヒントを与えてくれたバンさんのことを実際の肉親以上に慕《した》うようになっているということ。

問十二　――線⑨「台風が去り、天高い青空が現れても、雅之君の胸のなかにはまだ強い風が吹いていた」とありますが、これはどういうことですか。その説明として適当なものを次の**ア**～**オ**の中から一つ選び、記号で答えなさい。

ア　雅之君の心の中では、バンさんたちが台風で家を失っただけでなく、行方不明になってしまったのではないかという不安がずっと渦《うず》巻いていたということ。

イ　雅之君の心の中では、自分が得た絵の描き方に対する手ごたえをバンさんに早く伝えたいという気持ちがありつつも、それ以上にバンさんたちの安否が気になっていたということ。

ウ　雅之君の心の中では、勝手に河川敷に行かなくなったことをバンさんに謝りたかったという気持ちがありながら、やはりバンさんたちの無事を確認したいと思っていたということ。

エ　雅之君の心の中では、自分がコンクールで金賞を取ったことを師匠《ししょう》であるバンさんに早く報告したいという気持ちとともに、バンさんたちの生死が心配で仕方なかったということ。

オ　雅之君の心の中では、親の命令で河原に行かなくなった経緯《けいい》を説明したいと思う気持ちとともに、それ以上にバンさんたちが無事かどうか一刻も早く知りたいと思っていたということ。

問十三　――線⑩「そう聞かされた時、雅之君はバンさんの息子さんの名前を知っていると思った。だからもう、バンさんは他人ではないのだ。それなのに、自分はずっとここに来なかった」について、次の**(1)**～**(3)**の問いに答えなさい。

(1)　雅之君がバンさんの息子さんの名前を聞いた経緯はどのようなものですか。その説明として適当なものを次の**ア**～**オ**の中から一つ選び、記号で答えなさい。

ア　バンさんが雅之君に色の混ぜ方をひとしきり話したあと、雅之君の質問に答える形で息子について話をした。

イ　バンさんが雅之君に絵の描き方について説明したあと、自分の過去について真剣《しんけん》な態度で話し始めた。

ウ　バンさんが雅之君に色の作り方を教えたあと、草むらに横になって寝言のように「たかちゃん」とつぶやいた。

エ　バンさんが雅之君に絵の具の使い方について説明したあと、寝ぼけたような様子で子どもの話を始めた。

オ　バンさんが雅之君に色の作り方について話したあと、絵が好きだった「たかちゃん」について話し始めた。

(2)　ここでの雅之君の気持ちはどのようなものだと考えられますか。その説明として適当なものを次の**ア**～**オ**の中から一つ選び、記号で答えなさい。

ア　バンさんがかつて自分の前でたまたま子どもの名前を発したことを思い出し、彼の過去に触《ふ》れていながらも距離を置いてしまったことに対して後悔《こうかい》と申し訳なさを感じる気持ち。

イ　バンさんが以前自分の前で「たかちゃん」に対して詫《わ》びるような言葉を偶然発したことを思い出し、その際のきまりの悪さから意図的に無視してしまった自分に対して反省している気持ち。

ウ　バンさんがかつて寝言で自分の子どもの名前を言っていたことを思い出し、それほどまでに自分に対して心を開いてくれたバンさんと絶交してしまった自分を情けなく思う気持ち。

エ　バンさんが以前子どものことについて話してくれたことを思い出し、自分はもはやバンさんの家族と言ってもいい存在なのに、そのことから目を背けていた自分をみじめに思う気

之君はさすがに気味が悪く不快に思ったから。

問八　――線④「途方もない距離感に息が詰まりそうになった」・⑤「雅之君はまたうなだれることになった」とありますが、母親と父親のバンさんに対する考え方として適当なものをそれぞれ次の**ア**～**オ**の中から一つずつ選び、記号で答えなさい。

ア　自分と違う世界の人間とはいえ、同じ人間としてバンさんの境遇《きょうぐう》を理解し、ホームレスの人権や権利を守ろうとするような考え方。

イ　ホームレスの境遇に対して同情しているように振る舞いつつも、バンさんを自分たちとは違う世界の人間として切り捨てるような考え方。

ウ　ホームレスになってしまったのは責められるべき一面がある一方で、同情すべき点もあるというバランスのとれた考え方。

エ　過酷《かこく》な環境《かんきょう》に身を置くバンさんを気の毒に思いつつも、ホームレスになるのはその人自身が選んだ生き方なのだと認めるような考え方。

オ　世間体《てい》を考え、ホームレスと聞いただけでその人の事情に一切配慮することなく、一方的に異質なものとして排除《はいじょ》するような考え方。

問九　――線⑥「でも、それを訴える言葉が雅之君にはなかった」とありますが、雅之君が言葉には出さずに抱えている思いはどのようなものですか。それが端的《たんてき》に表現されている**連続した二文**をこれより前の本文中からぬき出し、最初の五字を答えなさい。

問十　――線⑦「バンさんに教えてもらったものの見方を、技術として具体化すること」とありますが、それはどのようなことですか。その説明として適当なものを次の**ア**～**オ**の中から一つ選び、記号で答えなさい。

ア　自分の内に隠されている内面的な世界と向き合うことで、今でしか描けない心の叫びを表現すること。

イ　目には見えない部分をクローズアップすることで、それを見る人たちに新しい印象を植え付けること。

ウ　ものを見るときに表側からではなく裏側から見ることで、隠された対象の本質を見抜くこと。

エ　情熱や感性の赴《おもむ》くままに自分らしい絵を描くことで、他人の評価を気にせず自由に描くこと。

オ　自分が描きたい対象に対して、普通の人が見落としがちな見えない部分にも目を向けることで、その本質を表現すること。

問十一　――線⑧「夜明けの金星みたいな輝きが宿るようになった」とありますが、これはどのようなことを意味していると考えられますか。その説明として適当なものを次の**ア**～**オ**の中から一つ選び、記号で答えなさい。

ア　バンさんが教えてくれたものの見方を自分の作品に取り入れることができるようになり、雅之君の絵に対する興味や関心が以前よりも強いものになっているということ。

イ　自分の絵がコンクールに送られ、周囲の人々も好意的な評価をしてくれるようになったことで雅之君は社交的になり、日々の生活も楽しくカラフルなものに変化したということ。

ウ　それまで孤独で人との関わりを避けてきた雅之君だったが、美術部の顧問の先生や部員たちに作品を評価されるようになり、人の意見に左右されずに行動する勇気を得たこと。

エ　絵を描く際に自分のものの見方を反映し得るという思いを雅之君が持つとともに、その絵がきっかけで周囲からの評価を受け、さらには将来への希望も芽生えたということ。

オ　将来的に画家として一人前に成功できるという自信を雅之君

ア　思わず声を出して　**イ**　あっと驚《おどろ》いた気持ちで
ウ　ぞっとした気持ちで　**エ**　お腹を抱えて笑い
オ　あきれてものが言えず

Ⓑ「うろたえた」
ア　呉越同舟《ごえつどうしゅう》　**イ**　四面楚歌《しめんそか》　**ウ**　周章狼狽《しゅうしょうろうばい》
エ　臥薪嘗胆《がしんしょうたん》　**オ**　背水之陣《はいすいのじん》

Ⓒ「興奮冷めやらぬ口調で」
ア　空元気《からげんき》を出して　**イ**　居丈高《いたけだか》になって
ウ　天邪鬼《あまのじゃく》のように　**エ**　有頂天《うちょうてん》で
オ　長広舌《ちょうこうぜつ》で

問四　[Ⅰ]～[Ⅴ]に入る適当な言葉を次の**ア**～**オ**の中からそれぞれ一つずつ選び、記号で答えなさい。
ア　ビューッ　**イ**　ずるずる　**ウ**　よろよろ
エ　ぴちゃぴちゃ　**オ**　ごつごつ

問五　――線①「別に、絵の具じゃなくたっていいんだ」とありますが、ここでバンさんはどういうことを伝えたかったのですか。その説明として適当なものを次の**ア**～**オ**の中から一つ選び、記号で答えなさい。
ア　色づくりには誰《だれ》もが驚くような奇抜《きばつ》な発想が大事だということ。
イ　絵の具で表現できないときには植物を使って色を作ることが最適だということ。
ウ　理想の色を作り出すには狭い考え方の枠《わく》にとらわれてはいけないということ。
エ　写実的な絵を描くには豊富な知識と複雑な作業が必要だということ。
オ　人に一目置かれる作品を作るには大胆な色の組み合わせが不可欠だということ。

問六　――線②「すごいよ、すごい、すごい」とありますが、雅之君はなぜこのように言ったのですか。その理由として適当なものを次の**ア**～**オ**の中から一つ選び、記号で答えなさい。
ア　バンさんが色を作り上げた方法はあまりに意外で、さらには理想的な色を作り出していたから。
イ　バンさんの作り出した絵の具の配色があまりに鮮やかで、絵を最大限に引き立てているものだったから。
ウ　バンさんの描いた写実的な表現はあまりに精密で、自分では及びもつかないものだったから。
エ　バンさんの絵の具の組み合わせ方はあまりに絶妙《ぜつみょう》で、自分にとって理想的な色使いであったから。
オ　バンさんの色の作り方はあまりに巧妙で、自然の美しさをより引き立てているものであったから。

問七　――線③「雅之君は首筋や耳が熱くなり、バンさんから顔をそむけた」とありますが、それはなぜですか。その理由として適当なものを次の**ア**～**オ**の中から一つ選び、記号で答えなさい。
ア　バンさんが今では会えない家族の名前をつぶやいた気がして、雅之君は何もできない自分を腹立たしく思ったから。
イ　バンさんが今まで隠《かく》していた秘密を聞いてしまった気がして、雅之君はこのことが周りに広まらないか不安に思ったから。
ウ　バンさんがもらした寝言に、雅之君は彼の秘めた事情を盗み聞きしてしまった気がして、ひどくきまりが悪い思いをしたから。
エ　バンさんが友達だと言いつつも自分の名前を間違えたので、雅之君は本当に仲が良いと思われているか不審《ふしん》に思ったから。
オ　バンさんが突然わけのわからない言葉を繰り返したので、雅

ひょっとしたら、バンさんはなにひとつ盗めない性格だったからこそ、空き缶をつぶす人になってしまったのではないか。

雅之君は残存物の横をゆっくりと歩いた。すると、ぶつかり合った流木の下に、ブルーシートの切れ端《はし》があった。流木と鉄のフェンスに挟《はさ》まれ、ずたずたにちぎれて引っかかっていた。そしてその下には、透明《とうめい》なボウルが挟まっていた。

雅之君は腰をかがめ、ボウルを引きずり出した。そのあたりにはまだ泥水が溜まっていて、小魚たちが背を出して［ V ］ともがいていた。雅之君は何匹《なんびき》かをすくい取ってボウルに入れると、ゴミだらけの斜面《しゃめん》を下りて流れまで運んでいった。

母親の声が頭によみがえった。偽善、という言葉だった。

そうなのかもしれない。いや、きっとそうなんだと、雅之君は自分のことを思った。

浅瀬の水にボウルごと浸《ひた》すと、魚たちは泥を吐《は》くように舞《ま》い、四方に散っていった。雅之君はしばらくボウルをそのままにしておき、水を張るようにして持ち上げた。濁《にご》り水がボウルで揺れている。⑫自分の顔もゆらゆらと、そこであいまいに揺れている。

ふいに、込《こ》み上げてくるものがあった。

ひどいのは父親でも母親でもない。橋の下で暮らす人たちの気持ちを考えない世間でもない。一番汚《きたな》いのは、他人の知恵を黙って使い、短期留学までしようとしている自分だ。

「盗んだのは……僕《ぼく》だ」

それだけをつぶやくと、雅之君はiii息を殺して泣き始めた。

ボウルのなかの自分の顔に、涙が落ちていく。

（ドリアン助川『多摩川物語』―一部改変― による）

㊟ デフォルメ…変形して表現すること。
萌芽…新しい物事が起こりはじめること。
灌木…背の低い木。
オブジェ…物体、対象物。

問一 〰〰線㋐〜㋙の片仮名を漢字に直しなさい。

問二 ――線i「ささくれ立っている」・ii「まんじりともできない」・iii「息を殺して」とありますが、その本文中の意味として適当なものをそれぞれ後のア〜オの中から一つずつ選び、記号で答えなさい。

i「ささくれ立っている」
ア 激しい怒りで気が立っている。
イ 圧力に屈《くっ》してくじけそうになっている。
ウ 気持ちが荒れてとげとげしくなっている。
エ これから先のことを心配している。
オ やる気を失い投げやりになっている。

ii「まんじりともできない」
ア 声が出せない。　イ 何もやる気が起きない。
ウ 涙が止まらない。　エ 食欲が出ない。
オ 少しも眠《ねむ》れない。

iii「息を殺して」
ア 息をしないようにして。
イ 声をたてないようにして。
ウ 人には見られないようにして。
エ 全く動かないようにして。
オ 感情を抑《おさ》えるようにして。

問三 ――線Ⓐ「口を開けたまま」・Ⓑ「うろたえた」・Ⓒ「興奮冷めやらぬ口調で」とありますが、その内容や心情に当てはまる表現をそれぞれ後のア〜オの中から一つずつ選び、記号で答えなさい。

Ⓐ「口を開けたまま」

ただ、孤立《こりつ》しがちだった雅之君にとって、周囲のこの変化はとても大きな意味を持ち始めた。日々の色合いが絵の具を並べたように鮮《あざ》やかになっていった。生涯《しょうがい》をこの道にかけてもいいと雅之君は初めて思った。顧問の先生は雅之君の作品を何枚か選び、コンクールに送った。雅之君の胸のなかには、いつの間にか⑧夜明けの金星みたいな輝《かがや》きが宿るようになった。もうこうなったら、親がなにを言おうとバンさんにまた絵を見せに行こうと思った。

そこに突然《とつぜん》の濁流をぶつけてきたのが今回の台風だった。十年に一度の大型台風だとテレビは報じていた。多摩川の土手沿いには消防車が並び、警戒水位を越《こ》えた場合は強制避難もあり得《う》ると繰り返しアナウンスしていた。

そして、警告された通りの大型台風がやってきた。激しい雨が半日も降り続き、家が揺《ゆ》れるほどの風が吹《ふ》き荒《あ》れた。まさか逃《に》げ遅《おく》れていることはないと思ったが、雅之君はバンさんたちの安否を気づかった。暴れ狂《くる》う風の音を聞きながら、雅之君はⅱまんじりともできない夜を過ごした。

⑨台風が去り、天高い青空が現れても、雅之君の胸のなかにはまだ強い風が吹いていた。橋の下がどうなっているのかとても心配だった。あの場所だけでも見に行こうと雅之君は思った。親の顔がちらついたが、とにかくそれは自分で決めたことだった。

そんななか、ちょうど給食の時間にそれは起きた。

美術部の顧問の先生が「金賞！　金賞！」と叫びながら教室に駆《か》けこんできた。なにごとかと担任の教師は立ち上がった。教室もざわめいた。すると顧問は、雅之君の絵がコンクールで一位を取ったこと、副賞としてパリに短期留学できる㋙シカクを得たことなどをⓒ興奮冷めやらぬ口調で語った。教室のすべての生徒が立ち上がり、一人離《はな》れて座っていた雅之君に拍手《はくしゅ》を送った。

橋はすぐ目の前にあった。バンさんと顔を合わせたら、どんな言葉をかければいいのだろう。そればかりを考えていた雅之君は、風景がすっかり変わってしまった橋の前で立ち尽《つ》くしていた。

橋の下には流木が積み重なっていた。凄《すさ》まじい量だった。そこにあらゆるゴミや灌木《かんぼく》、自転車などが引っかかり、無惨《むざん》なオブジェとなって空間の半分をふさいでいた。人影《ひとかげ》はどこにもなかった。風が吹く度に、その巨大《きょだい》な残存物は［Ⅳ］と奇妙《きみょう》な音を立てた。生まれたくなかった怪物《かいぶつ》が、自身の姿を知って泣いているかのように。

苦しげな命を宿したかのようなその音のなかで、雅之君は一人のホームレスがバンさんについて語っていたことをふいに思い出した。

「生きてりゃ、あんたと同じぐらいになる息子さんがいたんだってよ」

⑩そう聞かされた時、雅之君はバンさんの息子さんの名前を知っていると思った。だからもう、バンさんは他人ではないのだ。それなのに、自分はずっとここに来なかった。

怪物の泣き声に引っ張られるかのように、ゴミ溜《た》まりと化した橋の下に雅之君は入っていった。陽光がさえぎられる。そのとたん、冷たく暗い、濡《ぬ》れた空気の塊《かたまり》が雅之君を呑みこんだ。

雅之君の足がまた止まった。

ここで暮らさなければいけない人たちの気持ちを、だれか本気で考えたことがあるのだろうか。雅之君はそう思った。制度だとか、福祉《ふくし》だとか、そんなことじゃなくて、ここで暮らさなければならない人たちの気持ちを。

父親が放った、「盗み」という言葉。なぜかそれも思い出される。

⑪雅之君はこめかみのあたりにびりびりとした震《ふる》えを感じた。

盗みって……。

う。もちろん、だからといってあの人たちを見殺しにするような国ではないけどね」

　そんなふうには言って欲《ほ》しくないと雅之君は思った。植物の根といっしょだった。見えない人には見えない。でも、自分には見えていると思った。

「あの人たちが盗《ぬす》みを働いているという噂《うわさ》もある。やむにやまれずの場合もあるだろう。お父さんだって同情はするよ。でも、お前には一切関係ないことだ。お前は学校にも塾《じゅく》にも行っているんだから、まずそこで友達を作れ。その方がいい。だからあの人たちには今後一切近づくな」

　父親はそう言って約束を迫った。雅之君は無言で下を向いていた。なにか言い返そうとすると、母親のように泣きだしそうだった。自分のことを悪く言われるより、空き缶を集めるしか生活の糧《かて》がないバンさんたちが、犯罪者呼ばわりされていることがたまらなくいやだった。⑥でも、それを訴《うった》える言葉が雅之君にはなかった。どうにもならず、雅之君は父親の顔を見た。

「なんだ、その目は」

　父親の声が大きくなった。雅之君はまた下を向いた。

「約束できないなら、お父さんの方からその人に言いに行かないといけないな。あるいは警察に相談するか」

　警察？

　父親はいったいなにを考えているのだろうと雅之君は思った。

　だが結局、雅之君は父親の圧力に折れたのだった。力なくうなずき、「もう会いません」と小さな声で答えた。

　どこから流れてきたのか、軽自動車がひっくりかえっていた。フロントガラスが㋕ワれ、運転席にまで泥が堆積《たいせき》していた。

　雅之君は軽自動車のなかを覗き、それから橋の方を見た。

　この水の力。大気のエネルギー。濁流《だくりゅう》は土手ぎりぎりまできたのだから、橋の下にブルーシートの小屋が残っているはずもなかった。バンさんたちもきっとどこかに避難《ひなん》したに違いない。それでも、もしまたこのあたりにバンさんたちが戻ってきているとすれば、雅之君が考えつく場所は橋の下しかなかった。

　泥を踏《ふ》みながら、雅之君は一歩ずつ橋に近づいていく。

　親と約束した以上、あれ以来河川敷には足を踏み入れていない。それは雅之君にとって大きな我慢《がまん》だった。そしてその分だけ、雅之君は憑《つ》かれたように絵を描き続けていた。

　受験勉強で目の色を変える同級生が多いなか、雅之君は美術部の部室で夏休みの大半を過ごした。家にいるより平和だったし、絵に向かうことで**i**ささくれ立っている自分から目をそむけることができた。

　雅之君は、⑦バンさんに教えてもらったものの見方を、技術として具体化することに熱中していた。その方向性のみを自分の㋖シシンにし、作品を描き続けた。校庭の隅《すみ》の植えこみから雑草を引き抜いてきては絵筆を握《にぎ》った。大胆《だいたん》に描かれた根が躍《おど》り、花や葉を脇《わき》に押《お》しやった。だれが見ても新しい印象を受ける植物たちの姿がそこにあった。

　美術部員たちの間でも雅之君の作品は徐々《じょじょ》に㋗ヒョウバンになっていった。普段《ふだん》は押し黙《だま》っている雅之君だけに、その絵を囲むみんなの声はかえって大きくなった。男子女子ともに「すごいね」と集まってくる。顧問《こもん》の先生も熱を㋘オびた口調になった。

「理科の資料図みたいだけれど、描く側の目で生まれ変わっている。こりゃ、アートだ。おい、雅之、どこで思いついた？」

　バンさんとの間で起きたことを話そうとは思わなかった。話せば興味本位でいろいろ訊《き》かれるに決まっている。雅之君は笑みを浮かべながらも、新たに得た「目」についてはなにも語らなかった。

わずかな水溜《みずた》まりのなかで、ザリガニが泥《どろ》の輪を作った。まわりは干上がっている。雅之君はザリガニの尻尾《しっぽ》をつかんでバケツに入れると、また流れまで運んでいった。すると途中《とちゅう》で深い泥にはまり、制服のズボンを汚した。泥だらけのバスケットシューズは自分で洗うつもりだったが、ズボンは自信がなかった。母親がぶち切れた時の、半ば悲鳴のような声を雅之君は覚悟《かくご》した。

バンさんに会わなくなったのも、母親のその声がきっかけだった。

橋の下にいる雅之君を偶然《ぐうぜん》見かけたという近所の人から、ご丁寧《ていねい》にも電話がかかってきたらしい。母親は問いつめてきた。しばしの沈黙《ちんもく》のあと、雅之君は答えた。ホームレスのバンさんと空き缶をつぶしていたと。

迷いはあったが、雅之君が正直なことを言ったのには理由があった。教室でも美術部でも、雅之君が一人浮《う》いていることを母親は常々心配し、口にした。だから、親しい人ができた、安心していいよという意味で言ったのだ。しかし母親は「なぜあんな人たちと！」と叫《さけ》び、そのまま顔を覆《おお》って泣きだしてしまった。

「なんで？　自分がなにをやっているのかわかってるの？」

雅之君はⒷうろたえた。ホームレスにいい感情を持っていない人たちがいることを雅之君は知っていた。雅之君だって、バンさんと初めて言葉を交《か》わした時は恐《こわ》かったし、緊張《きんちょう》した。でも、ここまでの反応を見せる母親が雅之君には理解できなかった。まるで犯罪者呼ばわりだった。バンさんとつき合っていると言った自分までも、母親は許さないといった目の色で見るのだった。

「だって、絵も教えてもらったし」

「なんでホームレスに絵を教えてもらうのよ！　なんのために美術部に入っているの？　どうしてなにもかもそうなの！」

母親の顔は憤《いきどお》りで茹《ゆ》だっていた。

「だいたい、なんでいっしょに缶をつぶしているわけ？」

どう答えればいいのか、雅之君は言葉が浮かんでこなかった。ただ、バンさんを㋒タズねていった時に、みんなが缶をつぶしていた。だから手伝ったとしか言いようがなかった。

「缶がたくさんあったから。手伝おうと思って」

「そういうの、偽善《ぎぜん》っていうのよ」

「だって……」

「ああいう人たちを助けようとか、どうしようとか、そんな運動やって社会にたてつくような人間にならないでちょうだいよ。もう、信じられないわよ。学校で友達《ともだち》もできないくせに。馬鹿《ばか》にされてるくせに！」

母親は自分の言葉に興奮したのかまた泣きだし、そのままテーブルに突《つ》っ伏《ぷ》した。雅之君も涙《なみだ》がこぼれて仕方なかった。実の母親だけに、テーブルの向こうとこちら側の、その④途方《とほう》もない距離《きょり》感に息が詰《つ》まりそうになった。

母親は㋓キタクした父親にもまくし立てた。父親は難しい顔でビールを呑《の》み、雅之君をそばに座らせた。父親は母親のように取り乱しはしなかったが、逆にひとつひとつの言葉を重そうに放った。⑤雅之君はまたうなだれることになった。

「人として、こういう見方が間違っているのは、お父さんにもわかるよ」

父親はそういう前置きをした。

「こんな時代だから、生きてりゃいろいろある。ホームレスになってしまう人もいるだろう。でも、はっきり言おう。一生懸命《けんめい》真面目《まじめ》に働いていれば、人はホームレスなんかにはならない。これは事実だ。どこかであの人たちには㋔ユダンというか、怠惰《たいだ》な時期があったんだろ

ったバンさんはもう一度、「たかちゃん」と発した。
閉じられているバンさんのまぶたが、夢を見ているように動いていた。③雅之君は首筋や耳が熱くなり、バンさんから顔をそむけた。絵の具がぽたぽたとズボンに落ちた。バンさんの声は続く。
「たかちゃん、ここにいるから」
どうしたらいいかわからず、雅之君は立ち上がろうとした。すると、はっ、と息を吸いこむような音に続き、バンさんが咳払《せきばら》いをした。なにも気づいていないふりをして、雅之君は折り畳《たた》み椅子《いす》に座り直した。絵の具を筆につけ、再びスケッチブックに向かう。
バンさんはしばらくなにも言わなかった。何度かあくびをし、雅之君の隣でただじっとしていた。それからおもむろに「うまいなあ」とつぶやいた。
「なにが?」
「いや、君の絵だ」
「でも……」
なにか言われる予感がし、雅之君は振り向かなかった。
「そう。でも、なんだよな。うまいんだが、やっぱり見たままの絵だ。そういう方向でやっていくなら、それはそれでいい。だけど、うまい絵ということだけで競うなら、上には上がいる。世の中には写真と見まがうような絵を描く人がいるからな。どうだ? この道で食っていこうと思ってるのか?」
さあ、と雅之君は首をひねった。それを考えないわけではなかったが、まだなんとも、というのが本音だった。
「まあ、そんなに早く人生を決める必要もないんだけどな。ただ、君の絵はまっとう過ぎる。責任感が強過ぎるのかな。その分、視野が狭《せま》くなってる」
はあ、と雅之君。

「植物ってのは、こういう生き物なんだぞ。知ってたか?」
バンさんは Ⅱ と立ち上がると、ヒルガオの群落の横の茂《しげ》みまで歩いていき、すこし迷ってから背丈《せたけ》のある雑草を引き抜《ぬ》いた。川砂の下から Ⅲ と長い根が出てきた。
「地下で頑張《がんば》っている足腰の方が大きいだろう。それなのに絵描きは、いつも上半分しか描かない。もし君が見たままを再現する絵描きになりたいのなら、一度根まできちんと細密画でやってみな。それはそれで目が新しくなる。そうやって自分のスタイルってものを探す旅に出るんだよ」
バンさんはそれだけを言うと、何度か背伸びをして「うおーっ」と意味のわからない唸《うな》り方をした。それから空《あ》き缶《かん》でふくらんだ袋《ふくろ》を肩《かた》にかついだ。
「楽しんでな。なにごとも」
雅之君が「はい」と答えると、バンさんは鼻歌でメロディらしきものをなぞりながら遊歩道の方へと歩いていった。雅之君は小さな声で「どうも」とささやき、去っていくバンさんの背中に向けてぺこりと頭を下げた。
雅之君の足下《あしもと》に、バンさんの抜いた雑草が残された。
ヒルガオの花びらはどうでもよくなっていた。雅之君のなかで、植物そのものの印象が変わっていた。これまで自分が強調しようとしていた植物の可憐《かれん》さはどこかに消え、生き物としてのなまなましい存在感が迫《せま》ってきた。草の根の形なんて知っていたはずなのに、それは初めて見る生き物だった。まるでこの星に潜《ひそ》んで生きるため、姿を変えた宇宙生命体のようにも感じられるのだ。
新鮮《しんせん》だった。意図的にデフォルメしてもいいから、雅之君はこの感じ、この方向で植物をとらえ直してみようと思った。細密画でありながらイメージを㋑ユウセンする、新たな感覚の萌芽《ほうが》。

2024年度

世田谷学園中学校

【国　語】〈第一次試験〉（五〇分）〈満点：一〇〇点〉

〔注意〕　解答の際には、句読点やカギカッコなどの符号《ふごう》も字数にふくむものとします。

次の文章を読んで、後の問いに答えなさい。

　中学三年生の雅之《まさゆき》君は元イラストレーターのホームレスのバンさんと、多摩《たま》川の河川敷《じき》で知り合う。最初は警戒《けいかい》をしていた雅之君であったが、バンさんの巧《たく》みな言葉遣《づか》いや多面的なものの見方に惹《ひ》かれ、たびたび絵の手ほどきを受けるようになる。以下の文章は二人の交流を描いたものである。

　バンさんは笑いながら雅之君の横にきて、「なにを描《か》いてるんだ？」と覗《のぞ》きこんだ。

　雅之君は正直に答えた。目の前のヒルガオを描こうとしていること。でも、花びらの色が出せそうにないこと。

　バンさんは「ほう」とうなずき、しばらく雅之君のすることを見ていた。ひげだらけの口が動いたのはそのあとだった。

「同じ色にしなくたっていいんじゃないか」

「はあ……でも」

「絵なんだから」

「色を作れないのが悔《くや》しいんですよ」

　するとバンさんは雅之君のパレットに手を伸《の》ばしてきた。

「混ぜるものが違《ちが》うんだよ。①別に、絵の具じゃなくたっていいんだ」

「え？」

　雅之君は絵筆とパレットをバンさんに渡した。いつも通りの　I　とした汚《よご》れた手でバンさんは受け取った。

　バンさんはヒルガオの群落のところまで歩いていき、数枚の葉をちぎって戻《もど》ってきた。指先でそれをつぶし、緑の草汁《くさじる》を白い絵の具に何《なん》滴《てき》か㋐タらした。そして筆先でぐるぐると混ぜていった。

「これで描いてごらん。おそらくこっちの色だから」

　思いもよらなかったこの色作りを、雅之君はⒶ口を開けたまま見ていた。こんな方法があるなんてまったく知らなかった。そして閉まらないその口からは、さらに「わっ」と声が漏《も》れることになった。画用紙に筆をつけたとたん、望んでいた色がそこに現れたからだ。

「すごい」

「絵の具だからって、他の絵の具と混ぜなければいけないなんて考えたらだめだぞ。お茶を混ぜることもあれば、石の粉を使う時もある。なんだってありだよ。方法は自分で開拓《かいたく》していくんだ」

　②すごいよ、すごい、すごい、と繰《く》り返す雅之君の横で、バンさんは草むらにじかに腰《こし》を降ろした。あくびをしながら雅之君の描く絵を見ている。そしてごろりと横になった。陽射《ひざ》しが心地よかったのか、バンさんはそのうち寝息《ねいき》を立て始めた。こんなところでバンさん……と雅之君は戸惑《とまど》ったが、絵を描くのに邪魔《じゃま》になるわけでもないので、そのまま放っておいた。

　どれだけ時間がたったのだろう。雅之君はヒルガオを描くことに没《ぼっ》頭《とう》していて、バンさんが隣《となり》で昼寝をしていることを忘れていた。

「たかちゃん……」

　唐突《とうとつ》な声だった。

　雅之君の絵筆がとまった。振《ふ》り向くと、自分の手を枕《まくら》代わりに寝入

2024年度

世田谷学園中学校

▶解説と解答

算　数　＜第１次試験＞（60分）＜満点：100点(理数コースは200点)＞

解　答

1 (1) $\frac{3}{4}$　(2) 85個　(3) 308　(4) 10：21：13　(5) 214　(6) 56度　2 (1) 260円　(2) 300円　3 (1) 5 ： 6　(2) 39.6cm²　4 (1) 17頭　(2) 28日　5 (1) 27cm²　(2) 3 ： 1　6 (1) 2 ： 3　(2) 7.5km

解　説

1 四則計算，差集め算，整数の性質，割合と比，場合の数，角度

(1) $5\frac{2}{3}\times\left(1-0.6\times\frac{5}{12}\right)-3\frac{1}{2}=\frac{17}{3}\times\left(1-\frac{3}{5}\times\frac{5}{12}\right)-\frac{7}{2}=\frac{17}{3}\times\left(1-\frac{1}{4}\right)-\frac{7}{2}=\frac{17}{3}\times\left(\frac{4}{4}-\frac{1}{4}\right)-\frac{7}{2}=\frac{17}{3}\times\frac{3}{4}-\frac{7}{2}=\frac{17}{4}-\frac{14}{4}=\frac{3}{4}$

(2) 全員に９個ずつ配るためには，９－４＝５(個)足りない。よって，１人に９個ずつ配るのに必要な個数と１人に７個ずつ配るのに必要な個数の差は，５＋15＝20(個)とわかる。これは，９－７＝２(個)の差が生徒の数だけ集まったものだから，生徒の数は，20÷２＝10(人)となる。よって，みかんの個数は，７×10＋15＝85(個)と求められる。

(3) 700を割ると７余るので，700－７＝693を割ると割り切れる。同様に，3300を割ると66余るから，3300－66＝3234を割ると割り切れる。よって，ある整数は693と3234の公約数とわかる。ただし，余りは割る数よりも小さいので，ある整数は66よりも大きい数である。右の図１の計算から，693と3234の最大公約数は，３×７×11＝231とわかるから，693と3234の公約数は{1，3，7，11，21，33，77，231}の８個となる。このうち66よりも大きい数の和は，77＋231＝308と求められる。

図１

3)	693	3234
7)	231	1078
11)	33	154
	3	14

(4) Ａ，Ｂ，Ｃが使った金額は，それぞれはじめに持っていた金額の，$1-\frac{2}{5}=\frac{3}{5}$，$1-\frac{5}{7}=\frac{2}{7}$，$1-\frac{7}{13}=\frac{6}{13}$にあたる。また，３人が使った金額は等しいので，Ａ，Ｂ，Ｃがはじめに持っていた金額をそれぞれⒶ円，Ⓑ円，Ⓒ円とすると，Ⓐ$\times\frac{3}{5}=$Ⓑ$\times\frac{2}{7}=$Ⓒ$\times\frac{6}{13}$と表すことができる。よって，Ⓐ：Ⓑ：Ⓒ$=\frac{5}{3}:\frac{7}{2}:\frac{13}{6}=10:21:13$と求められる。

(5) 百の位が１のとき，残りのカードは{1，2，3，4}だから，十の位には４通り，一の位には３通りのカードを並べることができ，３けたの整数は，４×３＝12(個)できる。よって，小さい方から15番目の整数は，百の位が２の整数の中で小さい方から，15－12＝３(番目)の整数とわかる。また，百の位が２の整数は小さい方から順に，211，213，214，…となるので，求める整数は214である。

図２

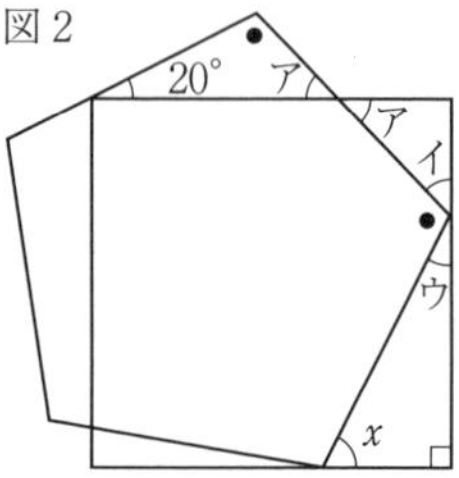

(6) N角形の内角の和は，180×(N－２)で求められるから，五角形の内角の和は，180×(５－２)＝540(度)であり，正五角形の１つの内角は，540÷５＝108(度)とわかる。よって，右の図２の●印をつけた角の大きさ

は108度である。すると，角アの大きさはどちらも，180－(20＋108)＝52(度)，角イの大きさは，180－(90＋52)＝38(度)，角ウの大きさは，180－(38＋108)＝34(度)になるので，角 x の大きさは，180－(90＋34)＝56(度)と求められる。

2 消去算

⑴　値段が安い方から順に，A 円，B 円，C 円，D 円，E 円とすると，10通りの金額は右の図のようになる。この図で，①と②，および⑨と⑩の金額は図のように決まるが，③～⑧の金額はまだわからない。次に，①～⑩の中には A ～ E が４回ずつあらわれるから，10通りの金額をすべて加えると，$(A+B+C+D+E)\times 4$ にあたる金額が，290＋380＋420＋430＋470＋480＋530＋560＋620＋660＝4840(円)とわかる。よって，$A+B+C+D+E$ ＝4840÷４＝1210(円)なので，ここから①と⑩をひくと，C ＝1210－(290＋660)＝260(円)と求められる。

① $A+B$ ＝290(円)
② $A+C$ ＝380(円)
③ $A+D$
④ $A+E$
⑤ $B+C$
⑥ $B+D$
⑦ $B+E$
⑧ $C+D$
（③～⑧）420円，430円，470円，480円，530円，560円
⑨ $C+E$ ＝620(円)
⑩ $D+E$ ＝660(円)

⑵　C ＝260円を⑨にあてはめると，E ＝620－260＝360(円)となり，これを⑩にあてはめると，D ＝660－360＝300(円)とわかる。なお，同様に考えると，A ＝120円，B ＝170円と求められる。

3 平面図形―辺の比と面積の比

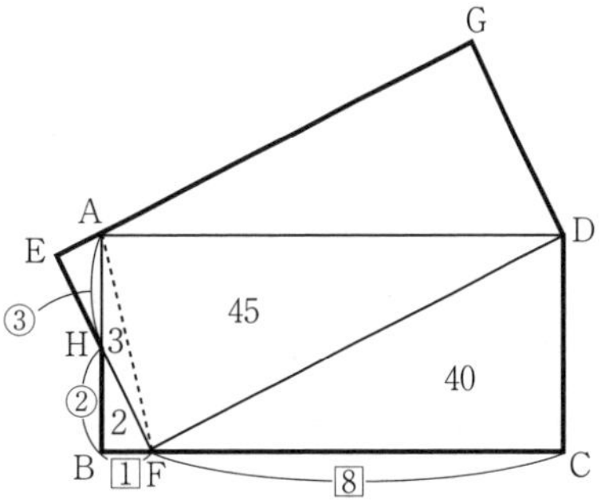

⑴　右の図のようにＡとＦを結ぶ。三角形FAHと三角形FHBは高さが等しい三角形だから，面積の比は底辺の比と等しくなる。そこで，三角形FAHの面積を３，三角形FHBの面積を２とすると，三角形ABFの面積は，３＋２＝５となる。また，三角形ABFと三角形CDFも高さが等しい三角形なので，面積の比は１：８であり，三角形CDFの面積は，$5\times\frac{8}{1}$＝40とわかる。さらに，三角形AFDと三角形CDFの面積の比は，(１＋８)：８＝９：８だから，三角形AFDの面積は，$40\times\frac{9}{8}$＝45と求められる。よって，三角形CDFと四角形AHFDの面積の比は，40：(３＋45)＝５：６である。

⑵　三角形AFDの面積は長方形EFDGの面積の半分なので，⑴の比を利用すると，長方形EFDGの面積は，45×２＝90となる。よって，太線で囲まれた部分の面積は，90＋２＋40＝132とわかる。また，３＋45＝48にあたる面積が14.4cm^{2}だから，比の１にあたる面積は，14.4÷48＝0.3(cm^2)となり，太線で囲まれた部分の面積は，0.3×132＝39.6(cm^2)と求められる。

4 ニュートン算

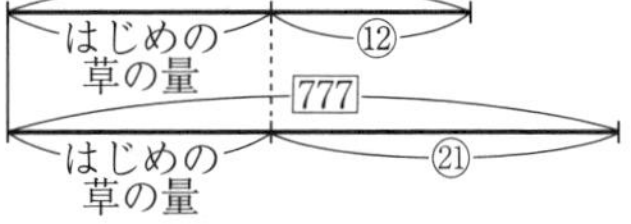

⑴　１日に生える草の量を①，牛１頭が１日に食べる草の量を$\boxed{1}$とする。牛が52頭の場合，12日で，①×12＝⑫の草が生え，その間に，$\boxed{1}$×52×12＝$\boxed{624}$の草を食べて草がなくなる。同様に，牛が37頭の場合，21日で，①×21＝㉑の草が生え，その間に，$\boxed{1}$×37×21＝$\boxed{777}$の草を食べて草がなくなるから，右上の図のように表すことができる。この図で，㉑－⑫＝⑨にあたる量と，$\boxed{777}$－$\boxed{624}$＝$\boxed{153}$にあたる量が等しいので，①＝$\boxed{153}$÷９＝$\boxed{17}$とわかる。つまり，１日に生える草の量は牛17頭が１日に食べる草の量と等しいから，草を食べつくすことなく放牧できるのは最大17頭である。

(2)　はじめに生えていた草の量は，[624]－⑫＝[624]－[17]×12＝[420]である。また，32頭を放牧すると１日に，[32]－[17]＝[15]ずつ減っていくので，420÷15＝28(日)で食べつくすことがわかる。

5　立体図形─相似，辺の比と面積の比

(1)　下の図１のようになる。図１で，三角形FQCと三角形EQBは相似であり，相似比は，FC：EB＝６：２＝３：１だから，QB：BC＝１：(３－１)＝１：２となり，QB＝$6\times\frac{1}{2}$＝３(cm)とわかる。また，三角形FPCと三角形DPAも相似であり，相似比は，FC：DA＝６：４＝３：２なので，PA：AC＝２：(３－２)＝２：１となる。よって，真上から見た図は下の図２のようになる。図２で，三角形AQCの面積は，(３＋６)×３÷２＝13.5(cm²)だから，三角形APQの面積は，13.5×$\frac{2}{1}$＝27(cm²)と求められる。

図１

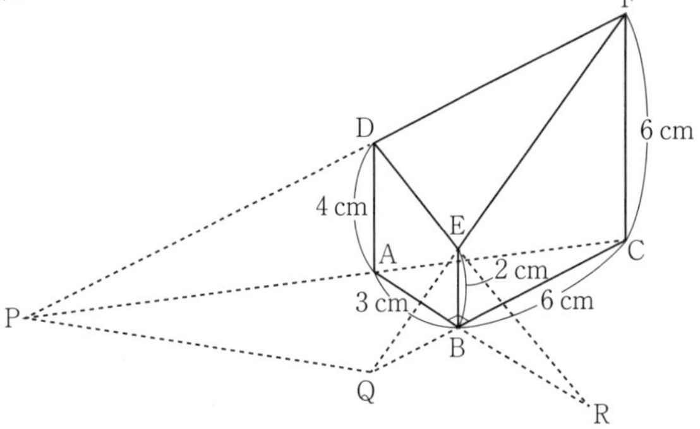

図２

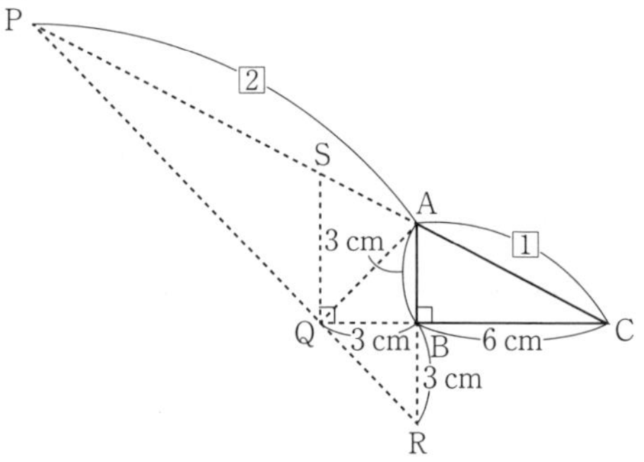

(2)　図１で，三角形DARと三角形EBRは相似であり，相似比は，DA：EB＝４：２＝２：１なので，AB：BR＝(２－１)：１＝１：１となり，BR＝３cmとわかる。また，図２のようにBAと平行な直線QSを引くと，三角形SQCと三角形ABCは相似になる。このとき，相似比は，QC：BC＝(３＋６)：６＝３：２だから，SQ＝$3\times\frac{3}{2}$＝4.5(cm)となり，SQ：AR＝4.5：(３＋３)＝３：４と求められる。さらに，SA：AC＝QB：BC＝３：６＝１：２より，SA＝[1]×$\frac{1}{2}$＝[0.5]，PS＝[2]－[0.5]＝[1.5]となり，PS：PA＝1.5：２＝３：４とわかる。ここで，＿と＝の比が等しいことから，P，Q，Rは一直線上にあることがわかる。よって，PQ：QR＝PS：SA＝３：(４－３)＝３：１となる。

6　つるかめ算

(1)　それぞれのモードについて，バッテリー１％あたりで進むことができる距離《きょり》は下の図１のようになる。家からA地点まで行くとき，オートマチックで，100－90＝10(％)のバッテリーを消費したから，家からA地点までの距離は，0.45×10＝4.5(km)とわかる。また，帰りはオートマチックとパワーで合わせて，90－77＝13(％)消費したので，下の図２のようにまとめることができる。パ

図１

パワー	30÷100＝0.3(km)
オートマチック	45÷100＝0.45(km)
ロング	60÷100＝0.6(km)

図２

オートマチック（１％で0.45km）｝合わせて
パワー　　　　（１％で0.3km）｝13％で4.5km

図３

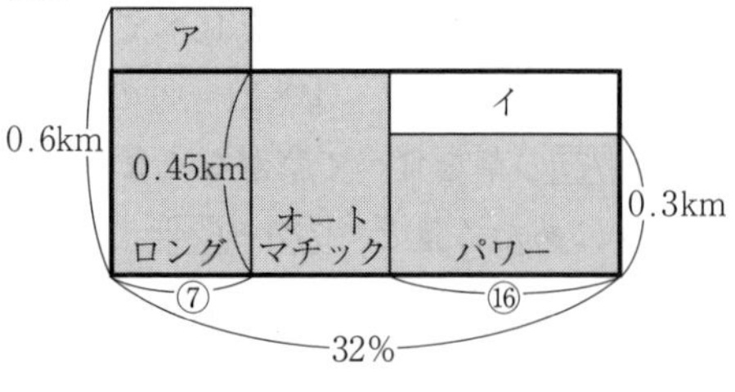

ワーで13％消費したとすると，0.3×13＝3.9(km)しか進まないから，実際よりも，4.5−3.9＝0.6(km)短くなる。パワーのかわりにオートマチックで進むと，１％あたり，0.45−0.3＝0.15(km)多く進むことができるので，オートマチックで消費したのは，0.6÷0.15＝４(％)と求められる。よって，パワーで消費したのは，13−４＝９(％)だから，オートマチックとパワーで進んだ距離の比は，(0.45×４)：(0.3×９)＝２：３である。

(2) 家からＢ地点まで行くとき，オートマチックで，100−70＝30(％)消費したので，家からＢ地点までの距離は，0.45×30＝13.5(km)とわかる。また，帰りは３種類合わせて，70−38＝32(％)消費したことになる。このうち，ロングとパワーで進んだ距離の比が７：８だから，ロングとパワーで消費した量の比は，$\frac{7}{0.6}$：$\frac{8}{0.3}$＝７：16となり，上の図３のように表すことができる。図３で，かげをつけた部分の面積は13.5kmにあたり，太線で囲んだ部分の面積は，0.45×32＝14.4(km)なので，アとイの部分の面積の差が，14.4−13.5＝0.9(km)とわかる。また，アとイの部分のたての長さは等しいから，アとイの部分の面積の比は７：16であり，アの部分の面積は，$0.9\times\frac{7}{16-7}=0.7$(km)と求められる。よって，⑦＝0.7÷(0.6−0.45)＝$\frac{14}{3}$(％)なので，①＝$\frac{14}{3}\div 7=\frac{2}{3}$(％)となり，パワーで消費したのは，$\frac{2}{3}\times 16=\frac{32}{3}$(％)，オートマチックで消費したのは，$32-\left(\frac{14}{3}+\frac{32}{3}\right)=\frac{50}{3}$(％)とわかる。したがって，オートマチックで進んだ距離は，$0.45\times\frac{50}{3}=7.5$(km)である。

社　会　＜第１次試験＞（30分）＜満点：50点＞

解　答

1 **問１** (エ)　**問２** (エ)　**問３** (ア)　**問４** (ウ)　**問５** (エ)　**問６** 五島列島　**問７** (イ)　**問８** NATO　**問９** (イ)　**問10** ②　**問11** (ア)　**問12** (ウ)　**2** **問１** **1** 藤原道長　**2** 能　**3** 井原西鶴　**問２** (ウ)　**問３** (ア)　**問４** (イ)　**問５** (エ)　**問６** (エ)　**問７** 浮世絵　**問８** (ウ)　**問９** (ア)　**問10** (エ)　**3** **問１** (例) 産業革命による機械化によって，自分たちの仕事が奪われてしまう恐れから，機械を壊そうとしている。　**問２** (ア)　**問３** 米，１　**問４** (例) 15歳以上の男性の長時間労働が禁止されていない。　**問５** (例) 遊園地をつくる。／遊園地に行くために，仕事が休みの日でも，鉄道を利用するから。　**問６** 5.6　**問７** 22.5　**問８** (エ)

解　説

1 2023年上半期の出来事を題材にした問題

問１　国際連合は，1945年に原加盟国51か国で発足した国際平和機関であり，本部はアメリカ合衆国東部の都市ニューヨークに置かれている((エ)…○)。なお，(ア)のフィラデルフィアはニューヨークの南西に位置し，かつてアメリカ建国の中心となった都市である。(イ)のボストンはニューヨークの北東にあり，世界有数の港湾都市として知られる。(ウ)のワシントンD.C.はアメリカ合衆国の首都で，ニューヨークの南西にある。

問２　島の数は1479島の長崎県が全国最多で，北海道の1473島，鹿児島県の1256島がこれに次ぐ((エ)…×)。なお，2023年に国土地理院は最新の地図データを用いて日本全国の島を36年ぶりに数え直し((イ)…○)，14125島であることを発表した。これは，それまで海上保安庁が公表していた6852島の２倍以上に当たる((ウ)…○)。なお，島の定義は，「海洋法に関する国際連合条約」で「自然に形成された陸地であって，水に囲まれ，高潮時においても水面上にあるもの」とされる((ア)…○)。

問３　瀬戸市は愛知県北部に，多治見市は岐阜県南東部に位置する((ア)…×)。なお，愛知県南東部の渥美《あつみ》半島は，豊川用水が引かれたことによって全国有数の農業地帯に成長し，菊《きく》(電照菊)やキャベツなどがさかんに生産されている((イ)…○)。愛知県の人口は，東京都，神奈川県，大阪府に次ぐ全国第４位の約750万人であり(2022年)，県内では県庁所在地の名古屋市のみが政令指定都市である((ウ)…○)。また，愛知県は自動車を中心とする機械工業がさかんで，製造品出荷額等が全国で最も多い((エ)…○)。

問４　［図２］の(1)によると，人口が多いのは男女とも70歳代前半と50歳代前半の世代である((ウ)…×)。

問５　Ｇ７はグループを表す「Ｇ」と，アメリカ合衆国・イギリス・フランス・イタリア・ドイツ・日本・カナダの７か国を表す「７」を組み合わせた語で，年に１回，Ｇ７とEU(ヨーロッパ連合)の首脳が集まってサミットと呼ばれる首脳会議が開かれる。(ア)はアメリカ合衆国，(イ)はイギリス，(ウ)はカナダの国旗で，いずれもＧ７に含《ふく》まれるが，(エ)はＧ７に含まれない中国の国旗である。

問６　五島列島は長崎県の西方沖に浮かぶ島々で，これらのうち，野崎島，頭《かしら》ヶ《が》島，奈留《なる》島，久《ひさ》賀《か》島には，ユネスコ(国連教育科学文化機関)の世界文化遺産「長崎と天草地方の潜伏《せんぷく》キリシタン関連遺産」の構成資産となっている集落がある。

問７　オリーブは日照時間が長いほどよく育つ作物で，日本では１年を通じて降水量が少ない瀬戸内の気候に属している香川県の生産量が全国で最も多い((イ)…○)。特に小《しょう》豆《ど》島はその産地として知られ，香川県のオリーブの収穫《しゅうかく》量は全国の約９割を占《し》めている(2020年)。なお，(ア)にはおうとう(さくらんぼ)，(ウ)にはいちご，(エ)にはももが当てはまる。

問８　NATO(北大西洋条約機構)は，アメリカ合衆国と西ヨーロッパ諸国を中心とする集団防衛組織で，ベルギーのブリュッセルを本部として1949年に発足した。ウクライナはNATOへの加盟を望んでいるがロシアは反発しており，このことが2022年に始まったロシアによるウクライナ侵攻《しんこう》の一因となったともいわれている。

問９　11月３日は明治天皇の誕生日を祝う明治節であったが，1946年の同日に日本国憲法が公布されたことを記念し，1948年に「文化の日」という祝日が制定された([X]…正)。1964年に東京オリンピックが開かれたことを記念し，開会式の行われた10月10日が「体育の日」という祝日となった。しかし，2000年から実施されたハッピーマンデー制度により，10月の第２月曜日へと移された後，2020年には東京オリンピックの開催《かいさい》に合わせて「スポーツの日」へ名前が変えられた。また，競技の開催に合わせて特例的に祝日が７月へと移されたが，新型コロナウイルス感染症《しょう》の流行拡大によって開催が１年延期されたため，翌2021年もスポーツの日は７月とされた。2022年以降は，再び10月の第２月曜日に戻されている([Y]…誤)。よって(イ)が正しい。

問10　1918年に首相として日本初の本格的な政党内閣を組織した原敬《たかし》や，詩人の石川啄木《たくぼく》，詩人・作家の宮沢賢治《けんじ》など，数多くの著名人ゆかりの地として知られるのは岩手県の県庁所在地である盛岡市である(②…○)。また，市内には雫石《しずくいし》川・中津川・北上川という３つの河川が流れ，北上川に合流しており，盛岡地方裁判所の敷地《しきち》内にある石割桜は，国の天然記念物に指定されている。

なお，①は北海道，③は福島県，④は群馬県，⑤は三重県，⑥は福岡県の都市を指している。

問11　2025年，大阪市で「いのち輝く未来社会のデザイン」をテーマとして，大阪・関西万博(日本国際博覧会)が開かれる予定である((ア)…○)。なお，(イ)は1970年に開かれた大阪万博(日本万国博覧会)，(ウ)は1985年に開かれたつくば科学万博(国際科学技術博覧会)，(エ)は1975年に開かれた沖縄海洋博(国際海洋博覧会)のテーマである。

問12　河川が海に流れ出る河口付近では，水の力が弱まるため土砂が積もり，流れの中に中州という島のようなものができる。このようにしてできた土地を，三角州という。日本では，主に大きな河川の河口に三角州が形成されている((ウ)…○)。なお，日本列島は湿潤《しつじゅん》な気候に属しているが，季節ごとの降水量は地域によって異なる。例えば，冬の積雪量が多い日本海側の地域を流れる川は，雪解け水が流れるため春の流量が多くなる。また，梅雨や台風の影響を受ける地域では，その時期に川が増水する((ア)…×)。日本の川は流れが急なため，河川の流域にある集落はたびたび水害に悩《なや》まされ，その対策をとってきた((イ)…×)。大型船を利用した貨物輸送は，流れがゆるやかで幅《はば》の広い河川に適しているが，日本にはそうした河川は多くない。そのため，河川を利用した貨物輸送はあまり行われていない((エ)…×)。

2　各時代の歴史的なことがらや歴史的な建造物の場所についての問題

問１　**1**　藤原道長は平安時代中期の貴族で，子の頼通《よりみち》とともに藤原氏の摂関《せっかん》政治の全盛期を築いた。「もち月の歌」は，道長が三女の威子《いし》を後一条天皇のきさきとした祝いの場で，自身の満ち足りた気持ちをもち月(満月)にたとえて詠《よ》んだものとされている。　**2**　室町時代，第３代将軍足利義満の保護を受けた観阿弥《かんあみ》・世阿弥《ぜあみ》父子は，田楽や猿楽《さるがく》の歌や舞を取り入れ，芸術性を高めた能(能楽)を大成した。　**3**　井原西鶴《さいかく》は江戸時代前半に栄えた元禄《げんろく》文化を代表する文学者で，浮世《うきよ》草子《ぞうし》と呼ばれる小説の作家として人気を集めた。『世間胸算用《むなざんよう》』は西鶴の代表作の１つで，当時の町人の暮らしが描かれている。

問２　鎌倉幕府の初代将軍源頼朝が1199年に亡くなった後，幕府には将軍を補佐する役職として執《しっ》権《けん》が置かれた。頼朝の妻・北条政子の実家であった北条氏が代々執権の地位を継《つ》ぎ，大きな力を持って政治を動かした((ウ)…○)。なお，平安時代後半に東北地方で起きた，前九年の役(1051～62年)・後三年の役(1083～87年)という２つの大きな戦乱の死者をとむらうため，平泉(岩手県)に中尊寺を建立《こんりゅう》したのは，奥州藤原氏の初代清衡《きよひら》である((ア)…×)。太閤《たいこう》検地を行ったのは，安土桃山時代の豊臣秀吉である((イ)…×)。鎌倉幕府は1297年，窮乏《きゅうぼう》した御家人の生活を救うために永仁《えいにん》の徳政令と呼ばれる借金の帳消し令を出したが，効果は上がらなかった((エ)…×)。

問３　1333年，鎌倉幕府の御家人であった足利尊氏は，後醍醐《ごだいご》天皇の呼びかけに応じて幕府にそむき，京都の六波羅《ろくはら》探題を攻《せ》め落とした((ア)…○)。その後，尊氏は幕府を開くに当たって建武式目という政治の方針を定めたが，この中には，鎌倉幕府の第２代執権北条義時，第３代執権泰時の時代を手本として政治を行えば，世の中がよく治まるという記述がある((イ)…×)。なお，室町幕府第３代将軍足利義満が始めた明《みん》(中国)との勘合《かんごう》貿易は，第４代将軍義持が中断し，一時復活したものの第13代将軍義輝《よしてる》のときに断絶した((ウ)…×)。1573年，室町幕府第15代将軍足利義昭《よしあき》は織田信長によって京都から追放され，これによって室町幕府は滅《ほろ》んだ((エ)…×)。

問４　鎌倉時代になると，草木を焼いてつくった草木灰や，刈《か》った草や葉などを田畑に埋《う》めこむ刈《かり》敷《しき》といった肥料が利用されるようになった。これに加え，室町時代には下肥《しもごえ》と呼ばれるふんも，肥料として広く利用されるようになった（［Ｘ］…正）。鎌倉時代の武士は，領地に館を構えてふだんは農業に従事し，農民の指導をするなどしていた（［Ｙ］…誤）。よって(イ)が正しい。

問５　(ア)のオランダの商館が出島に移されたのは1641年，(イ)の下関が攻撃されたのは1864年，(ウ)の天保の大ききんが始まったのは1833年，(エ)の大塩平八郎の乱は1837年の出来事である。よって，古い順に(ア)→(ウ)→(エ)→(イ)となるので，３番目にくるのは(エ)である。

問６　1854年，江戸幕府はアメリカと結んだ日米和親条約により下田と箱館（函館）を開港。1858年の修好通商条約では，横浜・長崎・兵庫・新潟を開いた（半年後に下田は閉鎖）。本来は神奈川の予定だったが，人の往来が多い東海道に面しており，日本人と外国人が接することによるトラブルを避《さ》けるなどの目的から，近くの小さな漁村であった横浜に港が開かれた((エ)…×)。

問７　浮世絵は当時の流行や風俗などを描いたもので，江戸時代前半に菱川師宣《ひしかわもろのぶ》が大成した。江戸時代後半になると，錦絵《にしきえ》と呼ばれる多色刷り版画の技法が確立され大量生産が可能になったことから，広く庶民の娯楽《ごらく》として楽しまれるようになった。

問８　伊勢《いせ》神宮は②の三重県伊勢市にあり，内宮《ないくう》には皇室の祖先とされる天照大御神《あまてらすおおみかみ》が，外宮《げくう》には衣食住や産業の守神である豊受《とようけの》大御神がまつられている。鶴岡八幡宮《つるがおかはちまんぐう》は①の神奈川県鎌倉市にあり，源氏の守り神として広く武士の信仰を集めた。讃岐金刀比羅宮《さぬきことひらぐう》は③の香川県琴平《ことひら》町にあり，「こんぴらさん」の愛称《あいしょう》で親しまれている。なお，「讃岐」は香川県の旧国名である((ウ)…○)。

問９　明治時代には近代国家を目指すための政策がいくつも進められ，その１つとして学校制度が整備された。1872年に出された学制では，大・中・小学校を設立すること，６歳以上の子どもに義務教育を受けさせることといった教育の構想が示されたが，授業料を納める必要があることなどから，初期は就学率がなかなか上がらなかった((ア)…×)。

問10　1937年に日中戦争，1941年に太平洋戦争に突入《とつにゅう》した日本では，戦争の長期化にともない男性が次々と戦地へと送られていったため，労働力不足が深刻化していった。これを補うために未婚《みこん》女性が軍需《ぐんじゅ》工場に動員されたが，労働力不足が解消されたわけではない((エ)…×)。

３　近現代の日本経済を題材にした問題

問１　イギリスでは，世界に先がけて18世紀末ごろから産業革命が始まり，蒸気《じょうき》機関を利用した機械が工場に導入されて大量生産が行われるようになった。これによって，手工業の職人たちが仕事を奪《うば》われることになり，それへの反発から機械を打ち壊《こわ》す運動（ラッダイト運動）を起こした。

問２　1885年の生糸の輸出額は，3715万×0.351＝1303.965万（円），1899年の生糸の輸出額は，21493万×0.291＝6254.463万（円）なので，大幅に増加している((ア)…○)。なお，1865年の生糸の輸出額がわからないため，1885年までにどれくらい増えたかを読み取ることはできない((イ)…×)。また，1885年のグラフにはあった緑茶と水産物が，1899年のグラフではなくなっているが，その原因や輸出に占《し》める割合は，このグラフから読み取ることはできず((ウ)…×)，水産物についても，「その他」にふくまれている可能性があるため，全く輸出がなくなったといい切ることはできない((エ)…×)。

問３　［表１］，［表２］の考え方を［表３］に当てはめると，Ｚ国は機械類，米ともにＹ国よりも労働生産性が高く，機械類はＹ国の，60÷80×100＝75（％），米はＹ国の，30÷80×100＝37.5（％）の労働者数で生産できるので，米の方がより得意な産業ということになる。そこで，Ｚ国は米の生産に特化し，Ｙ国はＺ国で生産しない機械類の生産に特化すると考えて労働者を移動すると，Ｙ国の機械類の労働者数は160人，Ｚ国の米の生産者数は90人となる。Ｙ国は80人で機械類１単位を生産できるので，160÷80＝２(単位)，Ｚ国は30人で米１単位を生産できるので，90÷30＝３(単位)である。これによって２国の合計生産単位は５単位となり，もともとの４単位より１単位多くなる。

問４　［資料１］で禁止されているのは，「十二歳未満の者」を工場で働かせること(第二条)と，「十五歳未満の者や女子を一日十二時間を超《ちょう》過《か》して」働かせること(第三条)であり，15歳以上の男性については労働時間の禁止事項《じこう》がないとわかる。

問５　［写真１］はデパート(百貨店)，［写真２］は遊園地を写したものと考えられる。鉄道会社が沿線にこうした施設をつくれば，そこを訪れる人の鉄道利用が見こめるので，利益の増加が期待できる。また，こうした施設をつくることで，沿線の住宅地により多くの住民を集められれば，鉄道の利用者も増えるので，さらに利益の増加へつながると考えられる。

問６　示された考え方にしたがい，［表４］の数値を使って2021年の実質のGNP(国内総生産)の金額を計算すると，228兆÷(120÷100)＝228兆÷1.2＝190兆(円)となる。これは，2020年の180兆円に比べて，190兆÷180兆×100＝105.55…となるので，2021年の実質経済成長率は，対前年比約5.6％だったということになる。

問７　［表５］のうち，保険料，貯蓄《ちょちく》，税は消費支出に含まれないので，それ以外の項目を合計した後，食費の割合を求めればよい。消費支出の合計は，11.1万＋8.8万＋2.3万＋1.2万＋2.0万＋1.3万＋5.7万＋3.6万＋3.1万＝39.1万(円)で，これに占める食費の割合，つまりエンゲル係数は，8.8万÷39.1万×100＝22.50…より，約22.5％となる。

問８　文章の最後から２つ目の段落で，1980年代には趣味《しゅみ》や娯楽的要素の強い耐久《たいきゅう》消費財に注目が集まり，娯楽や教育への消費支出が増えたことが読み取れるので，消費支出が減少したというのは誤っている((エ)…×)。

理　科　＜第１次試験＞（30分）＜満点：50点(理数コースは100点)＞

解　答

[1]　**問１**　(キ)　**問２**　(1)　**１週間後**…(カ)　**３週間後**…×　(2)　**１週間後**…(コ)　**３週間後**…×　**問３**　(1)　(タ)　(2)　(ケ)　**問４**　公転　**問５**　(え)　**問６**　C　**問７**　(1)　(カ)　(2)　(セ)　**問８**　(チ)　**問９**　(テ)　**[2]**　**問１**　①　10　②　2　**問２**　17cm　**問３**　20ｇ/cm　**問４**　(ア)　**問５**　(1)　40ｇ　(2)　3.3cm　**問６**　500ｇ　**問７**　(1)　3：2　(2)　350ｇ　**[3]**　**問１**　**X**　電気　**Y**　光たく　**問２**　**(あ)**　(A)，(C)　**(い)**　(C)　**(う)**　(B)　**問３**　(エ)　**問４**　1：1　**問５**　27：16　**問６**　3.2ｇ　**問７**　(ア)，(ウ)

解　説

[1]　月の動きと見え方についての問題

問１　新月から３日ほどたった後に見える月は，右はしが細く光って見える(キ)の三日月である。三日月は，日の入りの18時ごろには西の空の低いところに見える。

問２　新月から１週間後には，右半分が光って見える(カ)の上弦《じょうげん》の月になる。上弦の月は，日の入りの18時ごろに南の空に見える。また，新月から３週間後には，左半分が光る(イ)の下弦の月となる。

下弦の月は，真夜中の0時ごろに東からのぼり，日の出の6時ごろに南の空に見える。18時ごろにはまだ空にのぼっていないので見ることができない。

問3　満月は，日の入りの18時ごろに東からのぼり，真夜中の0時ごろに南中し，日の出の6時ごろに西へしずむ。

問4　ある天体が別の天体のまわりを回ることを公転という。月は地球のまわりを公転している。

問5　北極方向から見たとき，地球が自転(その天体自体が回転する運動)したり太陽のまわりを公転したりする向きや，月が自転したり地球のまわりを公転したりする向きは，すべて反時計回りである。

問6　満月は，地球から見て月が太陽とは正反対の方向にあるときに見られる。よって，図ではCの位置にあるとき満月になる。なお，Aの位置では下弦の月，Gの位置では新月となる。

問7　Eの位置に月があるとき，地球からは西側(右側)半分が光って見えるので，(カ)の上弦の月になる。上弦の月は日の入りの18時ごろに南中するので，その6時間後の，真夜中の0時ごろに西へしずむ。

問8　月が地球のまわりを1周するのにかかる日数，つまり月の公転周期は約27.3日である。

問9　月が1回公転する間に地球も太陽のまわりを公転しているため，月の満ち欠けの周期は月の公転周期よりも少し長く，約29.5日となっている。

2　ばねののびと力のつり合いについての問題

問1　①　図1で，おもりの重さが0gのときの全長は10cmとなっている。　②　おもりの重さが40g増えると，ばねは，12−10＝2(cm)のびている。

問2　140gのおもりをつるしたときののびは，$2\times\frac{140}{40}=7$(cm)なので，ばねAの全長は，10＋7＝17(cm)となる。

問3　ばねAは40gの力(重さ)で2cmのびるので，1cmのばしたり縮めたりするのに必要な力，つまりばね定数は，40÷2＝20(g/cm)である。

問4　ばね定数の値が小さくなるほど，1cmのばしたり縮めたりするのに必要な力が小さくてすむので，それだけのびやすいばねになる。

問5　(1)　図2において，棒の左はしを支点として，モーメント(回転させようとするはたらき)を考えると，140gのおもりによる右回り(時計回り)のモーメントは，140×20＝2800となり，力a(□gとする)による左回り(反時計回り)のモーメントは，□×(20＋50)＝□×70になる。棒が水平になりつり合っているときには，右回りと左回りのモーメントが等しくなるので，□×70＝2800という式が成り立つ。したがって，力aは，□＝2800÷70＝40(g)である。　(2)　140gのおもりはばねBと力aで支えられている。よって，ばねBにはたらいている力は，140−40＝100(g)である。ばねBのばね定数は30g/cmなので，100÷30＝3.33…より，ばねBは3.3cmのびている。

問6　ばねBは縮んでいるので棒を上向きに押《お》し，ばねCはのびているので棒を上向きに引いている。よって，図3では，おもりbがばねBとばねCによって支えられているとわかる。ばね定数が30g/cmのばねBは5cm縮んでいるので，ばねBには，30×5＝150(g)がかかっている。また，ばね定数が50g/cmのばねCは7cmのびているので，ばねCには，50×7＝350(g)がかかっている。したがって，おもりbの重さは，150＋350＝500(g)とわかる。

問7　(1)　図4で，棒のつり合いにおいて，おもりcが棒を4：3に分ける位置につるしてあることから，おもりｃの重さを⑦とすると，棒の左はし(ばねＢ)にかかる力は③，右はしにかかる力は④となる。また，輪じくのつり合いにおいて，ばねＤにかかる力は，④×１÷２＝②になる。よって，ばねＢとばねＤにかかる力の比は３：２であり，このときばねＢの縮みとばねＤののびは同じなので，ばね定数の比も３：２である。　**(2)**　ばねＤに100ｇがかかっている場合，おもりｃの重さは，$100\times\frac{7}{2}=350$(ｇ)となる。

3 **金属の性質についての問題**

問１　金属には，電気を通しやすいという共通の特ちょうがある。また，表面に特有の光たく(つや)があり，引っぱるとのび(延性)，たたくとうすくひろがる(展性)。

問２　**(あ)**　鉄とアルミニウムは塩酸と反応し，水素を発生しながらとけるが，金は塩酸にとけない。　**(い)**　水酸化ナトリウム水よう液と反応して水素を発生するのは，アルミニウムや亜鉛《あえん》などの一部の金属だけである。鉄と金は反応しない。　**(う)**　金はほかの物質と反応しにくい金属で，長い時間放置しても変化しない。鉄やアルミニウムの場合は酸素と結びつく(さびる)。

問３　チタンは金属の一種で，軽くてさびにくく，丈夫《じょうぶ》なため，腕《うで》時計やメガネのフレームなどに使われている。なお，真ちゅう(黄銅)は銅と亜鉛の合金，はんだはスズを主成分とする合金，ステンレスは鉄にクロムなどを加えた合金，白銅は銅とニッケルの合金である。

問４　表１より，(銅の重さ)：(銅に結びついた酸素の重さ)＝1.00：(1.25－1.00)＝４：１となっている。また，銅原子１つと酸素原子１つの重さの比も４：１である。したがって，酸化銅の中の銅原子と酸素原子の個数の比は，$\frac{4}{4}:\frac{1}{1}=1:1$となる。

問５　表２より，(アルミニウムの重さ)：(アルミニウムに結びついた酸素の重さ)＝0.90：(1.70－0.90)＝９：８となっている。また，酸化アルミニウムの中のアルミニウム原子と酸素原子の個数の比は２：３であるから，アルミニウム原子１つと酸素原子１つの重さの比は，$\frac{9}{2}:\frac{8}{3}=27:16$である。

問６　もし金属粉末8.6ｇがすべてアルミニウムだとすると，加熱後に得られる物質は，$8.6\times\frac{1.70}{0.90}=\frac{731}{45}$(ｇ)となり，実際よりも，$\frac{731}{45}-14.2=\frac{92}{45}$(ｇ)多い。また，アルミニウムを銅に変えていくと，1.0ｇあたり，加熱後に得られる物質は，$1\times\frac{1.70}{0.90}-1.25=\frac{23}{36}$(ｇ)減る。よって，金属粉末中の銅の重さは，$\frac{92}{45}\div\frac{23}{36}=3.2$(ｇ)である。

問７　金属を加熱して得られる物質の重さを測定するので，実験中の操作のわずかなちがいや反応のしかたなどにより，同じように実験を行ってもつねに同じ測定値が得られるとは限らない。そこで，何回か同じ実験を行ってその平均値を求め，測定値にふくまれる誤差ができるだけ小さくなるようにする。また，あらかじめ計算などにより，どのような結果が得られるかを予測しておくと，予想と大きく異なった測定値が得られたとき，実験の過程のまちがいや操作のミスなどに気づきやすくなる。

国　語　＜第１次試験＞（50分）＜満点：100点＞

解　答

問１　下記を参照のこと。　**問２**　ⅰ　ウ　ⅱ　オ　ⅲ　イ　**問３**　Ⓐ　イ　Ⓑ　ウ　Ⓒ　エ　**問４**　Ⅰ　オ　Ⅱ　ウ　Ⅲ　イ　Ⅳ　ア　Ⅴ　エ　**問５**　ウ　**問６**　ア　**問７**　ウ　**問８**　④　**母親**…オ　⑤　**父親**…イ　**問９**　見えない人　**問10**　オ　**問11**　エ　**問12**　イ　**問13**　(1)　ウ　(2)　ア　(3)　エ　**問14**　偽善　**問15**　（例）　今までバンさんから教えてもらった技術やものの見方に対してある種の確信を覚えていたが，自分がバンさんを利用しただけの偽善者だと気づいたことで，その確信が根底からゆらいでいる気持ち。

問16　（例）　この文章における「根」とは目には見えないものであると同時に，人や社会の根底を支えているものである。ともすると，そのようなものに目を向けられる機会は少ないが，私たちは「見えないもの」に対する想像力を忘れず，そして他者への安易な同情や共感に自らがおちいっていないかを意識しながら行動していくことが大切だと思う。

●漢字の書き取り

問１　㋐　垂　㋑　優先　㋒　訪　㋓　帰宅　㋔　油断　㋕　割　㋖　指針　㋗　評判　㋘　帯　㋙　資格

解　説

出典：ドリアン助川《すけがわ》『多摩川《たまがわ》物語』。多摩川の河川敷《かせんじき》でホームレスのバンさんと親しくなり，絵の手ほどきを受けていた中学三年生の雅之《まさゆき》君は，ある日を境にバンさんに会いに行かなくなる。

問１　㋐　音読みは「スイ」で，「垂直」などの熟語がある。　㋑　他のものよりも重視すること。　㋒　音読みは「ホウ」で，「訪問」などの熟語がある。　㋓　自分の家に帰ること。　㋔　気がゆるんでいること。　㋕　音読みは「カツ」で，「割愛」などの熟語がある。　㋖　どのように行動するかという基本的な方針。　㋗　世間のうわさのまと。　㋘　音読みは「タイ」で，「帯同」などの熟語がある。　㋙　一定の技能があることや，ある行為《こうい》をしてよいことを公式に認めるもの。

問２　ⅰ　両親との約束のために河川敷に行けなくなり，雅之君が我慢《がまん》を強《し》いられて不本意な気持ちでいるさまを表す。「ささくれ立つ」は，心などが荒《すさ》んだり乱れたりしていること。　ⅱ　雅之君が夜寝《ね》るときも，バンさんたちの安否を心配し続けるさまを表す。「まんじりともせず」は，少しも眠《ねむ》らないこと。　ⅲ　雅之君が自責の念にかられ，誰《だれ》にも聞こえないようにひとりで泣くさまを表す。「息を殺す」は，音をたてないようにすること。

問３　Ⓐ　バンさんの意外な色のつくり方を，雅之君が驚《おどろ》きながら見守るさまを表す。　Ⓑ　母親から感情的に問い詰《つ》められた雅之君が戸惑《とまど》うさまを表すので，ウがよい。「周章狼狽《しゅうしょうろうばい》」は，予想外の事態にうろたえること。　Ⓒ　美術部の顧問《こもん》の先生が，雅之君の快挙について嬉《うれ》しそうに話すさまを表す。

問４　Ⅰ　バンさんの手を形容する言葉なので，骨ばっているさまやでこぼこなさまを表す「ごつごつ」が選べる。　Ⅱ　立ち上がるバンさんの身のこなしを表す言葉なので，「よろよろ」が合う。　Ⅲ　引き抜《ぬ》かれた雑草の長い根が延々と続くさまを表す言葉なので，「ずるずる」がふさわしい。

Ⅳ　流木やゴミでできた巨大《きょだい》なオブジェが，風に吹《ふ》かれて「怪物《かいぶつ》」の泣き声のような音を立てる場面なので，「ビューッ」が正しい。　Ｖ　小魚が浅い水辺でもがくさまを表す言葉なので，「ぴちゃぴちゃ」がよい。

問５　続く部分でバンさんは，絵の具と混ぜるものは必ずしも「他の絵の具」である必要はなく，「お茶」や「石の粉」でもよいと説明し，「方法は自分で開拓《かいたく》していく」ものだと説いている。バンさんにとって色をつくるための決まりはなく，発想は自由でよいと考えていることがわかるので，ウがふさわしい。

問６　前の部分では，バンさんが「緑の草汁《くさじる》」を使ってつくった色を画用紙にのせたとたん，雅之君が「望んでいた色」が現れている。「思いもよらな」い方法で見事に欲《ほ》しかった色をつくったバンさんの腕前《うでまえ》に，雅之君が圧倒《あっとう》されたことがわかるので，アが合う。

問７　「たかちゃん」「ここにいるから」といったバンさんの寝言に対し，雅之君は絵の具をぽたぽたとズボンに垂らすなど戸惑ったようすを見せ，「どうしたらいいかわから」ないと感じており，バンさんが目覚めた後はなにも聞かなかったふりをしている。雅之君は，無意識のバンさんが口にした言葉を，勝手に聞いてはいけない個人的なものとして認識《にんしき》していることが想像できるので，ウがよい。

問８　④，⑤　雅之君の母親はホームレスがまるで「犯罪者」であるかのようにまくしたて，雅之君とバンさんたちの交流を全否定している。よって，オがふさわしい。一方，雅之君の父親はホームレスになる人にも事情があるだろうと一見理解や「同情」を示しながらも，「真面目《まじめ》に働いていれば，人はホームレスなんかにはならない」と結局は否定している。よって，イが正しい。

問９　前の部分で父親に「一生懸命《けんめい》真面目に働いていれば，人はホームレスなんかにはならない」と言われた雅之君が，バンさんのことを「そんなふうには言って欲しくない」と思いつつ，「見えない人には見えない」が，「自分には見えている」と感じていることに注目する。バンさんと見た「植物の根」のように，ホームレスは陰《かげ》で社会を支えているが，両親はその事実が「見えない人」なのだと雅之君が心のなかで反発していることが読み取れる。

問10　本文の前半で雅之君は，植物を根までふくめた「生き物」としてとらえるなど視野を広く持つようバンさんから教わった結果，自分のなかで「植物そのものの印象」が変わり，「新たな感覚」がめばえたと感じている。ただ「見たまま」を描《か》くよりも「自分のスタイル」を探すべきだというバンさんの教えを雅之君が具体的な技術として理解し直し，磨《みが》き上げていったことが読み取れる。よって，オがふさわしい。

問11　前の部分では，雅之君の絵の変化を受けて周りの反応も変わり，雅之君の日常が色鮮《あざ》やかなものになったことや，絵を描くことに自分の生涯《しょうがい》を「かけてもいい」と雅之君が考え始めたことなどが書かれている。自他共に変化したことで，雅之君の心に人生への希望が生まれたことがわかるので，エが合う。

問12　問11でみたような変化を受け，雅之君が「こうなったら」「親がなにを言おうとバンさんにまた絵を見せに行こう」と決意した矢先，大型台風が直撃《ちょくげき》し，河川敷のようすがわからないまま時間が過ぎている。雅之君はバンさんたちの「安否」が気がかりで，心穏《おだ》やかでなかったことがわかるので，イがよい。この時点ではコンクールで受賞していないので，エは正しくない。また，雅之君のなかでは自分が河川敷に行かなくなった事情よりもまず絵の話をしたいという気持ちが先立っているので，ウやオも合わない。

問13　(1)　問７でみたように，雅之君はバンさんが寝言で「たかちゃん」とつぶやくのを偶然《ぐうぜん》耳にしている。雅之君は別のホームレスの言葉を受け，「たかちゃん」はバンさんの息子《むすこ》の名前だとさとったことが読み取れる。　(2)　前の部分で雅之君は，バンさんと再会できないまま，変わりはてた橋の下の光景を前に立ち尽《つ》くしている。雅之君は，バンさんの息子の名前を知るほどバンさんの近くにいながら，一方的に距離《きょり》をとった自分の行動を強く後悔《こうかい》したと考えられる。よって，アが選べる。

(3)　本文の前半でバンさんは，自分の息子と「同じぐらい」の年の雅之君に対し，絵を描くための技術や姿勢について言葉を尽くして説明し，なにごとも「楽しんで」と声をかけている。(1)や(2)を踏《ふ》まえると，バンさんは雅之君に自分の息子を重ね，自分の経験や知識を惜《お》しみなく伝授していたと想像できるので，エがよい。

問14　バンさんたちが暮らしていた橋の下がゴミ溜《た》まりと化しているのを見た雅之君は，母親から言われた「偽善《ぎぜん》」という言葉を思い出している。両親と異なり，バンさんたちホームレスの実態が「自分には見えている」と思っていたつもりの自分も，結局は偽善だったと雅之君が感じていることが読み取れる。

問15　父親の「盗《ぬす》み」という発言や母親の「偽善」という言葉を思い出しながら，雅之君はバンさんからの「知恵《ちえ》」を「盗ん」で成功を収めつつある自分のことを振《ふ》り返っている。雅之君は，バンさんに近づいて絵のことを親身に教えてもらいながら，突然《とつぜん》かかわりを断《た》ち，それでいてバンさんの教えは利用している自分が「一番汚《きたな》い」と感じ，つきかけていた自信がゆらぐほど自己嫌悪《じこけんお》をおぼえていると想像できる。

問16　本文において，バンさんは雅之君に雑草の根を引き抜いて見せ，見えないところで「頑張《がんば》って」草を支えているものにも目を向けるよう語りかけている。また，雅之君が両親との会話を通じて，ホームレスは「植物の根といっしょだ」と考え，ホームレスも社会を支えているのに両親や他の人にはそれが見えていないと感じている。本文の最後で雅之君は，橋の下で暮らす人々のことを，「制度」や「福祉《ふくし》」といった意味ではなく，「だれか本気で」自分ごととして「考えたことがあるのだろうか」と自問しているが，こうした“見えないもの”へのかかわり方について，自分の考えを具体的な経験も交えて書くとよい。

2024年度 世田谷学園中学校

【算　数】 〈算数特選試験〉（60分）〈満点：100点〉

〔注意〕1．1～4は答えだけを，5と6は求め方も解答用紙に書きなさい。
2．円周率《りつ》は3.14として計算しなさい。
3．問題にかかれている図は，必ずしも正確なものとは限りません。

1　A，B，Cの３人が何枚かのカードを持っていました。BはAより24枚多く持っていました。３人は自分の持っているカードの半分を取り出し，AはBに，BはCに，CはAに同時にそれを渡して，残っている自分のカードにもらったカードを混ぜました。さらに，３人は同じやりとりをあと２回くり返しました。１回目のやりとりのあとで，Cのカードは64枚になりました。また，３回目のやりとりのあとで，Aのカードは58枚になりました。

このとき，次の問いに答えなさい。

（１）　１回目のやりとりのあとで，Aが持っていたカードは何枚ですか。

（２）　Cがはじめに持っていたカードは何枚ですか。

2　立方体のパズルがあり，その６つの面はそれぞれ９個の正方形のマスで作られています。また，このパズルはどの面を上にしても，図１のように，どの向きでも自由に回転させることができます。

はじめ，図２のように，３組の向かい合う面がそれぞれ白，黒，斜線になっています。このとき，次の問いに答えなさい。

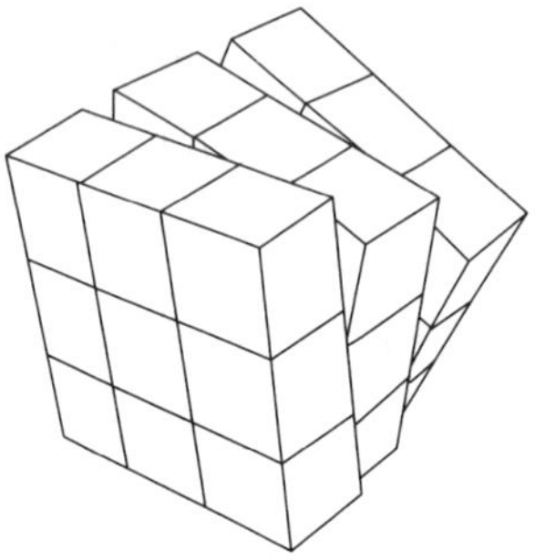

図１

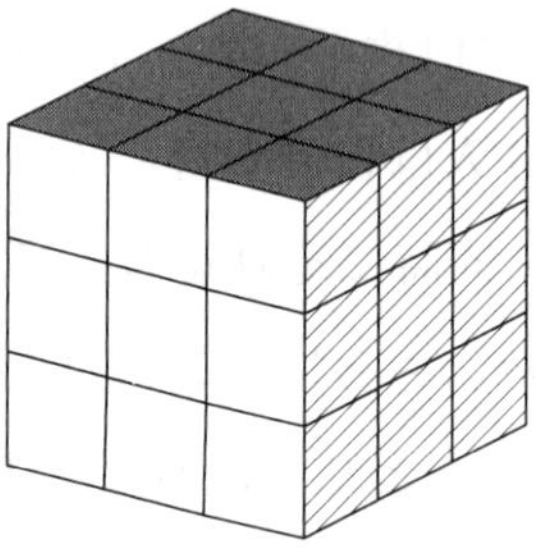

図２

（1）　図アの状態から真ん中の太線の部分を矢印の方向に90度回転させると図イのようになります。このパズルの表面に，３点Ａ，Ｂ，Ｃを通る平面で切るときの切り口の線をかくとき，白と黒と斜線のマスの中で線がかかれないものはそれぞれ何個ずつありますか。ただし，Ａ，Ｂ，Ｃは各辺の真ん中の点です。

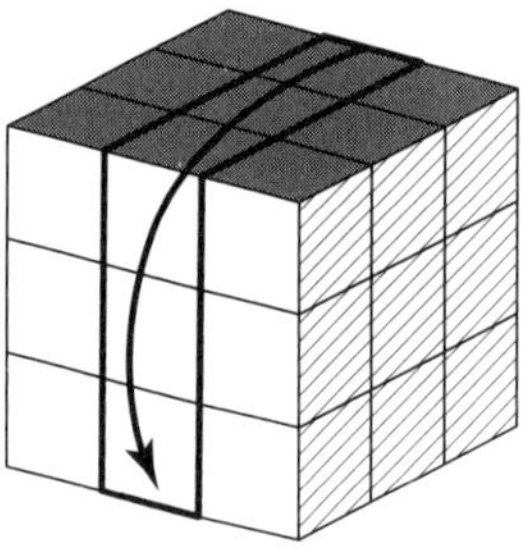

図ア

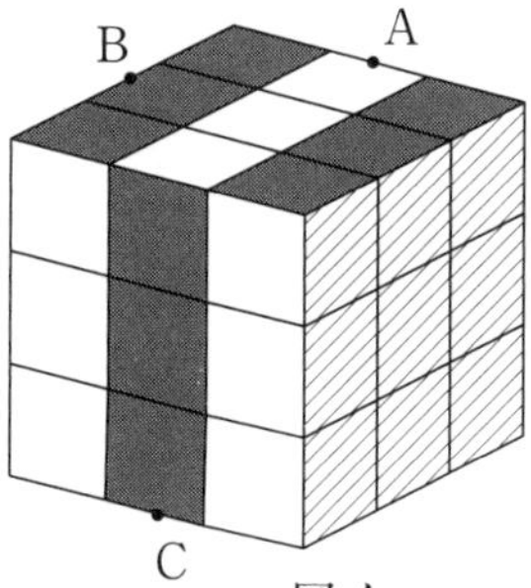

図イ

（２）（１）の図イの状態から，太線の部分を矢印の方向に90度回転させると図ウのようになります。さらに図ウの状態から，太線で囲まれた部分を矢印の向きに90度回転させたときのパズルが図エとなります。ただし，図エは見える３面のうち，１面のみかかれています。このパズルの表面に，３点Ｐ，Ｑ，Ｒを通る平面で切るときの切り口の線をかくとき，白と黒と斜線のマスの中で線がかかれないものはそれぞれ何個ずつありますか。ただし，Ｐ，Ｑ，Ｒは各辺の真ん中の点です。

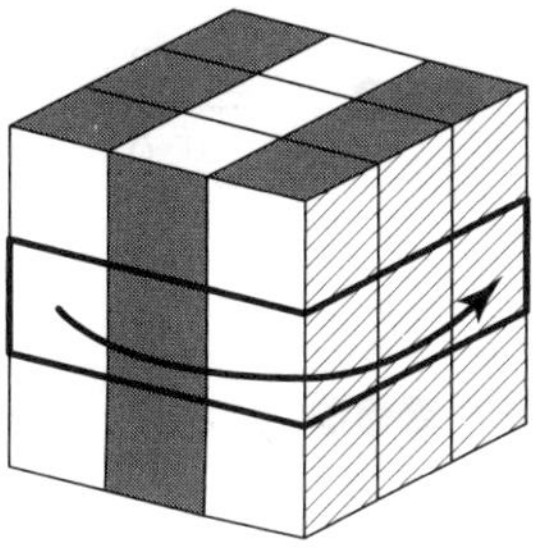

図イ

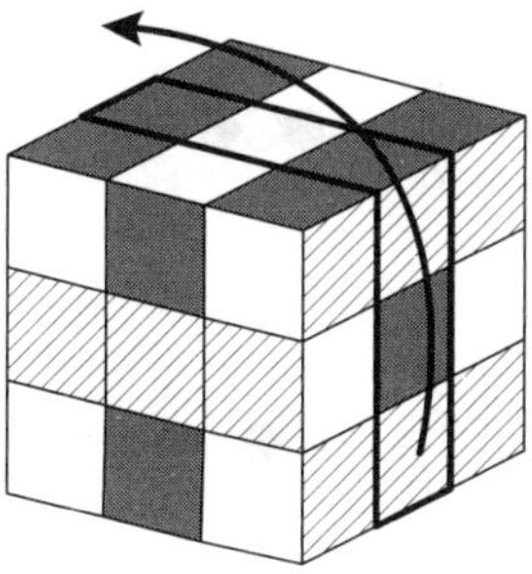

図ウ

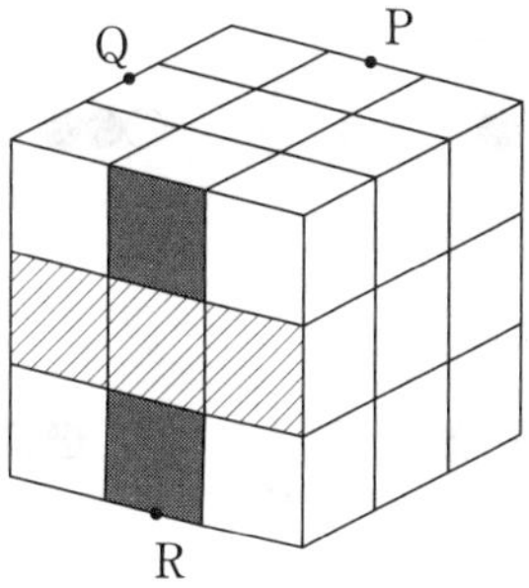

図エ

3　ある水そうに一定の割合で水が入ってきています。この水そうが満水の状態からポンプを２台使うと21分，３台使うと12分で完全にくみ取ることができます。１台のポンプが毎分くみ取る量はどれも同じであるとき，次の問いに答えなさい。

（１）１分間で１台のポンプがくみ取る水の量と水そうに入ってくる水の量の比を，最も簡単な整数で答えなさい。

（２）水そうが満水の状態から３台のポンプを使ってくみ取り始めましたが，途中で２台のポンプが同時に故障したので，１台のポンプでくみ取り続けました。満水の状態から完全にくみ取るのに全部で27分かかりました。ポンプが故障したのはくみ取り始めてから何分後ですか。

4　黒石，白石の２種類の碁《ご》石をいくつか並べて，次のように数を表します。

碁石が１個のとき：

●　⇒ $\frac{1}{2}$

碁石が２個のとき：

○●　⇒ $\frac{1}{4}$　●●　⇒ $\frac{3}{4}$

碁石が３個のとき：

○○●　⇒ $\frac{1}{8}$　○●●　⇒ $\frac{3}{8}$　●○●　⇒ $\frac{5}{8}$　●●●　⇒ $\frac{7}{8}$

碁石が４個のとき：

○○○●　⇒ $\frac{1}{16}$　○○●●　⇒ $\frac{3}{16}$　○●○●　⇒ $\frac{5}{16}$　○●●●　⇒ $\frac{7}{16}$　…

⋮

碁石は黒石，白石ともにいくつでも並べることができるものとします。ただし，並べる碁石がいくつのときも，一番右の碁石は必ず黒石とします。

このとき，次の問いに答えなさい。

（１）$\frac{25}{32}$ を表す碁石の並べ方を，●と○を用いて解答欄にかき表しなさい。

（２）450個の碁石を使って，表す数が0.8以下でできるだけ大きな数になるように並べると，

●●○○●●○○●●○○●●○○●●○○ … ○○●●

のように規則的に並びます。

これをもとに，450個以下の碁石を使って，表す数が0.1以下でできるだけ大きな数になるように並べます。このとき，左から数えて437番目から442番目までの６個の碁石の並べ方を，●と○を用いて解答欄にかき表しなさい。

また，並べる碁石は全部で何個ですか。

5 兄弟２人がＡ町からＢ町に向かいます。弟はＡ町を出発してずっと分速80ｍでＢ町まで歩き続けました。兄は，弟が出発して15分後に出発し走って向かいました。兄は，途中で30分間だけ歩きましたが，その後は最初と同じ速さで走り，弟と同時にB町に着きました。下のグラフは，兄がＡ町を出発してからＢ町に着くまでの，時間と２人の間の距離の関係を表しています。

このとき，次の問いに答えなさい。

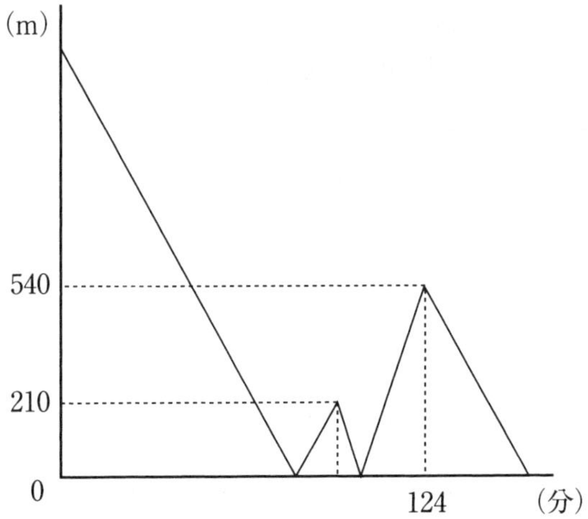

(１) 兄が歩く速さは分速何ｍですか。

(２) AB間の道のりは何ｍですか。

6 下の図のような台形ABCEと直線l，2点O，Pがあります。点Qが台形ABCEの周上を，A → B → C → D → E → Aの順番で1秒間に1cmの速さで進むとき，2点P，Qを結ぶ直線が，直線lと交わる点をRとします。

このとき，次の問いに答えなさい。

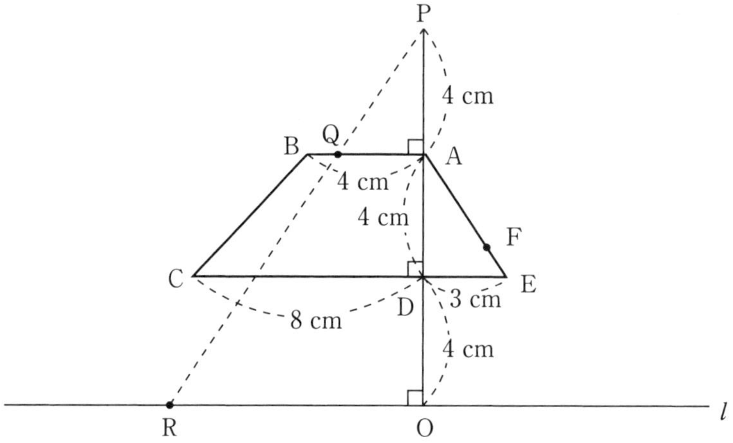

(1) 点QがAからEまで動くとき，出発してからの時間と，点RとOの距離の関係を表すグラフを完成させなさい。ただし，定規は使わずにできるだけていねいにかきなさい。ただし，解答欄の横軸《じく》の（A），（B），（C），（D），（E）は，点Qがそれぞれ頂点A，B，C，D，Eに達したときの時間を表します。

(2) 辺AE上の点Eから1cmの点Fの位置に点Qがあるとき，点RとOの距離は何cmですか。また，点Qが，EからAまで動くときの時間と点RとOの距離の関係を表すグラフのおおよその形は，下の①～③のいずれかになります。どのグラフと予想されますか。①～③の番号で答え，そう考える理由を説明しなさい。ただし，横軸の（E），（A）は，点Qがそれぞれ頂点E，Aに達したときの時間を表します。

①

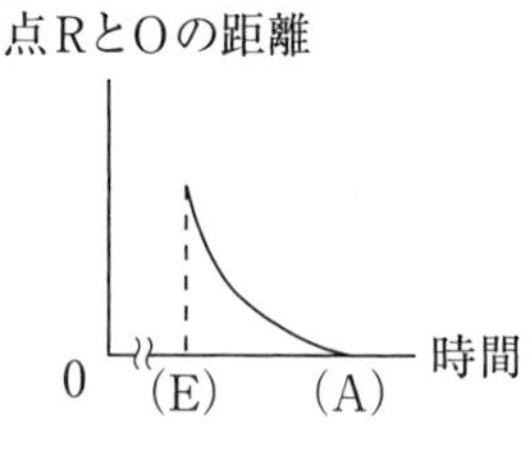

②

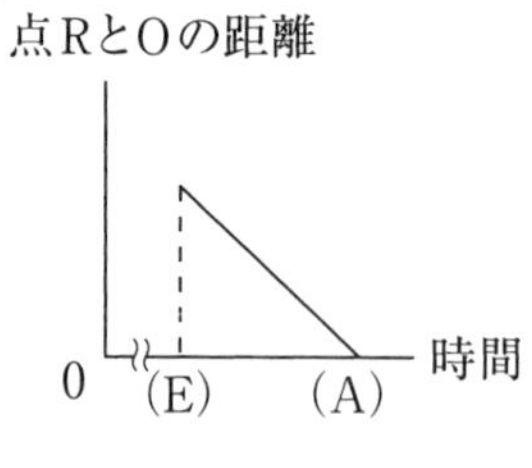

③

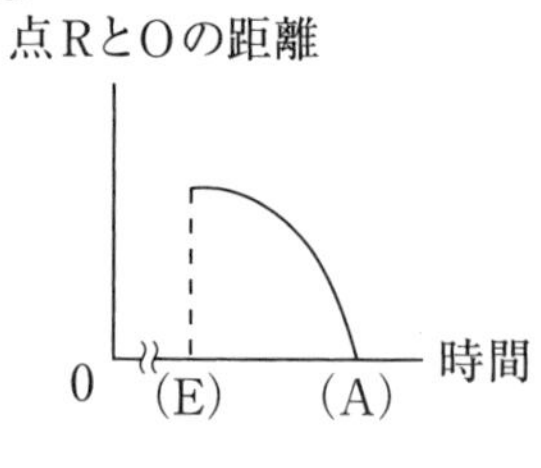

2024年度

世田谷学園中学校　▶解　答

※　編集上の都合により，算数特選試験の解説は省略させていただきました。

算　数　＜算数特選試験＞（60分）＜満点：100点＞

解　答

[1] (1)　52枚　　(2)　64枚　　[2] (1)　**白**…12個，**黒**…12個，**斜線**…12個　　(2)　**白**…12個，**黒**…12個，**斜線**…12個　　[3] (1)　3 ： 2　　(2)　9.5分後　　[4] (1)　●●○○●　　(2)　**並べ方**…●○○●●○／**並べる碁石**…449個　　[5] (1)　分速55m　　(2)　14000m　　[6] (1)　下の図１　　(2)　点ＲとＯの距離は４cm／**番号**…③，**理由**…（例）　点ＱがＥからＡまで動くとき，Ｅを出発してからの時間とORの長さは下の図２のとおりである。よって，時間が経つにつれてORの長さが大きく減少するから③になる。

図１

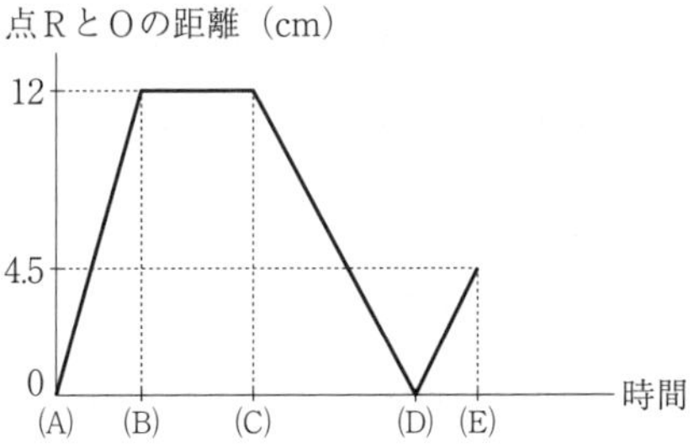

図２

Ｅからの時間(秒)	ORの長さ(cm)
0	4.5
1	4
2	3.375
3	2.571…
4	1.5
5	0

Dr.福井の 入試に勝つ！ 脳とからだのウルトラ科学

右の脳は10倍以上も覚えられる！

手や足，目，耳に左右があるように，脳にも左右がある。脳の左側，つまり左脳は，文字を読み書きしたり計算したりするときに働く。つまり，みんなはおもに左脳で勉強していることになる。一方，右側の脳，つまり右脳は，音楽を聞き取ったり写真や絵を見分けたりする。

となると，受験勉強に右脳は必要なさそうだが，そんなことはない。実は，右脳は左脳の10倍以上も暗記できるんだ。これを利用しない手はない！　つまり，必要なことがらを写真や絵などで覚えてしまおうというわけだ。

この右脳を活用した勉強法は，図版が数多く登場する社会と理科の勉強のときに大いに有効だ。たとえば，歴史の史料集には写真や絵などがたくさん載っていて，しかもそれらは試験に出やすいものばかりだから，これを利用する。やり方は簡単。「ふ～ん，これが○○か…」と考えながら，載っている図版を５秒間じーっと見つめる。すると，言葉は左脳に，図版は右脳のちょうど同じ部分に，ワンセットで記憶される。もし，左脳が言葉を忘れてしまっていたとしても，右脳で覚えた図版が言葉を思い出す手がかりとなる。

また，項目を色でぬり分け，右脳に色のイメージを持たせながら覚える方法もある。たとえば江戸時代の三大改革の内容を覚えるとき，享保の改革は赤，寛政の改革は緑，天保の改革は黄色というふうに色を決め，チェックペンでぬり分けて覚える。すると，「“目安箱”は赤色でぬったから享保の改革」というように思い出すことができ，混同しにくくなる。ほかに三権分立の関係，生物の種類分け，季節と星座など，分類されたことがらを覚えるときもピッタリな方法といえるだろう。

Dr.福井（福井《ふくい》一成《かずしげ》）…医学博士。開成中・高から東大・文Ⅱに入学後，再受験して翌年東大・理Ⅲに合格。同大医学部卒。さまざまな勉強法や脳科学に関する著書多数。

2024年度 世田谷学園中学校

【算　数】 **〈第２次試験〉** (60分) 〈満点：100点(理数コースは200点)〉

〔注意〕 1．**1**～**4**は答えだけを，**5**と**6**は求め方も解答用紙に書きなさい。

2．円周率《りつ》は3.14として計算しなさい。

3．問題にかかれている図は，必ずしも正確なものとは限りません。

1 　次の□にあてはまる数を求めなさい。

(1) $\frac{1}{4}+\left(\frac{1}{2}+\frac{1}{4}-\frac{2}{3}\right)\times 2\frac{1}{5}\div(\square-0.5)=3$

(2) 9を加えると5の倍数になり，5を加えると9の倍数になる最小の整数は□です。

(3) 家から山頂にある小屋まで□kmの道のりを往復しました。行きは時速3kmで上り，小屋で1時間30分の休憩《けい》をしました。その後，帰りは時速4kmで下ったところ，家を出てから帰宅するまでに12時間かかりました。

(4) 100円玉と50円玉と10円玉がそれぞれ6枚ずつあります。550円の支払い方は□通りあります。

(5) $\frac{8}{9}$より大きく$\frac{10}{11}$より小さい分数のうち，分子が140である既約分数は□です。ただし，既約分数とは，それ以上約分できない分数のことです。

(6) 右の図は，面積の等しい2つの長方形ABCDとEBFGを重ねたものです。長方形EBFGの対角線BGと辺CDの交点をHとします。色のついた部分の面積が58cm^2であるとき，CHの長さは□cmです。

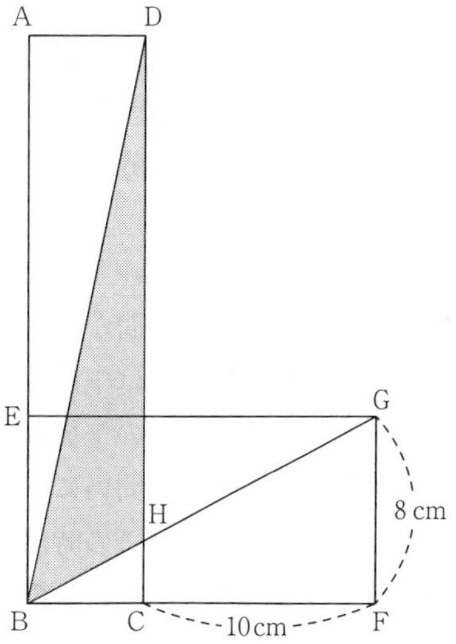

2 　次のように規則的に1から順に整数が並んでいます。

1段目　1
2段目　2　3
3段目　4　5　6
4段目　7　8　9　10
5段目　11　…
⋮　⋮

このとき，次の問いに答えなさい。

(1) 24段目の一番左にある数は何ですか。

(2) 1000は何段目の左から何番目ですか。

3　あるスーパーでは，毎日３つの農園Ａ，Ｂ，Ｃからそれぞれ一定の量のじゃがいもを仕入れています。農園から運ばれてくるじゃがいもは箱に入っており，一箱あたりの量は，Ａは９kg，Ｂは５kg，Ｃは３kgです。また，１週間(７日間)に仕入れる量は，ＡとＢの合計が1750kg，ＡとＣの合計が1806kg，ＢとＣの合計が1666kgになります。

このとき，次の問いに答えなさい。

(1)　３つの農園Ａ，Ｂ，Ｃから毎日運ばれてくるのはそれぞれ何箱ですか。

(2)　１日の仕入れの量を今の２倍にするために，Ａからの仕入れを30箱買い足して，さらにＢとＣからの仕入れを何箱か買い足します。ＢとＣから買い足す箱の個数の差をできるだけ小さくするとき，Ｂ，Ｃからそれぞれ何箱買い足せばよいですか。

4　１辺の長さが10cmの正方形があります。右の図のように，半径１cmの円と半径２cmの円がそれぞれ正方形の内側を，辺からはなれることなく１周します。このとき，下の問いに答えなさい。

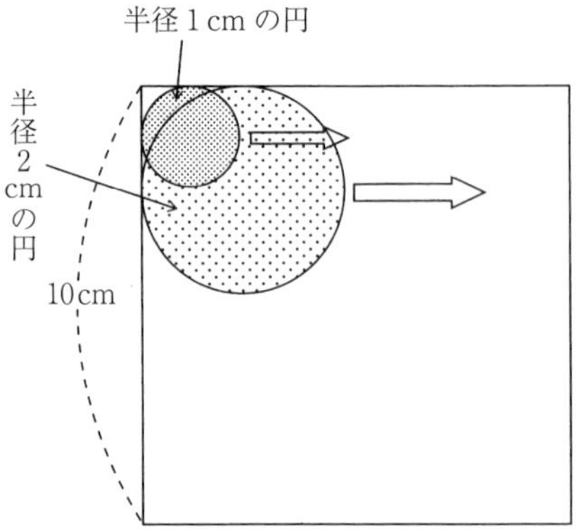

(1)　半径２cmの円が通過する部分のうち，半径１cmの円が通過しない部分の面積は何cm²ですか。

(2)　半径１cmの円が通過する部分のうち，半径２cmの円が通過しない部分の面積は何cm²ですか。

5　一定の割合で時間がずれていく時計があります。ある日，この時計が７時57分をさしていたとき，本当の時刻は午前８時９分でした。その後，この時計がはじめて０時をさしたとき，本当の時刻は同じ日の午後０時21分でした。

このとき，次の問いに答えなさい。

(1)　この日の正午にこの時計がさしていたのは何時何分ですか。

(2)　この日の正午以降にこの時計の短針と長針が作る角度が６回目に直角になるとき，本当の時刻は午後何時何分ですか。

6　右の図は１辺の長さが12cmの立方体ABCD-EFGHです。辺AB，BC，CD，DA，EF，FG，GH，HEの真ん中の点をそれぞれＰ，Ｑ，Ｒ，Ｓ，Ｔ，Ｕ，Ｖ，Ｗとします。

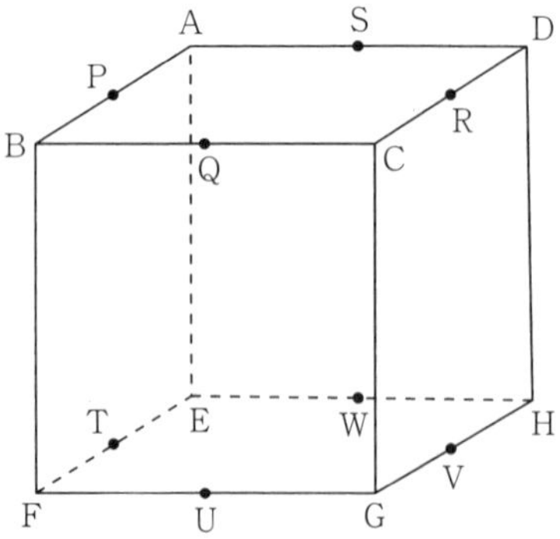

このとき，次の問いに答えなさい。

(1)　立方体を３点Ｆ，Ｐ，Ｑ，３点Ｇ，Ｑ，Ｒ，３点Ｈ，Ｒ，Ｓを通る平面でそれぞれ切断するとき，頂点Ａを含む立体の表面積は何cm²ですか。

(2)　立方体を３点Ｆ，Ｐ，Ｑ，３点Ｇ，Ｑ，Ｒ，３点Ｈ，Ｒ，Ｓ，３点Ｂ，Ｔ，Ｕ，３点Ｃ，Ｕ，Ｖ，３点Ｄ，Ｖ，Ｗを通る平面でそれぞれ切断するとき，頂点Ａを含む立体の表面積は何cm²ですか。

【社　会】〈第２次試験〉（30分）〈満点：50点〉

1　次の[図１]・[図２]の地形図をみて，あとの問いに答えなさい。

[図１]

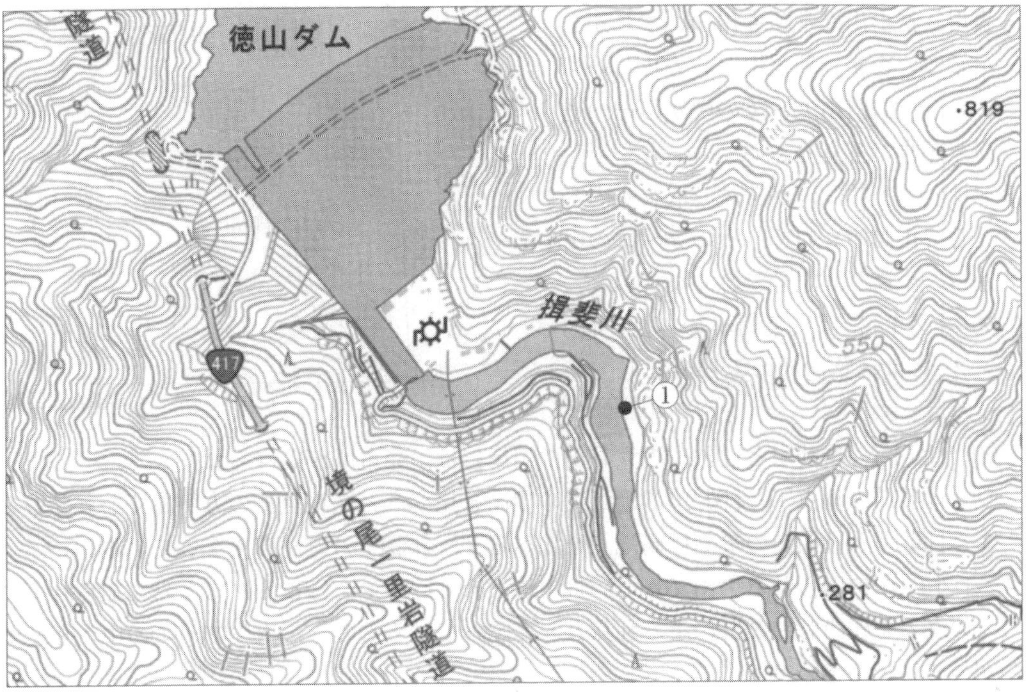

[図２]

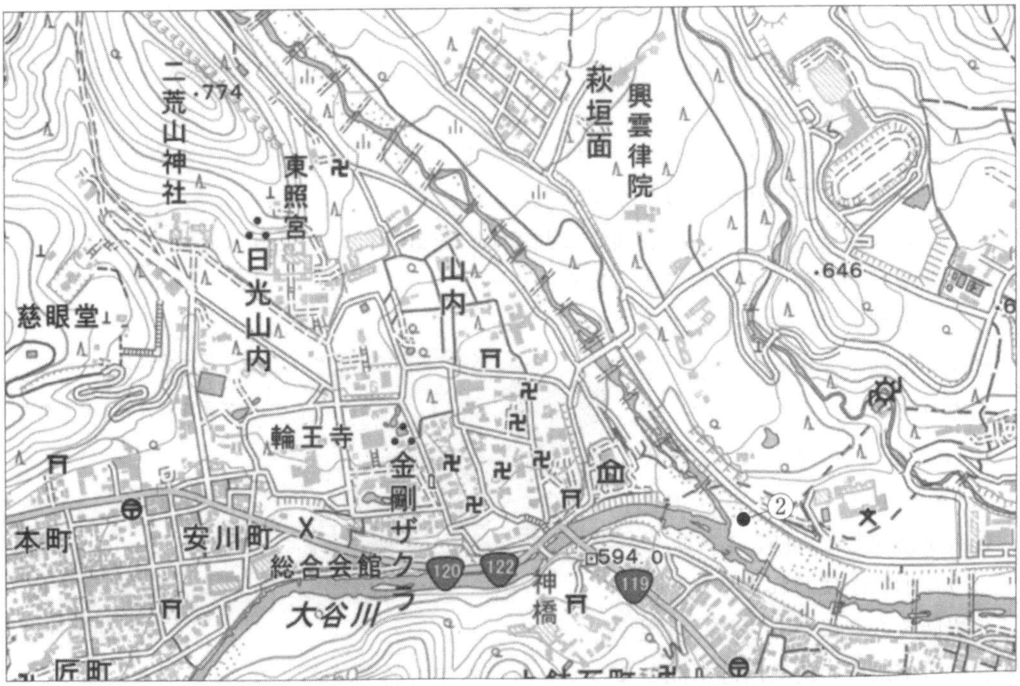

問１　[図１]の揖斐《いび》川と[図２]の大谷《だいや》川は，それぞれ木曽《きそ》川と利根《とね》川の※1水系です。木曽川と利根川が流れていない県を，次の(ア)～(エ)の中からそれぞれ一つずつ選び，記号で答えなさい。

[木曽川]　(ア)　長野県　　(イ)　三重県　　(ウ)　愛知県　　(エ)　滋賀県

［利根川］ ㋐ 群馬県　㋑ 埼玉県　㋒ 神奈川県　㋓ 千葉県

※１　水系とは，水源から河口にいたるまでの本川や支川のまとまりのこと。

問２　右の［図３］中㋐～㋓は，利根川，信濃《しなの》川，富士川，常願寺川のいずれかを示しています。利根川として正しいものを，［図３］中㋐～㋓の中から一つ選び，記号で答えなさい。

［図３］

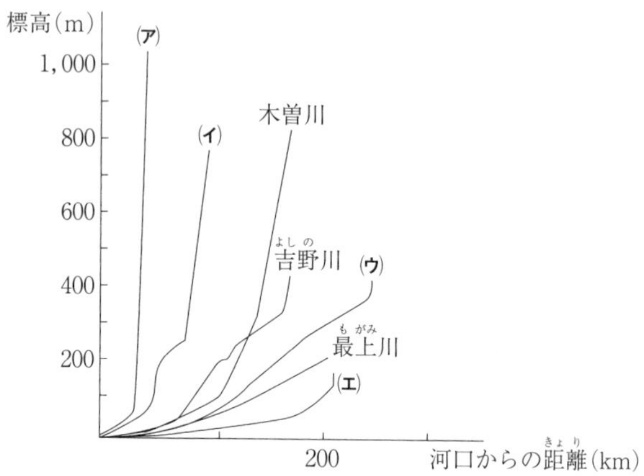

問３　［図１］・［図２］から読み取れる内容として正しいものを，次の㋐～㋓の中から一つ選び，記号で答えなさい。

㋐　［図１］には広葉樹林のみが，［図２］には針葉樹林のみが分布している。

㋑　［図１］の揖斐川と［図２］の大谷川の川岸には，発電所が設けられている。

㋒　［図１］の地点①と［図２］の地点②の標高を比べると，地点①の方が高くなっている。

㋓　［図１］と［図２］の最高標高地点を比べると，［図１］の方が高くなっている。

問４　［図１］中にみられる徳山ダムは，日本最大級の貯水量をほこるダムとして知られています。このダムを建設したことによる利点として誤っているものを，次の㋐～㋓の中から一つ選び，記号で答えなさい。

㋐　古くから洪水《こうずい》をくり返す河川の水量を減らすことで，流域の洪水被害《ひがい》をおさえることができた。

㋑　雨の降らない時期に備えて貯水をすることで，田畑に利用する水や河川環境《かんきょう》を維持《いじ》できるようになった。

㋒　揖斐川の水が農業用水としてだけではなく，周辺住民に向けての水道水や，工業用水としても安定して使用されるようになった。

㋓　膨大《ぼうだい》な水量を用いて水車を回すことで水力発電を行い，東海・近畿《きんき》地方のみならず全国の発電量の大部分を供給できるようになった。

問５　ダムの型式は，その建設予定地域の土地条件をもとにして検討されますが，そのうちの一つに右の［図４］のような「アーチ式」があります。かつて空海が建設を指揮した堤防《ていぼう》にも，同じような形状が使われました。この堤防をもとにつくられた，現在の日本最大の農業用貯水池となっているため池の名称《めいしょう》を答えなさい。

［図４］

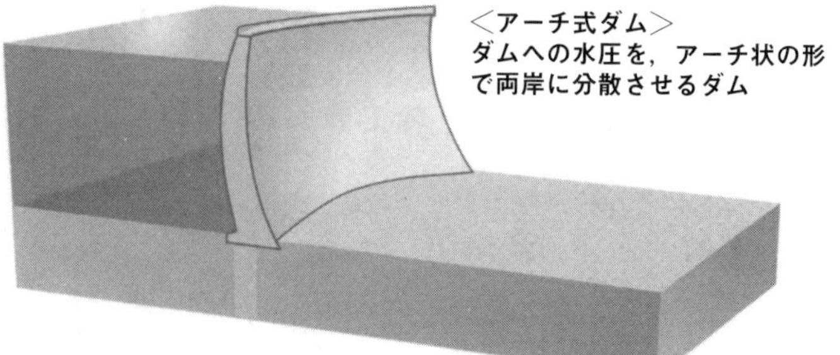

問６　［図２］中からは，河川の各所に次の［写真１］のような「砂防堰堤《えんてい》」と呼ばれる堰《せき》が複数設けられていることが読み取れます。砂防堰堤の特徴《とくちょう》を述べた文として正しいものを，あとの㋐～㋓の中から一つ選び，記号で答えなさい。

［写真１］

(ア)　上流から流れ出る過剰《かじょう》な土砂を受け止めることで，下流地域での地すべりを防ぐことができる。

(イ)　土砂を受け止める機能に特化しているため，河川の勢いを調整することはできない。

(ウ)　土砂が砂防堰堤にたまることで，河川の勾配《こうばい》がゆるやかになり，川底や川岸がけずられるのを防ぐことができる。

(エ)　土砂の流出量を細かく調節することが可能なため，下流部に想定通りの堆積《たいせき》地形を形成することができる。

問７　近年増加してきた自然災害に対処するため，各自治体でハザードマップが作られるようになりました。ハザードマップを作る際に使用される，電子的な地図上に統計データを重ねて編集や表示をするシステムの名称として正しいものを，次の(ア)～(エ)の中から一つ選び，記号で答えなさい。

(ア)　GIS　　(イ)　GPS　　(ウ)　GMT　　(エ)　GPT

問８　河川の上中流域と比べて，都市化が進行している下流域で，その構造上発生しやすくなってしまった水害を「都市型水害」といいます。その要因や被害として誤っているものを，次の(ア)～(エ)の中から一つ選び，記号で答えなさい。

(ア)　地表がアスファルトでおおわれたことによる流域の貯水機能の低下

(イ)　地下利用など土地利用の多角化が進んでいることによる被害の増大

(ウ)　ヒートアイランド現象や地球温暖化が原因とされる集中豪雨《ごうう》の発生

(エ)　氾濫《はんらん》した河川水が周辺地域の地盤《じばん》を軟弱《なんじゃく》化させる液状化現象の発生

問９　日本の中でも特に人口が集中している東京都心の都市型水害を防ぐために，洪水の一部を江戸川に流す，あとの［写真２］のような「首都圏外郭《しゅとけんがいかく》放水路」が設けられています。この放水路がみられる場所として正しいものを，次の(ア)～(エ)の中から一つ選び，記号で答えなさい。

(ア)　茨城県鹿嶋《かしま》市　　(イ)　埼玉県春日部《かすかべ》市

(ウ)　神奈川県相模原《さがみはら》市　　(エ)　千葉県木更津《きさらづ》市

［写真２］

問10　古くから自然現象の被害を受けてきた日本の各所には，そのときの様子や教訓を刻んだモニュメントがのこされています。これらを防災や減災に活用しようと，国土地理院が地形図に新しく掲載《けいさい》した「自然災害伝承碑《ひ》」の地図記号を描《か》きなさい。

データは国土交通省 HP，揖斐川町 HP，富山県 HP
東京都総合治水対策協議会 HP，東京都関東地方整備局 HP による

2　様々な調味料の歴史について説明した次の文章を読んで，あとの問いに答えなさい。

砂糖
砂糖は(A)８世紀ごろ，初めて(B)中国から日本に伝わったといわれています。16世紀ごろから(C)ヨーロッパとの交流の中で多くの砂糖がもたらされるようになると，(D)茶の湯とともに和菓子《わがし》が発達します。18世紀以降，(E)江戸《えど》幕府により国内で砂糖をつくることが奨《しょう》励《れい》され，明治時代には一般庶民《いっぱんしょみん》も砂糖を楽しめるようになりました。

塩
塩は人類にとって必要不可欠なものですが，日本では岩塩がほとんど産出されないため，海から塩を得るしかありませんでした。古代においては，海水を何度もかけて塩分の濃度《のうど》を高めた海草を焼くことで塩を得る「藻塩《もしお》焼き」という方法がとられていました。これは「藻塩焼く」という，(F)和歌の枕詞《まくらことば》となっています。近世以降には(G)瀬戸内海《せとないかい》沿岸を中心に，砂浜《すなはま》に海水を引きこんで塩をつくる「入り浜《はま》式塩田」が発展，普及《ふきゅう》していきました。

酢《す》
酢は４～５世紀ごろ，酒をつくる技術とともに中国から伝えられたといわれています。酢が調味料として一般に広まったのは江戸時代になってからで，寿司《すし》に代表される，酢を使った料理が多く生まれました。(H)大正時代になると，安く大量に生産できる「合成酢」が登場します。一時は市場の大部分をこの合成酢がしめていましたが，やがて醸造《じょうぞう》酢の生産が合成酢を上回るようになりました。

醤油《しょうゆ》

醤油の前身は「醤《ひしお》」と呼ばれ，(I)稲作《いなさく》が本格化したころにつくりはじめられました。醤は魚を発酵《はっこう》させてつくっていたようですが，やがて，中国の影響《えいきょう》で穀物からつくる醤が主流となり，室町時代には，ほぼ現在と同じ形の醤油がつくられるようになりました。このころ，醤油づくりの中心は近畿《きんき》地方でしたが，江戸時代になって，江戸が都市として発展しはじめると，関東でも醤油づくりが盛んになっていきます。関東における醤油生産の中心地となったのが，下総《しもうさ》国の（　１　）と銚子《ちょうし》でした。（　２　）が脚本《きゃくほん》を書いた人形浄瑠璃《じょうるり》『曾根崎《そねざき》心中』では，主人公が醤油屋という設定になっていて，このころの人々にとって醤油が身近な存在だったことがわかります。

味噌《みそ》

味噌は元々高級品で，貴族や僧侶《そうりょ》によって薬として利用されていました。鎌倉《かまくら》時代になると，武士の間で「一汁《じゅう》一菜」という食習慣が広まり，その中で，味噌をとかした味噌汁《しる》が飲まれるようになります。戦国時代には，戦国武将たちによって，味噌は携帯《けいたい》用の食料として用いられ，盛んに生産が奨励されました。このため，(J)信州味噌や加賀味噌，仙台《せんだい》味噌など，戦国武将や大名の本拠地《ほんきょち》には，現在でも味噌どころが多くなっています。

問１　（１）・（２）にあてはまる地名・人名をそれぞれ漢字で答えなさい。

問２　下線部(A)に起きたできごととして誤っているものを，次の(ア)～(エ)の中から一つ選び，記号で答えなさい。

(ア)　『古今和歌集』がつくられた。
(イ)　墾田《こんでん》永年私財法が制定された。
(ウ)　鑑真《がんじん》が奈良に唐招提寺《とうしょうだいじ》を開いた。
(エ)　和同開珎《わどうかいほう》がつくられた。

問３　下線部(B)に関して，日本と中国の交流の歴史について述べた文として正しいものを，次の(ア)～(エ)の中から一つ選び，記号で答えなさい。

(ア)　４世紀から７世紀にかけて，多くの渡来《とらい》人が中国から日本に移り住んだ。
(イ)　13世紀には，中国を支配した元との間に文禄《ぶんろく》・弘安《こうあん》の役が起こった。
(ウ)　18世紀には，江戸幕府の統制下で対馬《つしま》の宗氏のみが交易を行った。
(エ)　20世紀には，柳条湖《りゅうじょうこ》事件をきっかけにして日中戦争が起こった。

問４　下線部(C)に関して，日本と歴史的に交流を結んできたヨーロッパの国についての次の説明［X］・［Y］と，現在のその国の位置①～③の組み合わせとして正しいものを，あとの(ア)～(エ)の中から一つ選び，記号で答えなさい。

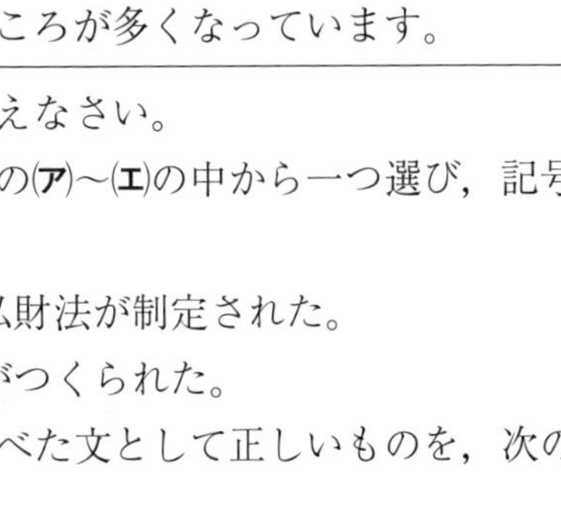

＜説明＞
［X］　生麦事件をきっかけとして薩摩藩《さつまはん》との間に戦争を起こしたが，それ以降，薩摩藩と交流を結ぶようになった。
［Y］　第一次世界大戦時，日本はこの国に宣戦布告する形で参戦し，山東半島や南洋諸島をこの国からうばった。

	(ア)	(イ)	(ウ)	(エ)
［X］	①	③	②	③
［Y］	③	①	①	②

問５　下線部(D)を日本にもたらしたとされ，日本における禅宗《ぜんしゅう》の一派の開祖になった仏僧《ぶっそう》名を漢字で答えなさい。

問６　下線部(E)に関して，江戸幕府の行った産業振興《しんこう》策について述べた文として正しいものを，次の(ア)～(エ)の中から一つ選び，記号で答えなさい。

(ア)　新井白石は，徳川綱吉《つなよし》に仕えて，長崎での貿易を奨励した。
(イ)　徳川吉宗《よしむね》は，青木昆陽《こんよう》に命じて，じゃがいもの栽培《さいばい》を広めさせた。
(ウ)　田沼意次《たぬまおきつぐ》は，印旛沼《いんばぬま》や手賀沼の干拓《かんたく》など，新田開発をすすめた。
(エ)　水野忠邦《ただくに》は，株仲間を保護することで商業の発展を目指した。

問７　下線部(F)について，次の和歌の解説文［X］・［Y］の正誤の組み合わせとして正しいものを，あとの(ア)～(エ)の中から一つ選び，記号で答えなさい。

［X］

天の原　ふりさけ見れば　春日《かすが》なる　三笠《みかさ》の山に　いでし月かも
<解説> 遣唐使《けんとうし》の廃止《はいし》を提案したことで知られる菅原道真《すがわらのみちざね》が，大宰府《だざいふ》に左遷《させん》された後に，故郷をなつかしんでよんだ歌である。

［Y］

地図の上　朝鮮《ちょうせん》国に　黒々と　墨《すみ》をぬりつつ　秋風を聴《き》く
<解説> 20世紀初頭に実現した韓国併合《かんこくへいごう》を受けて，歌人の正岡子規がその複雑な思いをよんだ歌である。

	(ア)	(イ)	(ウ)	(エ)
［X］	正	正	誤	誤
［Y］	正	誤	正	誤

問８　下線部(G)の歴史について述べた文として正しいものを，次の(ア)～(エ)の中から一つ選び，記号で答えなさい。

(ア)　７世紀には，藤原純友《ふじわらのすみとも》が瀬戸内海の海賊《かいぞく》を率いて反乱を起こした。
(イ)　平清盛は，現在の広島県に大輪田泊《おおわだのとまり》を整備して，日宋《にっそう》貿易をすすめた。
(ウ)　河村瑞賢《ずいけん》が西まわり航路を整備すると，寄港地となった都市が発展した。
(エ)　森鷗外《おうがい》は，愛媛県松山市が舞台《ぶたい》とされる『坊《ぼ》っちゃん』を著した。

問９　下線部(H)に起きたできごとについて述べた，次の(ア)～(エ)を古いものから順に並べたとき３番目にくるものを一つ選び，記号で答えなさい。

(ア)　米騒動《そうどう》が起こった。

(イ) 治安維持《いじ》法が成立した。

(ウ) 中国に二十一カ条の要求をつきつけた。

(エ) 原敬《たかし》内閣が成立した。

問10 下線部(I)と同じ時期に始まったこととして誤っているものを，次の(ア)～(エ)の中から一つ選び，記号で答えなさい。

(ア) 石包丁が用いられるようになった。

(イ) 骨角器が用いられるようになった。

(ウ) 金属器が用いられるようになった。

(エ) 高床《たかゆか》倉庫がつくられるようになった。

問11 下線部(J)について，これらの味噌と関係が深い家名の組み合わせとして正しいものを，次の(ア)～(カ)の中から一つ選び，記号で答えなさい。

	(ア)	(イ)	(ウ)	(エ)	(オ)	(カ)
信州味噌	武田《たけだ》氏	武田氏	伊達氏	伊達氏	前田氏	前田氏
加賀味噌	伊達《だて》氏	前田氏	武田氏	前田氏	武田氏	伊達氏
仙台味噌	前田氏	伊達氏	前田氏	武田氏	伊達氏	武田氏

3

健児君は，夏休みの自由研究のテーマを「世界の国々」として，様々な視点で世界の国々を調べてみました。次の(1)～(7)をみて，あとの問いに答えなさい。

(1) 州

世界は海や山脈などの(A)自然地形によって，6つの州に区分できます。6つの州は，様々な独立国や地域から構成されていて，さらに細かく区分されることがあり，日本は韓《かん》国《こく》や中国などとともに東アジアにふくまれます。

州	主な国々
アジア	東南アジア：インドネシア，タイ，ベトナム 南 ア ジ ア：インド，パキスタン，バングラデシュ
ヨーロッパ	イギリス，ドイツ，フランス，スペイン ポルトガル，ロシア，ウクライナ
アフリカ	エチオピア，ケニア
北アメリカ	アメリカ合衆国，カナダ，メキシコ
南アメリカ	ブラジル，アルゼンチン
オセアニア	オーストラリア，ニュージーランド

(2) 面積

地図帳にえがかれている世界地図は，球体の地球を平面に表しているため，海や陸が引きのばされて表現されています。(B)高緯度《いど》地方ほど拡大されているため，面積や方位が正確に表されていない場合もあります。

面積の大きな国	面積[万 km^2]
ロシア	1,710
カナダ	998
アメリカ合衆国	983
中国	960
ブラジル	852

(3) 人口

一定地域の人口を養える力を人口支持力といい，農業生産の向上などでこの力は増加していきます。季節風の影響《えいきょう》を受けて夏季に多雨となる東アジアや東南アジア，南アジアは(C)米の生産が多く，人口支持力が高い地域であると考えられます。

人口の多い国	人口[億人]
中国	14.26
インド	14.08
アメリカ合衆国	3.37
インドネシア	2.74
パキスタン	2.31

(4) 気候

(D)世界の気候は植物がみられる熱帯，温帯，冷帯と，植物が育ちにくい乾燥《かんそう》帯，寒帯に分けることができます。

気候帯	分布する国	気候の特徴《とくちょう》
熱帯	タイ(バンコクなど)	最寒月の平均気温が18℃以上
温帯	オーストラリア (シドニーなど)	最寒月の平均気温が－3℃以上 18℃未満
冷帯	ロシア (ウラジオストクなど)	最寒月の平均気温が－3℃未満で， 最暖月の平均気温が10℃以上
乾燥帯	サウジアラビア (リヤドなど)	年降水量が500mm未満になる国もある
寒帯	アメリカ合衆国 (アラスカ州バローなど)	最暖月の平均気温が10℃未満

(5) 歴史

日本は古くから周辺のアジア地域の深い影響を受け，のちには欧《おう》米《べい》諸国とも関係を結びながら，歴史をあゆんできました。

時代区分	関わりをもつようになった国々や地域
旧石器～平安	中国，朝鮮《ちょうせん》半島など
鎌倉《かまくら》	モンゴルなど
(E)室町～安土桃山《あづちももやま》	スペイン，ポルトガルなど
江戸《えど》	オランダなど
(F)幕末	アメリカ合衆国，ロシア，イギリスなど

(6) 経済

経済水準による区分としては，国民1人当たりのGNI(国民総所得)を用いることが多いです。GNIとは，国民全体が国内外から一定期間内に得た(G)所得の合計額を指します。各国の通貨で算出された所得額を，(H)為替《かわせ》相場にもとづいてアメリカドルに換算《かんさん》して分類しています。

(ドル)

経済水準による区分		国名	
高所得国	(12,696以上)	ドイツ	(47,520)
中所得国のうち上位	(4,096～12,695)	アルゼンチン	(9,080)
中所得国のうち下位	(1,046～4,095)	インドネシア	(3,870)
低所得国	(1,045以下)	エチオピア	(890)

(7)　国際組織

OECD(経済協力開発機構)とは，第二次世界大戦後にできた協調組織で，加盟国の経済成長や発展途上《とじょう》国への援助《えんじょ》，世界貿易の拡大を目的としています。ヨーロッパ諸国を中心に，日本やアメリカ合衆国をふくめ30カ国以上の先進国が加盟しています。

加盟国(2023年現在)

・ヨーロッパ：EU 加盟国のうち22カ国，イギリス，スイス，ノルウェー，アイスランド
・ア　ジ　ア：日本，トルコ，韓国，イスラエル
・北アメリカ：アメリカ合衆国，カナダ，メキシコ，コスタリカ
・南アメリカ：チリ，コロンビア
・オセアニア：オーストラリア，ニュージーランド

問１　下線部(A)について，次の文章は架空《かくう》都市［Ｘ］の地形の分布を説明したものです。架空都市［Ｘ］の地形として正しいものを，文章と凡例《はんれい》を参考にし，あとの**(ア)**～**(エ)**の中から一つ選び，記号で答えなさい。なお，**(ア)**～**(エ)**の図は上を北としています。

架空都市［Ｘ］

高く険しい山地が北東部と南西部に位置し，地域の西端《せいたん》には湖がある。その湖から南東方向に河川が流れ出て，海へとつながっている。またその海には，南西部に位置する山地の方から流れる河川も注いでいる。北東部の山地の西側ふもとには台地が広がり，さらに西に向かって集落が密集する低地が続いている。

凡例

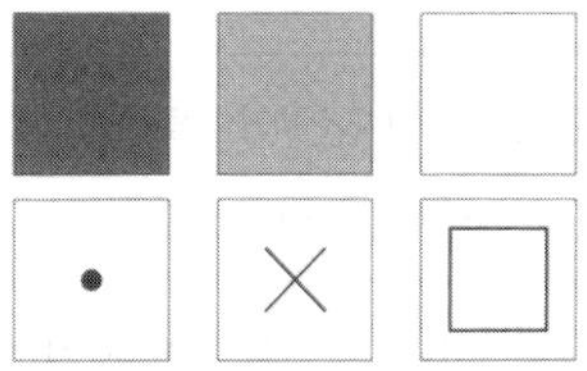

上記６つの凡例は，低地，台地，山地，河川，海，湖のいずれかを示している

(ア)

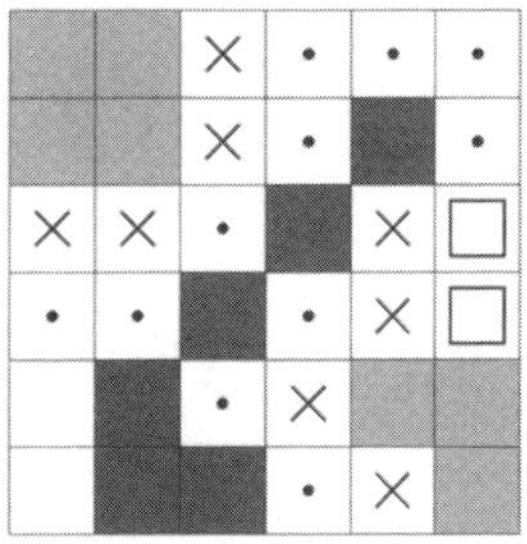

(イ)

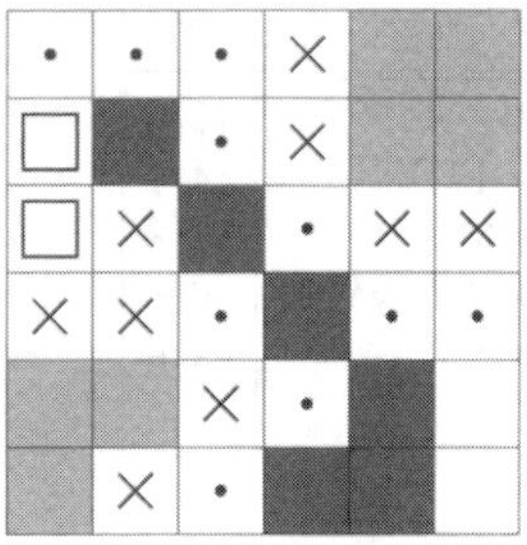

(ウ)

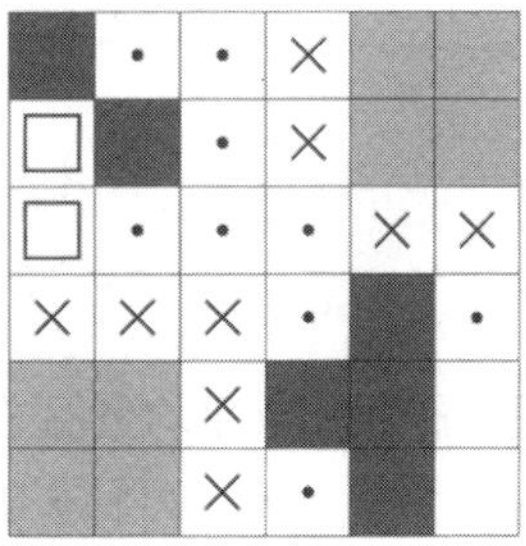

(エ)

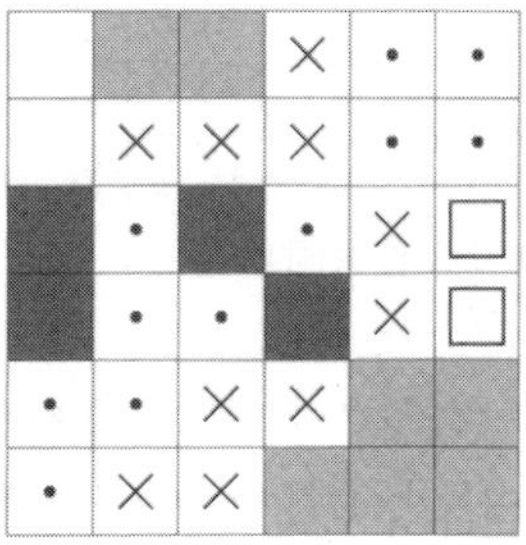

問２　下線部(B)に関して，ロシアの都市サンクトペテルブルクとオホーツクの距離《きょり》として最も近いものを，次の〔条件１〕～〔条件３〕を参考にして，あとの(ア)～(エ)の中から一つ選び，記号で答えなさい。

〔条件１〕　両都市は，北緯《ほくい》60度上に位置するものとする

〔条件２〕　北緯60度の円周の長さは，赤道上の円周の半分とする

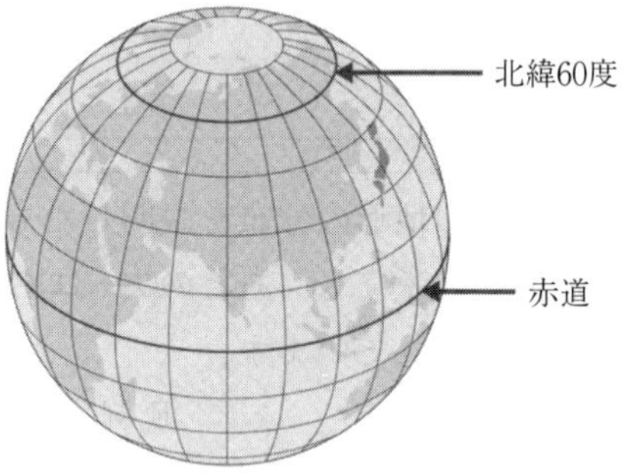

〔条件３〕　サンクトペテルブルクは東経30度，オホーツクは東経143度上に位置するものとする

(ア)　6,280km　　(イ)　8,280km

(ウ)　10,540km　　(エ)　12,540km

問３　下線部(C)について，次の統計(ア)～(エ)は，米，小麦，オレンジ類，じゃがいもの生産上位国と世界の生産量にしめる割合を示したものです。米の生産割合にあてはまるものを，次の(ア)～(エ)の中から一つ選び，記号で答えなさい。

(ア)

国名	%
中国	26.8
ブラジル	15.5
インド	8.6
アメリカ合衆国	4.9
スペイン	4.8
メキシコ	4.5

(イ)

国名	%
中国	17.6
インド	14.1
ロシア	11.3
アメリカ合衆国	6.5
カナダ	4.6
フランス	4.0

(ウ)

国名	%
中国	28.0
インド	23.6
バングラデシュ	7.3
インドネシア	7.2
ベトナム	5.7
タイ	4.0

(エ)

国名	%
中国	21.8
インド	14.3
ウクライナ	5.8
ロシア	5.5
アメリカ合衆国	5.2
ドイツ	3.3

問４　下線部(D)について，次の(ア)～(オ)のグラフは，横軸《よこじく》に月降水量，縦軸《たてじく》に月平均気温をとり，各月の値を順に結び，最後に12月と１月をつないで作成したものです。オーストラリアの温帯地域のグラフとして正しいものを，次の(ア)～(オ)の中から一つ選び，記号で答えなさい。

(ア)

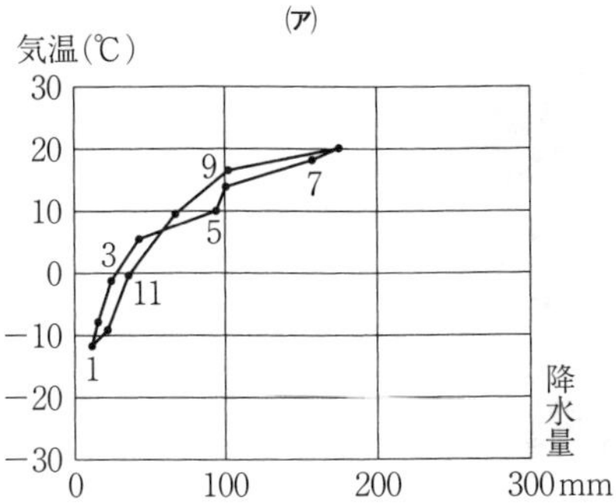

(イ)

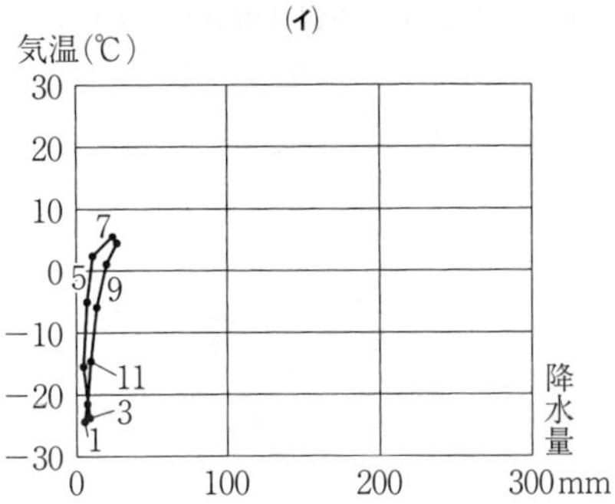

(ウ)

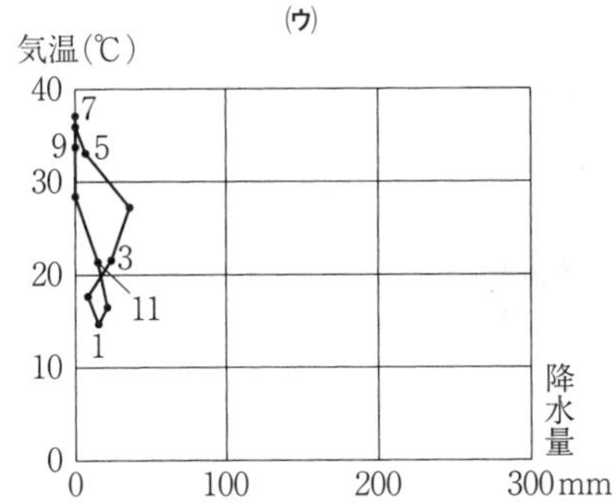

(エ)

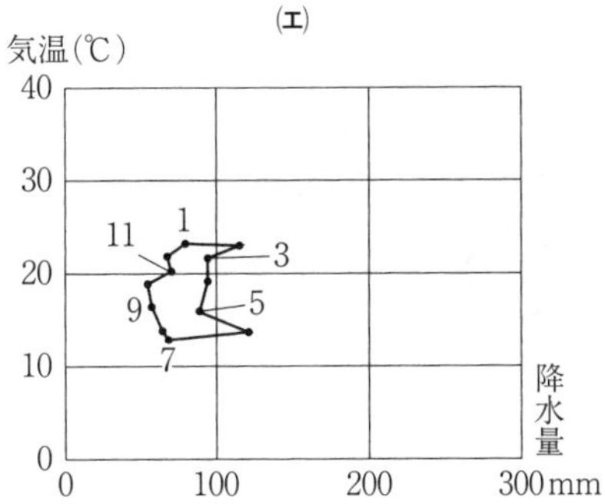

(オ)

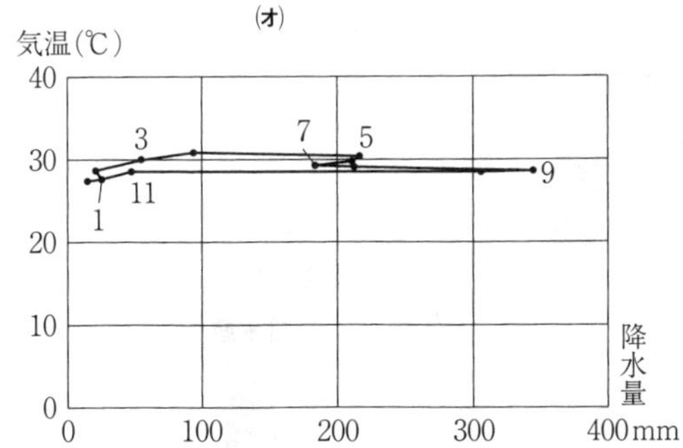

問５　下線部(E)に関して，次の［資料１］や［図１］～［図３］を参考にし，このころの貿易について述べた文として誤っているものを，あとの(ア)～(エ)の中から一つ選び，記号で答えなさい。

［資料１］

明《みん》は，明が認めた諸国の国王以外とは貿易を行わない方針である海禁政策をとっていたため，日本は自由に明と貿易をすることができなかった。一方，琉球《りゅうきゅう》王国は，海禁政策の下で，明と活発に貿易をすることが許されていた。

［図１］　旧首里城正殿《せいでん》の鐘《かね》

琉球国は南の海にある景色のよい土地で，朝鮮，明，日本の各国と親密な関係を持ち，これらの国々の中間に位置している。船を進めて物を運び，万国のかけ橋となり，外国のめずらしい宝は国中に充満《じゅうまん》している。

（現代語訳）

［図2］ 琉球王国の貿易相手先と交易品

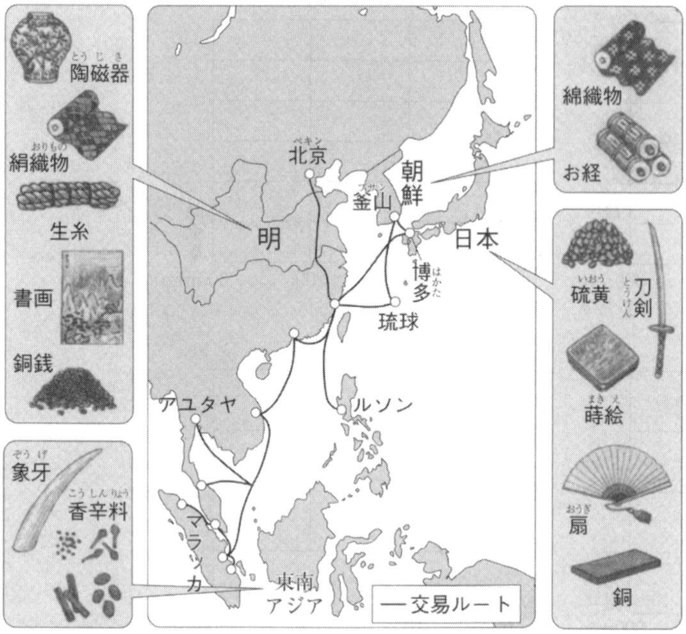

［図3］ 南蛮《なんばん》貿易

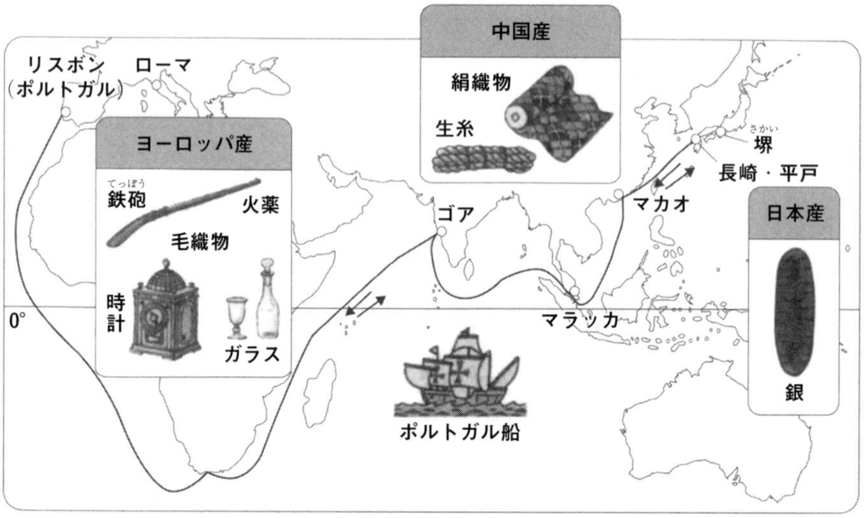

(ア) 日本産の硫黄や蒔絵などは，明が貿易で手にすることはできなかった。

(イ) 南蛮貿易が行われるようになると，琉球王国の貿易量は減少していった。

(ウ) 琉球王国は明の海禁政策を利用し，中継《ちゅうけい》貿易を通じて栄えていった。

(エ) 南蛮貿易で日本が輸入していたものには，中国産の製品があった。

問6 下線部(F)について，1858年，幕府は日米修好通商条約を調印し，翌年から外国との貿易が始まりました。次の［資料2］，［図4］・［図5］から考えられる，貿易が始まったことによる影響を説明しなさい。

［資料２］　貿易開始直後の金と銀の交換《こうかん》比率

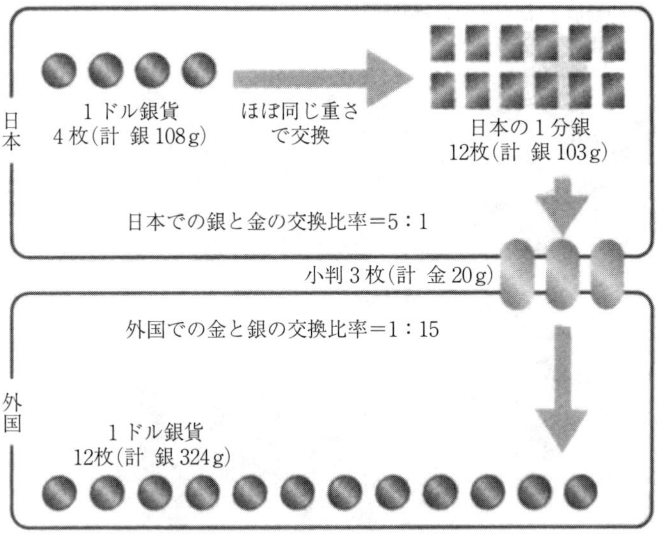

［図４］　金貨成分比の推移

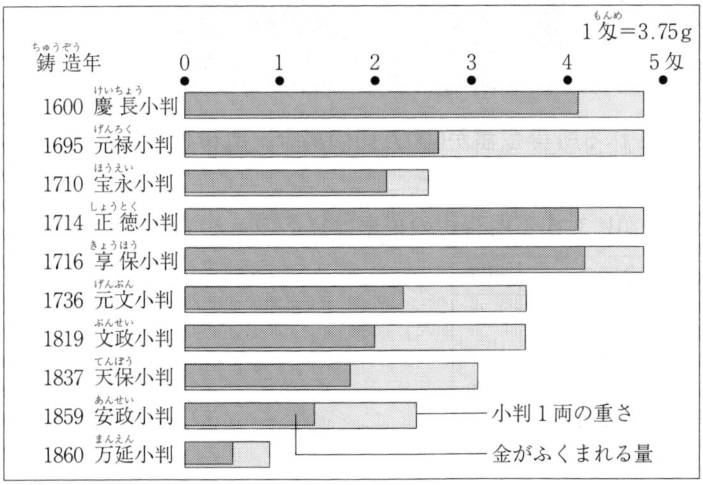

［図５］ 時世《とうせい》のぼり凧《いか》

(1866年の経済状況《じょうきょう》を示した風刺《ふうし》画)

問７　下線部(G)について，課税される所得金額が600万円の場合，所得税の金額を，次の〔条件１〕・〔条件２〕から算出しなさい。

〔条件１〕　課税される所得金額に対する所得税の税率は以下の％とする

課税される所得金額	税率
195万円以下	５％
195万円を超《こ》えて　330万円以下	10％
330万円を超えて　695万円以下	20％
695万円を超えて　900万円以下	23％
900万円を超えて　1800万円以下	33％
1800万円を超えて　4000万円以下	40％
4000万円超《ちょう》	45％

〔条件２〕　課税される所得金額が〔条件１〕の各金額を超えた場合は，その超えた金額に対しての税率をそれぞれ適用する。

例えば，課税される所得金額が400万円の場合，所得税の金額は372,500円となる。

問８　下線部(H)は各国の経済の状況によって変動します。１ドル＝100円が１ドル＝80円になるように，外国通貨に対する円の価値が高まることを円高といいます。逆に，１ドル＝100円が１ドル＝120円になるように，外国通貨に対する円の価値が低くなることを円安といいます。

次の図中(ａ)～(ｄ)にあてはまる金額を考えながら，日本からアメリカ合衆国への旅行者，アメリカ合衆国から日本への旅行者がそれぞれ有利になる状況を，下記の<　>内の用語を必ず使って説明しなさい。なお，使用する用語の順番は自由ですが，**使用した用語には必ず下線を引きなさい**。

また，(ａ)～(ｄ)に入る金額を説明にふくめる必要はありません。

＜円高　　円安　　交換＞

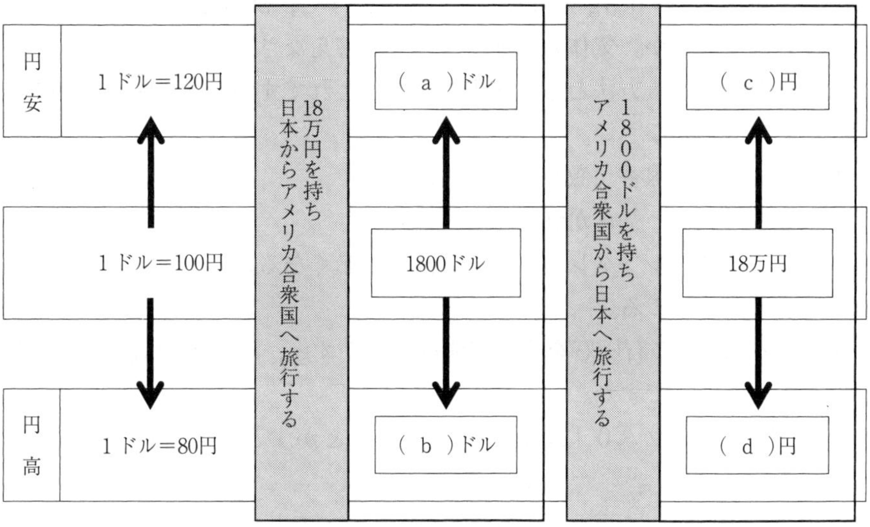

問９　ある国や地域の総人口に対する都市人口の割合を都市人口率といいます。一般に，商工業の発達している先進国で高く，農業中心の発展途上国では低くなっています。しかし，発展途上国でも歴史的経緯《けいい》から，南アメリカ州では都市人口率が高くなっている国も複数みられます。

次の統計は，産業別人口構成と都市人口率を示したものであり，(**ア**)～(**エ**)には，インドネシア，イギリス，アルゼンチン，エチオピアのいずれかがあてはまります。インドネシアにあてはまるものを，次の(**ア**)～(**エ**)の中から一つ選び，記号で答えなさい。また，その記号を選んだ理由を説明しなさい。

(％)

	第１次産業	第２次産業	第３次産業	都市人口率
(**ア**)	1.0	18.2	80.8	82.6
(**イ**)	29.6	21.5	48.9	53.3
(**ウ**)	7.7	20.5	71.9	91.5
(**エ**)	64.1	9.9	26.0	19.4

データは「中学校社会科地図」，「データブック オブ・ザ・ワールド 2023」，
「世界国勢図会 2022/23」，「新詳地理資料 COMPLETE 2023」，
「詳説日本史」，「政治・経済」による

【理　科】〈第２次試験〉（30分）〈満点：50点(理数コースは100点)〉

〔注意〕 数値を答える問題では，特に指示がない限り，分数は使わずに小数で答えてください。

1　塩酸に固体をとかして気体を発生させる実験について，あとの問いに答えなさい。

・塩酸 100 cm^3 に石灰石１ｇを入れてすべてとかすと，220 cm^3 の気体Ａが発生した。

・塩酸 150 cm^3 にアルミニウム 0.3ｇを入れてすべてとかすと，360 cm^3 の気体Ｂが発生した。

問１　気体Ａと気体Ｂは何ですか。気体の名前をそれぞれ答えなさい。

問２　気体Ａと気体Ｂを確かめる方法として適当なものはどれですか。次の(ア)～(エ)からそれぞれ１つずつ選び，記号で答えなさい。

(ア)　線香の火を近づけると線香が激しく燃える。

(イ)　マッチの火を近づけると気体が燃える。

(ウ)　水にとかしてフェノールフタレイン液を加えると赤くなる。

(エ)　石灰水に通すと白くにごる。

問３　塩酸 100 cm^3 にある重さの石灰石を入れてすべてとかすと，55 cm^3 の気体Ａが発生しました。とかした石灰石は何ｇですか。

問４　塩酸 200 cm^3 にアルミニウム 0.12ｇを入れてすべてとかすと，何 cm^3 の気体Ｂが発生しますか。

問５　２倍のこさの塩酸 100 cm^3 に石灰石 1.5ｇを入れてすべてとかすと，何 cm^3 の気体Ａが発生しますか。

問６　塩酸 100 cm^3 にアルミニウム 0.45ｇを入れると 480 cm^3 の気体Ｂが発生し，アルミニウムがとけ残りました。

(1)　とけ残ったアルミニウムは何ｇですか。

(2)　とけ残ったアルミニウムをすべてとかすためには，さらに何 cm^3 の塩酸が必要ですか。

問７　塩酸 500 cm^3 に石灰石とアルミニウムを合わせて 1.7ｇ入れて，どちらもすべてとかすと，1550 cm^3 の気体が発生しました。とかした石灰石は何ｇですか。

2　次の文を読んで，あとの問いに答えなさい。

ガラスの容器に氷と水を入れると，ガラスも，氷も，水もすべて無色透明《とうめい》であるにも関わらず，私たちは見るだけで，どこに容器があるのか，また，水の中のどの位置に氷が入っているのかが分かります。無色透明なものが目に見えるのはどうしてでしょうか。その理由はいくつかあります。

１つ目は「光が屈折《くっせつ》して景色がゆがむから」です。屈折は，光が別の物質に入るときに曲がる性質で，①虫眼鏡や眼鏡などのレンズにも利用されています。ガラスや氷，水は同じ無色透明でも屈折の度合いが異なります。そのため，ガラスの容器があると，そこだけ景色がゆがんで見えるのです。さらにそのゆがみ方がガラス，氷，水で異なるため，そこに無色透明なものが存在していることが分かるのです。②実験で，サラダ油の中にガラスをしずめると，［　Ａ　］。この現象は，サラダ油とガラスの屈折の度合いがほぼ等しいためにおこります。

２つ目は「光が反射して白っぽく見えるから」です。例えば，ガラスでも傷がついていたり，ひび割れたりすると白く見えます。これは傷やひび割れの表面に細かいでこぼこができたことで，③全反射や乱反射という現象がおきるためです。また，④容器に水を入れ，冷とう庫でこおらせると，白っぽい氷ができます。これは，水中にとけていた空気が，こおる直前にとけきれなくなり，あわとなって氷の中に閉じこめられることが原因です。この問題用紙も，セルロースという細い無色透明な植物のせんいが集まってできています。このように，⑤実は身近で白く見えているものは，無色透明なものの集まりであることが多いのです。近年では，⑥セルロースナノファイバーという100万分の１mmより細い植物のせんいを密に使うことで，内部の全反射や乱反射をおさえて「透明な紙」も作れるようになりました。

３つ目は「影《かげ》ができるから」です。⑦無色透明なものを光が通過すると屈折により影ができます。この影から近くにある無色透明なものを見つけることができます。もし将来，透明人間になれる技術が開発されて私たちが無色透明になれたとしても，影までも消すことは難しいかもしれませんね。

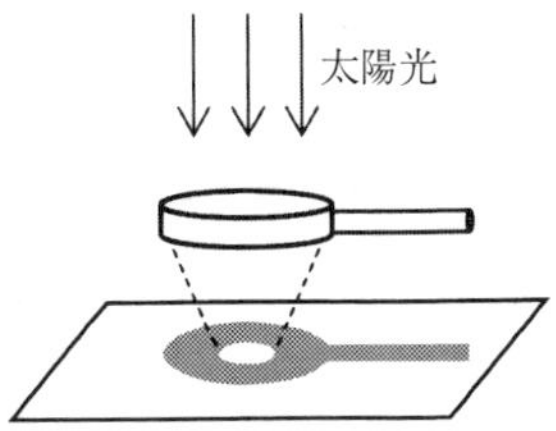

問１　下線部①について，図のように直径５cmの虫眼鏡で太陽光を白い紙の上に集めたところ，虫眼鏡から紙までの距離《きょり》が15cmのときに，明るい部分が直径２cmの円になりました。この虫眼鏡のしょう点距離は何cmですか。

問２　下線部②について，空らん［A］に入る文として正しいものはどれですか。次の(ア)～(エ)から１つ選び，記号で答えなさい。

(ア)　もとよりも小さく見えます　　(イ)　もとよりも大きく見えます

(ウ)　浮《う》き上がって見えます　　(エ)　見えなくなります

問３　下線部③について，乱反射の説明として正しいものはどれですか。次の(ア)～(エ)から１つ選び，記号で答えなさい。

(ア)　光が物体の表面に当たって色々な方向にはね返る現象。

(イ)　色々な方向からきた光が物体の表面に当たって集まる現象。

(ウ)　光が何度もはね返り物体から出られなくなる現象。

(エ)　光が水やガラスの中から空気中に進むときに屈折して出られなくなる現象。

問４　下線部④について，冷とう庫でこおらせる前に，ある工夫をすると透明な氷を作ることができます。どのような工夫が考えられますか。水にとける空気の性質をふまえて簡単に答えなさい。

問５　下線部⑤について，紙と同じ仕組みで無色透明なものが白く見えているものはどれですか。次の(ア)～(カ)からすべて選び，記号で答えなさい。

(ア)　食塩

(イ)　太陽

(ウ)　パソコンの白い画面

(エ)　雲

(オ)　ミョウバン

(カ)　光っている蛍光灯《けいこうとう》

問６　下線部⑥について，セルロースナノファイバーで作られたものの一般的《いっぱんてき》な特ちょうについてまちがっているものはどれですか。次の(ア)〜(エ)から１つ選び，記号で答えなさい。

(ア)　ガラスよりも割れにくい

(イ)　陶磁器《とうじき》よりも燃えにくい

(ウ)　紙よりも破れにくい

(エ)　化学せんいよりも自然界で分解されやすい

問７　下線部⑦について，おふろのお湯をぬくとき，排《はい》水口のそばに不思議な影ができていました。よく見るとその影は水面にあるうずによるものだと分かりました。うずがそのような影を作る理由は，光の進み方で説明することができます。これについて，次の問いに答えなさい。

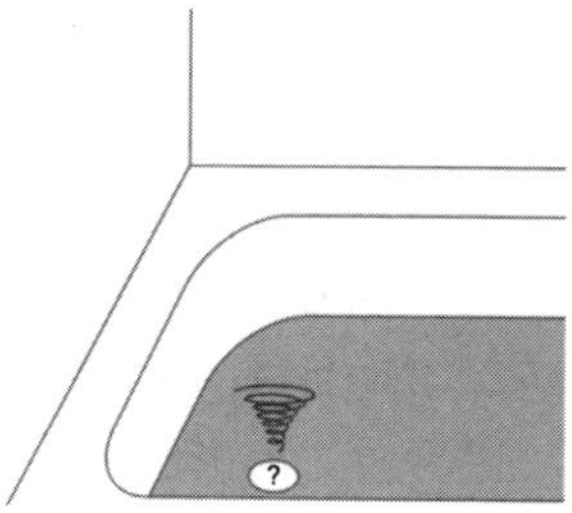

(1)　うずを真横から見たとき，光の進み方として最も適当なものはどれですか。次の(ア)〜(エ)から１つ選び，記号で答えなさい。

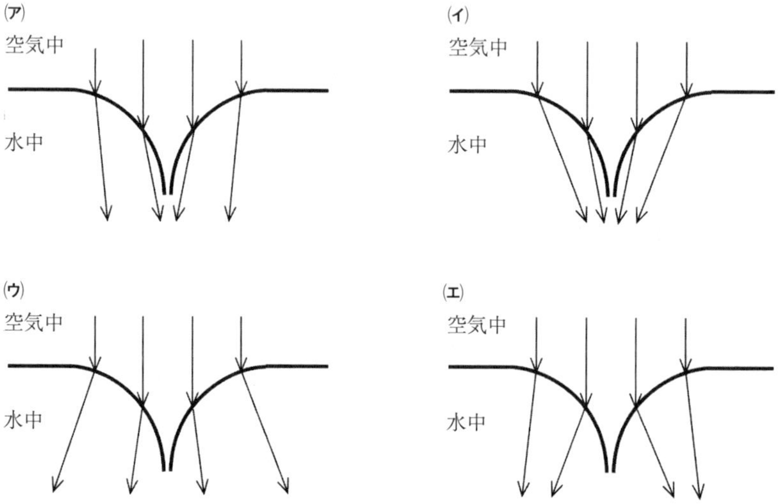

(2)　うずによってできた影のようすとして最も適当なものはどれですか。次の(ア)〜(エ)から１つ選び，記号で答えなさい。ただし，図の黒い部分は影，白い部分は明るいところを表しています。

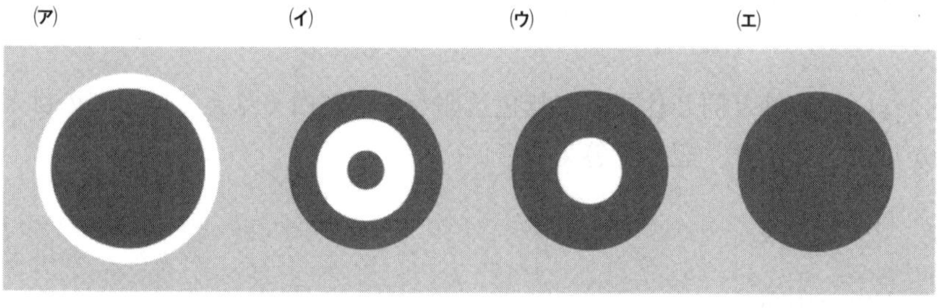

3　次の文を読んで，あとの問いに答えなさい。

みなさんは，お花見をしたことがあるでしょうか。日本には四季があります。植物には，花を咲《さ》かせる季節が決まっているものが多いです。ではなぜ，植物はある特定の季節に花を咲かせることができるのでしょうか。

花の咲く時期には，一日に日光の当たる時間の長さ(日照時間)や気温が大きくかかわっているといわれています。このように，「日照時間の変化によって，いつ花を咲かせるかを決める性質」を光周性《こうしゅうせい》といいます。

この光周性という観点から植物を分類した場合，長日植物・短日植物・中性植物に分けられます。さて，この３つの植物の性質を調べるため，次の＜実験１＞を行いました。

＜実験１＞　長日植物Ａ，短日植物Ｂ，中性植物Ｃを用意した。それぞれ，**図１**のように明るい時間(明期)と暗い時間(暗期)の組み合わせをａ〜ｃの条件で変化させ，一定期間栽培《さいばい》し続けた。そのとき，温度などほかの環境《かんきょう》条件はすべて最適な状態に保った。その結果，**表１**のようになった。**表１**の○は開花したことを，×は開花しなかったことを示している。

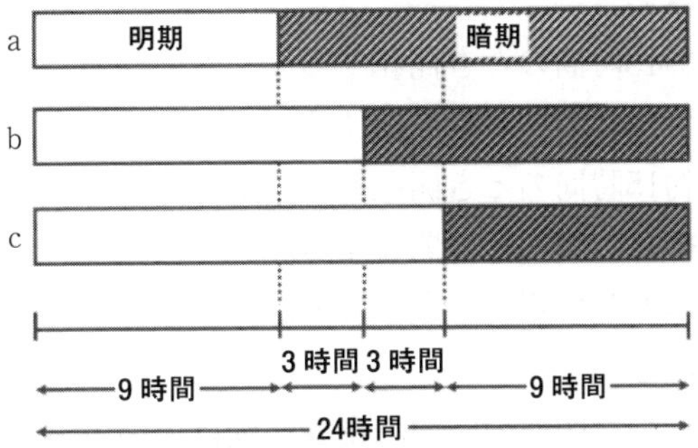

図１

表１

	A	B	C
a	×	○	○
b	○	×	○
c	○	×	○

問１　＜実験１＞をもとにわかる結果としてまちがっているものはどれですか。次の(ア)〜(カ)からすべて選び，記号で答えなさい。

(ア)　長日植物Ａは，明期が９時間のとき開花する。
(イ)　長日植物Ａは，暗期が９時間のとき開花する。
(ウ)　短日植物Ｂは，明期が９時間のとき開花する。
(エ)　短日植物Ｂは，暗期が９時間のとき開花する。
(オ)　中性植物Ｃは，明期が９時間のとき開花する。
(カ)　中性植物Ｃは，暗期が９時間のとき開花する。

問２　＜実験１＞から考えられることをまとめました。次の文の空らん(あ)〜(う)にあてはまる言葉をそれぞれ答えなさい。

長日植物は，明期がある一定の長さより(　あ　)と開花する。また，短日植物は，明期がある一定の長さより(　い　)と開花する。それに対し，中性植物は，(　う　)にかかわらず開花する。

続いて，次の＜実験２＞を行いました。

＜実験２＞　長日植物Ａと短日植物Ｂを用意した。それぞれ，**図２**のように明期と暗期の組み合わせをｄ〜ｇの条件で変化させ，一定期間栽培し続けた。このとき，新たに暗期の間に数分間光を当てる操作を加えた。その結果，**表２**のようになった。**表２**の○は開花したことを，×は開花しなかったことを示している。

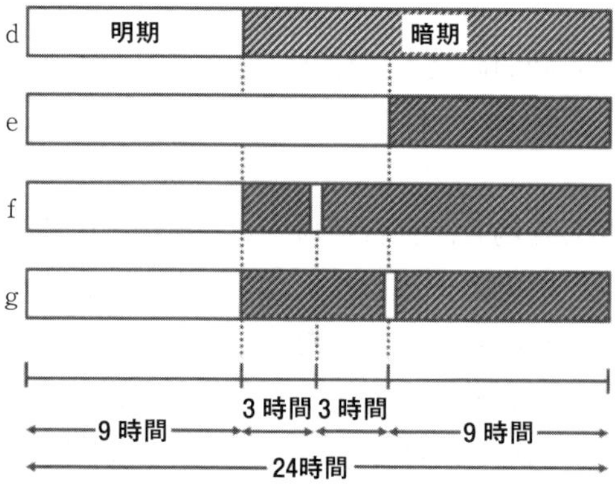

図2

表2

	A	B
d	×	○
e	○	×
f	×	×
g	○	×

問3　＜実験2＞をもとにわかる結果として正しいものはどれですか。次の(ア)～(エ)から，最も適当なものを1つ選び，記号で答えなさい。

(ア)　短日植物Bは，合計した明期が約15時間のとき開花する。

(イ)　短日植物Bは，合計した暗期が約15時間のとき開花する。

(ウ)　短日植物Bは，連続した明期が約15時間のとき開花する。

(エ)　短日植物Bは，連続した暗期が約15時間のとき開花する。

問4　＜実験2＞をもとに考えられるものとして正しいものはどれですか。次の(ア)～(エ)から最も適当なものを1つ選び，記号で答えなさい。

(ア)　長日植物と短日植物は，共に合計した明期の時間に影響を受けている。

(イ)　長日植物と短日植物は，共に合計した暗期の時間に影響を受けている。

(ウ)　長日植物と短日植物は，共に連続した明期の時間に影響を受けている。

(エ)　長日植物と短日植物は，共に連続した暗期の時間に影響を受けている。

自然界の植物は，生息地域の季節変動に合わせて繁殖《はんしょく》に適した時期に花を咲かせています。そのため，似た種類の植物であっても，採集された地域によって性質が異なることがあります。これに関して，異なる地域から採集された似た植物D～Fを用いて次の＜実験3＞を行いました。

＜実験3＞　たくさんの植物D～Fに対して，明期としてそれぞれ一定の時間，光を当て続けた。24時間のうち明期の時間以外を，暗期として光の当たらない条件にした。そのとき，温度などほかの環境条件はすべて最適な状態に保った。設定した明暗条件で栽培を続け，花を咲かせた植物D～Fの割合を調べたところ，**図3**のような結果が得られた。

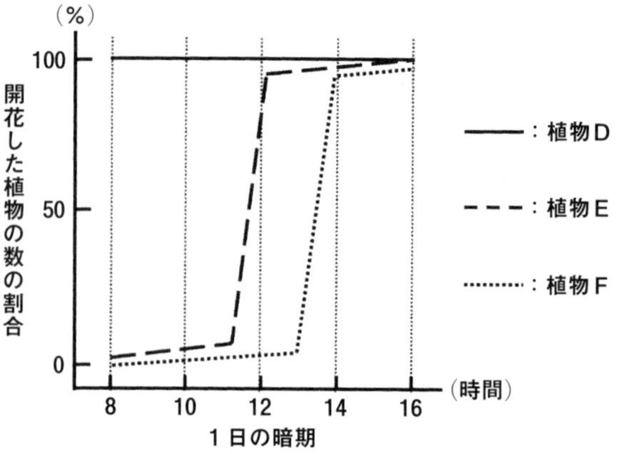

図3

問5　＜実験3＞について，次の問いに答えなさい。

(1)　＜実験3＞の結果から植物D～Fは，何植物ですか。それぞれ次の(ア)～(ウ)から1つ選び，記号で答えなさい。

(ア)　長日植物　　(イ)　短日植物　　(ウ)　中性植物

(2)　世田谷学園で植物Ｅと植物Ｆを栽培したときの開花時期について考えた文として正しいものはどれですか。次の(ア)～(エ)から１つ選び，記号で答えなさい。

(ア)　共に春に開花し，植物Ｅよりも植物Ｆが早く開花する。

(イ)　共に春に開花し，植物Ｅよりも植物Ｆが遅く開花する。

(ウ)　共に秋に開花し，植物Ｅよりも植物Ｆが早く開花する。

(エ)　共に秋に開花し，植物Ｅよりも植物Ｆが遅く開花する。

を切り捨てる勇気を示すものとなっている。

イ　自分の言葉が人々に影響《えいきょう》を与える必要はないと、自分の言葉の弱さを許すものとなっている。

ウ　自分の言葉を誰《だれ》もが認めるようになり、やがて共有されるのだという確信を抱かせるものとなっている。

エ　自分の言葉は他の人とは違うことを自覚した上で、そのことに誇《ほこ》りを持たせるものとなっている。

問十八　次の〈参考文③〉を読んで、後の問いに答えなさい。

〈参考文③〉

たとえば、私のつれが人気のない山中で怪我《けが》をして動けなくなった。助けを求めて山を下りた私の前にあらわれたのが、たまたま言葉の通じない外国人であったとする。私はもちろん、その相手に語りかけることをあきらめないだろう。そんな場合、おそらく私は、身ぶり手ぶり、聞き知っているあらゆる片言を交じえながら、何としてでも話しを通じさせようと努力するはずだ。この間私が経験しているであろうもどかしさこそは、私にとっての限界の意識である。語りかけつづける努力が、そのままもどかしさとしての限界の立ちあらわれである。いわば、語ろうとする努力それ自体が、言語の限界の形を縁《ふち》取っているのである。

この「もどかしさ」の、具体的な中味は何なのであろうか。それは、通じようとして通じない、結びつけようとして結びつかない、いわば切り離れた感じであろう。つながっていないという意味で、このとき「私」は孤独である。もどかしい努力は、私の孤独の形である。と同時に、身ぶり手ぶりを含《ふく》めた手持ちの言葉をかき集めながらなされるこの努力は、新しい言葉を生み出そうとする営みであると考えることもできる。もどかしさは、また、創造の苦しみにも似たものであるだろう。私は、新しい言葉を創出することによって、直面する限界を突破しようとする。少くとも、その限界をともかくも少し向こうへ押しやろうとしている。その意味では、「私の言語の限界」は、むしろ「最前線」とか「辺境」と言いかえた方が適切であるかもしれない。「私の言語の限界」とは、今まさに言葉が生じつつある、未開の辺境である。

「私の言語」が特定の国語であるという場合、その限界は、ごくありふれた形としては、異なる国語の習得の努力としてあらわれている。外国語を学ぶときに費《つい》やされる労力は、私の言語の最前線の一つの形である。このような形での限界はしかし、異なる国語との間にのみ見られるわけではない。私が「解する」日本語を話す人々との間でも、最前線・辺境は不断に立ちあらわれつづけている。

（菅野覚明『詩と国家　「かたち」としての言葉論』）

問　本文に描かれていた杉子の置かれている状況を〈参考文③〉に基づいて次のようにまとめました。文章中の X ～ Z に入る適当な言葉を〈参考文③〉の中からそれぞれ指定の字数でぬき出して答えなさい。

杉子の抱える苦しみは他者との交流における「もどかしさ」がもたらす X（二字）によるものであるが、そこで他者に語ろうとする努力は Y（二字）に結び付く可能性をもっており、Z（六字）に立っていると捉えることができる。

問十九　自分の言葉や伝えたいことがうまく相手に伝わらなかった経験を一つ挙げて、そのことによって得られた気づきや発見について説明しなさい。

かれただろうと考える。

（二階堂奥歯『八本脚の蝶』）

問　＝＝線「言葉が通じない世界」とありますが、これはどのような世界ですか。その説明として適当なものを次の**ア**～**エ**の中から一つ選び、記号で答えなさい。

ア　世界や言葉に対する自分の感覚が認められず、共有される人もいないままに、力を持った多数派に少数派がすり潰《つぶ》されていくような世界。

イ　自分の日本語が理解されずに大多数の人々が話す日本語が正しいものとされてしまい、方言などの味わい深い言葉が消失していくような世界。

ウ　大勢の意見に従うように強制されて自分の意見を述べることができなくなる一方で、自分の言葉で語るように独自性を強要されるような世界。

エ　自分が作り上げた言葉や世界の大切さが理解されないために、人々が自分の価値を信じなくなり、多数派の考え方しか認められなくなるような世界。

問十七　次の〈参考文②〉を読んで、後の問いに答えなさい。

〈参考文②〉

一九五二年頃《ごろ》「廃人《はいじん》の歌」という詩のなかで「ぼくが真実を口にすると　ほとんど全世界を凍《こお》らせるだらうといふ妄想《もうそう》によつてぼくは廃人であるさうだ」という一節をかいたことがある。この妄想は、十六、七歳ころ幼ない感傷の詩をかきはじめたときから、実生活のうえでは、いつも明滅《めいめつ》していた。その後、生活や思想の体験をいくらか積んだあとでも、この妄想は確証をますばかりであった。

すくなくとも、『転位のための十篇《じっぺん》』以後の詩作を支配したのは、この妄想である。わたしがほんとのことを口にしたら、かれの貌《かお》も社会の道徳もどんな政治イデオロギイもその瞬間に凍った表情にかわり、とたんに社会は対立や差別のないある単色の壁に変身するにちがいない。詩は必要だ、詩にほんとうのことをかいたとて、世界は凍りはしないし、あるときは気づきさえしないが、しかしわたしはたしかにほんとのことを口にしたのだといえるから。そのとき、わたしのこころが詩によって充《み》たされることはうたがいない。

（略）

詩とはなにか。それは、現実の社会で口に出せば全世界を凍らせるかもしれないほんとのことを、かくという行為で口に出すことである。こう答えれば、すくなくともわたしの詩の体験にとっては充分《じゅうぶん》である。しかし、これは、百人の詩作者にきいて、百通りの答えがでるなかのひとつの答えにしかすぎない。

（吉本隆明『詩とはなにか　世界を凍らせる言葉』）

㊟　廃人…通常の生活を送れない状態にある人を指し、それを蔑《さげす》んでいう言い方。
　　イデオロギイ…社会のあり方などに対する考え方や人の行動を左右する考え方や信条。

問　＝＝線「詩は必要だ、詩にほんとうのことをかいたとて、世界は凍りはしないし、あるときは気づきさえしないが、しかしわたしはたしかにほんとのことを口にしたのだといえるから」とありますが、この言葉は本文で描《えが》かれた自分の言葉と周囲の人々の言葉との隔《へだ》たりに苦しむ杉子に対して、励《はげ》ましを与《あた》えるものとなります。この吉本隆明の言葉の説明として適当なものを次の**ア**～**エ**の中から一つ選び、記号で答えなさい。

ア　自分の言葉の間違いを素直《すなお》に認めることで、かつての自分

音楽準備室は孤独に気づかされた場でありながらも、一時的な逃げ場所としての役割は果たしていたということ。

イ　クラスメイトから孤立しながらも穏《おだ》やかな時間を取り戻した杉子にとって、音楽準備室だけが次の飛躍《ひやく》に向けて羽を休めることのできる唯一《ゆいいつ》の場であったということ。

ウ　悲劇的な運命が待ち受けている杉子にとって、音楽準備室までもが心の平穏《へいおん》を保つことのできない苦しい場所に変わり、孤独を募らせる場所になっていたということ。

エ　ストレスを抱えながらも自分を曲げることなく戦っていくことを決めた杉子にとって、音楽準備室だけがその決断の邪魔をする甘《あま》い誘惑《ゆうわく》の場と化していたということ。

オ　周囲からの嫌がらせがひどくなってきた杉子にとって、最初は避難《ひなん》場所であったはずの音楽準備室がもはや心を休められる場所ではなくなってしまったということ。

問十四　――線⑨「わたしはそれを待っていた」とありますが、杉子はこの時どのような気持ちでいたのでしょうか。その心境として適当なものを次の**ア**～**オ**の中から一つ選び、記号で答えなさい。

ア　自分の正しさが試《ため》される試練の時がやってくることを予期しているために、その訪《おとず》れを楽しみにしつつも心の奥底では不安を感じている。

イ　恐ろしい事態がやってくることに対する不安を抱えていることに耐えられなくなったために、どんな悲惨な結果でもよいので早く終わってくれることを願っている。

ウ　現状を打開するための一歩を踏《ふ》み出せないでいるために、自分を無理やりにでも押し出すような状況の到来を恐れながらもどこかでそれを期待している。

エ　自分に対して自信を持てなくなってしまったことがわかっているために、弱い自分を打ち壊《こわ》してしまうような状況がやってくることを本心から恐れている。

オ　心を許せる友人を作らずに一人でいることを選択《せんたく》した自分にはいつか天罰《てんばつ》が下るのだという予感があり、不幸な結末を覚悟《かくご》しながらその時を待っている。

問十五　――線⑩「ほんとのものはなにもない。『ほんとのもの』があるだけだ」とありますが、このような『　』の使われた表現は杉子のどのような状態を表していますか。その説明として適当なものを次の**ア**～**オ**の中から一つ選び、記号で答えなさい。

ア　自分の言葉と感覚に基づく理解に対して正しさを確信している状態。

イ　自分以外の人たちの言葉と感覚に基づく把握《はあく》に疑念を抱いていない状態。

ウ　自分の言葉と感覚に基づく把握を確かなものだと思えなくなっている状態。

エ　自分以外の人たちの言葉と感覚に基づく理解に疑念を抱いている状態。

オ　自分の言葉と感覚に基づく把握が確かなものだと信じようとしている状態。

問十六　次の〈参考文①〉は『八本脚《あし》の蝶《ちょう》』という本の中で、本文〈Ⅳ〉の二行目以降を引用した後に添《そ》えられた文章です。この文章を読んで、後の問いに答えなさい。

〈参考文①〉

この話の主人公「わたし」こと杉子（小学六年生）は、言葉が通じない世界で生き延びていくことができただろうかと考える。この本に収められたあと二つの短編それぞれの主人公である中学三年生と高校三年生の少女達は、はたしてその後何年生き延びてい

ウ　疑問を投げかけるような口調で相手の言葉のあいまいさを指《し》摘《てき》している点。

エ　価値観は固定化されたものではなく、人により異なるものであることを訴《うった》えている点。

オ　クラスメイトに対して、友達がいなくても構わないと強い口調で主張している点。

カ　相手からの質問にどう答えてよいかわからずに困っていることを伝えている点。

問九　――線⑤「あたし、日本の言葉を話してるんじゃないの?」とありますが、この発言が生まれてくる感覚は杉子が母親と共有するものです。その感覚を表した一文を杉子の発言から探し、最初の五字をぬき出して答えなさい。

問十　――線⑥「今年から来たあたらしい女の先生はなかなかおもしろかった」とありますが、「ばかな注文」を言わず、「自分のコレクションらしいＣＤ」をきかせるといった「あたらしい女の先生」の授業に対して、杉子はどのような点を好ましく思っているのでしょうか。六十字以内で説明しなさい。

問十一　[X]に入る表現として、適当なものを次の**ア**～**オ**の中から一つ選び、記号で答えなさい。

ア　いっつもあたしの悪口ばっかいうのね！

イ　わざとあたしのわかんない話ばっかするのね！

ウ　こっそり先生の気を引こうとしているのね！

エ　無理に返事をしようと努力してくれているのね！

オ　クラスみんなで除《の》け者にしているのね！

問十二　――線⑦「かえって不思議に孤独感が募ってきた」とありますが、杉子がそのような思いを抱《いだ》くのはなぜですか。その理由として適当なものを次の**ア**～**オ**の中から一つ選び、記号で答えなさい。

ア　クラスメイトの学力の低さを嘆《なげ》いていたけれども、結局は多恵子さんのように同じ水準で話ができる人はめったにいないことがわかり、世代をこえた交友関係にはこれ以上期待することができないように思われたから。

イ　多恵子さんと話をする中でいままでは意識しないようにしていたクラスメイトたちの平和な日常をうらやむ気持ちが増幅《ぞうふく》され、たとえ親しくなったにしても世代の異なる相手には理解されない悩みであることがわかったから。

ウ　今までは「まりかちゃん」のことを避《さ》けていたけれども、多恵子さんとの対話を通じて彼女の方がしあわせであるかもしれない可能性に気づき、彼女との交友をもっと大切にすべきであったと反省したから。

エ　世代が違っても打ち解けて話をすることのできる多恵子さんという相手ができたことにより、同級生との間に生まれる何気ない日常の幸福な感覚を自分だけが味わうことができずにいる現状があぶりだされることになったから。

オ　お互いの頑張《がんば》りを多恵子さんと認め合うことができた後では、これまで苦しんできた自分が今とは異なった存在に思われて、かつての自分がいなくなってしまうことに対して寂《さび》しい気持ちが湧《わ》き上がってきたから。

問十三　――線⑧「多恵子さんの音楽準備室は、今や荒れ狂う海のなかの孤島のようだった」とありますが、「音楽準備室」が「荒れ狂う海のなかの孤島のようだった」とはどういうことですか。その説明として適当なものを次の**ア**～**オ**の中から一つ選び、記号で答えなさい。

ア　行き詰まりを感じて自分への自信を失っている杉子にとって、

問五　――線①「健全な人気者」とありますが、この言葉からは「杉子」のどのような気持ちがうかがえますか。その説明として適当なものを次の**ア**～**オ**の中から一つ選び、記号で答えなさい。

ア　自分を正常の側に位置づけ、大声で人をからかうことで周囲からの注目を集めようとする人物に対する皮肉が込められており、配慮《はいりょ》を欠いた振《ふ》る舞《ま》いの幼さを非難する気持ちがうかがえる。

イ　クラスがえのたびに同じあだ名を繰《く》り返すことで杉子の気を引こうという振る舞いへの戸惑《とまど》いが表れており、異性を気にすることを当然のことと思いながらも隠《かく》しきれない羞恥《しゅうち》心がうかがえる。

ウ　古風な名前の響きを味わう感性を持っていない子供の感覚を擁護《ようご》する思いが込められており、その未熟さを仕方のないことだとあきらめようとする気持ちがうかがえる。

エ　杉子が隠しておきたかった秘密をふれまわることで目立とうとする恥《は》ずべき行為《こうい》に対する怒りが表されており、これ以上の被害がでるかもしれないことを心配する気持ちがうかがえる。

オ　互いにあだ名を言い合って悪ふざけできる関係への憧《あこが》れが込められており、気軽に振る舞うことができず積極性にも欠けた自分に対する嫌悪《けんお》感がうかがえる。

問六　――線②「台所にアキコさんがいた」とありますが、「アキコさん」の説明として適当なものを次の**ア**～**オ**の中から一つ選び、記号で答えなさい。

ア　杉子のことを以前から知っており、いつも杉子の幼いころの話を聞かせてくれる人物。

イ　「ママ」と違って料理上手で、下味にも工夫を凝《こ》らし、子供の味覚を気にしてくれる人物。

ウ　友達のように気軽に話をすることもできるが、打ち解けない部分を抱《かか》えている人物。

エ　杉子が信頼を寄せる大人で、「ママ」には話せない悩みも相談することができる人物。

オ　勝手に台所を使うほど「ママ」と親しくしており、学校に行かない杉子を許してくれる人物。

問七　――線③「そういうのを普通、〝暗い〟とは言わないでしょ?」とありますが、杉子の過ごし方はどのように捉《とら》えることができるものですか。その説明となる次の文章の X ・ Y に入る適当な言葉を後の語群の**ア**～**オ**の中からそれぞれ一つずつ選び、記号で答えなさい。

「本を読んだり、ひとりで考えごとしたり」することは、周囲との関係を失った孤独な時間つぶしとみなされることもあるが、このような過ごし方は、教養を広げ、 X することで自己の内面を育むことにも繋《つな》がるものであり、「庭に出てぼーっとしたり」することは、 Y に豊かな時間を楽しんでいると捉えることもできる。

【語群】　**ア**　一喜一憂《いっきいちゆう》　**イ**　悠々自適《ゆうゆうじてき》　**ウ**　沈思黙考《ちんしもっこう》
エ　天衣無縫《てんいむほう》　**オ**　暗中模索《あんちゅうもさく》

問八　――線④「お母さんとおんなじこと、おんなじ口調で言ってるんだもの」とありますが、「杉子」と「お母さん」とはどのような点が同じだというのですか。その説明として適当なものを次の**ア**～**カ**の中から**二つ**選び、記号で答えなさい。

ア　対象を制限し、特定の人物だけに執着《しゅうちゃく》することが誤りであることを明言している点。

イ　友人からの非難に対して、自分の悩みをはぐらかすような口調で語っている点。

わたしの言葉の中に、『のようなもの』だの、『とかいうもの』だのという単語が頻繁《ひんぱん》に出てくるようになった。文末は『かも知れない』で締《し》めくくられた。紙に書くと、あらゆる単語をカギカッコでくくってしまうか、あらゆる単語の前に『わたしの言う』をつけなければ不安になる。わたしの言葉で言えばわたしはわたしの言う『天才』かもしれなかった。世間一般《いっぱん》からみればママにとってパパは『かれ』だったかも知れなかった。わたしと『まりかちゃん』は『ともだち』なのかも知れなかった。日本は『しあわせ』なのかも知れなかった。

わからない。

もうなにもわからないかも知れない。

⑩ほんとのものはなにもない。『ほんとのもの』があるだけだ。

（木地雅映子『氷の海のガレオン』―一部省略―　による）

㊟　アキコさん…杉子の両親の友達。
とむさん…杉子の両親の友達。
周防…杉子の兄。
まりかちゃん…クラスで弱い立場にある自分自身を守るために杉子との関係を築こうとしているクラスメイト。
がんばりませう…「せう」は「しょう」の古い仮名づかいの表記で、それに基《もと》づく発言。

問一　〰〰線㋐～㋔の片仮名を漢字に直しなさい。

問二　――線ⓐ「棚にあげて」・ⓑ「やるせなく」・ⓒ「白熱した」・ⓓ「すねて」とありますが、その本文中の意味として適当なものをそれぞれ後の**ア**～**オ**の中から一つ選び、記号で答えなさい。

ⓐ「棚にあげて」
ア　知らん顔して問題にせずに
イ　ごまかして取り繕《つくろ》って
ウ　堂々と自慢するように
エ　冗談《じょうだん》めかしながら茶化して
オ　馬鹿《ばか》にして気にもしないで

ⓑ「やるせなく」
ア　腹立たしさを抑《おさ》えられずに激しく
イ　今までの自信がなくなって力なく
ウ　思いを晴らすすべがなくてせつなく
エ　気力が尽《つ》きてしまって弱々しく
オ　やる気が失《う》せて悲しく

ⓒ「白熱した」
ア　深みにはまって白けた
イ　のめり込んで羽目を外した
ウ　言い合いになって硬直《こうちょく》した
エ　熱を帯びて活気づいた
オ　むきになって冷静さを欠いた

ⓓ「すねて」
ア　小刻みに肩《かた》をふるわせて
イ　片隅《かたすみ》にうずくまった様子で
ウ　妬《ねた》ましい思いにとらわれて
エ　不平がましい態度をとって
オ　ひどく心を傷つけられて

問三　[1]～[3]に入る適当な言葉を次の**ア**～**オ**の中からそれぞれ一つずつ選び、記号で答えなさい。
ア　手　**イ**　胸　**ウ**　鼻　**エ**　腹　**オ**　足

問四　【A】～【D】に入る適当な言葉を次の**ア**～**オ**の中からそれぞれ一つずつ選び、記号で答えなさい。
ア　ひやっ　**イ**　すんなり　**ウ**　ポツン
エ　ガツン　**オ**　ぷつっ

「私はできるだけ、あの子にも気を配ったつもりだったんだけど。」

「あたしだって、ずいぶん我慢《がまん》したわよ。」

「お互《たが》い不幸になってしまう。」

「もっと酷《ひど》い不幸から逃《のが》れるために、あたしを引っ張ったのよ。ふたりで一緒に耐《た》えましょう、ってなもんでさ。」

「でも、つっぱねなかったんでしょ。」

「めんどうくさくてね。」

「わかる。どっちにしても、自分じゃないような。」

「そうそう。」

「かかわること自体、間違いであるような。」

「そうそう。」

「どうしてあげればいいのか、わからないわ。」

「わからない。でも、あたしが彼女の望む通りになって一緒になってかばいあったとしても、彼女は本当にはしあわせになれないと思う。それはわかる。」

「今はだれも、そこまでのしあわせを望んではいないのかも。」

「わからないね、どっちがしあわせだか。」

「そう、正しいのは、実はあの子かも知れない。」

「そう、ほんとうにそう思う。みんなたあいない話してるじゃない、平和でいいな、と思うことある。」

普段、自分自身のこころの中で言葉にするときには、㋑イジでもこんな表現はしたことがなかった。㋒テイドが低いね、みんなバカだねと言っていた。けれど、こうしておなじ言葉で話せる相手がひとりいると、⑦かえって不思議に孤独《こどく》感が募《つの》ってきた。わたしは続けた。

「みんな決して悪い子たちじゃない。楽しそうにしてるよ。男の子たちは精一杯《せいいっぱい》イタズラしてる。女の子たちは㋓シシュンキに入って、これからいろんなことといっぱい悩《なや》むんだろうね。そういうの、すごくいい、と思うんだよ。もしかしてそれがしあわせって奴かも知れないって。だけど、」

詰まってしまった。多恵子さんも沈んでいた。そのあとの気持ちは、いまの万倍の勇気を出してさらけ出さないと、言葉にできそうもなかった。今の自分はまだそこまでの成長を、幸か不幸か、していないのだということを思い知った。

チャイムが鳴った。わたしは戻らなくてはならない。「じゃ。」といってドアを開けたとき、多恵子さんが、

「まっ、お互い、がんばりませう。」

と言った。

（略）

〈Ⅳ〉

⑧多恵子さんの音楽準備室は、今や荒《あ》れ狂う海のなかの孤島のようだった。わたしは木《こ》っ端《ぱ》のように漂っている。

恐《おそ》ろしい予感があった。わたしがぐずぐずして全てを言葉にするのを拒《こば》み続けるならば、運命はもっと悲惨《ひさん》な状況《じょうきょう》を用意することで、むりやり壁《かべ》を越《こ》えさせようとするだろう。でもビクビクしながら、⑨わたしはそれを待っていた。それがある意味でいちばん正しいやり方だと知っていた。

けれどその考えを理解できるのは、わたしの中のいっとう深いところのわたしであって、普段つかっている部分のわたしではない。要するにストレスは一向に㋔へらなかった。気が弱くなって、以前のように自分を天才だなどと思えなくなっていた。単なる変わり者、言葉の通じない異端《いたん》者だった。ひょっとしたら気が違っているのかもしれないと、半分本気で考えた。

〈Ⅲ〉

（略）

音楽の授業って奴、なんとかならないものかと常々思っている。国語や社会もくだらないけど、音楽に比べたらまだかわいいほうだ。

みんなで明るく楽しく歌いましょう、という押《お》し付けが、わたしにはうっとうしくてならない。それなりにいい歌もたくさんあるし、教科書に悪気はないんだろうけど、全員そろって〝まじめ〟に歌うまで、ヒステリックにやり直しを命じる先生のピアノが、ⓑやるせなく響いてしまう。これじゃ『浜千鳥《はまちどり》』も『椰子《やし》の実』もかわいそうだ。

ところが、⑥今年から来たあたらしい女の先生はなかなかおもしろかった。いやがる男の子たちに無理やりリコーダーを持たせたり、「もっと大きな声で！」だの「こころから楽しそうに！」だのというばかな注文を言ったりは決してしなかった。初めの十分ほど、教科書の歌を教えるだけで、あとはかわりにどうやら自分のコレクションらしいCDをもって来てそれをかけ、生徒には藁半紙《わらばんし》を一枚配って、「聞きながら頭に浮《う》かんだことを、文章でも絵でもなんでもいいから書いて出しなさい。なにも書くことがなければ、名前だけでいいわ。」と言い渡し、自分もじっと聞き入っていた。うるさくおしゃべりさえしなければ、あとはなにをしても自由だった。（略）

それからの学校生活は、わたしにとってなかなか楽しいものになっていった。

多恵子さんはたいてい音楽準備室にいた。職員室は煙草臭《たばこくさ》くて、息が詰《つ》まるんだそうだ。わたしも「教室はチョークの粉で息が詰まる」という理由で、ご一緒《いっしょ》させていただくようになった。

さいわい音楽準備室は、わたしの教室を出て階段を登ればすぐだった。休み時間、お弁当の時間、放課後、わたしは［２］繁《しげ》くそこへ通った。多恵子さんは内緒でお茶やお菓子《かし》をくれたし、いないときには、勝手にCDをかけてもよかった。

なにより二人は話が合った。家族以外の人間と、こんなに［３］を割って話せたことは今まで一度もなかった。多恵子さんはママの本も持っていたし、ほかにもたくさん本を読んでいた。わたしの読んだ本とずいぶん重なってもいた。CDだって、二人共通のものがずいぶんあった。

初めのころは、『まりかちゃん』も一緒だった。わたしがひとりで教室を出ようとすると、「どこ行くの、あたしも行きたい。」と言って、返事も聞かずにくっついてくるのだ。一人で取り残されてはたまらないんだろうが、邪魔《じゃま》っけなことこの上なかった。わたしと多恵子さんの会話のレベルに、彼女《かのじょ》は到底《とうてい》追いつけなかった。黙っていればいいものを、必死になって入り込《こ》もうとするものだから、ⓒ白熱した議論が【Ｃ】と途《と》切れてしまったりする。二人がある作曲家について話していると、「クラシックっていいですね。」と、それだけ【Ｄ】と言ってよこす。こっちは「そうね。」以上のなにを言えばいいのだ。

そしてとうとう多恵子さんのいないときに、「あたしが邪魔だから、［Ｘ］」と言ってⓓすねて泣いてしまった。また爪《つめ》を立てられるかと思って、正直非常に怖《こわ》かった。実際いまにもつかみかからんばかりだったが、多恵子さんが戻《もど》ってくると出て行ってしまった。以来ずっと口を利《き》いていない。家まで迎《むか》えにも来なくなった。

「なんか嫌《いや》なものねぇ。」と多恵子さんが言った。「胃がいたくなってしまう。」

「やっぱり？」とわたし。「後味悪いよね、まるであたしがいじめたみたい。」

「なに。」

「あたし、変わってるのかな。」

アキコさんがすぐに答えてくれなかったので、やっぱり唐突《とうとつ》すぎたかと思って、一瞬《いっしゅん》、【B】とした。けれど、ふりむいたアキコさんの顔が、とても『まじめ』になっていた。

「どうしてそう思うの。」

「ん、なんだか、することなすことみんなと違《ちが》うしさ、みんながこれがいいって言うもの、あたしはちっともそう思わないの。」

「例えば？」

「ん、たとえばさ、うちってテレビがないじゃない、前にそれを言ったら、みんなすごいびっくりして、『じゃ夜はなにしてるの？』って聞くんだよね。それで、『本を読んだり、ひとりで考えごとしたり』、あとなに言ったっけな、あと、そう『庭に出てぼーっとしたり』って言ったら、『暗いね』って言われたんだ。だけど、③そういうのを普《ふ》通《つう》、〝暗い〟とは言わないでしょ？ それで、『あなたたちの言う〝暗い〟って言葉は、どういうことを表してるの？』って聞いたの。そしたら、変わったひとだって言われた。」

アキコさんは黙《だま》っていた。『答えに窮《きゅう》するアキコさん』を、わたしは初めて見たように思った。わたしは続けた。

「言葉自体がさ、なんかみんなと違うみたいなんだよね。みんなもう色気づいてさ、かれが欲《ほ》しい、とか、よく話してるの。一度そういう話に、何かのはずみでまじっちゃったとき、『斉木さんはどういう人がいい？』って言われて、『そんなつまんないもの欲しくない。』って言ったの。だって〝かれ〟とかいう言葉はさ、もし結婚していない状態であっても、ママにとってのパパを表しはしないと思うんだ。その言葉が表しているのは、くっついたり離《はな》れたりが激しくて、はやりものの、なんて言うのかな、なんにしろ、つまんないものでしかないと思うんだ。そんなのあるだけムダでしょ？ でも、そんなのはおかしいらしいんだ。〝かれ〟とかいうものが欲しくない人は、どこか異常があるんだってさ。」

「あはは。」

「笑わないでよ、けっこうまじめなんだから。」

「杉ちゃん、あんた、④お母さんとおんなじこと、おんなじ口調で言ってるんだもの。」

「え？」

「あんたのママはね、昔っから『彼はいるの？』とか、『恋人いるの？』とか聞かれても、絶対にうんって言わなかった。軽蔑《けいべつ》したような目で相手を見て、ふんっと[1]を鳴らして、『なにそれ？』って言うのね。『あなたの言うその〝彼〟という言葉は、いったいどういう存在を表してるわけ？』なんて言っちゃうの。あたしはそういうあんたのママがわりとわかってたけど、あたしの他には、女の友達《ともだち》いなかったんじゃないのかな。話しかけてくる人ごとに、そういう調子で受け答えしてたら、当たり前だよね。でも、言葉というものにたいして、どうしてもいいかげんになれない人間だったのよ。

ある日突然狂《くる》ったようになって、『アキ、あたしの言うこと解《わか》る？ ⑤あたし、日本の言葉を話してるんじゃないの？ どうしてだれかの話した言葉のいちいちを、これはあたしの言葉に直すとこういう意味だな、ああこれはこういうことかなって、頭の中で直さなきゃいけないの？』って泣き出したことがあってね。めちゃくちゃだった。それが、あたしがちょっと旅行に出て、帰って来たら、もうものすごく感動的に落ち着いちゃったの。なにがあったかは知らないけど。」

「それ、いくつくらいのとき？」

「大学卒業したあたりかな。周防《すおう》の生まれる、ちょっと前くらい。ありゃ、そういや周防、ゆうべ帰ってこなかったんじゃない!?」

2024年度 世田谷学園中学校

【国　語】〈第二次試験〉（五〇分）〈満点：一〇〇点〉

〔注意〕解答の際には、句読点やカギカッコなどの符号《ふごう》も字数にふくむものとします。

次の文章を読んで、後の問いに答えなさい。

〈Ⅰ〉

自らを天才だと信じて疑わないひとりのむすめがありました。斉木《さいき》杉子《すぎこ》。十一歳《さい》。――わたしのことです。

クラスがえのたびに、毎年、毎年、飽《あ》きもしないでおんなじことが起こる。九番、斉木杉子さん。はい。

「杉子だって。」

「だせー。」

「ばばーみてー。」

「（せきこんで）おすぎばあさんやいい天気だねえ、げほっげほっ。」

四年生からおなじクラスだった何人かが、くだらないわたしのあだ名と、わたしがどれくらい「へーんな」奴《やつ》なのかというのを、さっそく大声でふれまわっている。そうしてしょっぱなから目立つことができたので、彼《かれ》らはこのクラスでも、①健全な人気者としてやっていけるんだろう。たしか去年もあれをやったような覚えがある。

くだらないわたしのあだ名は、【Ａ】とひととおり行き渡《わた》ったようだ。結婚《けっこん》前からパパとママが決めていた、この響《ひび》きのいい、古風な名前のセンスが理解できるような子供は、ひとりもいない。

ママは詩人だ。パパは何をやっているのか、よくわからない。家庭調査表には会社員だと書くようだけど、毎日散歩してる会社員なんていないんじゃないかな。書くときにも、「こんでいいだろ」とかいって、ママと大笑いしながら、墨《すみ》と筆で書いていた。好きなときに寝《ね》て、好きなときに起きてくる。ぽっかりいなくなることもある。わたしにとってパパは、おおいなるなぞ。

「こいつ日本語わかんないんだって。俺《おれ》が『すぎばあ』とか言ったら、『なに言ってるのかわかんないわね』とか言いやがんの。」

自分の語彙《ごい》が少ないのをⓐ棚《たな》にあげてヒトを変人扱《あつか》いするかね。正確に記憶《きおく》してもないじゃないの。日本語を話しなさい。

（略）

〈Ⅱ〉

朝なんか来なけりゃよかったが、そういう訳にもいかなかった。朝が来た。

ではせめて学校なんかなけりゃよく、それはそういう訳にいってもいいと思うのだが、やはり学校は存在する。

「おはよう。」②台所にアキコさんがいた。

「あれ、それあたしたちのお弁当？」

「うん、明け方まで起きてたから、ついでにね。」

「で、これから寝るのか、いいですねえ。パパとむさんは？」

「知らない。どっか行っちゃったみたい。」

アキコさんの㋐ヤくたまごやきの匂《にお》いが、うちの台所に漂《ただよ》っていた。

ママはたまごやきに砂糖を入れないけど、アキコさんはちょっとだけ入れる。その匂いをかいでいるうちに、どうしてか、ママに言えなかったことが、ふいに口をついて出た。

「ねえ、アキコさん。」

2024年度

世田谷学園中学校　▶解説と解答

算　数　＜第２次試験＞（60分）＜満点：100点（理数コースは200点）＞

解　答

1 (1) $\frac{17}{30}$　(2) 31　(3) 18km　(4) 7通り　(5) $\frac{140}{157}$　(6) 3.6cm　**2** (1) 277　(2) 45段目の左から10番目　**3** (1) A…15箱，B…23箱，C…41箱　(2) Bから14箱，Cから11箱　**4** (1) $32cm^2$　(2) $2.58cm^2$　**5** (1) 11時$39\frac{3}{4}$分　(2) 午後2時$53\frac{8}{11}$分　**6** (1) $756cm^2$　(2) $675cm^2$

解　説

1 **逆算，整数の性質，速さと比，場合の数，面積**

(1)　$\left(\frac{1}{2}+\frac{1}{4}-\frac{2}{3}\right)\times 2\frac{1}{5}=\left(\frac{6}{12}+\frac{3}{12}-\frac{8}{12}\right)\times\frac{11}{5}=\frac{1}{12}\times\frac{11}{5}=\frac{11}{60}$より，$\frac{1}{4}+\frac{11}{60}\div(\square-0.5)=3$，$\frac{11}{60}\div(\square-0.5)=3-\frac{1}{4}=\frac{12}{4}-\frac{1}{4}=\frac{11}{4}$，$\square-0.5=\frac{11}{60}\div\frac{11}{4}=\frac{11}{60}\times\frac{4}{11}=\frac{1}{15}$　よって，$\square=\frac{1}{15}+0.5=\frac{1}{15}+\frac{1}{2}=\frac{2}{30}+\frac{15}{30}=\frac{17}{30}$

(2)　9を加えると5の倍数になる数は，9＋5＝14を加えても5の倍数になる。同様に，5を加えると9の倍数になる数は，5＋9＝14を加えても9の倍数になる。よって，求める数に14を加えると，5と9の公倍数になることがわかる。また，5と9の最小公倍数は45なので，このような数で最小の数は，45－14＝31である。

(3)　休憩《きゅうけい》した時間を除くと，行きと帰りにかかった時間の合計は，12時間－1時間30分＝10時間30分になる。また，行きと帰りの速さの比は3：4だから，行きと帰りにかかった時間の比は，$\frac{1}{3}:\frac{1}{4}=4:3$である。この合計が10時間30分なので，行きにかかった時間は，$10\frac{30}{60}\times\frac{4}{4+3}=6$（時間）とわかる。よって，家から小屋までの道のりは，3×6＝18(km)と求められる。

(4)　100円玉の枚数で場合分けをして調べると，右の図1のようになるから，全部で7通りの支払《しはら》い方がある。

図1

100円玉(枚)	5	5	4	4	3	3	2
50円玉(枚)	1	0	3	2	5	4	6
10円玉(枚)	0	5	0	5	0	5	5

(5)　$\frac{8}{9}<\frac{140}{\square}<\frac{10}{11}$の□にあてはまる数を考える。140÷8×9＝157.5，140÷10×11＝154より，分子を140にそろえると，$\frac{140}{157.5}<\frac{140}{\square}<\frac{140}{154}$となる。よって，□にあてはまる数は{155, 156, 157}であり，このうち約分できない分数は$\frac{140}{157}$である。

(6)　右の図2で，長方形ABCDと長方形EBFGの面積が等しいから，それぞれを半分にした三角形DBCと三角形GBFの面積も等しくなる。さらに，それぞれの三角形から三角形HBCを取り除くと，三角形DBHと台形HCFGの面積も等しくなることがわかる。よって，台形HCFGの面積も$58cm^2$なので，(CH＋8)×10÷2＝58(cm^2)より，CH＝58×2÷10－8＝3.6(cm)と求められる。

図2

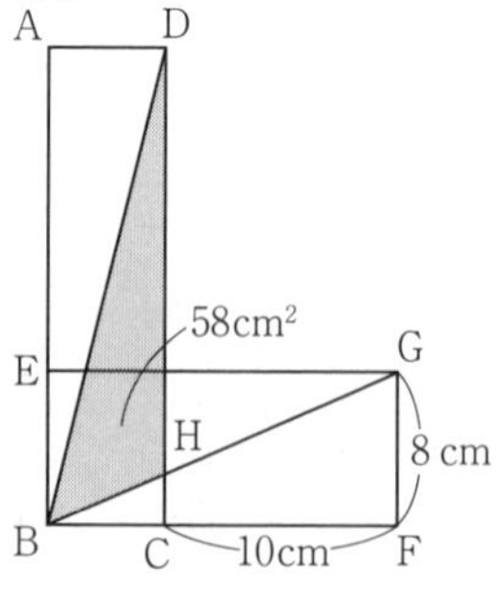

2 数列，調べ

(1) 各段に並んでいる整数の個数は１個ずつ増えるから，23段目までに並んでいる個数は全部で，１＋２＋…＋23＝(１＋23)×23÷２＝276(個)とわかる。つまり，23段目の一番右にある数は276なので，24段目の一番左にある数は，276＋１＝277である。

(2) 44段目までに並んでいる個数は全部で，１＋２＋…＋44＝(１＋44)×44÷２＝990(個)である。よって，1000は45段目の左から，1000－990＝10(番目)の数とわかる。

3 消去算，つるかめ算

(1) A，B，Cから１日に運ばれてくる量をそれぞれⒶkg，Ⓑkg，Ⓒkgとすると，右の図１の式を作ることができる。これらの式をすべて加えると，(Ⓐ＋Ⓑ＋Ⓒ)×２＝250＋258＋238＝746(kg)となるから，Ⓐ＋Ⓑ＋Ⓒ＝746÷２＝373(kg)とわかる。ここからそれぞれの式をひくと，Ⓐ＝373－238＝135(kg)，Ⓑ＝373－258＝115(kg)，Ⓒ＝373－250＝123(kg)となるので，A，B，Cから毎日運ばれてくる箱の数はそれぞれ，135÷９＝15(箱)，115÷５＝23(箱)，123÷３＝41(箱)と求められる。

図１

Ⓐ＋Ⓑ＝1750÷７＝250(kg)
Ⓐ＋Ⓒ＝1806÷７＝258(kg)
Ⓑ＋Ⓒ＝1666÷７＝238(kg)

(2) １日の仕入れの量を２倍にするから，買い足す量の合計はもとの量の合計と等しく373kgである。そのうちAから買い足す量は，９×30＝270(kg)なので，BとCから買い足す量の合計を，373－270＝103(kg)にすればよい。よって，B，Cから買い足す箱の数をそれぞれ🄱箱，🄲箱とすると，５×🄱＋３×🄲＝103(kg)と表すことができる。この式を満たす🄱，🄲の組み合わせは右上の図２のようになり，このうち🄱と🄲の差が最も小さいのはかげの部分である。したがって，Bから14箱，Cから11箱買い足せばよい。

図２

−3　−3　−3　−3　−3　−3

🄱(箱)	20	17	14	11	8	5	2
🄲(箱)	1	6	11	16	21	26	31

+5　+5　+5　+5　+5　+5

4 平面図形─図形の移動，面積

(1) 右の図１で，半径２cmの円が通過するのはかげの部分であり，半径１cmの円が通過するのは斜線《しゃせん》部分である。よって，半径２cmの円が通過する部分のうち，半径１cmの円が通過しないのは太線で囲まれた部分である。これは，１辺の長さが，10－２×２＝６(cm)の正方形から１辺の長さが，10－２×４＝２(cm)の正方形を取り除いたものだから，面積は，６×６－２×２＝32(cm²)とわかる。

図１

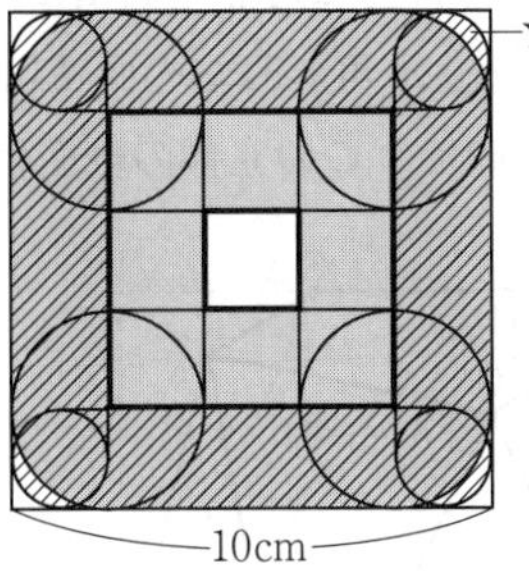

図２

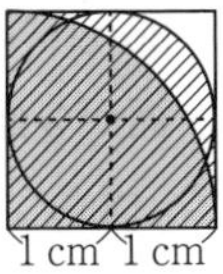

(2) 図１で，半径１cmの円が通過する部分のうち，半径２cmの円が通過しないのは四隅《よすみ》の★の部分である。これは拡大すると右上の図２のようになり，１辺１cmの正方形３個と半径１cmの四分円を合わせた図形から，半径２cmの四分円を取り除いたものとわかる。よって，１か所の面積は，$1\times1\times3+1\times1\times3.14\times\frac{1}{4}-2\times2\times3.14\times\frac{1}{4}=3+0.785-3.14=0.645$(cm²)と求められるので，全部で，0.645×４＝2.58(cm²)となる。

5 時計算

(1) 右の図１の□の時間を求める。この時計が，12時－７時57分＝４時間３分進む間に，本当の時計は，12

図１

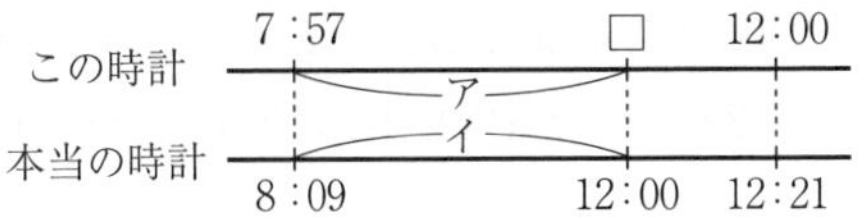

時21分－８時９分＝４時間12分進むから，この時計と本当の時計が進む速さの比は，４時間３分：４時間12分＝243分：252分＝27：28である。また，イの時間は，12時－８時９分＝３時間51分なので，アの時間は，３時間51分×$\frac{27}{28}$＝231分×$\frac{27}{28}$＝$222\frac{3}{4}$分＝３時間$42\frac{3}{4}$分と求められる。よって，□の時間は，７時57分＋３時間$42\frac{3}{4}$分＝10時$99\frac{3}{4}$分＝11時$39\frac{3}{4}$分である。

(2)　(1)で求めた時刻にこの時計は右の図２のようになるから，１回目はこの時刻から12時までの間である。その後，12時から１時までの間に２回，１時から２時までの間に２回あるので，６回目は２時をさした後にはじめて直角になるときである。次に，長針は１分間に，360÷60＝６(度)，短針は１分間に，360÷12÷60＝0.5(度)動くから，長針は短針よりも１分間に，６－0.5＝5.5(度)多く動く。また，２時ちょうどに長針と短針が作る角の大きさは，360÷12×２＝60(度)なので，長針と短針が直角になるのは，２時ちょうどから長針が短針よりも，60＋90＝150(度)多く動いたときである。よって，150÷5.5＝$27\frac{3}{11}$(分)より，この時計が２時$27\frac{3}{11}$分をさすときとわかる。これは，この時計が12時から２時間$27\frac{3}{11}$分動いたときなので，２時間$27\frac{3}{11}$分×$\frac{28}{27}$＝$147\frac{3}{11}$分×$\frac{28}{27}$＝$152\frac{8}{11}$分＝２時間$32\frac{8}{11}$分より，本当の時計が12時21分から２時間$32\frac{8}{11}$分動いたときとなる。したがって，このときの本当の時刻は，12時21分＋２時間$32\frac{8}{11}$分＝14時$53\frac{8}{11}$分，つまり午後２時$53\frac{8}{11}$分と求められる。

図２

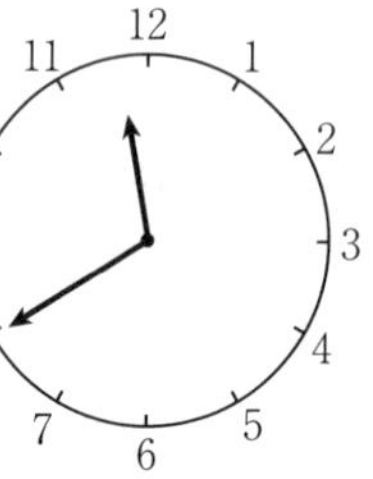

6　立体図形—分割，表面積

(1)　下の図１のようになる。正方形EFGHの面積は，12×12＝144(cm^2)，五角形APQRSの面積は，144－６×６÷２×３＝90(cm^2)となる。また，三角形QFGの面積は，12×12÷２＝72(cm^2)，台形APFEの面積は，(６＋12)×12÷２＝108(cm^2)であり，これらと合同な面が２面ずつある。さらに，切断した三角すいF－BPQの展開図は下の図２のような正方形になる。図２で，正方形の面積は144cm^{2}であり，☆の三角形の面積は，６×６÷２＝18(cm^2)，★の三角形の面積は，12×６÷２＝36(cm^2)だから，三角形FPQの面積は，144－(18＋36×２)＝54(cm^2)と求められる。これと合同な面が３面あるので，この立体の表面積は，144＋90＋72×２＋108×２＋54×３＝756(cm^2)となる。

図１

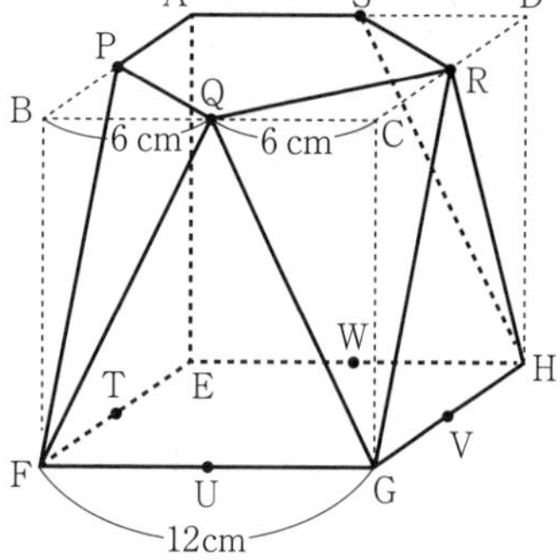

図２

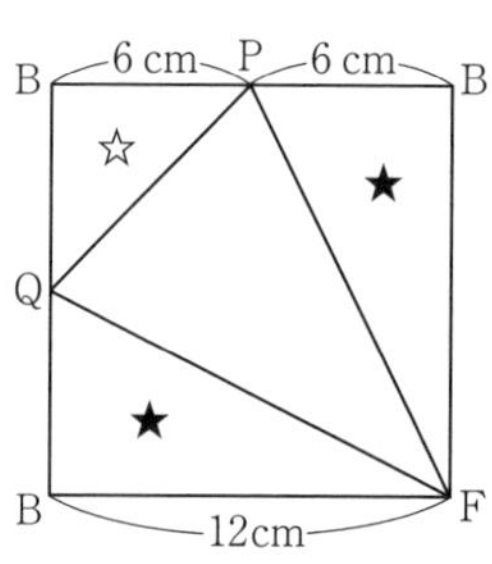

図３

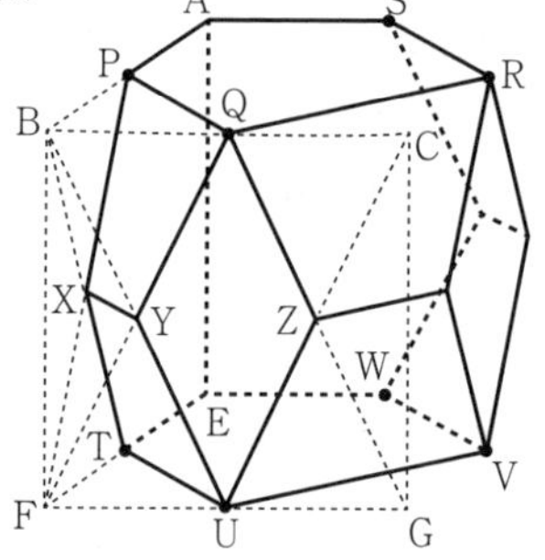

(2)　上の図３のようになる。図３のように，PFとBTが交わる点をＸ，QFとBUが交わる点をＹ，QGとCUが交わる点をＺとすると，五角形APQRSと合同な面が２面，五角形AETXPと合同な面が２面，台形PXYQと合同な面が６面，ひし形QYUZと合同な面が２面になる。(1)から，五角形

APQRSの面積は90cm^2とわかる。また，右の図４から，五角形AETXPの面積は正方形AEFBの面積の$\frac{5}{8}$倍とわかるから，$144\times\frac{5}{8}=90$(cm^2)と求められる。次に，図３の三角形FPQと三角形FXYは相似になる。このとき，相似比は２：１なので，面積の比は，（２×２）：（１×１）＝４：１となる。よって，台形PXYQの面積は三角形FPQの面積の，$\frac{4-1}{4}=\frac{3}{4}$(倍)だから，$54\times\frac{3}{4}=40.5$($cm^2$)とわかる。さらに，三角形QFGと三角形QYZも相似なので，YZ＝６cmとなり，ひし形QYUZの面積は，12×６÷２＝36(cm^2)と求められる。したがって，この立体の表面積は，90×２＋90×２＋40.5×６＋36×２＝675(cm^2)である。

図４

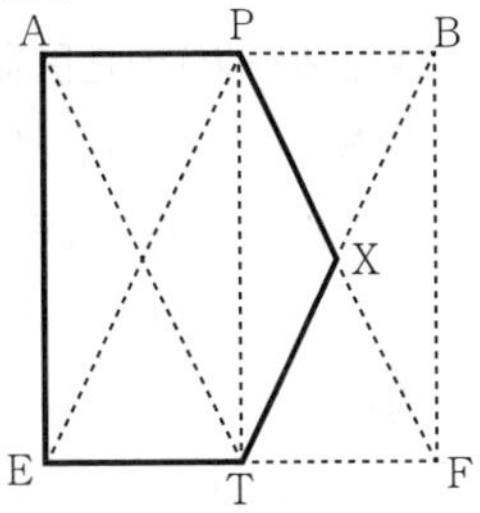

社　会　＜第２次試験＞（30分）＜満点：50点＞

解　答

[1] **問１**　**[木曽川]**　(エ)　**[利根川]**　(ウ)　**問２**　(エ)　**問３**　(エ)　**問４**　(エ)　**問５**　満濃池　**問６**　(ウ)　**問７**　(ア)　**問８**　(エ)　**問９**　(イ)　**問10**　　[2] **問１**　(1)　野田　(2)　近松門左衛門　**問２**　(ア)　**問３**　(ア)　**問４**　(ア)　**問５**　栄西　**問６**　(ウ)　**問７**　(エ)　**問８**　(ウ)　**問９**　(エ)　**問10**　(イ)　**問11**　(イ)　[3] **問１**　(イ)　**問２**　(ア)　**問３**　(ウ)　**問４**　(エ)　**問５**　(ア)　**問６**　（例）　外国と日本の金銀の交換比率の違いから，外国人が金の価値が低い日本で金貨を買って海外へ持ち出す動きが強まった。幕府は小判に含まれる金の量を減らしたが，その結果，通貨の価値が大幅に下がったことで物価が上昇した。
問７　77万2500円　**問８**　（例）　日本からアメリカ合衆国への旅行者は，より多くのドルに交換することができる円高のときに有利で，アメリカ合衆国から日本への旅行者は，より多くの円に交換することができる円安のときが有利となる。　**問９**　(イ)／（例）　インドネシアとエチオピアは，経済水準の区分やOECDへ加盟していないことから都市人口率の低い(イ)か(エ)と考えられる。インドネシアの方が１人当たりGNIが高いため，第１次産業の割合が低く，都市人口率の高い(イ)が解答と考えられるから。

解　説

[1] 日本の河川と河川に関わる自然災害についての問題

問１　**[木曽川]**　木曽川は長野県中西部の鉢盛《はちもり》山を水源として南西へと流れ，木曽谷を形成する。その後，岐阜県と愛知県を通って濃尾《のうび》平野を南へと流れ，三重県北東部で伊勢湾《いせわん》に注ぐので，滋賀県は通っていない((エ)…×)。　**[利根川]**　利根川は越後《えちご》山脈の大水上《おおみなかみ》山を水源として関東平野をおおむね南東へと流れ，群馬県と埼玉県，千葉県と茨城県の県境を形成するなどした後，千葉県の銚子《ちょうし》市で太平洋に注ぐので，神奈川県は通っていない((ウ)…×)。
問２　利根川は信濃《しなの》川に次いで全国で２番目に長い川なので，(ア)～(エ)の中で河口からの距離《きょり》が２番目に長い(エ)が当てはまる。なお，(ア)は常願寺川，(イ)は富士川，(ウ)は信濃川である。
問３　［図１］と［図２］中の標高点のうち，それぞれの最も標高の高い標高点は，［図１］が819m，［図２］が774mなので，［図１］の方が高い((エ)…○)。なお，［図１］，［図２］とも，針葉樹林(Λ)と広葉樹林(Ｑ)の分布している場所がある((ア)…×)。［図１］では揖斐《いび》川の川岸に発電所・変電所(☼)の地図記号が見られるが，［図２］では大谷川から少し離《はな》れた場所に(☼)の地図記号がある((イ)…×)。標高を示す水準点(⊡)や等高線から，［図１］の地点①はおおむね標高240ｍだとわかる。一方，［図２］は地形図の範囲全体が標高約500ｍかそれ以上の高地になっていることがわかるので，地点②の標高は地点①の標高より高いことになる((ウ)…×)。

問４　徳山ダム(岐阜県)に併設《へいせつ》された徳山水力発電所は，主に東海地域の電力供給を担《にな》っている中部電力が建設したもので，約10万世帯分の年間電力消費量に当たる量を発電している(2017～21年)。しかし，日本全体の発電電力量のうち水力発電は約８％ほどであり，また，発電所は各地にある電力会社が建設・管理し，発電した電力は電力会社が担当している地域に送電されるのが一般《いっぱん》的なので，全国の大部分の発電量を１つの発電所でまかなうということは考えにくい((エ)…×)。

問５　満濃《まんのう》池は香川県南西部のまんのう町にある日本最大級のため池で，８世紀初めにつくられたが，９世紀に洪水で堤防が決壊《けっかい》し，大規模な修築が必要となった。このとき，讃岐《さぬき》(香川県)出身で，真言宗の開祖として知られる空海が唐《とう》(中国)で学んだ土木技術を生かして工事を指揮し，完成させた。

問６　砂防堰堤《えんてい》は，たまった土砂を少しずつ流すことで，下流に流れる土砂の量を調節する施設である。また，土砂がたまることで川底や川岸がけずられるのを防いだり，山の斜面《しゃめん》が崩《くず》れたりするのを防ぐ効果もある((ウ)…○)。なお，地すべりは一般的に，地下水や大きな地震《じしん》が主な原因となって発生するので，砂防堰堤のはたらきとは無関係である((ア)…×)。砂防堰堤に土砂がたまることで川の傾《かたむ》きがゆるやかになるため，水の流れを遅《おそ》くすることができる((イ)…×)。しかし，機械で制《せい》御《ぎょ》するような施設ではないため，土砂や水の流出量を細かく調節することはできない((エ)…×)。

問７　位置に関するさまざまなデータを利用して，地図の作成や高度な分析などを行えるようにするシステムのことをGISという。地理情報システム「Geographic Information System」の略であり，地形や気象，土地利用や人口などその場所に関する複数のデータを地図上で重ね合わせ，わかりやすく表示できるため，さまざまな目的で利用できる。ハザードマップの場合は，被害が想定される地域や防災施設，避難《ひなん》所がどこにあるかなど，いくつもの情報を重ね合わせて作成される((ア)…○)。なお，(イ)のGPSとは「Global Positioning System」の略で，全地球測位システムという意味であり，人工衛星を利用して現在位置を知るシステム，(ウ)のGMTとは「Greenwich Mean Time」を略したもので，グリニッジ標準時のことであり，国際的な時間の基準の１つである。(エ)のGPTとは「Generative Pretrained Transformer」を略したもので，事前に学習させた膨大なデータを元に文章を作成するシステムのことである。

問８　液状化現象は，地震が発生したさい，ゆるく堆積《たいせき》した砂の地盤《じばん》が地震の揺《ゆ》れによって液体状になる現象のことであり，氾濫《はんらん》した河川水が原因で発生するものではない((エ)…×)。

問９　埼玉県南東部は，利根川や荒《あら》川，中川という大きな河川に囲まれるとともに，中小の河川がいくつも流れ，水害に悩《なや》まされる地域だった。そのため，大雨などで河川が一定以上増水した場合は地下水路に溜め，調整しながら江戸川に流し洪水を防ぐ施設として，埼玉県春日部市に首都圏外《けんがい》郭《かく》放水路が建設された((イ)…○)。

問10　自然災害伝承碑《ひ》(Ո)は，過去に発生した津波，洪水，火山災害，土砂災害などの情報を伝える石碑やモニュメントのことで，記念碑の地図記号(Ո)に碑文を示すたて線を加えてつくられた。

当時の被災状況を伝え，同じことが起きないようにとの思いから，2019年に国土地理院が制定した。

2 各時代の歴史的なことがらについての問題

問１ (1) 千葉県北部はかつて下総《しもうさ》国と呼ばれ，野田市はその北西の端《はし》に位置している。野田市は，大豆や小麦，塩といった原料の産地に近く，江戸川や利根川の水運にも恵《めぐ》まれたことから，江戸時代に醤油《しょうゆ》づくりがさかんになり，現在まで受け継《つ》がれている。　(2) 近松門左衛門《もんざえもん》は，江戸時代前半に栄えた元禄《げんろく》文化を代表する文学者で，人形浄瑠璃《じょうるり》や歌舞伎《かぶき》の作家・脚本《きゃくほん》家として活躍《かつやく》した。代表作には，『曾根崎《そねざき》心中』や『国性爺合戦《こくせんやかっせん》』などがある。

問２ 『古今和歌集』がつくられたのは905年なので，８世紀ではなく10世紀のことである((ア)…×)。なお，墾田永年私財法は743年((イ)…○)，唐招提寺が建てられたのは759年((ウ)…○)，和銅開珎がつくられたのは708年((エ)…○)なのでいずれも８世紀に当たる。

問３ ４世紀から７世紀にかけて，中国や朝鮮半島から多くの人が日本に移り住んだ。こうした人々を渡来人といい，彼らによって技術や文化がもたらされた((ア)…○)。なお，文禄の役(1592～93年)は豊臣秀吉が行った２度の朝鮮出兵の１回目で，16世紀末の出来事である((イ)…×)。13世紀には元《げん》(中国)との間で文永・弘安の役(1274年・1281年)が起こり，この２度の戦いは元寇《げんこう》と呼ばれる。江戸時代には，幕府の許可のもと，対馬《つしま》藩(長崎県)の宗《そう》氏が朝鮮との交易を独占していた((ウ)…×)。日中戦争は1937年の盧溝橋《ろこうきょう》事件をきっかけとして始まった。柳条湖《りゅうじょうこ》事件は1931年の出来事で，満州事変のきっかけとなったものである((エ)…×)。

問４ 生麦事件は現在の神奈川県鶴見区生麦で，薩摩藩士の行列を馬で横切ったイギリス人を殺傷した事件である。これに対しイギリスは賠償を求めたが，薩摩藩が応じなかったために薩英戦争に発展した。イギリスは西ヨーロッパに位置する島国で，グレートブリテン島，アイルランド島の一部とその周辺の島々からなる([X]…①)。ドイツが，日本の同盟国であるイギリスと開戦したことや，中国での権益を拡大しようとするのを阻止するため，日本も開戦を決定した。ドイツは西ヨーロッパに位置し，ドイツの北側には大部分がデンマーク領であるユーラン(ユトランド)半島がある([Y]…③)。よって(ア)が正しい。なお，②はフランスである。

問５ 栄西は平安時代の終わりごろに宋(中国)へ渡って禅《ぜん》宗を学び，帰国後に臨済宗を開いた。また，中国から茶の種を持ち帰って栽培《さいばい》方法を広めたり，『喫茶養生記《きっさようじょうき》』を著して茶の薬効を説いたりするなど，日本の喫茶文化に大きな影響《えいきょう》を与《あた》えた。その後，喫茶の習慣に禅宗の精神などが加えられ，茶の湯へと発展していった。

問６ 田沼意次《おきつぐ》は18世紀末に江戸幕府の老中になると，町人の資金を利用した新田開発を奨励《しょうれい》した。千葉県北部にある印旛《いんば》沼と手賀沼でも干拓《かんたく》事業が始められたが，利根川の氾濫《はんらん》と田沼の失脚《しっきゃく》によって工事は中止された((ウ)…○)。なお，新井白石は，江戸幕府の第６代将軍徳川家宣《いえのぶ》と第７代将軍家継《いえつぐ》に仕え，長崎貿易を制限することを幕府に提案した((ア)…×)。第８代将軍吉宗の命を受けた青木昆陽《こんよう》は，さつまいもの試作や栽培方法の確立に力をつくした((イ)…×)。水野忠邦は老中になると，物価を下げることを目的として株仲間の解散を命じた((エ)…×)。なお，株仲間を推奨《すいしょう》したのは田沼意次である。

問７ ［X］の和歌は，奈良時代に留学生として遣唐使船で唐に渡った阿倍仲麻呂《あべのなかまろ》が，帰国しようとしたさいの宴の席で，故郷の奈良にある三笠《みかさ》山(若草山)を思い出して詠《よ》んだ歌である([X]…誤)。なお，仲麻呂の乗った船は難破したため，日本に帰国することはかなわなかった。20世紀初頭の

1910年に韓国併合が行われたさい，朝鮮に思いを寄せて［Ｙ］の和歌を詠んだのは，正岡子規《しき》ではなく詩人の石川啄木《たくぼく》である([Ｙ]…誤)。よって正しい組み合わせは(エ)である。

問８　江戸時代初め，河村瑞賢《ずいけん》は，東北地方の日本海側から津軽海峡《かいきょう》，太平洋を通って江戸にいたる東まわり航路と，東北地方の日本海側から日本海沿岸，関門海峡，瀬戸内海を通って大坂(大阪)にいたる西まわり航路を整備した。これにともない，各航路の寄港地として発展した場所もあった((ウ)…○)。なお，藤原純友《すみとも》は10世紀中ごろに瀬戸内海の海賊《かいぞく》を率いて反乱を起こした((ア)…×)。12世紀には平清盛が，現在の神戸港(兵庫県)の一部に当たる大輪田泊《おおわだのとまり》を修築するなどして，日宋貿易を行った((イ)…×)。明治時代，愛媛県松山市の中学校で教師をしていたときの経験をもとに，小説『坊《ぼ》っちゃん』を著したのは夏目漱石である((エ)…×)。

問９　(ア)の米騒動と(エ)の原敬《たかし》内閣が成立したのは1918年，(イ)の治安維持法の成立は1925年，(ウ)の二十一カ条の要求は1915年の出来事である。原敬内閣は，米騒動《そうどう》の責任を取って総辞職した寺内正《まさ》毅《たけ》内閣の後を受けて成立した。よって，年代の古い順に(ウ)→(ア)→(エ)→(イ)となる。

問10　稲作は縄文時代後期に日本に伝わり，弥生時代に本格的に広がっていったと考えられている。動物の骨などからつくった骨角器が使用されていたのは，縄文時代である((イ)…×)。なお，骨角器は漁の道具やアクセサリーなどとして使われていた。稲作の広がりにともなって，収穫《しゅうかく》に使う道具である石包丁や，収穫物を収めておく高床倉庫などもつくられるようになった((ア)，(エ)…○)。また，弥生時代には鉄器・青銅器という金属器が伝わり，使用されるようになった((ウ)…○)。

問11　信州は現在の長野県に当たり，戦国時代には甲斐《かい》(山梨県)出身の武田氏が越後(新潟県)出身の上杉氏とその領有をめぐって争うなどした。加賀は現在の石川県南部に当たり，江戸時代には有力外様《とざま》大名の前田氏が加賀藩を治めた。また，江戸時代には，仙台(宮城県)を本拠《ほんきょ》地とした有力外様大名の伊達《だて》氏が，東北地方南部を治めた((イ)…○)。

3　世界の国々のデータを題材とした問題

問１　特に方位についてのことわりがないので，地形の分布を表した図は，上が北，下が南，右が東，左が西になっていると考えられる。北東部と南西部に山地があるのだから，図の右上と左下に同じ模様か印が見えることになる。また，西端《せいたん》にある湖から河川が南東へ流れ出て海へと注ぐという説明から，海が図の下にあることと，図の左側から右下へ斜《なな》めにつながる河川を表す模様か印があることがわかる。これらの条件を満たすのは(イ)の図で，薄《うす》い灰色が山地，濃《こ》い灰色が河川を，何も描かれていない白が海を表している。河川は一番下の段で２マスを占《し》めているが，これは「南西部に位置する山地の方から流れる河川」という説明と一致する。凡例《はんれい》はそのほか，四角が湖，バツが台地，黒丸が低地を表している。

問２　地球は１周がおよそ４万kmで，赤道の長さがこれに当たる。〔条件１〕，〔条件２〕より，２都市がある北緯60度の円周は，４万kmの半分の２万kmとわかる。〔条件３〕の数値を使うと，２都市間の経度の差は，143－30＝113(度)で，これは，113÷360＝0.313…より，360度の約３割に当たる。20000×0.313＝6260(km)で，これに近い(ア)が，２都市間の距離だとわかる。

問３　米はアジアで主食として生産される割合の多い穀物で，生産量世界第１位の中国，第２位のインドに続く上位の国を，バングラデシュやインドネシアといったアジアの国が占めている(2021年，(ウ)…○)。なお，(ア)はオレンジ類，(イ)は小麦，(エ)はじゃがいもが当てはまる。

問４　オーストラリアは国土が南半球にあるので，日本では冬に当たる12～２月ごろが夏に当たり，気温が１年で一番高くなる((エ)…○)。

問５　［資料１］と［図１］より，明(中国)と日本は直接貿易を行っていなかったものの，琉球《りゅうきゅう》王国(琉球国)を介《かい》することで，関わりのあったことがわかる。［図２］には，日本の輸出品として硫《い》黄《おう》や蒔絵《まきえ》があげられており，琉球王国の中継貿易によって，これらの品物も明に輸入されていたと考えられる((ア)…×)。なお，(イ)について，琉球王国の貿易量を資料から具体的に読み取ることはできないが，［図３］より，南蛮貿易では琉球王国を経由しなかったため，琉球王国の貿易量は減少していったと推測できる。(ウ)は［資料１］と［図１］，(エ)は［図３］から読み取れる。

問６　［資料２］によると，貿易開始直後の日本での銀と金の交換《こうかん》比率は５：１だが，外国では15：１となっている。この状況《じょうきょう》で，例えば金１を外国で銀15に交換し，これを日本に持ちこむと，金３と交換できる。つまり，金銀を移動・交換するだけで所持金を３倍にできたということになる。そのため，日本から金が大量に外国へと流出し，江戸幕府はその対策として［図４］にあるように小判に含《ふく》まれる金の量を大きく減らした。しかし，これによって貨幣《かへい》の価値が下がったため，物価の上昇《じょうしょう》を招き，人々の生活は苦しくなった。［図５］は，茶，麦，酒，米などさまざまな物の値段が上がっている経済状況を，凧《たこ》が空高く昇《のぼ》っていく様子に見立てて風刺《ふうし》したものである。

問７　所得金額が600万円の場合，〔条件２〕に示された所得金額400万円の場合より，さらに200万円分が課税対象となる。〔資料１〕より，この200万円にかかる税率は20％なので，200万×0.2＝40万(円)が所得税の金額となる。したがって，所得金額が600万円の場合，372500＋400000＝772500(円)が，所得税の金額となる。

問８　１ドル＝120円の円安のときに18万円をドルに交換すると，180000÷120＝1500(ドル)になり((a))，１ドル＝80円の円高のときに18万円をドルに交換すると，180000÷80＝2250(ドル)になる((b))。一方，１ドル＝120円の円安のときに1800ドルを円に交換すると，1800×120＝216000(円)になり((c))，１ドル＝80円の円高のときに1800ドルを円に交換すると，1800×80＝144000(円)になる。つまり，日本からアメリカ合衆国へ旅行する人にとっては，交換して得られるドルが多い円高の状況の方が有利だが，アメリカ合衆国から日本へ旅行する人にとっては，交換して得られる円が多い円安の状況の方が有利だといえる。

問９　健児君の調べた「(6)経済」から，インドネシアの経済水準は，エチオピアほど低くないものの，アルゼンチンよりは低く，世界的にはそれほど高くないとわかる。また，「(7)国際組織」によると，先進国の多くが加盟しているOECD(経済協力開発機構)に，イギリス以外の３国は加盟していない(2024年２月現在)。問題文には，先進国ほど一般的に都市人口率が高いものの，南アメリカ州には都市人口率が高くなっている国が複数あると書かれているので，南アメリカ州にあるアルゼンチンの都市人口率が高いことが推測できる。これらのことを合わせて考えた場合，都市人口率が高い(ア)と(ウ)はイギリスかアルゼンチンで，下位の(イ)と(エ)がエチオピアかインドネシアと判断できる。(イ)と(エ)では，より経済水準の低いエチオピアが，第１次産業(農林水産業)の比率が高い(エ)だと推測できるので，インドネシアに当てはまるのは(イ)だとわかる。なお，(ア)はイギリス，(ウ)はアルゼンチンである。

理　科　＜第２次試験＞（30分）＜満点：50点（理数コースは100点）＞

解　答

1 **問１**　**A**　二酸化炭素　**B**　水素　**問２**　**A**　(エ)　**B**　(イ)　**問３**　0.25 g　**問４**　144cm^3　**問５**　330cm^3　**問６**　(1)　0.05 g　(2)　12.5cm^3　**問７**　0.5 g　**2** **問１**　25cm　**問２**　(エ)　**問３**　(ア)　**問４**　(例)　一度温めてからこおらせる。　**問５**　(ア), (エ), (オ)　**問６**　(イ)　**問７**　(1)　(エ)　(2)　(ア)　**3** **問１**　(ア), (エ)　**問２**　**あ**　長い　**い**　短い　**う**　(例)　日照時間　**問３**　(エ)　**問４**　(エ)　**問５**　(1)　**D**　(ウ)　**E**　(イ)　**F**　(イ)　(2)　(エ)

解　説

1 **塩酸と固体の反応についての問題**

問１　石灰石はおもに炭酸カルシウムからできており，塩酸に石灰石を入れると二酸化炭素を発生させながら石灰石がとける。また，塩酸にアルミニウムを入れると，水素を発生させながらアルミニウムがとける。

問２　二酸化炭素を石灰水に通すと，水にとけにくい炭酸カルシウムができるため，石灰水が白くにごる。また，水素は燃える気体で，試験管に入れた水素にマッチの火を近づけると，ポンという音を立てて燃え，水ができる。

問３　石灰石１ｇが塩酸にすべてとけると220cm^{3}の気体Ａが発生するので，55cm^{3}の気体Ａが発生したときにとかした石灰石の重さは，$1\times\frac{55}{220}=0.25$（ｇ）である。

問４　アルミニウム0.3ｇは塩酸150cm^{3}にすべてとけ，そのとき360cm^{3}の気体Ｂが発生するので，アルミニウム0.12ｇは塩酸200cm^{3}にすべてとけ，$360\times\frac{0.12}{0.3}=144$（cm^3）の気体Ｂが発生する。

問５　２倍のこさの塩酸100cm^{3}は，もとのこさの塩酸200cm^{3}に相当するので，石灰石を少なくとも，$1\times\frac{200}{100}=2$（ｇ）とかすことができる。よって，石灰石1.5ｇはすべてとけ，$220\times\frac{1.5}{1}=330$（cm^3）の気体Ａが発生する。

問６　(1)　480cm^{3}の気体Ｂが発生したとき，とけたアルミニウムは，$0.3\times\frac{480}{360}=0.4$（ｇ）だから，このときとけ残ったアルミニウムは，$0.45-0.4=0.05$（ｇ）である。　(2)　(1)より，塩酸100cm^{3}とアルミニウム0.4ｇが過不足なく反応するので，とけ残った0.05ｇのアルミニウムをとかすのに必要な塩酸は，$100\times\frac{0.05}{0.4}=12.5$（cm^3）である。

問７　石灰石１ｇが塩酸にすべてとけると気体Ａが220cm^{3}発生し，アルミニウム１ｇが塩酸にすべてとけると気体Ｂが，$360\times\frac{1}{0.3}=1200$（cm^3）発生する。ここで，1.7ｇの固体がすべてアルミニウムだとすると，発生する気体の体積は，$1200\times\frac{1.7}{1}=2040$（cm^3）となるが，これは実際に発生した気体の体積より，$2040-1550=490$（cm^3）多くなる。アルミニウム１ｇが石灰石１ｇに置きかわると，発生する気体の体積は，$1200-220=980$（cm^3）少なくなるので，1.7ｇの固体に含《ふく》まれていた石灰石の重さは，$490\div980=0.5$（ｇ）と求められる。

2 **透明《とうめい》な物体を通った光の屈折《くっせつ》についての問題**

問１　虫眼鏡《めがね》のレンズを通った光が一点に集まるところをしょう点という。直径５cmの虫眼鏡を通った光が紙に当たる様子は右の図のように表せる（点Ｆは虫眼鏡のしょう点）。図で，三角形FABと三角形FCDは相似で，相似比は２：５だから，虫眼鏡と点Ｆの距離《きょり》，つまり，この虫眼鏡のしょう点距離は，$15\times\frac{5}{5-2}=25$（cm）とわかる。

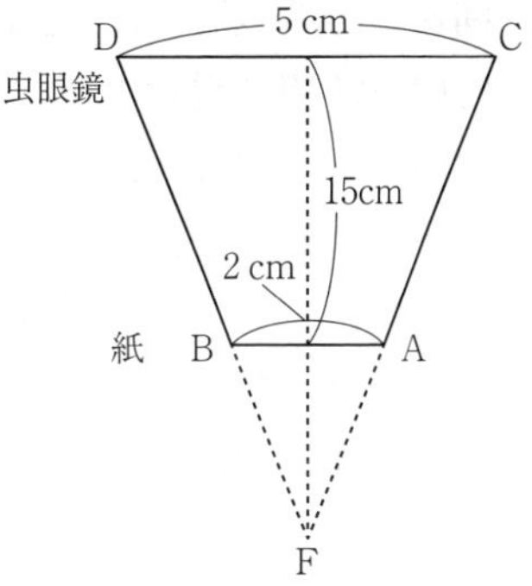

問２　サラダ油とガラスの屈折の度合いはほぼ等しいと述べられている。そのため，サラダ油の中にガラスをしずめても景色がほとんどゆがまず，油と区別がつかないため，しずめたガラスは見えなくなると考えられる。

問３　乱反射は，物体の表面にあるでこぼこによって，当たった光がいろいろな方向にはね返る現象である。光はさまざまな色のものが混ざると白く見えるため，乱反射しているところは白っぽく見える。

問４　氷の白っぽい部分は，水をこおらせるときに水中にとけていた空気があわとなって閉じこめられてできたものだと述べられている。そのため，水を一度ふっとうさせて，こおらせる前に，水にとけていた空気を追い出すことで，透明な氷を作ることができる。

問５　全反射や乱反射が起きているものを選ぶ。食塩やミョウバンの結晶《けっしょう》は，それ自体は無色透明だが，結晶表面にある小さなでこぼこに光が全反射や乱反射して白く見えている。また，雲は小さな水滴《すいてき》の集まりで，無色透明の水の表面で，全反射や乱反射の現象が起きて白く見えている。なお，太陽，パソコンの白い画面，光っている蛍光灯は，自ら白い光（さまざまな色が集まった光）を出しているため白く見えている。

問６　セルロースナノファイバーは植物のせんいで作られており，密に作られているため紙よりも強度があり，ガラスよりも割れにくい。また，植物由来のため，化学せんいよりも自然界で分解されやすいが，陶磁器《とうじき》や金属などに比べると燃えやすい。

問７　**(1)**　光が空気中から水中にななめに入るときは，境界面からはなれるように屈折する。このとき，うずの中心に近づくほど入射角（入射面に対して垂直に引いた直線と光のなす角）が大きくなるため，折れ曲がる角度も大きくなる。よって，屈折のようすは㋓が選べる。　**(2)**　(1)の㋓のように光が屈折すると，うずの中心方向に向かう光がないため，中央付近が暗く，影《かげ》になる。

3　植物の開花と日照条件についての問題

問１　長日植物Ａは，明期が９時間のときは開花せず，暗期が９時間のときは開花するので，㋐はまちがいで，㋑は正しい。短日植物Ｂは，明期が９時間のときは開花し，暗期が９時間のときは開花しないので，㋒は正しく，㋓はまちがいである。中性植物Ｃは，明期が９時間のときも暗期が９時間のときも開花するので，㋔も㋕も正しい。

問２　**あ**　長日植物Ａは，明期が９時間のときは開花しないが，明期が12時間または15時間のときは開花するので，明期がある一定の長さより長いと開花すると考えられる。　**い**　短日植物Ｂは，明期が９時間のときは開花し，明期が12時間または15時間のときは開花しないので，明期がある一定の長さより短いと開花するといえる。　**う**　中性植物Ｃは，明期や暗期の長さに関係なく開花しているので，開花と日照時間に関係性は見られない。

問３　短日植物Ｂは，連続した暗期が15時間の条件ｄのときに開花しているが，暗期の合計がおよそ15時間であっても，暗期が中断している条件ｆと条件ｇでは開花しないので，㋓が正しい。

問４　長日植物Ａは，連続した明期が９時間の条件ｆと条件ｇで結果が異なるので，開花に明期の時間の影響《えいきょう》を受けていないといえる。一方，連続した暗期に注目すると，15時間の条件ｄや12時間の条件ｆでは開花せず，９時間の条件ｅと条件ｇでは開花している。よって，長日植物は連続暗期がある一定時間より短いと開花すると考えられる。以上と問３で述べたことより，長日植物も短日植物も，共に連続した暗期の時間に影響を受けていると考えることができる。

問５　⑴　植物Ｄは，暗期の長さに関係なく開花しているので，日照時間に関係なく開花する中性植物である。植物Ｅと植物Ｆは，１日の暗期が一定時間より長くなるほど開花する割合が増えるので，どちらも短日植物である。　⑵　植物Ｅと植物Ｆは，夜の時間が長くなっていく時期に開花することから秋に開花する植物で，植物Ｆの方が必要な暗期の長さが長いことから，植物Ｅよりも秋が深まる遅《おそ》い時期に開花することがわかる。

国　語　＜第２次試験＞（50分）＜満点：100点＞

解　答

問１　下記を参照のこと。　**問２**　ⓐ　ア　ⓑ　ウ　ⓒ　エ　ⓓ　エ　**問３**　**１**　ウ　**２**　オ　**３**　エ　**問４**　**Ａ**　イ　**Ｂ**　ア　**Ｃ**　オ　**Ｄ**　ウ　**問５**　ア　**問６**　エ　**問７**　**Ｘ**　ウ　**Ｙ**　イ　**問８**　ウ，エ　**問９**　言葉自体が　**問10**　（例）　以前の押し付けがましい授業とは異なり，やる気のない生徒を遠ざけつつ，自主性と個々の感性とが尊重されている点。　**問11**　イ　**問12**　エ　**問13**　ア　**問14**　ウ　**問15**　ウ　**問16**　ア　**問17**　エ　**問18**　**Ｘ**　孤独　**Ｙ**　創造　**Ｚ**　言語の最前線　**問19**　（例）　腹痛になり，どんな風に痛むかきかれて困ったことがある。「ズキズキ」するのか，「キリキリ」するかと質問され，痛みには多数の表現があることを知ると同時に，適切に表現することの困難さを感じた。そして，自分の感覚に完全にいっちする言葉が見つからないこともあり，世の中の全てを言葉で言いつくせるわけではないのだろうと気づいた。

●漢字の書き取り

問１　㋐　焼（く）　㋑　意地　㋒　程度　㋓　思春期　㋔　減（ら）

解　説

出典：木地雅映子《きじかえこ》『氷の海のガレオン』。自分を天才だと信じて疑わなかった十一歳《さい》の杉子《すぎこ》は，周りと自分では言葉の使い方が異なることを自覚し，周囲との隔《へだ》たりを感じて次第《しだい》に孤独《こどく》をつのらせていく。

問１　㋐　音読みは「ショウ」で，「焼失」などの熟語がある。　㋑　自分の思いを貫《つらぬ》こうとする心。　㋒　ものごとをほかと比べたときの，性質や状態，価値などの度合い。　㋓　子供が大人に変わっていく途中《とちゅう》の時期。　㋔　音読みは「ゲン」で，「低減」などの熟語がある。

問２　ⓐ　杉子の同級生が，自身も「語彙《ごい》」の少なさをあらわにしながら杉子をあげつらうことを指す。「棚《たな》にあげる」は，自分側の非から目をそらすこと。　ⓑ　生徒のやる気が伴《ともな》わないまま，先生が“自分の思う理想の教育”を強制する結果，せっかくのピアノもむなしく響《ひび》くさまを表す。　ⓒ　杉子と多恵子さんの議論が熱く盛り上がるさまを表す。　ⓓ　会話にうまく入れないまりかちゃんが露骨《ろこつ》に不機嫌《きげん》になるさまを表す。

問3　1「鼻を鳴らす」は，相手を見下したりばかにしたりするさま。　2「足繁《しげ》く」は，ひんぱんに足を運ぶさま。　3「腹を割る」は，包み隠《かく》さず，正直に打ち明けること。

問4　A　杉子のあだ名がクラス内でたちまち有名になるさまを指すので，ものごとがとどこおりなく進むようすを表す「すんなり」がよい。　B　アキコさんへの打ち明け話が「唐突《とうとつ》すぎたか」と杉子があせる場面なので，恐怖《きょうふ》やあせりで突然身体が冷えたように感じるさまを表す「ひやっ」が合う。　C　盛り上がっていた会話に割りこみが入る場面なので，続いていたものが急に途絶えるさまを表す「ぷつっ」がふさわしい。　D　まりかちゃんの発言が議論の流れから浮《う》いていることが書かれているので，ほかから離《はな》れて単体で存在するようすを表す「ポツン」が選べる。

問5　クラスがえの直後に杉子の「くだらない」あだ名を「大声でふれまわ」り，「人気者」としての地位を確立するであろう同級生たちに対し，杉子は「毎年，飽《あ》きもしないで」同じことをしている，と冷ややかな目で見ている。「健全」という言葉には，人を下げてでも目立とうとする同級生への皮肉がこめられていると考えられるので，アがよい。

問6　続く部分で杉子はアキコさんに対し，「ママ」にも言えなかった気持ちを話し始め，考え方や言葉の使い方が周りと異なるため異質な人として扱《あつか》われるという悩《なや》みを相談している。よって，エが合う。

問7　X　本を読んで思索《しさく》にふけるさまを表すので，黙《だま》って深く考えこむことを意味する「沈思黙考《ちんしもっこう》」がよい。　Y　庭で何をするでもなく時間を過ごすさまを表すので，気の向くままにのんびりと暮らすことを意味する「悠々自適《ゆうゆうじてき》」がふさわしい。

問8　アキコさんは，かつて杉子の母親が「彼《かれ》はいるの？」という質問に対し，「軽蔑《けいべつ》した」ようすで“彼”という言葉の意味するものを尋《たず》ねていたことを明かしている。これは，「暗いね」と言われた杉子が「みんな」に“暗い”という言葉をどういう意味で使っているのか質問したことと似ているので，ウがよい。また，杉子の母親は周りと自分の言葉や価値観があまりにも違《ちが》うと言って取り乱していたこともあると書かれている。同様に杉子もアキコさんに対し，周りと感覚が合わない自分は「変わって」いるのかと尋ねているので，エも選べる。

問9　アキコさんによると，杉子の母は「だれかの話した言葉」と「あたしの言葉」の意味がかけ離れていると話していたという。同じことを杉子は，「言葉自体がさ，なんかみんなと違うみたいなんだよね」と言い表している。

問10　前後の部分には，以前の授業では「みんなで明るく楽しく歌いましょう」という型にはまった音楽教育を先生が生徒に「押《お》し付け」ていたのに対し，あたらしい先生は教科書の歌を教えるのは十分ほどで，あとのほとんどの時間はCDをかけ，聞いた感想を「自由」に書くよう生徒に言い渡《わた》したとある。やる気のない生徒を無理やり巻きこむことなく，各自の自主性にゆだねて自分なりの感性で音楽を楽しむよう促《うなが》した点を，杉子は「おもしろ」いと感じたと考えられる。

問11　前の部分には，杉子と多恵子さんが共通の話題を多く持ち，楽しく会話するなか，まりかちゃんはうまく入れなかったことが書かれている。まりかちゃんは二人が意図的に自分をのけ者にしているとみなして「すね」たと想像できるので，イがよい。

問12　前の部分で杉子は多恵子さんとの会話のなかで，「たあいない話」をしている「みんな」が時々うらやましくなると発言している。杉子にとって，自分と「おなじ言葉」で話せる多恵子さんの存在がきっかけで，「しあわせ」そうに平和な思春期を過ごしている同世代の生徒たちと，そこにうまくなじめない自分との違いがかえって浮きぼりになってきたと考えられる。よって，エが正しい。

問13　続く部分には，周りに言葉が通じないストレスを感じ続けるうちに杉子は「自分を天才だなどと思えなくなって」いったことが書かれている。杉子にとって音楽準備室は，問12でみたように周りから浮いている自分を自覚させられる場所であると同時に，「荒《あ》れ狂《くる》う」状況《じょうきょう》下でも変わらず心休まる場でもあったことが読み取れる。よって，アがふさわしい。

問14　前の部分には，杉子は自分が「ぐずぐず」しているうちに状況はますます悲惨《ひさん》になり，いつか運命によって「むりやり壁《かべ》を越《こ》えさせ」られるだろうと感じていたことが書かれている。杉子はこのような「恐《おそ》ろしい予感」に「ビクビクしながら」も，同時にそのような運命を「正しい」ものとして受け入れ，そのときが来るのを素直《すなお》に待っていたことがわかる。よって，ウが合う。

問15　前の部分には，自信を失った杉子があらゆる単語を「カギカッコ」でくくることで，その言葉があくまで自分や誰《だれ》かのとらえ方にすぎないことを強調するようになったとある。カギカッコ付きの「ほんとのもの」という表現からも，言葉が表す概念《がいねん》に対して，杉子がかつてのような確信を持てなくなっていることが読み取れる。よって，ウがよい。

問16　本文〈Ⅳ〉には，ものごとのとらえ方や言葉の使い方が周りと異なる状態が続いた結果，杉子が精神的にすり減っていったことが書かれている。よって，アが選べる。

問17　〈参考文②〉において筆者の吉本隆明《よしもとたかあき》は，「真実」を口にすると「世界を凍《こお》らせ」てしまうが，それが詩のなかでのことであればそのようなことは起こらず，それでいて自分の「こころ」は「充《み》たされ」ると論じている。自分と周りとの世界のとらえ方の違いに苦しみ，「ほんとのものはなにもない」と感じている杉子にとって，社会通念に抵触《ていしょく》しかねない「ほんとうのこと」も，詩に書く分には何の問題もないとする吉本の考えは励《はげ》みになると想像できる。よって，エがふさわしい。

問18　**X**　杉子が感じている苦しみは，〈参考文③〉においては話が通じず「つながっていない」と感じる「孤独」として論じられている。　**Y**　相手に話が通じなくても「語ろうとする努力」を続けることは，「新しい言葉を生み出そうとする営み」，すなわち「創造」であると書かれている。

Z　新しい言葉を創造すべく，突破《とっぱ》しようとする「言語の限界」は，「言語の最前線」でもあると言いかえられている。

問19　本文において杉子は，周りの使う「暗い」「かれ」といった言葉が，自分の頭で思い描《えが》く意味とずれていることに違和《いわ》感をおぼえている。このように，自分が考えていることや感じていることをぴったりと表す言葉が見つからず，コミュニケーションがうまくいかなかった経験を具体的に書くとよい。

2024 年度 世田谷学園中学校

【算　数】 〈第３次試験〉（60分）〈満点：100点(理数コースは200点)〉

〔注意〕 1．**1**～**4**は答えだけを，**5**と**6**は求め方も解答用紙に書きなさい。

2．円周率《りつ》は3.14として計算しなさい。

3．問題にかかれている図は，必ずしも正確なものとは限りません。

1 次の□にあてはまる数を求めなさい。

(1) $3\frac{1}{4}-\left(\square\times4.5-2\frac{1}{4}\div\frac{3}{8}\right)\div2.4+1.5\times\frac{1}{2}=2$

(2) 630と1470の公約数の中で大きい方から５番目の数は□です。

(3) 次の図のように，直角に交わっている道があります。Ｃを通らずにＡからＢまで遠回りせずに行く方法は□通りあります。

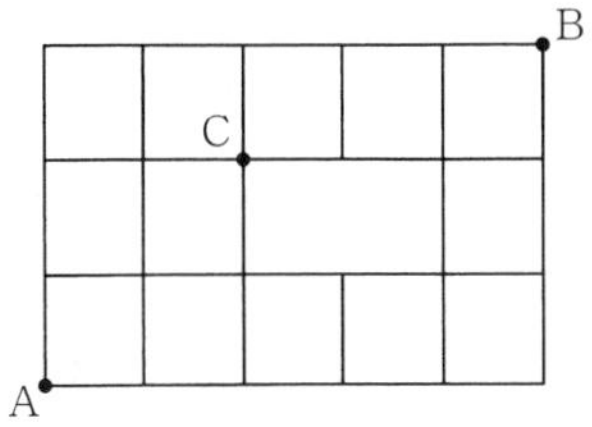

(4) 12％の食塩水が600ｇあります。この食塩水から200ｇを捨てて，残りの食塩水に200ｇの水を加えてよくかき混ぜました。さらに300ｇを捨てて，残りの食塩水に300ｇの水を加えると□％の食塩水になります。

(5) ある仕事を行うのに，Ａは４時間かかり，Ｂは５時間かかり，Ｃは６時間かかります。この仕事を，はじめの１時間はＡとＢの２人で行い，その後の30分間をＢとＣの２人で行いました。残りの仕事をＡが１人で終えるには，あと□時間かかります。

(6) 次の図のように，半径３cmの２つの円があります。色のついた部分の面積の和は□ cm^2 です。

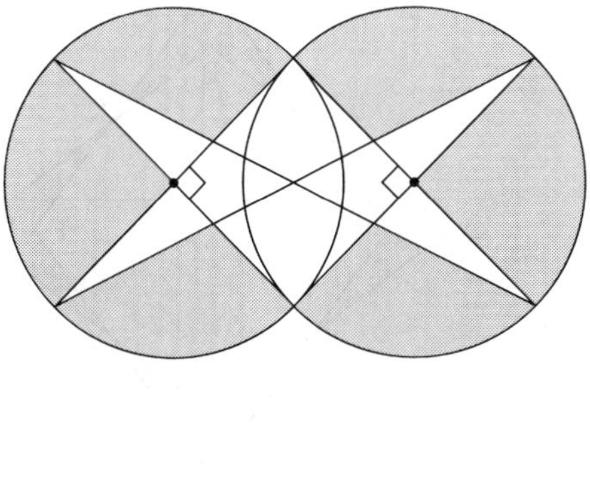

2　次の図の色のついた部分を，直線 AB を軸として１回転させてできる立体について，下の問いに答えなさい。

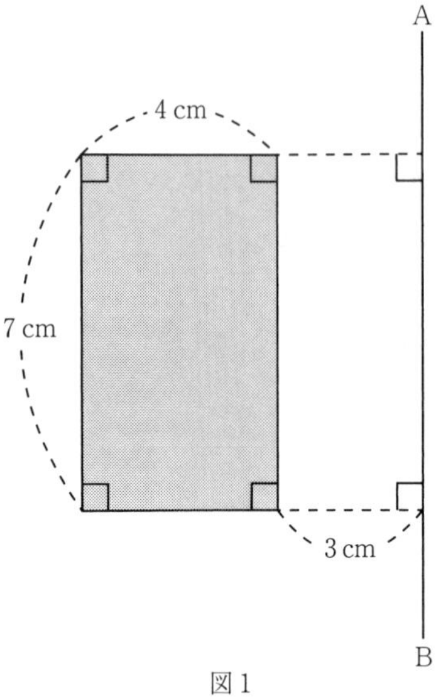

図１

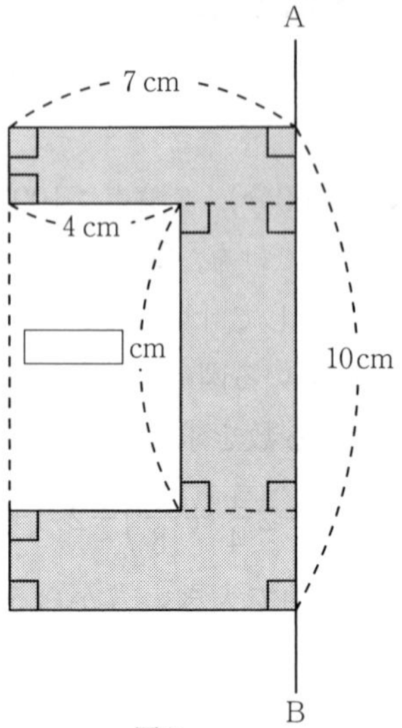

図２

⑴　図１において，色のついた部分を１回転させてできた立体の体積は何 cm^3 ですか。

⑵　図２において，色のついた部分を１回転させてできた立体の体積は 879.2cm^3 になりました。図中の□にあてはまる数は何ですか。

3　一定の速さで流れている川の下流にあるＡ町と，そこから 72km はなれた上流にはＢ町があります。この２つの町の間を静水時の速さが同じ２そうの船が，一方の船はＡ町から，もう一方の船はＢ町から同時に出発し，２つの町の間を休むことなく往復し続けます。２そうの船がすれちがう場所のうち，１か所はＡ町から 40km 上流の地点でした。

　このとき，次の問いに答えなさい。

⑴　川を上るときと下るときの船の速さの比を，最も簡単な整数で答えなさい。

⑵　２そうの船がすれちがう場所は，Ａ町から何 km 上流の地点ですか。Ａ町から 40km 上流の地点以外であてはまるものをすべて答えなさい。

4　右の図のように，２つの対角線の長さが 45cm，36cm のひし形 ABCD と，その図形の対角線の交点を中心として時計回りに 90° 回転したひし形 EFGH があります。

　このとき，下の問いに答えなさい。

⑴　色のついた部分の面積の和は何 cm^2 ですか。

⑵　図のように，辺の交点をＰ，Ｑ，Ｒ，Ｓとするとき，四角形 PQRS の面積は何 cm^2 ですか。

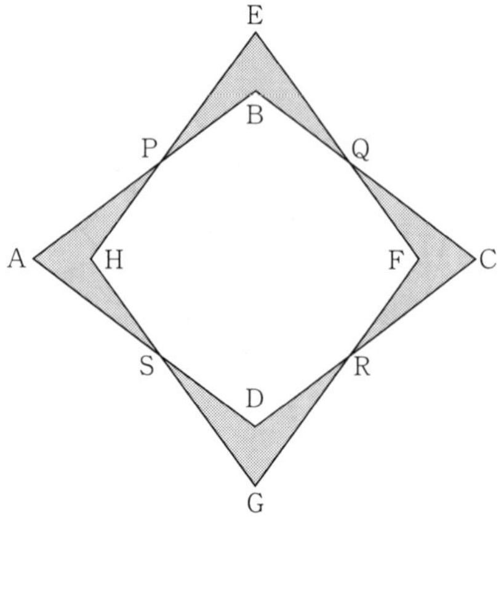

5 右の表のように，ＡからＥの容器に食塩水が入っています。ＡにＢとＣの容器の食塩水をすべて入れると，Ａの容器の食塩水の濃度は５％になりました。

このとき，次の問いに答えなさい。

容器	食塩水の重さ(g)	濃度(%)
A	160	7.0
B	240	4.5
C	400	ア
D	イ	3.0
E	ウ	6.0

(1) 表のアの値は何ですか。

(2) その後さらに，ＡにＤとＥの容器の食塩水をすべて入れて 1700ｇの食塩水を作る予定でしたが，Ｅの容器の食塩水を半分こぼしてしまったため，４％の食塩水ができました。表のイ，ウの値はそれぞれ何ですか。

6 右の図のように２本の道路があり，その交差点にＡの家，道路に沿ってＢ，Ｃの家があります。

ある日，ＡとＢは同時に自分の家を出発し，ＡはＣの家に徒歩で向かい，Ｂは自転車に乗ってポストまで進み，その場で折り返して自分の家に戻りました。２人が出発してから12分後にはじめてＡとＢの交差点までの距離が等しくなりました。また，２人が２回目に交差点までの距離が等しくなったのは，１回目から16分後で，そのときにＢがポストに着きました。また，その何分か後にＡはＣの家に着きました。

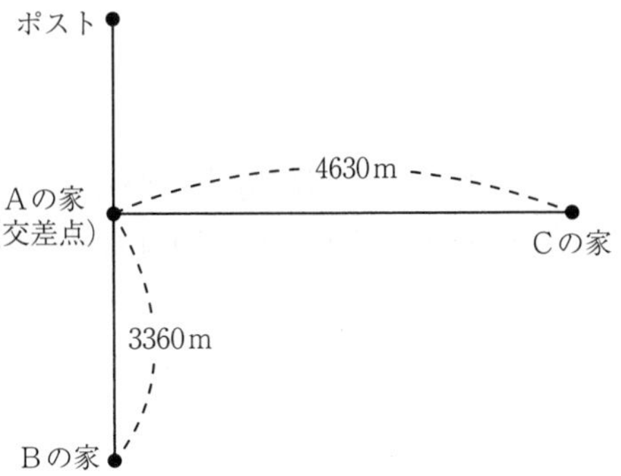

このとき，次の問いに答えなさい。

(1) ＡとＢの速さはそれぞれ分速何ｍですか。

(2) Ｂがポストから折り返すと同時にＣが自分の家を出発し，分速 150ｍでＡの家に向かいました。ＡとＣが出会うまでの間で，ＡとＢの交差点までの距離の和と，Ｃと交差点までの距離が等しくなるのはＣが出発してから何分後ですか。

【社　会】〈第3次試験〉（30分）〈満点：50点〉

1　日本の名湯を紹介《しょうかい》した次の文章を読んで，あとの問いに答えなさい。

(A)道後温泉

道後温泉は『日本書紀』や『源氏物語』など様々な文献《ぶんけん》に登場し，3000年ともいわれる歴史をほこります。アルカリ性の湯質は，日本人の肌《はだ》にあう優しいなめらかなお湯で，刺激《しげき》が少なく，湯治や美容に適しています。

(B)別府温泉

大正から昭和時代にかけて温泉施設《しせつ》が充実《じゅうじつ》し，次第に市街地が拡大されて別府八湯の中心となりました。別府八湯とは別府市内にある八つの温泉郷の総称《そうしょう》であり，豊富な源泉と多様な泉質は多くの観光客を魅了《みりょう》しています。

(C)草津《くさつ》温泉

大きな湯船から，新緑や紅葉など，四季折々の風景を楽しめます。町の中心部にある「湯畑」からわき出る源泉の湯煙《ゆけむり》は，草津を代表する景観です。草津温泉は，近畿《きんき》地方の(D)有馬温泉，中部地方の下呂《げろ》温泉と並び日本三名泉に数えられています。

(E)浅間温泉

国宝の松本城から車で約10分と好アクセスの場所にあり，松本城や上高地など観光の拠点《きょてん》としても人気があります。寺社仏閣や古墳《こふん》など歴史を感じるスポットが点在しており，楽しみながら散策をすることができます。

塩江《しおのえ》温泉

塩江温泉郷は約1300年前の奈良時代に行基によって発見され，空海が湯治の地として伝えたといわれている温泉です。県内最古の温泉郷で「(F)高松の奥座敷《おくざしき》」として親しまれています。

(G)熱海《あたみ》温泉

戦国時代に終止符《しゅうしふ》を打ち，天下統一を果たした徳川家康は，熱海の湯を大変気にいっていたと伝えられています。(H)フィンランド式のサウナを楽しめる施設もあり，多くの観光客でにぎわう温泉地です。

(I)越後湯沢《えちごゆざわ》温泉

川端康成《かわばたやすなり》の小説『雪国』のモデルになった温泉地です。東京からのアクセスもよく，スキーシーズンだけでなく，キャンプやトレッキングなど年間を通して多くの人が訪れます。

白浜《しらはま》温泉

『万葉集』や『日本書紀』にも記されており，多くの天皇《てんのう》がはるばる都から湯治に訪れた温泉で，日本三古泉の一つとしても数えられています。白い砂浜《すなはま》が印象的な白良浜《しららはま》や，三段壁《さんだんべき》などの景勝地も多く，近畿地方有数のリゾート地です。

日本各地の温泉地では，多くの観光客に満足してもらうために，あらゆる取り組みを行っています。その一環《いっかん》として，障がいのある人やお年寄りの人，外国の人など，だれもが過ごしやすい環境《かんきょう》を整える(　１　)デザインの導入を進めています。

また，深刻となっている地球温暖化を受けて，脱《だつ》炭素社会への動きが世界的に進んでいます。そこで温泉街各地では，温泉のもつ「熱」を利用して発電を行う地熱発電を行っています。温泉の熱を利用するため化石燃料由来の二酸化炭素は排出《はいしゅつ》されず，温室効果ガス削減《さくげん》に大いに役立つと期待されています。こういった地熱，太陽光，風力などの自然由来のエネルギーのことを(　２　)エネルギーといいます。

日本がほこる温泉を，いつまでも世界中の人々に楽しんでもらうため，観光業の発展と環境保全の両立を図ることが求められています。

問１　(１)・(２)にあてはまる語句を答えなさい。ただし，(１)はカタカナ６字，(２)は漢字４字で答えなさい。

問２　下線部(A)・(B)が位置する都道府県の形として正しいものを，次の(ア)～(オ)の中からそれぞれ一つずつ選び，記号で答えなさい。ただし，縮尺はそろえていません。

(ア)

(イ)

(ウ)

(エ)

(オ)

問３　下線部(C)が位置する都道府県で，生産量が全国１位の農作物を，次の(ア)～(エ)の中から一つ選び，記号で答えなさい。

(ア)　ごぼう

(イ)　たまねぎ

(ウ)　こんにゃくいも

(エ)　レタス

問４　下線部(D)が位置する都道府県で登録されている世界遺産として正しいものを，次の(ア)～(エ)の中から一つ選び，記号で答えなさい。

(ア)

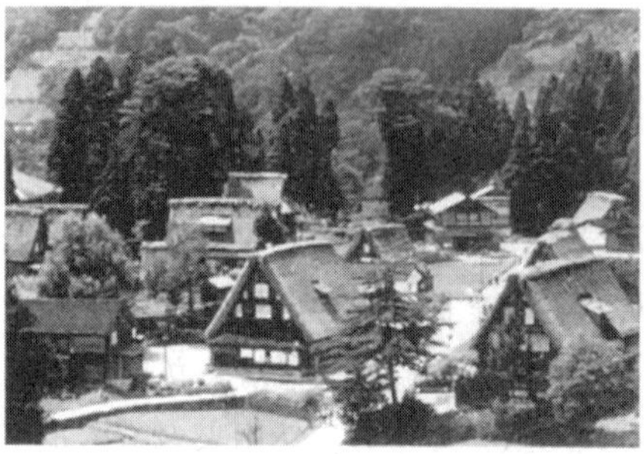

(イ)

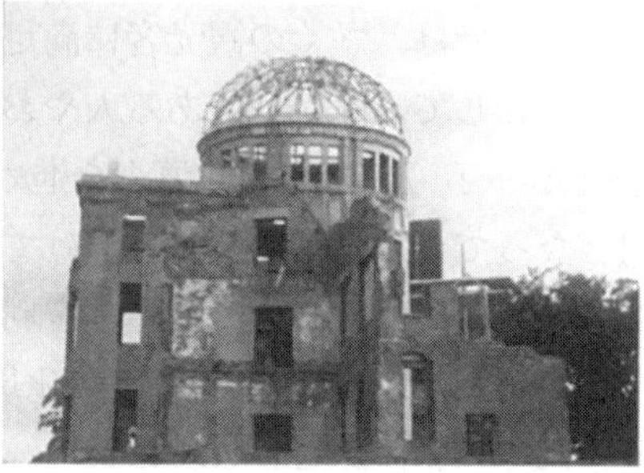

(ウ)

(エ)

問５　下線部(E)が位置する都道府県にある山として誤っているものを，次の(ア)～(エ)の中から一つ選び，記号で答えなさい。

(ア)　戸隠《とがくし》山　　(イ)　雲仙岳《うんぜんだけ》　　(ウ)　蓼科《たてしな》山　　(エ)　霧《きり》ヶ《が》峰《みね》

問６　下線部(F)の雨温図として正しいものを，次の(ア)～(エ)の中から一つ選び，記号で答えなさい。

(ア)

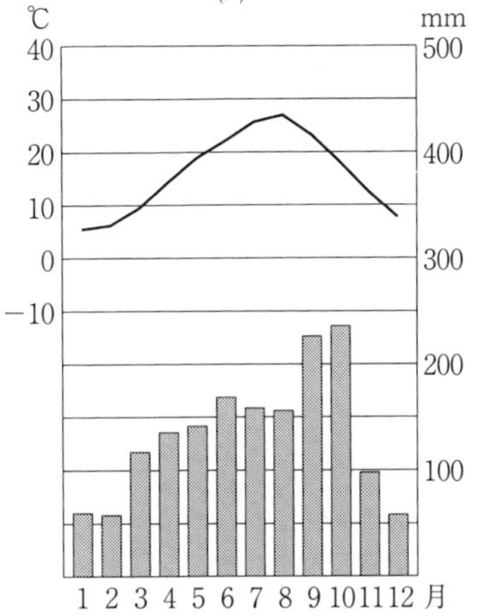

(イ)

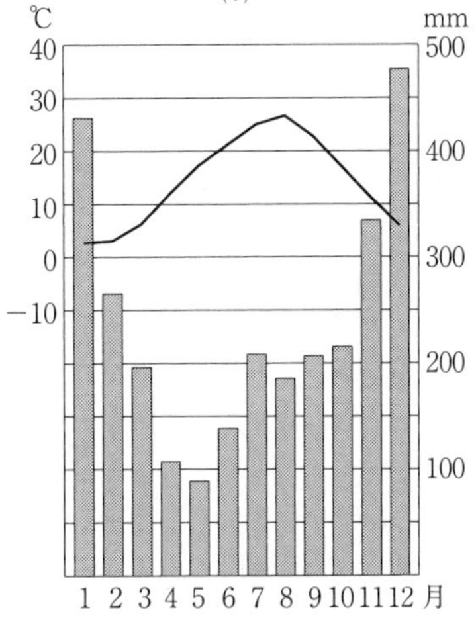

(ウ)

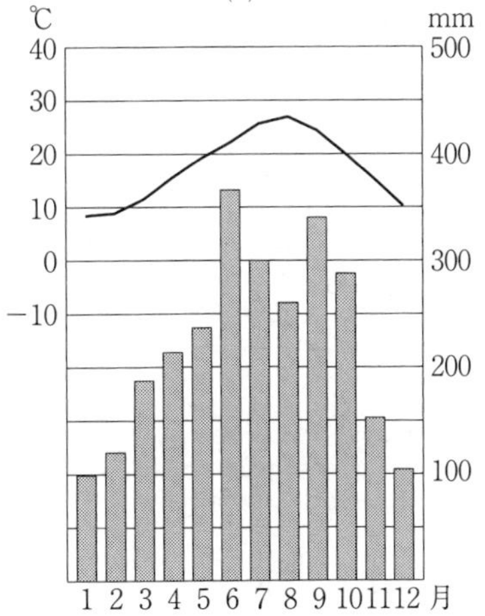

(エ)

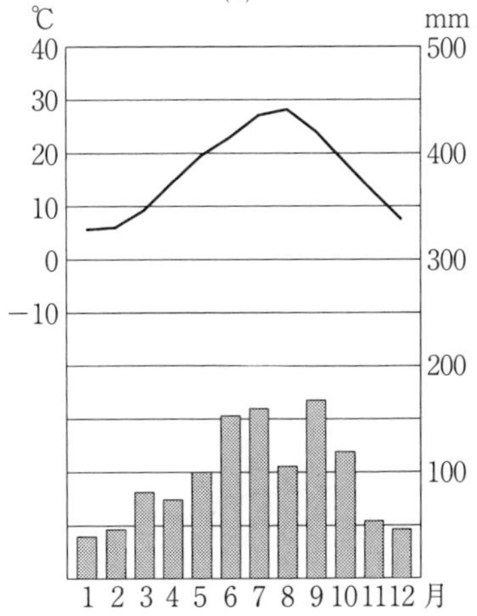

問７　下線部(G)が位置している都道府県が属する，東海工業地域の製造品出荷額等の構成として正しいものを，次の(ア)～(エ)の中から一つ選び，記号で答えなさい。

(ア)

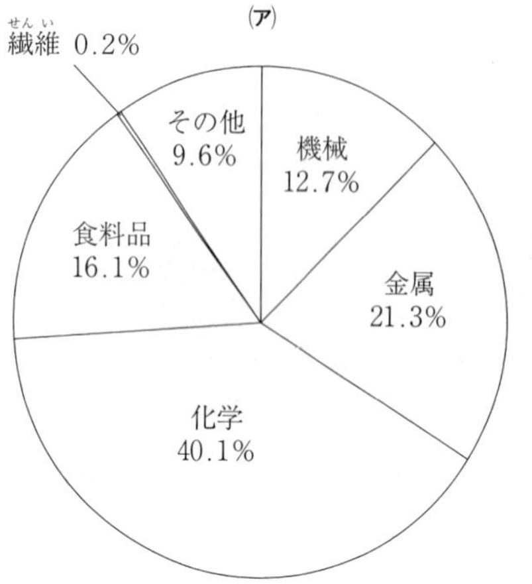

製造品出荷額等合計額　125,846億円

(イ)

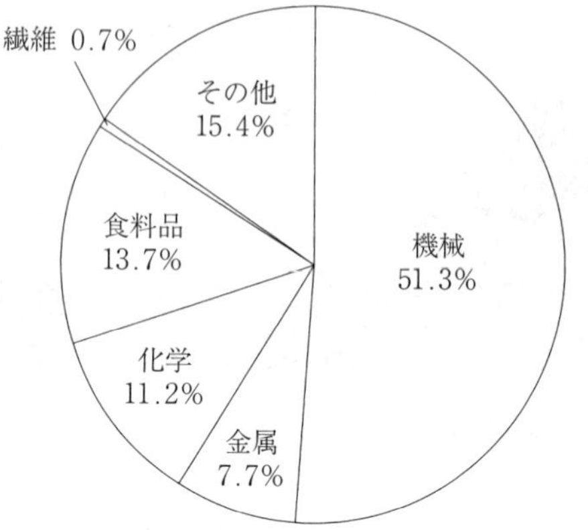

製造品出荷額等合計額　172,749億円

(ウ)

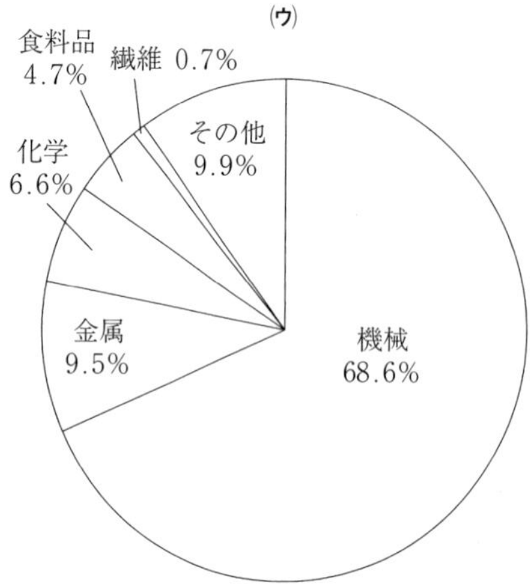

製造品出荷額等合計額　589,550億円

(エ)

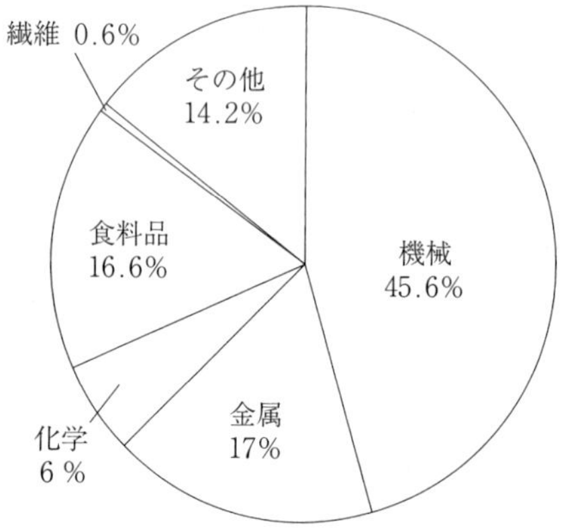

製造品出荷額等合計額　99,760億円

問８　下線部(H)の位置として正しいものを，次の地図中①～④の中から一つ選び，番号で答えなさい。

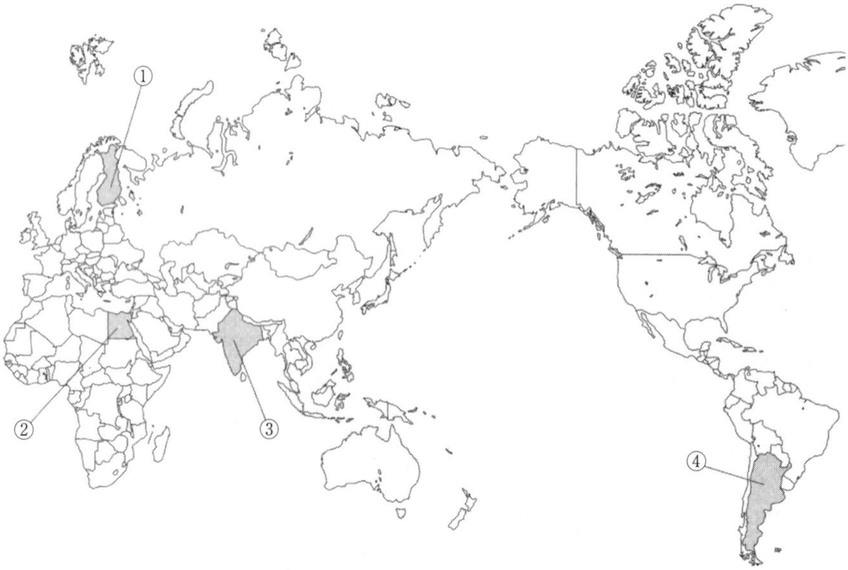

問9 下線部(I)が位置する都道府県は米の生産が盛んです。米づくりに関する説明として誤っているものを，次の(ア)～(エ)の中から一つ選び，記号で答えなさい。

(ア) 田に水を入れた状態で，コンバインを用いて土をくだき，田の表面を平らにする作業を，代かきという。

(イ) 稲《いね》かりをしたもみを，乾燥《かんそう》させたり，出荷まで貯蔵しておいたりするカントリーエレベーターが各地で利用されている。

(ウ) 「コシヒカリ」は品種改良によってできた米であり，魚沼《うおぬま》市で多くの生産量をほこっている。

(エ) 用水路と排水路《はいすいろ》の整備などを行う耕地整理は，農地の生産性を高める方法の一つである。

問10 次の(ア)～(エ)は，浅間温泉，塩江温泉，熱海温泉，白浜温泉が位置する，いずれかの都道府県を説明したものです。白浜温泉が位置する都道府県の説明として正しいものを，次の(ア)～(エ)の中から一つ選び，記号で答えなさい。

(ア) 焼津《やいづ》市には，かつお節の加工工場や，魚を冷凍《れいとう》保存できる大きな倉庫が多くある。

(イ) 新宮市には，世界遺産である「紀伊《きい》山地の霊場《れいじょう》と参詣《さんけい》道」の登録地が各所に点在している。

(ウ) 飯田市には，高さ800～1000メートルの高低差のある急な斜面《しゃめん》に畑が散らばっており，水はけがよいことから農作物の栽培《さいばい》に適している。

(エ) 丸亀《まるがめ》市では，人口減少・少子高齢《こうれい》化が進行する中で，城下町の特性を生かした地域復興に取り組んでいる。

データは，「データでみる県勢 2023」，「日本国勢図会 2022/23」による

2 健児君は，社会の教科書に登場する人物1名をくわしく調べて提出する宿題に取り組みました。まず気になった人物を簡単にまとめて，その中から興味や関心をもった人物を選ぶことにしました。健児君がまとめた資料①～⑧を読んで，あとの問いに答えなさい。

①卑弥呼《ひみこ》
中国の古い歴史の本『魏志《ぎし》』倭人伝《わじんでん》には，3世紀ごろ，卑弥呼という邪馬台国《やまたいこく》の女王が倭を治めた様子が記されている。卑弥呼は三十ほどの小国を治めていたと考えられているが，邪馬台国があった場所については，(A)九州地方とする説と近畿《きんき》地方とする説がある。

②ヤマトタケルノミコト
(B)8世紀，朝廷《ちょうてい》は，日本の成り立ちを国の内外に示すため，『古事記』や『日本書紀』という歴史の本を完成させた。それらの史料には，ヤマトタケルという人物が，天皇である父の命令で九州におもむき，クマソをうちとり，次に関東のエミシとも戦ったと記されている。しかし，ヤマトタケルは実在の人物ではなく，大和《やまと》政権のために戦った多くの勇者たちを一人の英雄《えいゆう》にまとめ上げて後世に伝えたものだと考えられている。

③聖徳太子

天皇を助ける地位についた聖徳太子は，朝廷で大きな力をもっていた豪族《ごうぞく》の蘇我《そが》氏とともに，天皇中心の国づくりをめざして，政治の改革を進めた。太子は，家がらにとらわれずに，能力のある者を役人に取り立てるしくみとして，(C)冠位《かんい》十二階をつくった。これは，中国や朝鮮《ちょうせん》にあったしくみを参考にしてつくったといわれる。また，十七条の憲法を定めて，政治を行う役人の心構えを示した。

④（ １ ）

肥後《ひご》の御家人《ごけにん》であり，(D)元との戦いで先頭に立って勇ましく戦った。しかし，幕府からのほうびの土地をもらうことができなかったため，幕府の役所まで行き，直接自分の手がらをうったえた。これらをえがかせたものが「蒙古襲来《もうこしゅうらい》絵詞《えことば》」である。

⑤足利義政《あしかがよしまさ》

15世紀終わり，８代将軍義政は，京都の東山に銀閣《ぎんかく》を建てた。このころ，有力守護の権力争いと義政のあとつぎ問題が結びついて(E)応仁の乱が起こり，京都のまちは焼け野原になった。このとき，(F)それまで400年以上続いていた祭もとだえてしまった。

⑥フランシスコ＝ザビエル

1549年，(G)スペインの宣教師ザビエルが，日本にキリスト教を伝えた。その後も，多くの宣教師が来日し，キリスト教を広めた。また，このころから，ポルトガルやスペインの商人もやって来て貿易を行うようになり，ヨーロッパの品物や文化が日本にもたらされた。パン，カステラなどは，このころヨーロッパから日本に伝えられたもので，外来語として現在も使われている。

⑦徳川家康

1603年，家康は朝廷から征夷大将軍《せいいたいしょうぐん》に任命され，(H)江戸《えど》幕府を開いた。1615年には，豊臣秀吉《とよとみひでよし》の子である（ ２ ）を大阪城でせめほろぼし，全国支配を完成させた。徳川氏が将軍として15代にわたって統治し，大規模な戦乱のなかった約260年間を江戸時代という。

⑧福沢諭吉《ふくざわゆきち》

諭吉は，『学問のすゝ《す》め』という本で「天は人の上に人を造らず，人の下に人を造らずといえり」と書いて，人は生まれながらにして平等であり，学問をすることで身を立てていくべきだと主張した。また，ヨーロッパやアメリカで見聞きしたことをもとに，1866年に(I)『西洋事情』という本も出版した。

問１　（１）・（２）にあてはまる人名を答えなさい。ただし，（１）は漢字で答えなさい。

問２　下線部(A)に関して，有力者の墓と考えられるものが発見されて注目された遺跡《いせき》を，次の**(ア)**～**(エ)**の中から一つ選び，記号で答えなさい。

(ア)　唐古《からこ》・鍵《かぎ》遺跡　　**(イ)**　纏向《まきむく》遺跡　　**(ウ)**　吉野ヶ里《よしのがり》遺跡　　**(エ)**　登呂《とろ》遺跡

問３　下線部(B)に起きたできごとについて述べた，次の(ア)～(エ)を古いものから順に並べたとき３番目にくるものを一つ選び，記号で答えなさい。

(ア)　平安京とよばれる新しい都がつくられた。

(イ)　東大寺の大仏の完成をいわう開眼式が行われた。

(ウ)　唐《とう》の都にならってつくられた平城京に都が移された。

(エ)　全国に国分寺を建てる命令が出された。

問４　下線部(C)は，役人の位を冠《かんむり》の色で区別しました。最も位が高い「徳」に与えられた冠の色として正しいものを，次の(ア)～(エ)の中から一つ選び，記号で答えなさい。

(ア)　白　　(イ)　黒　　(ウ)　赤　　(エ)　紫《むらさき》

問５　下線部(D)に関連した資料として誤っているものを，次の(ア)～(エ)の中から一つ選び，記号で答えなさい。

(ア)

(イ)

(ウ)

(エ)

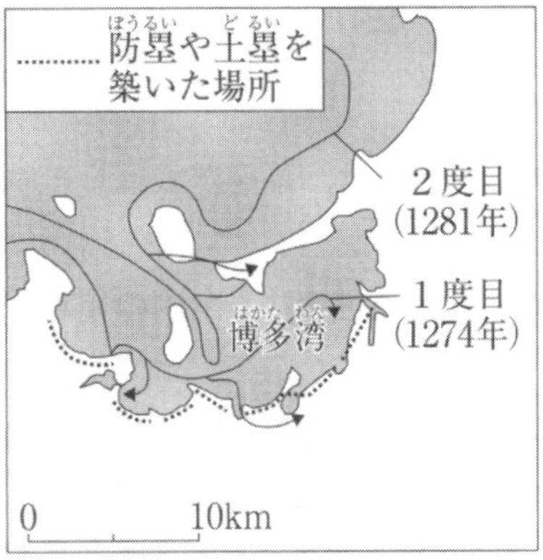

問６　下線部(E)に関して，地域の秩序《ちつじょ》を守るために畠山《はたけやま》氏の軍を追い出して，現在の京都府南部の自治を約８年間実現させた一揆《いっき》名を答えなさい。

問７　下線部(F)として正しいものを，次の(ア)～(エ)の中から一つ選び，記号で答えなさい。

(ア)　天神祭　　(イ)　高山祭

(ウ)　神田祭　　(エ)　祇園《ぎおん》祭

問８　下線部(G)が最初に上陸した都道府県名を漢字で答えなさい。

問９　下線部(H)に関して，次の［史料］，［グラフ］，［写真］，［図］を説明した文として誤っているものを，あとの(ア)～(エ)の中から一つ選び，記号で答えなさい。

［史料］

> 武家諸法度《ぶけしょはっと》(一部)
> 一．学問や武芸を身につけ，常にこれにはげむこと。
> 一．城を修理する場合は，幕府に届けること。
> 一．大名は，領地と江戸に住み，毎年４月に江戸に参勤すること。
> 一．大きな船をつくってはならない。

［グラフ］

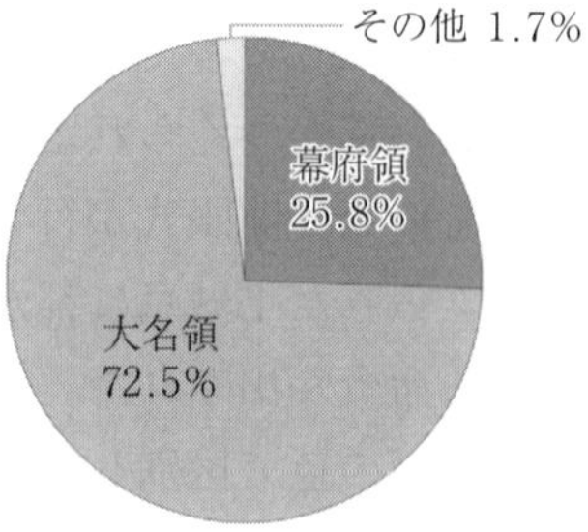

［写真］

［図］

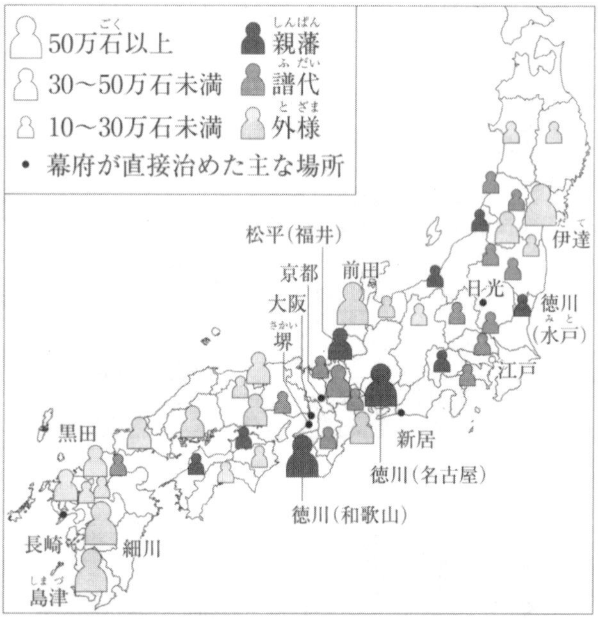

(ア)　［史料］は，幕府が武家を統制するために定めた法令で，２代将軍秀忠《ひでただ》の名前で公布された。

(イ)　［グラフ］では，全国の領地が約４分の１を直接支配する幕府領と，大名領に分けられている。

(ウ)　［写真］は日光東照宮で，主な建物は家康の孫の時代に建てかえられたものである。

(エ)　［図］では，江戸から近いところには，親藩や譜代が多く配置され，遠方には外様が多く配置されている。

問10　下線部(Ⅰ)が出版された翌年，フランスで開かれたパリ万国博覧会《ばんこくはくらんかい》に日本も初めて参加しました。このときの様子を説明した，次の文［Ｘ］・［Ｙ］の正誤の組み合わせとして正しいものを，あとの(ア)～(エ)の中から一つ選び，記号で答えなさい。

［Ｘ］　幕府からは，将軍徳川吉宗《よしむね》の弟や渋沢《しぶさわ》栄一などが参加した。

［Ｙ］　会津藩《あいづはん》は，琉球《りゅうきゅう》の産物などを独自に出品した。

	(ア)	(イ)	(ウ)	(エ)
［Ｘ］	正	正	誤	誤
［Ｙ］	正	誤	正	誤

問11　健児君は時代ごとに８名の人物を選びましたが，最終的には下の写真に関係の深い人物を調べて提出することに決めました。その人物を資料①～⑧の中から一つ選び，番号で答えなさい。

3　衣服について，様々な観点から説明した次の文章を読んで，あとの問いに答えなさい。

日本の洋服の歴史

(A)日本の洋装化は，明治維新《いしん》以降に政府主導のもとで進められ，軍人や(B)学生の制服として，まず男性の洋服着用が始まりました。その後女性も洋服着用が求められるようになったのは，外交官接待の場として鹿鳴館《ろくめいかん》が開館したころです。ドレスに身を包んだ女性たちが舞踏《ぶとう》会に参加するようになり，洋服への関心がさらに高まっていきました。大正時代になると，バスの車掌《しゃしょう》や(C)百貨店の店員など職業婦人が増えたことで，女性の制服も普《ふ》及《きゅう》しました。

ファッション

いつの時代も，ファッションは人々の生活を反映しながら移り変わってきました。そのため，(D)絵画にえがかれた人物がどのようなファッションアイテムを身に着けているのかを分析《ぶんせき》することによって，えがかれた時代を特定することも可能です。18世紀後半にイギリスで始まった(E)産業革命は衣服の大量生産を可能にし，人々は衣服を容易に手に入れることができるようになりました。その一方で，現在のファッション産業は(F)環境《かんきょう》に大きく負荷をかけていると指摘《してき》されています。

民族衣装

各国，各地域に伝わる民族衣装はそれぞれの(G)気候に合わせた工夫がされています。例えば，寒暖差が大きい地域では着脱《ちゃくだつ》のしやすい形態が，砂漠《さばく》地域では砂ぼこりや日射をさえぎるために肌《はだ》を覆《おお》い隠《かく》すような形態が多く見られます。また，高温多湿《たしつ》な地域では一枚布を腰《こし》に巻き付けるなどすずしい服装をし，一方，寒い地域では毛皮を用いて極寒に備えるなど，気候への適応機能が工夫されています。また気候以外にも，民族衣装の形や文様，色などには，(H)その民族のたどってきた歴史や習慣，思想があらわれています。

問１　下線部(A)について，次の［表１］，［図１］・［図２］から読み取れる内容として正しいものを，あとの(ア)～(エ)の中から一つ選び，記号で答えなさい。

［表１］　和服と洋服の売上変化

（億円）

年度	和服	洋服	
		紳士《しんし》服	婦人服と子供服
※１S32	2,614	1,035	354
S33	2,711	1,256	359
S34	3,329	1,201	354
S35	4,143	2,042	503
S36	4,461	2,136	841
S37	4,588	2,426	1,190
S39	5,276	2,621	1,866
S41	6,311	3,113	2,930
S43	7,969	3,559	4,093
S47	12,311	5,894	8,442
S49	16,716	8,239	12,827
S51	20,447	10,249	22,013
S54	23,990	11,660	30,440
S57	27,020	13,540	38,700
S60	26,660	13,720	41,730
S63	24,990	17,020	52,030

※１　S32とは，昭和32年のこと。

出典：刑部芳則《おさかべよしのり》『洋装の日本史』
集英社インターナショナル(2023)

［図１］　１世帯(２人以上の世帯)あたり年間の和服の購入《こうにゅう》数量

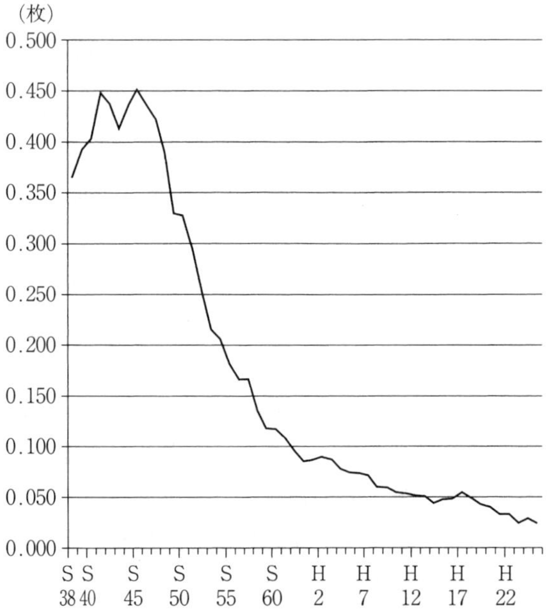

［図２］　１世帯（２人以上の世帯）あたり年間の婦人用着物の支出金額

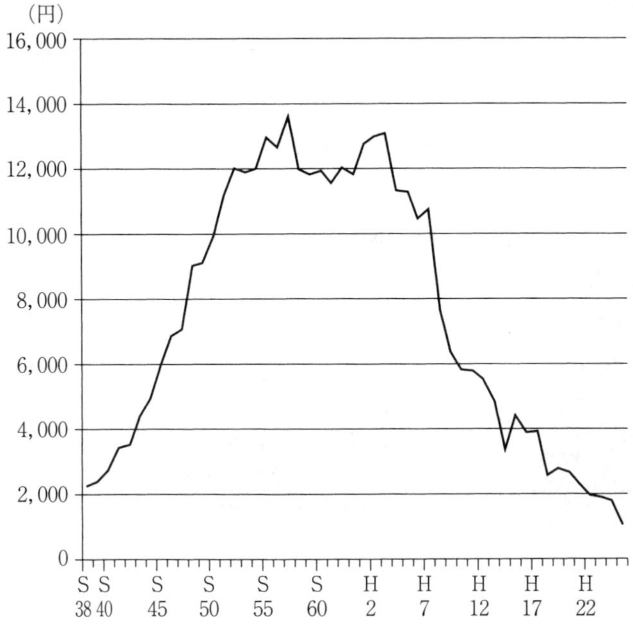

(ア)　女性が和服を購入しなくなるにつれて，婦人服の売上高が増加していったと考えられる。

(イ)　昭和50年代まで和服の支出金額が増えていることから，日本では和服を着ることが一般《いっぱん》的であったと考えられる。

(ウ)　和服の購入数量は減少しているが，売上高は昭和50年代まで増加傾向《けいこう》にあることから，単価が上がっていることがわかる。

(エ)　婦人服と子供服の売上高が紳士服の売上高を上回ったのは，高度経済成長期が終わったあとであった。

問２　下線部(B)について，次の資料は「中学校での制服着用について賛成か反対か」をテーマに話し合った際に，それぞれの立場から出された意見をまとめたものです。資料から読み取れる制服制度の問題点として誤っているものを，あとの(ア)～(エ)の中から一つ選び，記号で答えなさい。

賛成派	反対派
・服装になやまなくていい	・スカートが寒い
・個人差がでなくていい	・冬服だと暑いときがある
・学校への愛着がわく	・半ズボンがない
・経済的である	・デザインが好みではない

(ア)　女子がスカート着用を義務付けられるなど，ジェンダーフリーに対応しきれていない。

(イ)　夏服と冬服のちがいはあるが，細かな気温や体調の変化に合わせて調整することが難しい。

(ウ)　統一的なデザインの制服を着ることで，自分の個性を表現することが難しくなる。

(エ)　長く着ることを考慮《こうりょ》して製造されているため，制服の価格が高くなってしまう。

問３　下線部(C)について，世界最初の百貨店は1852年にフランスのパリで開店したボン＝マルシェだと言われています。この百貨店は，当時としては新しい営業システムで売り上げをのばしました。この発展の要因についてまとめた，次の文中□にあてはまる文章を，あとの［図３］・［図４］を参考にして答えなさい。

要因１：品物一つあたりの利益を少なくしてたくさん売ることを原則とし，多様な商品を販《はん》売《ばい》した。

要因２：買い物をするだけではない，娯楽《ごらく》性のある空間を作った。

要因３：□

［図３］　ボン＝マルシェの商品カタログ(1906年)

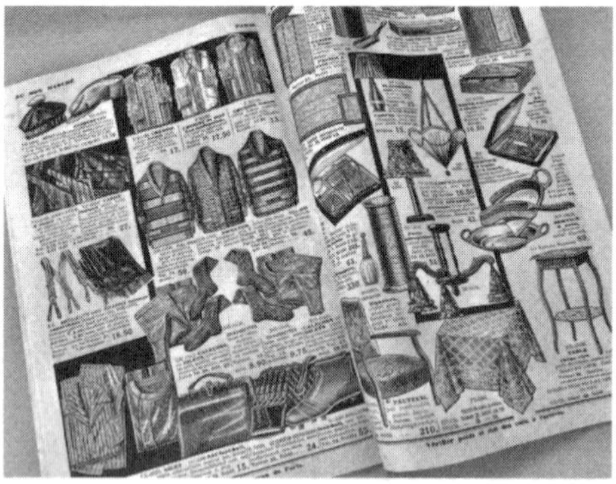

ボン＝マルシェのカタログは，すべての商品のイラストとともに，くわしい内容説明，サイズ，価格が掲載《けいさい》されていて，パリ以外の地方や外国でも客の要望があれば無料で郵送された。

［図４］　フランスの国内貨物輸送動向(輸送手段別)

(10億※2トンキロ)

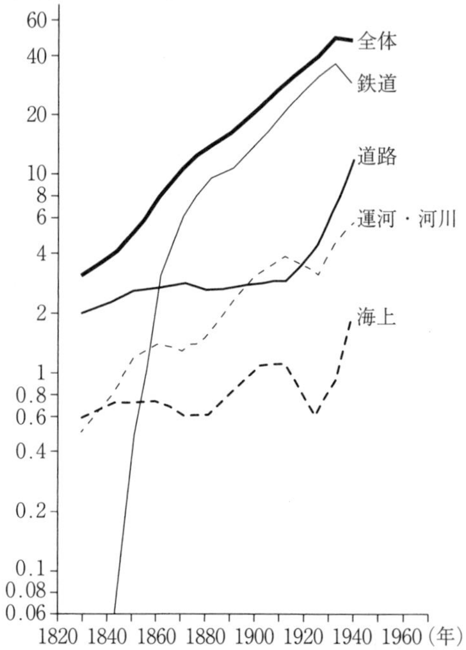

※２　トンキロとは，貨物の輸送総量を表す単位のこと。

出典：原　輝《てる》史《し》「フランス鉄道経営の史的分析
－北部会社の事例を中心に－」(1976)

問４　下線部(D)について，年代別女性ファッションの特徴《とくちょう》を示した次の表を参考にして，［X］～［Z］を古いものから順に正しく並べたものを，あとの**(ア)**～**(カ)**の中から一つ選び，記号で答えなさい。

18世紀	やわらかく淡《あわ》いパステルカラーのドレスと，レースや造花などの装飾《そうしょく》が特徴。コルセットを着用することで細い腰回りを際立たせた。
19世紀	染織産業の工業化や機械化が進んだことにより，規則的に均等に単純な模様を散らして大きな面を染められるようになった。
20世紀	女性の社会進出が進み，活動的な女性が増えたことで，女性の服装はシンプルで機能的なスタイルへと変化した。

［X］

［Y］

［Z］

(ア)　［X］→［Y］→［Z］
(イ)　［X］→［Z］→［Y］
(ウ)　［Y］→［X］→［Z］
(エ)　［Y］→［Z］→［X］
(オ)　［Z］→［X］→［Y］
(カ)　［Z］→［Y］→［X］

問５　下線部(E)に関して，次の［図５］・［図６］で示される産業革命にともなう変化によって，それぞれどのような影響《えいきょう》が生じましたか。あとの(ア)〜(エ)の中から最もふさわしいものをそれぞれ一つずつ選び，記号で答えなさい。

［図５］　イギリスの綿製品の輸出額

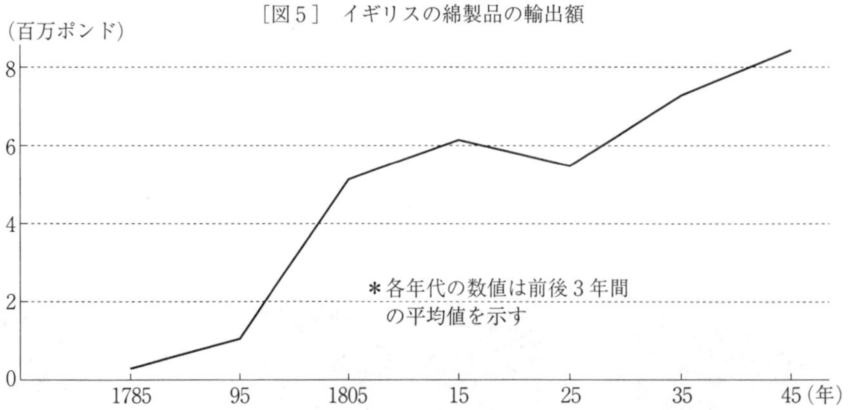

［図６］　インドとイギリスの綿布輸出

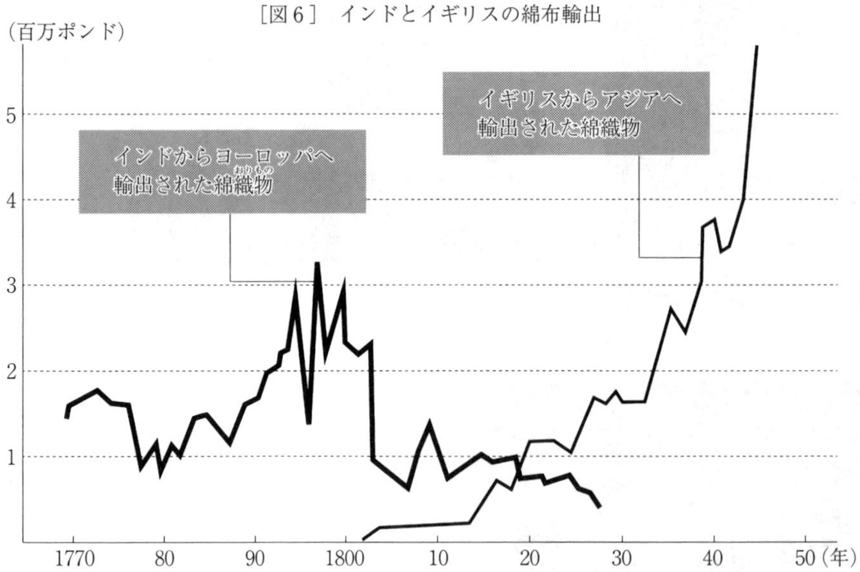

(ア)　インド産綿織物のヨーロッパ向けの輸出はイギリスに取って代わられたが，アジアへの輸出は増加した。

(イ)　イギリスでは商工業都市や港湾《こうわん》都市が繁栄《はんえい》し，都市に人口が集中するようになった。

(ウ)　綿織物業が衰退《すいたい》したインドでは貧困化が進行し，失業者や餓死《がし》者の数が増えていった。

(エ)　世界の工業生産にしめるイギリスの割合は次第に低下していき，アメリカやドイツに抜《ぬ》かされた。

問６　下線部(F)について，近年ではサステナブル(持続可能)なファッションを目指すことが国際的な目標となっています。原材料の調達，生地や衣服の製造，販売や購入の過程で，企業《きぎょう》と消費者はそれぞれどのような取り組みを行っていくべきだと思いますか，次の［図７］，［資料１］・［資料２］を参考にして，あなたの考えを説明しなさい。

［図７］ 国内アパレル供給量・市場規模の推移

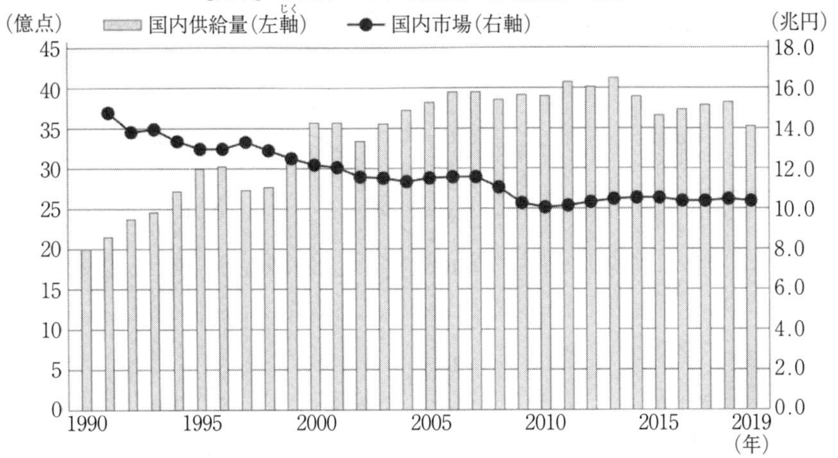

［資料１］

原材料調達から製造段階（紡績《ぼうせき》・染色・裁断《さいだん》・縫製《ほうせい》・輸送）までに
排出《はいしゅつ》される環境負荷の総量（年間）

CO₂排出量	水消費量	端材※3等排出量	
約90,000kt	約83億m³	約45,000t	＋ 化学物質による水質汚染

※３　端材《はざい》とは，材料から必要な部分を取ったあとの残りのこと。

［資料２］

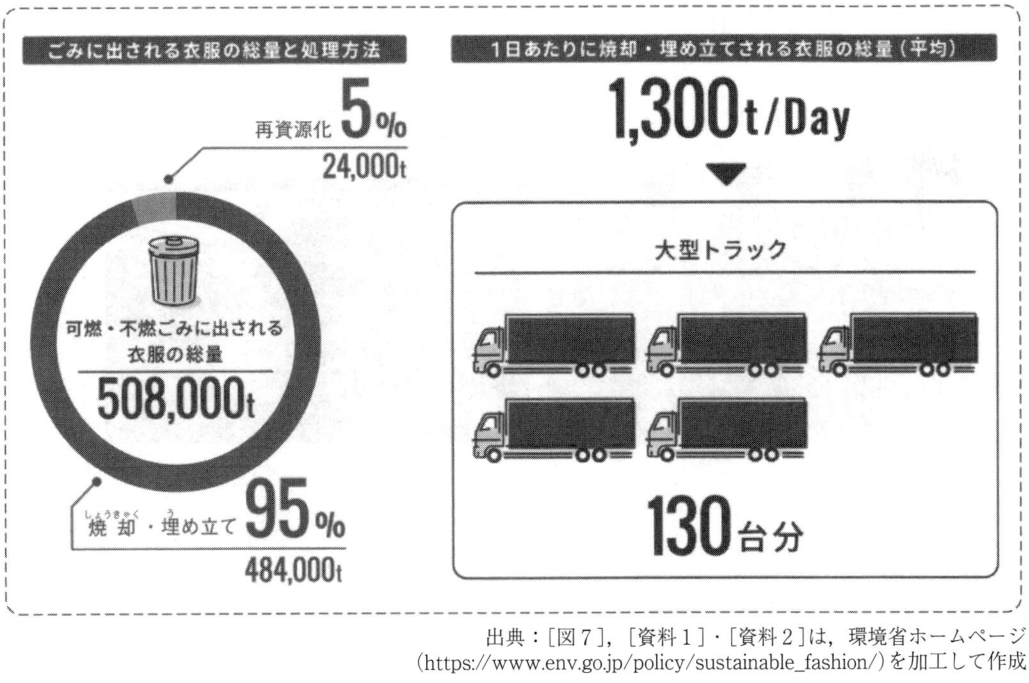

出典：［図７］，［資料１］・［資料２］は，環境省ホームページ
(https://www.env.go.jp/policy/sustainable_fashion/)を加工して作成

問７　下線部(G)に関連して，次の雨温図［Ｘ］～［Ｚ］が示す地域と，その地域で着用されている衣服［写真１］～［写真４］の組み合わせとして正しいものを，あとの(ア)～(ク)の中から一つ選び，記号で答えなさい。

［Ｘ］

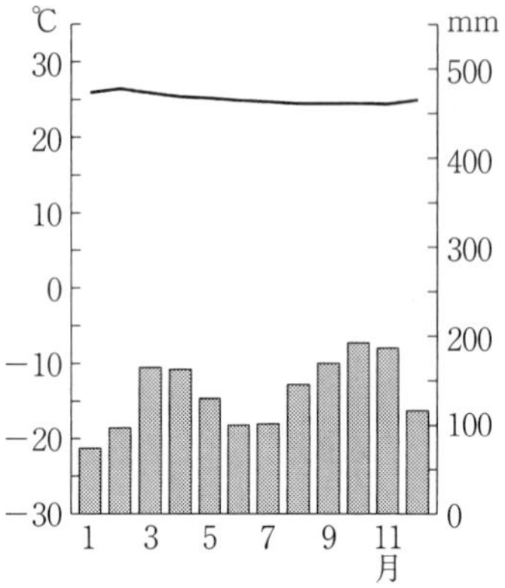

［Ｙ］

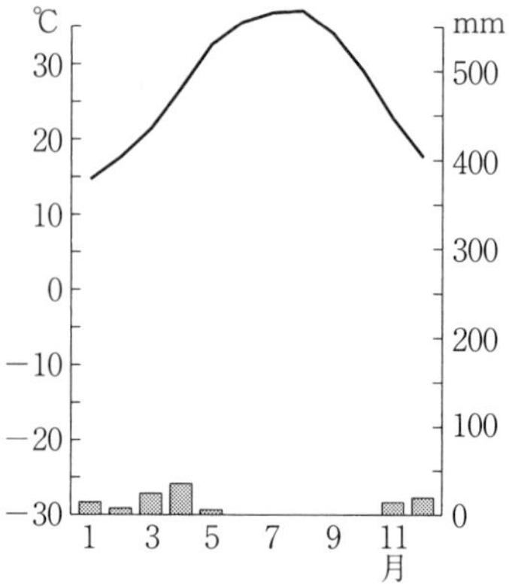

［Ｚ］

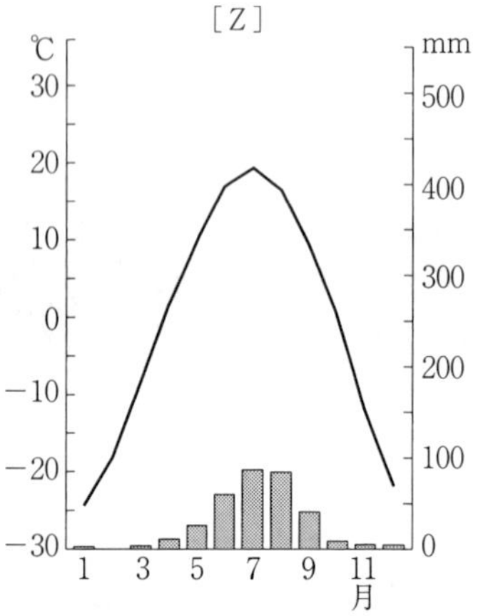

［写真１］

［写真２］

［写真３］

［写真４］

	(ア)	(イ)	(ウ)	(エ)	(オ)	(カ)	(キ)	(ク)
［X］	写真１	写真１	写真２	写真２	写真３	写真３	写真４	写真４
［Y］	写真２	写真３	写真１	写真４	写真１	写真４	写真１	写真２
［Z］	写真３	写真２	写真３	写真３	写真２	写真２	写真２	写真３

問８　下線部(H)に関して，ファッション業界では，様々な文化からインスピレーションを受けて創作活動を行うことがあります。その一方で，近年では「文化の盗用《とうよう》」にあたるとされる，次のような事例を耳にすることもあります。なぜ「文化の盗用」が問題視されていると考えられますか，説明しなさい。

事例１

> アメリカ合衆国を拠点《きょてん》に活躍《かつやく》するキム＝カーダシアンさんが，自身の立ち上げた下着ブランドの名前を「キモノ(KIMONO)」にしようとしたところ，「文化の盗用」だと批判の声が上がり名前を変更《へんこう》した。

事例２

> アメリカ合衆国を拠点に活動する歌手のセレーナ＝ゴメスさんは，自身のコンサートで額に※４ビンディをつけて登場したことに対して，インドのヒンドゥー教団体から抗《こう》議《ぎ》を受けた。

※４　ビンディとは，インドの既婚《きこん》女性が額につける装飾のことで，宗教的な意味を持つ。

データは経済産業省 HP による

【理　科】〈第３次試験〉(30分)〈満点：50点(理数コースは100点)〉

〔注意〕数値を答える問題では，特に指示がない限り，分数は使わずに小数で答えてください。

1　次の文を読んで，あとの問いに答えなさい。

みなさんはお腹がすいたらどうしますか？　ごはんを食べますよね？　これはヒトに限った話ではありません。動物はエネルギーを取り入れるために食事をします。草食動物であれば植物を，肉食動物であれば狩《か》りをして獲物《えもの》を食べます。こうして取り入れたエネルギーはその場を生きるためだけでなく，からだを大きく成長させるためにも使われます。成長期のみなさんはバランスよく栄養素を取り入れて立派に成長してくださいね。えっ？　きらいな食べ物がある？　そうですか……。

さて，下の図はヒトが口から食べ物を取り入れたあとに，食べ物が通る消化管と消化にかかわる器官を表している模式図です。あなたのからだの中を通るトンネルを想像してみましょう。

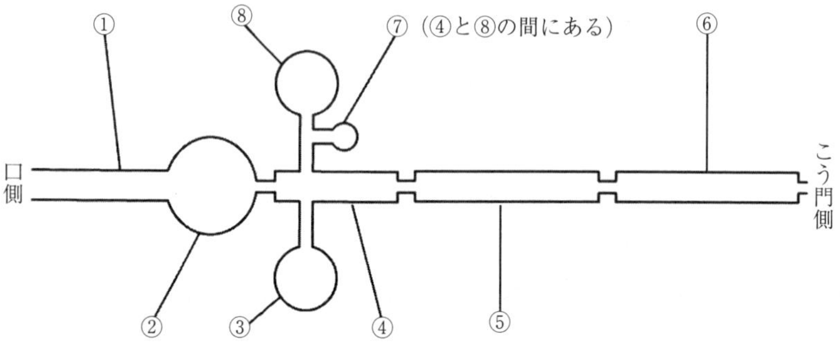

問１　図の①～⑧には，次の(ア)～(ク)にあげた消化器官がそれぞれ１つあてはまります。このうち②，③，④，⑦，⑧にあてはまる消化器官を，次の(ア)～(ク)からそれぞれ１つ選び，記号で答えなさい。

(ア)　かん臓　　(イ)　胃　　(ウ)　食道　　(エ)　小腸
(オ)　大腸　　(カ)　すい臓　　(キ)　十二指腸　　(ク)　胆《たん》のう

問２　食べ物を消化するときに，消化液を出して，消化が行われる消化器官はどれですか。上の図の①～⑧からすべて選び，番号で答えなさい。

問３　多くの消化液には消化こう素が含《ふく》まれていますが，中には消化こう素を含まないものも存在します。その消化液の名前を答えなさい。また，その消化液がつくられている器官はどれですか。問１の(ア)～(ク)から最も適当なものを１つ選び，記号で答えなさい。

問４　消化された食べ物は，栄養素としてある器官で吸収されます。その器官はどれですか。上の図の①～⑧から最も適当なものを１つ選び，番号で答えなさい。また，その器官は栄養素の吸収を効率よく行うためにどのような構造をしていますか。次の□内の空らん(Ａ)，(Ｂ)にあてはまる語句，または文を答えなさい。

(　Ａ　)という構造を持ち，(　Ｂ　)することで，栄養素の吸収を効率よく行っている。

問５　白米には多くの炭水化物が含まれています。白米は口に入れて，よく噛《か》むことであま味を感じることができます。一方で，同じく炭水化物を含むこんにゃくは，いくら噛んでもあま味を感じません。これはなぜでしょうか。だ液のはたらきに注目して，白米とこんにゃくについてそれぞれ２行以内で答えなさい。

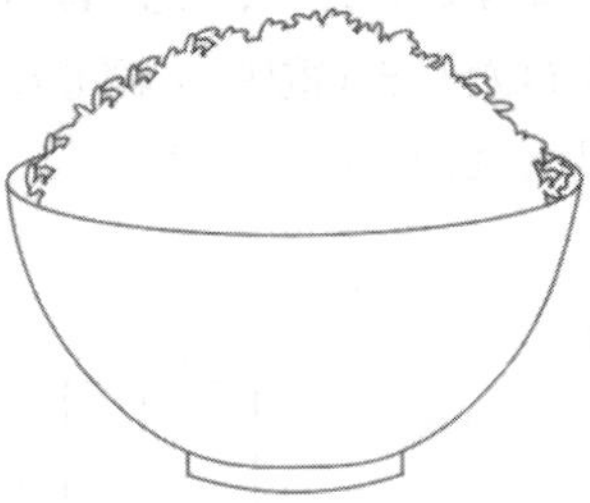

白米

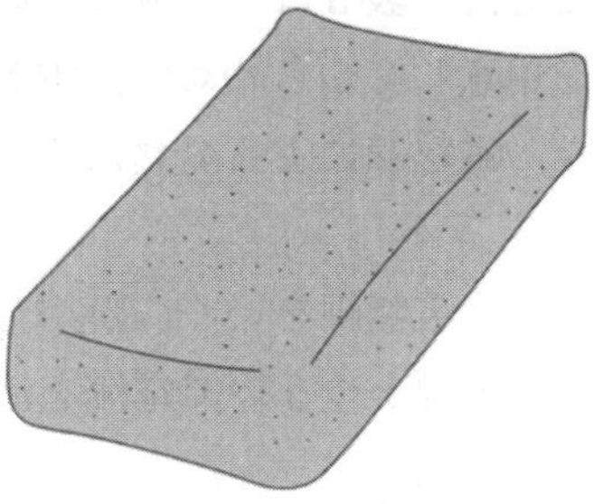

こんにゃく

2　電熱線について，あとの問いに答えなさい。

電熱線は長さや断面積によって流れる電流が異なることが知られています。これを確かめるために，次の<実験１>を行いました。**表１**と**表２**は<実験１>の結果を表しています。

<実験１>

長さや断面積の異なる電熱線をいくつか用意し，電熱線を１つずつ電流計と電源につないで(**図１**)，それぞれ流れている電流の値を読み取った。

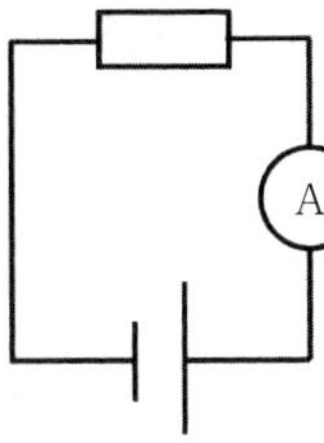

図１

表１　断面積が0.4mm^2で長さの異なる電熱線と電流

長さ[cm]	20	30	40	50
電流[mA]	300	200	150	120

表２　長さが20cmで断面積の異なる電熱線と電流

断面積[mm^2]	0.4	0.6	0.8	1.0
電流[mA]	300	450	600	750

問１　電熱線はニッケルとクロムの合金で出来ていて，電流を流しにくい金属線です。このニッケルとクロムの合金を何と呼びますか。カタカナ４字で答えなさい。

問２　**表１**について次の問いに答えなさい。

(1)　長さが1.5倍になると電流は何倍になりますか。最も簡単な分数で答えなさい。

(2)　断面積が0.4mm^2で長さが10cmの電熱線で実験を行うと，電流は何mAになりますか。

問３　以下の文は**表２**から読み取れることについて説明したものです。空らん(①)～(④)にあてはまる数字を答えなさい。

断面積が２倍になると電流は(　①　)倍になり，断面積が2.5倍になると電流は(　②　)倍になることがわかる。長さが20cmで断面積が0.2mm^2の電熱線で実験を行うと(　③　)mAの電流が流れ，長さが20cmで断面積が(　④　)mm^2の電熱線で実験を行うと電流は1.35A流れることになる。

問４　長さが30cmで断面積が0.8mm^2の電熱線で実験を行うと流れる電流は何mAになりますか。

問５　断面積が0.6mm^2の電熱線で実験を行うと0.6Aの電流が流れました。この電熱線の長さは何cmですか。

長さや断面積の異なる電熱線によって水温がどれだけ変化するのかを確かめるために，次の

＜実験２＞を行いました。**表３**は＜実験２＞の結果を表しています。ただし，実験は常に同じ水温で同じ量の水を用意してから始めて，電流を流そうとするはたらき(電圧)も同じになるようにしました。また，電熱線による発熱はすべて水温変化に使われたものとします。

＜実験２＞

長さや断面積の異なる電熱線をいくつか用意し，電熱線を１つずつビーカー内の水に入れて電源をつないで電流を流し(**図２**)，５分後の水温変化を温度計で読み取った。

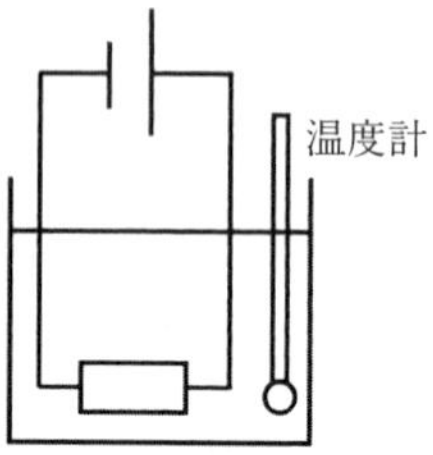

図２

表３　長さと断面積の異なる電熱線と５分後の水温変化

電熱線	A	B	C	D	E	F
長さ[cm]	20	20	20	30	40	50
断面積[mm^2]	0.4	0.6	1.0	0.6	0.4	0.8
温度変化[℃]	4	6	10	4	2	（**ア**）

問６　**表３**の(**ア**)に入る数値を答えなさい。

問７　**図３**のように，電熱線ＣとＥを直列につないで電流を流しました。５分後の水温変化は何℃になりますか。割り切れないときは小数第２位を四捨五入して，小数第１位まで答えなさい。また，ビーカー内の水の量や電源の電圧などは，すべて＜実験２＞と同じ条件とします。

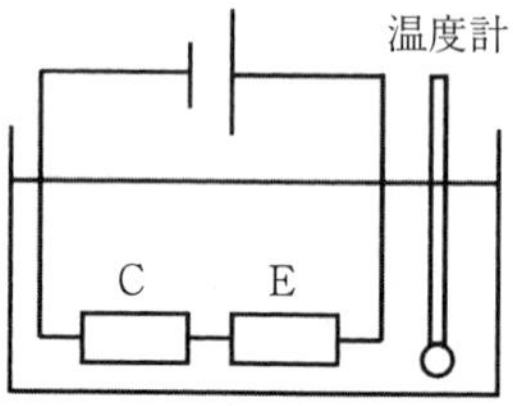

図３

3　次の文を読んで，あとの問いに答えなさい。

①二酸化マンガンに過酸化水素水を加えると酸素が発生します。健児君は，ジャガイモの中にも二酸化マンガンと同じ働きをする成分が含まれているという話を聞いたため，実験で確かめてみることにしました。

＜手順１＞　小さく切った生のジャガイモ１つと，うすめた過酸化水素水をフラスコに入れる。

＜手順２＞　気体の発生を速くするため，フラスコをお湯で少し温める。

＜手順３＞　発生した気体を②適当な方法で集めたのち，③酸素の性質を示すかどうかを調べる。

問１　下線部①について，次の問いに答えなさい。

(1)　用いる二酸化マンガンの量が一定のとき，加える過酸化水素水の量と発生する酸素の量の関係はどのようなグラフになりますか。次の(**ア**)～(**オ**)から最も適当なものを１つ選び，記号で答えなさい。

(**ア**)

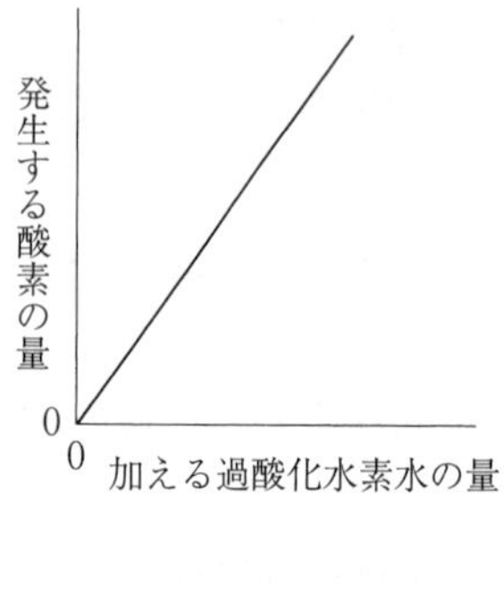

(**イ**)

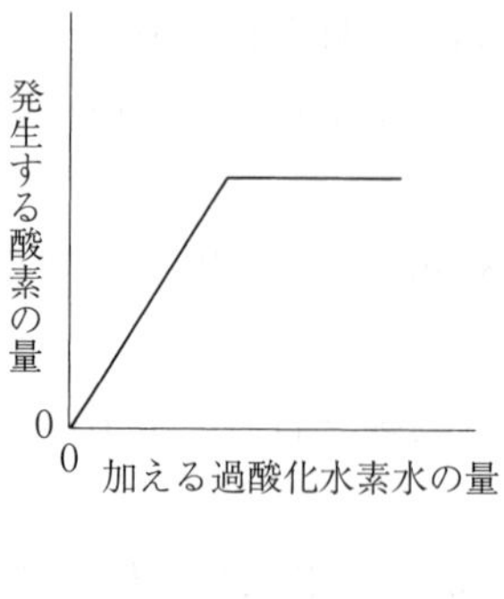

(**ウ**)

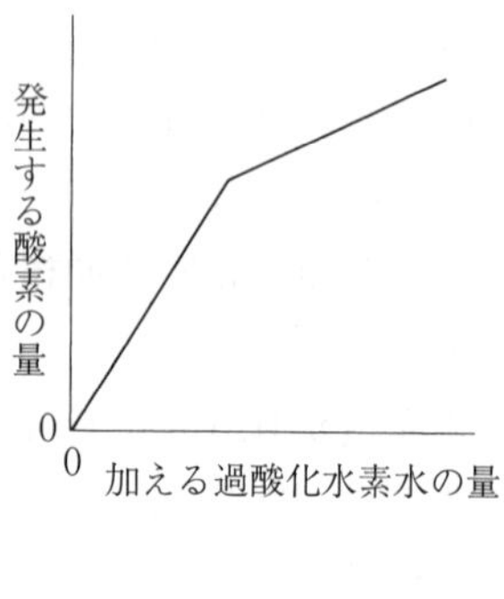

(エ)

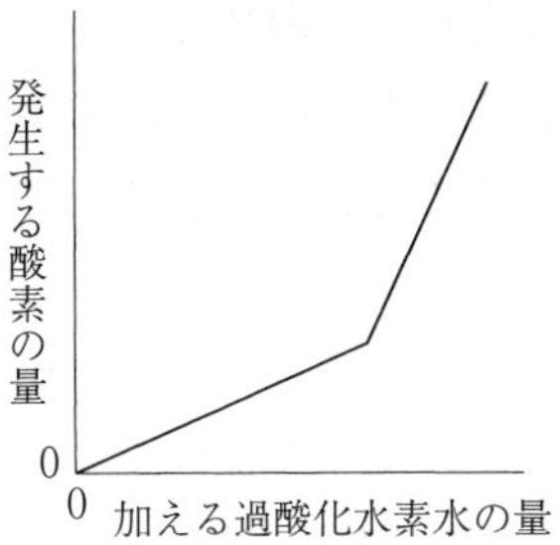

(オ)

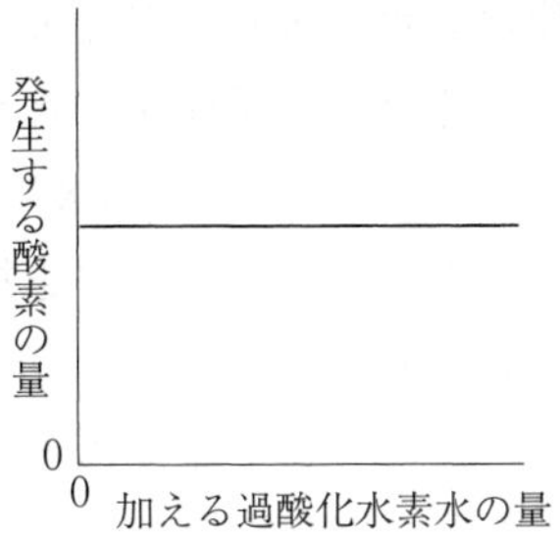

(2) 加える過酸化水素水の量が一定のとき，用いる二酸化マンガンの量と発生する酸素の体積の関係はどのようなグラフになりますか。次の(ア)～(オ)から最も適当なものを１つ選び，記号で答えなさい。

(ア)

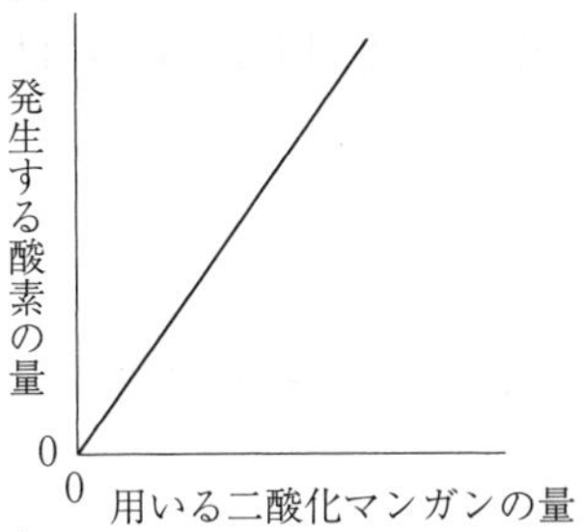

(イ)

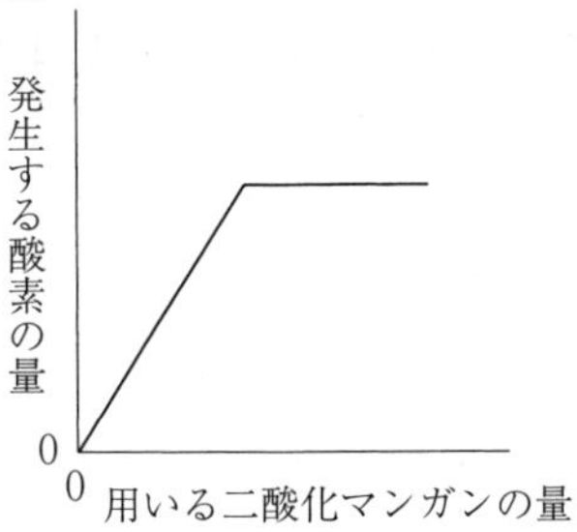

(ウ)

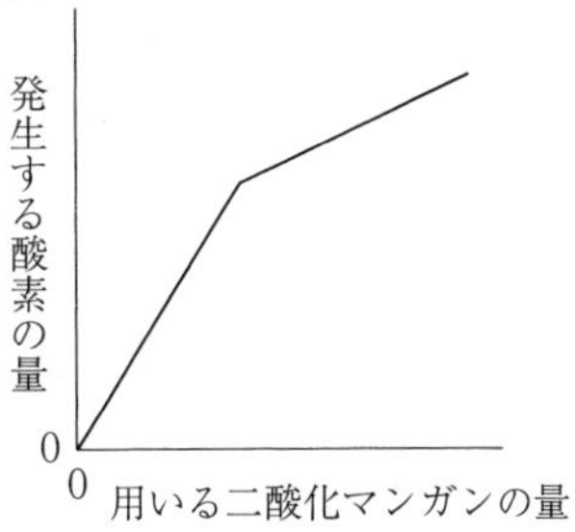

(エ)

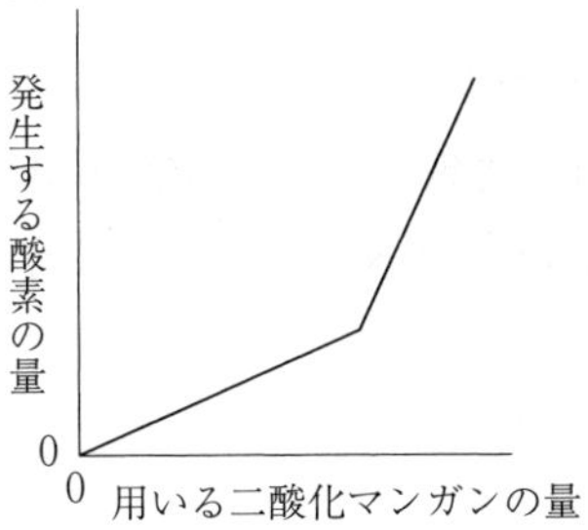

(オ)

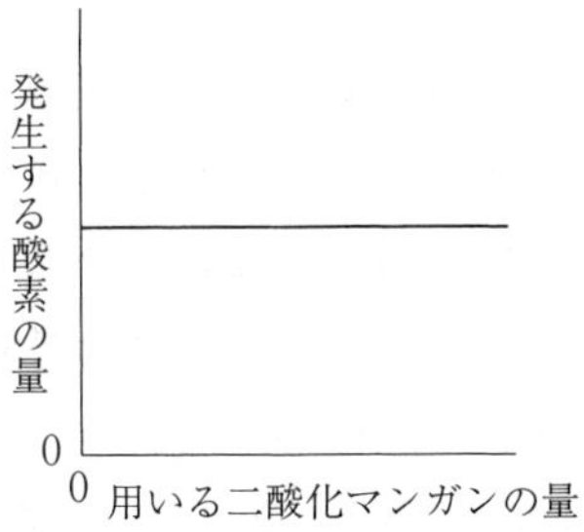

問２　下線部②について，酸素と同じ方法で集められる気体はどれですか。次の(ア)～(エ)からすべて選び，記号で答えなさい。

(ア) 水素　(イ) アンモニア　(ウ) 塩化水素　(エ) ちっ素

問３　下線部③について，酸素の性質として正しいものはどれですか。次の(ア)～(オ)からすべて選び，記号で答えなさい。

(ア) 火のついたマッチを近づけると，ポンという音を出して燃える。

(イ) 火のついた線香を近づけると，線香が激しく燃える。

(ウ) 石灰水に通しても，白くにごらない。

(エ) 水でぬらした青色リトマス紙を近づけると，赤色に変化する。

(オ) 色やにおいがない。

問４　健児君が実験の計画を学校の先生に見てもらったところ，<手順１>と<手順２>を次の<手順Ａ>に代えた実験も行うとよいとアドバイスを受けました。この実験は，どのようなことを確かめるために必要なものですか。簡単に説明しなさい。

＜手順A＞　フラスコに過酸化水素水を入れ，ジャガイモは入れずに温める。

問５　先生からのアドバイスをふまえると，＜手順１＞と＜手順２＞を次の＜手順B＞に代えた実験もさらに必要になると考えられます。空らん(X)にあてはまる語句を答えなさい。

＜手順B＞　フラスコにジャガイモを入れ，(　X　)を加えて温める。

問６　文中の波線部分について，この成分は二酸化マンガンと同じように，酸素が発生したあとでもなくなることはありません。このことを確かめるには，どのような操作をすればよいですか。簡単に説明しなさい。ただし，「実験後のジャガイモ」で始まる文にすること。

問７　健児君が実際にこの実験を行い，最後にジャガイモの重さをはかったところ，実験前よりも重さが増加していることがわかりました。この理由として考えられることを実験レポートに書くため，健児君は『チャット SGS』というアプリを使うことにしました。

『チャット SGS』は AI(人工知能)を利用した「生成 AI」の１つで，質問に答えてくれたり，お願いしたことに合わせた文章を作ってくれたりします。また，質問やお願いには「条件」をつけることもできます。

> 健児
>
> ジャガイモに過酸化水素水を加えて酸素を発生させたところ，ジャガイモの重さが増加しました。考えられる理由は何ですか？
>
> ・実験レポートに書ける文章にしてください。
>
> ・答えを２つ以上考えてください。

健児君が上のような「質問」と２つの「条件」を入力したところ，『チャット SGS』から「答え」が返ってきました。しかし，この「答え」をそのまま書いても，実験レポートとしてふさわしいとはいえません。健児君は，どのような点を直すべきだといえますか。次の(ア)～(カ)から最も適当なものを１つ選び，記号で答えなさい。

(ア)「質問」に，実験手順の説明を入れておく。

(イ)「質問」に，使った過酸化水素水のこさを入れておく。

(ウ)「質問」に，実験前と実験後のジャガイモの重さを入れておく。

(エ)「条件」で，科学的に正しいと思われることだけを答えるよう指示する。

(オ)「条件」で，答えを「２つ以上」ではなく「できるだけ多く」考えるよう指示する。

(カ)　実験レポートには，アプリの作った答えではなく，自分で考えたことを書くようにする。

「～こと」につながるように、最初と最後の三字をぬき出して答えなさい。

問十二　――線⑦「こうした文章を読むと、目を打たれたような気持ちになる」とありますが、筆者がそのように感じるのはなぜですか。その理由として適当なものを次の**ア**～**オ**の中から一つ選び、記号で答えなさい。

ア　音韻と文字の関係から日本語の特殊性を鮮やかに解説した文章を読み、安東次男の「みぞれ」について考えるうえで得るところがあったから。

イ　文字の機能に着目した斬新な日本語論を読み、これまで現代詩について考えてきたことを根本から考え直す必要があると思ったから。

ウ　言語学者たちの通説を正面から否定する挑戦的な日本語論を読み、これまでの日本の詩を否定する安東次男の「みぞれ」と共通するものを感じたから。

エ　日本語の特殊性についてユニークな視点から解説した文章を読み、安東次男の「みぞれ」について思い違いをしていたことに気づいたから。

オ　文字におおきく依存《いそん》した日本語の特性を明快に解説した文章を読み、安東次男が「みぞれ」を書くうえで何に苦しんだのかがよく理解できたから。

問十三　――線⑧「『この詩は音読してくれるな』という『指示』が詩句そのものの内部にふくまれている」とありますが、これはどういうことですか。安東次男の「みぞれ」から具体的な「指示」を二つ挙げて、百字以内で説明しなさい。

問十四　＝線「『知らない』『わからない』ということには独特の価値がある」について、あなたのこれまでの経験をふまえて、あなたの考えを記しなさい。なお、解答は次に示す一～三の条件を満たすこと。

一、あなたがこれまでに出会った「わからない」芸術作品を挙げる。

二、その「わからない」芸術作品に出会ったとき、どのように対応したのかを説明する。

三、一で挙げた「わからないもの」を肯定的にとらえ直したときに、どのような「独特の価値」が見出されるのかを説明する。

表記がもつニュアンスが読者に過少評価されるということ。

ウ　書き手が複数の表記の中から一つを選択することで、他の表記のもつ表現の可能性が逆に広がってゆくということ。

エ　書き手が複数の表記の中から一つを選択することは、他の表記のもつ可能性への感度をにぶらせてしまうということ。

オ　書き手が複数の表記の中から一つを選択することは、他の表記との関係性の中で行われざるをえないということ。

問十　――線⑤「安東次男がなにと格闘したのかをあきらかにするために、日本語の特性を、言語学者とはことなる角度からとらえている人のことばを参照してみよう」について、次のⅠ・Ⅱの各問いに答えなさい。

Ⅰ　「日本語の特性」について、「言語学者」のとらえ方と高島俊男（日本語の特性を、「言語学者」とはことなる角度からとらえている人）のとらえ方を次のように整理しました。［あ］～［か］に入るものとして適当な表現を、指定の字数に合わせて本文中から探し、ぬき出して答えなさい。

言語学者	高島俊男
言語の本質は［あ］（二字）であり、文字はそのかげにすぎないと考えているため、言語の音韻・意味・［い］（二字）には注意をはらうが、日本語の文字の機能には着目しない。そのため、日本語を何ら特殊な言語とは見なしていない。	日本語が本来の日本語、つまり［う］（二字）だけであった頃は、［あ］（二字）だけで言語として十全に機能していたが、［え］（四字）以後に西洋の事物や観念を［お］（四字）に訳して取り入れてから後は、同じ音韻を持つ複数の言葉がある場合、日本人は文字（漢字）によって意味する言葉を注釈して確定しなければならなくなったと考えている。その理由については、［か］（十六字）ため、漢語では発音やイントネーションによって使い分けられている音が、日本語では全て同じ音になってしまうという日本語の特性に原因があると考えている。日本語の文字としての機能を重視し、日本語を特殊な言語であると見なしている。

Ⅱ　筆者によれば、安東次男は詩を書くことにおいて「なにと格闘した」のですか。三十字以内で簡潔に答えなさい。

問十一　――線⑥「文字のうらづけ」とありますが、これは具体的にどうすることですか。その内容を説明した部分を、筆者が引用している高島俊男の文章の中から二十五字以上三十字以内で探し、

の見方ができなくなるということを指摘することで、「わからない」ことの価値を示しているから。

ウ　ある観点からの理解の仕方を絶対視することによって、「わからない」ものが「わかる」ようになることを指摘することで、「わかる」ことの価値を示しているから。

エ　ある観点からの理解の仕方を絶対視した人々の過《あやま》ちを例に、「わかる」ことの危険性を指摘することによって、逆に「わからない」ことの価値を示しているから。

オ　物事には複数の理解の仕方があり、絶対的な正解などこの世に存在しないということを指摘することで、「わからない」ことの価値を示しているから。

問八　[3]を補うのに適当な表現を考えて、五字以上八字以内で記しなさい。

問九　――線④「この問題は、日本語で書く者にあたえられた特権的な悩みであり、日本の詩人だけがそこでつまづくことを許された落とし穴でもあるのだ」について、次のⅠ～Ⅲの各問いにそれぞれ答えなさい。

Ⅰ　「この問題」とありますが、これはどういうことですか。その説明として適当なものを次の**ア**～**オ**の中から一つ選び、記号で答えなさい。

ア　日本語では音声と文字が強く結びついているため、言葉を表記するときに迷いが生じる余地がないということ。

イ　日本語では同じ言葉が何通りもの表記を持ちうるため、それらの中から一つを選びとる必要があるということ。

ウ　日本語では同じ言葉でも好みに応じて多彩な書き方ができるため、他言語に比べて自由度が高いということ。

エ　日本語ではつづりが違えば別の言葉になってしまうため、表記には特に気をつかわなくてはならないということ。

オ　日本語では表記の違いによって言葉の印象が変わるため、表現の統一性が失われてしまっているということ。

Ⅱ　「特権的な悩み」とありますが、これはどういうことですか。その説明として適当なものを次の**ア**～**オ**の中から一つ選び、記号で答えなさい。

ア　日本語は表記によって少しずつ意味合いを変える特性をもつが、複数の表記の中から特定の表記を選びとることでその言葉の豊かさが消えてしまうということ。

イ　表記の使い分けができるということは日本語だけがもつ言語的特性だが、そうした特性のために日本語の習得は他言語よりも難しくなっているということ。

ウ　日本語の使い手は、表記の多様性など、実は言語的にはかなり恵《めぐ》まれた環境にあるにもかかわらず、そのことを少しも意識していないということ。

エ　日本語が他言語よりも複雑な構造をもつために、日本語を母国語とする者は書くたびに表記を変えるという余計な苦労を味わうことになるということ。

オ　多様な表記の中から一つの表現を選びとらねばならない状況で味わう苦悩は、日本語で書く者だけが味わうことができる珍《めずら》しい悩みだということ。

Ⅲ　「落とし穴」とありますが、これはどういうことですか。その説明として適当なものを次の**ア**～**オ**の中から一つ選び、記号で答えなさい。

ア　書き手が複数の表記の中から一つを選択することで、他の表記のもつ表現の豊かさが切り捨てられてしまうということ。

イ　書き手が複数の表記の中から一つを選択することで、他の

を共有したいと思ったから。

オ　書かれている内容は理解できなかったが、詩の図像としての視覚的な魅力にひきつけられ、それを書きうつすという行為自体に喜びを感じていたから。

問五　――線②「あれを動物のマーキングにたとえる人もいる」とありますが、「動物のマーキング」（動物が分泌物《ぶんぴつぶつ》や排泄物《はいせつぶつ》をかけたり、自分の体をこすりつけたりすることで縄張りを示す行動）と「図案化された文字群」の関係の説明として適当なものを次の**ア**～**オ**の中から一つ選び、記号で答えなさい。

ア　動物のマーキングは、縄張りを示すなどの実用的な役割を果たすが、図案化された文字群は、単に書いた人が格好いいと感じるデザインを周囲に誇示することだけを意図されたものなので、マーキングよりも価値が低いと考えられる。

イ　動物のマーキングが、縄張りを示すことで他の個体との争いを避《さ》けるためになされるように、図案化された文字群も、自分たちの活動範囲《はんい》を示すことでよそ者との衝突《しょうとつ》を避けるという機能を果たしており、機能面において共通性が見出せる。

ウ　動物のマーキングは、縄張りを示すという行為によってその影響を後に残すことが期待されているが、図案化された文字群においては、ただそのデザインを描くという行為そのものに価値を見出しているので、その後のことは考えていないと思われる。

エ　動物のマーキングは、仲間に対して必要な情報を提示するという同種間での連帯意識に支えられた行為であり、図案化された文字群も、同じ関心を持つ仲間同士での交流を生みだし、集団の絆《きずな》を深める役割をになっていると考えられる。

オ　動物のマーキングは、仲間に対して重要な情報を伝達するという機能をになっているのに対して、図案化された文字群は、そもそも書かれている情報を解読することが困難なものであり、他者に対する伝達機能を持たないと思われる。

問六　1 ・ 2 に入る適当な言葉を、後の**ア**～**オ**の中からそれぞれ一つずつ選び、記号で答えなさい。

1

ア　詩の読解に正解なんてもともとないのではないか

イ　作者はどういう気持ちでこの詩を書いたのだろう

ウ　自分はこの詩の作者の考えや感じ方に同意できない

エ　正解に到達できないのは自分の読解力がないからだ

オ　作者は自分の感情をうまく整理できていないようだ

2

ア　自分には文学的なセンスが備わっていないのだ

イ　詩の楽しみ方は人それぞれでいいのではないか

ウ　こんなわかりにくい書き方をした詩人がわるい

エ　こんな詩を読むくらいなら自分で書いたほうがいい

オ　こんな詩をありがたがる人たちの気が知れない

問七　――線③「日本画の画家たちは、西洋の透視図法（遠近法）を知って以来、『透視図法的に描けない』という能力をなくした、というのは画家の山口晃の重要な指摘である」とありますが、筆者がこの「指摘」を「重要」だと考えるのはなぜですか。その理由として適当なものを次の**ア**～**オ**の中から一つ選び、記号で答えなさい。

ア　物事には複数の理解の仕方があり、選択したものの見方によって物事の意味が変化することを指摘することで、「わからなさ」の多様性を示しているから。

イ　ある観点からの理解の仕方を絶対視してしまうと、それ以外

にか」のなかに、しばし宙づりにされるのである。

　ここでは、詩句に表現された「とどきそうでとどかない」感じが、読む者の心のうごきに変換《へんかん》されていく。それもみごとな[C]管《くだ》だと思うが、もっとみごとなのは、⑧「この詩は音読してくれるな」という「指示」が詩句そのものの内部にふくまれているという点ではないだろうか。

　音楽の譜面ならば、「指示」は欄外《らんがい》に書かれるのがふつうである。五線譜のなかにある音符《おんぷ》そのものをたどれば、そのなかに㋖エンソウするさいの速度や情感などが暗黙のうちに指示されていて、それ以外のエンソウができない、ということはほとんどありえない（もしあればその作曲家は「天才」とよばれるだろう）。だから楽譜は「解釈《かいしゃく》」をされ、エンソウ者によって異なる速度で、異なる音色で鳴らされるのである。

　しかし安東次男はこの詩のなかで、詩句そのものに「指示」をおりこんだ。そのことは、詩は音読のための楽譜ではない、紙に㋗インサツされたものそれ自体が作品であることの証拠《しょうこ》である。

（渡邊十絲子『今を生きるための現代詩』―一部改変―　による）

(注) 超現実…現実から離れたものをめざす芸術上の表現。
モダン…近代的。現代的。当世風。
トーン…音・色などの、（微妙《びみょう》な）味わい・調子。
rose…英語で「バラ」のこと。
イタリック体…「*rose*」のように、少し右に傾かせた字体。
促音…「きって」「ラッパ」などの「っ」「ッ」を小さく書いたもので表される部分。
谷川俊太郎・入沢康夫…現代詩人。
符牒…合図のしるし。
賓語…動詞の作用のおよぶ対象を示す語。「本を買う」の「本を」のたぐい。
地口…ことわざ・成句と似た発音の文句を作って言うしゃれ。
氾濫…ものごとが世間に出まわって満ちあふれること。
ローカル…地方的。

問一　〰〰線㋐～㋗の片仮名を漢字に直しなさい。

問二　[A]～[C]に入る言葉を、次の**ア**～**カ**の中からそれぞれ一つずつ選び、記号で答えなさい。

ア 耳　**イ** 鼻　**ウ** 頭　**エ** 足　**オ** 手　**カ** 身

問三　【Ⅰ】～【Ⅵ】に入る言葉を、次の**ア**～**カ**の中からそれぞれ一つずつ選び、記号で答えなさい。

ア ところが　**イ** むしろ　**ウ** さて
エ だから　**オ** つまり　**カ** もっとも

問四　――線①「意味のわからない詩を、中学生だったわたしは夢中でノートに筆写していた」とありますが、筆者がそのようにしたのはなぜですか。その理由として適当なものを次の**ア**～**オ**の中から一つ選び、記号で答えなさい。

ア　書かれている内容は意味不明なものだったが、詩の図像としての魅力だけは理解できたので、書きうつすうちに内容もわかってくるだろうと思ったから。

イ　書かれている内容は難解だったが、詩を図像としてとらえて書きうつすことで、背伸びをしながらも大人の仲間入りができたように感じていたから。

ウ　書かれている内容は理解を超えていたが、詩が図像として内容を説明してくれていたので、書きうつすことでさらに理解が深まると考えたから。

エ　書かれている内容には興味が持てなかったが、詩を図案化して書くという作者の発想に驚《おどろ》きを感じ、自分も作者と同じ経験

の不自由さや苦しさをあたえていることはまちがいない。しかし日本人は日ごろそれを苦しいと自覚することはあまりない(たとえば人前で話をする仕事をしている人なら、聞く人が同音のことばをとりちがえないように「ワタクシリツ」や「イチリツ」などと言いかえたりする配慮《はいりょ》には慣れていて、とくべつな苦労とは感じないだろう)。

【Ⅵ】日本人は、日本語の音の少なさをたのしく活用しているようにみえる。

同一か近似《きんじ》の発音をもつことば同士をつかうなぞかけや地口《じぐち》は、むかしもいまも人気のある庶民《しょみん》的な遊びであるし、似た音を聞きまちがえる笑い話は落語にも漫才にもよくある。また、明治期に大量の漢語がとりいれられて同音異義語が氾濫《はんらん》するずっと以前から、「かけことば」は日本の文芸のいろどりだった。音韻組織が単純であればあるほど、「かける」ことのできることばはふえるりくつである。

おなじことばが何種類かの表記をとりうるという点も、日本語の弱点であると同時にたのしいところなのだと思う。

おなじことばを異なる表記で書きわけ、それぞれにちがう意味をあたえる(あるいはニュアンスの違いを付加する)ということは、すでにおこなわれている。

現在、一部の女子高校生は「彼氏」と「カレシ」を異なる意味でつかうと聞く(この語のつかいかたについてはローカル・ルールが多く、全国的に通用するきまりはないようだが、たとえば「彼氏」は一対一の恋愛《れんあい》関係にある男性をさし、「カレシ」は不特定のボーイフレンドをさす。この場合、アクセントの位置も変えている)。もっとひろく知られている例では、「携帯《けいたい》」は一般に「**B**につけたり手にもって運ぶ」という意味であるから「携帯なになに」とよぶことのできる物品は無数にあるが、これを「ケータイ」や「ケイタイ」とカタカナ表記にして、とくに携帯電話だけをさすようになっている。

日本は、㋕ショクバの机に残す申し送りのメモには「ヨロシク」と書き、年賀状には「宜しく」と表記し、そのおなじことばに暴走族が「夜露死苦」という字をあててそろいの服に刺繍《ししゅう》する国である。刺繍の文字はけっして「宜しく」ではありえない。表記する文字がちがえば、ちがうことばなのだ。

安東次男にとって、「ふらん」は「腐爛」ととりかえることのできないことばなのである。これもまた、表記の多様性という日本語の特性からみちびかれた、あらたな表現可能性のひとつだ。

安東次男の「みぞれ」にもどる。

詩の冒頭の「地上にとどくまえに」は、タイトルでもある「みぞれ」のことだと思われる。するとこれは、天から降ってきて地に落ちるのがあたりまえであるものが、地にとどくことができずに折返すという中絶の場面である(しかしそれは「予感」の話であって現実ではない)。ゴールに到達《とうたつ》するまえに、動きの矢印は折れてもどってしまう。そこからはじまるのは「ふらんした死んだ時間たち」であり、太陽があたためるのは「擬卵」であって卵ではない。つぎつぎに登場するのはどれも、とどこうとしてとどきそこねるもの、実体ではなく虚《きょ》像《ぞう》である。水は空へ逃げてゆくのに、魚はかえってそこからこぼれおち、白骨となる。すべてがちぐはぐに挫折《ざせつ》している。

そのときひとが「おもいだす」のは水の部首をもつ無数の文字だが、それは「泪」にちかいところを旋回《せんかい》しつつけっして「泪」に到達しない。そして、こうした目もあやな超現実的描写の一部始終を、ひとは音読することができないのである。われわれはこの光景を、黙《だま》って目《もく》撃《げき》させられるだけだ。

黙らされながら感じているのは「泪」に象徴《しょうちょう》されるようなはっきりした感情ではない。読者は、もうすこし不透明で伝わりにくい「なほえる、あたまがいたい」などだ。これらは、いちいち文字を参照しなくてもすぐに意味がわかる。それは、これらの日常的で具体的な語《ご》彙《い》が、本来の日本語（和語）だからなのである。

【Ⅳ】、やや高級な概念《がいねん》や明治以後の新事物にもちいられる漢語については、事情がちがう。高島俊男は、〈具体的、動作、形容、本来、高級、概念、以後〉などの例をあげてこういう。

〈これらの語も無論音声を持っている。けれどもその音声は、文字をさししめす符牒《ふちょう》であるにすぎない。語の意味は、さししめされた文字がになっている。たとえば「西洋」を、ひとしくセーヨーの音を持つ「静養」からわかつものは「西洋」の文字である。日本人の話（特にやや知的な内容の話）は、音声を手がかりに頭のなかにある文字をすばやく参照する、というプロセスをくりかえしながら進行する。〉

〈もとの漢語がそういう言語なのではない。漢語においては、個々の音が意味を持っている。それを日本語のなかへとりいれると、もはやそれらの音自体（セーとかケーとか、あるいはコーとかヨーとかの音自体）は何ら意味を持たず、いずれかの文字をさししめす符牒にすぎなくなるのである。

しかも日本語は音韻《おんいん》組織がかんたんであるため、漢語のことなる音が日本語ではおなじ音になり、したがって一つの音がさししめす文字が多くなる（たとえば日本語でショーの音を持つ字、小、少、庄、尚、昇、松、将、消、笑、唱、商、勝、焦、焼、証、象、照、詳、章、悄、掌、紹、訟、奨、等々。これらは漢語ではみなことなる音であり、音自体が意味をになっている。これらが日本語ではすべて「ショー」になるので、日本語の「ショー」はもはや特定の意味をつたえ得ない）。〉

ひとつの「ショー」という音でさえこうなのだから、複数の漢字をくみあわせてつくった熟語の場合にはさらに「音の種類がすくない」ことが欠点として露呈《ろてい》する。コーソーは高層、構想、抗争、後送、広壮のどれでもありうるし、ソーコーは壮行、奏効、操行、草稿、装甲のどれとも決められない。それをわれわれ日本人は「ブンミャクを聴《き》きとり頭のなかで文字を参照する」作業によって、かろうじて識別しているのである。

〈日本の言語学者はよく、日本語はなんら特殊《とくしゅ》な言語ではない、ごくありふれた言語である、日本語に似た言語は地球上にいくらもある、と言う。しかしそれは、名詞の単数複数の別をしめさないとか、賓語《ひんご》のあとに動詞が位置するとかいった、語法上のことがらである。かれらは西洋でうまれた言語学の方法で日本語を分析《ぶんせき》するから、当然文字には着目しない。言語学が着目するのは、音韻と語法と意味である。

しかし、音声が無力であるためにことばが文字のうらづけをまたなければ意味を持ち得ない、という点に着目すれば、日本語は、世界でおそらくただ一つの、きわめて特殊な言語である。〉

（引用はすべて高島俊男『漢字と日本人』文春新書より）

⑦こうした文章を読むと、目を打たれたような気持ちになる。日本語で書かれた詩を考えるうえで、日本語の特殊性は無視できない。日本語は音声言語としてはきわめて㋔ヒンジャクであり、ということは、視覚情報におおきくよりかかった言語なのである。

【Ⅴ】、日本語のこうした特殊な背景は、日本人の言語生活に一種

もあるのだ。詩が、どの言語で書くかということと密接な関係をもった（翻訳《ほんやく》の困難な）文芸である以上、日本語の詩はこの問題こそをまずはじめに悩むべきではないのか。安東次男はそのことをここで示しているのではないか。

「ふらん」という単語を、われわれは「腐爛」と区別しては発音できない。ということはこの詩は黙読《もくどく》用の詩なのであって、音読用ではないのだ。

そのことは、詩のさいごの部分に並べられた漢字を読むとき、さらにはっきりする。〈漁／泊／滑〉は、「ギョ／ハク／カツ」と発音すべきだろうか。しかしそれではなにも伝わらない。音だけ聞いても意味不明である。では、たとえば「すなどり／とまり／なめり」とでも読むべきだろうか。それはさらに問題外だろう。「一文字の漢字が横に三つ並んでいる」ということが伝わらないからだ。

これらの漢字は、さんずい（水）という部首をもつ図像として示されているとしか考えられない。これは、音読ができないように書かれた詩なのである。

「けつして」という表記もまた、読む者の目にちいさなつまづきをあたえる。全体は現代かなづかいなので、「けっして」と書かれていれば目は素通《すどお》りしていくが、促音《そくおん》の「つ」が大きく表記されているとほんのちょっとだけひっかかる。

【Ⅲ】、この詩が書かれた時代には、促音の「つ」を小さい「っ」にはせず大きいままで表記する詩はたくさんあった。ここまでに引用した谷川俊太郎も入沢康夫も小さい「っ」は採用していない。

日本のかな文字は表音文字だと思われがちだが、けっしてそうではない（「こ・う・こ・う・せ・い」と書くのに「コーコーセー」と読むことを思いだせばわかる）。安東次男も、「薄明《はくめい》について」をふくむ詩集『六月のみどりの夜わ』の初版では、「きみらわやるだろう」（きみらはやるだろう）「腕《うで》のなかえ」（腕のなかへ）などの表記をためした（のちに現代かなづかいにあらためた）。

促音の「つ」をどう書くかというような問題も、詩人の悩むべき問題のひとつだ。

⑤安東次男がなにと格闘《かくとう》したのかをあきらかにするために、日本語の特性を、言語学者とはことなる角度からとらえている人のことばを参照してみよう。

中国語学・中国文学の専門家であると同時に、現代日本の（世間一般の）ことばの状況についての鋭《するど》い観察者でもある高島俊男は、西洋の言語学の「言語とは音声のことであり、文字はそのかげにすぎない」という考え方を認め、文字なき言語はけっして不備なものではないという。しかし、現在の日本語だけは例外であって、⑥文字のうらづけがどうしても必要な言語になってしまったことを、つぎのように述べる。

〈漢語伝来以前数千年、あるいはそれ以上にわたって、日本語は、音声のみをもってその機能を十全にはたしていたはずである。文字のうらづけなしに成り立たなくなったのは、千数百年前に漢語とその文字がはいってからのち、特に、明治維新《いしん》以後西洋の事物や観念を和製漢語に訳してとりいれ、これらの語が日本人の生活と思想の中枢《ちゅうすう》部分をしめるようになって以来である。〉

現代の日本にも、耳できけばわかることばはたくさんある。高島俊男のあげた例は「みちをあるく、やまはたかい、めをつぶる、いぬが

なげば、絵画的で感じのよい曲線があらわれる(詩人はあまり言わないけれど、これは詩にとってたいせつなことのひとつである)。文字の部分を線でかこむと、なにかのかたちが現れるのではないかと思ったりもした。

　この詩をくりかえしノートにうつしているとき、わたしはたびたび書きまちがえた。それは、漢字で書かれていることばと、ひらがなになっているところとをとりちがえて、無意識に書きかえてしまうのである。あとから見くらべてまちがいに気づき、こうした表記のつかいわけが非常に意識的になされていることを感じるのだった。

　この詩にはさまざまな漢字がつかわれているが、それらは調和のとれた一グループを構成していると思える。つかわれた漢字すべてを抜《ぬ》きだしてならべたときに、モダンな雰囲気《ふんいき》をもった一種の調和が実現される。そういうふうにととのえられているのである。画家が、画面の色彩《しきさい》のトーンを注意深く調和させていくのとおなじ気配りである。

【Ⅰ】、一般的《いっぱんてき》には漢字で書くことが多いことばでも、ひらがなにしてあるところがある。「とどく」「あたためる」「ひと」「ちかい」などが、ここではひらがなで書かれている。

　なかでもひときわ目をひくのが、「ふらん」ということばである。

　これが「腐爛《ふらん》」であることは前後の感じからもすぐにわかるが、「とどく」や「ひと」が漢字で書いてもひらがなで書いてもそれほど不自然ではないことばであるのに対して、「ふらん」はいかにもひっかかる。

　わたしはこの「ふらん」にこころをうばわれた。「腐爛」ではなく「ふらん」でなければならないのだと思った。【Ⅱ】、「腐爛」と「ふらん」は明確に別のことばだという、詩人の考えを感じたのである。

　詩は音読して味わうものだという「常識」がある。この常識は、一般の日本人の詩に対する考えかたをかなり強くしばっているが、ふだんはとくに㋓ケンショウされる機会がない。学校の教室では、無条件に、教材である詩を生徒に音読させるところから授業をはじめる。そうしない授業はほとんどありえない。

　しかし、安東次男の「みぞれ」は音読できないのである。

「腐爛」と「ふらん」とを読みわけようとしてみれば、そのことはすぐにわかる。われわれは「腐爛」と「ふらん」とを異なる発音やイントネーションで区別することができない。声に出してしまえばおなじものである。

　音読することを第一義に考えれば、詩は、すべてひらがなで書かれても、やたらに漢字ばかりで書かれても、あるいはローマ字表記であっても、おなじものだということになる。それは、紙に書かれた詩を音読のためのたんなる譜面《ふめん》としてあつかう考え方だ。

　しかし実際のところ、詩人は表記にたいへん気をつかう。「バラ」と書くのと「ばら」と書くのと「薔薇」と書くのでは、あたえる印象がぜんぜん違《ちが》ってくるからである。安東次男も、「腐爛」とは明確に異なることばとして「ふらん」と書いたのである。

　この問題はすぐれて日本語的な問題といえる。

　英語で詩を書くときに「rose」のつづりをどのように書くか悩《なや》むということは絶対にない(イタリック体で書いたとしても、つづりそのものは変化しない)。つづりが違えば別の単語になってしまうか、意味がつうじなくなるかのどちらかだ。ほかのどんな言語でもおそらく同様である。日本語以外の言語において、ひとつの語を書くときに、それを表記する文字を(何種類ものなかから)えらびとるという問題は存在しないのである。

　だから④この問題は、日本語で書く者にあたえられた特権的な悩みであり、日本の詩人だけがそこでつまづくことを許された落とし穴で

そのときひとは
漁
泊
滑
泪《なみだ》にちかい字を無数におもいだすが
けっして泪にはならない

一九六〇年　詩集『からんどりえ』

難解な現代詩はきらいだと言う人たちは、きっとこんな詩を思いうかべてそう言うのだろう。作者の視点（比喩《ひゆ》的な意味ではなく、肉体をもった人間としての目の位置）がどこにあるのだかはっきりしないし、どんな場面をなんのために描写《びょうしゃ》しているのかも、一見したところわからない。

わからないことをうけとめて肯定《こうてい》すればいいのに、「作者の感情なり意見なりがかならず詩のなかにかくされていて、それを発見するのがゴールだ」という考え方にとらわれていると、わからないことがゆるせない。

そういう気持ちでこの詩を読むと、「　1　」という劣等《れっとう》感か、その裏返しである「　2　」というさかうらみにしか行き着かない。

いったんそうなってしまうと、〈その水からこぼれおちる魚たち／はぼくの神経痛だ〉という独特の改行にしても、水と魚の超《ちょう》現実的なふるまいにしても、すべてがこけおどしか A 持ちならない気どりに見えてしまうだろう。そこから「こういう詩は誰《だれ》にも伝わらない。現代詩はつまらない」という結論までは一直線だ。これは不幸な読み方である。

わたしがこの不幸な道に入りこまずにすんだのは、あまりにも無知で未熟な中学生だったために、かえってわからないのを当然のこととして受けいれられたからだろう。

一行一行の意味がわからず、一句一句まで分解してもわからない。はじめからおわりまでわからなかったからこそ、この詩を「図像」として見るしかなかった、いや「図像」として見ることが可能になったのである。

「知らない」「わからない」ということには独特の価値がある。

たとえば、③日本画の画家たちは、西洋の透視《とうし》図法（遠近法）を知って以来、「透視図法的に描けない」という能力をなくした、というのは画家の山口晃の重要な指摘《してき》である。

透視図法は写真にとったようなかたちに描《えが》けるので、そのかたちこそが「ものの真実のすがた」だと思いこみがちだが、じつは人間の目にうつるものの像は、カメラのとらえる像とはかなり異なる。たとえば人間の目は、視野の㋑ゼンイキにピントをあわせておくことができない。だから、いま注目している小さな範囲《はんい》以外は、視野という構図のなかにあっても、ぼんやりとかすんでいるのだ。ピントをべつのところにあわせると、さきほどとは構図そのものがちがってきてしまう。

しかしいったん透視図法が「正しい見えかた」だと信じてしまうと、それ以外のかたちでものの姿をうつしとることができなくなる。山口晃はこのことを「自転車にのれるようになると、『　3　』ということができなくなる（　3　能力をうしなう）」と言っている。

わたしは「自転車にのれる」（詩句の意味を読みとれる）ようになる前だったからこそ、「みぞれ」という詩の図像的魅力《みりょく》を感じることが㋒ヨウイだったのはたしかだろう。

図像としてのこの詩はかぎりなく魅力的だった。

各行の長さが絶妙に計算されている。各行のおわりの文字を線でつ

2024年度

世田谷学園中学校

【国語】〈第三次試験〉（五〇分）〈満点：一〇〇点〉

〔注意〕解答の際には、句読点やカギカッコなどの符号《ふごう》も字数にふくむものとします。

①　次の文章を読み、後の問いに答えなさい。

①意味のわからない詩を、中学生だったわたしは夢中でノートに筆写していたのだが、あのとき感じていた衝動《しょうどう》はなんだったのかと、いまになって思う。

あれは、わからない詩をわかろうとして書いていたのだろうか。読むだけでは理解できなかったことばを、書きうつすことで少しはよけいに理解できると思ったのだろうか。どうもそうではないような気がする。

当時のわたしにとって、日常的な㋐ブンミャクの外側にあり、一字一句のすべてが理解を超《こ》えていた現代詩は、自分になんらかの「意味内容」を伝えてくるものではなかった。意味はもちろんあるのだろうが、自分にはまったく解読できない。だったら自分にとっては意味がないのとおなじことである。それよりも、本のページのうえに配置され、余白にとりかこまれてある文字のひとつひとつと、それらの文字のよりあつまった全体の視覚的印象を、わたしは図像として愛したのではなかったか。

意味ではなく、音でもなく、図像。それもとびきり奇妙《きみょう》で謎《なぞ》めいていて、あふれでるエネルギーを感じさせる、きわめて格好いい図像。

わたしは現代詩を、そういうものとして好きになったのだろう。だからノートに書きうつしたのだ。多くの中学生が、好きな漫画《まんが》のキャラクターをまねしてノートに描《えが》くように。

そういう意味では、現在、電柱や歩道橋や店舗《てんぽ》のシャッターなどに闇《やみ》にまぎれて書き散らされているあの呪文《じゅもん》めいた、図案化された、一見して読みとれないような文字群と、書くときのこころはおなじなのかもしれない（あれらはすべて「模写」のようなものであり、それを書く者にとって「このデザインの文字をいままさに自分が書いている」という行為《こうい》が格好いいと思える、という理由だけで書かれるものではないか。②あれを動物のマーキングにたとえる人もいるが、書きつけたあとの文字はその後どうなろうともかまわないのだと思う）。

あのころのわたしが憑《つ》かれたようにたびたび筆写したのは、つぎの詩である。

みぞれ　安東次男

地上にとどくまえに
予感の
折返し点があつて
そこから
ふらんした死んだ時間たちが
はじまる
風がそこにあまがわを張ると
太陽はこの擬卵《ぎらん》をあたためる
空のなかへ逃《に》げてゆく水と
その水からこぼれおちる魚たち
はぼくの神経痛だ
通行どめの柵《さく》をやぶつた魚たちは
収拾《しゅうしゅう》のつかない白骨となつて
世界に散らばる

2024年度

世田谷学園中学校　▶解　答

※　編集上の都合により，第３次試験の解説は省略させていただきました。

算　数　＜第３次試験＞（60分）＜満点：100点(理数コースは200点)＞

解　答

1　(1)　2.4　(2)　35　(3)　20通り　(4)　４％　(5)　$1\frac{7}{15}$時間　(6)　36.39cm^2　2　(1)　879.2cm^3　(2)　5.25cm　3　(1)　４：５　(2)　32km　4　(1)　180cm^2　(2)　400cm^2　5　(1)　4.5　(2)　**イ**…850，**ウ**…50　6　(1)　**A**…分速80m，**B**…分速200m　(2)　５分後

社　会　＜第３次試験＞（30分）＜満点：50点＞

解　答

1　**問１**　(1)　ユニバーサル　(2)　再生可能　**問２**　(A)　(オ)　(B)　(ア)　**問３**　(ウ)　**問４**　(エ)　**問５**　(イ)　**問６**　(エ)　**問７**　(イ)　**問８**　①　**問９**　(ア)　**問10**　(イ)

2　**問１**　(1)　竹崎季長　(2)　豊臣秀頼　**問２**　(ウ)　**問３**　(イ)　**問４**　(エ)　**問５**　(ウ)　**問６**　山城国一揆　**問７**　(エ)　**問８**　鹿児島県　**問９**　(ア)　**問10**　(エ)　**問11**　③

3　**問１**　(ウ)　**問２**　(エ)　**問３**　(例)　鉄道網の整備により，商品の配達サービスを始めた。**問４**　(イ)　**問５**　**[図５]**…(イ)　**[図６]**…(ウ)　**問６**　**〈企業〉**…(例)　服の廃棄量を減らすために，色落ちしにくい染色技術やほつれにくい縫製技術などを開発し，長く着てもらえる服づくりを行う。　**〈消費者〉**…(例)　表示ラベルなどを見て商品情報を確認し，再生された原料や水消費の少ない原料など，環境にやさしい素材を使用した衣服を選択する。　**問７**　(キ)　**問８**　(例)　文化を誤って表現することで，ステレオタイプを助長しかねないため。(文化の背景にある歴史や意味が軽視され，単なるファッションとして扱われる可能性があるため。)(当事者は除外された状態で，文化の使用者のみが利益を得るため。)

理　科　＜第３次試験＞（30分）＜満点：50点(理数コースは100点)＞

解　答

1　**問１**　②　(イ)　③　(カ)　④　(キ)　⑦　(ク)　⑧　(ア)　**問２**　②，④，⑤　**問３**　**名前**…胆汁　**器官**…(ア)　**問４**　**番号**…⑤　**A**…じゅう毛　**B**…(例)　腸壁の表面積を大きく　**問５**　**白米**…(例)　白米に含まれる炭水化物であるデンプンは，だ液に含まれるだ液ア

ミラーゼによって分解され，糖が生じるためにあまく感じる。　**こんにゃく**…(例)　こんにゃくに含まれる炭水化物はデンプンではないため，だ液アミラーゼによって分解されないから。

2　**問１**　ニクロム　**問２**　(1)　$\frac{2}{3}$倍　(2)　600mA　**問３**　①　２倍　②　2.5倍　③　150mA　④　1.8mm^2　**問４**　400mA　**問５**　15cm　**問６**　3.2℃　**問７**　1.7℃

3　**問１**　(1)　(ア)　(2)　(オ)　**問２**　(ア), (エ)　**問３**　(イ), (ウ), (オ)　**問４**　(例)　酸素の発生が，ジャガイモの働きによるものであること。　**問５**　水　**問６**　(例)　(実験後のジャガイモ)に新しい過酸化水素水を加えて温める。　**問７**　(カ)

国　語　＜第３次試験＞（50分）＜満点：100点＞

解　答

問１　下記を参照のこと。　**問２**　**A**　イ　**B**　カ　**C**　オ　**問３**　Ⅰ　エ　Ⅱ　オ　Ⅲ　カ　Ⅳ　ア　Ⅴ　ウ　Ⅵ　イ　**問４**　オ　**問５**　ウ　**問６**　**１**　エ　**２**　ウ　**問７**　イ　**問８**　(例)　自転車に乗れない　**問９**　Ⅰ　イ　Ⅱ　オ　Ⅲ　ア　**問10**　Ⅰ　**あ**　音声　**い**　語法　**う**　和語　**え**　明治維新　**お**　和製漢語　**か**　日本語は音韻組織がかんたんである　Ⅱ　(例)　音韻が貧弱で視覚情報におおきく依存するという日本語の特質。　**問11**　音声を～照する(こと)　**問12**　ア　**問13**　(例)　安東次男は「ふらん」を平仮名で表記したり，音読したのでは伝わらないさんずいの漢字を並べたりするなど，文字によってのみ成立する表現で詩の言葉自体に音読を禁ずる指示をおりこんだということ。　**問14**　(例)　以前に家族でピカソの展覧会に出かけたのだが，ピカソの絵を見ても，僕にはそれが何を描いたものなのか全くわからなかった。そのときはピカソの絵がわからないのは，自分に芸術的なセンスがないからだとあきらめてしまったが，いま考えてみると，何を描いたものなのかがわからなくても，そこに表現された形象の面白さや色彩の鮮やかさには独特の価値があると思える。

●漢字の書き取り

問１　㋐　文脈　㋑　全域　㋒　容易　㋓　検証　㋔　貧弱　㋕　職場　㋖　演奏　㋗　印刷

Memo

2023年度 世田谷学園中学校

【算　数】〈第1次試験〉(60分)〈満点：100点(理数コースは200点)〉

〔注意〕 1．**1**～**4**は答えだけを，**5**と**6**は求め方も解答用紙に書きなさい。

2．円周率《りつ》は3.14として計算しなさい。

3．問題にかかれている図は，必ずしも正確なものとは限りません。

1　次の□にあてはまる数を求めなさい。

(1)　$2\frac{1}{4}-5.65\times\left(0.4-\frac{1}{15}\right)-1\frac{3}{5}\times0.125=$□

(2)　1から200までの整数のうち，5で割ると3余《あま》り，7で割ると5余る整数は全部で□個あります。

(3)　5点満点の算数のテストを10名の生徒が受けた結果の点数は次の通りです。

4，2，5，4，1，4，3，0，5，3

中央値の方が平均値よりも□点高いです。

(4)　Aが10日間働いてから，Bが7日間働くと完成する仕事があります。同じ仕事を，Aが7日間働いてから，Bが10日間働くと全体の20％の仕事が残ります。
この仕事をBが一人ですると□日間かかります。

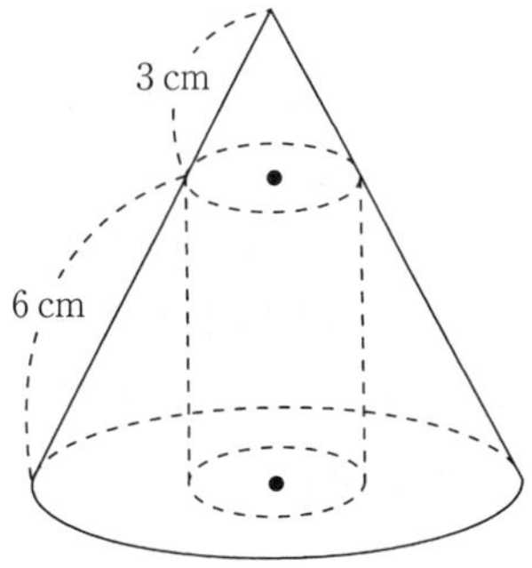

(5)　ある列車が，1200mの鉄橋を渡り始めてから渡り終わるまでに1分20秒かかりました。また，この列車の最後尾が4800mのトンネルに入ってから，列車の先頭が出るまでちょうど4分かかりました。この列車の長さは□mです。

(6)　右の図は，円すいから円柱をくり抜《ぬ》いた立体です。この立体の体積と，くり抜いた円柱の体積の比は，□：2です。

2　右の図のように，すべての面が同じ大きさの正三角形でできた三角すいA-BCDがあり，その表面積は36cm²です。この三角すいの辺上にある黒点は，それぞれの辺を3等分する点になっています。いま，頂点Aに近い3つの黒点E，F，Gを通る平面で頂点Aをふくむ立体を切り落とします。他の頂点B，C，Dについても同様の方法で各頂点を切り落とします。三角すいの4つの頂点すべてを切り落とすことによって残った立体をXとするとき，次の問いに答えなさい。

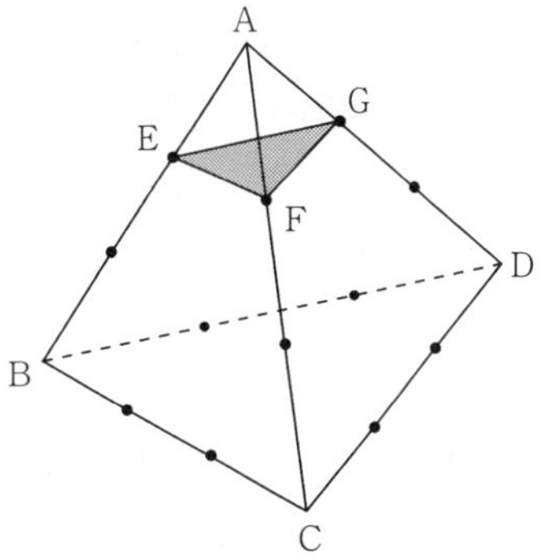

(1)　立体Xの頂点，辺，面の数はそれぞれいくつですか。

(2)　立体Xの表面積は何cm²ですか。

3　Ｘ駅から学校までは２km，Ｙ駅から学校までは1.5kmです。また，Ｘ駅からＹ駅まで電車で２分かかります。Ａは午前７時50分にＸ駅を出発して歩いて学校に向かいます。ＢはＸ駅から電車に乗ってＹ駅まで行き，Ｙ駅から歩いて学校に向かいます。Ａ，Ｂの歩く速さはともに時速５kmです。

　このとき，次の問いに答えなさい。

(1)　Ａが学校に着くのは午前何時何分ですか。また，ＢがＸ駅から午前７時55分に出発する電車に乗るとき，Ｂが学校に着くのは午前何時何分ですか。

(2)　ＢはＸ駅から午前７時51分に出発する電車に乗ります。ＡはＢと同じ時刻に学校に着くように，途中から時速８kmで走って学校に向かうことにします。Ａは何分間走ればよいですか。

4　ある水そうに何Ｌかの水が入っています。午後２時からこの水そうに一定の割合で水を注ぎはじめ，それと同時に一定の割合で排《はい》水していきます。２分間に１Ｌの割合で排水すると午後５時12分に水そうが空になり，６分間に５Ｌの割合で排水すると午後３時36分に水そうが空になります。

　このとき，次の問いに答えなさい。

(1)　午後２時の時点で水そうに入っている水の量は何Ｌですか。

(2)　３分間に２Ｌの割合で排水すると，水そうが空になるのは午後何時何分ですか。

5　Ａ，Ｂ，Ｃの３つの容器に食塩水が入っており，Ａの食塩水の濃度は10％です。Ａ，Ｂ，Ｃからそれぞれ200g，300g，400gずつ取り出して混ぜると，８％の食塩水ができます。また，Ａ，Ｂ，Ｃからそれぞれ400g，300g，50gずつ取り出して混ぜると，９％の食塩水ができます。

　このとき，次の問いに答えなさい。

(1)　Ｂの食塩水の濃度は何％ですか。

(2)　Ａ，Ｂからそれぞれ１：２の割合で食塩水を取り出して混ぜ，さらにＣから取り出した食塩水を混ぜると，7.6％の食塩水が1000gできました。Ｃから取り出した食塩水は何gですか。

6　半径１cmの円が６個あります。この６個の円を，どの円も重ならず２個以上の円とぴったりくっつくように並べ，その並んだ６個の円の中心が六角形の頂点になるようにします。このとき，その六角形の内側で円と重なっていない部分を「円のすき間部分」と呼ぶことにします。

　このとき，次の問いに答えなさい。ただし，１辺の長さが１cmの正三角形の面積は0.425cm^2として計算しなさい。

(1)　６個の円は，どの円も２個の円とだけぴったりくっついています。並んだ６個の円の中心を順に時計回りにＡ，Ｂ，Ｃ，Ｄ，Ｅ，Ｆとし，ADのまん中の点をＯとします。いま，BEのまん中の点も，CFのまん中の点も点Ｏと一致し，AO＝BO＝COです。解答欄《らん》にこの状況で並んだ６個の円の図をかき，円のすき間部分には斜《しゃ》線をひきなさい。また，斜線をひいた円のすき間部分の面積は何cm^2ですか。

(2)　６個の円のうち，２個の円はそれぞれ２つの円とだけぴったりくっつき，４個の円はそれぞれ３つの円とだけぴったりくっついています。そのような並び方のうち，円のすき間部分の面積が最大となるようなものを考えます。解答欄にこの状況で並んだ６個の円の図をかき，円のすき間部分には斜線をひきなさい。また，斜線をひいた円のすき間部分の面積は何 cm^2 ですか。

【社　会】〈第１次試験〉（30分）〈満点：50点〉

1　世田谷君は都道府県別に有名な駅弁を調べ，その特徴《とくちょう》などをまとめました。次の(あ)～(お)をみて，あとの問いに答えなさい。

(あ)「桃太郎《ももたろう》の祭ずし」

桃太郎伝説ゆかりの地として高い知名度をいかした，「ちらし寿司《ずし》」を入れた駅弁である。この都道府県は，ぶどうや桃などの(A)果樹栽培《さいばい》がさかんで，この駅弁も桃太郎にちなんだ桃型の容器に入っている。(B)山陽新幹線の車内で購入《こうにゅう》することができるほか，(C)倉敷《くらしき》駅などへ配達も行っている。

(い)「かきめし」

牡蠣《かき》などの煮汁《にじる》とひじきで炊《た》きこんだご飯に，牡蠣やツブ貝，アサリなどの海の幸と，シイタケなどの山の幸を盛り付けた駅弁である。根室本線が通る厚岸《あっけし》ではこの「かきめし」が有名だが，周辺の海は水産資源が豊富なため，牡蠣以外にもほたてやアサリ，ウニなど(D)様々な魚介類《ぎょかいるい》を収獲《しゅうかく》できる。

(う)「鯛《たい》の舞《まい》」

リアス海岸で知られている（　1　）湾《わん》国定公園近海でとれた鯛を使用した地産地消の駅弁で，この都道府県で生産された(E)米も使用されている。

(F)日本海側に位置し，豊かな漁場が多く，「鯛の舞」以外にも「越前《えちぜん》かにめし」や「手押《てお》し焼き鯖寿《さばず》し」など，魚介類を使用した駅弁が有名である。

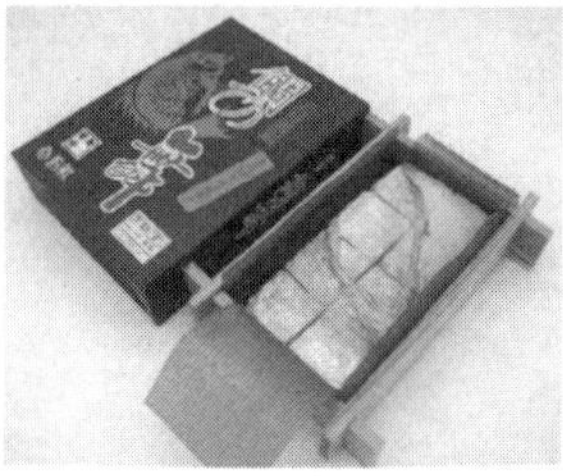

(え)「ひっぱりだこ飯」

明石海峡《かいきょう》大橋の開通を記念して誕生した駅弁で，真ダコや穴子，季節の(G)野菜などが盛り付けられている。(H)空港でも購入することができ，「空弁」としても人気の商品である。この駅弁の特徴はタコ壺《つぼ》を模した陶器《とうき》製の容器にもある。このように容器に特徴がある駅弁として，この都道府県以外では，(I)益子《ましこ》焼の容器を使用している「峠《とうげ》の釜《かま》めし」などが挙げられる。

(お)「特製　牛めし」

スープで煮込《にこ》んだ(J)牛肉と糸こんにゃくがのった駅弁である。この都道府県は，かつて日本で2番目に大きかった湖である(2)の干拓《かんたく》で知られており，現在では稲作《いなさく》がさかんで，米の生産量は日本有数である。駅弁の包み紙には，この都道府県の特徴を表す，なまはげや竿燈《かんとう》まつりがえがかれている。

問1　(1)・(2)にあてはまる地名を答えなさい。

問2　下線部(A)について，次の表はもも，みかん，日本なしの生産量上位4位の県と，日本全国にしめる生産割合を示したものです。表中[X]～[Z]にあてはまる県の組み合わせとして正しいものを，あとの(ア)～(カ)の中から一つ選び，記号で答えなさい。

もも	%
山梨	28.5
福島	25.0
[X]	11.1
山形	8.7

みかん	%
和歌山	21.0
愛媛	16.8
静岡	11.5
[Y]	10.8

日本なし	%
[Z]	9.5
千葉	9.2
栃木	8.6
福島	7.6

	(ア)	(イ)	(ウ)	(エ)	(オ)	(カ)
[X]	岩手	岩手	青森	青森	長野	長野
[Y]	広島	熊本	広島	群馬	熊本	群馬
[Z]	茨城	鳥取	福岡	鳥取	茨城	福岡

問3　下線部(B)が通過する都市の説明として正しいものを，次の(ア)～(エ)の中から一つ選び，記号で答えなさい。

(ア)　諏訪《すわ》湖に隣接《りんせつ》し，戦後に精密機械工業が発達した。

(イ)　富士山麓《さんろく》のわき水を利用して，製紙・パルプ工業が発達した。

(ウ)　石油化学工業が発達し，ぜんそくを伴《ともな》う四大公害の1つが発生した。

(エ)　国際貿易港として発展し，空港近くにはポートアイランドもみられる。

問4　下線部(C)の特徴を示す，次の写真[a]・[b]と説明文[X]・[Y]の組み合わせとして正しいものを，あとの(ア)～(エ)の中から一つ選び，記号で答えなさい。

[a]

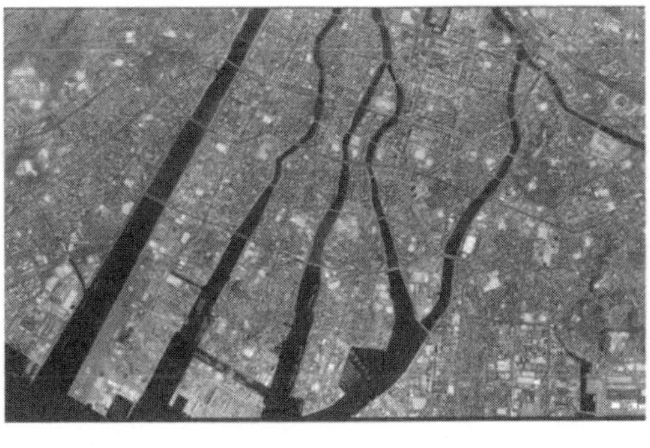

[b]

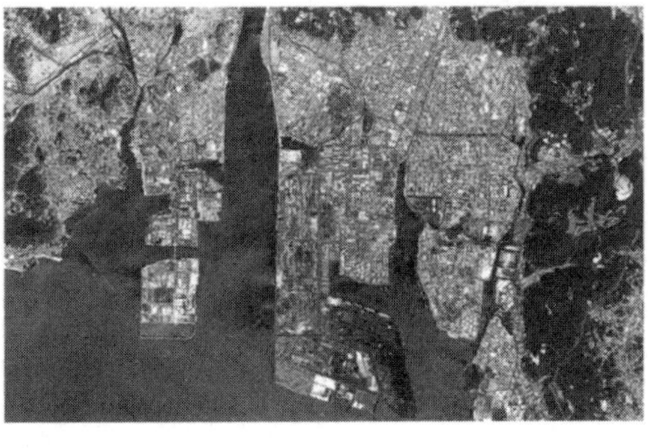

［X］ うめ立て地を利用して石油化学コンビナートが形成されている。

［Y］ 太田《おおた》川の河口に広がる三角州の上に市街地が形成されている。

	㋐	㋑	㋒	㋓
写真 説明文	［a］ ［X］	［a］ ［Y］	［b］ ［X］	［b］ ［Y］

問5 下線部(D)について，次の地図中①〜③は，かき類，ほたてがい，のり類の養殖《ようしょく》業の収穫量が上位3位以内に入っている都道府県の主産地を示したものです。それぞれの水産物と産地の組み合わせとして正しいものを，あとの㋐〜㋕の中から一つ選び，記号で答えなさい。

	㋐	㋑	㋒	㋓	㋔	㋕
かき類	①	①	②	②	③	③
ほたてがい	②	③	①	③	①	②
のり類	③	②	③	①	②	①

問6 下線部(E)の生産がさかんな平野と流れる河川の組み合わせとして正しいものを，次の㋐〜㋓の中から一つ選び，記号で答えなさい。

㋐ 仙台《せんだい》平野：雄物《おもの》川

㋑ 庄内《しょうない》平野：最上《もがみ》川

㋒ 石狩《いしかり》平野：天塩《てしお》川

㋓ 富山平野：阿賀野《あがの》川

問７　下線部(F)の気候の特徴を示す雨温図として正しいものを，次の(ア)～(エ)の中から一つ選び，記号で答えなさい。

(ア)

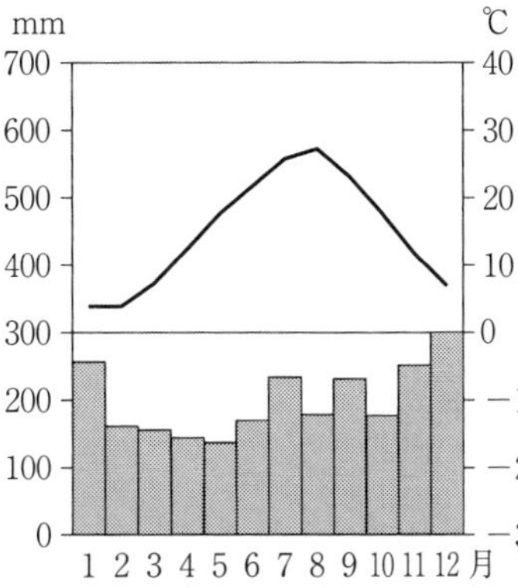

(イ)

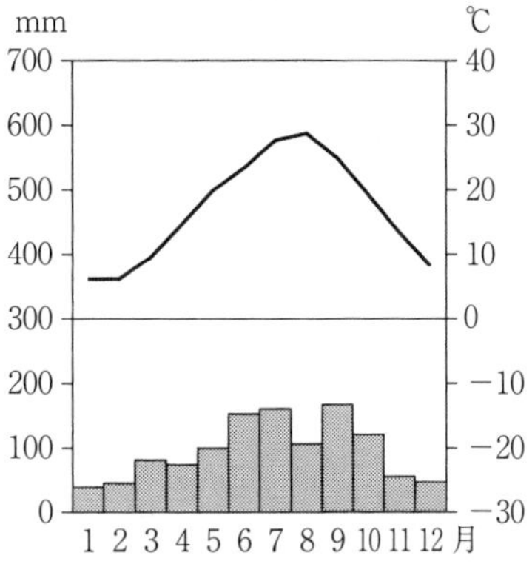

(ウ)

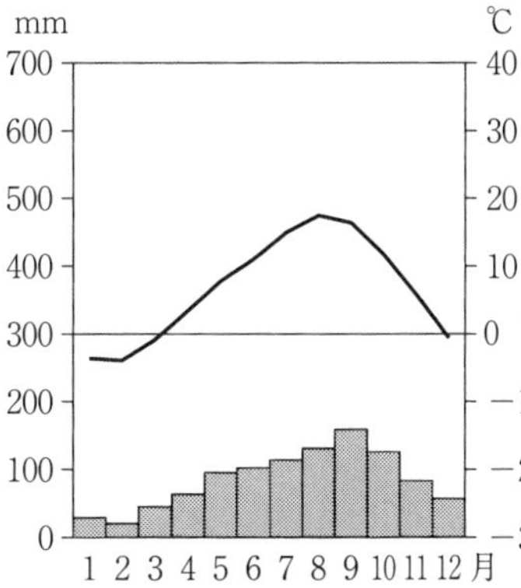

(エ)

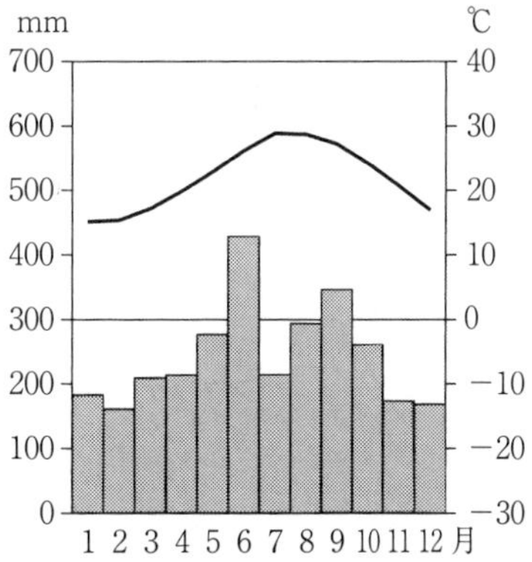

問８　下線部(G)の栽培について述べた文として正しいものを，次の(ア)～(エ)の中から一つ選び，記号で答えなさい。

(ア)　宮崎平野では，キャベツなどの露地《ろじ》栽培が盛んに行われている。

(イ)　知多半島では，きゅうりなどを栽培する近郊《きんこう》農業が行われている。

(ウ)　野辺山原では，レタスなどの出荷時期を早める促成《そくせい》栽培が行われている。

(エ)　三浦《みうら》半島では，寒冷な気候をいかして白菜の栽培が盛んに行われている。

問９　下線部(H)について，次の(ア)～(エ)の中で旅客輸送量が最も少ない国内航空路線として正しいものを一つ選び，記号で答えなさい。

(ア)　羽田―北九州

(イ)　羽田―新千歳《しんちとせ》

(ウ)　羽田―大阪

(エ)　羽田―那覇《なは》

問10　下線部(I)が伝統的工芸品に指定されている都道府県と，ほぼ同じ緯度《いど》に位置する都道府県の伝統的工芸品として正しいものを，次の(ア)～(エ)の中から一つ選び，記号で答えなさい。

(ア)　西陣織《にしじんおり》　　(イ)　九谷焼

(ウ)　備前焼　　(エ)　津軽塗《つがるぬり》

問11　下線部(J)に関連して，日本の肉類の輸入相手先を示したグラフとして正しいものを，次の(ア)～(エ)の中から一つ選び，記号で答えなさい。

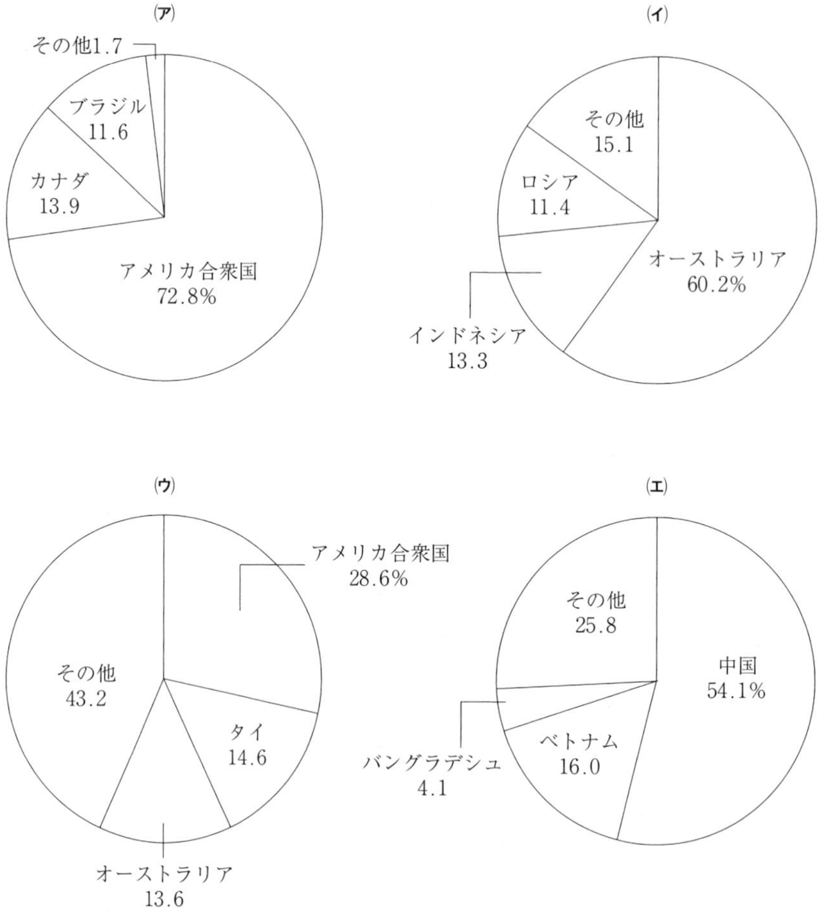

問12　(あ)～(お)の中で，最も西に位置する都道府県を一つ選び，記号で答えなさい。

データは「データでみる県勢 2022」，「日本国勢図会 2021/22」による

2　次の文章を読んで，あとの問いに答えなさい。

歴史の教科書に書かれている人物は，男性に比べ，女性の割合が非常に少ないです。このことから，男性のみが日本の歴史をつくり上げてきた印象を受けますが，実際には女性の存在も欠かせませんでした。

縄文時代から弥生《やよい》時代にかけて，人々の生活様式が大きく変わりました。その中で，30ほどのクニの連合体である邪馬《やま》台国が誕生しました。中国の歴史書によると，女王の(　1　)は中国にみつぎ物をおくり，中国の皇帝《こうてい》はそのお返しに，「親魏倭王《しんぎわおう》」の称号《しょうごう》をあたえ，多くの銅鏡などを授けました。

飛鳥《あすか》時代になると，女性の(　2　)天皇《てんのう》が即位《そくい》し，聖徳《しょうとく》太子と蘇我馬子《そがのうまこ》とが協力し，中国や朝鮮《ちょうせん》に学びながら，天皇を中心とする政治の仕組みを作ろうとしました。飛鳥時代から奈良時代にかけては，しばしば女性の天皇がみられましたが，奈良時代後半から，女性は段々と政治の表舞台《ぶたい》から姿を消していきました。

(A)鎌倉《かまくら》時代になると，「尼《あま》将軍」と呼ばれた（　３　）が幕府を支え，これ以降，彼女《かのじょ》の一族である(B)北条《ほうじょう》氏が政治の中心を担っていきました。

芸能や(C)文学などの文化面でも，女性の活躍《かつやく》がみられました。(D)安土桃山《あづちももやま》時代には，出雲阿《いずものお》国《くに》という女性が始めた歌舞伎《かぶき》おどりが人気を集めました。しかし(E)江戸《えど》幕府によって女性の出演が禁じられ，男性のみで演じられるようになっていきます。

明治時代でも，様々な分野で女性の活躍がみられました。まず教育面では，岩倉使節団の５人の女子留学生の中でも最年少であった（　４　）が帰国後，日本の女子教育の発展に力をつくしました。次に文学面では，外国との戦争が起こる中で，（　５　）が(F)日露《にちろ》戦争に出兵した弟を思い，「君死にたまふことなかれ」という詩を発表して反戦をうったえました。

大正時代になると，(G)大正デモクラシーという風潮が広まりました。その中で，青鞜《せいとう》社を結成して女性の解放をとなえてきた平塚《ひらつか》らいてうは，女性文芸誌『青鞜』の創刊号に，「元始，女性は実に（　６　）であった。真正の人であった。今，女性は月である。他によって生き，他の光によってかがやく，病人のような蒼《あお》白い顔の月である。」と記しました。私たちはこの言葉の意味することを，考えていかなければなりません。

問１　（１）～（６）にあてはまる人名・語句をそれぞれ答えなさい。ただし，（２）・（３）・（６）は漢字で答えなさい。

問２　下線部(A)にいたるまでのできごとについて述べた，次の(ア)～(エ)を古いものから順に並べたとき３番目にくるものを一つ選び，記号で答えなさい。

(ア)　平治の乱で，平清盛が源義朝《よしとも》をやぶって勢力を広げた。

(イ)　屋島の戦いで，平氏は源氏にやぶれて西へにげた。

(ウ)　保元《ほうげん》の乱で，後白河天皇は武士を動員して崇徳《すとく》上皇をやぶった。

(エ)　石橋山の戦いで，源氏は平氏の大庭景親《おおばかげちか》らと戦い敗北した。

問３　下線部(B)が行ったこととして誤っているものを，次の(ア)～(エ)の中から一つ選び，記号で答えなさい。

(ア)　２度にわたって九州北部をせめてきた元軍と，御家人《ごけにん》を集めて戦った。

(イ)　幕府が公平に裁判を行うための，御成敗式目《ごせいばいしきもく》を制定した。

(ウ)　大宰府《だざいふ》に六波羅探題《ろくはらたんだい》を置き，朝廷《ちょうてい》や西国の御家人を監視《かんし》した。

(エ)　承久の乱では，御家人たちに結束をうったえて上皇の軍をやぶった。

問４　下線部(C)について，女性作家の紫《むらさき》式部，清少納言，樋口《ひぐち》一葉と，次の作品［Ｘ］～［Ｚ］の組み合わせとして正しいものを，あとの(ア)～(カ)の中から一つ選び，記号で答えなさい。

［Ｘ］『源氏物語』

［Ｙ］『たけくらべ』

［Ｚ］『枕草子《まくらのそうし》』

	(ア)	(イ)	(ウ)	(エ)	(オ)	(カ)
紫式部	［Ｘ］	［Ｘ］	［Ｙ］	［Ｙ］	［Ｚ］	［Ｚ］
清少納言	［Ｙ］	［Ｚ］	［Ｘ］	［Ｚ］	［Ｘ］	［Ｙ］
樋口一葉	［Ｚ］	［Ｙ］	［Ｚ］	［Ｘ］	［Ｙ］	［Ｘ］

問５　下線部(D)に活躍した織田信長《のぶなが》が築いた安土城の位置として正しいものを，右の地図中①～④の中から一つ選び，番号で答えなさい。

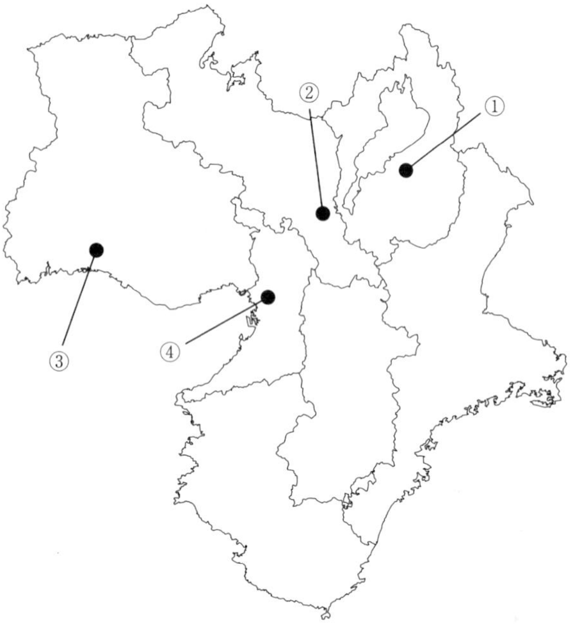

問６　下線部(E)が行ったこととして誤っているものを，次の**(ア)**～**(エ)**の中から一つ選び，記号で答えなさい。

(ア)　大名に対して原則として１年おきに，自分の領地と江戸を往復させる参勤交代の制度を定めた。

(イ)　琉球《りゅうきゅう》王国を支配した後に琉球藩《はん》を設置し，間接的に中国と貿易を行い利益を得た。

(ウ)　キリスト教を禁止し，かくれているキリスト教信者を発見するために絵踏《えぶみ》を行った。

(エ)　大名を親藩《しんぱん》，譜代《ふだい》，外様《とざま》に分けて配置し，武家諸法度を制定して大名を厳しく統制した。

問７　下線部(F)について述べた，次の［Ｘ］・［Ｙ］の正誤の組み合わせとして正しいものを，あとの**(ア)**～**(エ)**の中から一つ選び，記号で答えなさい。

［Ｘ］　日本は多くの死傷者を出しながらも，東郷平八郎《へいはちろう》らの活躍でロシア艦隊《かんたい》をやぶり，戦争を優位に進めた。

［Ｙ］　講和会議で，日本は朝鮮の独立と，台湾《たいわん》を日本の植民地とすることをロシアに認めさせた。

	(ア)	**(イ)**	**(ウ)**	**(エ)**
［Ｘ］	正	正	誤	誤
［Ｙ］	正	誤	正	誤

問８　下線部(G)の中で起こったできごととして誤っているものを，次の**(ア)**～**(エ)**の中から一つ選び，記号で答えなさい。

(ア)　賃金の引き上げや労働条件の改善を求める労働争議が起こった。

(イ)　差別からの解放を目指し全国水平社が結成された。

(ウ)　農村では小作料の引き下げなどを求める小作争議が起こった。

(エ)　一定の年齢《ねんれい》に達した男女に選挙権があたえられた。

3　次の文章を読んで，あとの問いに答えなさい。

私たちが住む日本は，主に機械類や自動車などの工業製品を輸出し，(A)魚介《ぎょかい》類や肉類などの食料やエネルギー資源を，海外からの輸入に依存《いぞん》しています。また，日本は島国であるため貿易の大部分を海上輸送がしめています。そこで，輸出入品を取りあつかう港について注目してみました。

港は元々，津《つ》や泊《とまり》などと呼ばれ，海岸や湖岸，河岸《かがん》などの船着場のことを指していました。律令《りつりょう》時代には，収穫された作物などの発送港として国ごとに一つずつ設けられ，商品流通の進展によって，津は全国的に増加していきました。さらに人口の集中，施設《しせつ》の整備にともない津は単なる船着場から，次第に都市的要素を帯びた(B)港湾《こうわん》へと発展していきました。

19世紀，東アジアへの進出を図っていた欧米《おうべい》列強の船が貿易を求めて，鎖国《さこく》を続けていた日本にたびたび近づくようになりました。1853年，ペリーが浦賀《うらが》に来航したことをきっかけに(C)江戸《えど》幕府は日米和親条約を結び，1858年にはアメリカ総領事ハリスとの交渉《こうしょう》で（　1　）を結びました。この条約では，貿易港として神奈川，長崎，新潟，兵庫を開港することなどが定められました。

こうした交渉の中で，幕府は海軍力を増強させ，軍艦《ぐんかん》をつくり，近代的な造船所を建設する必要性を考えるようになりました。その後，フランスの技術指導のもと，横須賀《よこすか》に製鉄所がつくられ，1871年には日本最古かつ現役の石造りの(D)※1 ドライドックが完成しました。幕末以降の日本の近代化でも港の果たす役割は大きくなり，西洋船舶《せんぱく》が入港可能な，より大きな港が必要となったため，近代港湾がつくられるようになりました。さらに，第二次世界大戦後の(E)工業地帯と合わせた港湾開発は，日本の発展に貢献《こうけん》していきました。1950年代に登場した(F)コンテナ船の就航は，「海上輸送の革命」といわれるほどの転換《てんかん》点ともなりました。

(G)自動車や飛行機などが出現するまでの港は，国内外の人やモノの移動の拠点《きょてん》となっていました。その後，老朽《ろうきゅう》化した港湾施設などの跡地《あとち》では，生産や(H)物流だけでなく総合的な港湾空間の質の向上を図る(I)ウォーターフロント開発が行われました。これまでに首都圏《しゅとけん》のお台場や横浜《よこはま》みなとみらい21などの再開発が行われています。今後，さらなる開発が進んでいくことになるでしょう。

※１　ドライドックとは，船の建造や修理のための施設のこと。

問１　（１）にあてはまる条約名を漢字で答えなさい。

問２　下線部(A)に関して，農林水産省は漁業の現状を知り，将来を考えるための調査を５年ごとに行っています。［図１］・［表１］から読み取れる内容として正しいものを，あとの(ア)～(エ)の中から一つ選び，記号で答えなさい。

［図１］　海面漁業経営体数の推移

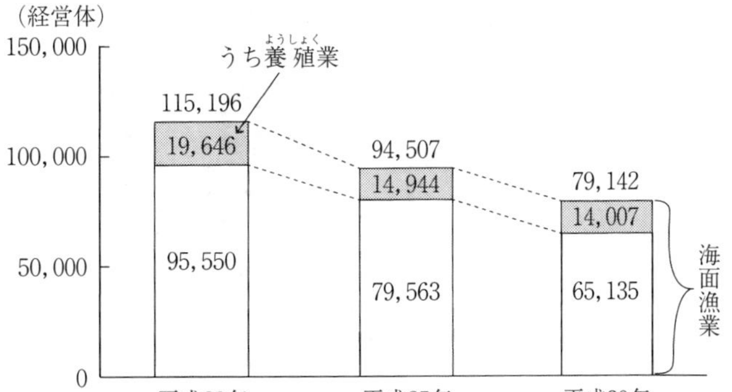

［表１］　年齢《ねんれい》階層別漁業従事世帯員・役員数

（人）

区分	15～29歳《さい》	30～39歳	40～49歳	50～59歳	60～64歳	65～69歳	70～74歳	75歳以上	計
漁業従事世帯員	4,492	8,308	13,746	21,376	14,557	19,819	16,166	25,338	123,802
漁業従事役員	345	1,042	1,896	2,778	1,453	1,437	949	905	10,805
計	4,837	9,350	15,642	24,154	16,010	21,256	17,115	26,243	134,607

(ア)　平成30年の海面漁業の経営体数は79,142で，５年前の海面漁業の経営体数に比べて約20％以上減少している。

(イ)　平成20年から平成30年の養殖業の経営体数の減少率は，養殖業以外の海面漁業の経営体数の減少率よりも大きくなっている。

(ウ)　65歳以上の漁業従事世帯員は61,323人で，全漁業従事世帯員の約30％となっている。

(エ)　64歳以下の漁業従事役員は7,514人で，全漁業従事役員の約70％となっている。

問３　下線部(B)について，次の［表２］・［表３］から読み取れる福岡港の特徴《とくちょう》と，そのような特徴がみられる理由を説明しなさい。

［表２］　全国主要漁港水揚《みずあげ》額(2020年)

順位	漁港名
1	焼津《やいづ》
2	福岡
3	長崎
4	銚子《ちょうし》
5	三崎

［表３］　全国主要漁港水揚量(2020年)

順位	漁港名
1	銚子
2	釧路《くしろ》
3	焼津
4	石巻
5	境港
・ ・ ・ ・	・ ・ ・ ・
11	福岡

問４　下線部(C)時代に，［図２］のような河岸《かし》と呼ばれる多くの船着き場がありました。この当時，河岸をどのように利用して輸送を行っていたのか，［図３］を参考にして説明しなさい。

［図２］

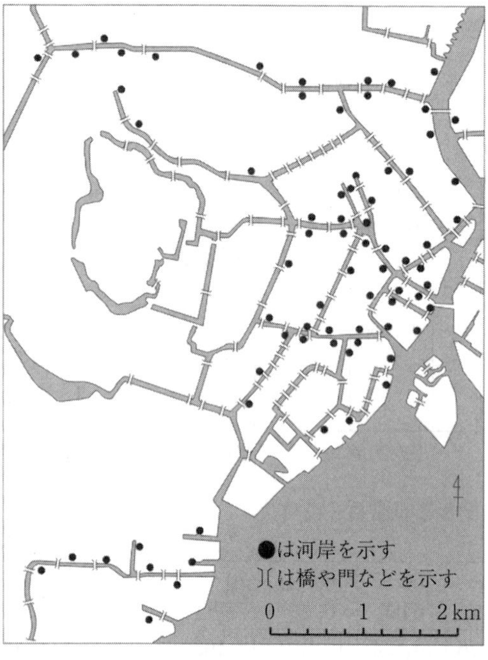

［図３］

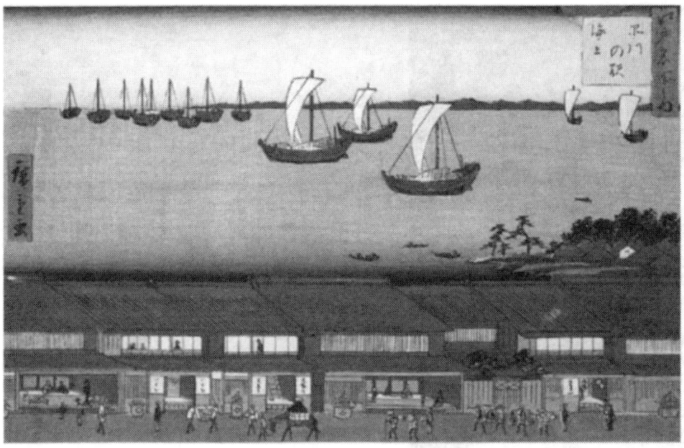

問５　下線部(D)に関して，次の［表４］中の［Ｘ］～［Ｚ］は船舶の※２竣工《しゅんこう》量の多い国を示しています。表中［Ｘ］～［Ｚ］にあてはまる国名の組み合わせとして正しいものを，あとの［Ｘ］～［Ｚ］に関する説明文を参考にして，あとの(ア)～(カ)の中から一つ選び，記号で答えなさい。

※２　竣工量とは，船をつくった量のこと。

［表４］　船舶の竣工量

（千総トン）

国名	1970年	1980	1990	2000	2010	2020	%
［Ｘ］	2	522	3,441	12,218	31,698	18,263	31.4
［Ｙ］	データなし	データなし	404	1,484	36,487	23,226	39.9
［Ｚ］	10,100	6,094	6,663	12,001	20,222	12,936	22.2
世界計	20,980	13,101	15,885	31,696	96,441	58,222	100.0

［Ｘ］：重化学工業を中心に工業化が急速に進み，アジアNIEsの一つに数えられた。
［Ｙ］：経済制度の改革をはじめ，農民や企業《きぎょう》が自主的に活動できるようになり，生産力が高まった。
［Ｚ］：高度経済成長の時期に技術革新が進み，重化学工業が産業の主軸《しゅじく》となった。

	(ア)	(イ)	(ウ)	(エ)	(オ)	(カ)
［Ｘ］	日本	日本	韓国	韓国	中国	中国
［Ｙ］	韓国《かんこく》	中国	日本	中国	日本	韓国
［Ｚ］	中国	韓国	中国	日本	韓国	日本

問６　下線部(E)に関して，日本の石油化学工業の立地条件を説明した，次の文中［Ｘ］～［Ｚ］にあてはまる語句の組み合わせとして正しいものを，あとの［写真１］を参考にして，あとの(ア)～(エ)の中から一つ選び，記号で答えなさい。

原料となる原油のほとんどは［　Ｘ　］で輸入しているため，必然的に［　Ｙ　］指向型工業となります。そのため石油化学工業は，工業地帯の近くにある大きな港湾施設をもった地域に立地しています。その後，この工業で作られたゴムや［　Ｚ　］などは，各地の工場に搬出《はんしゅつ》されることになります。

［写真１］

	(ア)	(イ)	(ウ)	(エ)
［X］	パイプライン	パイプライン	タンカー	タンカー
［Y］	臨海	市場	臨海	市場
［Z］	プラスチック	衣類	プラスチック	衣類

問７　下線部(F)について，国土交通省関東地方整備局は，右の［写真２］のような状《じょう》況《きょう》を解消するため，［図４］が示す情報通信技術を活用したコンテナ輸送の効率化を図る取り組みを推進しています。このシステムで考えられる効果として誤っているものを，あとの(ア)～(エ)の中から一つ選び，記号で答えなさい。

［写真２］

［図４］

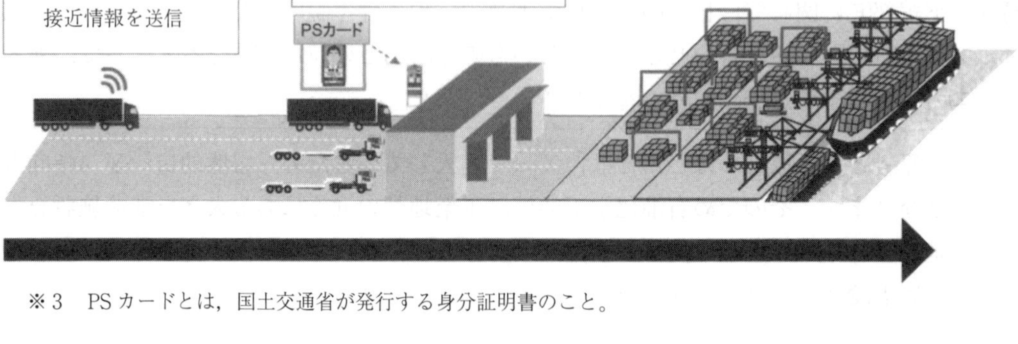
ターミナルに車両接近情報を送信
運転手がリーダーに※3PSカードをタッチ
コンテナの積み下ろし

※３　PSカードとは，国土交通省が発行する身分証明書のこと。

(ア)　自動車や原油の輸入がこれまで以上に促進《そくしん》される。

(イ)　搬出入予約制度の導入により待機時間が削減《さくげん》される。

(ウ)　PSカードの活用によりゲート処理時間が短縮される。

(エ)　積み下ろし作業が効率化し，船の停泊《ていはく》時間が短縮される。

問8　下線部(G)は，船舶に比べ輸送時に多くの二酸化炭素が排出《はいしゅつ》されます。二酸化炭素などが原因となる地球温暖化は，世界的な環境《かんきょう》問題と考えられてきました。国際的にみても，地球温暖化防止のための温室効果ガス排出削減をめぐっては，先進国と発展途上《とじょう》国で対立が続いてきました。そのため，国際社会では解決のために話し合いが重ねられ，パリ協定が採択《さいたく》されました。次のパリ協定採択前の先進国と発展途上国の主張と，あとのパリ協定の内容を参考にして，それぞれの立場が取り得る［政策Ｘ］・［政策Ｙ］の正誤の組み合わせとして正しいものを，あとの(ア)～(エ)の中から一つ選び，記号で答えなさい。

［パリ協定採択前の先進国の主張］

　私たちの国では，すでに排出量削減の取り組みが進んでいる。発展途上国の中にも急速な工業化でたくさんの温室効果ガスを排出している国があるので，これらの国も排出削減を行うべきである。

［パリ協定採択前の発展途上国の主張］

　温室効果ガスを排出して温暖化の原因をつくったのは先進国だから，先進国が排出量を削減すべきである。私たち発展途上国も工業化を進め豊かになる権利があるはずだ。

［パリ協定の内容］

2015年採択

196カ国・地域が対象

温室効果ガスの削減目標値を各国が自ら決定

○　全ての国に，目標の策定，報告，見直しを義務付け

○　全ての国に，排出削減の目標達成の義務なし

［政策Ｘ］（先進国側）

　温暖化の原因をつくったのは先進国の責任もあるので，発展途上国側に資金援助《えんじょ》を行う。また，各国が不当に不利益を受け，不利な状態にならないように，温室効果ガスの統一的な削減目標を設定するにあたり先頭に立っていく。

［政策Ｙ］（発展途上国側）

　温室効果ガスの削減を目指すことを発展の機会ととらえ，技術が進んでいる先進国と協力して地球温暖化の解決に取り組んでいく。二酸化炭素を排出しない発電方法として，太陽光や風力，地熱，バイオマスなどの再生可能エネルギーを利用した発電の普及《ふきゅう》も進めていかなければならない。

	(ア)	(イ)	(ウ)	(エ)
［政策Ｘ］	正	正	誤	誤
［政策Ｙ］	正	誤	正	誤

問９　下線部(H)に関して，輸送技術の発達によって魚介類の鮮度《せんど》を保った状態での貿易が可能となり，世界の食用魚介類消費量は増加していきました。次の［図５］・［図６］から読み取れる内容［Ｘ］・［Ｙ］の正誤の組み合わせとして正しいものを，あとの(ア)～(エ)の中から一つ選び，記号で答えなさい。

［図５］　地域別の世界の１人１年当たり食用魚介類消費量の推移

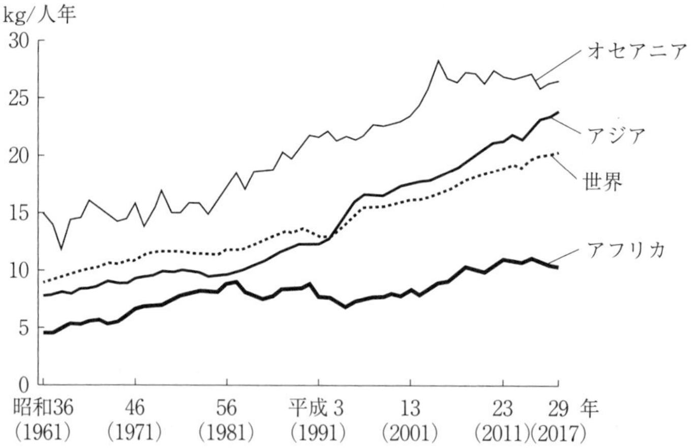

［図６］　アジア地域の１人１年当たり食用魚介類消費量の推移

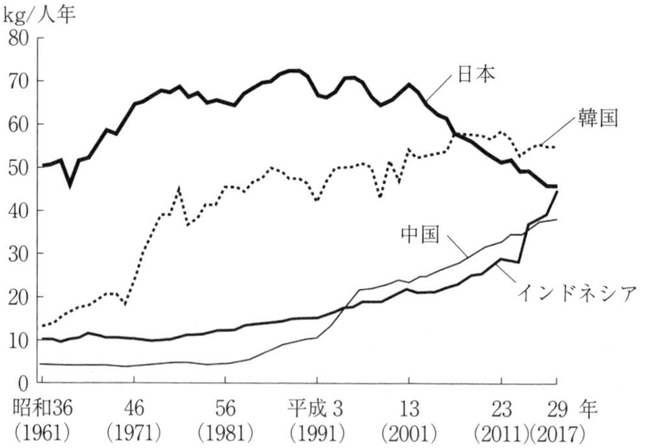

［Ｘ］　1961年と2017年を比較《ひかく》して，オセアニアとアジアの１人１年当たり食用魚介類消費量の増加率は，世界の１人１年当たり食用魚介類消費量の増加率より高い。

［Ｙ］　1961年と2017年を比較して，中国とインドネシアでは１人１年当たりの食用魚介類消費量が５倍以上になるなど，新興国を中心とした食用魚介類消費量の増加がみられる。

	(ア)	(イ)	(ウ)	(エ)
[X]	正	正	誤	誤
[Y]	正	誤	正	誤

問10　下線部(I)により「お台場」や「横浜みなとみらい21」には多くの人が訪れ，活気あふれるまちづくりに成功しています。その一方で，ウォーターフロント開発を行うことでどのような問題が生じると思いますか，あなたの考えを説明しなさい。

データは「みなと新聞」，「データブック　オブ・ザ・ワールド 2022」，
「日本国勢図会 2021/22」などによる

【理　科】〈第１次試験〉(30分)〈満点：50点(理数コースは100点)〉

〔注意〕 数値を答える問題では，特に指示がない限り，分数は使わずに小数で答えてください。

1　電球についてあとの問いに答えなさい。

図１は，電球(白熱電球)のつくりを表したものです。電流は，外部導入《どうにゅう》線から内部導入線を通って**A**の部分へと流れていきます。**E**はへそと呼ばれ，電球下部のふくらんだ部分を指しています。

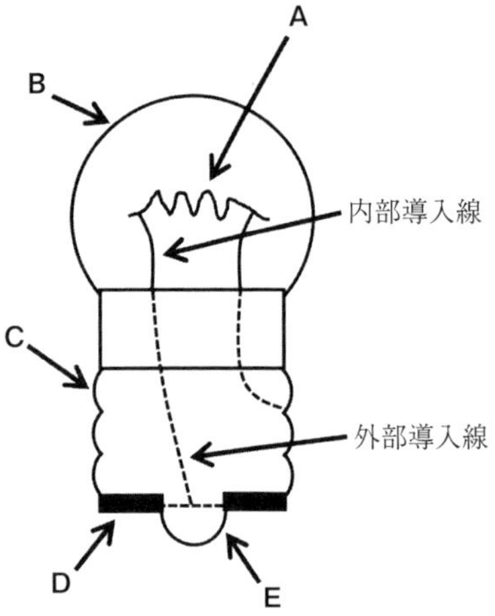

図１

問１　**図１**の**A**の部分について答えなさい。

(1)　この部分を何といいますか。

(2)　この部分は何という金属でできていますか。

(3)　次の**(ア)**～**(エ)**は金属の特ちょうについて説明している文です。(2)の金属を説明している文として，正しいものには○を，正しくないものには×を，それぞれ答えなさい。

(ア)　銅と亜鉛《あえん》の合金で，５円玉やトランペットなどに利用される。

(イ)　ニッケルとクロムの合金で，電気エネルギーを熱に変えやすい。

(ウ)　電気ていこうが小さく電流を通しやすいので，導線としても利用される。

(エ)　熱に強く，高温にならないととけない。

問２　**図１**の**B**の内部の説明としてふさわしいものはどれですか。次の**(ア)**～**(オ)**から２つ選び，記号で答えなさい。

(ア)　水素がつまっている

(イ)　ちっ素がつまっている

(ウ)　酸素がつまっている

(エ)　水蒸気がつまっている

(オ)　気体は何もない(真空にしてある)

問３　電流を通しにくい部分(絶えん体)はどこですか。**図１**の**A**～**E**からすべて選び，記号で答えなさい。

電球と電池と導線を使い，**図2**のように何種類かの回路を組みました。

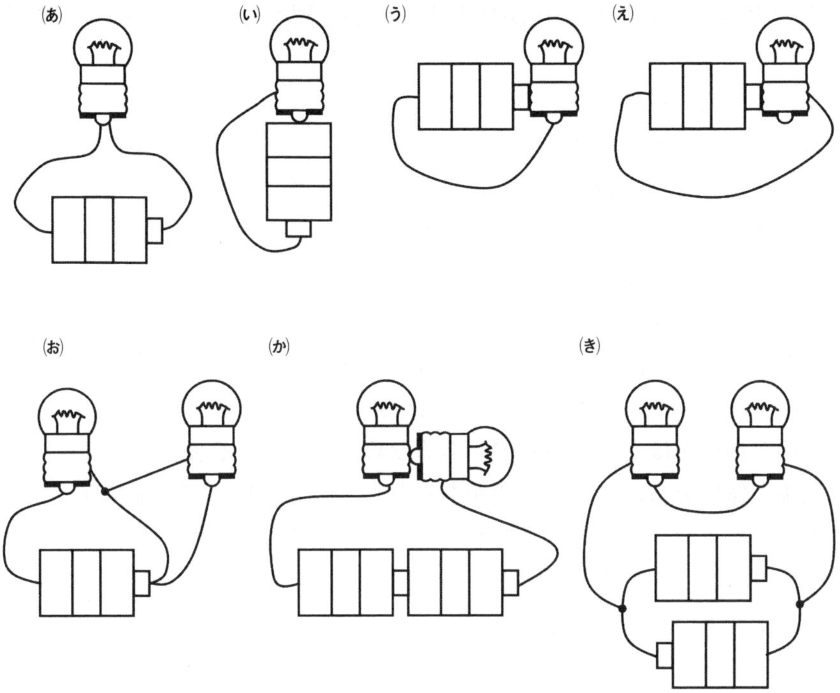

図2

問4　電球がすべて光る回路はどれですか。**図2**の(あ)〜(き)からすべて選び，記号で答えなさい。

問5　ショート回路はどれですか。**図2**の(あ)〜(き)からすべて選び，記号で答えなさい。

図3は電球と電池と電流計を導線でつないだ回路を，電気用図記号で表したものです。電球や電池は，すべて同じものを使用しています。

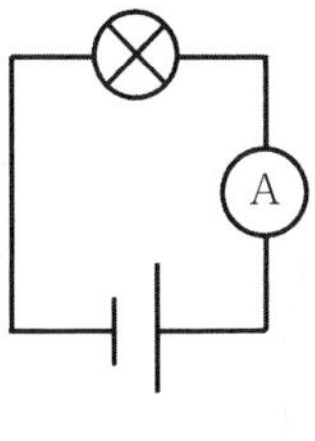

図3

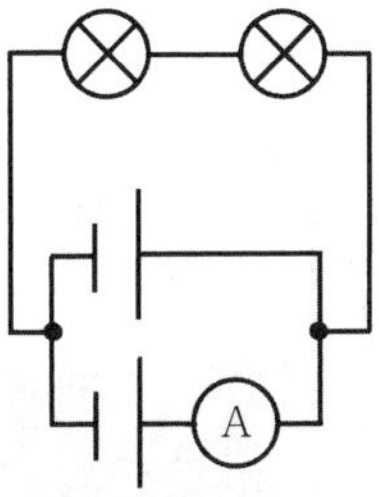

図4

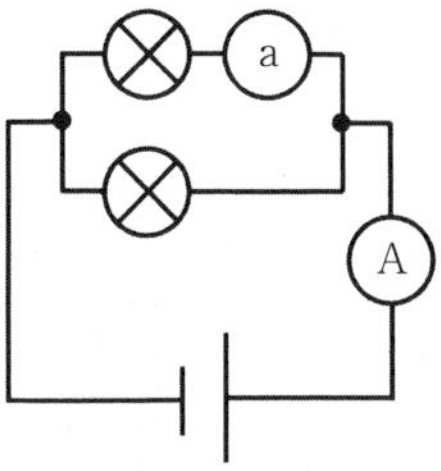

図5

問6　**図3**の回路で電流を計測すると，720mA(ミリアンペア)の電流が流れていました。

(1)　電池3個を直列につなぎ，さらに電球をいくつか直列につないで電流を電流計で計測すると270mAの電流が流れていました。いくつ電球をつなぎましたか。

(2)　**図4**のように，電球2個と電池2個と電流計をつなぎました。このとき電流計に流れる電流は何mAですか。

(3)　**図5**のように回路を組み電流計で電流を計測しました。このとき，aの部分に何も入れずに回路を組んだとき(導線でつないだだけ)の電流計の値は，aの部分に電球を入れたときの電流計の値の何倍ですか。小数第2位を四捨五入して，小数第1位まで答えなさい。

2　次の文を読んで，あとの問いに答えなさい。

鉄を塩酸にとかしたときに何 cm³ の気体が発生するのかを調べるため，次のような操作で実験を行いました。

＜操作１＞　決まった重さの鉄粉をはかりとる。

＜操作２＞　塩酸を水でうすめて希塩酸にする。

＜操作３＞　実験装置を組み立て，鉄粉が完全にとけてなくなるまで希塩酸を加える。

＜操作４＞　発生した気体を水上置換《ちかん》で集めて体積を調べる。このとき，もともと容器に入っていた空気は集めないように注意する。

問１　鉄を塩酸にとかしたときに発生する気体の名前を答えなさい。

問２　この実験の目的をふまえると，＜操作２＞で塩酸や水をはかるときの方法を述べた文として最も適当なものはどれですか。次の(ア)～(エ)から１つ選び，記号で答えなさい。

(ア)　できるだけ正確な体積をはかりとる必要があるため，ビーカーを使う。

(イ)　できるだけ正確な体積をはかりとる必要があるため，メスシリンダーを使う。

(ウ)　できるだけ正確な重さをはかりとる必要があるため，電子てんびんを使う。

(エ)　正確な体積や重さをはかりとる必要はないため，ビーカー，メスシリンダー，電子てんびんのどれを使ってもよい。

問３　＜操作２＞で，35％の塩酸を水でうすめて3.5％の希塩酸にする場合，塩酸と水をどのような重さの比で混ぜればよいですか。「塩酸：水」の形で，できるだけ簡単な整数で答えなさい。

問４　＜操作３＞と＜操作４＞では，**図１**のように実験装置を組み立て，発生した気体は100 cm³ サイズのメスシリンダーを使って集めました。水面のようすが**図２**のようになったとき，集まった気体の体積は何 cm³ ですか。整数で答えなさい。ただし，**図１**，**図２**では，器具の一部を省略しています。

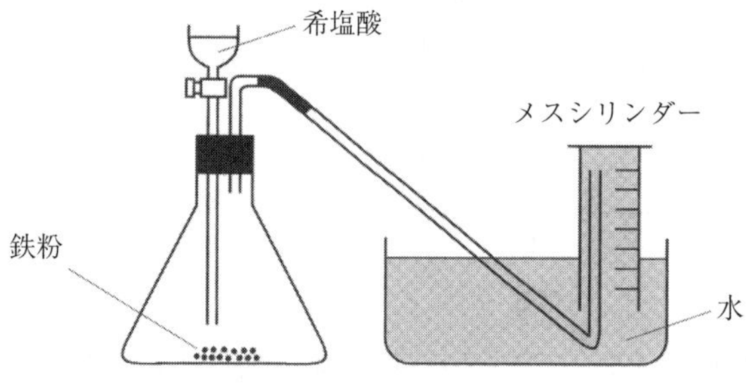

図１　実験装置

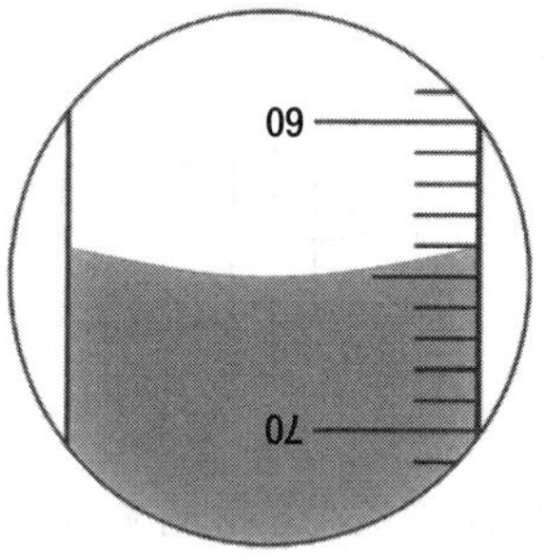

図２　メスシリンダーの拡大図

鉄粉の量を色々と変化させてこの実験を行ったところ，使った鉄の重さと集めた気体の体積の関係は，**図３**のようなグラフになりました。さらに，鉄のかわりにマグネシウム，アルミニウム，石灰石を使って同じように実験を行ったところ，**図４**のようなグラフになりました。

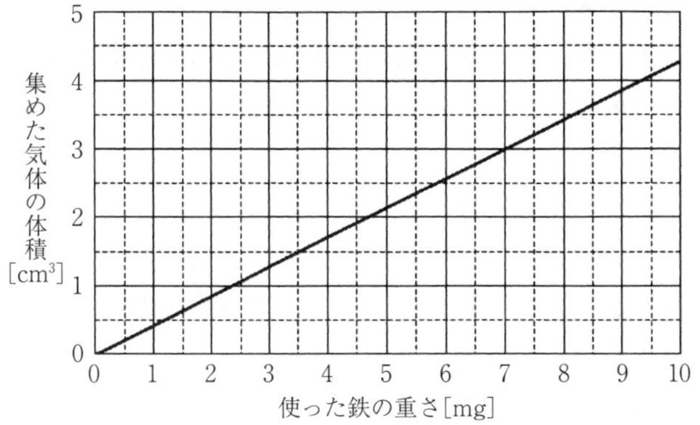

図3

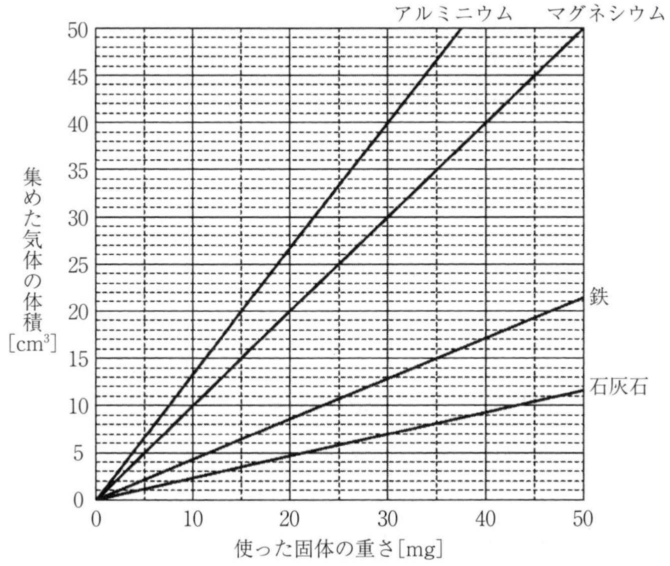

図4

問5　**図4**のグラフで，石灰石を使った実験だけは，集めた気体の体積が実際に発生した気体の体積よりも少なくなっています。その理由を簡単に説明しなさい。

問6　鉄を塩酸にすべてとかして$30\,\mathrm{cm}^3$の気体を発生させるとき，マグネシウムを塩酸にすべてとかして気体を$30\,\mathrm{cm}^3$発生させるときの何倍の重さの鉄が必要ですか。小数第2位を四捨五入して，小数第1位まで答えなさい。

問7　アルミニウムを塩酸にすべてとかしたときに発生する気体の体積は，同じ重さの鉄を塩酸にすべてとかしたときの何倍ですか。小数第2位を四捨五入して，小数第1位まで答えなさい。

3　次の文を読んで，あとの問いに答えなさい。

いま，あなたの右手は，この問題用紙よりも手前にありますか。奥《おく》にありますか。

少し視線を上げると，試験監督《かんとく》の先生や別の受験生が見え，さらにその奥には黒板が見えていて……。

いま，あなたがいる受験会場は，三次元の立体的な空間なので，あなたには「手前」と「奥」がわかると思います。

ところで，私たち人間の目も，もちろん立体的な器官です。しかし，目の中で(　A　)をとらえる場所である網膜《もうまく》は，うすいシートのような，言いかえれば二次元の平面的な構造をしています。そのため，三次元の立体的な空間の情報が，目から入り網膜を経て(　B　)に届くときには，二次元の平面的な情報になってしまいます。

にもかかわらず，どうして私たちには，三次元の立体的な空間が見えているのでしょうか。

物が立体的に見えるしくみとして，まず有名なのは「両眼視差」です。左目と右目にうつる像が少しずれていることを利用して，奥行きを脳が計算することで，立体感が得られます。

多くの(　X　)動物では，えものをとらえるのに立体感が重要となるため，左目と右目の視野(見えるはんい)が重なるよう，目が顔の前に２つ並んでついています。一方，多くの(　Y　)動物では，目は顔の横についています。視野の重なりが少ない代わりに，どちらかの目で見えるはんいが広く，敵の接近に早く気づけます。

ヒトの祖先であるサルのなかまは，(　X　)動物ではありませんが，目は顔の前に２つ並んでついています。これは，[　Z　]で生活するために立体感が重要だったからと考えられています。

ここで，右目を手でかくして，左目だけで世界を見てみてください。片目で見たとたんに世界が平面的に見える……ということはないはずで，やはり立体的に見えるでしょう。物が立体的に見える仕組みは，両眼視差だけではないということです。

片目だけでもわかる「立体感の手がかり」はたくさんあります。例えば，光が当たっている部分と，影になっている部分の配置から，奥行きがわかります。また「手前の物体が，奥の物体の一部をかくしている」という重なりの関係も，立体感の手がかりです。「あの物体はこういう形のはずだ」という知識も，立体感を生み出すのに一役買っています。

さて，以上のような手がかりを逆手に取ると，この紙の上に書かれた平面的な図――それも，かなり単純な図であっても，見た人に立体的であるかのように感じさせる図を作ることができます。

図１は，黒い丸と，白い「せ」という文字を合わせた２つの図形です。左の図形は，なんとなく，黒い丸が奥にあり，白い文字が手前にあるように感じませんか。それに対して，右の図形では，そのような感覚は起こりにくいのではないでしょうか。

図１

図２は「エーレンシュタイン錯視《さくし》」という図形です。縦と横の黒い直線を組み合わせただけなのですが，多くの人はこの図形を見ると，「白い丸」または「白くて太いななめの線」があるように感じます。白い丸や線が，黒い線の手前に浮《う》き出して見えませんか。また，白い丸や線の色は，この紙の白よりも，さらに明るい白に見える気がしませんか。

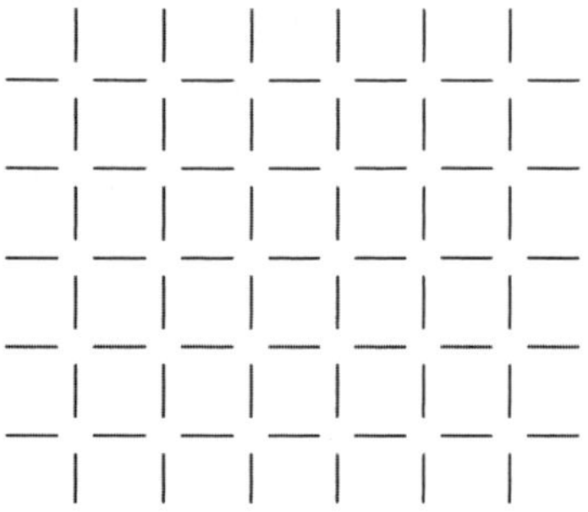
図２

ヒトの脳は，線や図形が切れたり欠けたりしている状態を見ると，「手前に何か物体があって，奥の物体がさえぎられているのだろう」と考える「くせ」があります。ふだんから，無意識のうちに，物の重なり具合をもとに奥行きを計算しているからです。

そのせいで，**図２**のような図形では，実際には存在しない輪郭《りんかく》があるように見えてしまいます。このような輪郭を「主観的輪郭」と言います。**図１**の左の図形でも，「せ」の下の線は一部が書かれていないのですが，なんとなく線があるように見えませんか。見えたとしたら，それは主観的輪郭です。

主観的輪郭を使ったデザインやロゴマークは，街の中などでもたまに見つかります。例えば**図３**は，世界自然保護基金（WWF）のロゴマークです。脳のはたらきで生み出される主観的輪郭のデザインは，ふつうのデザインよりも，脳に対して印象を残しやすいかもしれませんね。

図３

問１　空らん（A），（B）にあてはまる語句を，本文中から抜《ぬ》き出して答えなさい。

問２　本文中の下線部を確かめるために次の実験をしました。平均的な体格の小学６年生をいすに座らせ，その鼻先から50cm先にペンを１本立てて，そのさらに50cm先に，１字あたり横はば６cmの文字で「眼横鼻直」という四字熟語を書いた紙を置きます。小学生の左右の目の中間，ペンの先，四字熟語の中央（「横」と「鼻」の中間），という３点が一直線にならんでいるとき，小学生の左目と右目には，どのような像がうつりますか。次の(ア)～(オ)からそれぞれ１つ選び，記号で答えなさい。

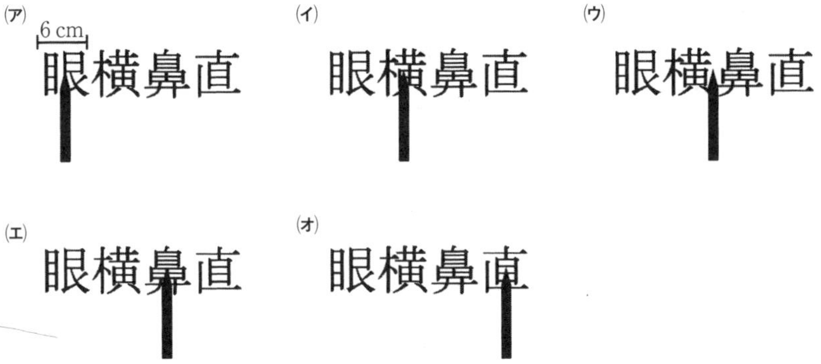

問３　空らん（X），（Y）にあてはまる語句を，それぞれ漢字２字で答えなさい。

問４　空らん Z にあてはまる語句を考え，５字以内で答えなさい。

問５　世田谷学園の校章には，**図４**のようなシンボルマークが入っています。このシンボルマークの形が「主観的輪郭」によって白く浮き出して見えるような絵を，解答らんにかきなさい。

図４

（小林敏明『故郷喪失の時代』）

〈参考文④〉

東京のために東北が犠牲にされた――。震災《しんさい》にともなって起きた福島第一原発の衝撃《しょうげき》的な事故の後、こんな指摘が相次いだ。原発は、東京電力が東京およびその周辺へ電力を供給するために建てたものである。利益は東京が受け、その犠牲は東北地方が引き受けるという図式は、明白だろう。しかし、東北が東京の発展のための犠牲になってきたということなら、いまに始まったわけではない。日本の近代化の過程そのものが、東北を犠牲にして進んできたといっていいのである。

東北は、何よりも一次産品と労働力の供給源だった。農民たちが、身をすり減らしながらの長時間労働によって生産した米を中心とする農産物は、東京に送られてその食生活を支えた。貧しいなか苦労して育てた子どもたちの多くは、農業の担《にな》い手となることなく、東京へ出て行き、近代産業を底辺で支えてきた。

（橋本健二『階級都市―格差が街を侵食する』）

i　〈参考文③〉に「故郷喪失」という表現がありますが、本文の筆者（ジェーン・スー）は東京における「故郷喪失」に対してどのように感じていますか。筆者の心情がはっきりと記されている箇所《かしょ》を本文中より探し、それを含む形式段落の最初の**五字**をぬき出して答えなさい。

ii　〈参考文④〉のような見解もありますが、「故郷喪失損害」は東京においても認められるべきでしょうか。あなたの考えを理由を添《そ》えて述べなさい。

問十八　「東京」を東京出身者と地方出身者の双方《そうほう》にとって好ましい都市に作り変えるためには、どのような工夫があるとよいでしょうか。都市づくりのための具体的なアイデアを考えて記しなさい。

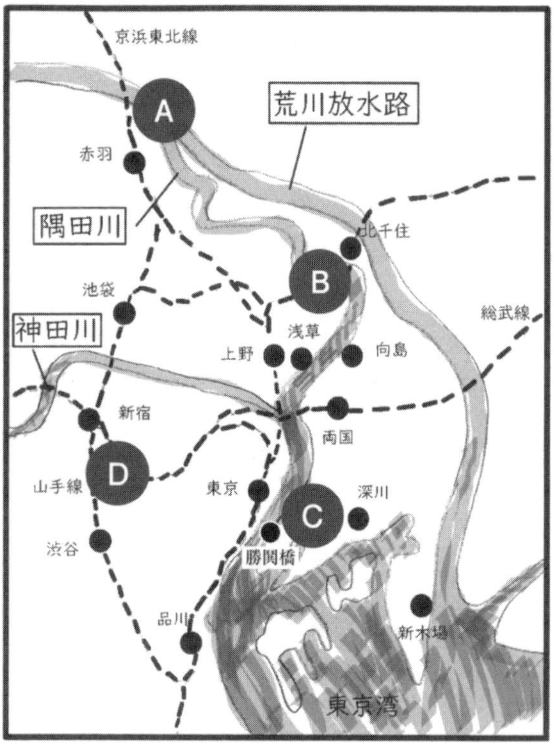

i　本文と〈参考文②〉**Ⅰ**・**Ⅱ**によると、現在「下町」のイメージの中心とされるエリアはこの地図の**A**～**D**のどれにあたりますか。適当なものを一つ選び、記号で答えなさい。

ii　地方出身者が憧れる「東京」としてイメージされ、「下町」と対比されるエリアはこの地図の**A**～**D**のどれにあたりますか。適当なものを一つ選び、記号で答えなさい。

(2)　＝＝線**X**「本郷で幼少期を過ごしましたので、私もぎりぎり江戸っ子です」という筆者は、＝＝線**Y**「中央区勝鬨橋の向こう側まで開発された時のあの喪失感！」と述べています。このように「勝鬨橋の向こう側」が古き良き時代の東京を代表するものとしてイメージされるのはなぜでしょうか。〈参考文②〉**Ⅰ**・**Ⅱ**をもとに考えた場合、その説明として適当なものを次の**ア**～**エ**の中から一つ選び、記号で答えなさい。

ア　現在の下町のイメージは一九七〇年代半ばになって新しく作りだされたものではあるが、それが定着して拡大するなかで、隅田川に架《か》かる勝鬨橋のあたりも懐《なつ》かしい東京を想起させる象徴的な場所としてとらえられるようになったから。

イ　地方から出てきて「標準語」を話す指導層によって東京が作られ、隅田川に架かる勝鬨橋のあたりが工業地帯として開発されていく姿に、繁栄を約束された東京の未来を思い描くことのできた時代があったから。

ウ　隅田川に架かる勝鬨橋のあたりは江戸時代から続く観光名所であり、その伝統は近代化の影響《えいきょう》を受けることなく引き継《つ》がれ、一九七〇年代に雑誌の特集を通じて、職人の住む地域としてより多くの人々にイメージが共有されるようになったから。

エ　近代化の犠牲となった地域には勝鬨橋のあたりも含《ふく》まれており、公害を乗り越えた逞《たく》しさが伝統として残っているため、開発の対象となっても変わらない強さを持つ地域だと人々に信じられるようになったから。

問十七　次の〈参考文③〉・〈参考文④〉を読んで、後の**i**・**ii**の問いに答えなさい。

〈参考文**③**〉

三・一一以来地元福島を中心にして多くの原発損害賠償《ばいしょう》の訴《そ》訟《しょう》がおこなわれていることはよく知られているが、じつはこの訴訟において裁判史上初めて「故郷喪失《そうしつ》損害」という概念《がいねん》が登場しているのである。損害を訴《うった》えての裁判だから、当然裁判所は「故郷」とか「故郷喪失」という概念を定義し、それに基づいて損害の当否、およびその賠償額も決めなければならない。これが裁判官泣かせの大変な仕事であることは想像に難《かた》くない。

問十四　――線⑩「『首都：東京』と私の『地元：東京』」とありますが、「首都：東京」・「地元：東京」が意味するものの組み合わせとして適当なものを次の**ア**～**オ**の中から一つ選び、記号で答えなさい。

「首都：東京」　・**「地元：東京」**
ア　江戸　・みんなのもの
イ　みんなのもの・故郷
ウ　トレンド　・バビロン
エ　ヨソモノ　・昔のままの面影
オ　片田舎　・ブラックホール

問十五　次の〈参考文①〉は筆者のどこでの体験と重なるものですか。その場所として適当なものを後の**ア**～**エ**の中から一つ選び、記号で答えなさい。

〈参考文①〉

故郷は、そのなかにどっぷりと浸《つ》かって暮《くら》しているあいだは意識されない、というかその必要がない。故郷というのは遠く離れてはじめて意識に上ってくる存在である。つまり、距離を置いて外部から「対象」として眺《なが》めたときに、故郷は「故郷」となるのだ。

（小林敏明『故郷喪失の時代』）

ア　子供時代の帰省先
イ　東京というリング
ウ　テレビの前の茶の間
エ　出張先のＮＹ

問十六　次の〈参考文②〉**Ⅰ**・**Ⅱ**を読んで、後の**⑴**・**⑵**の問いに答えなさい。

〈参考文②〉

Ⅰ　地方から出てきて「標準語」を話す日本近代化の指導層が、世田谷《せたがや》・杉並《すぎなみ》方面の山の手に居を構える。これに対して土着の「東京方言」を話す人々は、下町に住む。前者は後者を支配し、封《ふう》じ込め、「東京方言」を絶滅《ぜつめつ》に追いこんでいく。そして両者の間を流れる隅田《すみだ》川は、前者の進める近代化の犠牲《ぎせい》となり、工場の廃液《はいえき》に満たされ汚濁《おだく》の川と化していったのである。

こうして東京は、独特の三元構造をとるようになった。新中間階級が住む山の手、繁華街《はんかがい》へと成長した古い下町、そして工場地帯で労働者階級の住む新しい下町である。そして下町イメージの中心は、古い下町から、本所・深川を中心とした新しい下町へとシフトし始めることになる。

Ⅱ　雑誌『女性自身』一九七五年八月一四日号では、まだ「下町」の取り上げ方が確立していないのである。

ところが、しばらくすると様子が変わってくる。たとえば雑誌『女性セブン』一九七六年八月一一日号の「江戸のなごりを訪ねる……東京懐古《かいこ》散歩　古き時代が残る町　東京の下町を歩く」という記事になると、寺社や水路の風景、老舗《しにせ》の店構えや和菓子《わがし》や工芸品を作る職人の姿をとらえた写真に地図を配するレイアウトといい、「のどかな江戸のムード」「しっとりとした下町情緒《じょうちょ》」「昔ながらの手作りの味」といった常套句《じょうとうく》といい、今日の下町ガイドのスタイルがほぼ確立しているのがわかる。

（橋本健二『階級都市―格差が街を侵食する』―一部改変―）

⑴　東京と一括《くく》りにしても、エリアごとに様々な特色があり、異なるイメージをもっています。また、時代によっても変化があり、江戸時代と現在とでは同じ場所でも街の様子は大きく変わってきています。次の地図をみて、後の**ⅰ**・**ⅱ**の問いに答えなさい。

と地方出身者とがともに楽しめる空間となっていく様子。

問九　——線⑤「これがもっさい東京人の哀しみです」とありますが、なぜ「もっさい東京人」となってしまうのですか。その理由を五十字以内で答えなさい。

問十　——線⑥「東京はまるでプロレスのリングのよう」とありますが、「プロレスのリング」と同じような意味合いで「東京」を説明した表現をこれよりも前の本文中より**九字**で探し、ぬき出して答えなさい。

問十一　——線⑦「『東京はみんなのもの』」とありますが、この発言に対して筆者はどのように思っていますか。その説明として適当なものを次の**ア**～**オ**の中から一つ選び、記号で答えなさい。

ア　自分の拠《よ》り所となる場所を他に持っている地方出身者に対して、東京出身者の故郷を奪《うば》ってしまっていることへの反省をうながす重要な指摘《してき》だと思っている。

イ　再開発によって自分の馴染んだ風景を変えてしまった地方出身者に憎悪の念を抱き、自分の住んでいる土地を奪い去るような危険な発言だと思っている。

ウ　地方出身者による東京在住者の心情を無視した軽率な発言であり、自分のものが公共物として強制的に取り上げられるような暴力的な主張であると思っている。

エ　土地を持つ気楽な人々をうらやましく思いながらも、都市の機能を公共のものとして捉《とら》えるならば東京にかぎっては認めざるをえない発言だと思っている。

オ　東京に自分の居場所を見出すことのできない地方出身者ならではの貴重な意見であり、東京出身者には思いもよらないような驚くべき着想だと思っている。

問十二　——線⑧「燻っていた私の考えが変わったのは、三十代前半にNYへ出張した時でした」とありますが、筆者の考えはどのように変わったのですか。それを説明した次の文章の **X** ～ **Z** に入る適当な言葉を本文中より探し、それぞれ指定の字数でぬき出して答えなさい。

> 以前は、東京にやってきて都市での生活を楽しんでいるようにみえた地方出身者に対して **X（九字）** を感じて疎《うと》ましくも思い、排他《はいた》的な考えをもっていたが、NYへ出張した際に **Y（十一字）** の混ざった複雑な心情や **Z（二字）** への屈折《くっせつ》した思いを抱き、地方出身者の心境を垣間見た気がしたため、その存在を拒絶《きょぜつ》するばかりではよくないと考えるようになった。

問十三　——線⑨「私はここまで自家中毒気味になりました」とありますが、「自家中毒気味」とはここではどのような状態を表していますか。その説明として適当なものを次の**ア**～**オ**の中から一つ選び、記号で答えなさい。

ア　自分のことばかりに意識がむかっていて、他には目がいかなくなってしまった状態。

イ　憧れていたNYの生活で舞《ま》い上がってしまい、故郷のことなど考えられない状態。

ウ　何とか頑張ろうとあがくあまりに、かえって感情が乱れて落ち着きを欠いている状態。

エ　孤独に打ちのめされて苦しみを味わい、まったく身動きのできなくなってしまった状態。

オ　NYの生活で生じた故郷への意識や整理のつかない感情が、心の中で渦《うず》巻いている状態。

ウ　胃　　**エ**　目

オ　膝《ひざ》

問四　【Ⅰ】～【Ⅲ】に入る適当な言葉を次の**ア**～**エ**の中からそれぞれ一つずつ選び、記号で答えなさい。

ア　しかも

イ　だから

ウ　つまり

エ　一方

問五　――線①「これがまったく理解できませんでした」とありますが、筆者が理解できなかったのはどのようなことですか。その説明として適当なものを次の**ア**～**オ**の中から一つ選び、記号で答えなさい。

ア　親子の関係は自分では選ぶことができないものであり、両親が東京出身であるために、お盆に帰省する場所がないこと。

イ　子供時代の友人も自分自身も気がついたら東京に生まれていたのに、帰省先がある人と東京に残らざるをえない人とに分かれてしまうこと。

ウ　東京に生まれて、普段は東京で暮らしているにも関わらず、お盆や正月になると祖父母のいる地方に移動しなければならなくなること。

エ　周囲の子供たちは祖父母のいる地方で楽しく過ごすことができるのに、自分にはそのような機会が与《あた》えられていないこと。

オ　いつもは東京で生活していることを楽しんでいるのに、長い休みの時にかぎって自然のある地域での暮らしをうらやましく思ってしまうこと。

問六　――線②「上京したてのもさもさした少女は母親ゆずりのアクセサリーで派手に着飾り」とありますが、「もさもさした少女」に**あてはまらないもの**を本文中の～～線Ⓐ～Ⓕの中から**二つ**選び、記号で答えなさい。

Ⓐ　派手なマスクをかぶった地方レスラー

Ⓑ　茶の間

Ⓒ　外来種

Ⓓ　薄切りトリュフが大量にかかったフォアグラ

Ⓔ　息子の嫁

Ⓕ　隠れて味見してディスる姑

問七　――線③「炎天下に鎖でつながれていた犬が、ついに鎖をひきちぎって水の入ったボウルに頭から突っ込むような勢い」とありますが、これが表しているものを本文中より**九字**で探し、ぬき出して答えなさい。

問八　――線④「東京人不在の東京狂想曲」とありますが、これはどのような様子を表したものですか。その説明として適当なものを次の**ア**～**オ**の中から一つ選び、記号で答えなさい。

ア　東京出身ではない人たちによって、東京が地方からみた憧れや理想を反映した都市へと慌《あわ》ただしく作り変えられていく様子。

イ　地方から東京へとやってきた人たちが挫《ざ》折《せつ》を繰り返しながらも、理想的な自分を作り出すべく一生懸命《けんめい》に努力を重ねていく様子。

ウ　東京で生まれ育った人たちが参加できないままに都市が発展していき、いつのまにか誰《だれ》も望まない都市の姿に変わっていく様子。

エ　東京出身者の許可をえないままに、地方出身者たちが東京の再開発に乗り出し、地元の人たちの望まない風景を作り出していく様子。

オ　東京という都市が娯楽《ごらく》に満ちた場所へと変わり、東京出身者

ありました。東京を悪く言う東京在住者に「じゃあ帰れよ」と言うのが、コミュニケーションの質としては決して上等ではないこともわかりました。それを言っちゃあおしまいよということを言うと、そこで全部止まっちゃうからね。

地方出身者が㋗ウツり住んだ⑩「首都：東京」と私の「地元：東京」は、共依存《きょういそん》のパラレルワールドです。本来ならそれぞれが独立するはずの世界が、同じ場所で同じ時間を共有する矛盾《むじゅん》の上に成り立っている。地方在住者から見たら、東京は大事な人と金を㋘スい上げていく、巨大なブラックホールに見えるかもしれません。

東京もあと少し、昔のままの面影《おもかげ》を残せるとありがたいですね。ほんの一部でいいから、そのまま残しておいてくれないかなぁ。景色から㋙ソウキされる過去の記憶《きおく》がないのは、ちょっとさみしいんですよね。でももう「不可侵《ふかしん》の故郷」なんて、日本中ほとんどどこにもないのかも。

（ジェーン・スー『貴様いつまで女子でいるつもりだ問題』
―一部改変―による）

㊟「8時だョ！　全員集合」……当時人気だったテレビ番組の名前。
憧憬……憧れ。慣用読みで「どうけい」とも読む。
アドバンテージ……有利な立場、条件。優位。利益。
TOKYO TREND……東京の流行。
ディスられ……「ディスる」とは俗《ぞく》に、否定することやけなすことを表す。
バビロン……かつて栄えた古代都市の名（富と悪徳で繁栄《はんえい》する資本主義の象徴《しょうちょう》として用いられる）。
トレンド……時代の潮流、流行。
www……「笑い」を意味する記号表現。
TOKYO LIFE……東京での生活。
コンプレックス……さまざまな感情の複合体のこと。特に「劣等感《れっとうかん》」を指す意味で用いられる。

問一　――線㋐～㋙の片仮名を漢字に直しなさい。

問二　――線ⓐ「芋洗い」・ⓑ「息巻いて」・ⓒ「虚栄心」とありますが、本文中の意味として適当なものをそれぞれ次の**ア**～**オ**の中から一つ選び、記号で答えなさい。

ⓐ「芋洗い」
ア　とても汚《よご》れている様子
イ　たいへん混雑している様子
ウ　色々な人たちがいる様子
エ　あまり動けないでいる様子
オ　激しく動き回っている様子

ⓑ「息巻いて」
ア　激しく言い立てて
イ　荒々《あらあら》しい思いを抱《いだ》いて
ウ　厳しく批判して
エ　大きな期待をもって
オ　ひどく腹を立てて

ⓒ「虚栄心」
ア　相手を気遣《きづか》って自分を抑《おさ》えようとする心
イ　自分の利益を優先しようとする心
ウ　自分の欠点から目を背《そむ》けようとする心
エ　自分のことを大きく見せようとする心
オ　相手を貶《おとし》めて満足しようとする心

問三　[1]～[4]に入る適当な言葉を次の**ア**～**オ**の中からそれぞれ一つずつ選び、記号で答えなさい。

ア　腕《うで》　**イ**　首

りトリュフが大量にかかったフォアグラ（下品！）、ちょっと食べてみたい。新しくできたファッションビルの屋上庭園カフェ、この目で見てから貶《けな》したい。東京人の私は、外来種のトレンドを知った上でそれを却下《きゃっか》して、チンケなアイデンティティを保っているところがある。蚊帳《かや》の外の「東京トレンド」にわざわざ［3］を突っ込んで、田舎臭《いなかくさ》さの片《へん》りんを見つけては得意気に指でつまみ、「ないわーｗｗｗ」とわざわざ言いに行く心の狭《せま》さ！　まるでⒺ息子の嫁《よめ》が作ったみそしるを、Ⓕ隠れて味見してディスる姑《しゅうとめ》です。大事な息子を、ポッと出の嫁に取られたような気分ですから。

　しかし、子供の頃に出かけた遊園地もおしゃれな街も、よく考えれば生粋《きっすい》の東京人が作ったものではありません。妬《ねた》み半分に地方出身者の東京ものがたりを嗤《わら》ったところで、当の私がその㋕センレイを受けまくっている。私たちは東京出身じゃない人が作った巨大テーマパークで遊ばされていただけでした。遡《さかのぼ》れば、江戸だってそうだ。「東京」は江戸時代からヨソモノに運営されているのだとしたら、四代住もうが十代続こうが、外から人が流入してくる特性を持つ時点で、変化に対し先住民は無力。無力どころか利便性もふくめ、相当な恩恵《おんけい》に与《あずか》っていることは明白です。それでもまだ、イキがってＴＯＫＹＯ ＬＩＦＥをエンジョイしてる風の人を見ると「いいから中学の卒アル持ってこい」と心の中で毒づく私は、自分よりずっと積極的能動的に東京を楽しみ、東京を作れるパワーを持つ地方出身者に強いコンプレックスを感じているのでしょう。

　⑧燻《くすぶ》っていた私の考えが変わったのは、三十代前半にＮＹ《ニューヨーク》へ出張した時でした。それまでにもＮＹ観光の経験はありましたが、仕事では初めて。（略）

　私は東京よりパワーのあるこの都市に仕事をしに来て、ひどく緊《きん》張《ちょう》していました。けたたましい街中で感じた、静寂と孤独《こどく》。街の中心に近づけば近づくほど、街がブワッと自分の周囲から離《はな》れていくような、不思議な感覚。浮かれているのを隠《かく》すのが㋖セイいっぱいで、悪目立ちしていないかと気が気じゃない。街と自分の間に膜《まく》があるような、この距離《きょり》感は初めての経験でした。

　最初からここの一員じゃないと、こんなにも［4］にくるのか。これはアメリカの片田舎に留学した時にも、海外の都市に観光で訪れた時にも感じたことのない、高揚《こうよう》と緊張と孤独と静寂の混ざった、なんだかよくわからないものでした。とにかく、私がこの街の一員ではないことだけは確かでした。

　（略）

故郷があるから頑張《がんば》れる。
頑張らなきゃ、あとがない。
くだらないしがらみはないから、この街では再起動し放題。
うまくいったら故郷に帰って自慢《じまん》したい。
居場所はある？
下手を打ったら最悪故郷に戻《もど》ればいい。
本当に？
故郷には帰りたくない。
自由だけど孤独。圧倒《あっとう》的孤独。
でもここでなら、あそこではできないなにかができる気がする。
この街でうまくやれない私は最低で、でもこの街にいることは最高だ。

本当に？？？

たった一週間の出張で、⑨私はここまで自家中毒気味になりました。出張と居住では比べ物になりませんが、なんとなく「理解不能」だと思っていた人たちが立つ岸からの景色を、ＮＹで垣間見《かいまみ》た感触《かんしょく》は

を㋑テらし、誘蛾灯《ゆうがとう》のように地方からまた人を集めてくる。④東京人不在の東京狂想曲《きょうそうきょく》の始まりです。

　社会人になると、東京人の疎外《そがい》感はより強くなります。なにかやってやるぜ！　とⓑ息巻いて外から来た人たちが、どんどん東京を変えていく。私たち東京人の想い出の景色が、地方出身者が地元で夢見て描《えが》いた東京イメージにどんどん上書きされます。再開発という名の下《もと》にビルを建てたり壊《こわ》したり。景色と流行りは猛《もう》スピードで塗《ぬ》り替《か》えられ、子供の頃と変わらぬ風景なんて下手《へた》したらひとつもない。

　東京の人間は東京ではマイノリティですから、なにもできずにそれをボーッと見ているだけ。身近に東京があったからこそ、既存《きそん》の流行を奪取《だっしゅ》し、塗り替え、牽引《けんいん》するようなパワーは持ち合わせていない。⑤これがもっさい東京人の哀《かな》しみです。

　⑥東京はまるでプロレスのリングのよう。たまたまリングの上に生まれ育った東京人が茶の間でボーッとお茶を飲んでいると、突然《とつぜん》ドスーン！　とすごい音がして床《ゆか》が揺《ゆ》れる。なにかと思って振《ふ》り返れば、恥《は》ずかしくなるようなⒶ派手なマスクをかぶった地方レスラーがリングに上がってきて、大技を極《き》め派手なポーズをとっている。リングの外からウォ――――！　と歓声があがり、似たような地方レスラーがどんどんリングに上がって新たな大技を極める。私たちは茶の間で寛《くつろ》ぎたいのに、大技の振動《しんどう》で㋒イッコウに落ち着けません。

　【Ⅲ】、東京というリングの上で㋓ヤブれたレスラーは、「ここは冷たい街……」と恨《うら》みごとを吐《は》いてリングをあとにする。こちらとしては、勝手に上がり込《こ》んできた人に茶の間をディスられ大変気分が悪いので「あなたに冷たくしたのは、たぶん東京生まれ東京育ちの人じゃないよ！」と、恨みごとのひとつでもぶつけてやりたくなります。

　次から次へと東京というリングに上がってくるレスラーは煩《うるさ》いものですが、趣向《しゅこう》を凝《こ》らしたマスクにはハッとするほど素敵《すてき》なデザインもあり、なによりリングの上で戦うのは楽しそうに見える。実のところそれはちょっと羨《うらや》ましくもあるのですが、派手なマスク姿を幼馴染《おさななじみ》に見られでもしたら恥ずかしいので、私たち東京出身者は、このリング上で覆面《ふくめん》レスラーになりづらい。東京生まれ東京育ちにとって、ここはリングではなく地続きの人間関係があるⒷ茶の間ですから、かぶりつきで伝説の試合を見るのがせいぜい。その場に立ち会っていたことを、のちのち人に羨ましがられたらラッキーです。

　地方出身の友達が⑦「東京はみんなのもの」と言ったことがあります。これには大変驚《おどろ》きました。「いろいろしがらみはあるけど、やっぱり落ち着ける地元」を残したまま、東京でやりたい放題やってる癖《くせ》に、なにを自分勝手なことを言っているのか。

　東京在住の地方出身者は、自分の地元を思い浮かべて頂きたい。遠くから大量に、とめどなく人が押《お》し寄せてきて景色を変え、「だって、ここはみんなのものでしょ」と言ったらどんな気分になるか……。

　Y中央区勝鬨橋《かちどきばし》の向こう側まで開発された時のあの喪失《そうしつ》感！　もうここまで奴らのバビロンに……と、私は[2]から崩《くず》れ落ちました。（略）

　東京を目指す人たちが見ている東京は、東京じゃない人たちが作った東京。東京の人はと言えば、隣の家も裏の家も、㋔ソウゾクゼイが払《はら》えずに土地を売る。住人を失った家の庭では、毎年綺麗《きれい》な花を咲《さ》かせていた桜の木が切り倒《たお》される。あっという間に、一軒分《いっけんぶん》だった土地に二軒の鉛筆《えんぴつ》みたいな家が建つ。大きなマンションが一棟《いっとう》建てば、知らない人が五百人いっぺんに越《こ》してくる。

（略）

　私のようにⓒ虚栄《きょえい》心の強い東京人にとってなにより大変なのは、Ⓒ外来種が作った東京トレンド的なものに追いつくことです。Ⓓ薄切《うすぎ》

2023年度 世田谷学園中学校

【国　語】〈第一次試験〉（五〇分）〈満点：一〇〇点〉

〔注意〕解答の際には、句読点やカギカッコなどの符号《ふごう》も字数にふくむものとします。

次の文章を読んで、後の問いに答えなさい。

七月に私のお盆《ぼん》（新盆、東京を中心とした首都圏《けん》近辺や、一部の地域で行われている）が終わってしばらくすると、八月には奴《やつ》らのお盆（旧盆）がやってきます。この時期、奴らは帰省をする。すると、私の故郷《ふるさと》東京に束《つか》の間の静寂《せいじゃく》が訪れます。

私は東京生まれ東京育ちです。父方は四代前まで東京です。四代前は江戸《えど》です。「本郷も　かねやすまでは　江戸のうち」と川柳《せんりゅう》にも詠《よ》まれた X 本郷で幼少期を過ごしましたので、私もぎりぎり江戸っ子です。そのあとは小石川で育ちました。文京区万歳《ばんざい》！

親を選べないように、生まれる場所も選べない。私も、私の子供時代の友達《ともだち》も、みな気が付いたら東京に生まれておりました。私は両親も東京出身なので、盆には帰省する場所がありません。子供時代は、①これがまったく理解できませんでした。なぜ、うちの家族は夏や正月に決められた行くべき場所がないのか。お盆になると友人たちはおじいちゃんやおばあちゃんの家に行って、海に入ったり山に登ったり、それはそれは楽しそうでした。

【Ⅰ】、うちのおじいちゃんは隣《となり》の駅に住んでいましたので、なんのスペシャル感もありません。【Ⅱ】夏は近所のプールに行くか、豊島園のプールでⓐ芋《いも》洗いになるか、母の姉が嫁《とつ》いだ山梨にお邪魔《じゃま》したりするしかありませんでした。

東京に生まれ東京に育ち、悪そうな人とはまったく縁《えん》のない人生を送ってきました。幼稚園《ようちえん》時代は㋐マドを開けると後楽園球場から聞こえてくる巨人《きょじん》戦の歓声《かんせい》。小学校では「8時だョ！　全員集合」の観覧に当たった子が羨望《せんぼう》の的。中学時代には近所で行われているドラマの撮影《さつえい》を横 1 に登校し、休日は原宿に遊びに行きました。

高校に入れば雑誌に載《の》っているかっこいい男の子が、友達の友達ぐらいだったりする。雑誌やテレビで紹介《しょうかい》される流行《はや》りのあれこれは、実際に自分の周りで起こっているあれこれと同じでした。十八歳まではそれが普通《ふつう》だと思っていた。この時は、自分が巨大なテーマパークに産み落とされ、遊ばされていただけとは知る由《よし》もなかったのです。

改めて言うまでもなく、いまの東京は東京の外から来た人が作った街です。それに気付いたのは、大学生になってからでしょうか。四月、②上京したてのもさもさした少女は母親ゆずりのアクセサリーで派手に着飾《きかざ》り、東京人ではないと自ら喧伝《けんでん》します。彼女《かのじょ》たちは雑誌やテレビを見て「いつか私も東京に！」と多少なりとも思っていたわけで、それはまるで③炎天下《えんてんか》に鎖《くさり》でつながれていた犬が、ついに鎖をひきちぎって水の入ったボウルに頭から突《つ》っ込《こ》むような勢いでした。と言うか私にはそういう風に見えていた。一方、私たち東京育ちは、生まれた時から東京にふわふわ浮《う》いているだけですから、東京に対する憧《しょう》憬《けい》や焦《あせ》りのパワーがまったく溜《た》まっていません。

私たちがぼんやりしている間に、もっさい少女は何度もトライアル＆エラーを繰《く》り返し、夏が終わる頃《ころ》にはシュッとした流行最先端《さいせんたん》の女に姿を変えます。そうなると、東京で生まれ育った十八年のアドバンテージなど屁《へ》のようなもので、あっという間にＴＯＫＹＯ ＴＲＥＮＤは地方出身者に乗っ取られ、彼女たちは地方在住者が憧《あこが》れる東京のスタンダードになります。

東京人ではない人が東京を作り、そこで生まれた光はガーッと地方

2023年度 世田谷学園中学校 ▶解説と解答

算　数　＜第１次試験＞（60分）＜満点：100点(理数コースは200点)＞

解　答

[1] (1) $\frac{1}{6}$　(2) ５個　(3) 0.4点　(4) 51日間　(5) 300m　(6) ７：２　[2] (1) **頂点**…12個，**辺**…18本，**面**…８個　(2) 28cm^2　[3] (1) **A**…午前８時14分，**B**…午前８時15分　(2) ５分間　[4] (1) 64Ｌ　(2) 午後４時８分　[5] (1) ８％　(2) 640ｇ　[6] (1) **図**…解説の図１を参照のこと。／3.92cm^2　(2) **図**…解説の図２を参照のこと。／1.12cm^2

解　説

[1] 四則計算，整数の性質，平均とのべ，仕事算，割合と比，通過算，体積，相似

(1) $2\frac{1}{4}-5.65\times\left(0.4-\frac{1}{15}\right)-1\frac{3}{5}\times0.125=\frac{9}{4}-5\frac{13}{20}\times\left(\frac{2}{5}-\frac{1}{15}\right)-\frac{8}{5}\times\frac{1}{8}=\frac{9}{4}-\frac{113}{20}\times\left(\frac{6}{15}-\frac{1}{15}\right)-\frac{1}{5}=\frac{9}{4}-\frac{113}{20}\times\frac{5}{15}-\frac{1}{5}=\frac{9}{4}-\frac{113}{60}-\frac{1}{5}=\frac{135}{60}-\frac{113}{60}-\frac{12}{60}=\frac{10}{60}=\frac{1}{6}$

(2) ５で割ると３余る数は{3，8，13，…}であり，これらは5の倍数よりも，５－３＝２小さい数と考えることができる。同様に，７で割ると５余る数は{5，12，19，…}であり，これらは7の倍数よりも，７－５＝２小さい数である。よって，両方に共通する数は，５と７の公倍数よりも２小さい数となる。また，５と７の最小公倍数は35だから，このような数は35の倍数よりも２小さい数になる。よって，200÷35＝５余り25より，１から200までには，35×１－２＝33から，35×５－２＝173までの５個あることがわかる。

(3) 点数が低い順に並べると{0，1，2，3，3，4，4，4，5，5}となるので，中央値は３点と４点の平均の，(３＋４)÷２＝3.5(点)になる。また，10名の合計点は，１＋２＋３×２＋４×３＋５×２＝31(点)だから，平均値は，31÷10＝3.1(点)と求められる。よって，中央値の方が平均値よりも，3.5－3.1＝0.4(点)高い。

(4) Ａ，Ｂが１日にする仕事の量をそれぞれⒶ，Ⓑとすると，Ａが10日，Ｂが７日働いてできる仕事の量は，Ⓐ×10＋Ⓑ×７となり，Ａが７日，Ｂが10日働いてできる仕事の量は，Ⓐ×７＋Ⓑ×10となる。これらの比が，１：(１－0.2)＝５：４なので，(Ⓐ×10＋Ⓑ×７)：(Ⓐ×７＋Ⓑ×10)＝５：４と表すことができる。また，$P:Q=R:S$のとき，$P\times S=Q\times R$となるから，(Ⓐ×10＋Ⓑ×７)×４＝(Ⓐ×７＋Ⓑ×10)×５，Ⓐ×40＋Ⓑ×28＝Ⓐ×35＋Ⓑ×50，Ⓐ×40－Ⓐ×35＝Ⓑ×50－Ⓑ×28，Ⓐ×５＝Ⓑ×22より，Ⓐ：Ⓑ＝$\frac{1}{5}:\frac{1}{22}$＝22：５とわかる。そこで，Ⓐ＝22，Ⓑ＝５とすると，この仕事全体の量は，22×10＋５×７＝255となるので，この仕事をＢが一人でするときにかかる日数は，255÷５＝51(日間)と求められる。

(5) 列車の長さを□mとして図に表すと，右の図１，図２のよう

図１

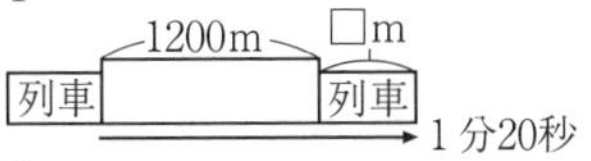

図２

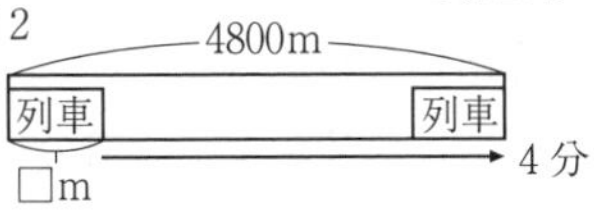

になる。図１で列車が走った長さは(1200＋□)m，図２で列車が走った長さは(4800－□)mだから，図１と図２で列車が走った長さの合計は，(1200＋□)＋(4800－□)＝6000(m)になる。また，図１と図２で列車が走った時間の合計は，１分20秒＋４分＝５分20秒なので，この列車の速さは毎分，$6000\div5\frac{20}{60}$＝1125(m)とわかる。よって，図２で列車が走った長さは，1125×４＝4500(m)だから，列車の長さは，4800－4500＝300(m)と求められる。

⑹　正面から見ると下の図３のようになる。三角形OCDと三角形OABは相似であり，相似比は，OC：OA＝３：(３＋６)＝１：３なので，三角形OCDを１回転してできる円すいと三角形OABを１回転してできる円すいの体積の比は，(１×１×１)：(３×３×３)＝１：27とわかる。また，三角形OCDを１回転してできる円すいと長方形CEFDを１回転してできる円柱(くり抜《ぬ》いた円柱)は，底面積が等しく高さの比が，OC：CA＝３：６＝１：２だから，体積の比は，(１÷３)：２＝１：６である。よって，三角形OCDを１回転してできる円すいの体積を１とすると，くり抜いた円柱の体積は６，残った立体の体積は，27－６＝21となるので，立体の体積とくり抜いた円柱の体積の比は，21：６＝７：２と求められる。

図３

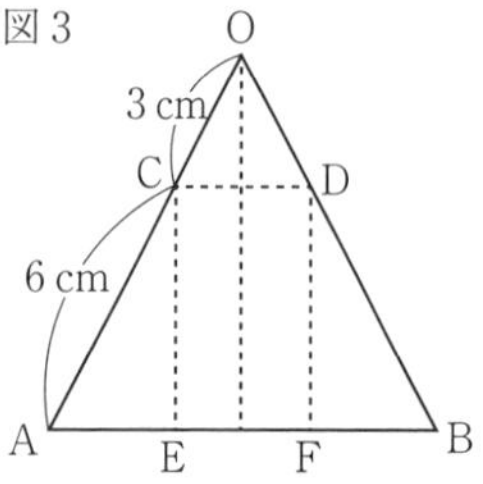

図４

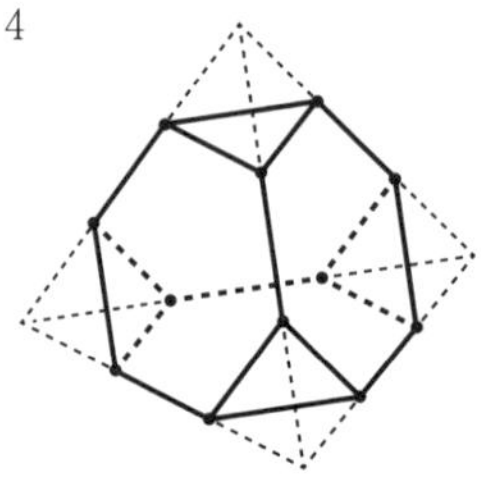

図５

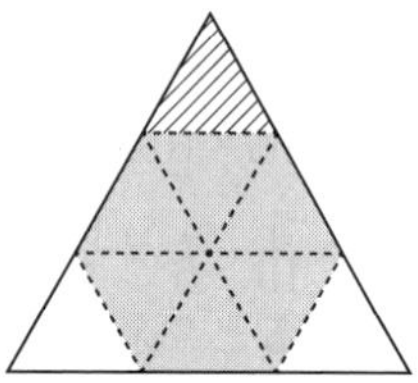

2　立体図形—分割，構成，表面積

⑴　立体Xは上の図４のような立体である。この立体には正三角形の面が４個あるから，頂点の数は，３×４＝12(個)とわかる。また，正三角形の辺の数の合計は，３×４＝12(本)であり，このほかにもとの三角すいの辺で残っている辺が６本あるので，辺の数は，12＋６＝18(本)と求められる。さらに，正三角形の面が４個と正六角形の面が４個あるから，面の数は，４＋４＝８(個)とわかる。

⑵　もとの三角すいの１つの面は，上の図５のように同じ大きさの９個の正三角形に分けることができる。また，もとの三角すいの１つの面の面積は，36÷４＝９(cm^2)なので，図５の小さな正三角形１個の面積は，９÷９＝１(cm^2)になる。次に，図４の正三角形の面の面積は図５の斜線《しゃせん》部分の面積と等しく１cm^{2}であり，図４の正六角形の面の面積は図５のかげをつけた部分の面積と等しく，１×６＝６(cm^2)である。これらが４個ずつあるから，立体Xの表面積は，(１＋６)×４＝28(cm^2)と求められる。

3　速さ，つるかめ算

⑴　AがX駅から学校まで歩くのにかかる時間は，２÷５＝0.4(時間)，60×0.4＝24(分)だから，Aが学校に着く時刻は，７時50分＋24分＝８時14分である。また，X駅を７時55分に出発する電車がY駅に着く時刻は，７時55分＋２分＝７時57分であり，BがY駅から学校まで歩くのにかかる時間は，1.5÷５＝0.3(時間)，60×0.3＝18(分)なので，Bが学校に着く時刻は，７時57分＋18分＝８時15分とわかる。

⑵　BがX駅を７時51分に出発する電車に乗ると，Bが学校に着く時刻は，７時51分＋２分＋18分＝８時11分になる。よって，AはX駅から学校までの２kmを，８時11分－７時50分＝21分で進め

ばよいから，Ａの進み方は右のようにまとめることができる。時速５kmで21分進むと，５×$\frac{21}{60}$＝$\frac{7}{4}$(km)進むので，実際に進む道のりよりも，２－$\frac{7}{4}$＝$\frac{1}{4}$(km)短くなる。時速５kmのかわりに時速８kmで進むと，進む道のりは１時間あたり，８－５＝３(km)長くなるから，時速８kmで進む時間を，$\frac{1}{4}$÷３＝$\frac{1}{12}$(時間)，60×$\frac{1}{12}$＝５(分間)にすればよいことがわかる。

時速５km｝合わせて
時速８km｝21分で２km

4 ニュートン算

⑴　２分間に１Ｌの割合で排水《はいすい》するときに１分間に排水する量は，１÷２＝$\frac{1}{2}$(Ｌ)だから，２時から５時12分までの，５時12分－２時＝３時間12分＝192分で排水する量は，$\frac{1}{2}$×192＝96(Ｌ)となる。また，６分間に５Ｌの割合で排水するときに１分間に排水する量は，５÷６＝$\frac{5}{6}$(Ｌ)なので，２時から３時36分までの，３時36分－２時＝１時間36分＝96分で排水する量は，$\frac{5}{6}$×96＝80(Ｌ)とわかる。よって，１分間に注ぐ水の量を$\boxed{1}$Ｌとして図に表すと，右上のようになる。この図で，$\boxed{192}$－$\boxed{96}$＝$\boxed{96}$にあたる量が，96－80＝16(Ｌ)だから，$\boxed{1}$にあたる量は，16÷96＝$\frac{1}{6}$(Ｌ)となる。したがって，$\boxed{192}$にあたる量は，$\frac{1}{6}$×192＝32(Ｌ)なので，最初(午後２時)に入っている水の量は，96－32＝64(Ｌ)と求められる。

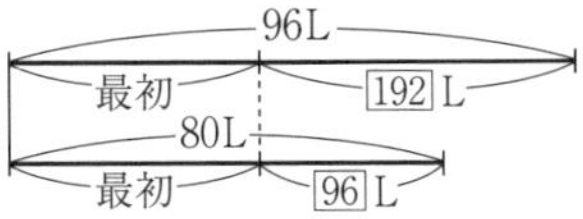

⑵　３分間に２Ｌの割合で排水するときに１分間に排水する量は，２÷３＝$\frac{2}{3}$(Ｌ)だから，水そうに入っている水の量は１分間に，$\frac{2}{3}$－$\frac{1}{6}$＝$\frac{1}{2}$(Ｌ)の割合で減る。よって，64Ｌの水がなくなるまでの時間は，64÷$\frac{1}{2}$＝128(分)なので，水そうが空になる時刻は，２時＋128分＝２時＋２時間８分＝４時８分と求められる。

5 濃度《のうど》

⑴　Ａ200ｇ，Ｂ300ｇ，Ｃ400ｇを混ぜると，濃度８％の食塩水が，200＋300＋400＝900(ｇ)できる。ここで，(食塩の重さ)＝(食塩水の重さ)×(濃度)より，この中に含《ふく》まれている食塩の重さは，900×0.08＝72(ｇ)とわかる。そのうちＡ200ｇに含まれている食塩の重さは，200×0.1＝20(ｇ)だから，B300ｇとC400ｇに含まれている食塩の重さの和は，72－20＝52(ｇ)と求められる。同様に，Ａ400ｇ，Ｂ300ｇ，Ｃ50ｇを混ぜると，濃度９％の食塩水が，400＋300＋50＝750(ｇ)できる。この中に含まれている食塩の重さは，750×0.09＝67.5(ｇ)であり，そのうちＡ400ｇに含まれている食塩の重さは，400×0.1＝40(ｇ)なので，B300ｇとC50ｇに含まれている食塩の重さの和は，67.5－40＝27.5(ｇ)となる。＿と＝を比べるとＢの重さは同じだから，Ｃの食塩水，400－50＝350(ｇ)に含まれている食塩の重さが，52－27.5＝24.5(ｇ)となり，Ｃの濃度は，24.5÷350×100＝７(％)と求められる。よって，＿でC400ｇに含まれている食塩の重さは，400×0.07＝28(ｇ)とわかるので，B300ｇに含まれている食塩の重さは，52－28＝24(ｇ)となり，Ｂの濃度は，24÷300×100＝８(％)と求められる。

⑵　Ａ(濃度10％)とＢ(濃度８％)を１：２の割合で混ぜた食塩水の濃度は，(１×0.1＋２×0.08)÷(１＋２)×100＝$\frac{26}{3}$(％)になる。よって，この食塩水の重さを□ｇ，Ｃ(濃度７％)の重さを△ｇとして図に表すと右のようになる。この図で，ア：イ＝$\left(\frac{26}{3}-7.6\right)$：(7.6－７)＝16：

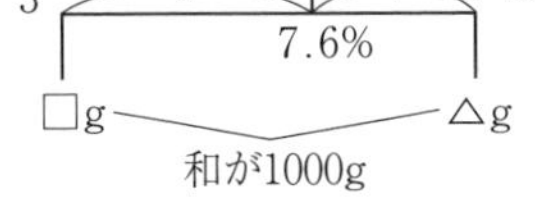

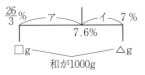

9だから，□：△＝$\frac{1}{16}$：$\frac{1}{9}$＝９：16とわかる。また，この和が1000ｇなので，Ｃから取り出した重さは，$1000\times\frac{16}{9+16}$＝640(ｇ)と求められる。

6 平面図形―構成，面積

⑴　右の図１のようになる。三角形ＯＡＢは１辺の長さが２cmの正三角形だから，面積は１辺の長さが１cmの正三角形の面積の，２×２＝４(倍)であり，0.425×４＝1.7(cm^2)とわかる。よって，太点線で囲んだ六角形の面積は，1.7×６＝10.2(cm^2)となる。また，かげをつけたおうぎ形の面積は，$1\times1\times3.14\times\frac{60}{360}=\frac{1}{6}\times3.14$($cm^2$)であり，太点線の内側にはこれが全部で，２×６＝12(個)ある。したがって，斜線部分の面積は，$10.2-\frac{1}{6}\times3.14\times12=10.2-6.28=3.92$($cm^2$)と求められる。

図１

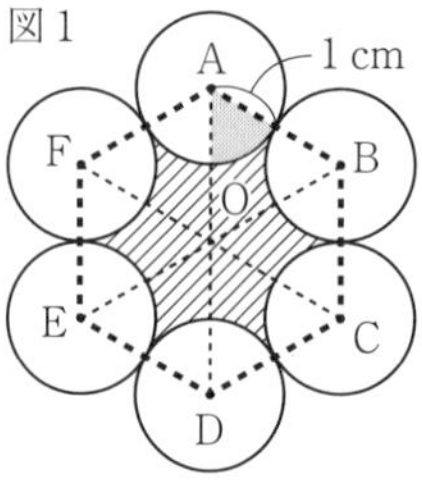

図２

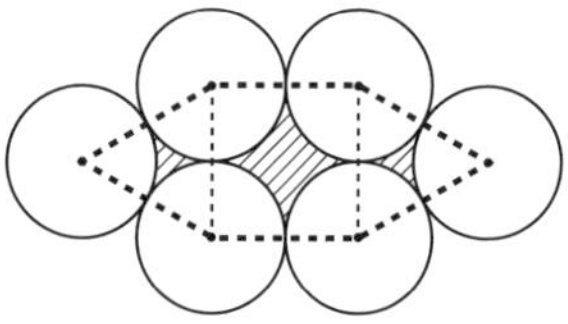

⑵　右上の図２のようになる。左右の斜線部分の面積はどちらも，$1.7-\frac{1}{6}\times3.14\times3=1.7-1.57=0.13$($cm^2$)となる。また，中央の斜線部分の面積は，１辺の長さが２cmの正方形の面積から半径が１cmの四分円４個(つまり円１個)の面積をひくことにより，２×２－１×１×3.14＝４－3.14＝0.86(cm^2)と求められる。よって，全部で，0.13×２＋0.86＝1.12(cm^2)となる。

社　会　＜第１次試験＞（30分）＜満点：50点＞

解　答

1　**問１**　１　若狭　　２　八郎潟　　**問２**　(オ)　　**問３**　(エ)　　**問４**　(ウ)　　**問５**　(ウ)　　**問６**　(イ)　　**問７**　(ア)　　**問８**　(イ)　　**問９**　(ア)　　**問10**　(イ)　　**問11**　(ウ)　　**問12**　(あ)

2　**問１**　１　卑弥呼　　２　推古　　３　北条政子　　４　津田梅子　　５　与謝野晶子　　６　太陽　　**問２**　(エ)　　**問３**　(ウ)　　**問４**　(イ)　　**問５**　①　　**問６**　(イ)　　**問７**　(イ)　　**問８**　(エ)

3　**問１**　日米修好通商条約　　**問２**　(エ)　　**問３**　(例)　福岡港の水揚量は多くないが，付加価値の高い魚介類の取り扱い量が多いため，水揚額が第２位となっている。　**問４**　(例)　大型船は港に接岸できないため，輸送される荷物は沖で小型船に積みかえる必要があった。さらに，内陸へ輸送するための水路も狭いため，河岸は小型船の船着き場として利用されていたと考えられる。　　**問５**　(エ)　　**問６**　(ウ)　　**問７**　(ア)　　**問８**　(ウ)　　**問９**　(エ)　　**問10**　(例)　開発により自然環境が変化することで，生態系や漁業への影響が出てくると考えられる。

解　説

1 全国的に有名な駅弁を題材にした問題

問１　**１**　若狭湾は福井県と京都府の日本海側に広がる湾で，沿岸部は土地が沈《しず》みこんで形成されたリアス海岸である。　　**２**　八郎潟はかつて琵琶湖(滋賀県)についで日本で２番目に大きな湖であったが，干拓によって大潟村が形成された。

問２　おもに盆地で栽培されているももの生産量は山梨県が全国一で，以下福島・長野・山形の各県が続く。温暖な気候を好むみかんの生産量は和歌山県が全国一で，以下愛媛・静岡・熊本の各県が続く。日本各地で生産されている日本なしの生産量は茨城県が全国一で，以下千葉・栃木・福島の各県が続く。統計資料は『日本国勢図会』2021／22年版，『地理統計要覧』2022年版などによる（以下同じ）。

問３　山陽新幹線は，新大阪駅（大阪府）から兵庫・岡山・広島・山口の各県を経由して博多駅（福岡県）までを結ぶ。ポートアイランドは神戸港（兵庫県）の沖合にある人工島なので，(エ)があてはまる。なお，(ア)は長野県，(イ)は静岡県，(ウ)は三重県。

問４　岡山県倉敷市の水島地区には，高梁《たかはし》川の河口に埋《う》め立てや海底などの土砂《どしゃ》を掘削《くっさく》するなどして石油化学コンビナートがつくられた。なお，［ａ］と［Ｙ］は広島市の写真と説明。

問５　地図の①は陸奥湾（青森県）で水温が低いためほたてがい，②は広島湾で水温が高くも低くもなりすぎないためかき類，③は有明海で遠浅の海であるためのり類の養殖がさかんである。

問６　庄内平野（山形県）は最上川の下流に開けた平野で，日本有数の米どころとして知られる。よって，(イ)が正しい。なお，(ア)の仙台平野（宮城県）には北上川・阿武隈川が流れ，雄物川の下流は秋田平野。(ウ)の石狩平野（北海道）には石狩川が流れ，天塩川（北海道）の下流は天塩平野。(エ)の富山平野には神通川や庄川が流れ，阿賀野川の下流は越後平野（新潟県）。

問７　日本海側の気候は冬の北西の季節風の影響で，冬の降水量（積雪量）が多い。よって，雨温図は(ア)があてはまる。なお，(イ)は瀬戸内の気候，(ウ)は内陸性（中央高地）の気候，(エ)は亜《あ》熱帯の気候。

問８　名古屋市を中心とした大都市圏《けん》の近くにある知多半島（愛知県）は，大都市に距離が近い利点を生かした近郊農業や電照菊で有名な園芸栽培がさかんである。よって，(イ)が正しい。なお，(ア)の宮崎平野は温暖な気候を生かし，ビニールハウスなどの施設も利用した野菜の促成栽培が，(ウ)の野辺山原（長野県）は涼しい気候を利用した野菜の抑制栽培が，(エ)の三浦半島（神奈川県）は温暖な気候を利用した近郊農業がさかんである。

問９　羽田空港（東京都），新千歳空港（北海道），大阪空港は航空路の基幹路線にあたる空港だが，北九州空港（福岡県）はローカル路線に分類され，近くに基幹路線の一つである福岡空港もあるため，旅客輸送量は羽田空港－北九州空港間が最も少ない。

問10　益子焼は栃木県益子町周辺でつくられる伝統的な焼き物で，益子町は北緯36～37度に位置するので，石川県金沢市とほぼ同緯度である。よって，金沢市の伝統的工芸品である(イ)の「九谷焼」があてはまる。なお，(ア)の「西陣織」は京都市，(ウ)の「備前焼」は備前市（岡山県），(エ)の「津軽塗」は弘前《ひろさき》市（青森県）の伝統的工芸品。

問11　日本の肉類のおもな輸入先は，アメリカ（合衆国）・タイ・オーストラリアなどで，牛肉はオーストラリアとアメリカ，豚肉はアメリカとカナダ，鶏肉はブラジルとタイからの輸入量が多い。よって，(ウ)が正しい。なお，アメリカ合衆国が約７割を占《し》める(ア)は大豆，オーストラリアとインドネシアで約７割を超《こ》える(イ)は石炭，中国やアジア諸国からの輸入が多い(エ)は衣類の輸入先。

問12　(あ)の「桃太郎の祭ずし」は岡山県，(い)の「かきめし」は北海道，(う)の「鯛の舞」は福井県，(え)の「ひっぱりだこ飯」は兵庫県，(お)の「特製　牛めし」は秋田県の駅弁なので，(あ)が最も西に位置する。

２　歴史上の女性についての問題

問１　**1**　中国の歴史書『魏志』倭人伝によると，卑弥呼は３世紀に存在した邪馬台国の女王で，魏《ぎ》(中国)に使いを送り，皇帝から「親魏倭王」の称号や金印，銅鏡100枚などを授けられたとされている。　**2**　推古天皇は６世紀末に即位した女性の天皇で，おいの聖徳太子(厩戸皇子)を摂政《せっしょう》にして政治を行った。　**3**　北条政子は鎌倉幕府の初代将軍である源頼朝の妻で，頼朝が亡《な》くなったあとは父の北条時政らとともに政治を担ったので「尼《あま》将軍」とよばれた。　**4**　津田梅子は1871年に明治政府が欧米に派遣した，岩倉具視を団長とする使節団に随行し，初の女子留学生となった。帰国すると1900年に女子英学塾(のちの津田塾大学)を創立し，女子教育に尽力《じんりょく》した。　**5**　与謝野晶子は明治時代に活躍した歌人で，代表的歌集に『みだれ髪』がある。日露戦争(1904～05年)のさい，出征した弟の身を案じて雑誌『明星』に「君死にたまふことなかれ」を発表し，戦争に反対した。　**6**　平塚らいてうは大正時代に活躍した女性解放運動家で，女性の文学団体である青鞜《せいとう》社を設立し，雑誌『青鞜』を創刊したが，その冒頭で「元始，女性は実に太陽であった…」と記している。

問２　(ア)は1159年，(イ)は1185年，(ウ)は1156年，(エ)は1180年のできごとなので，古いものから順に(ウ)→(ア)→(エ)→(イ)となる。

問３　1221年に後鳥羽上皇が幕府から政権を取り戻そうと承久の乱を起こしたが，鎌倉幕府に敗れた。その後，幕府は後鳥羽上皇を隠岐《おき》(島根県)に流し，京都に六波羅探題を設置して朝廷や西国の御家人を監視《かんし》した。なお，大宰府は九州に置かれた外交を担う朝廷の出先機関である。

問４　紫式部は平安時代に長編小説『源氏物語』を，清少納言は平安時代に随筆『枕草子』を，樋口一葉は明治時代に小説『たけくらべ』を著した。

問５　織田信長は尾張《おわり》国(愛知県西部)の戦国大名で，全国統一の拠点《きょてん》として琵琶湖(滋賀県)の東岸に安土城を築《きず》いた。

問６　15世紀前半に現在の沖縄に成立した琉球王国は，17世紀初めに薩摩藩(鹿児島県)の支配を受けたが，明・清(中国)にも属する立場をとった。明治時代に入ると，政府は琉球王国を廃止して1872年に琉球藩を置き，1879年には沖縄県を設置して日本に併合した(琉球処分)。

問７　日露戦争では日本海海戦でロシアのバルチック艦隊をやぶるなど，日本は戦争を優位に進めた。また，ポーツマス条約では朝鮮に対する日本の優位性，南満州鉄道の権利や樺太(サハリン)の南半分を譲り受けた。朝鮮の独立を清に認めさせ，台湾を譲り受けたのは日清戦争(1894～95年)の講和条約である下関条約である。

問８　大正時代，1925年に普通選挙法が制定され，満25歳以上のすべての男子に選挙権が認められたが，このとき女性参政権はまだ実現していない。なお，日本で女性参政権が認められるようになったのは太平洋戦争後の1945年のことである。

3　商品の流通や貿易についての問題

問１　江戸時代，幕府は鎖国政策をとっていたが，1854年に日米和親条約を結んで開国した。1858年には幕府の大老であった井伊直弼とアメリカ総領事ハリスとの間で日米修好通商条約が結ばれ，貿易を開始した。

問２　［表１］において，64歳以下の漁業従事役員は7514人で，全漁業従事役員は10805人なので，全体に占める64歳以下の漁業従事役員の割合は，7514÷10805×100＝69.5…より，約70％になる。なお，(ア)は［図１］から，平成30年の海面漁業の経営体数は５年前に比べて約16％の減少になる。

(イ)は［図１］から，平成20年から平成30年の養殖業の経営体数の減少率は約29%，養殖業以外の海面漁業の経営体数の減少率は約32%である。(ウ)は［表１］から，65歳以上の漁業従事世帯員は全漁業従事世帯員の約50%となっている。

問３　［表２］の水揚《みずあげ》額において，福岡港は焼津港(静岡県)につぐ第２位である。一方，［表３］の水揚量では，福岡港は11位と順位が低い。これは水揚量が少なくても，高級魚など付加価値の高い魚介《ぎょかい》類の取り扱《あつか》い量が多いからである。

問４　［図２］を見ると，河岸は水路沿いに多く分布していることがわかる。また，［図３］では，帆船《はんせん》が沖に停泊し，沿岸付近に小型船がいくつか見える。つまり，大型の帆船は河岸に接岸できず，また水路も狭いため，帆船の荷物は沖でいったん小型船に積みかえる作業を行い，内陸に輸送することを繰り返した。そうしたことから，河岸は小型船の船着き場として利用された。

問５　［表４］において，［Ｘ］は1980年以降，［Ｙ］は1990年以降，船舶の竣工《しゅんこう》量を伸ばしているが，［Ｚ］は1970年にすでに船舶の竣工量が多いことが読み取れる。また，説明文に［Ｘ］は「アジアNIEs(新興工業経済地域)の一つ」とあるので韓国(大韓民国)，［Ｙ］は「経済制度の改革」とあるので中国(中華人民共和国)，［Ｚ］は「高度経済成長」とあるので日本とわかる。

問６　石油化学工業の原料になる原油のほとんどはタンカーで輸入されるため，工場は臨海部に立地する。また，製品にはプラスチックや合成ゴム・合成繊維などがある。

問７　［写真２］を見ると，コンテナを輸送するトラックが順番を待って待機しているようすがうかがえる。［図４］には，国土交通省が発行するPSカードによる「出入管理システム」のようすが描かれ，コンテナの積み下ろしがスムーズに行えるように，情報を管理していることがわかる。しかし，原油はタンカー，自動車は専用船で運ぶのが一般的で，コンテナ船は使わないので，(ア)が正しくない。

問８　［パリ協定の内容］を見ると，温室効果ガス排出量削減について，すべての国が対象となっているが，「温室効果ガスの削減目標値を各国が自ら決定」とあり，統一的な削減目標はない。

問９　［図５］において，1961年から2017年にかけて，「世界」と「アジア」の増加率は２倍以上になっているが，「オセアニア」は1.5倍程度である。［図６］において，1961年から2017年にかけて，「中国」は５倍以上になっているが，「インドネシア」は４倍程度である。

問10　「お台場」や「横浜みなとみらい21」のような臨海部の開発は，大規模な埋め立てによるものなので，沿岸の自然環境が大きく変わり，海の生態系や漁業にも影響が出ることが考えられる。

理　科　＜第１次試験＞（30分）＜満点：50点(理数コースは100点)＞

解　答

1 **問１** (1) フィラメント　(2) タングステン　(3) (ア) ×　(イ) ×　(ウ) ×　(エ) ○　**問２** (イ)，(オ)　**問３** B，D　**問４** (い)，(う)，(か)　**問５** (あ)，(え)，(き)　**問６** (1) 8　(2) 180 mA　(3) 1.3倍　2 **問１** 水素　**問２** (エ)　**問３** 1：9　**問４** $65cm^3$　**問５** (例) 発生した二酸化炭素が水にとけるから。

問６　2.3倍　**問７**　3.1倍　**3**　**問１**　**Ａ**　光　**Ｂ**　脳　**問２**　**左目**…(エ)　**右目**…(イ)　**問３**　**Ｘ**　肉食　**Ｙ**　草食　**問４**　(例)　樹の上　**問５**　(例)　上の図

解　説

1　電球のつくりと電流回路についての問題

問１　(1)　Ａは光を発する部分で，フィラメントという。　(2)　フィラメントはタングステンという金属でできている。　(3)　タングステンは金属の一種で合金ではなく，電気ていこう(電流の流れにくさ)が大きいため，電流を流すと発熱して光を発する。熱に強く，高温にならないととけないため，フィラメントの材質に適している。

問２　Ｂのガラス球の内部に空気(酸素)が入っていると，タングステンが燃えてしまい，切れやすくなるため，当初の電球は内部が真空だった。ところが，これだとタングステンが蒸発してガラスが黒くなる現象が起こりやすいので，これをおさえるために，タングステンと反応しにくいちっ素を内部につめることにした。さらに，ちっ素の場合よりも電気の効率がよくなるアルゴンをつめるようになって，現在に至っている。

問３　フィラメントの一方はＥのへそにつながり，もう一方はＣの口金につながっている。よって，ＣとＥでショートしないように，それらの間のＤは電気を通しにくい絶えん体となっている。また，Ｂのガラス球も絶えん体である。

問４　電流がＣから入ってＥから出るか，Ｅから入ってＣから出るような回路であれば，電球が光る。(い)と(う)では電球が光り，(か)では電球がすべて光る。(お)は，左側の電球は光るものの，右側の電球は電流が流れず光らない。

問５　(あ)と(え)は，電流がＣまたはＥだけを通り，そこでショートしてしまって，電球内に電流が流れない。(き)は，電池の＋極と－極が直接つながっていて，正しい並列つなぎとなっていない。

問６　(1)　回路全体に流れる電流の大きさは，直列につないだ電池の数に比例し，直列につないだ電球の数に反比例する。よって，直列につないだ電球の数を□個とすると，$720\times3\times\frac{1}{□}=270$となるので，□＝720×３÷270＝８(個)と求められる。　(2)　電池の並列つなぎは，電流を流すはたらきが電池１個のときと変わらないので，これに電球が２個直列つなぎになっている図４の回路の場合，電球に流れる電流の大きさは，図３の回路の半分となり，$720\times\frac{1}{2}=360$(mA)となる。電流計は片方の電池から流れる電流を計測しているので，その値は，$360\times\frac{1}{2}=180$(mA)になる。
(3)　図５の回路で，ａの部分が導線の場合，並列つなぎの電球それぞれに720mAが流れるので，電流計の値は，720＋720＝1440(mA)となる。また，ａの部分に電球を入れた場合，電球２個の直列つなぎの側に360mA，１個の電球の側に720mAが流れるので，電流計の値は，360＋720＝1080(mA)になる。したがって，電流計の値は，1440÷1080＝1.33…より，1.3倍になることがわかる。

2　金属と塩酸の反応についての問題

問１　鉄やマグネシウム，アルミニウムなどは，塩酸に入れると，水素を発生しながらとける。

問２　この実験では，塩酸にとかした鉄の重さと発生した気体の体積の関係についてだけ調べており，はかりとった鉄粉が完全にとけてなくなるまで希塩酸を加えるので，希塩酸の濃《こ》さや量を正確に知る必要がない。よって，(エ)が選べる。

問３　たとえば，35％の塩酸100ｇをうすめるとする。これにふくまれる塩化水素は，100×0.35＝

35(g)なので，できた3.5％の希塩酸にも塩化水素が35gふくまれる。よって，3.5％の希塩酸が，35÷0.035＝1000(g)できることになる。このとき加える水は，1000－100＝900(g)だから，混ぜる塩酸と水の重さの比は，100：900＝１：９となる。

問４　メスシリンダーでは，液面の中央付近のへこんだところで値を読み取るので，図２より，集まった気体の体積は65cm^{3}である。

問５　石灰石に希塩酸を加えると，二酸化炭素が発生する。二酸化炭素は水にややとけやすいため，図１の装置(水上置換《ちかん》)の場合，発生した二酸化炭素が集める過程で水にふれて一部がとけこんでしまう。そのため，集めた気体の体積が実際に発生した気体の体積よりも少なくなる。

問６　図４より，鉄が35mgとけると気体が15cm^{3}発生するので，気体を30cm^{3}発生させるには鉄が，$35\times\frac{30}{15}=70$(mg)必要である。一方，気体を30cm^{3}発生させるのに，マグネシウムは30mg必要である。よって，70÷30＝2.33…より，鉄はマグネシウムの2.3倍の重さが必要となる。

問７　図４より，アルミニウムが30mgとけると気体が40cm^{3}発生する。したがって，アルミニウムと鉄を１mgだけとかしたときに発生する気体の体積を比べると，$\frac{40}{30}\div\frac{15}{35}=3.11$…より，アルミニウムは鉄の3.1倍になる。

[3] 目でものを見るしくみについての問題

問１　**A**　目の中に入った光は，レンズ(水しょう体)で曲げられ，ガラス体を通り，その奥《おく》にある網膜《もうまく》の上に像を結ぶ。　**B**　網膜上にできた像の情報は，視神経を通って脳に届けられる。

問２　小学生からペンまでの距離《きょり》とペンから紙までの距離の比が，50：50＝１：１であり，左右の目の中間から左目までの距離は約３cmと考えられるので，左目ではペンの位置が四字熟語の中間より３cm右側にずれて(エ)のように見える。同様に，右目ではペンの位置が四字熟語の中間より３cm左側にずれて(イ)のように見える。

問３　肉食動物は，えものまでの距離がわかりやすいように，目が顔の前に２つ並んでいる。一方，草食動物は，近づく敵にいち早く気づいて身を守るため，広いはんいを見わたせるように，目は顔の横についている。

問４　サルは樹上で生活していて，木から木へ飛び移るようにして移動するには，遠近感が重要である。よって，目が顔の前についている方が都合がよい。

問５　たとえば解答の図のように，白黒のしま模様の中に白いシンボルマークがあるような絵をかくとよい。また，図１の左側の図形のように，大小さまざまな黒い丸をかき，その中に白いシンボルマークがあるような絵でもよい。

国語　＜第１次試験＞（50分）＜満点：100点＞

解答

問１　下記を参照のこと。　**問２**　ⓐ　イ　ⓑ　ア　ⓒ　エ　**問３**　**１**　エ　**２**　オ　**３**　イ　**４**　ウ　**問４**　**Ⅰ**　エ　**Ⅱ**　イ　**Ⅲ**　ア　**問５**　エ　**問６**　Ⓑ，Ⓕ　**問７**　憧憬や焦りのパワー　**問８**　ア　**問９**　(例)　東京出身者は東京への憧憬や焦りを抱けず，気恥ずかしさもあって自分を磨くこともなく過ごしてしまうから。　**問10**　巨大なテーマ

パーク　**問11**　ウ　**問12**　X　強いコンプレックス　Y　高揚と緊張と孤独と静寂　Z　故郷　**問13**　オ　**問14**　イ　**問15**　エ　**問16**　⑴　i　C　ii　D　⑵　ア　**問17**　i　東京もあと　ii　（例）　震災によって故郷を奪われた人々がいるのと同様に，東京においても開発のために懐かしい場所を失った人たちがいるため，故郷喪失損害は認められるべきだと考える。　**問18**　（例）　孤独な地方出身者の心のよりどころとなる景観を取り入れつつ，東京出身者と地方出身者の交流の場を確保し，一緒になって新しい街づくりを行っていく都市計画が練られるとよいと考える。

●漢字の書き取り

問１　㋐　窓　㋑　照(らし)　㋒　一向(に)　㋓　敗(れ)　㋔　相続税　㋕　洗礼　㋖　精　㋗　移(り)　㋘　吸(い)　㋙　想起

解　説

出典はジェーン・スーの『貴様いつまで女子でいるつもりだ問題』による。東京で生まれ育った筆者が，地方出身者に対する思いや故郷というものに対する思いを語っている。

問１　㋐　音読みは「ソウ」で，「車窓」などの熟語がある。　㋑　音読みは「ショウ」で，「照明」などの熟語がある。　㋒　少しも。まったく。　㋓　音読みは「ハイ」で，「敗北」などの熟語がある。　㋔　親族が死亡した場合に受けついだ財産に課せられる税。　㋕　後の自分に影《えい》響《きょう》を与《あた》えるようなことについて初めての経験をすること。　㋖　「精いっぱい」で，“自分が持っている力のすべて”という意味。　㋗　音読みは「イ」で，「移動」などの熟語がある。　㋘　音読みは「キュウ」で，「呼吸」などの熟語がある。　㋙　思い出すこと。

問２　ⓐ　「芋《いも》洗い」は，たいへん混み合っていることのたとえ。　ⓑ　「息巻く」は，“いきおいこんで言う”という意味。　ⓒ　「虚栄《きょえい》心」は，自分を実質以上に見せようとする心。

問３　**１**　「横目に」は，ちらっと見るだけでかかわろうとしないことという意味。　**２**　「膝《ひざ》から崩《くず》れ落ちる」は，“落胆《らくたん》や強い衝撃《しょうげき》などから，倒《たお》れ込《こ》む”という意味。　**３**　「首を突《つ》っ込む」は，“興味を持ってかかわろうとする”という意味。　**４**　筆者がひどく緊張《きんちょう》してストレスを感じているときの状態なので，「胃にくる」がふさわしい。

問４　Ⅰ　「おじいちゃんやおばあちゃんの家に行って～楽しそう」な友人たちの話をした後，おじいちゃんが隣《となり》の駅に住んでいたために「なんのスペシャル感」もなかった自分について筆者は語っている。よって，話を変えて関連するもう一つのほうについて言うときに用いる「一方」が合う。
Ⅱ　夏になると友人たちはおじいちゃんやおばあちゃんの家に行くが，筆者のおじいちゃんは近くに住んでいたので，プールや母の姉の家に行くしかなかったという文脈である。よって，前のことがらを理由・原因として，後にその結果をつなげるときに用いる「だから」がふさわしい。　Ⅲ　次々と奇抜《きばつ》なかっこうで現れて大技を極《き》める地方レスラー（地方出身者のたとえ）のせいで東京人はくつろげないと述べた後，そのうえ東京でうまくいかないと「冷たい街」だと恨《うら》みごとを吐《は》いて去っていくと続けているので，前のことがらを受けて，さらに別のことを加えるときに使う「しかも」が合う。

問５　続く部分で，おじいちゃんやおばあちゃんの家に行って楽しそうな友人たちとちがい，「なぜ，うちの家族は夏や正月に決められた行くべき場所がないのか」という当時の筆者の疑問が述べられている。よって，エが選べる。

問６　ぼう線②は，地方から上京したての少女について述べられた部分である。本文中ではほかにも，「派手なマスクをかぶった地方レスラー」，「外来種」，「薄《うす》切りトリュフが大量にかかったフォアグラ」，「息子《むすこ》の嫁《よめ》」といった形で，地方から上京した少女が表現されている。

問７　上京した少女たちには，「いつか私も東京に！」という「東京に対する憧憬《しょうけい》や焦《あせ》りのパワー」がたまっていて，その状態で上京するので勢いがあるのだと考えられる。

問８　直前に注目する。ぼう線④は，東京を舞台《ぶたい》に，もともと東京に住んでいた東京人をよそに「東京人ではない人が～集めてくる」ということがくり広げられているようすを言い表している。

問９　初めは地方から上京した少女たちのことを「もっさい」と言っていたが，彼女《かのじょ》たちはあっという間に流行最先端《せんたん》の女に姿を変える。ところが，東京で生まれ育った筆者には彼女たちのようなパワーもなく，派手で大胆《だいたん》なファッションをしている姿を「幼馴染《おさななじみ》に見られでもしたら恥《は》ずかしい」という思いもあるため，自分を磨《みが》くこともなくボーッと過ごしてしまうのである。

問10　東京の外から来た人たちが勝手に作った世界というような意味で使われている言葉をさがすと，ぼう線②の一つ前の段落に「巨大《きょだい》なテーマパーク」という言葉がある。

問11　続く部分に注目する。筆者は，「遠くから大量に，とめどなく」押《お》し寄せてきた地方出身者がみんなのものだからと東京の景色も常識も変えていくのは，東京出身者の気持ちを無視した勝手なものであると感じている。

問12　**X**　ぼう線⑧の直前に，筆者が自分より東京生活を楽しみ，東京を作っていくパワーを持っている地方出身者に対して「強いコンプレックス」を感じていたと述べられている。　**Y**　続く部分に注目する。NYで筆者がいだいた心情は，「高揚《こうよう》と緊張《きんちょう》と孤独《こどく》と静寂《せいじゃく》の混ざった，なんだかよくわからないもの」だったとある。　**Z**　ぼう線⑨の前に，NYで筆者が故郷について思いをめぐらしたことが述べられている。

問13　直前に書かれた筆者の心の中に渦《うず》巻くいろいろな感情を指して，「自家中毒気味」と言っている。それは故郷ではない大都会に行ったことで生まれた，故郷に対する思いだから，オがふさわしい。

問14　東京が「地元」である筆者にとっては「故郷」であり，地方出身者にとって東京は自分たちが移り住み，作り変えてきた首都なのだから，「みんなのもの」である。

問15　筆者にとっての「故郷」である東京をはなれてNYへ行き，初めて地方から東京へ来た人の気持ちが理解できるようになったときの体験と重なるものである。

問16　⑴　**i**　〈参考文②〉Ｉに，「下町イメージの中心」は「本所・深川を中心とした新しい下町へとシフトし始める」とあるので，Ｃが選べる。　**ii**　地方出身者に「東京」としてイメージされているのは，ファッションビルが立ちならぶおしゃれな街だから，Ｄが合う。　⑵「中央区勝鬨《かちどき》橋の向こう側まで開発された時のあの喪失《そうしつ》感！」とある点に注目する。東京出身の人間にとって，故郷としての名残《なごり》をとどめる大切な場所だったこの地域も，地方出身者によって作り変えられ，今やかつての姿が失われてしまったことを筆者は嘆《なげ》いているのである。そうした流れにあって，当時の「勝鬨橋の向こう側」はぎりぎりまで残されたかつての東京の風景だったため，一九七〇年代後半の雑誌では“懐《なつ》かしい東京”の象徴《しょうちょう》として紹介《しょうかい》されたのだから，アが合う。

問17　**i**　筆者にとっての「故郷喪失」とは，東京が地方出身者の手によって変えられていってしまうことを表している。それについて筆者は，「ほんの一部でいいから，そのまま残しておいてくれないかなぁ」，「景色から想起される過去の記憶《きおく》がないのは，ちょっとさみしい」と最後の段落で述べている。　**ii**　東京は首都である一方で，だれかの故郷でもある。ｉで見たように，「東京」という故郷が喪失される理由として，開発によって変えられていくということがある。

問18　東京出身者と地方出身者のどちらにとっても好ましい都市にするためには，それぞれにとっての「東京」を大事にしつつ，双方《そうほう》が交流することや協力することが必要だと考えられる。

2023年度 世田谷学園中学校

【算　数】〈算数特選試験〉（60分）〈満点：100点〉

〔注意〕1．**1**と**2**は答えだけを，**3**～**5**は求め方も解答用紙に書きなさい。
　　　　2．円周率《りつ》は3.14として計算しなさい。
　　　　3．問題にかかれている図は，必ずしも正確なものとは限りません。

1　1辺の長さが3cmの正三角形ABCがあります。下の図のように辺BAの点A側への延長上にAD＝9cmとなるように点Dを，辺CBの点B側への延長上にBE＝9cmとなるように点Eをとります。正三角形ABCの周囲に，9cmの糸をゆるみなくピンと張ったまま時計回りに巻きつけていきます。

糸の片方の端《はし》を点Aに固定し，もう一方の端を点Dの位置に置きます。そこから糸をすべて正三角形に巻きつけたときに，糸が動いてできる図形をXとします。

次に，糸の片方の端を点Bに固定し，もう一方の端を点Eの位置に置きます。そこから糸をすべて正三角形に巻きつけたときに，糸が動いてできる図形をYとします。

このとき，次の問いに答えなさい。

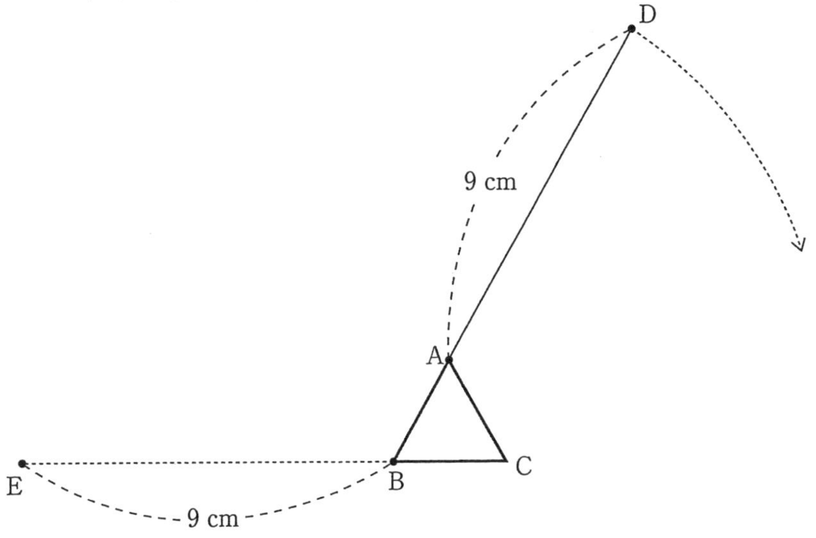

（1）　図形Xの面積は何cm^2ですか。

（2）　図形Xと図形Yが重なる部分の面積は何cm^2ですか。

2　私たちがよく用いる四則計算の計算式の書き方は，中置《ちゅうち》記法《きほう》といい

1 + 2

3 − (13 − 5) ÷ 4 + 1

のように計算する数と数の間に記号「+，−，×，÷」を書きます。また，原則として左から順に計算を行いますが，かっこがあればその中を優先して計算し，「×，÷」は「+，−」よりも優先して計算します。

一方で，逆《ぎゃく》ポーランド記法という書き方では，上の式に対応する式を

1　2　+

3　13　5　−　4　÷　−　1　+

のように書きます。計算のときは，左から順に見て「+，−，×，÷」の記号があれば，その直前にある2つの数を計算し，置きかえていきます。

例

3　13　5　−　4　÷　−　1　+

（13　5　− を8に置きかえる）

3　8　4　÷　−　1　+

（8　4　÷ を2に置きかえる）

3　2　−　1　+

（3　2　− を1に置きかえる）

1　1　+

（1　1　+ を2に置きかえる）

2

また，このように逆ポーランド記法ではかっこを使わずに計算式を書くことができ，左から順に見ていくので記号の優先順位はありません。

このとき，次のページの問いに答えなさい。

(1) 逆ポーランド記法で

5　3　−　2　1　+　×　6　+　4　÷

と表される計算をしなさい。

また，この式に対応する中置記法の計算式を書きなさい。

(2) 逆ポーランド記法で

24　6　6　3　2　Ａ　Ｂ　+　÷

の計算結果が整数になるように，Ａ，Ｂに「+，−，×，÷」の記号か数のいずれかを1つずつ入れます。Ａ，Ｂに入る記号，数の組合せの中で，考えられるものを次の（ア）～（エ）の中からすべて選びなさい。

（ア）Ａ：記号　Ｂ：記号　　（イ）Ａ：記号　Ｂ：数

（ウ）Ａ：数　Ｂ：記号　　（エ）Ａ：数　Ｂ：数

また，Ａ，Ｂに入る記号や数の組合せは全部で何通りですか。

3 　ある牧場では牛と馬を放牧しています。牛を40頭，馬を20頭を放すと18日で牧場の草を食べつくしてしまい，牛と馬の頭数を入れかえて放すと21日で牧場の草を食べつくしてしまいます。草は毎日一定の割合で生え，牛１頭と馬１頭が１日に食べる草の量の比は３：２です。

このとき，次の問いに答えなさい。

(１)　１日で生える草の量と，牛１頭が１日に食べる草の量の比を，最も簡単な整数の比で答えなさい。

(２)　牛と馬を30頭ずつ10日間放牧し，そのあと牛の数だけを減らしてさらに15日以上放牧させるためには，牛を何頭以下にすればいいですか。

4 　０，１，２，３，４を使ってできる１以上の整数を小さい順に並べた列Ａがあります。

列Ａ：１，２，３，４，10，11，12，…

さらに，列Ａから，次のような１けたの整数を並べた列Ｂを作ります。

列Ｂ：１，２，３，４，１，０，１，１，１，２，…

このとき，次の問いに答えなさい。

(１)　列Ａで442は何番目の数ですか。また，それまでの数の和はいくつですか。

(２)　列Ｂの442番目の数はいくつですか。

5 下の図1のように，同じ直方体の積み木を3本ずつ3段まで組み上げました。AB＝6 cm，BC＝6 cm，AE＝6 cmです。

このとき，次の問いに答えなさい。ただし，1辺の長さが1 cmの正三角形の面積は0.425 cm^{2}とします。

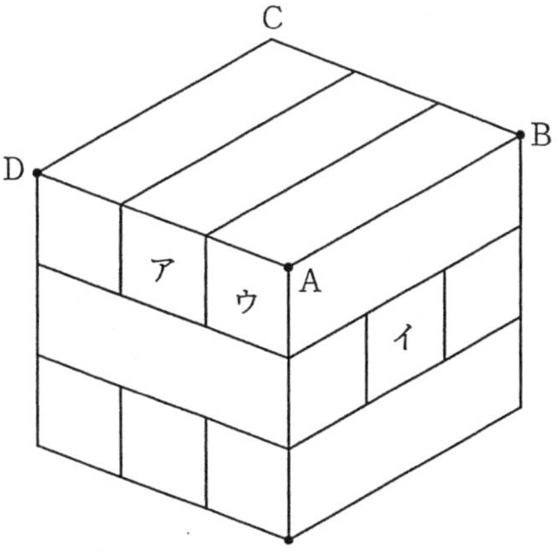

図1

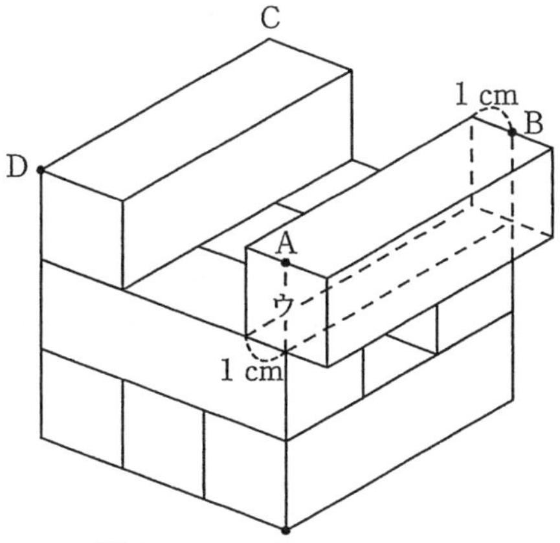

図2

(1) 三角形BDEの面積は何cm^{2}ですか。また，アの積み木を引きぬいたあと，3点B，D，Eを通る平面で積み木を切ると，切り口の部分はどのようになりますか。積み木の切り口を解答欄《らん》の図を使って，斜《しゃ》線で表しなさい。さらに，積み木の切り口の面積は何cm^{2}になりますか。

(2) アの積み木を引き抜いたあと，次にイの積み木を引きぬいたところ，ウの積み木もいっしょに動いてしまい，図2のように1 cmずれたところでとまりました。これを，もとの位置の3点B，D，Eを通る平面で切ったときの積み木の切り口を解答欄の図を使って，斜線で表しなさい。また，積み木の切り口の面積は何cm^{2}ですか。

2023年度
世田谷学園中学校　▶解　答

※　編集上の都合により，算数特選試験の解説は省略させていただきました。

算　数　＜算数特選試験＞（60分）＜満点：100点＞

解　答

1 (1)　131.88cm^2　(2)　56.52cm^2　**2** (1)　**計算結果**…3，**中置記法の計算式**…｛(5－3)×(2＋1)＋6｝÷4　(2)　(ア)，3通り　**3** (1)　20：3　(2)　13頭以下　**4** (1)　122番目，和は26863　(2)　0　**5** (1)　**三角形BDEの面積**…30.6cm^2，**切り口の図**…右の図1，**切り口の面積**…23.8cm^2　(2)　**切り口の図**…右の図2，**切り口の面積**…19.55cm^2

図1

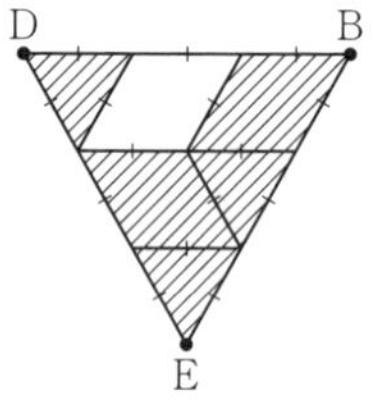

図2

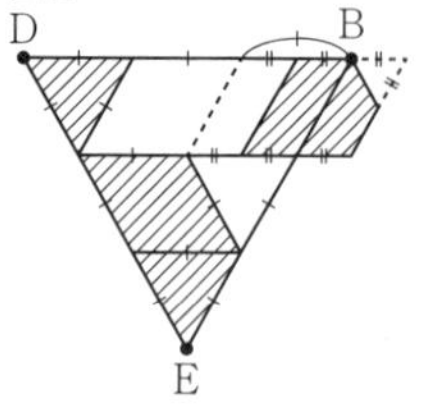

2023年度 世田谷学園中学校

【算　数】〈第２次試験〉（60分）〈満点：100点(理数コースは200点)〉

〔注意〕１．**1**～**4**は答えだけを，**5**と**6**は求め方も解答用紙に書きなさい。

２．円周率《りつ》は3.14として計算しなさい。

３．問題にかかれている図は，必ずしも正確なものとは限りません。

1 次の□にあてはまる数を求めなさい。

(1) $\frac{7}{8}\times\left(\square-\frac{3}{7}\right)\div0.625+0.2=2\frac{2}{5}$

(2) 赤色，青色，黄色，緑色のボールが１個ずつあります。また，赤色，青色，黄色，緑色の箱も１つずつあります。４個のボールを４つの箱に１個ずつ入れるとき，どの箱にもその箱の色と異なる色のボールを入れる入れ方は全部で□通りです。

(3) ある寺の石段は全部で300段あります。この石段をＡは１段飛ばしで，Ｂは２段飛ばしで登り切りました。このとき，２人ともふまなかった石段の数は□段です。

(4) Ａは所持金の$\frac{2}{3}$よりも80円高い参考書を買いました。残金が少なくなったので，銀行で残金の３倍のお金を引き出しました。お金を引き出した後の所持金の$\frac{1}{3}$よりも60円安い文房具を買ったところ，残りは1500円になりました。Ａの買った参考書は□円です。

(5) ある数Aに２をかけた数をB，Bに２をかけた数をC，Cに２をかけた数をD，Dに２をかけた数をEとします。$A+B+C+D+E=527$のとき，Aは□です。

(6) 右の図は直径を６cmとする２つの半円が重なったものです。Ａ，Ｂがそれぞれ直径のまん中の点であるとき，図の太線部分の長さは□cmです。

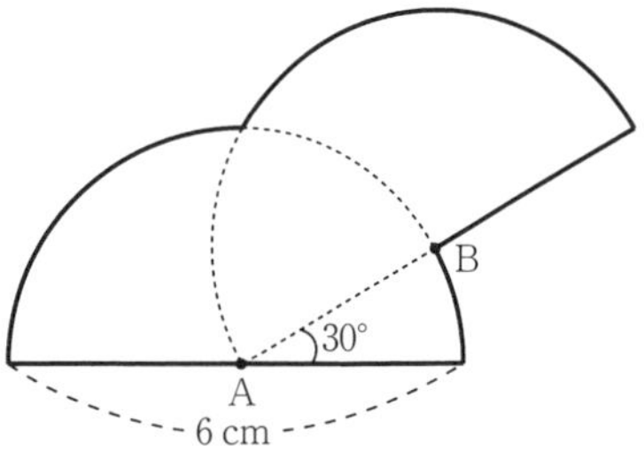

2 今年，花子さんの弟が生まれました。今から２年前は，花子さんとお母さんの年令の和がお父さんの年令と等しくなっていました。また，今から５年後は，花子さん，お母さん，弟の３人の年令の和とお父さんの年令の比が13：10になります。

このとき，次の問いに答えなさい。

(1) お父さんの今の年令は何才ですか。

(2) 今から何年か後，お父さんが60才のとき，お母さんの年令は花子さんの年令の２倍になります。お母さんの今の年令は何才ですか。

3 次の図1，図2はいずれも1辺の長さが1cmの立方体を4個つなげてできた立体です。

このとき，下の問いに答えなさい。

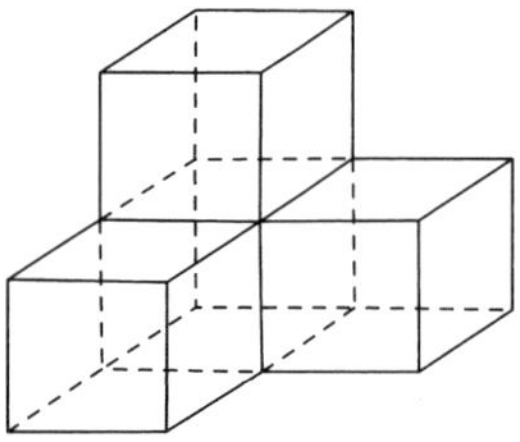

図1

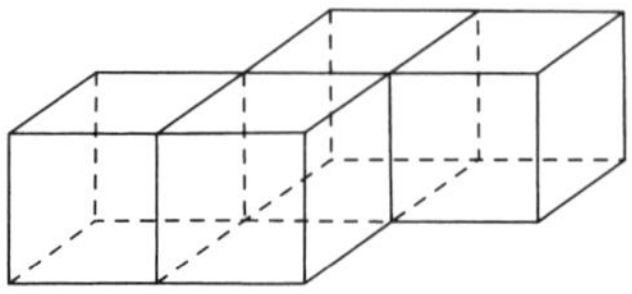

図2

(1) 図1の立体2個を，表面積が最も小さくなるように組み合わせて新たな立体を作ります。その立体の表面積は何 cm^2 ですか。

(2) 図1の立体2個と図2の立体1個を，表面積が最も小さくなるように組み合わせて新たな立体を作ります。その立体の表面積は何 cm^2 ですか。

4 子どもに264個のあめを配ります。30人の子どもに1人6個ずつ配り，残りの子どもに1人7個ずつ配ろうとすると何個か余ります。また，16人の子どもに1人6個ずつ配り，残りの子どもに1人7個ずつ配ろうとすると何個か足りなくなります。

このとき，次の問いに答えなさい。

(1) 子どもは何人いますか。

(2) いくつかのあめが割れていたので，割れていないあめだけを配ることにしました。男子に6個ずつ，女子に7個ずつ配ったら，ちょうど配りきることができました。男子は少なくとも何人いますか。

5 2地点A，Bがあり，世田さんはA地点から，谷さんはB地点から同時に出発し，それぞれAB間を一定の速さで往復し続けます。谷さんは世田さんより速く進みます。グラフは，出発してからの時間と2人の間の距離の関係を表しています。

このとき，下の問いに答えなさい。

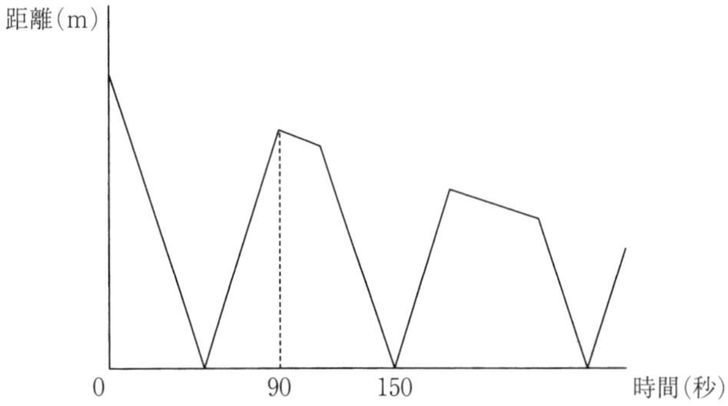

(1) 世田さんと谷さんの速さの比を，最も簡単な整数の比で答えなさい。

(2) 世田さんと谷さんが10回目に会うのは，出発してから何分何秒後ですか。

6　右の図のように，１辺の長さが６cm の正八角形の内部に，その正八角形と１辺の長さが等しい正三角形があります。正三角形の１つの頂点をＰとして，正三角形が正八角形の内部の辺上を矢印の方向にすべることなく転がっていきます。

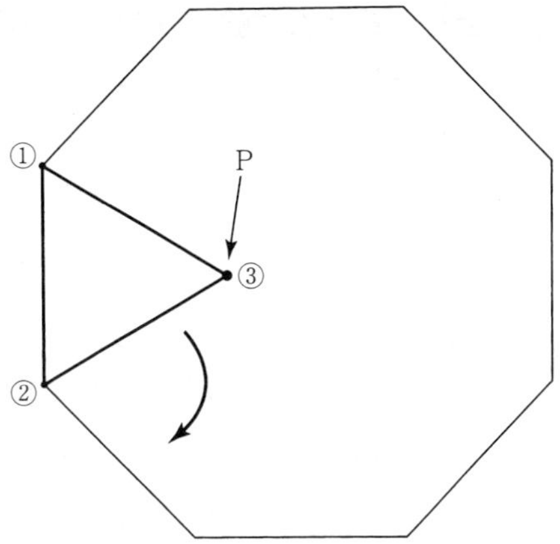

このとき，次の問いに答えなさい。

(1)　右の図の位置から転がり，正三角形がはじめてもとの位置まで戻ってきたとき，点Ｐは①～③のどの位置にありますか。また，点Ｐがえがいた線の長さは何 cm ですか。

(2)　正三角形が転がり続けます。点Ｐが動いてできる線を解答欄《らん》の図にかきこみなさい。また，えがかれている線の長さは何 cm ですか。

【社　会】〈第２次試験〉（30分）〈満点：50点〉

1　世田谷君は，祖父母の暮らす茨城県水戸《みと》市へ帰省したときに，水戸市が中国の重慶《チョンチン》市と友好交流をしていることを知りました。世田谷君は他にも，どのような都市が友好交流をしているのか興味をもったため，日本と関係の深い国と交流をしている都市を調べてまとめました。世田谷君がまとめた次のノートをみて，あとの問いに答えなさい。

- ●　(A)**大阪市**は，中国最大級の商業都市の(B)**上海《シャンハイ》**と姉妹・友好都市提携《ていけい》を行い，観光や大学間交流など幅《はば》広い分野で交流を行っている。
- ●　(C)**下関市**は，日韓《にっかん》両国の交流の窓口として，永年にわたっておたがいの友好促進《そくしん》を担ってきた(D)**釜山《プサン》**広域市と姉妹都市になった。
- ●　(E)**京都市**は，かつて唐《とう》の都「長安」として栄え(F)**「平安京」のモデル**となった西安《シーアン》と友好都市結成を宣言した。
- ●　(G)**調布市**は，サッカーワールドカップで(H)**サウジアラビア**代表のキャンプ地となったことをきっかけに，スポーツ交流などを行っている。
- ●　(I)**北九州市**は，(J)**大きな国際空港**が位置し，知識情報産業や物流産業で栄えている仁《イン》川《チョン》広域市と姉妹都市になった。
- ●　(K)**名古屋市**は，優れた施設《しせつ》をほこる大港湾《こうわん》都市の(L)**ロサンゼルス**と似ている点が複数あることから姉妹都市になった。

問１　下線部(A)は，上海と同様に商業が盛んな都市です。次の表は，卸《おろし》売業と小売業を合わせた年間商品販売《はんばい》額を示したものであり，表中(ア)～(エ)には大阪市，札幌《さっぽろ》市，横浜《よこはま》市，福岡市のいずれかがあてはまります。大阪市にあてはまるものを，表中(ア)～(エ)の中から一つ選び，記号で答えなさい。

（億円）

	年間商品販売額
(ア)	415,637
(イ)	137,433
(ウ)	106,996
(エ)	99,560

問２　下線部(B)の位置を，右の地図中①～④の中から一つ選び，番号で答えなさい。

問３　下線部(C)が位置する県の説明として正しいものを，次の(ア)～(エ)の中から一つ選び，記号で答えなさい。

(ア)　この県に位置する今治《いまばり》と対岸の尾道《おのみち》を結ぶ瀬戸《せと》内《うち》しまなみ海道が開通し，

徒歩や自転車でも瀬戸内海の島々をわたることができるようになった。

(イ)　カルスト地形が発達した石灰岩の台地である秋吉《あきよし》台が位置し，鍾乳洞《しょうにゅうどう》として知られる秋芳洞《あきよしどう》がある。

(ウ)　本州四国連絡橋の一つである瀬戸大橋の完成により，この県に位置する児島《こじま》と対岸の坂《さか》出《いで》ルートが開通し，移動時間が大幅《おおはば》に短縮した。

(エ)　河川からの淡水《たんすい》と海からの海水が混じり合った汽水湖の中海が位置し，特産物のしじみの１世帯当たりの年間購入《こうにゅう》額が日本有数である。

問４　下線部(D)は朝鮮《ちょうせん》半島南東部に位置し，九州地方の都市とフェリーの航路が結ばれるなど，距離《きょり》的にも近い港湾都市です。釜山から２番目に距離が近い九州地方の県庁所在地の都市名を答えなさい。

問５　下線部(E)は，歴史的街並みが多く残っており，観光業がさかんな都市です。次の表は，産業別就業者割合を示したものであり，表中(ア)～(エ)には，京都市，函館《はこだて》市，長野市，那覇《なは》市のいずれかがあてはまります。京都市にあてはまるものを，表中(ア)～(エ)の中から一つ選び，記号で答えなさい。

(%)

	第１次産業	第２次産業	第３次産業
(ア)	6.3	22.6	71.1
(イ)	0.7	10.9	88.4
(ウ)	0.9	21.6	77.6
(エ)	3.8	17.7	78.5

問６　下線部(F)に関して，次の地理院地図は，平安時代に造られた道路網《もう》の跡《あと》が現在も残っている地域の一部を示したものです。地図から読み取れる内容として正しいものを，あとの(ア)～(エ)の中から一つ選び，記号で答えなさい。

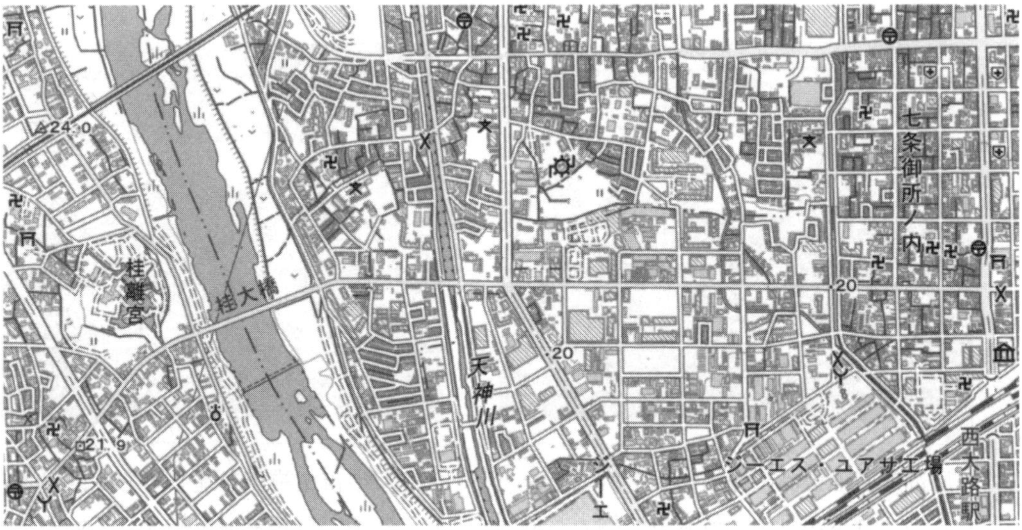

(ア)　天神川より東側の地域には，高等学校が複数みられる。

(イ)　桂《かつら》大橋の下を流れる河川は，南側から北側へ流れている。

(ウ)　博物館の北側の地域には，警察署や郵便局がみられる。

(エ)　桂離宮《かつらりきゅう》の南側の地域には，官公署や消防署など公共機関がみられる。

問７　下線部(G)は，武蔵野《むさしの》台地の南部に位置しています。調布市と同様に，台地とその台地付近に位置する都市の組み合わせとして正しいものを，次の(ア)～(エ)の中から一つ選び，記号で答えなさい。

(ア)　牧ノ原台地：島田　　(イ)　下総《しもうさ》台地　：宇都宮

(ウ)　根釧《こんせん》台地　：北見　　(エ)　笠野原《かさのはら》台地：天草

問８　下線部(H)の説明として誤っているものを，次の(ア)～(エ)の中から一つ選び，記号で答えなさい。

(ア)

砂漠《さばく》や険しい山岳《さんがく》地帯が多く，国土の大部分が乾燥《かんそう》した気候の国である。

(イ)

国民のほとんどがイスラム教を信仰《しんこう》しており，聖地のメッカはこの国に位置している。

(ウ)

原油と石油製品の輸出額が７割以上をしめ，日本が原油を最も多く輸入している国である。

(エ)

航空宇宙産業が発達しており，日本はこの国から航空機を輸入している。

問９　下線部(I)は，環境《かんきょう》未来都市などに選ばれ，エコタウン事業を進めています。九州地方では，この他に，水俣《みなまた》市と大牟田《おおむた》市もエコタウンの指定を受けています。３都市について述べた次の［Ｘ］～［Ｚ］の正誤の組み合わせとして正しいものを，あとの(ア)～(ク)の中から一つ選び，記号で答えなさい。

［Ｘ］　洞海湾《どうかいわん》に面する北九州市は，筑豊《ちくほう》炭田に近く，当時の鉄鉱石の輸入先だった中国にも近かったため，官営の八幡《やはた》製鉄所が造られ鉄鋼業が発展した。

［Ｙ］　有明海に面する水俣市は，化学工場からの廃水《はいすい》で海が汚染《おせん》されたが，その後，浄化《じょうか》する取り組みが行われ，現在ではきれいな海を取りもどした。

［Ｚ］　八代海に面する大牟田市は，三池炭鉱の発展と共に歴史を積み重ねてきた都市で，市内には世界文化遺産がみられる。

	(ア)	(イ)	(ウ)	(エ)	(オ)	(カ)	(キ)	(ク)
［Ｘ］	正	正	正	正	誤	誤	誤	誤
［Ｙ］	正	正	誤	誤	誤	誤	正	正
［Ｚ］	正	誤	誤	正	誤	正	正	誤

問10　下線部(J)について，地域内の航空交通の拠点《きょてん》となっている空港を，自転車の車軸《しゃじく》にたとえて何というか答えなさい。

問11　下線部(K)にはロサンゼルスと同様に大きな港湾が位置しています。次の表は，港別の主要貿易品目と金額，輸出入品目にしめる割合を示したものであり，表［Ｗ］～［Ｚ］は，名古屋，東京，横浜，大阪のいずれかがあてはまります。名古屋と東京の組み合わせとして正しいものを，あとの(ア)～(エ)の中から一つ選び，記号で答えなさい。

［Ｗ］

輸出品目	百万円	％	輸入品目	百万円	％
自動車	2,557,063	24.6	液化ガス	322,454	7.5
自動車部品	1,733,298	16.6	衣類	295,901	6.9
内燃機関	431,768	4.1	石油	250,969	5.8
計	10,413,755	100.0	計	4,315,990	100.0

［Ｘ］

輸出品目	百万円	％	輸入品目	百万円	％
コンデンサー	326,460	8.6	衣類	619,233	13.7
集積回路	316,719	8.3	肉類	301,038	6.7
プラスチック	200,781	5.3	家庭用電気機器	161,357	3.6
計	3,808,736	100.0	計	4,514,944	100.0

［Ｙ］

輸出品目	百万円	％	輸入品目	百万円	％
自動車	927,475	15.9	石油	255,394	6.3
プラスチック	271,828	4.7	有機化合物	138,790	3.4
内燃機関	258,556	4.4	液化ガス	136,264	3.4
計	5,819,977	100.0	計	4,045,900	100.0

［Z］

輸出品目	百万円	%	輸入品目	百万円	%
自動車部品	303,338	5.8	衣類	908,545	8.3
半導体等製造装置	269,913	5.2	コンピュータ	680,618	6.2
コンピュータ部品	266,919	5.1	肉類	489,432	4.5
計	5,233,155	100.0	計	10,985,869	100.0

	(ア)	(イ)	(ウ)	(エ)
名古屋	［W］	［W］	［Y］	［Y］
東京	［X］	［Z］	［X］	［Z］

問12　下線部(L)までの飛行時間は，東京から約10時間です。東京を４月１日15時に出発し，10時間後にロサンゼルスに到着《とうちゃく》しました。到着時のロサンゼルスの日時を答えなさい。なお，ロサンゼルスは西経120度に位置し，サマータイムは考慮《こうりょ》しないものとします。

データは「データでみる県勢 2022」，「データブック オブ・ザ・ワールド 2022」，
「日本国勢図会 2021/22」による

2　次の文章を読んで，あとの問いに答えなさい。

健児君は，夏休みの自由研究のテーマを「日本の美術と文化」にしました。まずは，身近な場所で日本の美術と文化にふれることができる，東京(A)上野にある(B)国立博物館へ行きました。この東京国立博物館は，(C)1872年に当時の(D)文部省博物局が，(E)湯島聖堂大成殿《たいせいでん》で最初の博覧会を開催《かいさい》したときに誕生しました。2022年には，創立150年の大きな節目をむかえたことも知りました。

健児君は，関心を持った収蔵品について調べ，次のようにまとめました。

〔打製石器〕

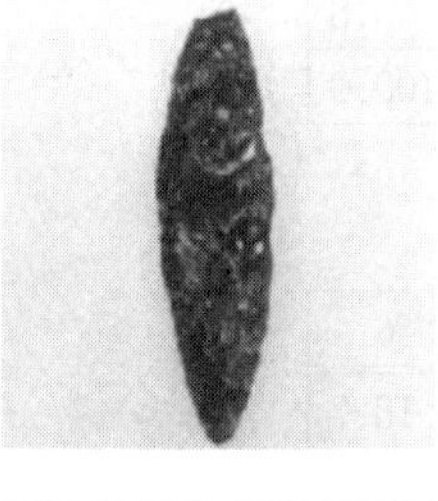

日本列島に人類が出現したのは，今から３万年以上前の(F)旧石器時代です。この時代は海面が現在よりも100m以上低下しており，大陸と地続きであった時期もあったため，ナウマンゾウやオオツノジカなどの大型動物とともに，人類も日本列島にやってきました。

人々は植物を採取したり，打製石器を先端《せんたん》に付けたやりを使って集団で大型動物を狩《か》り，ナイフ形の石器で解体したりして食料としました。

〔土偶《どぐう》〕

今から約１万３千年前には，狩りに弓矢が使われるようになり，土器も発明され，人々は定住するようになりました。約１万年にわたって続く(G)縄文時代の幕開けです。おもに採集や漁労，狩猟《しゅりょう》による暮らしが約2400年前まで続きました。この時代につくられた土偶は，農作物の豊かな実りを願う祭礼などに用いられたと考えられています。

〔水墨画《すいぼくが》〕

(H)室町時代には，将軍家などで禅《ぜん》の教えが大切にされ，京都・鎌《かま》倉《くら》それぞれの五つの禅宗《ぜんしゅう》寺院は五山と呼ばれました。禅宗寺院を中心に，中国の宋《そう》や元で盛んだった(I)水墨画が多数制作されました。仏教の教えを自然の風景に表現したり，信仰《しんこう》の対象となる仏や高僧《こうそう》などの仏画をえがいたりしました。

健児君は収蔵品に，(J)国宝がたくさんあることを知りました。そこで，インターネットを利用して，さらに国宝や重要文化財について調べることにしました。

〔障壁画《しょうへきが》〕

(K)安土桃山《あづちももやま》時代になると，重層の天守を持つ本丸などを石垣《いしがき》で囲い，大規模な堀《ほり》をともなった(L)城が，平地につくられることが多くなりました。城の内部には書院造を取り入れ，金箔《きんぱく》をはった上に青や緑などの極彩色《ごくさいしき》をほどこした豪華《ごうか》な障壁画がかざられました。

健児君は，インターネットで調べているうちに，外国の美術と文化にも興味がわいてきました。今回調べたことをもとに，日本の文化と外国の文化の共通点やちがいについて，まとめていこうと考えました。

健児君は，今回の自由研究を通して，調べたことをきっかけに興味が広がり，これをもとに考える楽しさを感じることができました。

問1　下線部(A)にある，旧幕府軍と新政府軍との激しい戦場となった寺院として正しいものを，次の(ア)～(エ)の中から一つ選び，記号で答えなさい。

(ア)　永平寺　　(イ)　寛永寺《かんえいじ》　　(ウ)　浅草寺　　(エ)　清水寺

問2　下線部(B)が置かれていない府県として正しいものを，次の(ア)～(エ)の中から一つ選び，記号で答えなさい。

(ア)　奈良県　　(イ)　京都府　　(ウ)　福岡県　　(エ)　秋田県

問3　下線部(C)よりも後におこったできごととして正しいものを，次の(ア)～(エ)の中から一つ選び，記号で答えなさい。

(ア)　井伊直弼《いいなおすけ》が，弾圧《だんあつ》に反発した者らによって，桜田門外で暗殺された。

(イ)　明治政府が，諸藩《しょはん》の藩主《はんしゅ》に土地と人民を返還《へんかん》させた。

(ウ)　明治政府が，藩《はん》を廃止《はいし》し新たに府・県を設けた。

(エ)　西郷隆盛《たかもり》を中心とした反乱が，政府軍によって鎮圧《ちんあつ》された。

問4　下線部(D)の大臣となった人物の説明として誤っているものを，次の(ア)～(エ)の中から一つ選び，記号で答えなさい。

(ア)　榎本武揚《えのもとたけあき》：戊辰《ぼしん》戦争では旧幕府軍を率いて，五稜郭《ごりょうかく》に立てこもった。

(イ)　犬養毅《いぬかいつよし》：青年将校らが起こした二・二六事件で暗殺された。

(ウ)　尾崎行雄《ゆきお》：50年以上国会議員をつとめ，憲政の神様と呼ばれた。

(エ)　鳩山一郎《はとやまいちろう》：日ソ共同宣言を調印し，ソ連との国交を回復した。

問５　下線部(E)の隣《となり》につくられた昌平坂《しょうへいざか》学問所で，官学として教えられていた儒学《じゅがく》の一派である学問名を答えなさい。

問６　下線部(F)が，日本にも存在したことを明らかにした遺跡《いせき》が位置する場所として正しいものを，下の地図中①～④の中から一つ選び，番号で答えなさい。

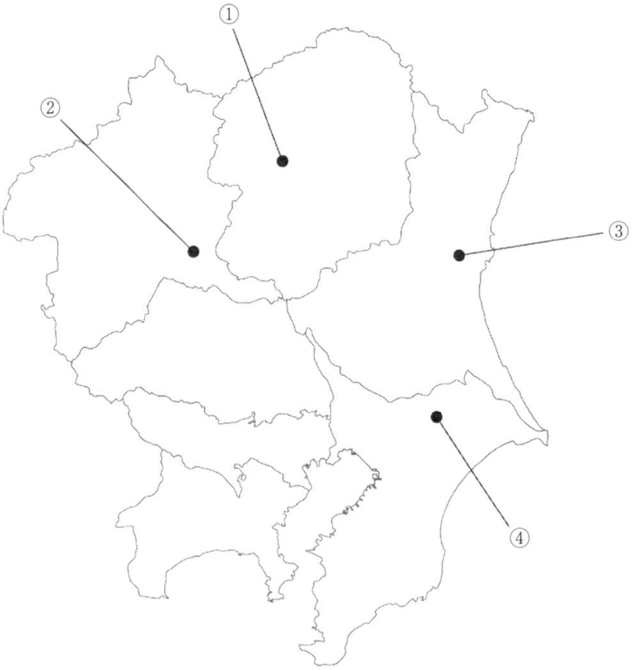

問７　下線部(G)の土器の特徴《とくちょう》を最もよくあらわすものを，次の(ア)～(エ)の中から一つ選び，記号で答えなさい。

(ア)

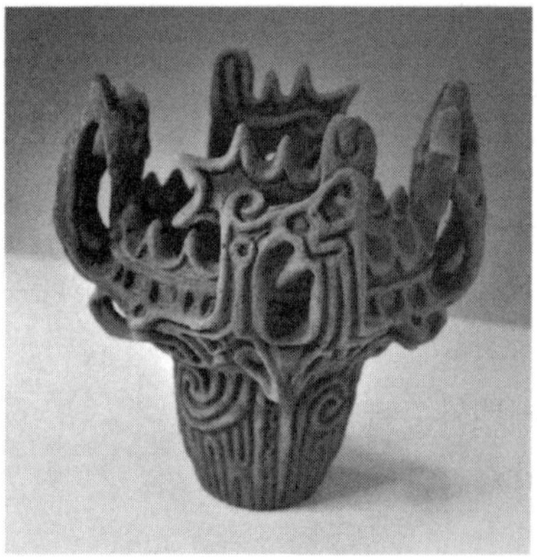

(イ)

(ウ)

(エ)

問 8　下線部(H)に，次の寺院を建立した将軍名を漢字で答えなさい。

問 9　下線部(I)を大成した，「秋冬山水図」の作品で知られる禅僧《ぜんそう》名を答えなさい。

問10　下線部(J)に指定されている，次の［X］・［Y］の写真について説明した文の正誤の組み合わせとして正しいものを，あとの(ア)～(エ)の中から一つ選び，記号で答えなさい。

［X］

宋から渡来《とらい》し，興福寺を建立した僧の坐像《ざぞう》である。

［Y］

徳川秀忠《ひでただ》によって建立された，日光の寺院建築である。

	(ア)	(イ)	(ウ)	(エ)
［X］	正	正	誤	誤
［Y］	正	誤	正	誤

問11　下線部(K)に出された決まりとして正しいものを，次の(ア)～(エ)の中から一つ選び，記号で答えなさい。

(ア)　廃刀《はいとう》令　　(イ)　永仁《えいにん》の徳政令
(ウ)　楽市令　　(エ)　異国船打払《うちはらい》令

問12　下線部(L)について，世界遺産に登録されているものを，次の(ア)～(エ)の中から一つ選び，記号で答えなさい。

(ア)　首里城　　(イ)　松本城
(ウ)　熊本城　　(エ)　彦根《ひこね》城

3　神話はかつて様々な地域で信仰《しんこう》され，今も一部の地域で信仰を集めています。様々な神話の中の有名な物語を紹介《しょうかい》した次の文章を読んで，あとの問いに答えなさい。

日本神話①　国産み

イザナギとイザナミの夫婦は，次々に国や神様を産んでいきました。あるとき，イザナミは炎《ほのお》の神ヒノカグツチを産んだことで体が焼けて，命を落としてしまいます。イザナギは，イザナミに会いたいと思って死者の国を訪れますが，イザナミのくさり果てた姿を見てしまいます。おどろいたイザナギはイザナミをおいてにげ帰り，川の水で身体を清め，単独でアマテラス，ツクヨミ，スサノオを産みます。

日本神話②　天岩戸

スサノオは，母親であるイザナミに会いたいと言って暴れまわります。これをおそれたアマテラスは，天岩戸という洞窟《どうくつ》に閉じこもってしまいます。太陽の神であるアマテラスがかくれてしまったことで，世界は闇《やみ》に包まれました。そこで，ある神が天岩戸の前でおどりだすと，それを見た神々がさわぎ立てました。アマテラスが気になって，岩戸の中から外をのぞき見たところを神々が引っぱり出して，世界に再び光がもどったのでした。

日本神話③　オオゲツヒメ

天岩戸の騒動《そうどう》を起こしたスサノオは，罰《ばつ》として地上の世界に追放されてしまいます。そこで彼《かれ》はオオゲツヒメという女神と出会い，様々な食物を分けてもらいます。しかし，彼《かの》女《じょ》が自分の鼻や口，尻《しり》から食物を取り出していたのだと分かると，おこったスサノオは彼女の命をうばってしまいます。すると，彼女の身体から，稲《いね》や麦などの穀物が誕生したのでした。

日本神話④　ヤマタノオロチ

スサノオは，肥河《ひのかわ》という川の周辺に住む，ヤマタノオロチという八つの頭をもったヘビの怪物《かいぶつ》のことを知ります。この怪物は，クシナダヒメという女神を生けにえとして食べようとしていました。スサノオはヤマタノオロチに酒を飲ませてねむらせてしまい，これを退治することに成功してクシナダヒメと結婚《けっこん》します。

日本神話⑤　国ゆずり

スサノオはクシナダヒメと結婚した後に，オオクニヌシをはじめとする多くの子どもをつくり，彼らが地上の世界を支配していくようになります。ところが，アマテラスは，自分たち天上の神こそが地上を支配するべきだと考えて，使者を送りオオクニヌシらに国をゆずることを求めます。オオクニヌシたち地上の神々はそれを認め，彼らは出雲《いずも》大社にまつられるようになります。その後，アマテラスの孫であるニニギが地上に君臨し，さらにその子孫が初代天皇《てんのう》である神武天皇となります。

インドネシアの神話

東南アジアの国，インドネシアのセラム島には，ハイヌウェレという少女の神話が伝わっています。彼女は自分の身体から宝物を出すことができましたが，それを不気味に思った村人に命をうばわれてしまいます。彼女がうめられたところから，様々なイモが生まれ，人々の主食となりました。

メソポタミア(現在のイラク)神話

メソポタミアには，ギルガメシュという王がいました。彼は友人とともにスギの森の番人であるフンババをたおしましたが，友人は神々のいかりから命をうばわれてしまいます。これ以降，ギルガメシュは死をおそれるようになり，不老不死になることを目指して冒険《ぼうけん》の旅を始めます。ついに若返りの植物を手に入れるのですが，ギルガメシュが目をはなしている間にその植物はヘビに食べられてしまい，結局ギルガメシュは成果なく旅から帰ることになるのでした。

エジプト神話

エジプト神話では，死者はオシリスという神が開く裁判にかけられることになっていました。死者の心臓が天秤《てんびん》の片方に乗せられ，もう片方には羽毛が乗せられます。このとき，天秤がつりあえば，死者の復活が約束されます。エジプトの人々がミイラを作る習慣をもっていたのは，復活したときのために肉体を保存する必要があったためでした。

ギリシャ神話

ギリシャ神話には，トロイア戦争の物語があります。ある神々の結婚式が行われた際，争いの女神であるエリスだけが招かれませんでした。それにおこった彼女は，「この中で最も美しい女神へ」と書かれた黄金のリンゴを，会場に投げこみます。すると結婚の女神ヘラ，美の女神アフロディーテ，知恵《ちえ》の女神アテナが「自分のものである」と名乗り出ました。この三女神の争いをきっかけに，トロイアという国と，ギリシャ連合軍の戦いが始まりました。

問１　神話からは，古代の人々の考え方や，歴史書には残されていない史実を読み取ることができると考えられています。次の(1)～(3)の説の根拠《こんきょ》となった物語を，日本神話①～⑤の中から一つずつ選び，それぞれ番号で答えなさい。

(1) 古代の出雲には，ヤマト政権とは異なる勢力があったが，やがてヤマト政権の征服《せいふく》を受けたと考えられる。

(2) 古代の日本人には，死を「けがれ」ととらえる思想があったと考えられる。

(3) 日本人の民族的な起源は，東南アジアの人々と共通していると考えられる。

問2 神話には自然現象をあらわした物語が数多くふくまれており，日本神話②の物語も，ある天文学的な現象をあらわしたものだとする説があります。どのような現象と考えられますか，漢字で答えなさい。

問3 日本神話に登場するアマテラスは，太陽神であり主神です。このように太陽神は多くの神話で重要な神とされていますが，北海道のアイヌの神話や，北アメリカ地域に居住する先住民のイヌイットの神話では，必ずしも重要な神とされていません。下の[図1]を参考にして，その理由を説明しなさい。

［図1］ イヌイットの居住地域の雨温図

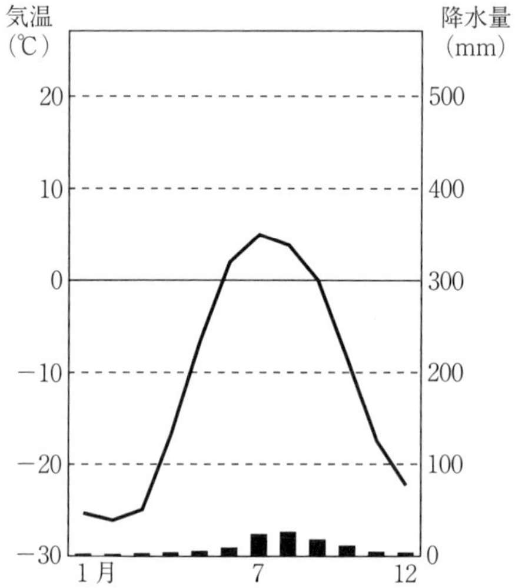

問4 日本の戦前の歴史教育では，日本神話の内容が史実として教えられることがありました。そのような教育が行われた目的を説明した，次の文中(　)にあてはまる語句を，紹介された神話の中からぬき出して答えなさい。

(　　)を中心とする政治体制の正当性を説明するため

問5 日本神話④やメソポタミア神話にみられるように，ヘビが登場する神話は世界中にあります。その背景を説明した，次の文中(1)・(2)にあてはまる語句を答えなさい。ただし，(1)は紹介された神話の中からぬき出して答えなさい。

ヘビは，脱皮《だっぴ》をくりかえすその性質から，(　1　)であると考えられ，神秘的な印象をもたれていました。一方で，日本神話のヤマタノオロチのように，その曲がりくねった形から，災害の一種である(　2　)を象徴《しょうちょう》する存在とも考えられていました。そのため，あるときは善神として，あるときはたおされるべき怪物として，ヘビは世界中の神話に登場することになったのでした。

問６　エジプト神話にみられるように，古代エジプトの人々は，死後も復活することができると信じていました。次の［図２］～［図６］を参考にし，考えられる理由として誤っているものを，あとの(ア)～(エ)の中から一つ選び，記号で答えなさい。

［図２］　エジプト周辺の自然環境《かんきょう》

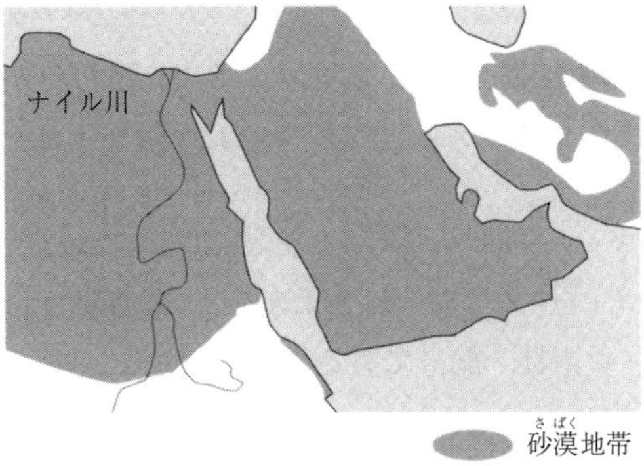

［図３］　古代と現在のエジプトの領域

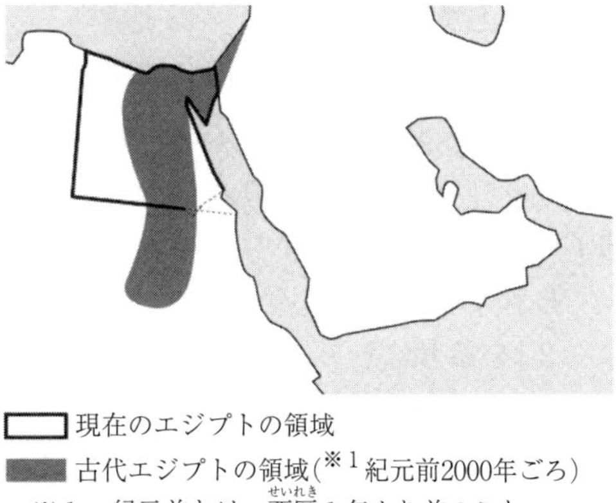

※１　紀元前とは，西暦《せいれき》１年より前のこと。

［図４］　カイロ(エジプト)の雨温図

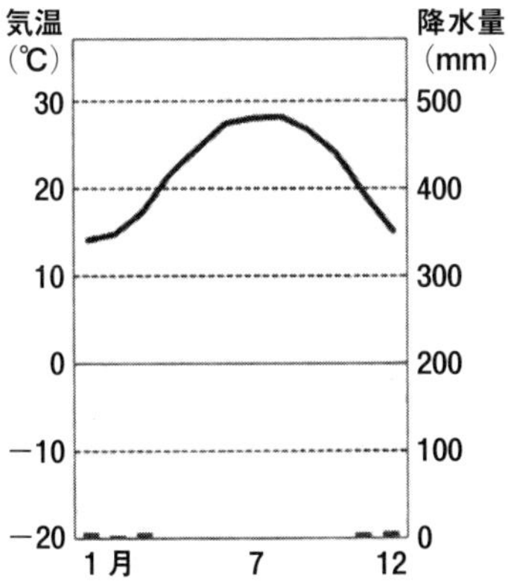

［図５］　エジプト周辺の資源

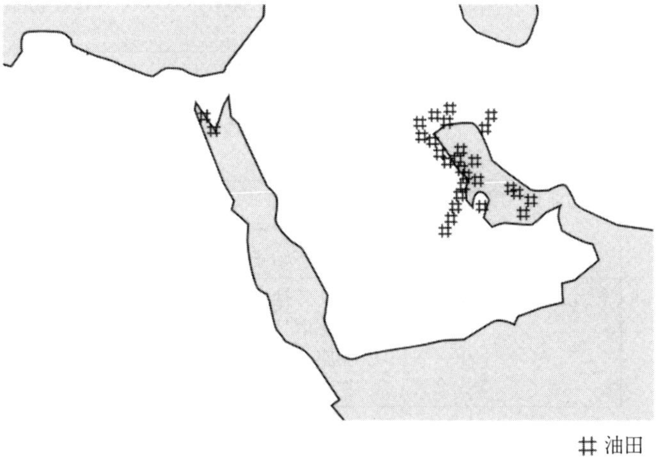

［図６］　ナイル川沿いの農業と水量

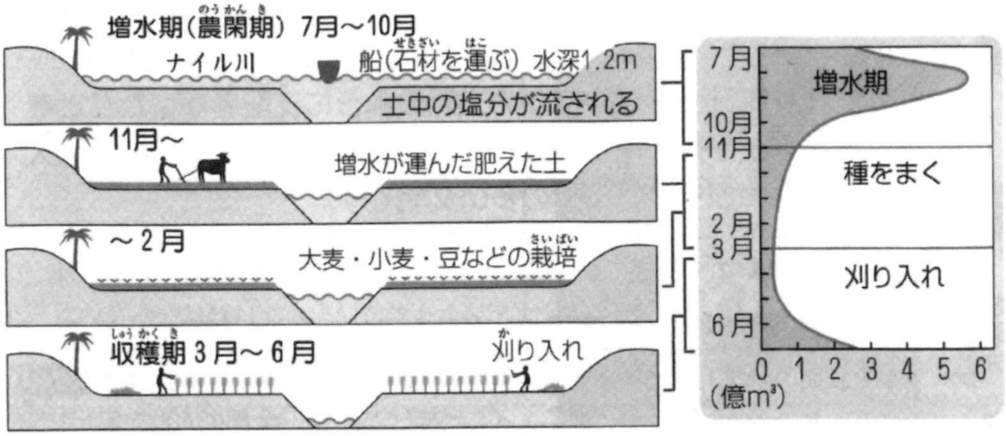

(ア)　エジプトは地形的に異民族の侵入《しんにゅう》を受けづらく，古代エジプトの人々は平和な日々を送っていた。そのため，来世でも同じように平和な日々が続くことを望んだから。

(イ)　エジプトは原油などのエネルギー資源が豊富な土地で，古代エジプトの人々は豊かな生活を送っていた。そのため，来世でも同じように豊かな生活が続くことを望んだから。

(ウ)　エジプトでは豊かなナイル川の流域を除けば砂漠が広がっており，人々は不毛な砂漠を死のイメージと重ね合わせていた。そのため，死後，元の世界にもどってこられなくなることをおそれたから。

(エ)　エジプトでは毎年同じ時期にナイル川が増水するため，エジプトの人々は毎年が同じ一年のくり返しであるように感じていた。そのため，人の一生についても同じことがくり返されるであろうと考えたから。

問７　ギリシャ神話のトロイア戦争の物語は，詩人ホメロスの『イリアス』という詩によって知られています。この詩はいつごろ作られたものだと考えられますか。次の［資料１］・［資料２］を参考にして，あとの(ア)～(ウ)の中から一つ選び，記号で答えなさい。また，その解答を選んだ理由を二つ説明しなさい。

［資料１］　古代ギリシャ史の年表

紀元前2000年ごろ～	・クレタ文明の時代 ……ギリシャ南部の島，クレタ島を中心に文明が栄えていた時代。この時代の遺跡《いせき》には開放的なつくりの建物などが多く，戦争の少ない時代だったと考えられている。
紀元前16世紀～	・ミケーネ文明の時代 ……絶大な権力をもった国王の下で，周辺から税を納めさせる政治体制がとられていた時代。トロイアの遺跡には，この文明の征服を受けたあとが残されている。
紀元前1200年ごろ～	・暗黒時代 ……ミケーネ文明の滅亡《めつぼう》後に訪れた混乱期。この時代にギリシャでは鉄器の使用が始まったとされる。
紀元前８世紀～	・ポリス社会の時代 ……ポリスと呼ばれる小さな国家に人々が居住していた時代。ポリス内部は，王族や貴族と市民の間での身分格差の少ない社会で，やがて民主政治が形成されていった。

［資料２］『イリアス』からの引用

> アキレウスは，炉《ろ》でとかしただけの鉄のかたまりを場に置いた。これは以前，強力《ごうりき》で知られるエエティオンが投げていたものであったが，アキレウスが彼の命をうばい，他の財宝とともに船で持ち帰ったものであった。

> ９日にわたり神の矢は戦場をくまなく飛び交ったが，10日目になってアキレウスが発議し，全軍の集会を開かせた。……一同が集合すると，アキレウスは立ち上がって言った。「国王よ，戦いのみだけでなく伝染病までもが，我々を苦しめる状況《じょうきょう》では，たとえ死をまぬがれたとしても，我々は目的を果たせずに帰国しなければならないだろう」。

(ア)　クレタ文明の時代　　(イ)　ミケーネ文明の時代　　(ウ)　ポリス社会の時代

問８　紹介された神話や，ここまでの問いをもとにすると，古代の人々が神話をつくり，語りついでいったことにはどのような目的があったと考えられますか，二つ説明しなさい。

データは「新編地理資料2022」による

【理　科】〈第２次試験〉（30分）〈満点：50点(理数コースは100点)〉

〔注意〕 数値を答える問題では，特に指示がない限り，分数は使わずに小数で答えてください。

1　次の文を読んで，あとの問いに答えなさい。

川が海に流れる過程で観察できる地形はいくつかの種類があります。川は山地から河口へと流れる過程で，河床《かしょう》や河岸に広がっている岩石などに対し，しん食・運ぱん・たい積作用を繰《く》り返すことで地形を形成していきます。

川で地形の作られる様子は，実際にはなかなか見ることができませんが，次の２つのパターンの実験によってわかることもあります。

＜実験＞

基本作業　**図１**のように，細長いとう明な容器に入れた砂山に川と見立てた溝《みぞ》を作って水を流し続ける。

パターンⅠ　基本作業を続けながら海と見立てた部分の水を増やして河口を点線まで上昇《じょうしょう》させていく。

パターンⅡ　基本作業を続けながら海と見立てた部分の水を減らして河口を点線まで下降させていく。

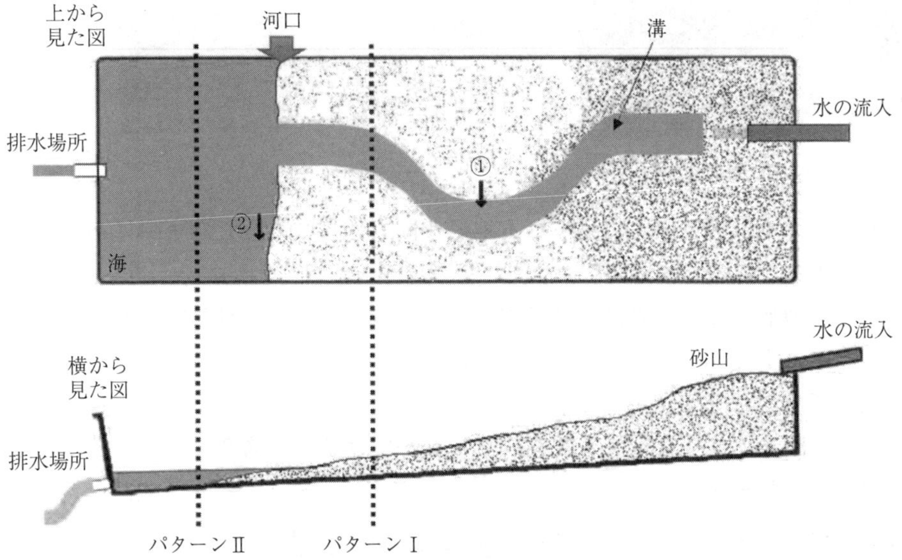

図１　たい積実験のモデル図

問１　パターンⅠの結果と同じ作られ方をした実際にある地形はどれですか。次の(ア)～(エ)から１つ選び，記号で答えなさい。

(ア)

沼田市《ぬまたし》(群馬県)

(イ)

室戸岬《むろとみさき》(高知県)

(ウ)

黒部渓谷《けいこく》(富山県)

(エ)

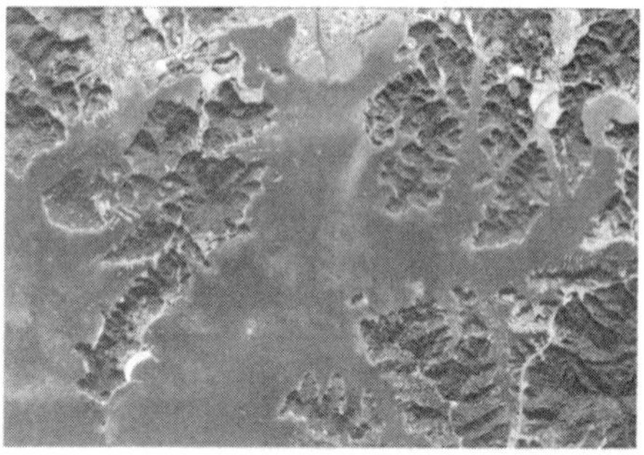

五カ所湾《わん》(三重県)

問２　パターンⅡの結果で，**図１**中①に見られる地形と同じ作られ方をした実際にある地形はどれですか。問１の(ア)～(エ)から１つ選び，記号で答えなさい。

問３　問２で解答した地形ができるのはなぜですか。川のはたらきに注目して，次の文の空らん(A)にあてはまるように20字以内で説明しなさい。

海水面と見立てた面が下降したことによって(　　A　　)。

今回の実験では，**図２**のような地形も観察することができます。**図２**の点X～Zで穴をほって柱状図を観察するとします。

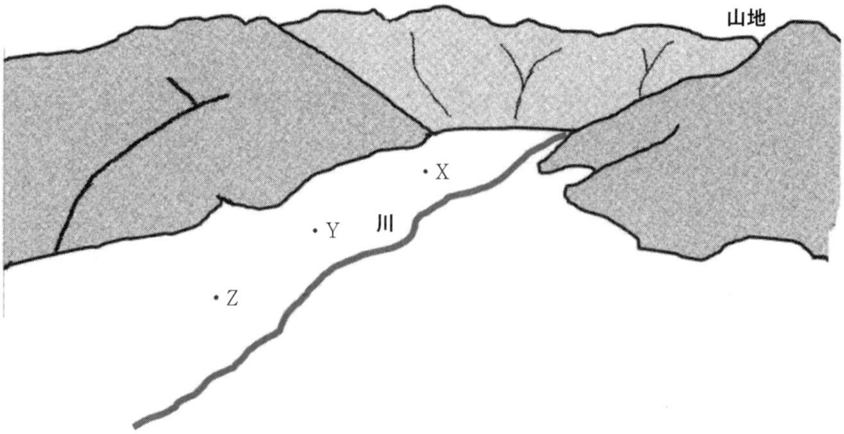

図２

問４　**図２**の点X～Zの柱状図として考えられるものはどれですか。次の(ア)～(ウ)からそれぞれ

１つ選び，記号で答えなさい。ただし，柱状図の丸の大きさは，たい積している粒《つぶ》の大きさを示しています。

(ア)　　　　(イ)　　　　(ウ)

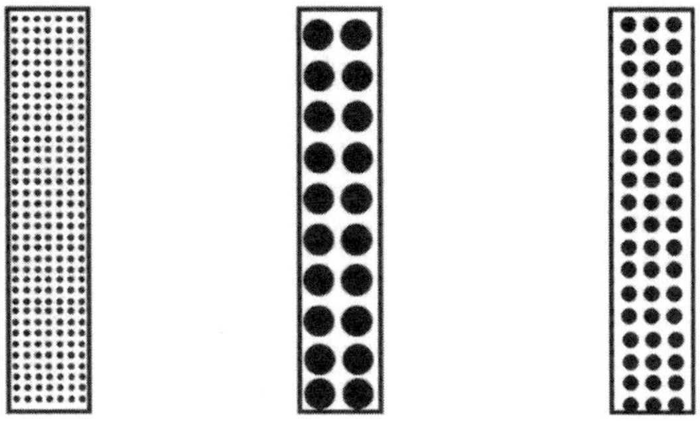

問５　問４で解答した理由を30字以内で説明しなさい。

問６　次の文中の空らん(Ｂ)，(Ｃ)にあてはまる語をそれぞれ答えなさい。

今回の実験は，川や海の近くで観察される実際の地形のすべてが作られるわけではなく表現することが難しいものもあります。例えば，実際には**図１**の②の部分に波が起きているため，しん食作用がはたらいて海底が平らになることがあります。それが地上に隆起《りゅうき》してくると(　Ｂ　)として観察できるのです。他にも，川の流れが強くなると，カーブしている場所では外側の強いしん食と内側のたい積が繰り返されることで**図３**のように湾曲《わんきょく》していきます。将来的には，この川の湾曲している部分が取り残されて(　Ｃ　)湖になります。

図３　天塩川(北海道)

※写真の出典：国土交通省国土地理院ホームページ

2　マグネシウムの燃え方について，次の問いに答えなさい。

問１　マグネシウムの燃え方について，正しいものはどれですか。次の(ア)～(ウ)から１つ選び，記号で答えなさい。

(ア)　強い光と熱を発しながら激しく燃える

(イ)　赤く色付いてじわじわと燃える

(ウ)　光は発せず，熱だけを発しながら静かに燃える

問２　十分な空気の入った容器の中でマグネシウムを燃やすと，白い粉が発生しました。その後，容器の中の気体を石灰水に通すと，石灰水はどうなりますか。次の(ア)～(オ)から最も適当なものを１つ選び，記号で答えなさい。

(ア)　赤色に変化する　　(イ)　青色に変化する　　(ウ)　黄色に変化する

(エ)　白色に変化する　　(オ)　変化せず無色のまま

問３　酸素を含《ふく》まず，二酸化炭素のみが入った容器の中でマグネシウムを燃やしたところ，火は消えることなく燃え，問２で発生した白い粉とともに黒い粉も発生しました。この黒い粉は何ですか。物質の名前を答えなさい。

問４　問３より，物質の性質について，どのようなことが分かりますか。次の文の空らん(Ａ)，(Ｂ)にあてはまる語句をそれぞれ答えなさい。

（　Ａ　）よりも（　Ｂ　）の方が酸素と結びつきやすい

酸素が210cm^3あるいは300cm^3入った容器の中で，マグネシウムを0.3ｇあるいは0.6ｇ燃やし，燃えた後に残った固体の重さを測る実験をしました。下の表はその結果です。

実験番号	①	②	③	④
酸素[cm^3]	210	210	300	300
マグネシウム[ｇ]	0.3	0.6	0.3	0.6
燃えた後に残った固体[ｇ]	0.5	0.9	0.5	1.0
燃えた後に残った固体と燃える前のマグネシウムの重さの差[ｇ]	0.2	0.3	0.2	0.4

問５　実験番号①の結果と実験番号③の結果を比べると，実験番号③で反応せずに残った物質があることが分かります。反応せずに残った物質は酸素とマグネシウムのどちらですか。

問６　0.48ｇのマグネシウムを十分な量の酸素の中で燃やすと，燃えた後に残った固体は何ｇになりますか。

問７　実験番号②では一部のマグネシウムが燃えずに残りました。燃えずに残ったマグネシウムの重さは何ｇですか。

問８　0.9ｇのマグネシウムを完全に燃やすのに必要な酸素の量は何cm^3ですか。

問９　容器に酸素350cm^3とマグネシウム0.8ｇを入れて燃やすと，燃えた後に残った固体は何ｇになりますか。

3

次の文を読んで，あとの問いに答えなさい。

ある日，Ｓ君は空にかかるにじをみつけ，とてもきれいに写真に収めることに成功しました。Ｓ君は写真を見ているうちに，にじについて興味が出てきたので，自由研究で調べてまとめることにしました。

問１　にじは７つの色に分かれていると言われていますが，写真を拡大して調べようとしたところ，色の数を数えることができませんでした。その理由を15字以内で答えなさい。ただし，写真は十分にあざやかであるものとします。

問２　インターネットで「にじができる仕組み」と調べたところ，次のような文章と図が出てきました。

図１のように，ガラスでできた三角柱(プリズム)に太陽光を通すと２回（　Ｘ　）する。そのとき，色によって進む角度が異なるため，太陽光は赤色から紫《むらさき》色までに（　Ｙ　）されることが知られている。

にじでは，**図２**のように太陽光が雨つぶに入るときと出るときに（　Ｘ　）し，雨つぶ内部では一度（　Ｚ　）している。このとき，雨つぶがプリズムの役割をしており，色によって雨つぶから出てくる角度が異なる。

雨が止み太陽が出たとき，**図３**のようにまだ雨が降っている地域をみると，角度の差によって（　Ｚ　）されて見える光の色が異なることでにじが見える。

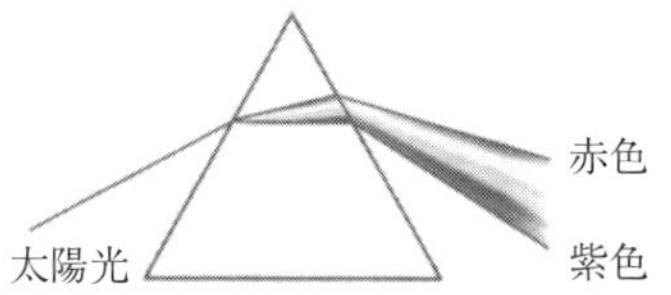

図１　プリズム

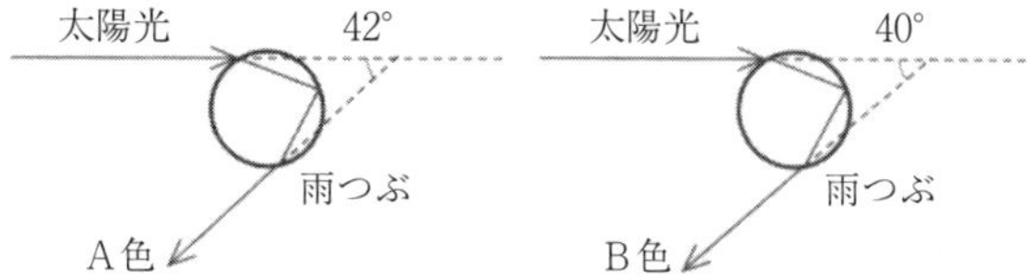

図２　雨つぶ内の光の様子

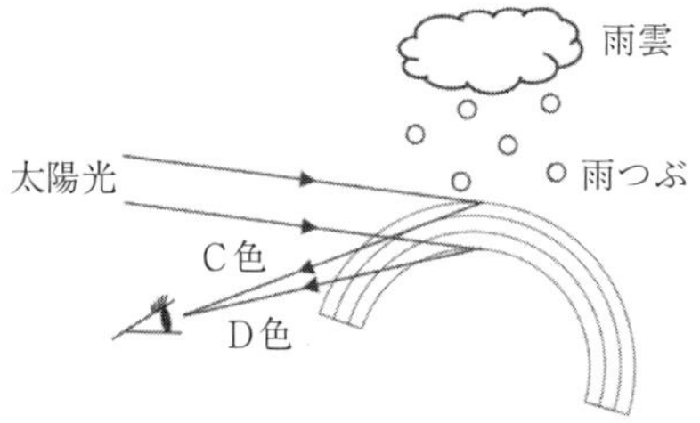

図３　にじが見える仕組み

(1)　文章中の空らんＸ～Ｚに当てはまる単語の組み合わせについて，正しいものを(ア)～(エ)から１つ選び，記号で答えなさい。

(ア)　Ｘ：反射　Ｙ：屈折《くっせつ》　Ｚ：分散　　(イ)　Ｘ：反射　Ｙ：分散　Ｚ：屈折

(ウ)　Ｘ：屈折　Ｙ：反射　Ｚ：分散　　(エ)　Ｘ：屈折　Ｙ：分散　Ｚ：反射

(2)　**図２**と**図３**のＡ～Ｄの色の組み合わせについて，正しいものを(ア)～(エ)から１つ選び，記号で答えなさい。

(ア)　Ａ：赤　Ｂ：紫　Ｃ：赤　Ｄ：紫　　(イ)　Ａ：赤　Ｂ：紫　Ｃ：紫　Ｄ：赤

(ウ)　Ａ：紫　Ｂ：赤　Ｃ：赤　Ｄ：紫　　(エ)　Ａ：紫　Ｂ：赤　Ｃ：紫　Ｄ：赤

問３　問２で調べたことから，雨つぶのかわりに，きりふきやじょうろを使って空中に水をまけば，にじが作れることがわかりました。Ｓ君は何度か実験しているうちに，にじができる方角が，必ずかげがのびる方角だとわかりました。あとはにじができる高さ(角度)が分かれば，すぐににじを見つけることができます。

Ｓ君は実験しているうちに太陽高度との関係に気付き，問２の**図２**に示された角度と照らし合わせることで，にじができる高さ(角度)を求めることに成功しました。

８時20分に実験した際は，およそ目線の高さににじができたことを参考に，10時10分にできたにじの高さとして正しいものを(ア)～(エ)から１つ選び，記号で答えなさい。

８時20分：太陽高度 40°　　　　10時10分：太陽高度 60°

問４　Ｓ君は，ハワイに旅行に行く予定がありました。上空ににじを見ることができる時間帯を調べるために，ハワイでの南中高度を計算することにしました。

(1)　東京(東経《とうけい》139° 北緯《ほくい》35° とする)の南中高度が55° の時期，ハワイ(西経155° 北緯19° とする)では南中高度は何度になりますか。整数で答えなさい。

(2)　(1)から，上空ににじが見える時間帯について考えられることとして，最も適当なものを**(ア)**～**(オ)**から１つ選び，記号で答えなさい。ただし，気象条件は同じものとし，太陽高度のみで考えることにします。また，どちらも十分に開けた土地で，地面の高さが同じところから見上げるものとします。

(ア)　日本よりハワイのほうが，南中高度が高いため，上空ににじが見える時間帯は長い。

(イ)　日本よりハワイのほうが，南中高度が低いため，上空ににじが見える時間帯は短い。

(ウ)　日本よりハワイのほうが，太陽高度が低い時間が長いため，上空ににじが見える時間帯も長い。

(エ)　日本よりハワイのほうが，太陽高度が低い時間が短いため，上空ににじが見える時間帯も短い。

(オ)　日本とハワイで，太陽高度が低い時間は変わらず，上空ににじが見える時間帯も変わらない。

問５　インターネットでにじの写真を探したところ，科学的におかしい点がある写真がたくさん出てきました。次の２枚の写真が実際に撮影《さつえい》されたものではない理由を「にじが～から」の形で，簡単に答えなさい。

(1)

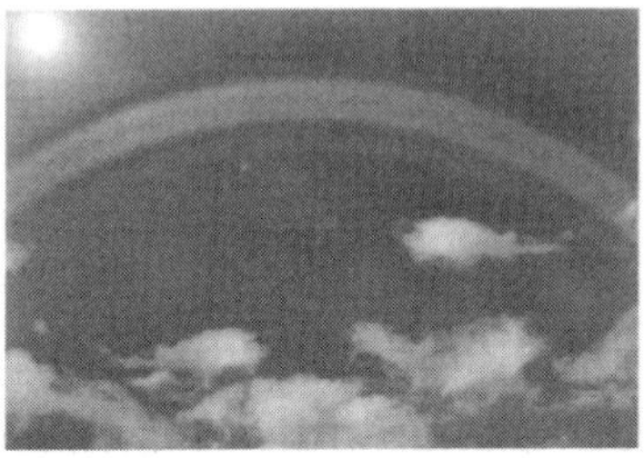

(2)

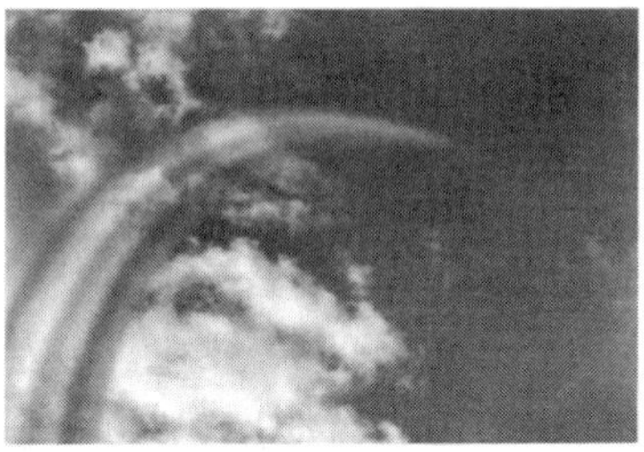

います」とありますが、このことのメリットとデメリットはどのようなところにあると言えますか。本文の内容とこの記事とを踏まえ、あなたの考えを述べなさい。

健室の先生(養護教諭)が担う役割と連携《れんけい》したサポートの重要性」(2020年5月28日付)の一部です。これを読んで、後の問いに答えなさい。

日本の小学校や中学校では当たり前の存在として認識されている保健室の先生(養護教諭)。けがや病気のときに治療《ちりょう》してくれる優しい先生と多くの子どもたちは思っているはずです。

その保健室の先生は、毎日多くの児童生徒が利用する保健室を運営するだけでなく、健康指導や健康相談、教員のケアまで幅《はば》広い業務をこなします。また、学校教育においてどのような役割を担っているのでしょうか。

保健室は、学校の保健活動における[1]的な役割を果たしています。例えば、健康診断や健康相談、子どもや教員がけがをしたときの救急処置や保健指導などは、保健室がなければ機能しません。

日本では1941年に定められた国民学校令において、初めて養護教諭が法的に教育職員として位置付けられました。「保健室の先生」として親しまれる養護教諭は、日本独自の職種であり、海外には保健室の先生という[2]がありません。

日本の養護教諭は児童生徒のケアと教育の両方を行いますが、海外では[3]的に看護師が「スクールナース」として各学校に配置されています。また、児童生徒の心のケアを行うために、看護師とは別にカウンセラーが常駐《じょうちゅう》している学校も珍《めずら》しくありません。心と身体のケアを別々に行うのが日本との違いです。

保健室や養護教諭の役割を学ぶために、発展途上《とじょう》国の教員が日本に視察に来ることや日本の教授や准《じゅん》教授らが発展途上国へ赴《おもむ》き、養護教諭の育成を行うこともあり、海外の教育従事者から注目されていることが伺《うかが》えます。

保健室の先生は、児童生徒はもちろん、教員を含めた学校全体の健康管理や保健指導の中心といえる存在です。それを踏まえた上で、学級担任や管理職、保護者などとどのように向き合うのが正解なのでしょうか。また、保健室の利用状況から保健指導や健康相談の重要性についても見てみましょう。

保健室の先生が行う仕事の中心となっているのが、児童生徒や教員の健康管理、健康相談への対応、保健室の経営などです。特に、児童生徒の健康管理では子どもたちが抱える学校生活や進路についての悩みから、自分の身体のことや家庭での悩みまで、幅広い相談に応じるカウンセラーの役割も担っています。

改正学校保健安全法(平成21年法律第76号)により、保健室の先生を務める養護教諭は、ほかの教員や保護者と連携を図りながら生徒の対応に当たることが重要とされています。子どもの普段の様子を共有することで、その児童生徒の[4]の状態や変化を把握《はあく》しようというのが狙《ねら》いです。

生徒や教員の救急処置やカウンセラーとしての役割、保健室の運営など、多岐にわたる役割を担う保健室の先生ですが、一般《いっぱん》的には各学校に一人しか配置されていません。

——中略——

保健室の運営や児童生徒の対応以外にもさまざまな業務を抱える養護教諭が多忙《たぼう》を極《きわ》めており、複数配置を求める声が上がっているのが現状です。

(1) 文章中の[1]～[4]に入る言葉として適当なものを、次の**ア**～**カ**の中からそれぞれ一つずつ選び、記号で答えなさい。

ア 一般　**イ** 中核《ちゅうかく》　**ウ** 補助
エ 概念《がいねん》　**オ** 健康　**カ** 心身

(2) ——線「日本の養護教諭は児童生徒のケアと教育の両方を行

きずに一方的な対応に終始してしまうおとなとの関係性を取り持つ存在。

イ　成長に伴《ともな》うさまざまな変化に戸惑《とまど》っている生徒に寄り添って理解を深め、健全な成長のための知識を集め、それに基づいた支援体制を築き上げる存在。

ウ　「自分らしさ」にこだわるあまりおとなの世界にうまく適応することができない生徒に、おとなの間で通用している価値観を教えることで目指すべき将来像を提示する存在。

エ　期待されることや価値観を押し付けられることのストレスに疲れ切っている生徒とその親との距離を調整し、生徒が自分にふさわしい生き方を模索することを手伝う存在。

オ　おとなの価値観や期待に沿わない態度は子どもの怠慢《たいまん》であると決めつけられがちであるが、そのようなおとなの偏《かたよ》った認識を生徒との対話で得られた理解によって改める存在。

問十四　――線⑨「保健室での子どもたちからの相談の大半は、友だちとの関係性についてです」とありますが、筆者は友人関係に悩む子どもたちにどのような対応をしていると言っていますか。本文の内容を踏《ふ》まえて四十字以内で**二点**、それぞれ説明しなさい。

問十五　――線⑩「バリアフリーな自分でいることを大切にしたいと思っています」とありますが、この部分の説明として適当なものを次の**ア**～**オ**の中から一つ選び、記号で答えなさい。

ア　自分と中学生とが世代的に文化的に隔《へだ》たっていても、積極的に彼らと同じ体験をすることによって価値観の相違《そうい》を肯定的《こうてい》にとらえようとしている。

イ　自分とは世代や趣味が異なっているがゆえに道徳観のずれが大きいので、あえて年齢差の意識を取り除くことで中学生の視点を獲得《かくとく》しようと努力している。

ウ　自分と中学生とは関心領域が異なるため話が合わないことが多いが、同じ体験をしてみることによって彼らの日常生活の実態を知る機会を得たいと思っている。

エ　自分と中学生とではあらゆる志向が異なっているが、その違いを克服《こくふく》するためには彼らと同様の生活を送って実態を客観的に調査しなければならないという義務感を抱いている。

オ　自分と中学生とでは世代も関心の対象も異なる上に教師と生徒という立場の違いもあることから、その障壁《しょうへき》は排除《はいじょ》し難《がた》いものとして認識しなければならないと諦《あきら》めている。

問十六　筆者に関する説明として適当なものを次の**ア**～**オ**の中から一つ選び、記号で答えなさい。

ア　養護教諭の職務内容は身体的健康の管理が主であるが、筆者は個人的な信念から養護教諭の仕事の範囲《はんい》を超えて生徒の精神的健康の支援を行っている。

イ　筆者は生徒たちがさまざまな経験を通じて成長してゆく様子に心を動かされていることに生きることの素晴らしさを感じ、中学校に勤務することを希望し続けている。

ウ　現在の中学生は忙しさのために友人との関係性を深める時間が不足しているため、筆者は生徒が卒業した後はメールでのやり取りを通じて友人関係の適度な距離感を経験的に示している。

エ　筆者は思春期の子どもたちとの会話から得た情報を調べるだけではなく一緒に実際に体験することもあるが、その目的は若い世代の文化に接することで生徒理解に役立てるためである。

オ　多くの困難を抱えている生徒は他者との関係において辛《つら》い経験をしていることもあるため、筆者はあえて距離を縮めないようにすることがある。

問十七　次の文章は、「日本教育新聞」ホームページ掲載《けいさい》の記事「保

ないように一人で過ごすことができる空間である。

B　生活的な指導よりもおとなが味方になってくれるという安心を生徒に感じてもらうことが優先される。

C　特に用のない生徒でも気軽に来室できる反面、本当に保健室を必要とする生徒が利用しにくくなっている。

D　さまざまな事情を抱えた生徒の居場所として保健室本来の役割を果たせるのは授業中のみである。

(2)　「居心地のいい保健室」について説明している一文を――線④より前の部分から探し、最初の五字をぬき出して答えなさい。

問九　**【　】**で括《くく》られている形式段落の中で、筆者である「私」は、「だれにとって」「どのような立場」でありたいと述べていますか。解答欄《らん》の形式に合わせて答えなさい。

問十　――線⑤「幼虫が蛹になり、そして蝶に変わるほどのドラマチックな展開」とありますが、筆者がそのように感じるのはなぜですか。理由の説明として適当なものを次の**ア**～**オ**の中から一つ選び、記号で答えなさい。

ア　精神的に不安定な時期を経て思春期の子どもが見違えるほど成長し、おとなに変化していく姿が感動的に見えるから。

イ　精神的に幼稚《ようち》な時を過ごしている中で見えるちょっとした成長から、子どもたちの変化が好ましく思われるから。

ウ　精神的に成熟していない子どもとそうでない子どもとを見ることで成長でのその個人差を比較《ひかく》し、子どもたちの多様性に驚《おどろ》くから。

エ　精神的に変化がなく、からだの変化が先行する子どもを見るにつけ、心の大きな成熟が必要だと感じ、不満に思われるから。

オ　精神的に不安定な子どもの情緒《じょうちょ》が安定してゆくのを目にすると、自身の仕事の成果を実感し、満足した気になれるから。

問十一　――線⑥「おとなの価値観」とありますが、具体的にはどのような価値観ですか。解答欄に合わせて四十字以上四十五字以内で答えなさい。

問十二　――線⑦「人生という旅のスタートラインに立ったばかりの子」とありますが、このような「子」はどのような問題を抱えることがあると筆者は述べていますか。その説明として適当なものを次の**ア**～**オ**の中から一つ選び、記号で答えなさい。

ア　子どもからおとなになってゆく過程での身体の変化に驚き、それが個性の一つであると認識するのに時間がかかり、ひたすら悩むことになるという問題。

イ　子どもからおとなになってゆく過程での身体の成熟を同世代の仲間と比べた際に、大きな優越《ゆうえつ》感を抱いて自意識が過剰《かじょう》になってしまうという問題。

ウ　子どもからおとなになってゆく過程での身体の成長と心の成熟という大きな変化に気づき、未熟なのに大人になったと誤解してしまうという問題。

エ　子どもからおとなになってゆく過程での身体の変化に気づき、それが人間の成長の一環だと自覚することができるようになっているという問題。

オ　子どもからおとなになってゆく過程での当たり前の身体の変化すら、自然なこととして受け入れることができないで悩むこともあるという問題。

問十三　――線⑧「迷える子どもたちを支援するチームの応援団長」とありますが、それはどのような存在ですか。その説明として適当なものを次の**ア**～**オ**の中から一つ選び、記号で答えなさい。

ア　親からの自立を意識しているがゆえにおとなに向けて反抗的な態度をとりがちな生徒と、子どもとの距離を縮めることがで

問五　――線①「二年生の男の子」とありますが、彼《かれ》の状況《じょうきょう》はどのようであると考えられますか。その説明として適当なものを次の**ア**～**オ**の中から一つ選び、記号で答えなさい。

ア　数日にわたって家庭でもめ事を抱え、それを解決できないまま登校することが続いている。

イ　遅刻することが多いので、保健室にいちど立ち寄ってから教室に行くように担任から指導されている。

ウ　衣食住に不自由する家庭事情があるので、学校に来ることによって安心した環境に身を置くことができる。

エ　友人との関わりを禁じられていて、朝早く登校してもクラスの中に居場所がない。

オ　保護者とのかかわりが少ない一方で、学校の保健室では温かく支えてくれる人がいる。

問六　――線②「渡り鳥の止まり木」とありますが、これは何のたとえですか。その説明として適当なものを次の**ア**～**オ**の中から一つ選び、記号で答えなさい。

ア　何か頼《たよ》るものを求めたくなった子どもたちが一時的に心を落ち着かせ、再び日常に戻ることができる環境。

イ　わずらわしい日常に不満を感じている子どもたちがその気分を晴らし、楽しむことのできる相手。

ウ　忙《いそが》しい毎日に疲れている子どもたちが身体をゆっくり休ませることのできる場所。

エ　考え込むことが多くなってしまった子どもたちが自分の悩みと向き合うことのできる機会。

オ　人間が生活していくにあたり本能的に求められる体の休息を最優先に与えるための場。

問七　――線③「保健室に集まっている子どもたちのイメージも勝手に一人歩きしている」とありますが、これはどういうことですか。その説明として適当なものを次の**ア**～**オ**の中から一つ選び、記号で答えなさい。

ア　保健室に来る生徒は何かしらのトラブルを抱えているのでおとなが手を差し伸《の》べるべきなのに、報道などではそのような状況に対する責任が生徒自身にあるかのように扱われているということ。

イ　思春期特有の課題を抱えた生徒はおとなの援助《えんじょ》を必要としているのにその役割を担っている場所は保健室しかなく、子どもの孤立《こりつ》状態が社会的な問題になっているということ。

ウ　おとなから見てしっかりしているような生徒こそ、そのまじめさゆえに悩みを抱え込みやすいものなのに、悩みを抱えているのは生徒自身に問題があるからだと考えている人が多いということ。

エ　悩みを抱えておとなの助けを必要とすることはどのような生徒にもありうるが、保健室に来るような生徒は問題を抱えた厄《やっ》介《かい》な存在であるかのように社会から捉《とら》えられがちであるということ。

オ　保健室は生徒の身体的な健康の維持《いじ》を目的とした場所なので、ケガや病気などの身体的トラブル以外の理由で保健室に来るような生徒は問題児として認識される傾向《けいこう》があるということ。

問八　――線④「居心地のいい保健室」について、次の各問いに答えなさい。

(1)　次の**A**～**D**のうち、筆者が運営する保健室についての説明として適当なものには「○」、不適当なものには「×」を記しなさい。

A　精神的に不安定になった生徒が他の生徒とトラブルが生じ

かせ、友だちとの関係性についてゆっくり考えさせることにより、相手との適度な距離《きょり》の置き方を覚えていくことでしょう。

卒業する時期になると、私は生徒たちに、メールアドレスを公開しています。卒業は別れではなく、生徒と先生という関係から、対等な関係性になる通過点であり、やがては、かけがえのない親友になる子もいるのです。そうした数多くの子と、地域でエイズ予防啓発《けいはつ》ボランティア団体としての活動も続けています。

もともと好奇心旺盛《おうせい》な私は、保健室で中学生たちとの会話に登場する不可思議な世界について調べてみたり、実際にそこに足を運んでみることを、ライフワークの一つにしています。この頃は、毎年、東京ビッグサイトで開催している「コミックマーケット（コミケ）」も、卒業生の女の子たちと一緒に通っています。三日間で五〇万人が集まるという大イベントで、慣れている彼女《かのじょ》たちが一緒でなかったら、迷子になっていたことでしょう。最近は、自称《じしょう》「腐女子《ふじょし》」の卒業生に、「執事《しつじ》カフェ」に連れて行ってもらいました。彼女たちと秘密を共有することは楽しく、新しい体験は刺激《しげき》的で［５］します。世代を超えた子どもや若者と一緒に過ごし、同じ体験をすることで、今の文化を再発見することもできます。年齢や趣味《しゅみ》、考え方の「違い」を壁《かべ》にするのではなく、違いをも楽しめる⑩バリアフリーな自分でいることを大切にしたいと思っています。

（金子由美子「思春期と育ちあう」―一部改変― による）

(注) ジェラシー…嫉妬。やきもちをやくこと。
コンプレックス…劣等《れっとう》感。
コミックマーケット（コミケ）…自作の漫画《まんが》・アニメ・ゲーム関連の書籍《しょせき》を販売《はんばい》するイベントのこと。
腐女子…「オタク」のような感じの女性のこと。
執事カフェ…来店した人がお嬢《じょう》様として扱《あつか》われ、漫画《まんが》やアニメの世界に入り込んだような体験ができる喫茶《きっさ》店。

問一　～～～線㋐～㋔の片仮名を漢字に直しなさい。

問二　――線Ⓐ～Ⓓの言葉の意味として適当なものを、それぞれ後の**ア**～**オ**の中から一つ選び、記号で答えなさい。

Ⓐ「ひとしきり」
ア　黙ったまま　**イ**　よく考えて　**ウ**　寂《さび》しい様子で
エ　しばらくの間　**オ**　孤独に

Ⓑ「他愛のない」
ア　集中している　**イ**　好んでいる
ウ　趣味としている　**エ**　取るに足りない
オ　面白《おもしろ》おかしい

Ⓒ「つかさどる」
ア　教科として指導する　**イ**　仕事として受け持つ
ウ　きまりとして管理する　**エ**　監視《かんし》して指図する
オ　注意して見守る

Ⓓ「多岐にわたって」
ア　重要な任務を担《にな》って　**イ**　さまざまな方面に及《およ》んで
ウ　責任を負って携《たずさ》わって　**エ**　あちこち移動して働いて
オ　いろいろな人と関わって

問三　本文中の［１］～［５］に入る言葉として適当なものを、次の**ア**～**オ**の中からそれぞれ一つずつ選び、記号で答えなさい。
ア　わくわく　**イ**　ふらっと　**ウ**　びっちりと
エ　どっかりと　**オ**　みるみる

問四　本文中の［Ⅰ］～［Ⅴ］に入る言葉として適当なものを、次の**ア**～**オ**の中からそれぞれ一つずつ選び、記号で答えなさい。
ア　いとも　**イ**　むしろ　**ウ**　たとえば
エ　すると　**オ**　しかし

う。時には、学級担任や保護者の方と連携《れんけい》しながら、子どものサポート体制をつくっています。

［Ⅳ］、「かったるい」とか「疲《つか》れた」と言って毎日のように保健室に来る子がいます。親や教師から、「若いくせに……」「サボっているだけ……」と決めつけられてしまうこともありますが、子どものカウンセリングをすると、理解しがたい気持ちやからだの変化に、心もからだも疲れていることも多いのです。突然《とつぜん》イライラしたり、小さなことでムキになってしまう自分の感情をもてあましていることもあります。また、昨日まで楽しかった学校生活がある日突然つまらなくなったり、熱中していた部活動が無意味に思えたり、朝どうしても起きられず一日中ベッドで眠《ねむ》りこけてしまったり……などなど。突然、疲労《ひろう》感や悲愴《ひそう》感が高まり「何もしたくない」「親から期待されると辛い」「学校や部活を休みたい」と思ってしまうこともあるのです。子どもたちに、思春期特有のストレスが起きる原因を知らせるだけで、イライラせずに、攻撃《こうげき》的な気持ちがコントロールでき、㋓ランボウな言葉や反抗的な態度をとらずにすむこともあります。

私は、時折り教室に行き授業を行ない、相談に来る生徒には個別相談をし、思春期に必要な心とからだについての知識を伝えるようにします。健康教育は、自らの心とからだの状態を知り、欲求に対処し、自分を大切にして生きていく基礎《きそ》として重要な情報だと思うからです。

いつ頃からか、学校で、放課後に仲間と㋔ヒタイを寄せあいながら、語り合う子どもたちの姿を見かけなくなりました。授業や部活動のあとに、塾や習い事、子どもによっては家庭教師やクラブチームへの参加とスケジュールが［４］埋《う》まり、急いで帰宅しなくてはならなくなったためです。全国各地で始まっている学区の自由化の影響《えいきょう》も大きく、自宅が遠い子は、友だちとおしゃべりをする間もなく、後の予定もあればなおさら帰宅を急がなければなりません。そうした影響もあってのことでしょうが、友だち同士の関係性も薄《うす》く、［Ⅴ］簡単につながりが崩《くず》れていく様子をみることが増えています。

実際に、⑨保健室での子どもたちからの相談の大半は、友だちとの関係性についてです。友だちができない、仲間はずれにされている、親友だと思っていたのに裏切られた……などなど。親友が自分以外の子と仲良くしているのを見ると嫉妬《しっと》心が高まってしまい「勉強が手につかない」という男の子もいます。トイレの個室まで二人で入り、恋《こい》人《びと》同士のように手をつなぎ、休日は、おそろいのファッションで出かける女の子の二人組もよく見かけます。

友だち、なかでも「親友」は、親から自立しようとし、孤独《こどく》感と向き合っている思春期には、とても魅力《みりょく》的な存在で、相手に対して期待が大きくなり過ぎてしまうようです。最近では、ケータイで親友を四六時中束縛《そくばく》しあうケースも見られます。そのために、お風呂《ふろ》やトイレにまでケータイを持っていかないと不安だという女の子もいます。

友だち関係に行き詰《づ》まったりして悩んでいる生徒にアドバイスをする時、「人と気持ちのいい関係性ってなんだろう」と提起して、一緒に考えてみるようにしています。子どもたちは、相手に対し一方的に求めるだけの自分であったり、相手から束縛されることを不自由に感じながらもひとりぼっちになることが怖《こわ》くて我慢していたことに気がついていきます。

「私が憧《あこが》れている人はね、孤独と向き合う強さのある人、知的好奇心《こうきしん》の強い人、平和を愛する人たちで、人との関係性づくりがとても上手なの。そんな人たち同士は、お互《たが》いの考えや立場の違いを超《こ》えて、また男女の違いや年齢《ねんれい》に関係なく人と輪をつくり、その中で一人ひとりが輝《かがや》いているのよ！」。私の体験を踏《ふ》まえたリアルな話をしてあげると、子どもたちの目は輝きます。おとなが、失敗も含《ふく》めた経験談も聞

たちがホッとする保健室づくりを心がけ、癒《いや》された子どもたちが自分の力を取り戻し、仲間の輪や学びの場である教室に戻っていかれるようにと、支援《しえん》しています。

しかし、保健室に集まる子どもの様子が、メディアなどによりクローズアップされ始めてから、おとなが集まるところで「養護教諭《きょうゆ》をしています」と自己紹介《しょうかい》すると、「大変でしょう」と言われることが多くなりました。どうやら③保健室に集まっている子どもたちのイメージも勝手に一人歩きしているようです。㋑キソクや管理に従わない子、家庭環境《かんきょう》が㋒フクザツな子、学校や勉強が苦手な子、集団に馴染《なじ》めない子等々、どちらかと言えばマイナスのイメージを持たれているようです。

【中学生の時期の子どもは、勉強やスポーツが得意でも、性格が穏《おだ》やかであっても、親や先生方から頼りにされるほどしっかりしていても、思春期特有の課題と向き合い、多かれ少なかれ悩《なや》みを抱えているはずなのです。しかし、精神的に自立する時期を迎《むか》えているので、親や教師に対しては素直になれず、Ⅱ反抗《はんこう》的になりがちです。でも、時には心細くなったり、おとなのサポートを必要とすることがあります。そんな時、子どもたちは同じおとなでも、近すぎず、かつ遠すぎない立ち位置にいるおとな、安心して胸の内を話すことができるおとなを探し求めます。私は、養護教諭として、思春期の子どもたちにとって、かけがえのない存在でありたいし、④居心地のいい保健室をつくりたいのです。】

法的な基準による養護教諭の職務内容は、「児童生徒の養護をⒸつかさどる」（学校教育法）と定められ、健康診断《しんだん》、健康管理、健康相談活動、病気やケガに対する救急処置などなど、Ⓓ多岐《たき》にわたっています。大学で養護教諭免許《めんきょ》を修得し、採用試験を受け、幼稚園《ようちえん》、小学校、中学校、高校、大学など希望する学校に勤務します。

私は養護教諭になり三十数年になりますが、その間、ずっと中学校を希望してきました。それは、一二歳から一五歳の思春期まっただ中にいる子どもたちと一緒にいるのが大好きだからです。学校生活のさまざまな場面で、泣いたり、笑ったり、怒ったり、すねたりしながら、心もからだも確実におとなに近づいていく子どもたちの変化＝成長は、⑤幼虫が蛹《さなぎ》になり、そして蝶《ちょう》に変わるほどのドラマチックな展開です。日々、そんな場面に立ち会っていると、私が子どもたちから「生きる」ことの素晴らしさを学んでいるように思えるのです。

思春期は、子ども期の最終章であり、おとなの入り口に立つ時期です。多くの子どもたちは、これまでは親をはじめ、祖父母や学校や塾《じゅく》・習い事の先生など、周囲にいた⑥おとなの価値観を素直に受け入れ行動していれば、いい子だと認めてもらえました。Ⅲ、思春期以降は、おとなが与《あた》えてくれた価値観だけではなく、自分の価値観もつくりながら、自分にふさわしい生き方を模索《もさく》し、未来を展望していかなければなりません。

⑦人生という旅のスタートラインに立ったばかりの子は、思った通りに道を進めなかったり、迷子になったりします。また、独り立ちするうえでは、他人からどう見られているかが気になり、外見や能力を同世代の仲間と比べ、ジェラシーやコンプレックスを抱《いだ》くこともあります。第二次性徴《せいちょう》によるからだの成熟さえも、受け止めかねている子もいます。男女ともに、異性への関心も芽生え、性的な欲求をコントロールする必要も出てきます。

こうした数々の課題を抱えながら、一人ひとりが「自分らしさ」にこだわり、絶え間なく努力し、一生懸命《いっしょうけんめい》に生きているのです。学校において、子どもたちの心とからだの健康教育のプロである養護教諭は、⑧迷える子どもたちを支援するチームの応援《おうえん》団長とも言えましょ

2023年度 世田谷学園中学校

【国　語】〈第二次試験〉（五〇分）〈満点：一〇〇点〉

〔注意〕解答の際には、句読点やカギカッコなどの符号《ふごう》も字数にふくむものとします。

次の文章を読んで、後の問いに答えなさい。

毎朝、勤務校に着くと急ぎ足で保健室に向かいます。保健室の前で生徒が待っていることが多いからです。

今朝もまたドアの前で立ちすくむように、私が来るのを待ちわびていた一年生の女の子がいました。「おはよう！」と声をかけると、その子の瞳《ひとみ》から［１］涙《なみだ》があふれ出し、床《ゆか》にこぼれ落ちました。「泣くのを我慢《がまん》する必要はないのよ。辛《つら》いこととか、哀《かな》しいこととか、悔《くや》しいことがあったら思いっきり泣いたっていいんだよ」と言葉をかけ、肩《かた》を抱《だ》き保健室の隅《すみ》に連れて行きました。カーテンで仕切ったその場所は、一人になることも、人目を気にせず思いきり泣くこともできるのです。また、憤《いきどお》り、絶望、悲観などこれまで出会ったことのない感情に襲《おそ》われた生徒は、人に会いたくないほど動揺《どうよう》したり、㋐コウフンしたり、精神的に不安定になることがありますが、Ⓐひとしきり一人で過ごすことにより、落ち着きを取り戻《もど》したり、気持ちが安定し回復することもあるのです。

一時間目の授業が始まってしばらくすると、①二年生の男の子が、「おはっ！」と元気よくドアを開け、入室してきました。彼《かれ》は、いつものように保健室の中央のお気に入りのソファーに［２］座りました。家庭の事情で、平日は一人で寝起《ねお》きし、たいていは朝ごはんを食べずに登校してきています。このところ、寝坊《ねぼう》をして遅刻《ちこく》することも度《たび》重なり、今日もすでに授業が始まっています。そんな日は、必ず保健室に立ち寄るのです。朝ごはん抜《ぬ》きは気になるものの、まずは「おはよう！」という言葉をかけ、「いつも見守っているからね」という気持ちを込《こ》めて、「今日も一日頑張《がんば》ろうね」と肩を押《お》して教室に送り出します。遅刻を責めたりしないのは、まずは、「おはよう」とあいさつを交わし合う心地よい関係を体験させ、信頼《しんらい》関係により結ばれているおとなに見守られている安心を感じて欲《ほ》しいと思うからです。

休み時間や放課後になると、授業や部活でケガをした子が手当てしてもらいに来たり、体調がすぐれない子が相談に来ます。当人だけでなく、その付き添《そ》いで来る子もいますし、［３］「ただ、なんとなく」立ち寄る子もいます。どの学年の生徒も、毎日、入れ替《か》わり立ち替わり、リビングに集まるような気軽さで保健室に集まってくるのです。そして、ただ黙《だま》っていすに座っている子もいれば、本棚《ほんだな》の生徒向けの図書を取り出して眺《なが》めている子など、過ごし方もまちまちです。「むかつく！」「聞いて」と、たった今起きたことや昨夜の家での出来事を吐《は》き出していく子もいれば、昨日のテレビ番組や私のファッションを話題にしたりしてⒷ他愛《たわい》のないおしゃべりを楽しんでいる子もいます。

でも、授業開始のチャイムが鳴ると、生徒たちは急いで授業に戻っていきます。［Ｉ］、保健室には、他の生徒と顔を合わせたくないからと、授業中や、早朝・夕方に登校してくる保健室登校の子がやってきます。教室に入れない事情は一人ひとり違《ちが》うため、親と一緒《いっしょ》に登校し人目が避《さ》けられるコーナーで自習する子や、一週間に一度だけカウンセリングに来る子もいます。また、健康上の理由で医療《いりょう》機関から登校してくる子もいます。さまざまな事情を抱《かか》えている子を受け入れ、言葉を交わし心を通わせる「受容」は、保健室の大切な役割になっているのです。私は常日頃《つねひごろ》から、②渡り鳥の止まり木のように、子ども

2023年度

世田谷学園中学校　▶解説と解答

算　数　＜第２次試験＞（60分）＜満点：100点(理数コースは200点)＞

解　答

$\boxed{1}$ (1)　2　(2)　9通り　(3)　100段　(4)　1320円　(5)　17　(6)　21.56cm　$\boxed{2}$ (1)　35才　(2)　33才　$\boxed{3}$ (1)　24cm²　(2)　32cm²　$\boxed{4}$ (1)　41人　(2)　24人　$\boxed{5}$ (1)　4：5　(2)　15分50秒後　$\boxed{6}$ (1)　**位置**…①，**長さ**…39.25cm　(2)　**図**…解説の図２を参照のこと。／113.04cm

解　説

$\boxed{1}$ **逆算，場合の数，周期算，相当算，比の性質，長さ**

(1)　$\frac{7}{8}\times\left(\square-\frac{3}{7}\right)\div0.625+0.2=2\frac{2}{5}$より，$\frac{7}{8}\times\left(\square-\frac{3}{7}\right)\div0.625=2\frac{2}{5}-0.2=\frac{12}{5}-\frac{1}{5}=\frac{11}{5}$，$\frac{7}{8}\times\left(\square-\frac{3}{7}\right)=\frac{11}{5}\times0.625=\frac{11}{5}\times\frac{5}{8}=\frac{11}{8}$，$\square-\frac{3}{7}=\frac{11}{8}\div\frac{7}{8}=\frac{11}{8}\times\frac{8}{7}=\frac{11}{7}$　よって，$\square=\frac{11}{7}+\frac{3}{7}=\frac{14}{7}=2$

(2)　赤色の箱に青色のボールを入れる場合は，下の図１のように３通りの入れ方がある。同様に，赤色の箱に黄色，緑色のボールを入れる場合もそれぞれ３通りの入れ方があるから，全部で，３×３＝９(通り)とわかる。

(3)　下の図２のように，ＡとＢは６段ごとに同じ段にくる。これを周期とすると，１つの周期の中で２人ともふまない石段は２段あることがわかる。また，全体は，300÷６＝50(周期)あるので，２人ともふまない石段の数は全部で，２×50＝100(段)である。

図１

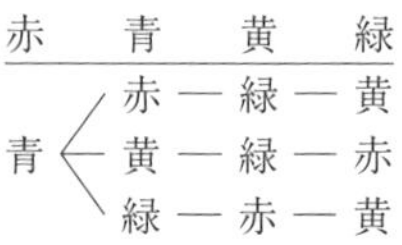

図２

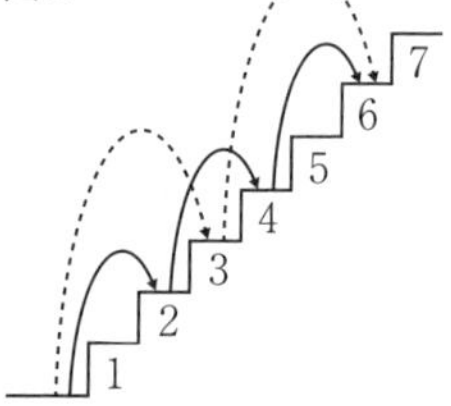

図３

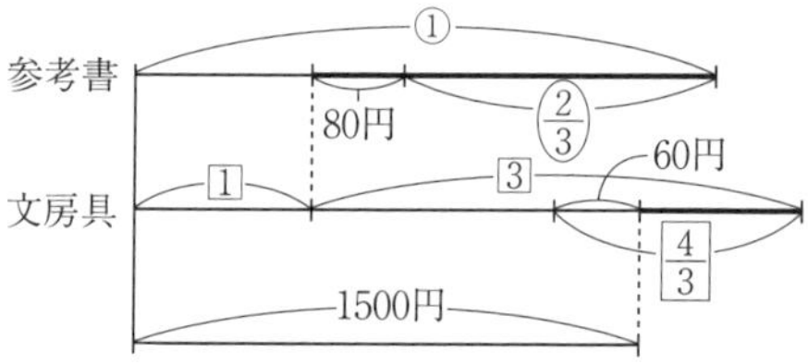

(4)　はじめの所持金を①，参考書を買った後の所持金を$\boxed{1}$とすると，銀行から引き出した金額は，$\boxed{1}\times3=\boxed{3}$だから，お金を引き出した後の所持金は，$\boxed{1}+\boxed{3}=\boxed{4}$となり，その$\frac{1}{3}$は，$\boxed{4}\times\frac{1}{3}=\boxed{\frac{4}{3}}$とわかる。よって，図に表すと上の図３のようになる。図３で，$\boxed{4}-\boxed{\frac{4}{3}}=\boxed{\frac{8}{3}}$にあたる金額が，1500−60＝1440(円)なので，$\boxed{1}$にあたる金額は，$1440\div\frac{8}{3}=540$(円)とわかる。すると，$①-\textcircled{\frac{2}{3}}=\textcircled{\frac{1}{3}}$にあたる金額が，540＋80＝620(円)になるから，①にあたる金額は，$620\div\frac{1}{3}=1860$(円)と求められる。したがって，参考書の代金は，$1860\times\frac{2}{3}+80=1320$(円)である。

(5)　Aにあたる大きさを①とすると，B＝①×２＝②，C＝②×２＝④，D＝④×２＝⑧，E＝⑧×２＝⑯となる。よって，$A+B+C+D+E$＝①＋②＋④＋⑧＋⑯＝㉛となり，これが527にあ

たるので，①＝527÷31＝17と求められる。したがって，A＝17である。

(6)　右の図４で，AB，AE，BEはすべて半円の半径だから，同じ長さである。よって，三角形ABEは正三角形なので，角EBDの大きさは，180－60＝120(度)，角FAEの大きさは，180－(30＋60)＝90(度)とわかる。したがって，３つのおうぎ形ACB，BDE，AEFの中心角の合計は，30＋120＋90＝240(度)なので，太線部分のうち３つの弧《こ》の長さの合計は，６×3.14×$\frac{240}{360}$＝４×3.14＝12.56(cm)と求められる。ここへ直線FCと直線BDの長さを加えると，太線部分の長さは，12.56＋６＋６÷２＝21.56(cm)になる。

図４

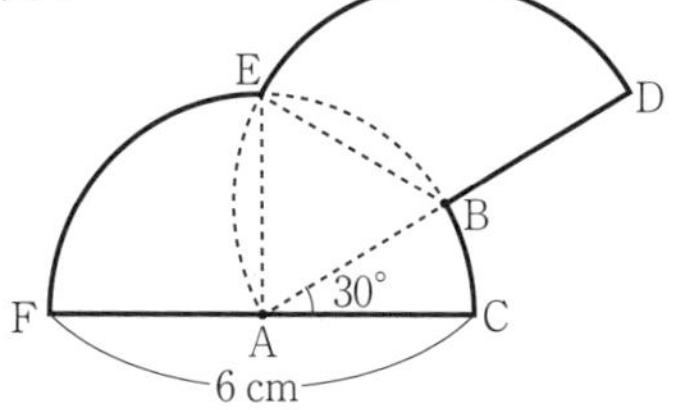

２　年令算

(1)　２年前と５年後を比べると，お父さん，お母さん，花子さんの年令はそれぞれ，２＋５＝７(才)増え，弟の年令は５才増える。よって，花子さんとお母さんと弟の年令の和は，７＋７＋５＝19(才)増えるから，右の図のように表すことができる。この図で，⑬－⑩＝③にあたる年令が，19－７＝12(才)なので，①にあたる年令は，12÷３＝４(才)とわかる。よって，５年後のお父さんの年令は，４×10＝40(才)だから，現在のお父さんの年令は，40－５＝35(才)である。

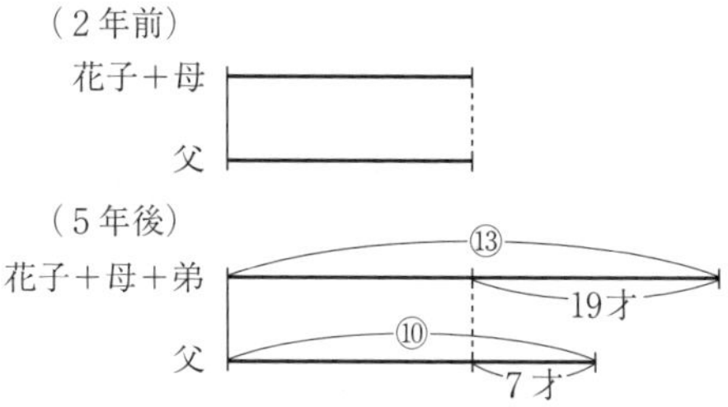

(2)　２年前のお父さんの年令(および花子さんとお母さんの年令の和)は，35－２＝33(才)なので，お父さんの年令が60才になるのは２年前からかぞえて，60－33＝27(年後)である。よって，そのときの花子さんとお母さんの年令の和は，33＋27×２＝87(才)になる。また，そのときの花子さんとお母さんの年令の比が１：２だから，そのときのお母さんの年令は，87×$\frac{2}{1+2}$＝58(才)と求められる。したがって，２年前のお母さんの年令は，58－27＝31(才)なので，現在のお母さんの年令は，31＋２＝33(才)とわかる。

３　立体図形―構成，表面積

(1)　右の図①のように組み合わせると，１辺の長さが２cmの立方体になる。この立方体の表面積が最も小さく，２×２×６＝24(cm^2)となる。

図①

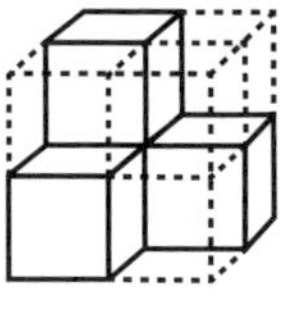

図②

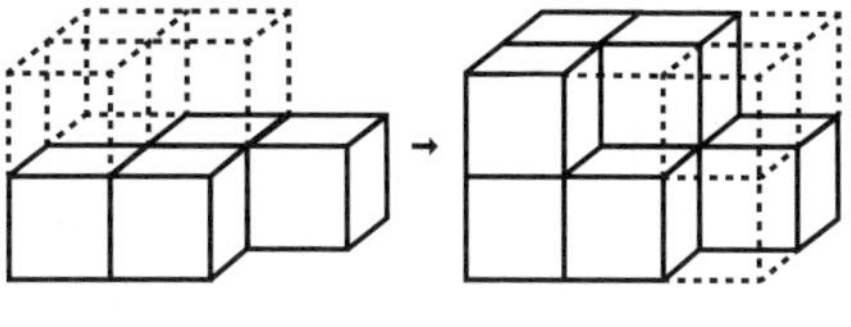

(2)　右の図②のように組み合わせると，たて２cm，横３cm，高さ２cmの直方体になる。この直方体の表面積が最も小さく，(２×３)×４＋(２×２)×２＝32(cm^2)である。

４　条件の整理，つるかめ算

(1)　30人の子どもに６個ずつ配るときの残りの個数は，264－６×30＝84(個)である。これを７個ずつ配ると，84÷７＝12(人)に配ることができるが，実際には何個か余るから，７個ずつ配る人数は11人以下であり，子どもの数は，30＋11＝41(人)以下とわかる。また，16人の子どもに６個ずつ配るときの残りの個数は，264－６×16＝168(個)である。これを７個ずつ配ると，168÷７＝24(人)に配ることができるが，実際には何個か不足するので，７個ずつ配る人数は25人以上であり，子どもの数は，16＋25＝41(人)以上とわかる。よって，子どもの人数は41人と決まる。

(2)　配ったあめの個数は263個以下だから，右のようにまとめることができる。女子が41人いたとすると，配ったあめの個数は，７×41＝287(個)となり，287－263＝24(個)以上多くなる。

(男子) 6 個ずつ ⎫ 合わせて
(女子) 7 個ずつ ⎭ 41人で263個以下

女子と男子を１人ずつ交換《こうかん》すると，配るあめの個数は，７－６＝１(個)ずつ少なくなるので，24÷１＝24(人)より，男子は少なくとも24人いることがわかる。

5　グラフ—旅人算

(1)　問題文中のグラフから，谷さんがはじめてＡ地点に着くのが90秒後，２人が２回目に出会うのが150秒後とわかる。そこで，AB間の道のりを90と150の最小公倍数である450とすると，２人の進行のようすは右のグラフのようになる。グラフから，谷さんの速さは秒速，450÷90＝５とわかる。また，２人が２回目に出会うまでに進んだ道のりの合計は，AB間の道のりの３倍にあたる，450×３＝1350である。よって，２人の速さの和は秒速，1350÷150＝９だから，世田さんの速さは秒速，９－５＝４と求められ，世田さんと谷さんの速さの比は４：５となる。

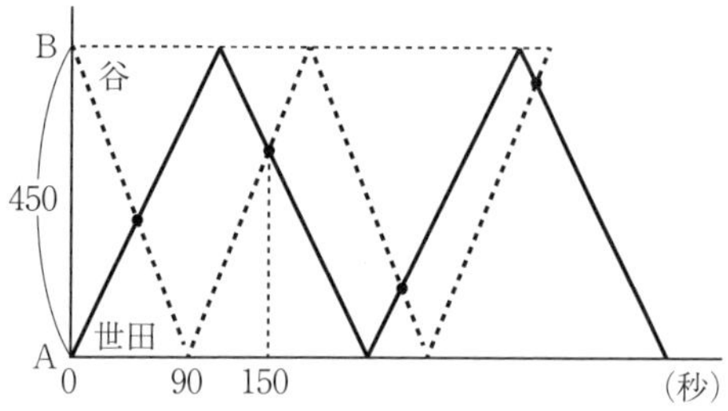

(2)　１回目に出会うのは，450÷(４＋５)＝50(秒後)である。また，１回目に出会ってから２回目に出会うまでに２人が進む道のりの合計は，450×２＝900なので，１回目に出会ってから２回目に出会うまでの時間は，900÷(４＋５)＝100(秒)である。２回目以降も，２人合わせて900進むごとに出会う(つまり100秒ごとに出会う)から，10回目に出会うのは，50＋100×(10－１)＝950(秒後)と求められる。950÷60＝15余り50より，これは15分50秒後となる。

6　平面図形—図形の移動，長さ

(1)　点Ｐは右の図１の太線のように転がるから，はじめてもとの位置に戻《もど》ってきたときは①の位置にある。また，N角形の内角の和は，180×(N－２)で求められるので，八角形の内角の和は，180×(８－２)＝1080(度)であり，正八角形の１つの内角は，1080÷８＝135(度)とわかる。よって，１回の回転で動く部分の中心角(かげをつけた角)の大きさは，135－60＝75(度)である。これが全部で５個あるから，点Ｐがえがいた線の長さは，$6 \times 2 \times 3.14 \times \frac{75}{360} \times 5 = 12.5 \times 3.14 = 39.25$(cm)と求められる。

図１

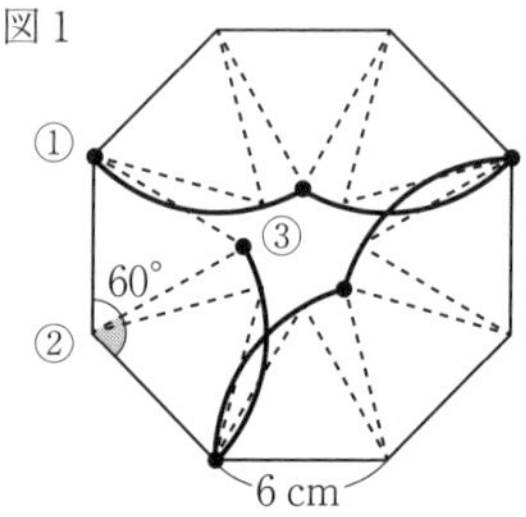

図２

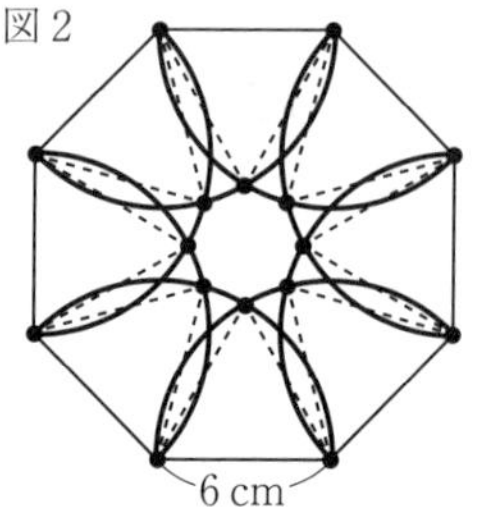

(2)　点Ｐが動いてできる線は右上の図２の太線のようになる。これは半径が６cmで中心角が135度のおうぎ形の弧が８個集まったものなので，その長さは，$6 \times 2 \times 3.14 \times \frac{135}{360} \times 8 = 36 \times 3.14 =$ 113.04(cm)となる。

社　会　＜第２次試験＞（30分）＜満点：50点＞

解　答

1 **問１**　(ア)　**問２**　③　**問３**　(イ)　**問４**　佐賀市　**問５**　(ウ)　**問６**　(エ)　**問７**　(ア)　**問８**　(エ)　**問９**　(ウ)　**問10**　ハブ空港　**問11**　(イ)　**問12**　４(月)１(日)８(時)
2 **問１**　(イ)　**問２**　(エ)　**問３**　(エ)　**問４**　(イ)　**問５**　朱子学　**問６**　②　**問７**　(ア)　**問８**　足利義政　**問９**　雪舟　**問10**　(エ)　**問11**　(ウ)　**問12**　(ア)
3 **問１**　(1)　⑤　(2)　①　(3)　③　**問２**　日食　**問３**　(例)　これらの民族は狩猟や漁によって食べ物を得ていたため，農耕民族に比べて太陽を重視していなかったから。　**問４**　天皇　**問５**　**１**　(例)　不老　**２**　(例)　水害　**問６**　(イ)　**問７**　**記号**…(ウ)　**理由①**…(例)　鉄器が登場することより，暗黒時代以降に書かれた作品であると考えられるから。　**理由②**…(例)　国王はいるが会議が行われていることより，身分の差が小さい時代に書かれたと考えられるから。　**問８**　**目的①**…(例)　自然現象について，その原因や成り立ちに納得できるような説明をつけること。　**目的②**…(例)　自分たちが築いてきた歴史を，後世に物語として語りついでいくこと。

解　説

1 **友好都市・姉妹都市を題材にした問題**

問１　大阪市は江戸時代に「天下の台所」とよばれ，商業がさかんであった。その特徴は現在にも受け継《つ》がれており，札幌市(北海道)・横浜市(神奈川県)・福岡市に比べ，年間商品販売《はんばい》額が最も多い。よって，表の(ア)があてはまる。なお，(イ)は福岡市，(ウ)は横浜市，(エ)は札幌市。統計資料は『データでみる県勢』2022年版，『日本国勢図会』2021／22年版などによる(以下同じ)。

問２　中国(中華人民共和国)の上海《シャンハイ》市は，長江(揚子江)の河口に位置する(地図中の③)。なお，①は北京《ペキン》市，②は西安《シーアン》市，④は重慶《チョンチン》市。

問３　下関市は山口県の西端に位置し，県内で人口が最大の都市である。山口県の秋吉台には，石灰岩が雨水で浸食《しんしょく》されたことでできるカルスト地形が見られる。よって，(イ)があてはまる。なお，(ア)は愛媛県，(ウ)は岡山県，(エ)は島根県の説明。

問４　韓国(大韓民国)の釜山《プサン》市と，九州地方の県庁所在都市で最も距離的に近いのは福岡市で，２番目が佐賀市となる。

問５　京都市はかつて天皇が住む都(平安京)が置かれていた伝統的な文化都市で，多くの観光客が訪れるため，第３次産業就業者の割合が高い。また，西陣織などの伝統的工芸品の生産がさかんなので，第２次産業(製造業・建設業)就業者の割合も比較《ひかく》的多い。よって，表の(ウ)があてはまる。なお，表の中で第１次産業と第２次産業の就業者割合が最も高い(ア)は長野市，第３次産業の就業者割合が最も高い(イ)は那覇市(沖縄県)，残った(エ)が函館《はこだて》市(北海道)。

問６　特にことわりのないかぎり，地形図上では上が北になる。地形図において，「桂離宮」の南側には官公署(Ö)・消防署(Y)が見られる。よって，(エ)が正しい。なお，(ア)の「天神川」の東側には，小・中学校(文)が複数見られる。(イ)の「桂大橋」の下を流れる河川(桂川)は北から南へ向かって流れている。(ウ)の博物館(🏛)の北側には郵便局(〶)や交番(X)が見られる。

問７　牧ノ原台地は静岡県西部の大井川と天竜川の間に位置し，茶の栽培《さいばい》地として知られる。台地の東部に島田市がある。よって，(ア)があてはまる。なお，(イ)の下総《しもうさ》台地は千葉県北部にあり，宇都宮市は栃木県にある。(ウ)の根釧《こんせん》台地は北海道東部の太平洋側にあり，北見市は北海道北東部のオホーツク海側に位置する。(エ)の笠野原《かさのはら》台地は鹿児島県にあり，天草市は熊本県にある。

問８　サウジアラビアは中東(西アジア)のアラビア半島にあるイスラム教を国教とする国で，国土の大半は砂漠である。原油資源が豊富で，原油の多くを日本などに輸出している。航空宇宙産業が発達し，日本に航空機を輸出しているのはアメリカ合衆国である。

問９　北九州工業地帯(地域)は，1901年の八幡製鉄所の操業をきっかけに，洞海湾《どうかいわん》岸を中心に発達した。水俣市(熊本県)は八代海，大牟田《おおむた》市(福岡県)は有明海に面している。

問10　航空交通の拠点となる空港を「ハブ空港」という。航空路線網《もう》を自転車の車輪に見立てると，放射状に伸びる航空路線をスポーク，その中心にあたる空港をハブと見なせることからこの名がついた。

問11　名古屋港(愛知県)は輸出額が日本最大の貿易港で，自動車が最大の輸出品目となっている。また，大消費地に近い東京港は輸入額が日本最大で，衣類・コンピュータ・肉類の輸入が多い。なお，［Ｘ］は大阪港，［Ｙ］は横浜港。

問12　日本の標準時子午線は東経135度，ロサンゼルス(アメリカ合衆国)の標準時子午線が西経120度なので，日付変更線をまたがない経度差は135＋120＝255度である。経度15度で１時間の時差が生じるので，東京とロサンゼルスの時差は255÷15＝17時間になり，東側にある日本の方が時刻が進んでいる。東京を４月１日15時に出発したとき，ロサンゼルスの現地時間は３月31日22時であるため，その10時間後は４月１日８時である。

2　「日本の美術と文化」を題材にした問題

問１　旧幕府軍と新政府軍との戊辰《ぼしん》戦争(1868～69年)では，江戸城無血開城が成立したものの，上野寛永寺では両軍の激しい戦闘が繰り広げられた。なお，(ア)の永平寺は曹洞宗の総本山で福井県，(エ)の清水寺は京都市にある。(ウ)の浅草寺は東京都にあるが，戦場にはなっていない。

問２　国立博物館は文化庁(文部科学省)が管轄《かんかつ》する独立行政法人で，東京・京都市・奈良市・福岡県太宰府市の４か所にある。

問３　(ア)の桜田門外の変は1860年，(イ)の版籍奉還は1869年，(ウ)の廃藩置県は1871年，(エ)の西南戦争は1877年である。よって，(エ)が1872年より後のできごと。

問４　犬養毅は1932年に海軍将校らが起こした五・一五事件で暗殺された。なお，二・二六事件は1936年に起こった陸軍の青年将校らによるクーデタ未遂《みすい》事件で，大蔵大臣の高橋是清《これきよ》らが殺害された。

問５　昌平坂学問所は，1630年に上野忍ケ岡《しのぶがおか》で朱子学を講ずる林家の私塾として始まり，1691年に湯島聖堂が建設されたとき，聖堂学問所として移転したのがその前身である。1797年に林家の私塾を切り離して幕府直轄となり，幕府の御用学問である朱子学を教えた。朱子学は儒学の一派で，南宋の朱熹《しゅき》(朱子)が開いた学問であり，主従関係や上下関係を重視した。

問６　岩宿遺跡は群馬県みどり市(地図中の②)にある旧石器(先土器)時代の遺跡で，相沢忠洋《ただひろ》が発見した。なお，地図中の①は栃木県日光市，③は茨城県水戸市，④は千葉県成田市。

問７　縄文時代には，縄目文様のある厚手で黒褐色《こっかっしょく》の縄文土器がつくられた。なお，(イ)は弥生土器，(ウ)は安土桃山時代の茶器，(エ)は古墳時代の須恵器。

問８　写真は慈照寺銀閣で，室町幕府の第８代将軍足利義政が京都の東山につくった山荘である。そのなかでも，畳《たたみ》やふすまなどが用いられた東求堂同仁斎《とうぐどうどうじんさい》は，和風住宅の原型となる書院造の建物として知られる。

問９　室町時代後半，京都相国寺の画僧・雪舟が明(中国)に渡《わた》って技法を学び，帰国すると山口に住んで日本独自の水墨画を大成した。代表作に「秋冬山水図」「四季山水図巻」がある。

問10　写真［X］は「鑑真和上像」で，鑑真は奈良時代に唐(中国)から渡来《とらい》し，都の平城京に唐招提寺を建立した。［Y］は円覚寺舎利殿で，鎌倉時代に建てられた。

問11　安土桃山時代には，商人らが自由に商売を行うことができるように織田信長などが楽市令を発している。なお，(ア)の廃刀《はいとう》令は明治時代，(イ)の永仁の徳政令は鎌倉時代，(エ)の異国船打払令は江戸時代に出された。

問12　首里城跡は沖縄県にある琉球王国の王府の遺跡で，2000年に「琉球王国のグスク及び関連遺産群」(グスクとは城のこと)として，ユネスコ(国連教育科学文化機関)の世界文化遺産に登録された。なお，復元された首里城の建物は2019年に起こった火災で，そのほとんどが焼失している。

3　日本と外国の神話を題材にした問題

問１　(1)「日本神話⑤　国ゆずり」には，出雲のオオクニヌシらがアマテラスに国を譲った話が記されている。　(2)「日本神話①　国産み」には，死んだイザナミに会いたくて，イザナギが死者の国を訪れるが，イザナミのくさり果てた無残な姿を見ておどろく話が記されている。　(3)「日本神話③　オオゲツヒメ」には，スサノオに命を奪われたオオゲツヒメの身体から，稲や麦などの穀物が誕生したとある。同じような話が，東南アジアの「インドネシアの神話」にもあり，村人に命を奪われたハイヌウェレという少女が埋《う》められたところから，さまざまなイモが生まれたとある。

問２　「日本神話②　天岩戸」には，太陽の神であるアマテラスが天岩戸という洞窟《どうくつ》に隠れたことで，世界が闇《やみ》に包まれたという話が記されている。これは，太陽の光が月にさえぎられて地表に届かなくなる日食を指していると考えられる。

問３　イヌイットはアメリカ合衆国のアラスカ周辺に住む先住民で，アラスカは北極に近いため，夏は白夜が見られるが，冬はほとんど日が差さない。そのため，［図１］の雨温図で，月別の平均気温を見ると１年のほぼ３分の２が氷点下になるので，農耕ではなく狩猟や漁によって食料を得てきた。太陽のはたらきが収穫《しゅうかく》に影響《えいきょう》を与える農耕を中心とした社会ではないため，太陽神が重要とされなかったと考えられる。

問４　明治維新をきっかけに，日本は天皇を中心とした国づくりが進められ，1889年に公布された大日本帝国憲法では，天皇が日本の主権を持つ天皇大権が定められた。そのため，天皇を神聖化する神話が史実として教育に用いられたと考えられる。

問５　**１**　「メソポタミア(現在のイラク)神話」には，ギルガメシュという王が死を恐れて不老不死になることを目指し冒険を始め，とうとう若返りの植物を見つけるが，それをヘビに食べられてしまうという話が記されている。　**２**　「日本神話④　ヤマタノオロチ」には，スサノオが８つの頭を持つヤマタノオロチというヘビを退治する話が記されている。このヤマタノオロチはヘビの曲がりくねった形から，洪水や氾濫《はんらん》のような水害を象徴していると考えられる。

問６　［図５］において，エジプト周辺の資源について，アフリカ大陸とユーラシア大陸をつなぐスエズ地峡《ちきょう》に油田が２か所あり，古代エジプト人は地表に染み出たアスファルトや原油をミイラの防腐剤《ぼうふざい》や一時的な灯火に使ったが，エネルギー資源として使った形跡はない。よって，(イ)が正しくない。

問７　［資料１］の古代ギリシャ史の年表において，「暗黒時代」にギリシャで鉄器の使用が始まったとあり，「ポリス社会の時代」にポリス内部は，王族や貴族と市民の間で身分格差の少ない社会だったとしている。そして，［資料２］の『イリアス』からの引用として，「アキレウスは，炉《ろ》でとかしただけの鉄のかたまりを場に置いた」，「アキレウスが発議し，全軍の集会を開かせた」とある。よって，詩人ホメロスが『イリアス』をつくったのは，ポリス社会の時代と考えられる。

問８　医療が十分に発達していなかったり，天候の予測が難しかったりした時代には，人の死や食べ物が足りなくなることへの恐怖が，現代よりも身近だったと考えられる。神話は説明のつかないことが起きたときに，人々がその状況を乗り越えるために必要とした物語だった。また，神話には過去のできごとを語りつぐことで集団の歴史を保存したり，神話を共有する人々の絆《きずな》を深めたりするなどの役割がある。

理　科　＜第２次試験＞（30分）＜満点：50点(理数コースは100点)＞

解　答

1 **問１**　(エ)　**問２**　(ア)　**問３**　(例)　しん食作用が増してがけができるため　**問４**　**X**　(イ)　**Y**　(ウ)　**Z**　(ア)　**問５**　(例)　土砂は山地に近い方から粒が大きいものがたい積していくから。　**問６**　**B**　海岸段丘　**C**　三日月　**2** **問１**　(ア)　**問２**　(オ)　**問３**　炭素　**問４**　**A**　炭素　**B**　マグネシウム　**問５**　酸素　**問６**　0.8 g　**問７**　0.15 g　**問８**　420cm^3　**問９**　1.3 g　**3** **問１**　(例)　色の境目がはっきりしないため。　**問２**　(1)　(エ)　(2)　(ア)　**問３**　(ウ)　**問４**　(1)　71度　(2)　(エ)　**問５**　(1)　(例)　(にじが)太陽の見える方角にできることはない(から)　(2)　(例)　(にじが)手前が太く，おくが細く見えることはない(から)

解　説

1　川や海岸にできる地形についての問題

問１　パターンⅠのようにして，海と見立てた部分の水を増やすと，河口が山側に移動するため，河口にあった平野がなくなり，(エ)のように複雑な海岸線の地形ができる。このような地形はリアス海岸とよばれる。

問２，問３　パターンⅡのようにして，海と見立てた部分の水を減らすと，水の流入部分と海と見立てた部分の高さの差が大きくなり，水の流れがはやくなる。すると，しん食作用や運ぱん作用が大きくなり，河床《かしょう》がけずられてがけができる。この作用が繰《く》り返されることで図１の①では(ア)のような階段状の地形ができる。これを河岸段丘という。

問４，問５　山地に近い場所ほど，地面のかたむきが大きくなるため，川の流れがはやくなる。そのため，図２の点Xの付近が最も運ぱん作用が大きくなるので，粒《つぶ》の小さな土砂が流されてしまい，比較的《ひかくてき》粒の大きな土砂がたい積する。一方，点Ｚの付近では，川の流れがゆるやかなため，運ぱん作用が小さくなり，粒の小さな土砂がたい積していると考えられる。したがって，点Ｘは最も粒の大きい(イ)，点Ｙは次に粒の大きい(ウ)，点Ｚは最も粒の小さい(ア)の柱状図になる。

問６　海岸地方において，波によるしん食作用で海底が平らにけずられ，それが地上に隆起して海岸段丘となる場合がある。また，曲がって流れる川の外側は流れがはやく，しん食作用が大きくなるため，外側がけずられて曲がりはさらに大きくなると，図３のように湾曲《わんきょく》した川になる。その後，湾曲した部分に，大雨などで大量の水が流れると，曲がりのはじめと終わりの部分がつながり，新しい流れができ，また，新しい流れの両側に土砂がたい積することで，湾曲した部分が取り残されて三日月湖ができることがある。

2 **マグネシウムの燃焼についての問題**

問１　マグネシウムを空気中で燃やすと，強い光と熱を出しながら激しく燃える。

問２　空気中でマグネシウムを燃焼させると，空気中の酸素と結びついて白色の酸化マグネシウムができる。このとき，二酸化炭素は発生しないので，燃焼後の容器内の気体を石灰水に通しても白くにごらず，無色のままである。

問３　二酸化炭素は炭素と酸素が結びついてできた物質である。二酸化炭素中でマグネシウムが燃えて酸化マグネシウムの白い粉末ができたということは，マグネシウムが二酸化炭素から酸素をうばい，燃焼したということになる。このとき，二酸化炭素は酸素をうばわれて炭素になるので，酸化マグネシウムの白い粉末と，炭素の黒い粉末が発生する。

問４　問３の実験から，マグネシウムは二酸化炭素から酸素をうばったので，炭素よりもマグネシウムの方が酸素と結びつきやすいことがわかる。

問５　実験番号①と実験番号③を比べると，酸素の量が$210cm^3$から$300cm^3$に増えているにもかかわらず，燃えた後に残った固体の重さが変化していない。このことから，0.3ｇのマグネシウムはすべて反応していることがわかり，実験番号③で，反応せずに残った物質は酸素である。

問６　十分な量の酸素がある実験番号③で，0.3ｇのマグネシウムを燃やすと0.5ｇの酸化マグネシウムができている。このことから，0.48ｇのマグネシウムを完全に燃焼させると，$0.48\times\frac{0.5}{0.3}=0.8$（ｇ）の酸化マグネシウムができるとわかる。

問７　実験番号①と実験番号②を比べると，マグネシウムの量を，$0.6\div0.3=2$（倍）に増やしても，燃えた後に残った固体は，$0.9\div0.5=1.8$（倍）にしか増えていない。ここから，実験番号②では，用いた$210cm^3$の酸素がすべて反応してマグネシウムが残っていることがわかる。実験番号②で増えた0.3ｇはマグネシウムと結びついた酸素の重さで，実験番号③より，0.3ｇのマグネシウムが完全に燃焼したときは0.2ｇの酸素と結びつくので，0.3ｇの酸素と結びついたマグネシウムの重さは，$0.3\times\frac{0.3}{0.2}=0.45$（ｇ）と求められる。したがって，燃えずに残ったマグネシウムの重さは，$0.6-0.45=0.15$（ｇ）になる。

問８　問７より，0.45ｇのマグネシウムを完全に燃焼させるのに，$210cm^3$の酸素が必要だとわかるので，0.9ｇのマグネシウムを完全に燃焼させるには，$210\times\frac{0.9}{0.45}=420$（$cm^3$）の酸素が必要である。

問９　容器に入れた酸素$350cm^3$とちょうど反応するマグネシウムの重さは，$0.45\times\frac{350}{210}=0.75$（ｇ）になる。したがって，容器に入れたマグネシウム0.8ｇのうちの，0.75ｇのマグネシウムが燃焼し，

0.8－0.75＝0.05(ｇ)のマグネシウムが反応せずに残る。0.75ｇのマグネシウムが燃焼すると，0.75×$\frac{0.5}{0.3}$＝1.25(ｇ)の酸化マグネシウムになるので，燃えた後に残った固体の重さは，0.05＋1.25＝1.3(ｇ)と求められる。

３ にじのでき方についての問題

問１　にじでは，色と色の境目がはっきりとしていないだけでなく，少しずつ色が変化しているため，にじの色の数を正確に数えるのは難しい。

問２　(1)　光が異なる物質の中へとななめに進もうとするとき，その境目で折れて進む現象を光の屈折《くっせつ》という。図１のように，光がプリズムの中を通過するときには，プリズムに入るときと出るときで２回屈折するが，色によって屈折する角度が異なるため，プリズムから出るときには，赤色から紫《むらさき》色までのいろいろな色に分かれる。このような現象を光の分散という。また，図３のように，空気中にある雨粒がプリズムと同じような役割を果たし，雨粒の中で反射したいろいろな色の光がにじとなって見える。　(2)　図１より，赤色の光は屈折する角度が小さく，紫色の光は屈折する角度が大きいとわかる。図２において，反射する角度が大きいほど，屈折する角度は小さくなる。よって，より大きな角度で屈折しているのはＢ色なので，Ａ色が赤色でＢ色が紫色だとわかる。また，図３で，にじの上側で反射しているＣ色は，Ｄ色に比べて反射する角度が大きいので，Ｃ色が屈折する角度が小さい赤色，Ｄ色が紫色とわかる。

問３　図２と，問３の左の図より，太陽光とにじで反射した光がなす角度はおよそ40度になることがわかる。太陽高度が60度の場合，右の図のように，にじが目線の高さより20度下にあるとき，太陽光とにじで反射した光がなす角が40度になる。よって，(ウ)が選べる。

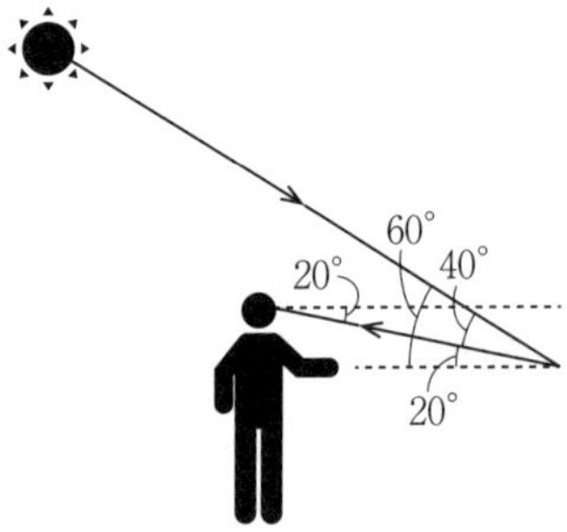

問４　南中高度はその場所の緯《い》度に関係する。北緯35度の東京で太陽の南中高度が55度になるとき，緯度が低くなった緯度０度の赤道においては，南中時に太陽が頭上にあって南中高度は90度になる。したがって，東京より緯度が，35－19＝16(度)低い，北緯19度の地点での南中高度は，55＋16＝71(度)になる。よって，日本よりハワイのほうが，太陽高度が低い時間が短く，にじが見られる高度になる時間帯も短くなると考えられる。

問５　(1)　にじは必ずかげがのびる方向にできると述べられているように，にじは太陽の光が空気中の細かな水滴《すいてき》に反射して見えるため，必ず太陽の見える方角と反対の方角に見える。そのため，図のように，太陽とにじが同じ方向に見えることはない。　(2)　にじは，観察者から遠く離《はな》れた水滴で反射した光が見えたものなので，観察者の近くから遠くに向かって，だんだん細くなるように見えることはない。

国　語　＜第２次試験＞（50分）＜満点：100点＞

解　答

問１　下記を参照のこと。　**問２**　Ⓐ　エ　Ⓑ　エ　Ⓒ　イ　Ⓓ　イ　**問３**　**１**　オ

2 エ　**3** イ　**4** ウ　**5** ア　**問4** Ⅰ エ　Ⅱ イ　Ⅲ オ　Ⅳ ウ　Ⅴ ア　**問5** オ　**問6** ア　**問7** エ　**問8** (1) A ○　B ○　C ×　D ×　(2) さまざまな　**問9** (例) (思春期の子どもたちにとって)ほどよい近さの関係を持ち，子どもたちが親や教師以外に心を許して悩みを打ち明けることのできる相手として不可欠な(立場。)　**問10** ア　**問11** (例) 勉強やスポーツが得意で性格が穏やかで，親や先生方から頼りにされるほどしっかりしている(子どもが好ましいという価値観。)　**問12** オ　**問13** イ　**問14** (例) 「人と気持ちのいい関係性」とはどのようなものかを子どもに考えさせるという対応。／年長者の自分の経験を語り聞かせ，子どもに自らのことをふり返らせるという対応。　**問15** ア　**問16** イ　**問17** (1) **1** イ　**2** エ　**3** ア　**4** カ　(2) **メリット**…(例) 生徒たちの健康状態を理解している立場から教育を行うことで，子どもたちをストレスから解放したり，健全な生活を支えたりできるところ。　**デメリット**…(例) 養護教諭の仕事内容が多様化しすぎて，一人一人の生徒へのケアが行き届かなくなる心配があるというところ。

●漢字の書き取り

問1 ㋐ 興奮　㋑ 規則　㋒ 複雑　㋓ 乱暴　㋔ 額

解説

出典は汐見稔幸《しおみとしゆき》編の『子どもにかかわる仕事』所収の「思春期と育ちあう(金子由美子《かねこゆみこ》著)」による。 中学校で養護教《きょう》諭《ゆ》をする筆者が，養護教諭の仕事や保健室のあり方について述べている。

問1 ㋐ 気持ちが高ぶること。　㋑ きまり。　㋒ 物事の事情がこみ入っているようす。　㋓ あらっぽいようす。　㋔ 音読みは「ガク」で，「金額」などの熟語がある。

問2 Ⓐ 「ひとしきり」は，少しの間。　Ⓑ 「他愛《たわい》のない」は，わざわざとりあげるほどでもないこと。　Ⓒ 「つかさどる」は，“仕事として担当する”という意味。　Ⓓ 「多岐《たき》にわたる」は，“いろいろな分野に及《およ》ぶ”という意味。

問3 **1** 筆者が声をかけると，女の子の瞳《ひとみ》からは急激に「涙《なみだ》があふれ出」したのだから，「みるみる」が合う。　**2** 元気に保健室に現れた男の子がソファーに座《すわ》るようすを表す言葉なので，「どっかりと」がふさわしい。　**3** 目的もなく「ただ，なんとなく」保健室に立ち寄っているので，「ふらっと」が選べる。　**4** 塾《じゅく》や習い事などでスケジュールがすき間なく埋《う》まっているようすを表す言葉なので，「びっちりと」があてはまる。　**5** 「好奇心旺盛《おうせい》な」筆者の，新しい刺激《しげき》的な体験に対する気持ちを表す言葉なので，「わくわく」が合う。

問4 Ⅰ 空らんの前では，チャイムが鳴って生徒たちが急いで授業に戻《もど》っていくと述べられ，後では，その後のことが述べられているので，前のことがらに続いて後のことが起こることを表す「すると」があてはまる。　Ⅱ 思春期の子どもたちは，親や教師に対して「素直《すなお》に」なるのではなく，「反抗《はんこう》的に」なりがちであると述べられている。よって，二つのことを並べて，前のことがらより後のことがらを選ぶ気持ちを表す「むしろ」が合う。　Ⅲ 多くの子どもたちは，これまで「おとなの価値観を素直に受け入れ行動していれば，いい子だと認めてもらえ」たが，思春期以降はそれだけでなく自分の価値観をつくっていかなければならない，というつながりである。よって，前のことがらを受けて，それに反する内容を述べるときに用いる「しかし」がふさわしい。　Ⅳ 前では，養護教諭は「子どもたちを支援《しえん》するチームの応援団長」だと述べ，後では，保健室に来る子どもたちの例が述べられているので，具体的な例をあげるときに用いる「たとえば」が合う。　**Ⅴ**　直前では，最近の中学生たちは友だち同士の関係性が薄《うす》いと述べられ，直後では，「簡単につながりが崩《くず》れていく」と述べられているので，“非常に”という意味の「いとも」が合う。

問５　続く部分に注目する。家庭の事情で平日は一人で寝起《ねお》きしていること，保健室に来ると筆者が「おはよう」と声をかけ，いつも見守っていることが述べられているので，オが選べる。

問６　ぼう線②の直後に「癒《いや》された子どもたちが自分の力を取り戻し，仲間の輪や学びの場である教室に戻っていかれるように」するのが保健室の役目だと述べられている。それを，長い距離《きょり》を移動する渡《わた》り鳥《どり》が一時的に体を休める「止まり木」にたとえているのである。

問７　続く部分で，メディアなどの取り上げられ方により，一般的《いっぱんてき》に保健室に集まっている子どもたちは「規則や管理に従わない子」など「マイナスのイメージを持たれている」と述べられている。ぼう線③の「勝手に一人歩きしている」という言葉からは，それが実際とは違《ちが》っているという筆者の思いが読み取れる。

問８　⑴　**Ａ**　二つ目の段落に，精神的に不安定になった生徒が一人で過ごすことができると述べられている。　**Ｂ**　ぼう線①の段落に，遅刻《ちこく》して登校してきた生徒に対して，筆者は遅刻を責めるのではなく，「おとなに見守られている安心を感じて欲《ほ》しい」と考えていることが述べられている。**Ｃ**　空らん３の段落で，特に用のない生徒も来るが，ケガをした子が手当てしてもらいに来たり，体調がすぐれない子が相談に来たりすることも述べられている。　**Ｄ**　授業中以外に，早朝や夕方に登校してくる生徒のことも書かれている。　⑵　空らんⅠの段落に，「さまざまな事情を抱《かか》えている子を受け入れ，言葉を交《か》わし心を通わせる『受容』」は，「保健室の大切な役割になっている」と，「居心地のいい保健室」が具体的に書かれた一文がある。

問９　思春期の子どもたちは，親や教師に対しては反抗的になりがちだが，「近すぎず，かつ遠すぎない立ち位置にいるおとな，安心して胸の内を話すことができるおとな」を探しているとあり，筆者はそのような「思春期の子どもたちにとって，かけがえのない存在でありたい」と述べている。

問10　直前に注目すると，「一二歳から一五歳の思春期まっただ中にいる子どもたち」がそれぞれに「学校生活のさまざまな場面で～心もからだも確実におとなに近づいていく」成長を，「ドラマチックな展開」と言っている。よって，アがふさわしい。

問11　おとなから見て，どのような子が「いい子」とされるのかを答える。空らんⅡの段落に，「勉強やスポーツが得意」，「性格が穏《おだ》やか」，「親や先生方から頼《たよ》りにされるほどしっかりして」いるといった「いい子」の特徴《とくちょう》があげられている。

問12　続く部分に注目する。思春期の子どもたちが抱える課題があげられているなかに，「第二次性《せい》徴《ちょう》によるからだの成熟さえも，受け止めかねている」と述べられている。よって，オが選べる。なお，アは，「個性の一つであると認識するのに時間がかかり」という部分が誤り。

問13　続く部分に注目すると，筆者がどのように子どもたちを支援しているのかが説明されている。子どもたちのカウンセリングをして何がストレスの原因なのかを考え，「思春期に必要な心とからだについての知識を伝える」と述べられているので，イが合う。

問14　少し後で，友だち関係に行き詰《づ》まって悩《なや》んでいる生徒に筆者がどのように対応するかが述べられている。一つ目は，「『人と気持ちのいい関係性ってなんだろう』と提起して，一緒《いっしょ》に考えてみる」

こと，二つ目は，筆者の体験を踏《ふ》まえた話をし，友だちとの関係性についてゆっくり考えさせることである。

問15　直前に注目する。中学生や卒業生と「年齢《ねんれい》や趣味《しゅみ》，考え方の『違い』を壁《かべ》にするのではなく」，体験を共有することで「違いをも楽し」んでいると述べているので，アがふさわしい。

問16　ぼう線⑤の段落で筆者は，一二歳から一五歳の思春期まっただ中にいる子どもたちの，心もからだも確実におとなに近づいていく場面に立ち会うことで，「生きる」素晴らしさを感じられるので，養護教諭になって以来，ずっと中学校を希望してきたと述べている。よって，イが合う。

問17　(1)　**1**　直後に，学校で行われている具体的な保健活動について「保健室がなければ機能」しないと述べられているので，“重要な部分”という意味の「中核《ちゅうかく》」がふさわしい。　**2**　「概念《がいねん》がない」で“考え方がない”という意味である。　**3**　「一般」を入れると，“広く，全体的に”という意味になり，合う。　**4**　“心とからだ”という意味の「心身」があてはまる。　(2)　養護教諭が心とからだ両方のケアを行うことのメリット(長所)は，本文でこれまでみてきた内容からとらえられる。一方，記事の内容からは，養護教諭は，保健室の運営だけでなく保健指導や教員のケアなど学校全体の幅広《はばひろ》い業務をこなしていることがわかる。ここから，デメリット(短所)を考えると，業務が多様化しすぎて個々の生徒に応じた対応ができなくなる心配がある，などがあげられる。

2023年度 世田谷学園中学校

【算　数】〈第３次試験〉(60分)〈満点：100点(理数コースは200点)〉

〔注意〕 1．**1**～**4**は答えだけを，**5**と**6**は求め方も解答用紙に書きなさい。

2．円周率《りつ》は3.14として計算しなさい。

3．問題にかかれている図は，必ずしも正確なものとは限りません。

1 次の□にあてはまる数を求めなさい。

(1) $5\frac{2}{3}\times\square-\left(0.75+\frac{1}{2}\right)\times1.7=2.125$

(2) ８％の食塩水300ｇと□％の食塩水200ｇを混ぜたところ，10％の食塩水ができあがりました。

(3) ある分数に $\frac{38}{45}$ をかけても，2.09をかけても，答えは０より大きい整数になります。このような分数のうち，最も小さいものは□です。

(4) １から９までの数字が１つずつ書かれた９枚のカードがあります。このカードを並べて右のような計算を作ったとき，アの位置にくるカードの数字は□です。

	2	7	ア
＋	□	1	5
	6	□	□

(5) Ａ駅からＢ駅まで，ある特急列車の乗車券と特急券の料金は合わせて12300円です。４月から乗車券の料金は10％，特急券の料金は20％値上がりし，合わせて13880円になります。値上がりする前の特急券の料金は□円です。

(6) 右の図のような，対角線の長さが６cmの正方形と２つのおうぎ形の面積の和は□cm²です。

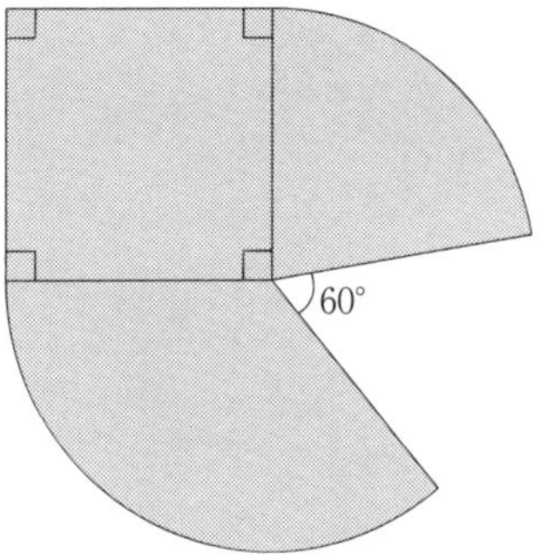

2 次の図は，AB＝15cm，AD＝20cmの長方形ABCDで，DF＝CE＝10cmです。AFとBDの交点をG，AEとBDの交点をHとするとき，下の問いに答えなさい。

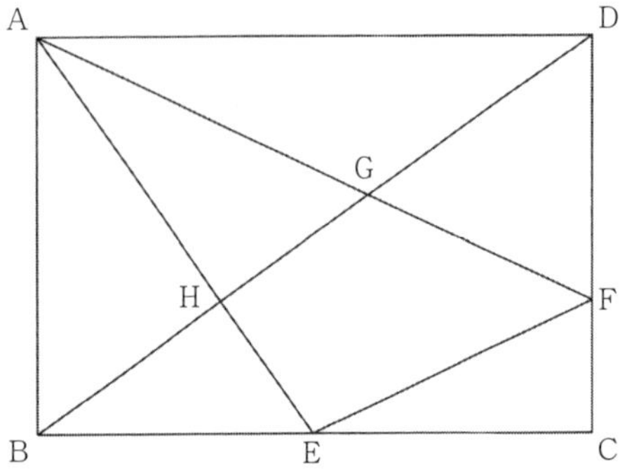

(1) 三角形BEHの面積は何cm²ですか。

(2) 四角形EFGHの面積は何cm²ですか。

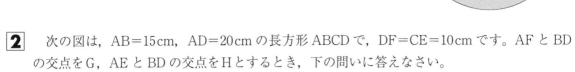

3　ＡとＢが射的《しゃてき》のゲームを行いました。得点が５点の的《まと》と２点の的があり，いずれの的にも当たらなかったときは３点減ります。はじめＡ，Ｂともに120点持っていて，40発ずつうったところ，Ａが的に当てたのは28回で，点数は179点になりました。また，２点の的に当てた回数は，Ｂの方がＡより２回多く，Ｂの点数は165点になりました。

　このとき，次の問いに答えなさい。

(1)　Ａが５点の的に当てた回数は何回ですか。

(2)　Ｂがいずれの的にも当たらなかった回数は何回ですか。

4　Ａ，Ｂ，Ｃ，Ｄの４人の生徒がテストを受け，点数の高い順にＡ，Ｂ，Ｃ，Ｄでした。また，次のようなことが分かりました。

・４人の平均点は60.75点

・Ｃの点数のみが奇数

さらに，２人ずつの平均点をすべて調べたところ，次のようなことが分かりました。

・最も高い平均点と，最も低い平均点の差は10.5点

・２番目に高い平均点は64.5点，３番目に高い平均点は63点

このとき，次の問いに答えなさい。

(1)　２人ずつの平均点のうち，最も高い平均点は何点ですか。

(2)　Ａの点数は何点ですか。

5　次の図は，ある立体Ｘの展開図から長方形の面を１つ取り除いたものです。かかれている四角形はすべて長方形です。

　このとき，下の問いに答えなさい。

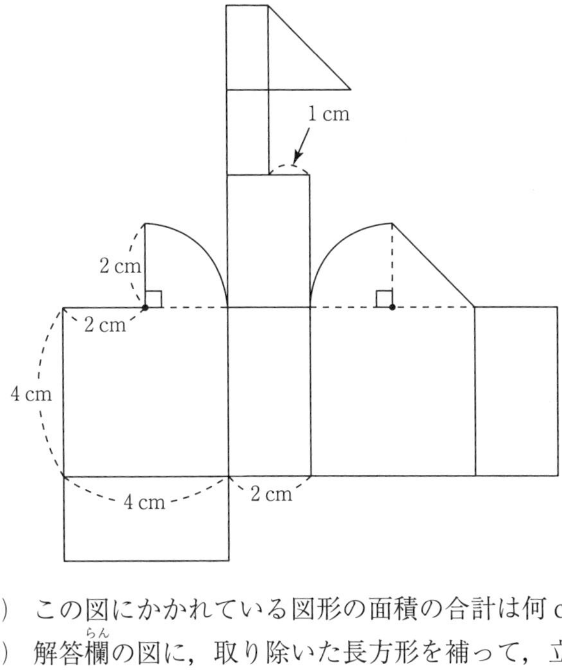

(1)　この図にかかれている図形の面積の合計は何 cm^2 ですか。

(2)　解答欄《らん》の図に，取り除いた長方形を補って，立体Ｘの展開図を完成させなさい。また，この立体Ｘの体積は何 cm^3 ですか。

6　太郎さん，次郎さん，三郎さんの３人が家から42km先の目的地へ向かいました。

まず，太郎さんと次郎さんが車で，三郎さんが徒歩で同時に家を出発しました。次郎さんは途中で車からおり，そのあと歩いて目的地へ向かいました。太郎さんは次郎さんをおろすとその道を引き返し，家から３kmの地点で歩いている三郎さんに出会うと，三郎さんを車に乗せて目的地へ向かいました。

その後，車は次郎さんを追い越《こ》し，目的地の手前で三郎さんは車からおり，歩いて目的地へ向かいました。太郎さんは三郎さんをおろすと，またその道を引き返して，歩いている次郎さんに出会うと，次郎さんを車に乗せて目的地へ向かいました。

車の速さは時速45km，歩く速さは時速５kmとして，次の問いに答えなさい。

(1)　歩いている次郎さんが車に追い越されるのは家から何kmの地点ですか。

(2)　３人は同時に目的地に到着しました。三郎さんが車からおりたのは目的地より何km手前の地点ですか。

【社　会】〈第３次試験〉（30分）〈満点：50点〉

1　次の表は，SDGsの説明と，その17の目標のうち11個の目標のアイコンを示したものです。この表と下の文章を読んで，あとの問いに答えなさい。

【SDGs＝(　1　)な(　2　)目標】

・様々な地球的課題を解決するために，17の目標と169のターゲットが定められている。

・よりよい世界の実現に向け，2030年までに達成することを目指す。

これらの目標は，(A)国際連合が2015年に採択《さいたく》したものであり，地球に暮らす全ての国々や人々が行動し，「誰《だれ》一人取り残さない」という意思がかかげられています。

日本をはじめ世界の国々はこれまで(B)SDGsに対して積極的に取り組んできました。その結果，少しずつ成果をあげてきましたが，近年では新型コロナウィルス感染拡大や自然災害，(C)紛争《ふんそう》などの影響《えいきょう》により，世界の国々で多くの人々が苦しい生活を送っています。

今後，このような状況《じょうきょう》を解決し，17の目標を達成するためには，世界の国々がたがいに協力し合い，継続《けいぞく》して努力していくことが必要となります。

問１　(１)・(２)にあてはまる語句をそれぞれ漢字で答えなさい。

問２　表中１・２の目標を達成するためには，安定して食料を確保できるような農業を進めていくことが大切です。このような，環境《かんきょう》に配慮《はいりょ》した農業について述べた文として誤っているものを，次の(ア)～(エ)の中から一つ選び，記号で答えなさい。ただし，誤っているものがない場合は，(オ)と答えなさい。

(ア)　化学肥料や農薬を大量に使用しないようにする。

(イ)　多くの作物を育てるための森林伐採《ばっさい》をやめる。

(ウ)　同じ土地で同じ作物を作り続けないようにする。

(エ)　生態系を守るために多くの水を使用する。

問３　表中３・７・16の目標について，関連する機関や施設《しせつ》を示す日本の地図記号を説明した，次の［Ｘ］～［Ｚ］の正誤の組み合わせとして正しいものを，あとの(ア)～(カ)の中から一つ選び，記号で答えなさい。

［Ｘ］　保健所は，赤十字のマークからつくられた旧陸軍の衛生隊の印を五角形で囲んだ形を記号にした。

［Ｙ］　発電所は，変電所も表しており，発電機を歯車と電気回路という形で記号にした。

［Ｚ］　裁判所は，かつて金銭に関わる訴《うった》えが多かったため，そろばんの玉の形を記号にした。

	(ア)	(イ)	(ウ)	(エ)	(オ)	(カ)
［Ｘ］	正	正	誤	誤	誤	誤
［Ｙ］	正	正	誤	誤	正	正
［Ｚ］	正	誤	誤	正	正	誤

問４　表中９の目標について説明した，次の(　)にあてはまる語句をカタカナで答えなさい。

> 経済成長と人々の健康で安全な暮らしの両方を実現するため，道路，電気，上下水道，病院などの社会基盤《きばん》である(　　)の強固な構築を目指す。

問５　表中12～15の目標に関連して，環境問題について述べた文として誤っているものを，次の(ア)～(エ)の中から一つ選び，記号で答えなさい。ただし，誤っているものがない場合は，(オ)と答えなさい。

(ア)　温暖化の影響で地球上の氷河がとけると，サンゴ礁《しょう》でできた島々は海面の上昇によって水没《すいぼつ》の危機に直面する。

(イ)　海に捨てられたプラスチックやビニール袋《ぶくろ》などのゴミや，船舶《せんぱく》からもれた油などによって，海の生物が被害《ひがい》を受ける。

(ウ)　自動車や工場から排出《はいしゅつ》された硫黄《いおう》酸化物や窒素《ちっそ》酸化物が，降水にふくまれることで酸性雨となり，樹木を枯《か》らせる。

(エ)　工場などからの排水《はいすい》の処理方法が不十分であると，汚水《おすい》が地下へと浸透《しんとう》することがあり，土壌《どじょう》が汚染《おせん》される。

問６　表中17の目標の中で解決が目指されている，先進国と発展途上《とじょう》国の間で行われる貿易などによって生じる経済格差を何といいますか，漢字で答えなさい。

問７　下線部(A)の専門機関の一つとして，教育，科学，文化の協力と交流を通じた，国際平和と人類の福祉《ふくし》の促進《そくしん》を目的としたユネスコがあります。この機関の本部がある都市を，次の(ア)～(エ)の中から一つ選び，記号で答えなさい。

(ア)　ニューヨーク　　(イ)　ジュネーブ　　(ウ)　パリ　　(エ)　ロンドン

問８　下線部(B)に関連して，次の［Ｘ］・［Ｙ］は2022年度の「SDGs 未来都市」に選定された自治体が位置する県の特徴《とくちょう》を示したものです。［Ｘ］・［Ｙ］にあてはまる県を，あとの地図中①～⑥の中から一つずつ選び，それぞれ番号で答えなさい。

[X]	１．冬にふく北西の季節風の影響を強く受ける。 ２．総面積が上位５位以内に入っている。 ３．春から夏にかけてフェーン現象の影響で気温が上昇する。 ４．稲作《いなさく》が盛んである。

[Y]	１．気候は比較的温暖で，春から秋は好天が多い。 ２．人口は全国の都道府県の中で一番少ない。 ３．らっきょうや長いもなどを栽培《さいばい》している。 ４．日本有数の水揚《みずあげ》量をほこる漁港がある。

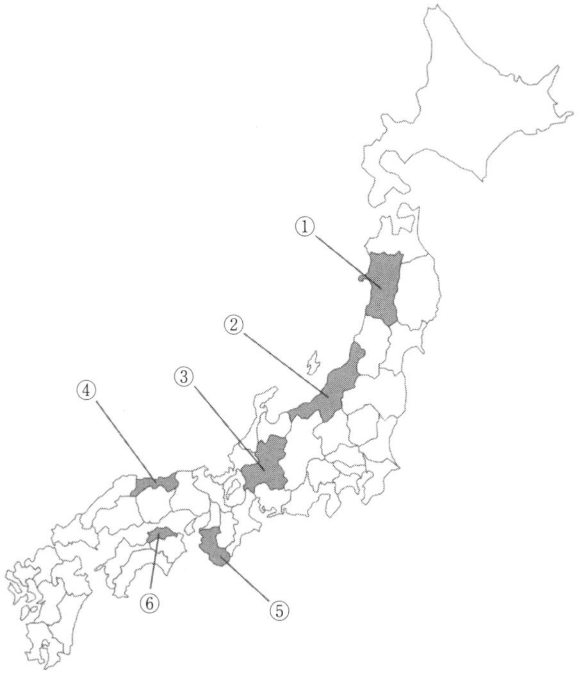

問９　下線部(C)について，2022年にロシアから侵攻《しんこう》を受けたウクライナは，「欧州《おうしゅう》のパンかご」とも呼ばれるように，ある穀物の生産が盛んで生産量は世界第７位です。この穀物の都道府県別収穫《しゅうかく》量の上位を示した表として正しいものを，次の(ア)〜(エ)の中から一つ選び，記号で答えなさい。

(ア)　（ｔ）

都道府県	収穫量
新潟	666,800
北海道	594,400
秋田	527,400
山形	402,400
宮城	377,000

(イ)　（ｔ）

都道府県	収穫量
静岡	25,200
鹿児島	23,900
三重	5,080
宮崎	3,060
京都	2,360

(ウ)　（ｔ）

都道府県	収穫量
北海道	629,900
福岡	56,900
佐賀	39,100
愛知	29,800
三重	23,100

(エ)　（ｔ）

都道府県	収穫量
千葉	56,900
埼玉	50,600
茨城	49,000
北海道	22,000
群馬	19,600

問10　次のSDGsの目標４・10の（あ）・（い）にあてはまる語句の組み合わせとして正しいものを，あとの(ア)〜(エ)の中から一つ選び，記号で答えなさい。

目標４　質の高い(　あ　)をみんなに
目標10　人や国の(　い　)をなくそう

	(ア)	(イ)	(ウ)	(エ)
(あ)	教育	教育	文化	文化
(い)	不平等	争い	不平等	争い

問11　次の表は，SDGsの目標５・６・８・11を示したものです。これらの目標について述べた文として誤っているものを，あとの(ア)～(エ)の中から一つ選び，記号で答えなさい。ただし，誤っているものがない場合は，(オ)と答えなさい。

目標５　ジェンダー平等を実現しよう
目標６　安全な水とトイレを世界中に
目標８　働きがいも経済成長も
目標11　住み続けられるまちづくりを

(ア)　目標５は，全ての人が性を理由に差別されず，全ての女性や女児が政治や経済活動の意思決定に平等に参加できることなどを目指している。
(イ)　目標６は，不衛生な状態で命を落としている人が多いことから，下水処理などの衛生設備を整えていくことなどを目指している。
(ウ)　目標８は，自然環境を守りながら，全ての人が働きがいのある人間らしい仕事に就ける条件を整備することなどを目指している。
(エ)　目標11は，災害に強い地域をつくることや，大気汚染を防ぎ廃棄《はいき》物を安全に管理し，都市の環境を改善していくことなどを目指している。

データは「データでみる県勢 2022」,「日本国勢図会 2021/22」,
「データブック オブ・ザ・ワールド 2022」による

2　次の文章を読んで，あとの問いに答えなさい。

2022年春，(A)長野県の善光寺で七年に一度の祭事である「御開帳《ごかいちょう》」が行われました。この御開帳とは，善光寺の本尊の代わりとして，(B)鎌倉《かまくら》時代に本尊と同じ姿でつくられた「前立本《まえだちほん》尊《ぞん》」を特別に公開する祭事のことです。

善光寺の本尊は，(　１　)の聖明王から欽明天皇《きんめいてんのう》に仏教が伝えられたときにわたった，日本最古の仏像といわれています。そして，その仏像が(C)７世紀に現在の場所に移され，さらに建物が造営されて善光寺ができあがりました。

10世紀には，浄土《じょうど》教がさかんになり，(D)平安貴族たちは阿弥陀如来《あみだにょらい》像や阿弥陀堂をつくり，死後に極楽浄土に生まれ変わることを願いました。このころ，善光寺聖《ひじり》とよばれる僧《そう》が全国各地をめぐるようになり，善光寺信仰《しんこう》を一般《いっぱん》民衆にも広めました。

12世紀後半になると善光寺への信仰はさらに広まり，鎌倉幕府を開いた(　２　)が善光寺の再興を命じたと(E)歴史書に記されています。参道の入り口には(　２　)が善光寺を参詣《さんけい》した際，馬の蹄《ひづめ》が石にはさまったため，この場所で馬から降りたという逸話《いつわ》から，「駒《こま》返り橋」と名付けられたと伝えられている橋もあります。また，(F)鎌倉新仏教の開祖たちも善光寺を参拝したと伝えられています。

15世紀には，８代将軍の後継者《こうけいしゃ》争いなどをめぐり起こった（　3　）の乱によって(G)戦乱の時代となり，善光寺をはじめ門前町全体が荒廃《こうはい》を余儀《よぎ》なくされました。武田信玄《しんげん》は上杉謙信《けんしん》と戦いを重ねていた際，善光寺に戦禍《せんか》がおよぶことをおそれて本尊などを山梨県に移しました。武田氏滅亡《めつぼう》後，本尊は流転して，再び善光寺に戻ってきたのは16世紀の末になります。

江戸《えど》幕府が開かれ，平和な時代になると善光寺も復興していきました。現在の本堂が完成したのは18世紀初頭です。そして記録として残る最初の御開帳も(H)享保《きょうほう》年間のことでした。

善光寺は特定の宗派に属さず，性別や身分に関係なく全ての人々を受け入れてきたため，多くの参拝者を集めてきました。その繁栄《はんえい》の様子は（　4　）が著した『東海道中膝栗毛《ひざくりげ》』の続編でもえがかれています。

(I)明治時代になると，御開帳は子《ね》と午《うま》の年に開催《かいさい》されるようになり，戦後からは丑《うし》と未《ひつじ》の年に行われるようになりました。そして，1998年に開催された冬季オリンピックの開会式は，善光寺の鐘《かね》の音から開始されるなど，国際的な行事に利用されたこともありました。このオリンピックにあわせて，1997年に東京－長野間が「長野新幹線」として部分開業しました。そして2015年には金沢《かなざわ》まで結ばれ，現在では（　5　）新幹線と呼ばれています。このように交通の便が良くなったこともあり，国外からの観光客も善光寺に訪れるようになっています。

問１　（１）にあてはまる国の場所を，次の地図中①～④の中から一つ選び，番号で答えなさい。

［６世紀前半の朝鮮《ちょうせん》半島］

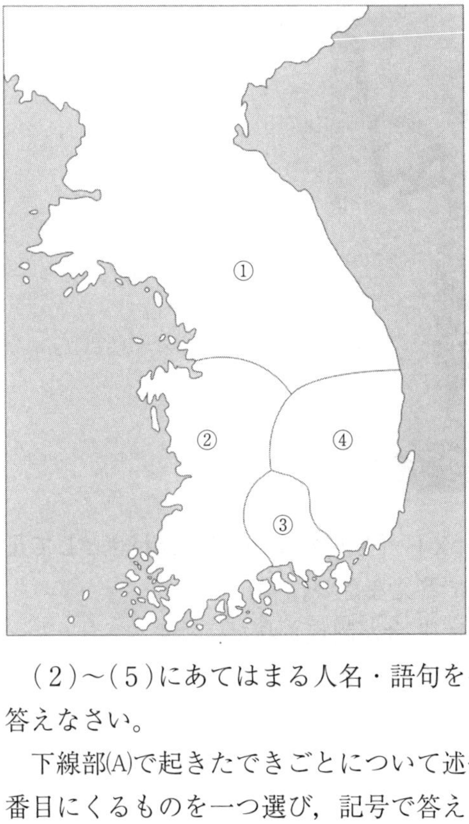

問２　（２）～（５）にあてはまる人名・語句をそれぞれ答えなさい。ただし，（３）～（５）は漢字で答えなさい。

問３　下線部(A)で起きたできごとについて述べた，次の(ア)～(エ)を古いものから順に並べたとき３番目にくるものを一つ選び，記号で答えなさい。

(ア)　北条時行がこの地から反乱を起こしたが，足利尊氏《あしかがたかうじ》に鎮圧《ちんあつ》された。

(イ)　源義仲《よしなか》はこの地の武士を率いて，平氏打倒《だとう》の兵を挙げて入京した。

(ウ)　和田峠《とうげ》で産出される黒曜石が，三内丸山の集落まで運ばれて利用された。

(エ)　『今昔物語集』に，この国の国司であった藤原陳忠《のぶただ》の強欲さが記された。

問４　下線部(B)につくられた彫刻《ちょうこく》作品として正しいものを，次の(ア)～(エ)の中から一つ選び，記号で答えなさい。

(ア)

(イ)

(ウ)

(エ)

問５　下線部(C)のできごとについて述べた，次の［X］・［Y］の正誤の組み合わせとして正しいものを，あとの(ア)～(エ)の中から一つ選び，記号で答えなさい。

［X］　中国にならって，新たな法律である大宝律令《りつりょう》が制定された。

［Y］　初めての本格的な宮都である長岡京がつくられた。

	(ア)	(イ)	(ウ)	(エ)
［X］	正	正	誤	誤
［Y］	正	誤	正	誤

問６　下線部(D)について述べた文として誤っているものを，次の(ア)～(エ)の中から一つ選び，記号で答えなさい。

(ア)　寝殿造《しんでんづくり》と呼ばれる，広い庭や池のある屋敷《やしき》に住んでいた。

(イ)　儀式《ぎしき》の際には束帯や十二単《じゅうにひとえ》と呼ばれる服装をしていた。

(ウ)　朝廷《ちょうてい》の政治には全く関与《かんよ》せず，ぜいたくな生活を送っていた。

(エ)　季節ごとに行われる，様々な行事や儀式を重視した。

問７　下線部(E)のうち，舎人親王《とねりしんのう》らによってまとめられて奈良時代に完成した，漢文で書かれた歴史書名を漢字で答えなさい。

問８　下線部(F)について述べた文として誤っているものを，次の(ア)～(エ)の中から一つ選び，記号で答えなさい。

(ア)　親鸞《しんらん》は題目を唱えれば極楽浄土にいけると説き，浄土宗を広めた。

(イ)　日蓮《にちれん》は法華経《ほけきょう》のみが正しい教えとして，法華宗《ほっけしゅう》を広めた。

(ウ)　一遍《いっぺん》は踊念仏《おどりねんぶつ》による布教活動を行い，時宗を広めた。

(エ)　道元は自力でさとりを開くことを重視し，曹洞宗《そうとうしゅう》を広めた。

問９　下線部(G)について述べた文として正しいものを，次の(ア)～(エ)の中から一つ選び，記号で答えなさい。

(ア)　南蛮《なんばん》貿易を行う港町として，堺《さかい》や博多《はかた》が新たに築かれて繁栄した。

(イ)　大名の中には，自国の支配を強化するために分国法を制定する者もいた。

(ウ)　将軍権力がなくなったことで，幕府滅亡まで将軍がおかれなかった。

(エ)　国一揆《いっき》や一向一揆などが起こり，地域の安定をはかる自治が否定された。

問10　下線部(H)のできごととして正しいものを，次の(ア)～(エ)の中から一つ選び，記号で答えなさい。

(ア)　俵屋《たわらや》宗達が『風神雷神《らいじん》図屏風《びょうぶ》』をえがいた。

(イ)　幕府は大阪堂島にあった米市場を公認した。

(ウ)　本居宣長《もとおりのりなが》が『古事記伝』を著した。

(エ)　幕府の命によって寛永《かんえい》通宝の鋳造《ちゅうぞう》が始まった。

問11　下線部(I)の文化について述べた文として誤っているものを，次の(ア)～(エ)の中から一つ選び，記号で答えなさい。

(ア)　岡倉天心らが中心となり，日本の伝統的な美術の価値を再評価した。

(イ)　北里柴三郎《しばさぶろう》は医学の研究を重ね，破傷風の治療《ちりょう》のしかたを発見した。

(ウ)　福沢諭吉《ふくざわゆきち》は『学問のすゝめ』で，人間の平等と自立を説いた。

(エ)　杉田玄白《げんぱく》らは解剖《かいぼう》書を翻訳《ほんやく》した本を出版し，医学の発展に貢献《こうけん》した。

3　次の文章を読んで，あとの問いに答えなさい。

みなさんは右の「ざふまる」をご存じでしょうか。数年前の本学園の文化祭(獅子児《ししじ》祭)で，生徒制作の下で誕生し，あっという間に公式マスコットの座を勝ち取ったキャラクターです。現在は学園で販売《はんばい》されるグッズにも姿を見せるようになり，広報活動にもたずさわっています。それも，このざふまるの「ゆるさ」が親

しみを生み，多くの人に受け入れられた結果であったということでしょうか。

「ゆるさ」を売りにしたキャラクター，いわゆる「ゆるキャラ®」が世間に注目されるようになったのも，ここ10数年のできごとです。(A)滋賀県彦根《ひこね》市のひこにゃんや(B)熊本県のくまモン，平城遷都《せんと》1300年祭の(C)せんとくんといったキャラクターの名前は，一度は聞いたことがあるのではないでしょうか。

そもそも「ゆるキャラ®」という名称《めいしょう》を最初に使ったのは，イラストレーターのみうらじゅん氏であるといわれています。彼《かれ》により，

① (D)郷土愛に満ち溢《あふ》れた強いメッセージ性があること

② 立ち居振《ふ》る舞《ま》いが不安定かつユニークであること

③ 愛すべき，ゆるさ，を持ち合わせていること

という三カ条が示されています。

そのゆるキャラ®が全国的に知られるようになったイベントとして，2011年から始まった「(E)ゆるキャラ®グランプリ」があります。１年に１度のお祭りとして，全国から集まったゆるキャラ®たちによるPRステージや，ブースでのグッズ販売が実施《じっし》されました。また，入場時に(F)投票券が配られ，応援《おうえん》するゆるキャラ®への投票が行われ，(G)グランプリの表彰《ひょうしょう》式も行われました。

さて，そのゆるキャラ®グランプリも(H)2020年に終了《しゅうりょう》しましたが，ゆるキャラ®の数は増え続けています。今もゆるキャラ®は全国で愛されており，地方の(I)商店街や販売所などで「ご当地○○」という形で姿を見かけると，その影響《えいきょう》力の大きさに驚《おどろ》かされることもあります。

果たして「ざふまる」は，その認知度をどこまで広げることができるでしょうか。

問１　下線部(A)に関連して，次の［図１］は彦根市のほかに，愛知県名古屋市中区，千葉県船橋市の※１昼夜間人口比率を示しており，［図２］はそれぞれの都市の位置を示しています。［図１］中［X］～［Z］と各都市の組み合わせとして正しいものを，［図２］を参考にして，あとの(ア)～(カ)の中から一つ選び，記号で答えなさい。

※１　昼夜間人口比率とは，(通勤・通学などの移動人口を加減した日中の人口÷常住人口)×100で計算される数値のこと。

［図１］　各都市の昼夜間人口比率(2015年)

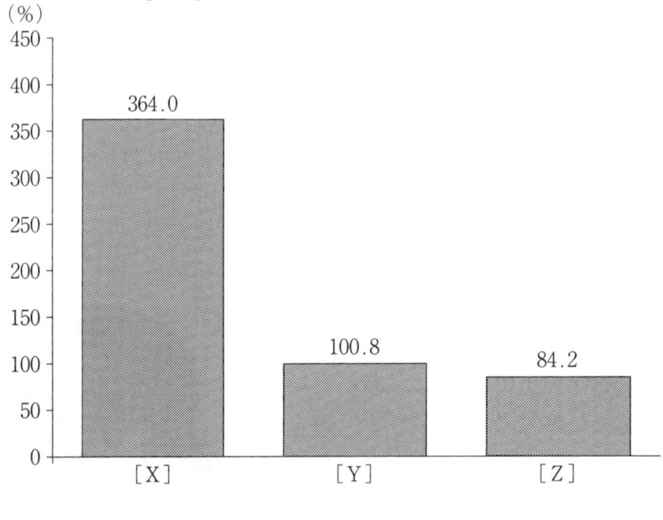

［図２］

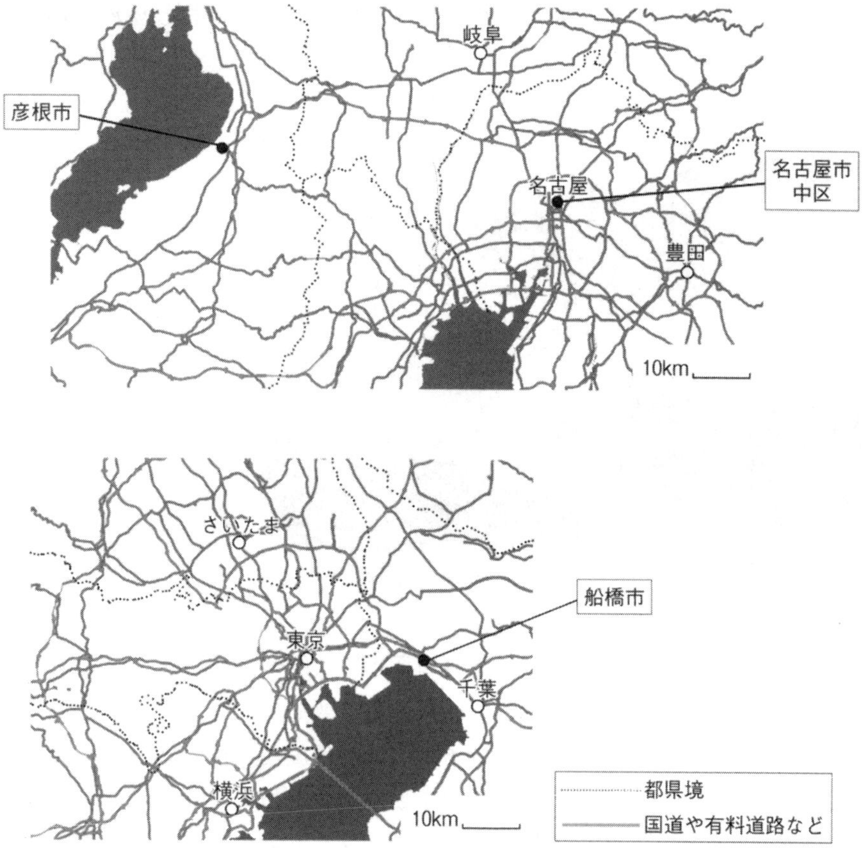

	(ア)	(イ)	(ウ)	(エ)	(オ)	(カ)
［X］	彦根市	彦根市	名古屋市中区	名古屋市中区	船橋市	船橋市
［Y］	名古屋市中区	船橋市	彦根市	船橋市	彦根市	名古屋市中区
［Z］	船橋市	名古屋市中区	船橋市	彦根市	名古屋市中区	彦根市

問2　下線部(B)では，2016年4月14日にマグニチュード6.5の地震《じしん》が起こり，大きな被害《ひがい》が発生しました。この地震の型と同じものを，次の[図3]を参考にして，あとの(ア)～(エ)の中から一つ選び，記号で答えなさい。

[図3]　地震が起こるしくみ

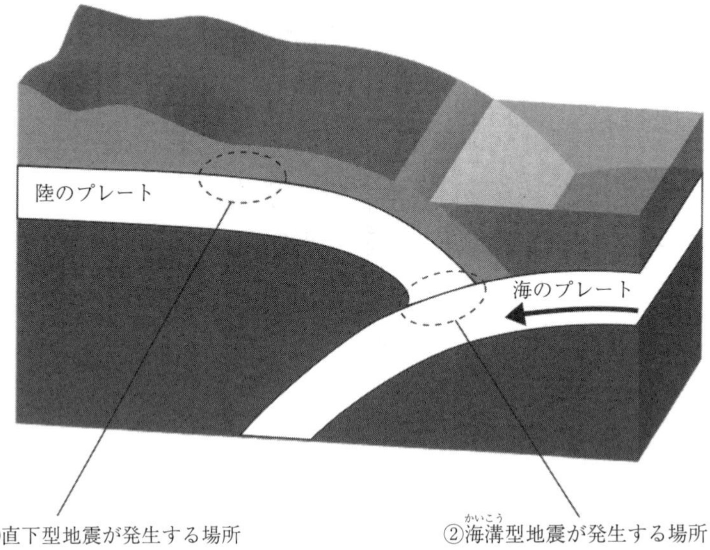

(ア)　十勝沖地震(2003年)　　(イ)　兵庫県南部地震(1995年)

(ウ)　スマトラ沖地震(2004年)　　(エ)　東北地方太平洋沖地震(2011年)

問3　下線部(C)について，キャラクターのデザインを使用するためには，そのキャラクターが所属している団体に申請《しんせい》し，ライセンス料を支払うことが基本的には必要でした。しかし，この「せんとくん」については2018年にライセンス料を無料化しました。その理由として考えられるものを，右の[表1]を参考にして，あとの(ア)～(エ)の中から一つ選び，記号で答えなさい。

[表1]　せんとくんのライセンス料収入

(円)

年度	ライセンス料収入
2011	699万6,000
2012	394万2,000
2013	384万4,000
2014	229万2,000
2015	189万
2016	154万9,000
2017	161万5,000

(ア)　イベント用に考案されたキャラクターのため，そのイベントが終わったことで一切注目されなくなったから。

(イ)　2017年度のライセンス料収入が2011年度と比較《ひかく》して5分の1まで縮小しているように，年々とライセンス料収入が低下しているから。

(ウ)　ライセンス料を無料化することで，使用料の管理にかかる費用が削減《さくげん》され，新しいキャラクターを作成する費用にあてられるから。

(エ)　無料化により様々な地域や場面で活用されることが可能になり，地域のアピールにつながるから。

問4　下線部(D)に関連して，ゆるキャラ®以外にも，「郷土料理」を活用して地域おこしにつなげようとする動きがあります。次の(ア)～(エ)の中で県と郷土料理の組み合わせとして誤っているものを一つ選び，記号で答えなさい。

(ア)　静岡県：桜エビとシラスのかき揚《あ》げ　　(イ)　鳥取県：親ガニのみそ汁《しる》

(ウ)　岩手県：サンマのすり身汁　　(エ)　長野県：アジのなめろう

問５　下線部(E)について，次の［図４］から，2011－2013年の３年間と2015－2017年の３年間では，エントリー数の増減がみられます。このようにエントリー数が大きく変化している点について，考えられる理由を本文も参考にして説明しなさい。

［図４］　ゆるキャラ®グランプリのエントリー数

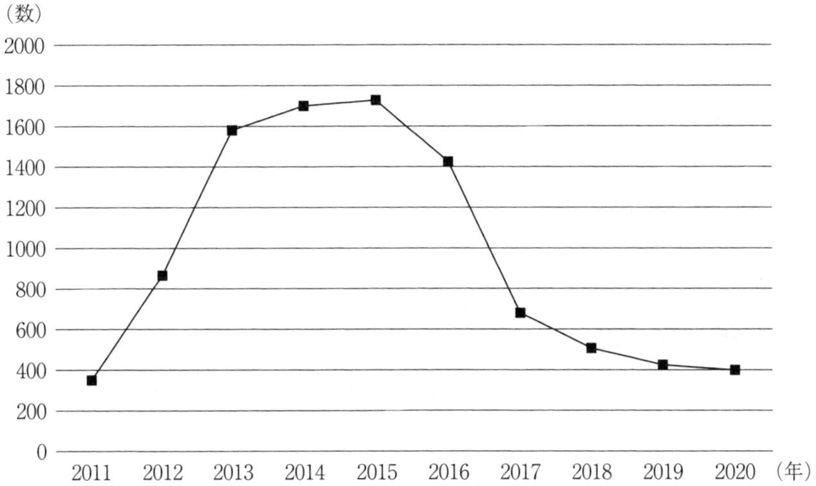

問６　下線部(F)について，近年では新たな取り組みとしてインターネット投票が検討されています。投票を全てインターネットで行う場合の良い点と問題点について，次の［表２］を参考にしてそれぞれ説明しなさい。

［表２］　令和３年　第49回衆議院議員総選挙の投票率

(%)

	10歳《さい》代	20歳代	30歳代	40歳代	50歳代	60歳代	70歳代以上
投票率	43.21	36.50	47.12	55.56	62.96	71.43	61.96

問７　下線部(G)について，次の［表３］・［図５］から読み取れる内容として誤っているものを，あとの(ア)～(エ)の中から一つ選び，記号で答えなさい。

［表３］　歴代グランプリ受賞のゆるキャラ®名とその所属

年代	誕生年	ゆるキャラ®名	所属
2011	2010	くまモン	熊本県
2012	2009	いまばり　バリィさん	愛媛県　第一印刷株式会社
2013	2011	さのまる	栃木県　佐野市
2014	1994	ぐんまちゃん	群馬県
2015	2011	出世大名家康《いえやす》くん	静岡県　浜松《はままつ》市
2016	2013	しんじょう君	高知県　須崎《すさき》市
2017	2009	うなりくん	千葉県　成田市観光プロモーション課
2018	2000	カパル	埼玉県　志木市文化スポーツ振興《しんこう》公社
2019	2009	アルクマ	長野県
2020	2012	たかたのゆめちゃん	岩手県　陸前高田市

［図５］ NRC 全国キャラクター認知度調査(2020年)

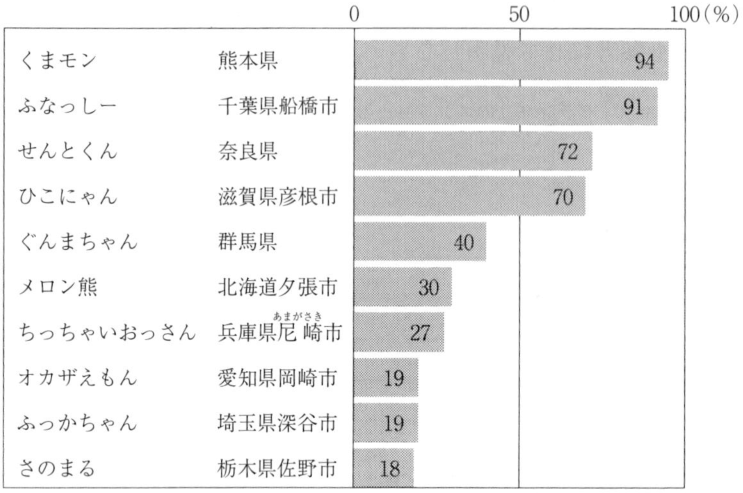

(ア) グランプリを獲得《かくとく》したキャラクターは，どれも生まれてから10年以内に受賞することができている。

(イ) 「ひこにゃん」や「せんとくん」のように，必ずしもグランプリを獲得したゆるキャラ®のみが有名になるわけではない。

(ウ) グランプリを獲得するゆるキャラ®の名前にはひらがなやカタカナが多く，そのキャラクターの雰囲気《ふんいき》を和らげる効果が期待されている。

(エ) グランプリに選出されたキャラクターの所属を分類すると，関東地方から選出されたキャラクターが多くみられる。

問８ 下線部(H)には市原市田淵《たぶち》にある地層が，時代を区分する境界がよく分かる地層として世界的に認められました。このことにより，今まで名前がなかった約77万４千年前～12万９千年前までの地質時代が日本の地名にちなんだ造語で呼ばれることになりました。この地質時代の名称をカタカナで答えなさい。

問９ 下線部(I)に関して，次の［図６］はある町の模式図を示しています。［図６］中①～④は「百貨店」，「大型スーパーマーケット(店舗《てんぽ》面積 1,000 m^2)」，「コンビニエンスストア(店舗面積 100 m^2)」，「商店街」のいずれかの位置を示しています。「大型スーパーマーケット」と「商店街」の組み合わせとして正しいものを，あとの**(ア)**～**(ク)**の中から一つ選び，記号で答えなさい。

［図６］　ある町の模式図

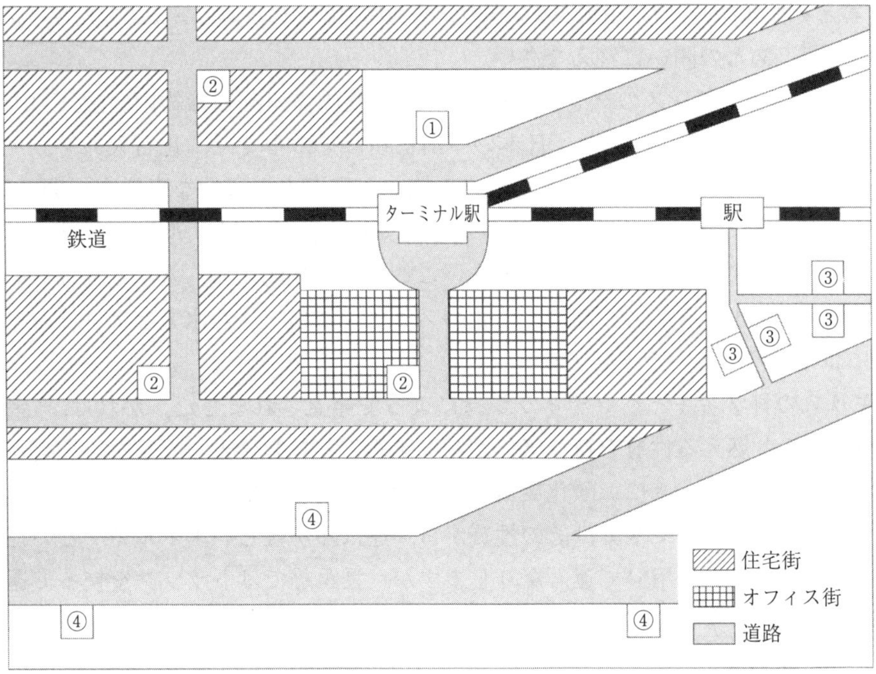

	(ア)	(イ)	(ウ)	(エ)	(オ)	(カ)	(キ)	(ク)
大型スーパーマーケット	①	①	②	②	③	③	④	④
商店街	②	④	③	④	①	②	①	③

問10　地方復興のために「ゆるキャラ®」などを活用したPR活動が全国的に展開されています。若年層から中年層が流出してしまい，過疎《かそ》状態となっている地域で定住者を増やす町おこしをするためには，その他にどのような方法があると思いますか，あなたの考えを二つ説明しなさい。

データは総務省HP，ゆるキャラ®グランプリ公式サイト，
FNNプライムオンライン，日本リサーチセンター(NRC)による

【理　科】〈第３次試験〉（30分）〈満点：50点(理数コースは100点)〉

〔注意〕数値を答える問題では，特に指示がない限り，分数は使わずに小数で答えてください。

1　次の文を読んで，あとの問いに答えなさい。

2021年10月31日からイギリスのグラスゴーで，「気候変動枠組《わくぐみ》条約締約《ていやく》国会議(COP)」の第26回目，「COP26」が開催《かいさい》されました。日本の岸田首相はその中で「①化石火力を，アンモニア，水素などのゼロエミ火力に転換《てんかん》するため，１億ドル規模の先導的な事業を展開する。」と述べています。ゼロエミとは，生活で排出《はいしゅつ》される廃棄物《はいきぶつ》を，リサイクルしたり排出量を減らしたりすることでゼロに近づける取り組みです。ここでは具体的に，（　Ａ　）効果ガスの排出量を減らすことを表します。そこで今回は，首相のスピーチに出てきた水素とアンモニアの性質や環境《かんきょう》問題について考えていきましょう。

水素はイギリスの科学者キャベンディッシュによって発見されました。かれは，「金属に塩酸などの酸を加えると燃える性質を持つ気体が発生すること」を発表しました。燃料としての水素を考えると，燃やしたときに二酸化炭素は発生せず，水しか出ないのでクリーンエネルギーとして期待できます。一方で水素はその性質から，運ぱんが難しいエネルギーといえます。近い距離《きょり》ならパイプラインを用いて運んだりしますが，長距離ではトラックを使って運びます。②運ぱん方法の１つに水素を圧縮してボンベにつめて運ぶ方法があります。気体を圧縮すればその体積を大きく減らせるからです。また，水素を他の物質と反応させて別の物質にして運び，現地で取り出すという方法もとられています。

アンモニアは，イギリスの科学者プリーストリーによって発見されました。現在は主に肥料の原料として製造されており，ドイツの科学者ハーバーとボッシュによって工業的に合成されるようになると，世界の食糧《しょくりょう》事情は大きく改善されました。そのような事情もふくめ，運ぱん技術は水素に比べて発達していると言えます。アンモニアはその成分として水素とちっ素のみをふくみます。そのため，水素同様に二酸化炭素を発生しません。しかし，燃やす条件によっては，ちっ素酸化物(NOx：ノックス)が発生するため，③触媒《しょくばい》を用いてちっ素酸化物を分解するなどの工夫が必要です。

水素は現在，燃料電池自動車(FCV)や家庭用燃料電池(エネファーム)など実生活で活用され始めています。アンモニアも，燃料にアンモニアを混ぜて使用する実証事業を愛知県の碧南《へきなん》火力発電所で2023年度より開始する予定です。新しいエネルギーに関しては原料の安定した供給もふくめてまだ解決すべき点が多くありますが，少しずつ実用化に向けた研究は進んでいます。

問１　下線部①の化石火力の燃料となっているものの名前を答えなさい。

問２　本文中の空らん(Ａ)にあてはまる言葉を漢字２字で答えなさい。

問３　塩酸を加えても水素が発生しない金属を，次の(ア)～(オ)から２つ選び，記号で答えなさい。

(ア)　亜鉛《あえん》　　(イ)　銀

(ウ)　鉄　　(エ)　アルミニウム

(オ)　銅

問４　水素とアンモニアはともに空気より軽い気体ですが，実験室で気体を集めるときの方法は異なります。それぞれの気体の集め方を次の(ア)～(ウ)から選び，記号で答えなさい。

(ア)　上方置換《ちかん》　　(イ)　下方置換　　(ウ)　水上置換

問５　水素もアンモニアも燃やしたときに二酸化炭素を発生しません。これはある成分をふくんでいないためと考えることができます。その成分は何ですか。

問６　下線部②の方法以外に，運ぱんする水素の体積を大きく減少させるにはどのような方法がありますか。簡単に答えなさい。

問７　ちっ素酸化物（NOx：ノックス）を大気中に放出してしまうと，ある環境問題の原因となってしまいます。それはどんな環境問題ですか。

問８　下線部③の触媒とは一般《いっぱん》にどのような特ちょうをもつ物質のことですか。簡単に答えなさい。

問９　アンモニアが発電などの燃料の中心となると，アンモニアの価格が上がることが考えられます。アンモニアの生産体制の強化などの対策を取らないままだと人類の生存にどのような影響《えいきょう》があると考えられますか。本文を参考にして簡単に答えなさい。

2　次の文を読んで，あとの問いに答えなさい。

糸のはしを支点に固定し，もう一方のはしにおもりをつるしてふりこを作り，色々な条件で運動のようすを観察しました。表は実験の条件と結果をまとめたもので，**図１**は実験番号①のふりこのようすをあらわしたものです。ただし，おもりⅠとⅡは重さが異なり，どちらも大きさは無視できる程度に小さいとします。また，空気のていこうや支点・くぎと糸の間のまさつ，糸の重さは考えないものとします。

実験番号	①	②	③	④	⑤	⑥	⑦	⑧	⑨	⑩	⑪	⑫	⑬	⑭	⑮
糸の長さ［cm］	25	25	25	25	50	50	50	75	75	75	100	100	100	225	400
おもりの種類	Ⅰ	Ⅰ	Ⅱ	Ⅱ	Ⅱ	Ⅰ	b	Ⅰ	d	Ⅱ	Ⅰ	Ⅱ	Ⅰ	Ⅰ	Ⅰ
しんぷく［cm］	10	5	5	15	5	10	15	10	20	5	10	25	20	10	30
周期［秒］	1	a	1	1	1.4	1.4	c	1.7	1.7	1.7	2	e	2	3	f

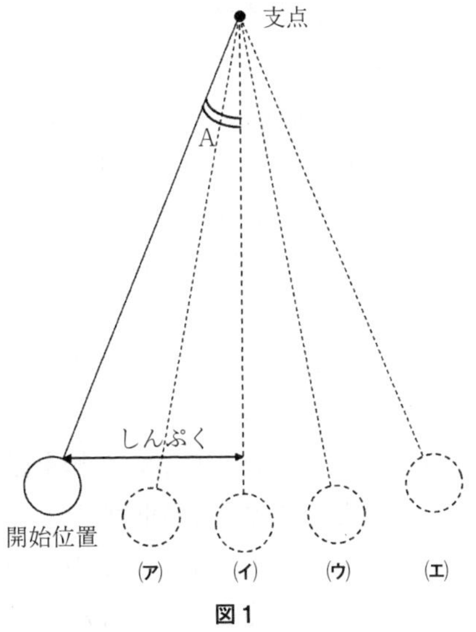

図１

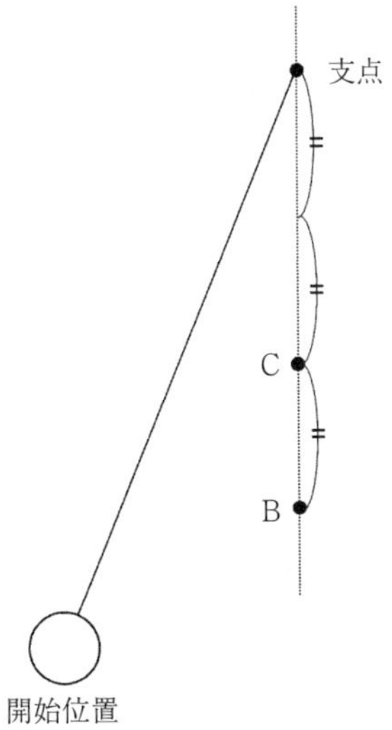

図２

問１　表のａ～ｆをうめなさい。ただし，数値やおもりの種類を確定できない場合は×で答えなさい。

問２　**図１**について，次の問いに答えなさい。

(1)　おもりが最も速くなるのはどこにきたときですか。**図１**の(ア)～(エ)から１つ選び，記号で答えなさい。

(2)　おもりの速さが０になるのはどこにきたときですか。**図１**の(ア)～(エ)から１つ選び，記号で答えなさい。

問３　**図１**の角Ａの大きさを「ふれはば」と言います。実験番号①～⑮のうち，「ふれはば」の大きさが②と同じになるものをすべて選び，番号で答えなさい。

問４　同じ糸の長さのふりこを利用しておもりⅠとおもりⅡのどちらが重いかを調べたいとき，どのような方法がありますか。次の(ア)～(エ)から１つ選び，記号で答えなさい。

(ア)　ふりこの最下点に木片を置き，同じしんぷくでおもりを木片にぶつけたあとの木片の動いたきょりを比べる。

(イ)　ふりこが最下点に来た時に糸を切り，おもりの飛び出す方向を比べる。

(ウ)　ふりこが動き出してから一番速くなるまでの時間を比べる。

(エ)　しんぷくと最下点のおもりの速さの関係を比べる。

問５　**図２**のＢまたはＣは，ふりこの支点の真下にあります。ＢまたはＣにくぎを打ち付けて，開始位置から実験番号⑬のふりこを運動させました。このとき，ふりこが最下点でくぎにあたったあとは，ふたたび最下点にもどるまで，くぎを支点にして運動します。くぎの位置が**図２**のＢのとき，ふりこがもとの位置にもどるまでの時間は1.5秒でした。

(1)　ふりこの支点からＢまでの長さは何cmですか。

(2)　くぎの位置が**図２**のＣのとき，ふりこがもとの位置にもどるのは何秒後ですか。

3　次の文を読んで，あとの問いに答えなさい。

生き物の好きな受験生のみなさんの中には田舎に帰省したり旅行したりしたときなどに①ザリガニを捕《つか》まえ，家や学校で飼《か》ってみた，という経験を一度はしたことがあるのではないでしょうか。しかし，みなさんが見たことのある，または飼ったことがあるザリガニのほとんどはアメリカザリガニという②外国からやってきたザリガニであることは知っていますか。

アメリカザリガニは1927年に米国からウシガエルのエサとして約20匹《びき》ほど神奈川県に輸入され，その後，野外に流出した一部の個体が日本の各都道府県に広がったとされます。アメリカザリガニは雑食性で落ち葉，水草，昆虫《こんちゅう》，小さな魚などさまざまな生きものを捕食《ほしょく》し，また悪い環境《かんきょう》でも生息することができます。そして，③アメリカザリガニの侵入《しんにゅう》によって水質が悪化してしまい，環境問題に発展することもわかっています。

アメリカザリガニは水草を食べない場合でも水草を切断する奇妙《きみょう》な行動をとります。この行動に関して調べる実験を行いました。

＜実験１＞　８つの水そうを用意し，そこに入れるアメリカザリガニの数と水草の有無《うむ》を**図１**の横じくの下に書いてあるように変えた。その中にエサとなるヤゴを20匹水そうに入れて，１ヶ月後のヤゴの数を調べたところ，**図１**の結果となった。また，その時のアメリカザリガニの１匹あたりの成長量について調べたところ，**図２**のような結果になった。ただし，成長量はアメリカザリガニの体重の増加量を相対的に表したものである。

＜実験２＞　実験１と同じ水そうに，先ほどの水草と一緒《いっしょ》にアメリカザリガニが切断できない人工的な水草を入れてアメリカザリガニの１匹あたりの成長量を調べたところ，**図３**のような結果となった。

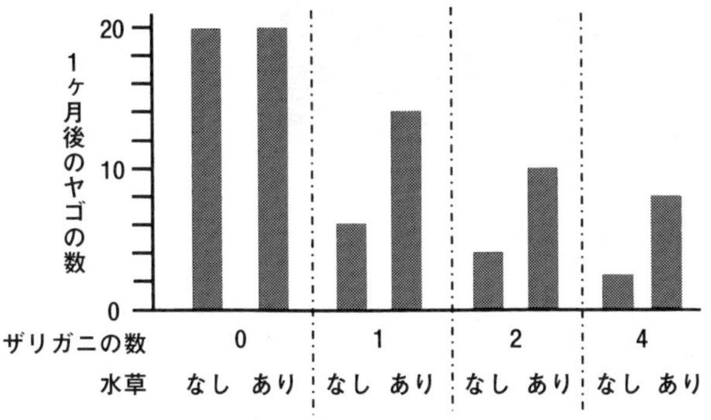

図１　ヤゴの数の変化

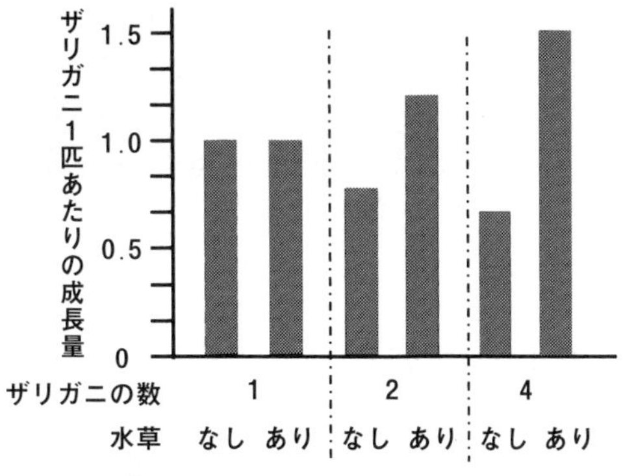

図２　ザリガニ１匹あたりの成長量

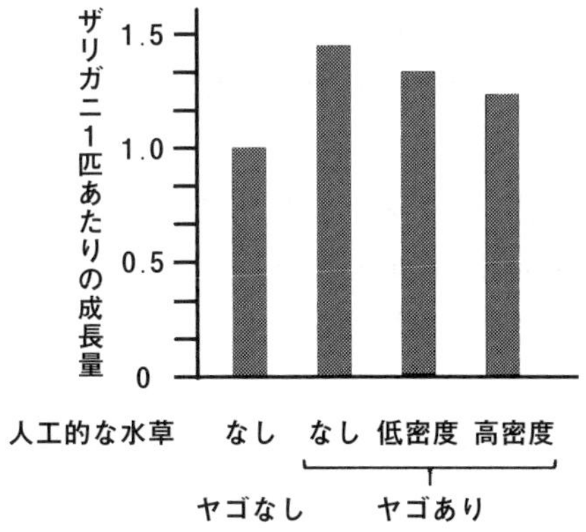

図３　人工的な水草を加えたときのザリガニ１匹あたりの成長量

問１　下線部①について説明した次の文中の空らん(**ア**)～(**ウ**)にあてはまる語句を，(**ア**)，(**ウ**)はひらがなで，(**イ**)は漢字で答えなさい。

ザリガニは背骨を持たない(　**ア**　)動物の中で，昆虫やクモと同じような(　**イ**　)動物に分類できる。昆虫やクモとの大きな違《ちが》いは水中で生活するために(　**ウ**　)呼吸によって酸素を体の中に取りこむことである。

問２　下線部②のような生物のことを何とよびますか。漢字３字で答えなさい。

問３　下線部③について，**図４**はアメリカザリガニが侵入する前後の石川県金沢市の池のようすです。右図ではアメリカザリガニによって水草が刈《か》られ，死んでしまったことでプランクトンなどの微生物《びせいぶつ》が大量に発生し，水がにごってしまっています。この水のにごりは植物がもつ水質浄化《じょうか》能力によって防ぐことができます。水草はこのような水のにごりを引き起こす微生物の大量発生をどのように防いでいますか。15字以内で説明しなさい。

図４　アメリカザリガニ侵入前後の石川県金沢市の池のようす
（左図）　侵入前：2003年，（右図）　侵入後：2009年
引用：環境省　アメリカザリガニ対策の手引より

問４　＜実験１＞をもとに考察した文として正しいものを，次の**(ア)**～**(エ)**から１つ選び，記号で答えなさい。

(ア)　水草が生えている環境ではアメリカザリガニによってヤゴが食べられやすくなり，ザリガニの数が多いと大きな個体に成長する。

(イ)　水草が生えている環境ではアメリカザリガニによってヤゴが食べられやすくなり，ザリガニの数が多いと小さな個体に成長する。

(ウ)　水草が生えている環境ではアメリカザリガニによってヤゴが食べられにくくなり，ザリガニの数が多いと大きな個体に成長する。

(エ)　水草が生えている環境ではアメリカザリガニによってヤゴが食べられにくくなり，ザリガニの数が多いと小さな個体に成長する。

問５　ヤゴにとって水草はどのような役割をもちますか。実験結果をもとに解答らんに合うよう簡単に答えなさい。

問６　実験結果をもとに，アメリカザリガニによる環境問題を防ぐ，生態《せいたい》系に配慮《はいりょ》した方法を，次の**(ア)**～**(カ)**の中から２つ選び，記号で答えなさい。

(ア)　ヤゴはアメリカザリガニのエサであるため，ヤゴを池から駆除《くじょ》する。

(イ)　共食いを目的にアメリカザリガニを放流する。

(ウ)　水草はアメリカザリガニのエサであるため，水草を刈り取る。

(エ)　アメリカザリガニが切断することができない在来の水草を植える。

(オ)　薬剤《やくざい》を用いてアメリカザリガニを直接駆除する。

(カ)　アメリカザリガニを定期的に駆除し，数が少ない状態を保つ。

問７　アメリカザリガニが生息している池には，しばしばオオクチバス（ブラックバス）も生息しており，このオオクチバスの存在もその生息する池の生態系に悪影響《あくえいきょう》を与えています。多くの地域でオオクチバスの駆除が行われましたが，駆除の結果，その池の環境がより悪化してしまう結果となりました。その理由について解答らんに合うように考えて説明しなさい。

に相手を理解しようとする態度こそが大切であることに気づかされるから。

イ　他者の話を聴くことで他者がじぶんとは違《ちが》う感じかたをしていることに気づかされる一方で、その逆に他者もじぶんとの違いに気づき、両者の間にほんとうのコミュニケーションが成立するから。

ウ　じぶんがあたりまえだと思っていたことと他者があたりまえだと思っていたことが違うことに気づき、今までのじぶんを再認識することにつながっていくから。

エ　他者とじぶんが語らうなかで、じぶんと他者との違いが明確になる一方で、他者とじぶんとは結局は理解できない存在であることが明確になるから。

オ　他者とじぶんでは違った感じ方をする一方で、同じ感じ方をすることもあるので、両者がお互いに聴き合えば必ず分かり合うことができるから。

問十三　――線⑧「かえってそのほうが子どもとしては正面から向かいあうより話しやすくなる」とありますが、その理由について「じぶん（話し手）」と「相手（聞き手）」との関係をふまえて次のようにまとめました。次の文の【A】～【E】に入る適当な言葉をそれぞれ指定された字数で本文中からぬき出して答えなさい。

・「じぶんを語りなおす」ためには一度「じぶん（話し手）」を解体する必要がある。そのような「危うい状態」にいる「じぶん（話し手）」を「相手（聞き手）」に【A（三字）】ことになるために、【B（三字）】や【C（一字）】といったたとえを通じて説明されているように「じぶん（話し手）」を守ろうとする。そんな「危うい状態」の中にいるので、【D（三字）】たまらない気持ちでいる「じぶん（話し手）」をじっと観察して分析的に見つめるのではなく、【E（六字）】ような関係で接してくれる「相手（聞き手）」こそが「じぶん（話し手）」には望ましい存在だから。

問十四　本文に関する説明として適当なものを次の**ア**～**オ**の中から一つ選び、記号で答えなさい。

ア　「スマホとかSNS」でやりとりすることばでは、深いコミュニケーションをとることは不可能である。

イ　被災者の「こころのケア」に必要なことは、なにも言わずにただ黙って掃除や片づけだけをすることである。

ウ　相手とじぶんに共通する点を認識して心が通じ合うことこそ、ほんとうの「語らい」なのである。

エ　「語らい」では、一方的に話すのではなくじぶんと他者との相互のやりとりが大切なポイントとなる。

オ　「ほう、ほーう」と言いながら相手の話を聴くと、相手は気を許してすらすらと話をしてくれる。

問十五　次のⅠ・Ⅱの問いにそれぞれ答えなさい。

Ⅰ　筆者は「語らい」にはどのような働きがあると述べていますか。――線⑥より後の文章から考えて解答欄《らん》に合わせて答えなさい。

Ⅱ　Ⅰで答えた「語らい」の働きについて、今までのあなたの経験を参考にしながら具体的に説明しなさい。

深いコミュニケーション」が可能になるのである。

問九　――線⑤「被災者の人たちからしたら、いちばんつらいことばのひとつでもあるんです」とありますが、それはなぜですか。その理由の説明として適当なものを、次の**ア**～**オ**の中から一つ選び、記号で答えなさい。

ア　支援に駆けつけてくれた人が悪気なく口にする「がんばってください」ということばは、これまでも必死にがんばってきて、これ以上がんばりようがない被災地の人たちにとってはつらいことばであるが、被災地の人たちは自分たちのために力を貸してくれているボランティアの人たちに対してそうした不満を訴えることができないでいるから。

イ　支援に駆けつけてくれた人が悪気なく口にする「がんばってください」ということばは、被災地の人からすればよそ者が口にする無責任なことばとして強い反感を引き起こすが、それと同時に、被災地のためにがんばってくれているボランティアの人たちも、やはり被災した当事者の気持ちはわからないのだというむなしさを感じさせるから。

ウ　支援に駆けつけてくれた人が悪気なく口にする「がんばってください」ということばは、きびしい現実に直面している被災地の人にとっては気休めでしかないが、ボランティアの人たちが惜しみなく力を貸してくれていることを思うと、被災地の人たちはそれに負けないよう無理にでもがんばり続けなければならない立場に追いこまれてしまうから。

エ　支援に駆けつけてくれた人が悪気なく口にする「がんばってください」ということばは、現代の社会に広く見られる思いやりを欠いた「なめらかに滑るようなことば」であるが、被災地の人たちは支援してもらっているという立場にあるため、「黙っていること」の重要性をボランティアの人たちに伝えることが難しいから。

オ　支援に駆けつけてくれた人が悪気なく口にする「がんばってください」ということばは、被災地の人からすればこれまでのがんばりを否定されるようなつらいことばであるが、被災地のために援助を惜しまないボランティアの人たちにそのことを伝えるのは難しく、ことばによるコミュニケーションの難しさに途方にくれてしまうから。

問十　**X** に入る言葉として適当なものはどれですか。次の**ア**～**オ**の中から一つ選び、記号で答えなさい。

ア　だいじょうぶでないことくらい見たらわかるだろ

イ　自分たちでなんとかできるから早く帰ってくれ

ウ　みんなで力をあわせてきっと復興してみせます

エ　みなさんはなんて優しい人たちなんですか

オ　わたしたちはだいじょうぶですから安心してください

問十一　――線⑥「これはじぶんを危うくすることでもある」とありますが、次のⅠ・Ⅱの問いにそれぞれ答えなさい。

Ⅰ　「これ」とはどのようなことですか。六十字以内で答えなさい。

Ⅱ　「じぶんを危うくすることでもある」のはなぜですか。四十字以内で答えなさい。

問十二　――線⑦「お互いに聴きあうということ。このプロセスがとてもだいじなんですね」とありますが、それはなぜですか。その理由として適当なものを次の**ア**～**オ**の中から一つ選び、記号で答えなさい。

ア　他者の考え方を素直に聴くということは難しい一方で、じぶんのことを他者に理解してもらうことも容易ではないが、互い

いつめたり、皮肉を言ったりする。

イ　相手がどんなふうに感じているかはお構いなしに、相手の顔を見ないでじぶんの主張だけをひたすらしゃべる。

ウ　相手を言い負かすことだけを第一に考えて、論点をぼかしてじぶんの主張を強引に押《お》し通す。

エ　その場の雰囲気《ふんいき》を考慮《こうりょ》することなく、あらかじめ用意した原《げん》稿《こう》を書き言葉のまま一方的に話す。

オ　相手とじぶんとが相互《そうご》にやりとりをする対話を重視し、相手の顔を見ながら互《たが》いに心を通わせて話す。

問六　――線②「ため息すら送ってしまう」とありますが、筆者は「ため息」を送ることをどのようにとらえていますか。適当なものを次の**ア**～**オ**の中から一つ選び、記号で答えなさい。

ア　沈黙することが不安なあまり、本来は親しい間でしか伝えるべきでない自分の暗くゆがんだ深い心理までも表現してしまうことを否定的にとらえている。

イ　相手になにもかもしゃべりまくるあまり、個人の心の中にあり本来言語化されないものまでも言語化してしまうことを否定的にとらえている。

ウ　話し合いの基本を逸脱するあまり、本来は他人にもらしてはならない自分だけの秘密について相手の意志にかかわらず一方的に伝達してしまうことを懐疑的《かいぎてき》にとらえている。

エ　ため息という無意識のうちに発してしまう個人的な感情でさえ伝達するのだから、まして自分が常々考えている主張を書き込むことは当然のことだと肯定的《こうていてき》にとらえている。

オ　ため息という意識した上で発する感情表現でさえ送ってしまうのだから、まして無意識のうちに感じていることを相手に伝えることは好ましいこととして肯定的にとらえている。

問七　――線③「そういうざらついたことば」とありますが、これはどのようなことばですか。その説明として適当なものを次の**ア**～**オ**の中から一つ選び、記号で答えなさい。

ア　上滑りな感覚がないため、逆に聞き手の心にしっかりと響《ひび》くが、耳ざわりな表現を伴《ともな》うので早く忘れてしまいたくなるようなことば。

イ　滑るような快い感覚があるために聞き手の心には一時的に快く感じられるが、心を強く打つ要素がないためにすぐに忘れ去られてしまうことば。

ウ　滑るような快い感覚がないため、聞き手が動揺《どうよう》して落ち着きがなくなり情緒《じょうちょ》が不安定になってしまうような嫌悪感《けんおかん》を伴ったことば。

エ　受け止めた側に何らかのひっかかる感覚が残り、心をざわつかせることにより深く心に響き、良くも悪くも強い影響力《えいきょうりょく》や印象をもつことば。

オ　受け止めた側の心に強い不快感が残り、拒否《きょひ》反応を示してついつい言い返してしまわなければ気がすまないようなことば。

問八　――線④「週刊誌やテレビのメディアがふくれあがるほど、沈黙は死んでゆく」という寺山修司の言葉について筆者の考えを次のようにまとめました。[A]・[B]に入る適当な表現をそれぞれ指定された字数で――線Ⓑより後の文中からぬき出して答えなさい。

・寺山修司が言う「週刊誌やテレビのメディア」で用いられている言葉は、現代では「スマホとかＳＮＳ」の言葉に相当し、これらの言葉は深く考えることなく、ただ[A（十三字）]しまっているに過ぎない。そうではなく、[B（十二字）]というプロセスをたどってから言葉を返すことによって「より

までとちがったように、もっと別のじぶんになるためにドロドロになっている。このまま破裂《はれつ》したらどうなるだろう、崩れたままでどうなるだろうと恐い。そんな不安でしかたがないときに、正面からそれを、壊れないかどうか、まんじりともしないで見てるひとがいたら、よけい緊張《きんちょう》する。そんなものないかのように、まったく関心をもたれないのはつらいけど、関心をもたれすぎるのもしんどい。むしろちょっとはずしてたり、ズラしたり、かわしたりして、それでも見てくれている、あるいは聴かなかったことにしてくれる、聴き流すだけにしてくれる、そういう聴きかたをするひとがいてくれることが、じつはいちばん助かるんですね。だから、「語らい」においては、ひとがじぶんを生きなおす、語りなおす、そういうプロセスそのもの以上に、それを支えてくれるようなひととの関係がすごくだいじになるんです。

（鷲田清一《わしだきよかず》『だんまり、つぶやき、語らい　じぶんをひらくことば』――一部改変――による）

㊟　くぐもりもない…声をはっきり出してためらうことがない。
SNS…インターネット上でコミュニケーションをとるためのオンラインサービス。
檄文…自分の意見や主張を書いた文書。
プロセス…過程、経過。
チューニング…調子を合わせること。
ダイアローグ…対話、会話。

問一　〰〰線㋐〜㋗の片仮名を漢字に直しなさい。

問二　[i]〜[v]に入る言葉として適当なものを、次の語群《ごぐん》からそれぞれ一つずつ選び、必要があれば適当な形に変えて答えなさい。

【語群】　気づく　困る　ふくむ　思う　経る　試す

問三　〔A〕〜〔E〕に入る言葉として適当なものを、次の**ア**〜**オ**の中からそれぞれ一つずつ選び、記号で答えなさい。

ア　つぎつぎと　**イ**　たとえば　**ウ**　ひょっとしたら
エ　ちゃんと　**オ**　むしろ

問四　――線Ⓐ「煙に巻く」・Ⓑ「裏切られてゆく」・Ⓒ「カチンとくる」の意味として適当なものを、それぞれ次の**ア**〜**オ**の中から一つ選び、記号で答えなさい。

Ⓐ「煙に巻く」
ア　火事などで焼けてあとかたもなくなる
イ　大げさに言いたてて相手をまどわせる
ウ　炊飯《すいはん》をして食事の準備をおこなう
エ　日々の暮らしを立ててゆく
オ　目の前がまったく見えなくなる

Ⓑ「裏切られてゆく」
ア　信じていた人から深く傷つけられる
イ　同盟関係が一方的に破棄《はき》されてしまう
ウ　期待に反する結果となってしまう
エ　味方と思っていた人から背《そむ》かれる
オ　約束をしていたことをすっぽかされる

Ⓒ「カチンとくる」
ア　相手のアドバイスが的を射て心にしみる
イ　小さいが鋭《するど》い音によって相手に注意喚起《かんき》をする
ウ　堅《かた》い物が激しく触《ふ》れ合って壊《こわ》れそうになる
エ　他人の言動が神経にさわって不愉快《ふゆかい》になる
オ　今まで腑《ふ》に落ちなかったことが理解できる

問五　――線①「話しあいの基本を逸脱というか、喪失してしまっている」とありますが、その例として**適当でないもの**を、次の**ア**〜**オ**の中から一つ選び、記号で答えなさい。

ア　相手の言いそこないや言葉じりにつけこんで相手の過失を問

「ここで行き詰《づ》まってるんですね。問題はそこにある。そのためにはこの本を読めばいい」

　とかなんとか言ってね、最後まで聴き終える前に、いろんな指示を出したりしてしまう。

　むかし、ユング派の心理学者で臨床《りんしょう》心理家でもある河合隼雄《かわいはやお》先生と対談したときに、正直に言ったんです。

「わたしは『「聴く」ことの力――臨床哲学《てつがく》試論』なんて本を書いたりしてきたんですけど、それはわたし自身が聴きベタだからなんです。〔Ｄ〕聴けないから、聴くってどういうことなのか必死で考えてきたんです」

　すると、河合先生はこうおっしゃいました。

「ひとつ、ええ手があるよ、ひとの話聴くのに。なにかというたら、ほうと言うことや。ひとがしゃべっている。そこで、えっ、ほう、ほーう、って言うたら、もっと話してくれる」

　しかも、その「ほう」についても、

「ほう、ほうと言ったら、なんや踊《おど》りみたいなあれになるので、毎回ニュアンスを、口調を変えて、ほう、ほーう、ほお、はあ、というふうにやってみる。そしたら相手さん、しゃべりにくうても懸命《けんめい》に話してくれるよ」

　なるほどなぁと思いました。

　聴くときは、正面から聴くのがいちばんむずかしいので、なんの関心もなくてもいい、ただ「ほうほう、ほお、ほう」言ってたらいいんだ。それぐらい軽く考えたほうがいいって、河合先生はおっしゃるんですね。

　じっさい、そうなんです。ほんとうに聴きじょうずな人は正面から聴かない。

　それでどう思ったの？　とかなんとかいわずに、適当に聴き流している。正真正銘《しょうしんしょうめい》の聴き流しでも、あるいは聴き流すフリでもいい。

〔Ｅ〕、ほんとうに子どもの話をよく聴いているお母さんを見ていると、

「ふーん、そうなの。いろいろあったのね」とか言いながら料理していたりする。⑧かえってそのほうが子どもとしては正面から向かいあうより話しやすくなる。

　それから、いったん聴いても「聴かなかったことにするわね」という聴きかたをされると、ひとって逆に、すごくしゃべれるようになるんですね。

　どうして、そういう聴き流す、聴いたフリをする、聴いていないフリをする、聴かなかったことにする、あるいは芝居《しばい》でもいいから「ほう、ほお、ほーう」などと、一見ふまじめそうに見える聴きかたをするのが重要なのか……。それは、しゃべるほうが、かなり危うい状態にいるからなんです。

　じぶんを語りなおす、これまでとちがったふうに、ひとの前でじぶんを話せば、じぶんが壊れていくプロセスを見せることになる。うまく語りなおせたらいいけれど、語りなおしに失敗してしまうプロセスを相手にさらしてしまうかもしれない。こんな恐いことはないです。

　サナギみたいなものです。青虫がサナギになって蝶々になる。青虫とチョウチョウって形も顔も全然ちがう。組織がちがうじゃないですか。なぜ、そんなことが起こるかといえば、青虫から蝶々《ちょうちょう》になるあいだに、サナギとしてじぶんの身をくるむ鎧《よろい》を着けてから、そのなかでじぶんを解体するからなんです。サナギのなかってドロドロなんですよ。じぶんを解体して蝶々というまったく別組織のものに変えるまで、サナギのなかにいるわけです。

　じぶんが変身する、変わるときの状態もドロドロなんです、言ってみれば。話しているときってそれを、さらすんです。じぶんを、これ

うした理解が㋓マしてくる。同じところ、共通するところを確認するというより、互《たが》いのちがいがより繊細《せんさい》に見えてくるようになるのが、「語らい」なんです。

ああ、ここにじぶんとはちがうふうに感じ、ちがうふうに思うひとがいる。そのかぎりにおいて、わたしにはわからないものがある。それを知るのが、ほんとうの意味でのコミュニケーションであり、他人のことがわかるということなんですね。

しかし、⑥これはじぶんを危うくすることでもある。

じぶんがだれかということに㋔ウタガいが㋕メバえる。

あれ？　いままであたりまえのように語ってきたこのじぶんは、〔　Ｃ　〕巧妙《こうみょう》につくられた物語にすぎないんじゃないか、このストーリーには嘘《うそ》がそっと［　ii　］れているかもしれない、もっとじぶんをちがうふうに感じないとおかしいかもしれない。だって目の前のこの人はこんなふうに感じているんだから……と、じぶんのこれまでが根底から揺さぶられてしまう。

じぶんが壊《こわ》れてしまう可能性、崩《くず》れてしまうような気配が表に出てくる。そういう意味では恐いんです、本気でだれかと語らうのは。でも、それを裏返して言うと、じぶんが生まれ変わるきっかけがそこにあるということでもある。

「だんまり」のところで、ことばってむずかしい、いつも過剰《かじょう》か過少である、じぶんをよけいわからなくする面、それからじぶんをまとめてくれる面のふたつがあると言いましたね。「語らい」も同じ。じぶんがじぶんでなくなる恐さと同時に、もっと別の人間になれるチャンスをはらんでいるわけですね。

心細いと言ったらいいのかな、この不安なプロセスにあって、じぶんが壊れないように支えてくれるもの、それこそが「語らい」なんです。じぶんを空中分解させずに、これまでのじぶんを少しズラして、「あ、このひと、こんな感じかたしているんだ」と参考にして、「こんなふうに感じたらいいんだ、こんなふうに思ったらいいんだ」とじぶんをつくり変えていく。語らうなかで、これまで気づいていなかったじぶんにチューニングしていく。

つまり、⑦お互いに聴きあうということ。このプロセスがとてもだいじなんですね。

じぶんのことばっかり語ったら、それはモノローグ、ひとり語りになってしまいます。そうじゃなしに、ほんとうの語らい、語りはダイアローグ、もっといえばむしろ聴きあうことのうちにある。

相手の話をちゃんと聴いて、「あ、じぶんがあたりまえだと思っていたのとはちがう感じかた、考えかたもあるんだな」と［　iii　］ことがだいじ。それがこんどはしゃべっているひとの、じぶんのストーリーの再確認のプロセスにもなる。そういう裏表の反転、じぶんと他者とのあいだのやりとりが、たいせつなところなんですね。

でも、相手の話を聴くというのはとにかくむずかしい。すぐ否定したくなったり、じぶんはこう［　iv　］と反対の主張をしたくなったりする。

ぼくなんかは、ひとの話を聴くのがあまりじょうずじゃない。教師をやっていると、一人ひとりの話を聴くよりも、しゃべっているほうがラクなんです。こうやってしゃべっているほうがラク。教師とはものすごく聴きベタな㋖シュゾクです。

だから、ぼくは学生が㋗ソツギョウ論文の相談に来ても、半分ほど聴いたらもうだいたい相手の思っていることの想像がついて、ここで［　v　］ているんだなとわかりますから、

「それはこういうことです」

いったん呑みこんで、うーん、と口ごもってしまって、「だんまり」を決めこんで、じぶんなりにそのことばと折りあいをつけようとする、そんなプロセスを[i]てことばを返すということがない。この「だんまり」、ことばを呑みこむ部分がものすごく浅くなっているんじゃないか……。寺山修司はそのことを言おうとしたんです。

この「だんまり」が、ときにささやかで静かな、しかし断乎《だんこ》たる抵《てい》抗《こう》になることもあります。ぼくがそう思ったのはね、二〇一一年、東日本大震災《だいしんさい》の被災者《ひさいしゃ》の「こころのケア」のために全国からカウンセラーとか臨床《りんしょう》心理士のひとたちが駆《か》けつけたときでした。

大震災のとき、ボランティアの人がこぞって東北へ支援《しえん》に向かいました。

その支援の現場で、十六年前の阪神《はんしん》・淡路《あわじ》大震災――まだみなさんは生まれていないですが――を経験しているボランティアの人たちは最初からなにも言わなかった。なにも言わずに、黙って掃除《そうじ》をしたり、片づけをしたりしていた。ちなみに被災者の「こころのケア」という取り組みが初めてなされるようになったのは、阪神間を中心に大被害を受けた一九九五年のあの震災からです。

支援に駆けつけたひとたちはふつう、悪気《わるぎ》なく、励《はげ》まそう、元気づけようと思って「がんばってください」と言う。

じつはこれね、⑤被災者の人たちからしたら、いちばんつらいことばのひとつでもあるんです。

「がんばってください」

って言われたときに、ほんとうは、

「ここまでずっと必死でがんばってきたのに、あと、なにをがんばればいいんですか?」

と言いたい。

「がんばってください」と言ってほしくないんですね。けれども、だいじな時間を㋐サいて、じぶんたちのために手伝いに、応援に来てくれる人には言い返せない。

あるいはカウンセリングなんかでよく言われる、

「あなたのお気持ち、ほんとによくわかります」

これもやっぱり被災者のひとたちにとってつらいことば、あるいはⒸカチンとくることばです。これだけの悲しい目や苦しい目にあったことのないひとに、そんなに㋑カンタンにわかられてたまるか。

あと、もうひとつ例を㋒アげますと、われわれもつい言いそうですけれど、

「だいじょうぶですか?」

つい、声をかけたくなりますよね。そういうときには、

「[X]」

って言いたくなる。被災するとはそういうことなんです。

【中略】

ひとはみんな生まれもちがうし、どういう環境《かんきょう》のなかで育ってきたかもちがうし、さらにそれをどう、じぶんで語ってきたかも、みんなちがう。

「あ、そうそう、あるある」とか「そうだ、そうだ」と考えがいっしょになるということは、「語らい」でもコミュニケーションでもなんでもないんです。そこからはなにもひらけてこない。ただの自己確認みたいなもの。

そうじゃなしに、ほんとうの「語らい」では、さっき言ったように、同じものを見ていても、「このひと、こんなふうに感じるのか」と思わされる。感じかたが微妙《びみょう》にちがうことが少しずつわかってきて、そ

2023年度 世田谷学園中学校

【国　語】〈**第三次試験**〉（五〇分）〈満点：一〇〇点〉

〔注意〕　解答の際には、句読点やカギカッコなどの符号《ふごう》も字数にふくむものとします。

次の文章を読んで、後の問いに答えなさい。

学校には、なんのくぐもりもないそんなおしゃべりに興じるひともいれば、口ごもったままのひともいるけれど、世のなか、国会のような議論の場、あるいは報道の場では、書きことばでしゃべりまくる、しかも相手の顔を見ない態度がまかり通っている。

ただもう論点をぼかす、そらす、すり替《か》える、Ⓐ煙《けむ》に巻く、揚《あ》げ足を取るためにしゃべりまくっているとしか思えない。①話しあいの基本を逸脱《いつだつ》というか、喪失《そうしつ》してしまっている。

その傾向《けいこう》がますます強くなってきて、なにが不安なのかたえずしゃべりまくる、あるいは書きこみをしまくる、②ため息すら送ってしまう。Twitter《ツイッター》とかFacebook《フェイスブック》などのＳＮＳによって時代状況《じょうきょう》がどんどんエスカレートしてきているような気がします。

そういうなかで、一九六〇年代ですから半世紀以上前に、寺山《てらやま》修《しゅう》司《じ》——歌人で劇作家。「天井桟敷《てんじょうさじき》」という世界的に活躍《かつやく》した劇団を主《しゅ》宰《さい》していたひと——が、すごくおもしろい、まるで檄文《げきぶん》のような文章を書いていたので、それをちょっと紹介《しょうかい》したいと思います。

世のなか、とくにテレビなんかがどこのご家庭にもあるようになったとき、なめらかに滑《すべ》るようなことばっかりで、なにか心がほんとうの意味でざわついてしまうような、これからじぶんの気持ちはどうなるのだろうと、ちょっと恐《こわ》くなるような、③そういうざらついたことばがどんどん人びとの会話から消えているということをめぐって、彼《かれ》は次のように書いています。ちょっと聴《き》いていてくださいね。

> 私は、現代人が失いかけているのは「話しあい」などではなくて、〔　Ａ　〕「黙《だま》りあい」だと思っている。
>
> 本当の沈黙《ちんもく》のない時代に、本当の話しあいだけが成立する訳がないではないか。
>
> 大きなコミュニケーションが発達し、④週刊誌やテレビのメディアがふくれあがるほど、沈黙は死んでゆく。
>
> そして「黙っていることに耐《た》えられない」人たちがどんどんふえてゆくのである。
>
> だが、黙っていることを忘れてしまった人たちが、本当の「話しあい」を思い出すことはないであろう。
>
> 彼等は〔　Ｂ　〕話相手をかえては、より深いコミュニケーションを求めてⒷ裏切られてゆく。
>
> そして、沈黙も饒舌《じょうぜつ》も失ってスピーキングマシンのように「話しかけること」と「生きること」とを混同しながら年老いてゆくのである。
>
> （『歴史の上のサーカス』）

なんか突《つ》き刺《さ》さってくるようなことばですね。痛いです。

いま必要なのは「話しあい」じゃなしに、「黙りあい」ではないか。おそらくいまのたとえばスマホとかＳＮＳなんかでいえば、なにかこう、ことばをいったん呑《の》みこむということがすごく少なくなって、ことばがじぶんに向けられるとそれに反射的にメッセージを返してしまう。

2023年度
世田谷学園中学校　▶解　答

※　編集上の都合により，第３次試験の解説は省略させていただきました。

算　数　＜第３次試験＞(60分)＜満点：100点(理数コースは200点)＞

解　答

[1] (1) $\frac{3}{4}$　(2) 13%　(3) $47\frac{7}{19}$　(4) 8　(5) 3500円　(6) $50.97cm^2$　[2] (1) $25cm^2$　(2) $60cm^2$　[3] (1) 13回　(2) 13回　[4] (1) 66点　(2) 72点　[5] (1) $76.56cm^2$　(2) $40.28cm^3$　[6] (1) 18km　(2) 4 km

社　会　＜第３次試験＞(30分)＜満点：50点＞

解　答

[1] **問１**　**１**　持続可能　**２**　開発　**問２**　(エ)　**問３**　(カ)　**問４**　インフラ(インフラストラクチャー)　**問５**　(オ)　**問６**　南北問題　**問７**　(ウ)　**問８**　[X]　②　[Y]　④　**問９**　(ウ)　**問10**　(ア)　**問11**　(オ)　[2] **問１**　②　**問２**　**２**　源頼朝　**３**　応仁　**４**　十返舎一九　**５**　北陸　**問３**　(イ)　**問４**　(ウ)　**問５**　(エ)　**問６**　(ウ)　**問７**　日本書紀　**問８**　(ア)　**問９**　(イ)　**問10**　(イ)　**問11**　(エ)　[3] **問１**　(ウ)　**問２**　(イ)　**問３**　(エ)　**問４**　(エ)　**問５**　(例)　最初の３年間では，注目度が高かったことから数多くの団体が参加をした。しかし，その数が急増したことで，一つ一つのゆるキャラに注目が集まらなくなってしまい，後の３年間ではグランプリへの参加を見送るようになったから。　**問６**　**良い点**…(例)　投票所以外で投票をすることが可能となり，デジタル世代の若年層の投票率の向上が期待できる。　**問題点**…(例)　ネット環境に慣れていない年齢層の投票率が低下する可能性がある。　**問７**　(ア)　**問８**　チバニアン　**問９**　(ク)　**問10**　(例)　ネットの回線速度などの労働環境を整備することで，IT系の労働者の移住を促進することができる。／育児支援や子育てにみ力的な自然を発信することで，子育て世代の移住を促進することができる。

理　科　＜第３次試験＞(30分)＜満点：50点(理数コースは100点)＞

解　答

[1] **問１**　(例)　石油　**問２**　温室　**問３**　(イ)，(オ)　**問４**　**水素**…(ウ)　**アンモニア**…(ア)　**問５**　炭素　**問６**　(例)　冷却して液体にする方法。　**問７**　酸性雨　**問８**　(例)　自分自身は反応しないが，反応の進行を助ける物質。　**問９**　(例)　肥料用のアンモニアが不足し，

食糧事情が悪化する。　**2**　**問1**　**a**　1　**b**　×　**c**　1.4　**d**　×　**e**　2　**f**　4　**問2**　⑴　(イ)　⑵　(エ)　**問3**　③，⑥，⑬　**問4**　(ア)　**問5**　⑴　75cm　⑵　1.7秒後　**3**　**問1**　**ア**　むせきつい　**イ**　節足　**ウ**　えら　**問2**　外来種　**問3**　（例）　水中の栄養分を吸収すること。　**問4**　(ウ)　**問5**　（例）　かくれる場所(としての役割)　**問6**　(エ)，(カ)　**問7**　（例）　(オオクチバスの駆除により)アメリカザリガニが捕食されなくなり，数が増えてしまった(ため)

国　語　＜第３次試験＞（50分）＜満点：100点＞

解　答

問1　下記を参照のこと。　**問2**　**i**　経　**ii**　ふくま　**iii**　気づく　**iv**　思う　**v**　困っ　**問3**　**A**　オ　**B**　ア　**C**　ウ　**D**　エ　**E**　イ　**問4**　Ⓐ　イ　Ⓑ　ウ　Ⓒ　エ　**問5**　オ　**問6**　イ　**問7**　エ　**問8**　**A**　反射的にメッセージを返して　**B**　ことばをいったん呑みこむ　**問9**　ア　**問10**　ア　**問11**　Ⅰ　（例）　ほんとうの「語らい」によって，互いの違いが見え，他人の中にはじぶんにはわからないものがあることを受け入れること。　Ⅱ　（例）　じぶんの根底がゆさぶられ，これまでのじぶんが壊れてしまう可能性があるから。　**問12**　ウ　**問13**　**A**　さらす　**B**　サナギ　**C**　鎧　**D**　不安で　**E**　支えてくれる　**問14**　エ　**問15**　Ⅰ　（例）　今までのじぶんをいったん壊す不安の中で，他者に支えられつつ，新しいじぶんに生まれかわるきっかけをつくる(働き。)　Ⅱ　（例）　学校のグループ学習で，同じグループの友だちと意見が食い違い，仲違いをしてしまったが，帰宅後，母親にじぶんが感じていたことや思っていたことを聞いてもらっているうちに，じぶんと違った感じ方や考え方をする友だちが特別な存在に思えた。翌日，学校で友だちと仲直りをし，じぶんの思いを伝えるとともに，友だちのアイディアを受け入れることで，これまでになかった新しい発想にもとづいて活動することができた。

●漢字の書き取り

問1　㋐　割　㋑　簡単　㋒　挙　㋓　増　㋔　疑　㋕　芽生　㋖　種族　㋗　卒業

2022年度　世田谷学園中学校

〔電　話〕 (03) 3411－８６６１
〔所在地〕 〒154-0005　東京都世田谷区三宿１－16－31
〔交　通〕 東急世田谷線・田園都市線－「三軒茶屋駅」より徒歩10分
井の頭線－「池ノ上駅」より徒歩20分

【算　数】 〈第１次試験〉 (60分) 〈満点：100点(理数コースは200点)〉

〔注意〕 1．**1**～**4**は答えだけを，**5**と**6**は求め方も解答用紙に書きなさい。
2．円周率《りつ》は3.14として計算しなさい。
3．問題にかかれている図は，必ずしも正確なものとは限りません。

1　次の□にあてはまる数を求めなさい。

(1) $\left\{\left(\frac{1}{2}+\frac{5}{24}-\frac{1}{3}\right)\div 0.6-\frac{5}{2}\times 0.2\right\}\times 8=$□

(2) $\frac{11}{37}$ を小数で表すとき，小数第20位の数は□です。

(3) Aさんは□円持っていて，AさんとBさんの所持金の比は５：３でした。２人とも900円の買い物をしたので，残金の比は３：１になりました。

(4) ４人が８日間働いて予定の仕事の $\frac{1}{5}$ をしました。残りの仕事をするのに人数をあと12人増やすと，予定の仕事を仕上げるのに全部で□日かかります。

(5) 子どもが歩いて家から学校に向かいました。家にいた母は子どもの忘れ物に気づき，自転車で子どもを追いかけます。母は，分速200ｍだと６分で子どもに追いつき，分速155ｍだと９分で追いつきます。このとき，子どもの歩く速さは分速□ｍです。

(6) 右の図は，半径が４cmの円で，円周上の点は円周を８等分した点です。このとき，斜線部分の面積の合計は□cm^2です。

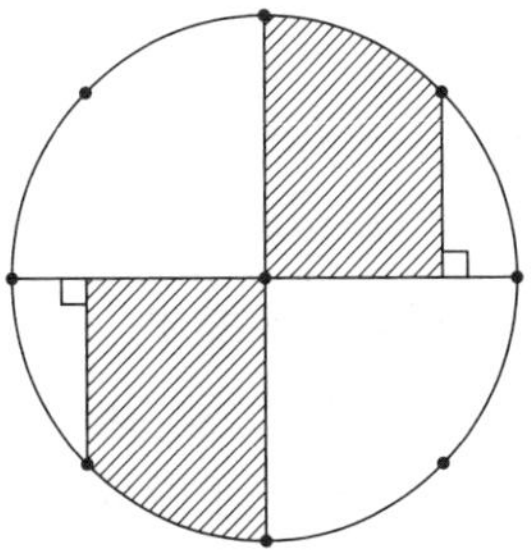

2　Xは分速85ｍ，Aは分速80ｍ，Bは分速75ｍで，同じ直線上を同じ向きに動きます。
ただし，Xの20ｍ以内にAまたはBがいる場合，Xの速さは分速100ｍになります。Bの15ｍ以内にXがいる場合，Bの速さは分速95ｍになります。Aの速さは変化しません。
このとき，次の問いに答えなさい。

(1) Xが200ｍ先のAを追いかけるとき，XがAに追いつくのは，追いかけ始めてから何分後ですか。

(2) Xが200ｍ先のBを追いかけるとき，XがBに追いつくのは，追いかけ始めてから何分後ですか。

3 下の図１と図２について，次の問いに答えなさい。

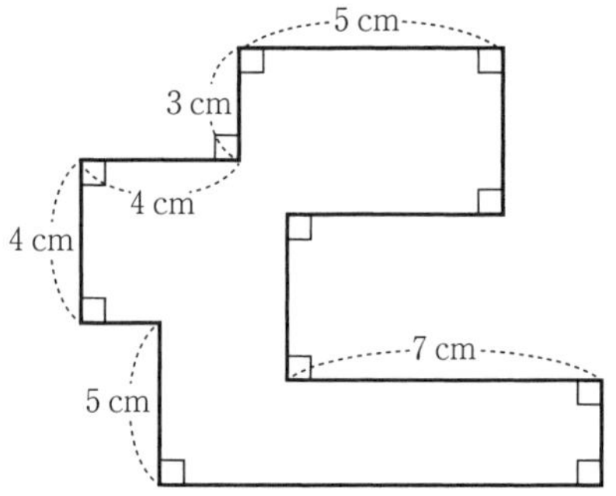

図１

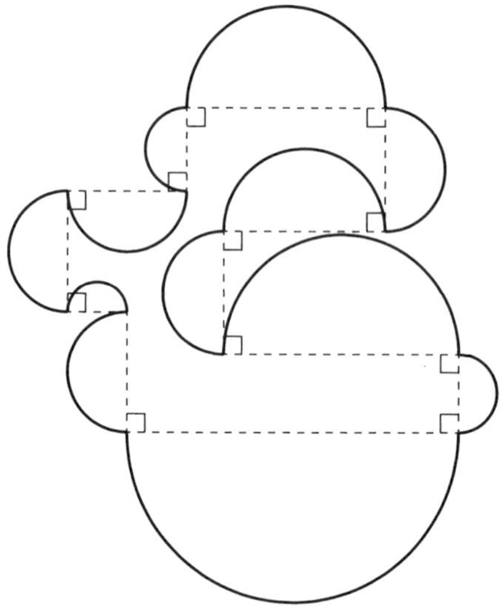
図２

(1) 図１の図形のまわりの長さは何 cm ですか。

(2) 図２の図形は，図１の図形の各辺を直径とする半円をつないだ図形です。図２の図形のまわりの長さは何 cm ですか。

4 右の表のように，ある規則にしたがって数をかいていきます。

たとえば，この表の上から２段目の左から３番目の位置にかかれた数は８です。

このとき，次の問いに答えなさい。

1	2	9	10	25	26
4	3	8	11	24	⋮
5	6	7	12	23	
16	15	14	13	22	
17	18	19	20	21	

(1) 上から１段目の左から100番目の位置にかかれる数は何ですか。

(2) 2022は，上から何段目の左から何番目の位置にかかれますか。

5 濃度のわからない150ｇの食塩水Ａ，濃度10％で量がわからない食塩水Ｂ，濃度６％で350ｇの食塩水Ｃがあります。

もし，Ｃの75ｇをＡに混ぜると，Ｂと濃度が等しくなります。

また，Ｃの $\frac{4}{7}$ をＡに混ぜたものと，Ｃの残りをＢに混ぜたものは濃度が等しくなります。

このとき，次の問いに答えなさい。

(1) 食塩水Ａの濃度は何％ですか。

(2) 食塩水Ｂは何ｇですか。

6　図１のようなおもりがあります。このおもりの各頂点に集まる辺は互いに直角に交わっています。このおもりを一定の水が入った直方体の形をした水そうに，図２のように沈《しず》めると，水の深さは８cm になりました。図３のように沈めると，水の深さは６cm になりました。

このとき，次の問いに答えなさい。

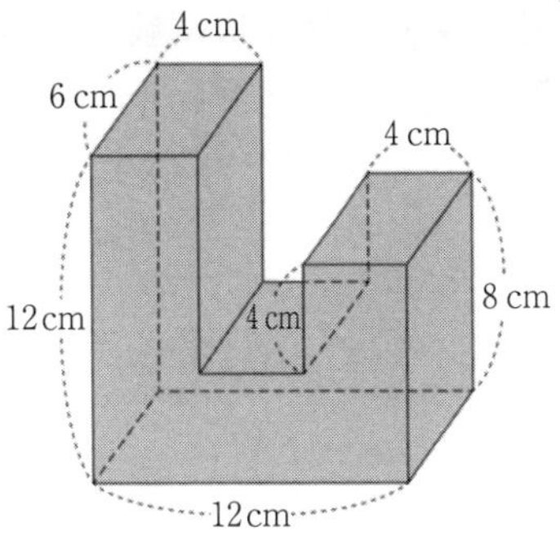

図１

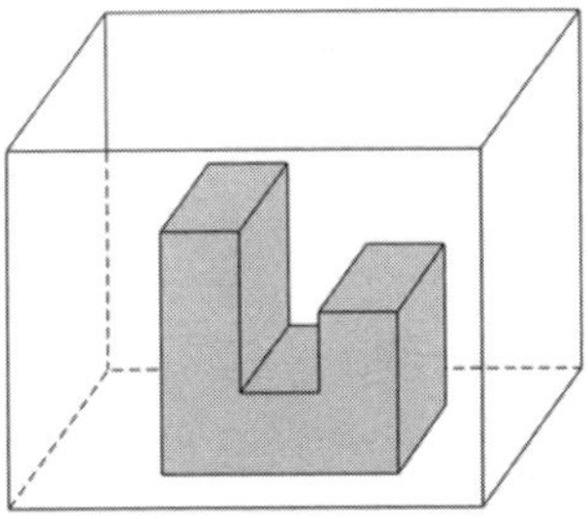
図２

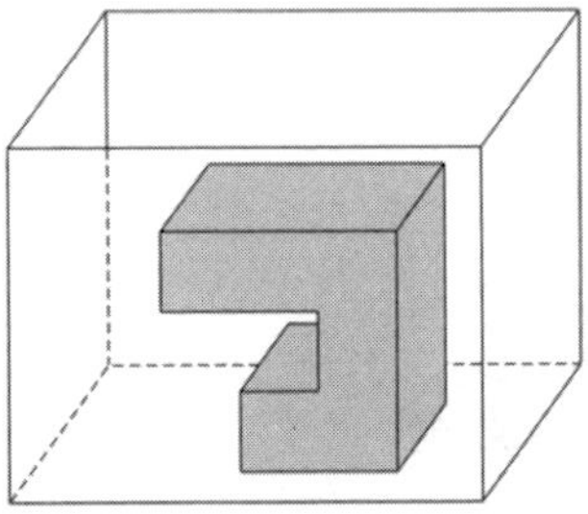
図３

(1)　おもりを入れる前，最初の水の深さは何 cm でしたか。

(2)　図４のようにおもりを水そうに沈めると，水の深さは何 cm になりますか。

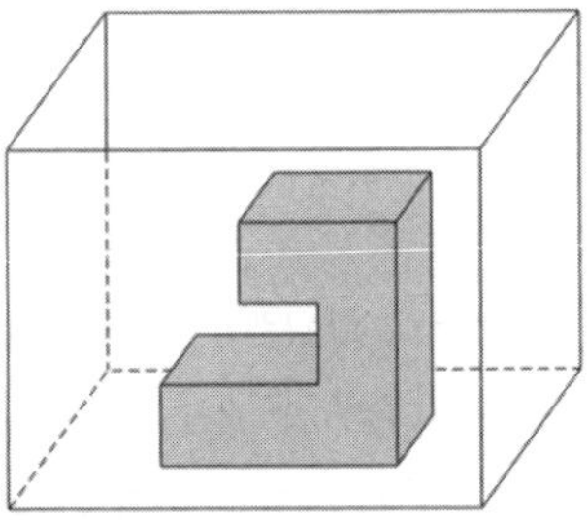
図４

【社　会】〈第１次試験〉（30分）〈満点：50点〉

1　次の[地図１]・[地図２]は，日本列島の中で本州に次ぐ面積を有する北海道地方と九州地方の一部を示したものです。これらの地図を参考にして，あとの問いに答えなさい。

[地図１]

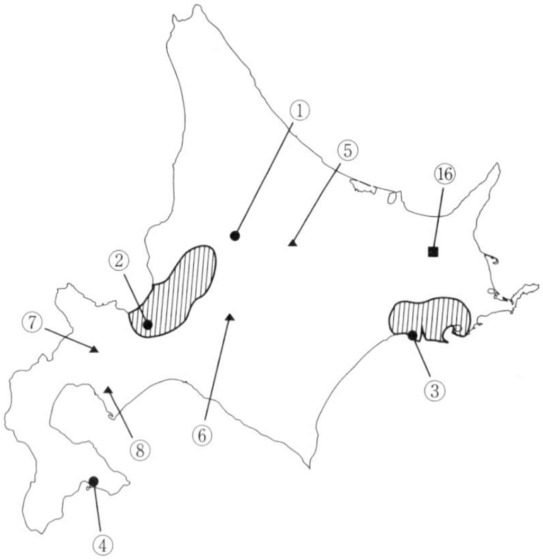

[地図２]

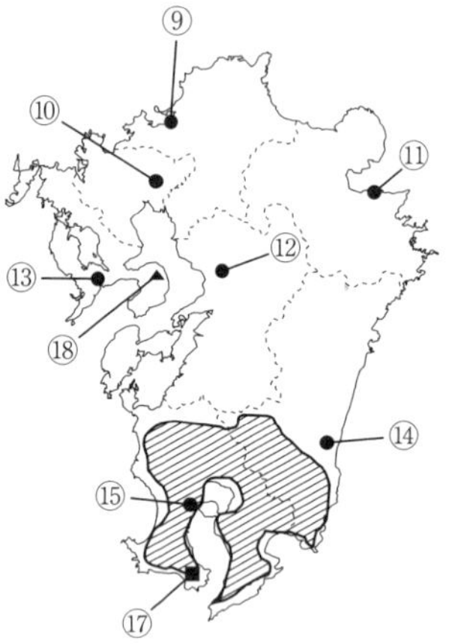

問１　[地図１]中①～④は，旭川《あさひかわ》市，釧路《くしろ》市，札幌《さっぽろ》市，函館《はこだて》市のいずれかの位置を示しています。道庁所在地として正しいものを，[地図１]中①～④の中から一つ選び，番号で答えなさい。

問２　[地図１]中⑤～⑧は，北海道内の山の位置を示しています。マグマのねばり気が強いことから特徴《とくちょう》的なドーム状となった火山の位置と，その山の名称《めいしょう》の組み合わせとして正しいものを，次の(ア)～(エ)の中から一つ選び，記号で答えなさい。ただし，正しいものがない場合は，(オ)と答えなさい。

(ア)　⑤：大雪山　　(イ)　⑥：有珠《うす》山　　(ウ)　⑦：大雪山　　(エ)　⑧：有珠山

問３　[地図２]中⑨～⑮は，県庁所在地を示したもので，各市の人口を多い順に並べると次のようになりました。(１)・(４)にあてはまる県庁所在地の位置を[地図２]中⑨～⑮の中から一つずつ選び，都市名もあわせて答えなさい。ただし，都市名は漢字で答えなさい。

福岡市→(　1　)→鹿児島市→(　2　)→(　3　)→宮崎市→(　4　)

問４　[地図１]中⑯は摩周《ましゅう》湖，[地図２]中⑰は池田湖の位置をそれぞれ示しており，二つの湖は形成された要因に共通点があります。これらの湖と同じ要因で形成された湖として正しいものを，次の(ア)～(エ)の中から一つ選び，記号で答えなさい。

(ア)　サロマ湖　　(イ)　浜名《はまな》湖　　(ウ)　宍道《しんじ》湖　　(エ)　洞爺《とうや》湖

問５　[地図２]中⑱は雲仙岳《うんぜんだけ》の位置を示しており，この山は1990年代の大噴火《ふんか》によって，周辺地域に大きな被害《ひがい》をもたらしました。火口から噴出《ふんしゅつ》した高温の火山ガスが，火山灰などと共に高速で斜面《しゃめん》を流れ下る現象を何というか答えなさい。

問６　[地図１]・[地図２]中の斜線範囲《しゃせんはんい》の大部分には，特徴的な土壌《どじょう》が分布しています。これらについて述べた次の[Ｘ]・[Ｙ]の正誤の組み合わせとして正しいものを，あとの(ア)～(エ)の中から一つ選び，記号で答えなさい。

［X］　北海道は気温が低いため，沼地《ぬまち》などにかれた植物が堆積《たいせき》して，完全に分解されることで形成される泥炭《でいたん》が分布している。

［Y］　鹿児島一帯には，火山の噴火によって堆積した保水性の高いシラスが分布している。

	(ア)	(イ)	(ウ)	(エ)
［X］	正	正	誤	誤
［Y］	正	誤	正	誤

問７　次の(ア)〜(エ)は，札幌市，釧路市，福岡市，宮崎市のいずれかの雨温図を示しています。釧路市の雨温図として正しいものを，次の(ア)〜(エ)の中から一つ選び，記号で答えなさい。

(ア)

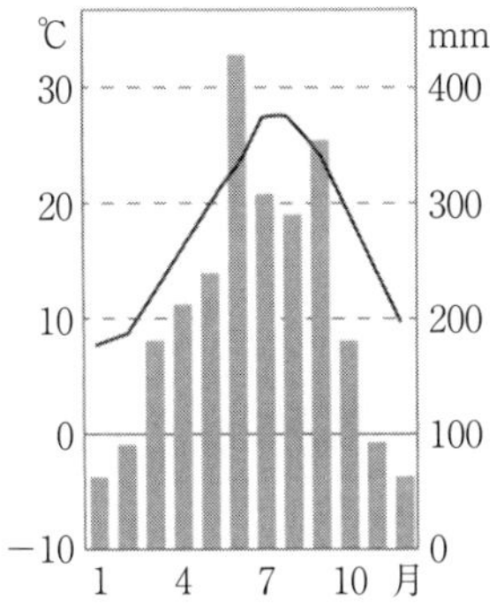

(イ)

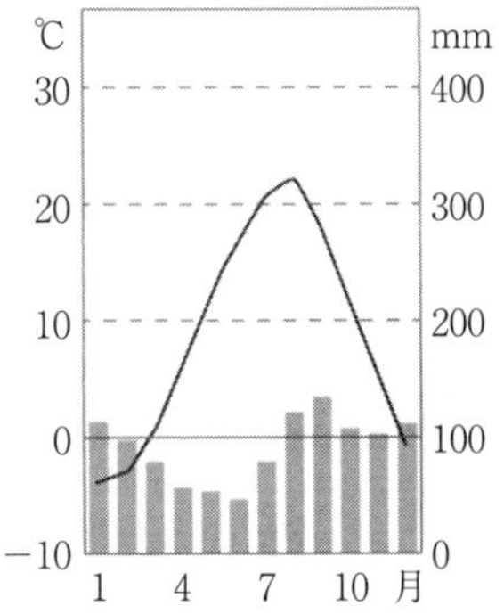

(ウ)

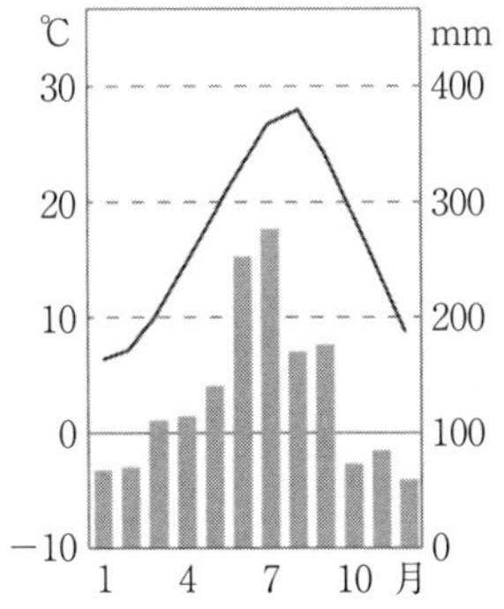

(エ)

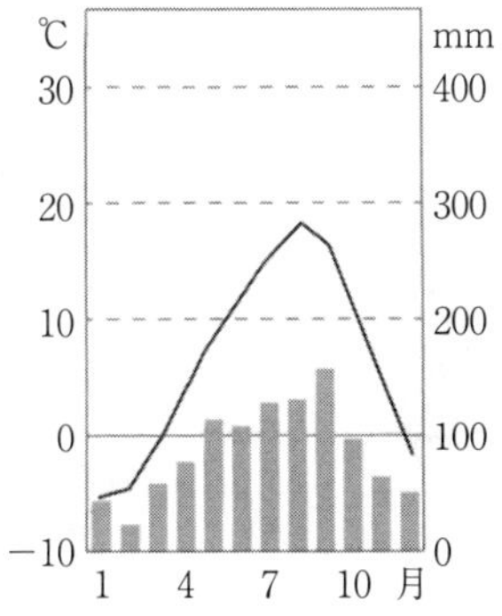

問８　右の表中［W］〜［Z］は，旭川市，釧路市，福岡市，宮崎市のいずれかの穀物や野菜などの産出額を示しています。表中［W］・［Z］と都市名の組み合わせとして正しいものを，あとの(ア)〜(エ)の中から一つ選び，記号で答えなさい。ただし，正しいものがない場合は，(オ)と答えなさい。

（単位：千万円）

市	米	麦類	豆類	いも類	野菜
［W］	92	1	0	6	292
［X］	0	0	0	0	33
［Y］	253	0	1	31	1,721
［Z］	815	14	24	16	144

	(ア)	(イ)	(ウ)	(エ)
［W］	旭川市	福岡市	釧路市	宮崎市
［Z］	宮崎市	旭川市	福岡市	釧路市

問９　次のページのグラフは，札幌市，釧路市，福岡市，宮崎市の畜産《ちくさん》産出額を示しています。

これらのグラフから読み取れる内容として正しいものを，あとの(ア)～(エ)の中から一つ選び，記号で答えなさい。ただし，正しいものがない場合は，(オ)と答えなさい。

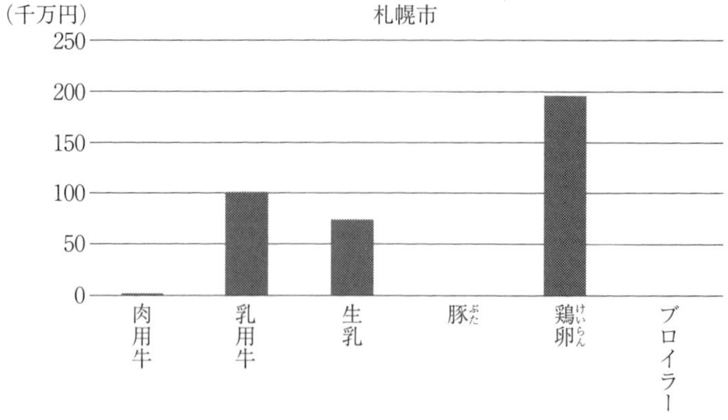

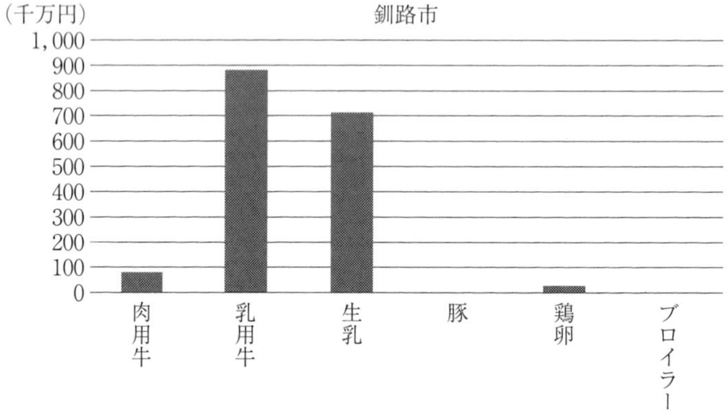

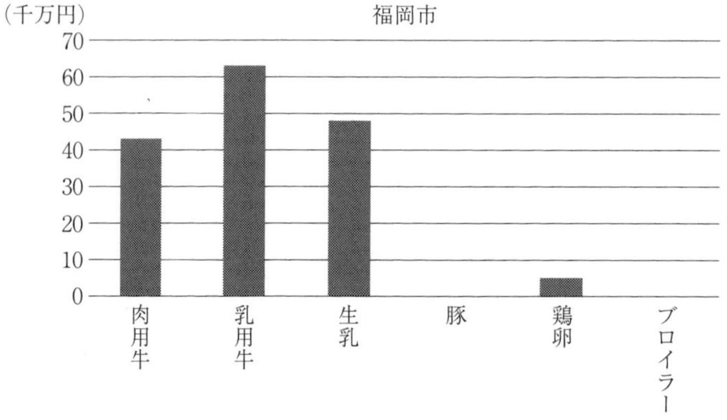

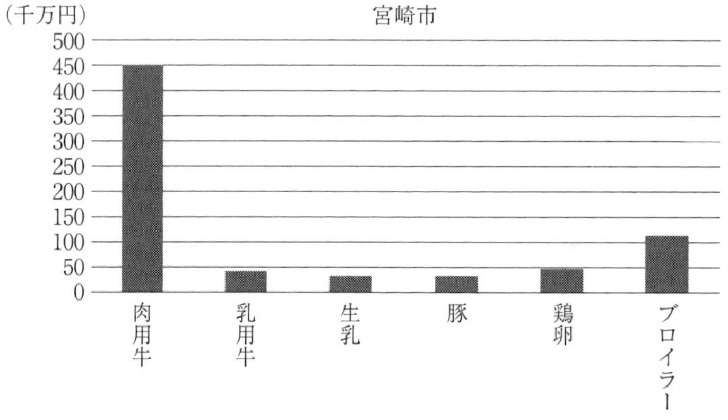

(ア) 釧路市と福岡市で生乳の産出額が他の都市よりも高いことから，その周辺地域での需要《じゅよう》が高いことがわかる。

(イ) 北海道地方では乳用牛の産出額がともに九州地方より高く，九州地方では肉用牛の産出額がともに北海道地方より高いことがわかる。

(ウ) すべての都市で豚肉の生産量が少ないことから，全国的に豚肉より牛肉の方が消費量が多いことがわかる。

(エ) 宮崎市は他の都市以上にブロイラーの産出額が高いことから，他の都市に比べて鶏《にわとり》の飼育数が多いことがわかる。

問10 次のグラフ[W]～[Z]は，北海道地方と九州地方の1960年と2014年のいずれかの工業出荷額の内訳を示したものです。2014年の北海道地方と1960年の九州地方を示したグラフの組み合わせとして正しいものを，あとの(ア)～(ク)の中から一つ選び，記号で答えなさい。

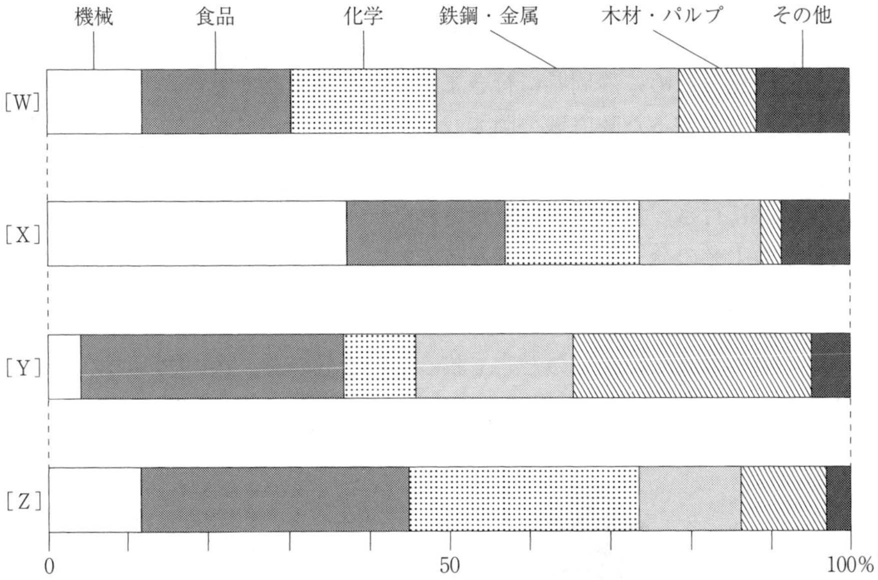

	(ア)	(イ)	(ウ)	(エ)	(オ)	(カ)	(キ)	(ク)
2014年の北海道地方	[W]	[W]	[X]	[X]	[Y]	[Y]	[Z]	[Z]
1960年の九州地方	[X]	[Z]	[Y]	[Z]	[W]	[X]	[W]	[Y]

データは「データブック・オブ・ザ・ワールド 2021」，「理科年表」，「工業統計表」，e-Statによる

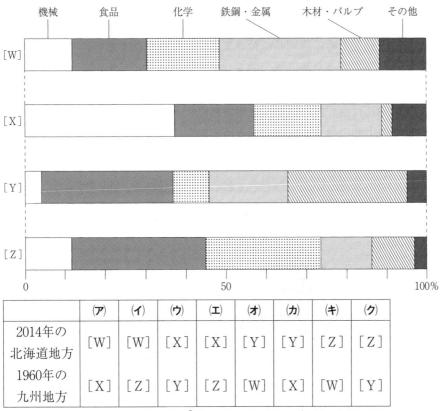

2 生徒が旅行で訪れた場所を紹介《しょうかい》した次の①～⑤の文を読んで，あとの問いに答えなさい。

①	ぼくは青森県の三内丸山遺跡《いせき》に行きました。(A)縄文時代のくらしが分かるように住居が復元され，展示物も豊富だったため，とても勉強になりました。
②	私は神奈川県の鎌倉《かまくら》観光でたくさんの史跡《しせき》を訪れました。かつてここに(B)幕府が開かれ，武士の都として整備されました。武士を中心とした(C)鎌倉時代がどんなものであったかを想像するのが楽しかったです。
③	ぼくは(D)京都に行きました。貴族が権力をにぎった(E)平安時代の建築を見るのがとても面白かったです。さらに，(F)金閣と銀閣も見学しましたが，素朴《そぼく》な銀閣に魅力《みりょく》を感じました。
④	私は(G)富士山を見るために静岡県に行きました。写真や絵で見るよりも雄大《ゆうだい》で感動しました。そのあと立ち寄った駿府《すんぷ》城公園で(H)徳川家康《いえやす》について学ぶことができました。
⑤	ぼくは(I)佐賀県に行き，世界遺産に登録された三重津《みえつ》海軍所跡《あと》を訪れました。佐賀県が，(J)近代日本の工業の発達に大きく関わっていたことを知り，とても勉強になりました。

問１ 下線部(A)に広く用いられていたものとして誤っているものを，次の(ア)～(エ)の中から一つ選び，記号で答えなさい。

(ア) 青銅器

(イ) 竪穴《たてあな》住居

(ウ) 土偶《どぐう》

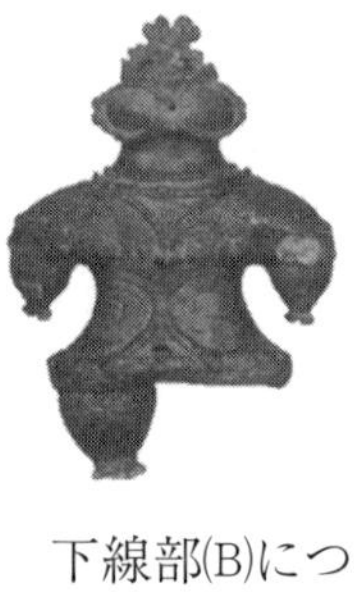

(エ) 磨製《ませい》石器

問２ 下線部(B)について，鎌倉幕府の説明として誤っているものを，次の(ア)～(エ)の中から一つ選び，記号で答えなさい。

(ア) 将軍と御家人《ごけにん》は，御恩《ごおん》と奉公《ほうこう》という関係で結ばれていた。

(イ)　御家人を統率する侍所《さむらいどころ》や，裁判を行う問注所を設置した。

(ウ)　国ごとには守護を，荘園《しょうえん》などには地頭を設置した。

(エ)　北条氏は摂政《せっしょう》という地位につき，政治の権力をにぎるようになった。

問３　下線部(C)の文学作品として誤っているものを，次の(ア)～(エ)の中から一つ選び，記号で答えなさい。

(ア)『方丈記《ほうじょうき》』　　(イ)『新古今和歌集』

(ウ)『枕草子《まくらのそうし》』　　(エ)『徒然草《つれづれぐさ》』

問４　下線部(D)をえがいた絵画として正しいものを，次の(ア)～(エ)の中から一つ選び，記号で答えなさい。

(ア)

(イ)

(ウ)

(エ)

問５　下線部(E)に関連して，次の［Ｘ］・［Ｙ］の説明にあてはまる人物の組み合わせとして正しいものを，あとの(ア)～(エ)の中から一つ選び，記号で答えなさい。

［Ｘ］　遣唐使《けんとうし》の停止を進言し，のちに藤原《ふじわら》氏と対立して大宰府《だざいふ》に左遷《させん》された。

［Ｙ］　朝廷《ちょうてい》の政治に不満を感じて，関東で大きな反乱を起こした。

	(ア)	(イ)	(ウ)	(エ)
［X］	菅原道真《すがわらのみちざね》	菅原道真	阿倍仲麻呂《あべのなかまろ》	阿倍仲麻呂
［Y］	平将門《まさかど》	竹崎季長《すえなが》	平将門	竹崎季長

問６　下線部(F)を建立した人物の説明として誤っているものを，次の(ア)～(エ)の中から一つ選び，記号で答えなさい。

(ア)　南北朝の動乱をしずめて統一を実現させた。

(イ)　日本国王として明《みん》に朝貢《ちょうこう》する形をとって貿易を始めた。

(ウ)　室町に将軍の邸宅《ていたく》である花の御所《ごしょ》を完成させた。

(エ)　あとつぎ問題をめぐって応仁の乱が起こった。

問７　下線部(G)を各地からながめた「富嶽《ふがく》三十六景」をえがいた作者名を答えなさい。

問８　下線部(H)について述べた文として正しいものを，次の(ア)～(エ)の中から一つ選び，記号で答えなさい。

(ア)　伊能忠敬《いのうただたか》に全国の海岸線を測量させ，日本地図をつくらせた。

(イ)　自ら将軍職を辞して，子の徳川秀忠《ひでただ》を二代将軍とした。

(ウ)　極端《きょくたん》な動物保護政策である生類憐《あわれ》みの令を出した。

(エ)　外国との貿易や交渉《こうしょう》を行う場所を厳しく制限した。

問９　下線部(I)の出身で，立憲改進党を結成し，板垣《いたがき》退助と日本で初めての政党内閣を組織した人物名を答えなさい。

問10　下線部(J)について述べた次の［X］～［Z］を，古いものから順に正しく並べかえたものを，あとの(ア)～(カ)の中から一つ選び，記号で答えなさい。

［X］　ドイツの技術を導入して，八幡《やはた》製鉄所が操業を開始した。

［Y］　ヨーロッパの戦争の影響《えいきょう》で日本経済が好景気となり，電力が普及《ふきゅう》した。

［Z］　フランス人技師の指導の下，富岡製糸場が操業を開始した。

(ア)　［X］→［Y］→［Z］　　(イ)　［X］→［Z］→［Y］

(ウ)　［Y］→［X］→［Z］　　(エ)　［Y］→［Z］→［X］

(オ)　［Z］→［X］→［Y］　　(カ)　［Z］→［Y］→［X］

3　次の文を読んで，あとの問いに答えなさい。

「よくもそんなことを」

2019年９月にアメリカのニューヨークで行われた国連気候行動サミットの中で，ある少女のスピーチが話題をよびました。少女の主張には様々な反応がありましたが，世界の人々に，(A)地球温暖化をはじめとする世界規模の環境《かんきょう》問題や各国で発生している公害が，人類にとって解決すべき重大な問題であると再認識させたことは間違《まちが》いありません。

これらの問題は，工業化が始まった近代，日本では明治時代から社会的に認識されるようになりました。政府は，欧米《おうべい》諸国に追いつくため，殖産《しょくさん》興業をかかげましたが，明治初期には住民に健康被害が発生しました。政府は，鉱工業や大規模工場など，当時の日本経済の成長に欠かせないものに関しては厳しい対策をとりませんでした。工業化を進めるうえで，ある程度の環境問題や公害が発生してしまうことは，仕方のないことだと考えていたからです。

明治時代のできごととして有名なものが，足尾《あしお》銅山鉱毒事件です。衆議院議員の（ 1 ）は，議会でこの問題を取り上げて対策の必要性をうったえましたが，政府の対応が不十分であったため，議員を辞職して明治天皇に直訴《じきそ》しようとしました。

大正，昭和時代になると，日本は輸出の主力商品として(B)綿糸や生糸の生産をより活発化させ，また，工業が発達したことにより工場からの煤煙《ばいえん》が増え，大気汚染《おせん》が発生しました。そこで，1932年に大阪府が煤煙防止規則を制定しましたが，その後，日本は太平洋戦争に突入《とつにゅう》したため，あまり効果は上がりませんでした。

太平洋戦争後，日本は復興をとげて，高度経済成長期に入りました。この時代のできごととして，教科書などでは主に(C)四大公害など公害が社会問題化したことが取り上げられていますが，他にも現在に至るまで影響をあたえているものもあります。例えば，春になると苦しむ人の多い(D)花粉症《かふんしょう》は，政府が戦争からの復興資材として活用する目的で，すぎやひのきを大量に植林したことから発生したものです。また，1960年代以降，都市部に人口が集中したことによりごみ問題が発生し，東京23区内では処理方法をめぐって対立が起き，当時の東京都知事が「ごみ戦争」を宣言する事態となりました。この結果，各地域にごみ処理施設《しせつ》などが設置され，(E)ごみの分別も細かく行われるようになりました。

1970年ごろから，環境保護が国際会議の場でうったえられるようになりました。（ 2 ）戦争でアメリカ軍が大規模な空爆《くうばく》や枯葉剤《かれはざい》の散布を行ったことなどが，環境破壊《はかい》につながるという意見もありました。1972年からおよそ10年ごとに会議が開かれ，環境問題についての国際協力のあり方が話し合われています。しかし，大量生産，消費，廃棄《はいき》の経済構造を見直し，環境への負荷の少ない社会の実現を目指す先進国に対して，(F)発展途上《とじょう》国からは反発の声が上がりました。その後，2015年の国連持続可能な開発サミットでは，開発と環境保護の両立などを目指す「持続可能な開発のための2030アジェンダ」が採択《さいたく》され，日本でもこのような考えが広まってきています。

問１　（１）・（２）にあてはまる人名・国名をそれぞれ答えなさい。ただし，（１）は漢字で答えなさい。

問２　下線部(A)について，次の縄文時代における関東地方の貝塚《かいづか》分布を参考にして，地球温暖化によって関東地方に起こると考えられることを説明しなさい。

問３　下線部(B)について，次の［グラフ１］と［年表］から読み取れる内容として誤っているものを，あとの(ア)～(エ)の中から一つ選び，記号で答えなさい。

［グラフ１］　綿糸の生産量と輸出入量・紡績《ぼうせき》会社数の推移

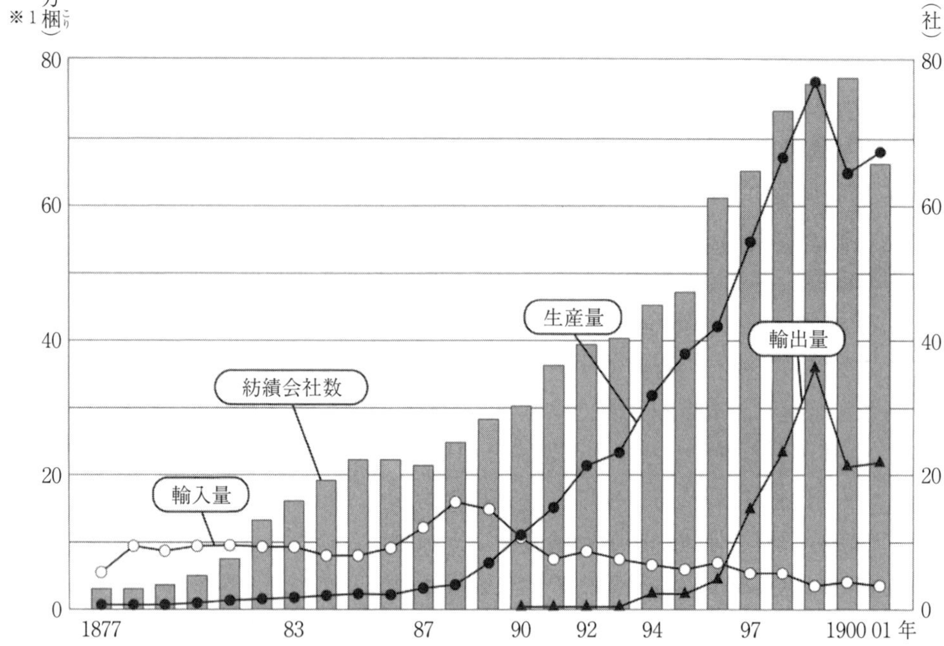

※１　梱とは，綿糸や生糸などの数量を表す単位のこと。

［年表］

年代	できごと
1883	大阪紡績会社が開業する
1886	会社設立ブームが起こる
1889	大日本帝国《ていこく》憲法が発布される
1894	日英通商航海条約が結ばれ，条約改正が一部実現する
1895	日清《にっしん》戦争の結果，下関条約が結ばれる
1899	日英通商航海条約が施行《しこう》される

(ア)　綿糸の輸出が開始されたのは，会社設立ブームの開始後である。

(イ)　綿糸の生産量が輸入量をこえたのは，大日本帝国憲法の発布後である。

(ウ)　紡績会社数が60社をこえたのは，下関条約が結ばれた後のことである。

(エ)　綿糸の輸出量が輸入量をこえたのは，日英通商航海条約の施行後である。

問４　下線部(C)について，次の［Ｘ］・［Ｙ］の公害が発生した都道府県を，次のページの地図中①～⑤の中から一つずつ選び，番号で答えなさい。

［Ｘ］　1950年代ごろから，工場から海や河川に流された水銀が原因で発生し，手足がしびれる，目や耳が不自由になるなどの症状《しょうじょう》があらわれた。

［Ｙ］　1960年代ごろから，工場から空気中に出されたガスが原因で発生し，激しいぜんそくの症状があらわれた。

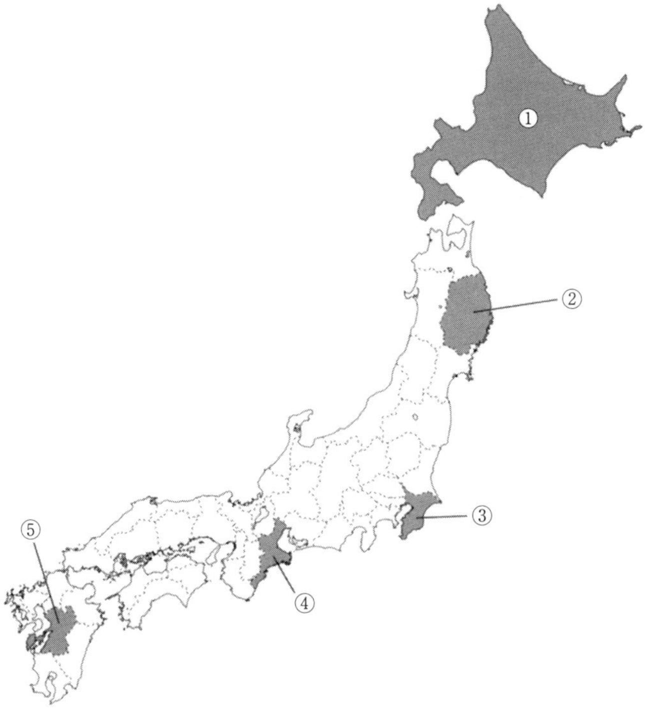

問５　下線部(D)は，すぎやひのきの伐採《ばっさい》が減少したことが原因の一つです。なぜこれらの木材の伐採が減少したのか，次の［グラフ２］・［グラフ３］を参考にして説明しなさい。

［グラフ２］　木材の輸入・消費

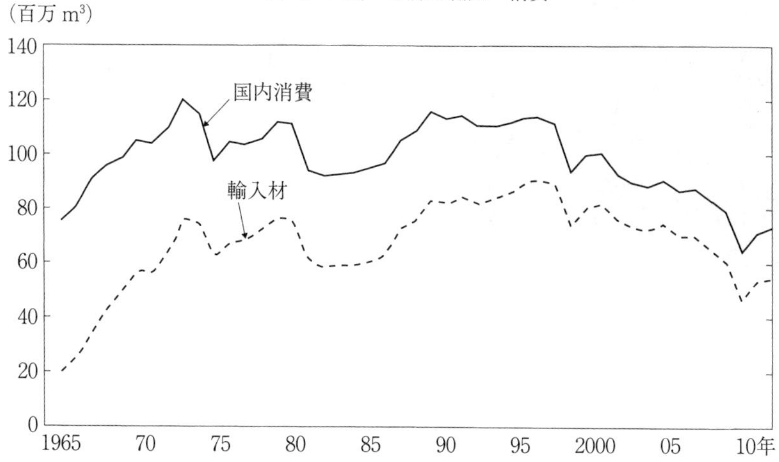

［グラフ3］ すぎ・ひのきの木材価格の推移

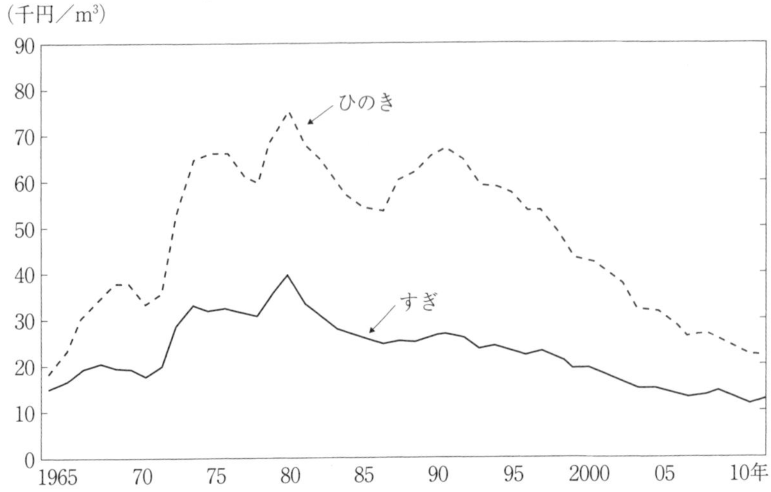

問6 下線部(E)について，あなたはクラスの環境委員として，ペットボトルの分別を呼びかけることになりました。次の[写真]と[図]を参考にして，どのようにペットボトルを分別すればよいか，あなたの考えを説明しなさい。

［写真］ ペットボトル用ゴミ箱の中

［図］ ペットボトルの分別表示

問7 下線部(F)の理由として考えられる一文を本文から探し，最初の5字をぬき出して答えなさい。ただし，句読点はふくみません。

データは「日本国勢図会 2020/21」，農林水産省 HP による

【理　科】〈第１次試験〉（30分）〈満点：50点(理数コースは100点)〉

〔注意〕 数値を答える問題では，特に指示がない限り，分数は使わずに小数で答えてください。

1　次の文を読み，あとの問いに答えなさい。

スーパーマーケットやドラッグストアで誰《だれ》もが簡単に買うことができる重曹《じゅうそう》について考えてみます。重曹は白色の固体でベーキングパウダーの主な成分であり，お菓子《かし》やケーキを作る際に使ったり，料理に使う食材の下ごしらえで使ったりします。また，食品だけでなく，台所などの掃除《そうじ》，医薬品や入浴《にゅうよく》剤《ざい》など，身近なさまざまなものに利用されています。

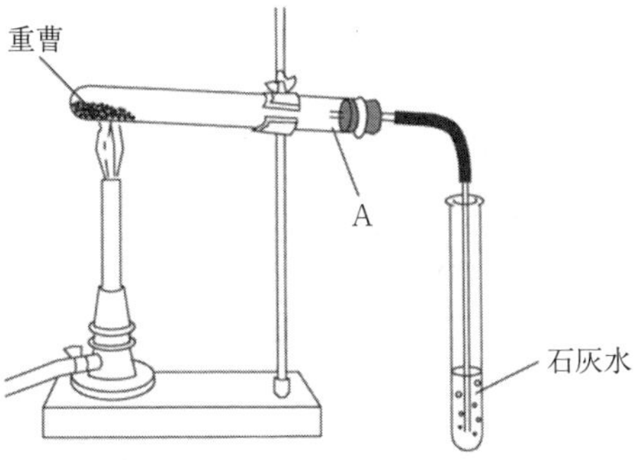

図１　重曹を加熱する実験

そこで，重曹の性質を調べるために，水にとかして重曹水を作り，BTB 液やフェノールフタレイン液を加えて色の変化を観察したり，**図１**のような実験装置を使って，重曹を加熱する実験をしました。

問１　スーパーマーケットやドラッグストアでは，重曹やベーキングパウダーという名前で売られていることが多いですが，重曹とはどの物質のことですか。次の(ア)～(カ)から１つ選び，記号で答えなさい。

(ア)　炭酸カリウム　　(イ)　炭酸水素カリウム　　(ウ)　炭酸カルシウム
(エ)　炭酸水素カルシウム　　(オ)　炭酸ナトリウム　　(カ)　炭酸水素ナトリウム

問２　重曹水の性質について，次の問いに答えなさい。

(1)　BTB 液を加えたときの色の変化を，次の(ア)～(オ)から１つ選び，記号で答えなさい。

(ア)　赤色　(イ)　青色　(ウ)　黄色　(エ)　緑色　(オ)　無色

(2)　フェノールフタレイン液を加えたときの色の変化を，次の(ア)～(オ)から１つ選び，記号で答えなさい。

(ア)　うすい赤色　(イ)　うすい青色　(ウ)　うすい黄色　(エ)　うすい緑色　(オ)　無色

問３　**図１**の重曹を加熱する実験について，次の問いに答えなさい。

(1)　石灰水はどのように変化しましたか。８字以内で説明しなさい。

(2)　このとき発生した気体は何ですか。気体の名前を答えなさい。

(3)　試験管の口(**図１**のA)を見てみると液体が発生していました。この液体に青色の塩化コバルト紙をつけてみると赤色に変化しました。この液体は何ですか。液体の名前を答えなさい。

問４　重曹水にクエン酸を加えるとシュワシュワと音がして気体が発生しました。この気体は何ですか。気体の名前を答えなさい。

問５　ホットケーキやスポンジケーキの材料には重曹が含《ふく》まれているため焼くとふくらみますが，なぜふくらむのですか。下の理由の(　)にはあてはまる語句を，□にはあてはまる文をそれぞれ答えなさい。

理由：重曹が(　　)されると□するから。

問６　重曹は油やタンパク質の汚《よご》れを落とす掃除にも利用されることがあります。どのような理由で利用されていますか。下の理由の(　)にあてはまる語句をそれぞれ答えなさい。

理由：重曹水が(　　)性なので，油やタンパク質を(　　)するから。

問７　重曹は胃薬の成分としても利用されることがあります。どのような理由で利用されていますか。下の理由の(　)にあてはまる語句をそれぞれ答えなさい。

理由：重曹が(　　)を(　　)するから。

2　人が生活する中で使用している道具には，てこの原理を応用したものがたくさんあります。てこの原理について，次の問いに答えなさい。ただし，計算問題では，答えが割り切れない場合は，小数第２位を四捨五入して小数第１位まで答えなさい。

問１　てこの原理は**図１**，**図２**のようなピンセットやくぎ抜《ぬ》きにも応用されています。これらの道具について述べた文として正しいものはどれですか。**(ア)**～**(カ)**から最も適当なものをそれぞれ１つ選び，記号で答えなさい。

図１　ピンセット

図２　くぎ抜き

(ア)　力点と作用点の間に支点があり，小さい力で大きな力を作用させる道具。
(イ)　支点と力点の間に作用点があり，小さい力で大きな力を作用させる道具。
(ウ)　作用点と支点の間に力点があり，小さい力で大きな力を作用させる道具。
(エ)　力点と作用点の間に支点があり，小さい動きが大きい動きになる道具。
(オ)　支点と力点の間に作用点があり，小さい動きが大きい動きになる道具。
(カ)　作用点と支点の間に力点があり，小さい動きが大きい動きになる道具。

問２　(1)から(4)の図のように，軽い棒(重さを考えなくてよい)に同じ重さのおもりをつけ，矢印の位置を真上や真下から指で支えてつりあわせました。それぞれの指で支える力は，おもり１個の重さの何倍になりますか。

(1)

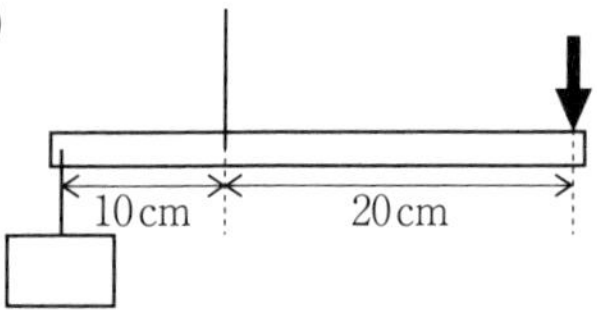

(2)

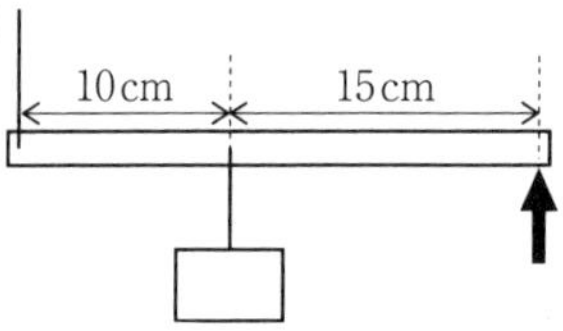

(3)

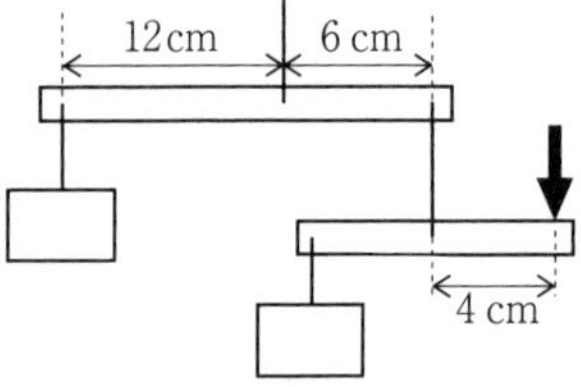

(4)

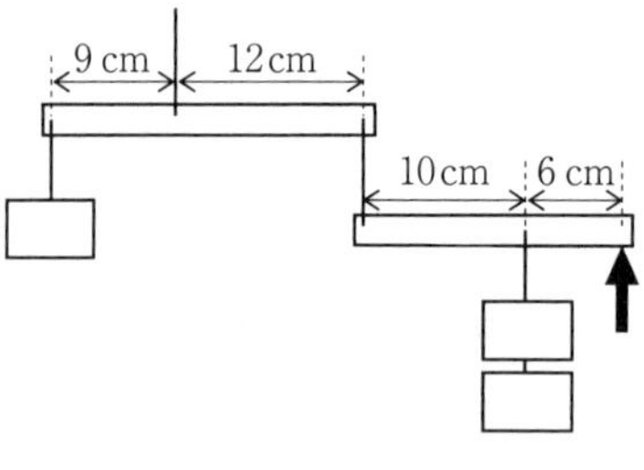

問３　ハサミについて，次の問いに答えなさい。ただし，支点，力点，作用点にかかる力は図中の上下方向のみであり，ハサミの片側は固定されているものとします。

(1)　支点，力点，作用点を**図３**の**ア**～**ウ**からそれぞれ１つ選び，記号で答えなさい。

(2)　**図３**のように刃のつけ根でものを切るとき，手で加えた力の何倍の力が点**ウ**にかかりますか。

(3)　**図４**のように刃の先でものを切るとき，**図４**の**エ**にかかる力は，(2)で点**ウ**にかかった力の何倍ですか。ただし，手で加えた力は，(2)と同じとします。

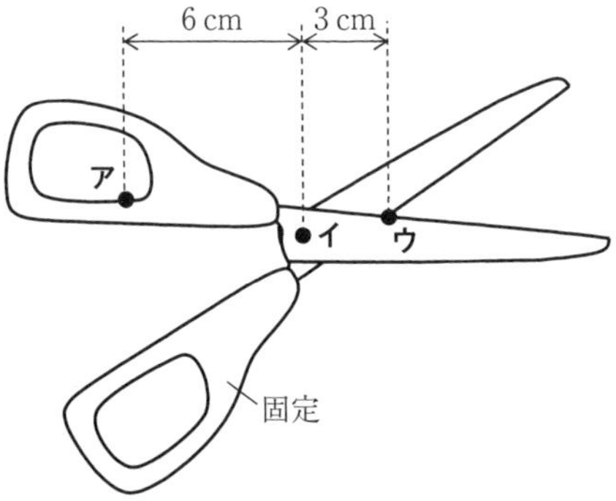

図３　ハサミ

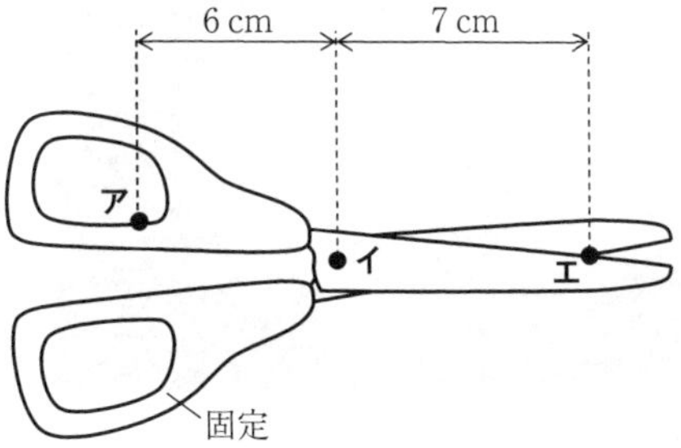

図４　ハサミ

問４　つめ切りについて，次の問いに答えなさい。ただし，支点，力点，作用点にかかる力は図中の上下方向のみにかかるものとします。

(1)　支点，力点，作用点として考えられる点を**図５**の**ア**～**オ**からそれぞれ２つ選び，記号で答えなさい。

(2)　**図５**のようにつめを切るとき，手で加えた力の何倍の力が点**オ**にかかりますか。

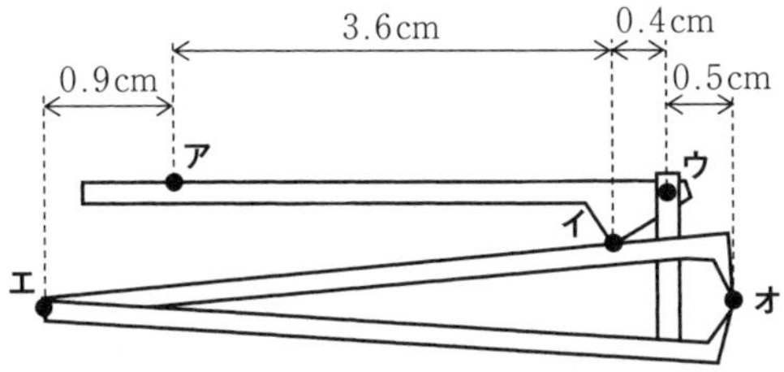

図５　つめ切り

3　次の文を読んで，あとの問いに答えなさい。

「宇宙人はどこにいるんだろう」なんて，考えたことはありますか。地球とは全く異なる生命体の姿を想像して，心をおどらせた経験がある人もいるでしょう。この疑問には，子どもたちだけでなく，科学者も真面目に向き合っています。最近では「宇宙生物学」と呼ばれる立派な学問として研究されているのです。人間のような姿かどうかはさておき，地球以外の星にも生命がいると考えている科学者は少なくありません。

もし，地球のほかにも，生命をはぐくんでいる星が宇宙のどこかにあるとしたら，それはどんな星でしょうか。科学者が「こういう星があったら，生命がいる可能性が高いだろう」と考えている星にはいくつかのタイプがありますが，そのうちの１つが，「アイボール・アース」というタイプの惑星《わくせい》です。これは，表面に液体の水でできた海があり，さらに，①中心にある恒星《こうせい》に対して，いつも同じ面を向けて公転する惑星です。この惑星では，恒星の方を向いている半分は，いつも明るい「昼」となり，温かい海が広がっていると思われます。一方，その裏側の半分は，いつも暗くて寒い「夜」となり，海は凍《こお》りついているでしょう。結果として，星の外見が人間の「眼球」のようになるとされ，アイボール・アースと呼ばれています(**図１**はその想像図)。

図１　アイボール・アースの想像図

アイボール・アースの環境《かんきょう》は，私たちが住む地球の環境とは全く異なります。アイボール・アースの「昼」側は，いつでも明るくて，季節によって気温や水温などが大きく変わることもなさそうです。海には波が立たず，天気の変化もないかもしれません。言いかえれば，この星は［　　X　　］のです。一部の科学者は，こういう星の方が，生命が生まれやすいと考えています。地球より単純なしくみの生物でも生きていける可能性があり，絶滅《ぜつめつ》も起こりにくいと思われるからです。

一方，地球と同じように，昼と夜があったり，季節や天気の変化があったりする方が，生命には適していると考える科学者もいます。星の環境に(　Y　)性があった方が，さまざまな環境のうちのどこかで生命が生まれる可能性が高い，と考えられるからです。星の中のさまざまな環境で生命が進化すれば，生命の(　Y　)性も高まるでしょう。

さて，ここまで読んで，「アイボール・アースのような惑星が本当にあるのか」と思った人もいるでしょう。ほんの30年ほど前まで，「太陽系の外にある惑星」自体が１つも発見されておらず，SF小説の世界の話でした。しかし近年，観測技術の発達により，銀河系(太陽系をふくむ，たくさんの星の集団)の中にある惑星が次々と見つかっています。その数は2021年の時点で4000個をこえています。

図２は，これまでに見つかった銀河系の惑星について，大きさ(半径)と，中心にある恒星からの距離《きょり》との関係を表した図です。地球の場合を１とした，相対的な値を示しています。グラフの目盛りは等間隔《とうかんかく》ではありません。四角形の点Ａ～Ｈは，太陽系の８つの惑星を表しています。**図２**から，銀河系の惑星にはさまざまなタイプがあり，太陽系には見られないようなタイプもあることがわかります。

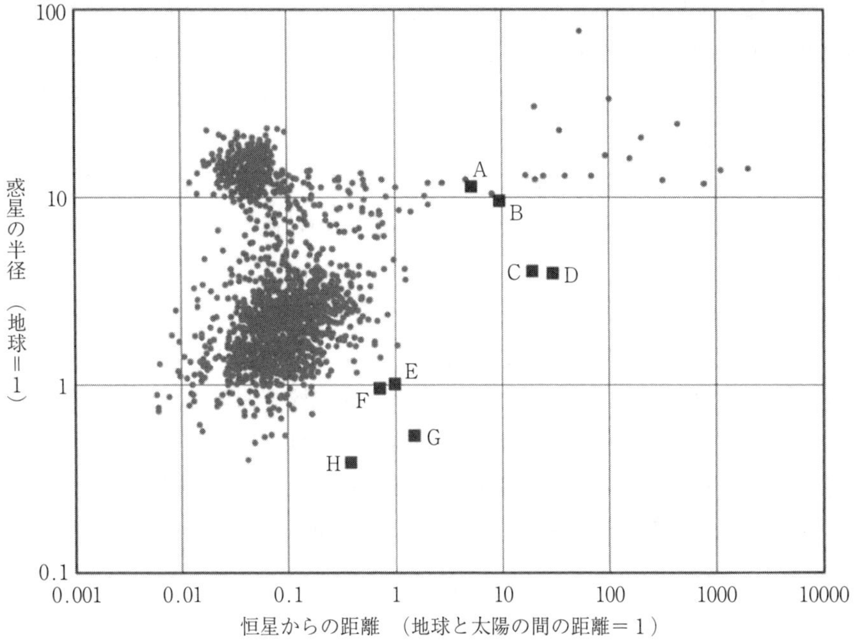

図2 惑星の大きさと，恒星からの距離との関係(NASAのデータをもとに作成)

これらの惑星の中には，恒星との距離や恒星の明るさなどから計算した結果，地球と同じように「惑星の表面が，液体の水が存在できる温度になっている」とされる惑星があります。このような惑星は「ハビタブル・プラネット(生存可能惑星)」と呼ばれ，2021年の時点で少なくとも20個以上が確認されており，今後の観測でさらに増えることが期待されています。その中には，アイボール・アースになっている惑星もあるでしょう。

ぜひともこうした惑星に探査機を向かわせて，生命がいるかどうか確かめたいところですが，②最も地球から近いハビタブル・プラネットでさえ，地球から4.2光年もはなれています。残念ながら，太陽系の外で生命が発見されるとしても，まだ少し先のことになりそうです。

問1 下線部①について，次の問いに答えなさい。

(1) 太陽系では，惑星や小惑星が太陽の周りを公転し，さらに惑星の周りを衛星が公転しています。こうした太陽系の星(惑星，小惑星，衛星)の中で，下線部①のように，中心にある星にいつも同じ面を向けて公転している星の名前を1つ答えなさい。

(2) 星Sのまわりを星Pが公転しているとします。星Pが下線部①の特ちょうをもっているとき，次の(ア)～(カ)のうち，同じ値になっているものを2つ選び，記号で答えなさい。

(ア) 星Sの公転周期　(イ) 星Sの自転周期　(ウ) 星Sの地軸《じく》のかたむき

(エ) 星Pの公転周期　(オ) 星Pの自転周期　(カ) 星Pの地軸のかたむき

問2 空らん X にあてはまる文を考え，15字以内で答えなさい。

問3 空らん(Y)にあてはまる語句を考え，漢字2字で答えなさい。

問4 **図2**について，次の問いに答えなさい。

(1) 太陽系の惑星A～Hのうち，表面が岩石でできた「地球型惑星」をすべて選び，記号で答えなさい。

(2) 次の文のうち，**図2**からわかることとして正しいものはどれですか。(ア)～(エ)から2つ選び，記号で答えなさい。

(ア)　太陽系でいえば「水星よりも太陽に近い位置」に，木星のような大きな惑星がある場合が，銀河系の中ではめずらしくない。

(イ)　地球と同じくらいの大きさで，同じくらいの公転周期をもつ惑星が，銀河系の中にもたくさん見つかっている。

(ウ)　銀河系の惑星で最も多いのは，「木星と海王星の間ぐらいの大きさ」の惑星である。

(エ)　太陽系でいえば「海王星よりさらに10倍以上も太陽から遠い位置」にある惑星が，銀河系では存在する。

問５　下線部②について，次の問いに答えなさい。

「光年」は長さの単位で，光が１年間に進む距離を１光年といいます。１光年は約９兆4600億 km です。仮に，光の20％の速さで進むことのできる探査機を開発し，地球から打ち上げて，地球に最も近いハビタブル・プラネットに着陸させて写真を撮《と》ったとしたら，その写真を地球の科学者が見ることができるのは，探査機の出発から最短で何年後ですか。小数第１位まで答えなさい。なお，写真のデータの送受信には光を使うものとします。

の基底には存在している。

エ　〔**文章B**〕は小中学生の男子／女子の使う人称詞について彼／彼女たちがそれを選ぶ理由の分析《ぶんせき》がされたのち、人間関係とことばの関係について、人間関係がことばを規定するという立場に立って論が展開されている。

オ　〔**文章B**〕は日本語における人称詞が持っている限界や問題点についての考察がされたのち、人がアイデンティティを形成するうえでことばが果たす役割について具体的な事例を交えながら考察がされている。

カ　〔**文章B**〕は日本語の人称詞が持っている欠点やそれを乗り越えるために小中学生が行っている実践例が説明されたのち、性別や年齢を超越したコミュニケーションを生み出すことばのあり方が示されている。

問十六　＝＝線部「学校の生徒と先生のあいだには上下関係があるから、生徒は先生に敬語を使う」とありますが、生徒が先生に敬語を使わずに「タメ口で話す」ことのメリット(利点)をあなたはどう考えますか。**(1)**具体的な例や状況を挙げ、**(2)**そこでのメリットを説明しなさい。

一つ選び、記号で答えなさい。

ア　若い世代の女性はユニセックスな言葉遣いをするようになってきているが、それは男性的なものであるので、人々がもっと女言葉を使うことでバランスを保つことができると期待している。

イ　男性優位主義的な価値観が社会の中で強い影響力を持っていることに対して嫌《けん》悪《お》感を持っており、男性も女言葉を使うことで自分たちが抱えている苦しみを理解してほしいと思っている。

ウ　女言葉を話す人は「おねえ」としてマイノリティにカテゴライズされてしまうことに対して違和感を抱いており、それを変えるために女言葉が社会の中でもっと流通することを目指している。

エ　筆者は自分自身も結局は「男尊女子」的な価値観の持ち主であることを自覚しており、根本的に社会を変えるには女言葉によって女性と男性の力関係を逆転させる必要があると考えている。

オ　言葉や社会に対する人々の意識がまだまだ男性中心的であることを明らかにし、それを変えていくためのひとつの方法として、男性が使うと違和感がある女言葉を使うことを発案している。

問十三　〔**文章A**〕では英語と日本語を比較しながら両者の違いが説明されていますが、日本語を用いている時に人が自然と意識しているものはなんですか、それぞれ**五字以内**で**二つ**挙げなさい。

問十四　――線**⑥**「この意味で、少女の言葉づかいは、ことばの不足を超越した創造的な行為だといえる」について、次の**(1)**・**(2)**の問いに答えなさい。

(1)　ここで説明されている「言葉づかい」は、具体的にはどうすることですか。四十字以内で説明しなさい。

(2)　**(1)**の「言葉づかい」がなぜ「創造的な行為だといえる」のですか。その理由として適当なものを次の**ア**～**オ**の中から一つ選び、記号で答えなさい。

ア　すでにある表現を用いて、それまでとは異なる意味やニュアンスを生み出しているから。

イ　今までとは違ったことばの使い方をすることで、男女の枠を飛び越えることができるから。

ウ　それまでにない新しいことばを用いることによって、自分らしい個性を表現しているから。

エ　今までにあることばを組み合わせることで、辞書的な意味を新しく付加しているから。

オ　まったく新しいことばを作り出すことによって、多くの選択肢が人々に与えられるから。

問十五　〔**文章A・B**〕の論の展開や内容の説明として適当なものはどれですか。次の**ア**～**カ**の中から**二つ**選び、記号で答えなさい。

ア　〔**文章A**〕は筆者の友人の体験をきっかけとして、世代間における言葉遣いに対しての違いが論理的に述べられており、最終的には日本語やそれを生み出した日本社会の持つ構造的な問題点が浮《う》き彫《ぼ》りにされている。

イ　〔**文章A**〕は筆者が日常生活の中で感じていることが、自身の青春時代に関する回想も交えて語られており、その中で若者世代をうらやましく思うと同時に彼／彼女たちに対する批判的な視線も織《お》りこまれている。

ウ　〔**文章A**〕は筆者の体験をベースにしながら、言葉についての世代間および英語／日本語の差異がわかりやすく語られているが、社会における男性／女性の関係性についての問題意識がそ

う価値観が無意識のうちに刷りこまれていたから。

問八　**〔文章A〕**で扱われている人物／世代と言葉遣いについての意識の違いを表にしました。**(1)**～**(5)**に当てはまる適当なものをそれぞれ選択肢《せんたくし》から選び、記号で答えなさい。

人物／世代	男女／夫婦間における言葉遣い
フネ	（**(4)**）
（**(1)**）	（**(5)**）
（**(2)**）	異性間における会話では女言葉を使う。
（**(3)**）	男女問わずほぼフラットな言葉遣いをしている。

〈**(1)**～**(3)**〉

ア　筆者　　**イ**　サザエ

ウ　アメリカに住む知人　　**エ**　若者世代

〈**(4)**・**(5)**〉

ア　妻が夫に敬語を使う。

イ　夫や弟など身内には男言葉や乱暴な言葉を使うことがある。

ウ　夫婦はタメ口で会話するが、妻は夫を「さん」づけで呼ぶ。

エ　お互いに敬語を使って会話をしている。

問九　**〔文章A〕**の筆者の言葉遣いに対するとらえ方はどのようなものですか。その説明として適当なものを次の**ア**～**オ**の中から一つ選び、記号で答えなさい。

ア　下品な言葉遣いを人前でしている女子高生たちに対し、自分たちの若い頃はそんなことは決してしなかったと思っている。

イ　父親や夫に対してひたすらへりくだってきたので、そのような言葉遣いをしなくてもいい若い世代を恨《うら》めしく思っている。

ウ　自分の姪に対しては丁寧な言葉遣いをするように言っているが、自分の考えが正しいのだろうかという疑問を抱《かか》えている。

エ　自分も若い頃は乱暴な言葉遣いをしていたと認めつつも、息子の彼女が彼を呼び捨てにしていると思わず苛立《いらだ》ってしまう。

オ　自分自身や同世代の女性たちの言葉遣いについて、時代の流れから取り残されつつあると感じながらも誇《ほこ》りを持っている。

問十　――線③「男女の関係に対して、我々世代よりずっとフラットな考え方を持っている」とありますが、それはなぜですか。その理由を――線③より前の文章から**十七字**で探し、「～から」に続く形でぬき出して答えなさい。

問十一　――線④「彼女達が話すのは、実はユニセックスな言葉ではなく、男言葉」とありますが、**〔文章B〕**の内容をふまえると、女子高生たちが「男言葉」を話すのはなぜだと考えられますか。その理由として適当なものを次の**ア**～**オ**の中から一つ選び、記号で答えなさい。

ア　自分たちが年上の女性たちの言葉遣いに対して違和感を抱《いだ》いていることを示すため。

イ　自分たちが女性という枠《わく》にはまらない自由な存在であることを周囲に主張するため。

ウ　自分たちが男性と同等の能力を持っている人間たちであるという意識を示すため。

エ　自分たちが大人の女性として見られることを拒否《きょひ》したいという気持ちを示すため。

オ　自分たちが女子だけの仲間うちで過ごしているので、異性の目を気にする必要がないため。

問十二　――線⑤「では女言葉で統一してみるのは、どうでしょう」とありますが、筆者がこのように言う背景にはどのような考え方がありますか。その説明として適当なものを次の**ア**～**オ**の中から

いもの（問題文での用法と同じもの）はどれですか。適当なものをそれぞれ後の**ア**～**オ**の中から一つずつ選び、記号で答えなさい。

(1) いそいそ

ア いそいそ待ちに待った中学校生活の始まりだ。

イ 楽しみにしていた映画を観にいそいそ出かける。

ウ 嫌いな習いごとのためにいそいそ準備をする。

エ 遅刻《ちこく》しそうだったのでいそいそタクシーを使う。

オ 母親に見つからないようにいそいそゲームをする。

(2) いざ

ア 約束の時間にはいざ間に合いそうもない。

イ いざ間違っていても僕は意見を曲げない。

ウ 友だちのペットの猫はいざ可愛かった。

エ いざ戦いに向かおうと気持ちを高める。

オ 妹と僕は旅行をいざ楽しみにしていた。

問六　――線①「大人としては『あらあら』と思うわけですが」とありますが、ここには筆者のどのような心情が表われていますか。その説明として適当なものを、次の**ア**～**オ**の中から一つ選び、記号で答えなさい。

ア 乱暴な言葉遣いをしている女子高生たちに半ば呆《あき》れている。

イ 口の悪い女子高生たちがこの先どうなるのかと心配している。

ウ 男子と同じ言葉遣いをしている女子高生たちを頼《たの》もしく思っている。

エ 電車内で飲食をする女子高生たちの常識の無さを情けなく思っている。

オ 騒《さわ》がしい女子高生たちを注意しない周囲の大人たちに怒《いか》りを感じている。

問七　――線②「『言葉の女装』」について、次の問い**(1)**・**(2)**に答えなさい。

(1) その説明として適当なものを次の**ア**～**オ**の中から一つ選び、記号で答えなさい。

ア 思っていることをすぐに口にするのではなく、相手が喜ぶようなお世辞を言うこと。

イ いつものような下品な言葉遣いでなく、世間で女の子らしいとされているそれで話すこと。

ウ 自分たちは女性ではないのだが、言葉遣いだけでも女性に近づけようとすること。

エ 仲間うちでしているひどい言葉遣いはせず、大人の女性のふりをしようとすること。

オ 自分たちの理想としている女性像に近づくよう、意識して丁寧な話し方をすること。

(2) なぜ筆者たちは「『言葉の女装』」をしていたのですか。その理由として適当なものを次の**ア**～**カ**の中から**二つ**選び、記号で答えなさい。

ア 友達同士でしているような汚《きたな》い言葉遣いをしていては、男子に好かれることはないと思っていたから。

イ 男性であれ女性であれ、年上の人に対しては敬語を使うように子供の頃から厳しくしつけられていたから。

ウ 年齢を重ねるにつれ、丁寧でない言葉遣いがみっともないと自分たちで感じるようになってきたから。

エ 友人同士の会話ではともかく、見知らぬ人の前ではきちんとした話し方をしないと見下されてしまうから。

オ いつもよりもワントーン高い声で話して相手をほめれば、男の子たちが喜ぶことがわかっていたから。

カ 女の子は自分の性別にふさわしい話し方をするべきだとい

互いを「中村さん」「鈴木さん」と「さん」をつけて呼ぶことが㋙テイアンされた。社内の人間関係を変えるために、まず注目されたのがことばだった。（中略）

世の中には、ことばを変えても社会は変わらないと考える人もいる。けれども、ここで見てきたように、ことばを変えることで社会を変えようとしている人たちもたくさんいるのだ。

人々が、これだけ自称詞や呼称にこだわるのは、まさに、ことばが関係をつくり、その関係の中で自分のアイデンティティもつくられるからなのだ。

（中村桃子『「自分らしさ」と日本語』―一部改変― による）

㊟ 合コン…「合同コンパ」の略。男女それぞれのグループが一緒《いっしょ》に行う懇親《こんしん》会。

ユニセックス…男女の区別のないこと。

フリーズドライ…食品保存の方法。凍結《とうけつ》乾燥、冷凍乾燥とも。ここでは「昔のまま残っている」という意味。

「サザエさん」…長谷川町子による日本の漫画《まんが》。およびそれを原作としたアニメ。ちなみにカツオはサザエの弟、タラオは息子、イクラは親戚《しんせき》である。

男尊女子…筆者の造語。男性優位的な価値観を持っている、あるいは男性を自然と上に見ている女性のこと。

カテゴライズ…分類すること。

ヘテロセクシャル…異性愛者。

アイデンティティ…自分らしさ。

マイノリティ…少数派。少数者。

セクシュアリティ…性のあり方（性についての行動や興味のあり方などを指す）。

ジレンマ…二者択一の場面でどちらを選ぶのも困難が生じる状態。

問一 〰〰線㋐～㋙の片仮名を漢字に直しなさい。

問二 ――線Ⓐ「旧弊な」、Ⓑ「枷」、Ⓒ「風貌」の意味として適当なものを、それぞれ後の**ア**～**オ**の中から一つずつ選び、記号で答えなさい。

Ⓐ「旧弊な」

ア 昔からの信仰《しんこう》を語りつぐような
イ 昔からの規範《きはん》を無視するような
ウ 古くからの方法に忠実であるような
エ 古くからの習慣にとらわれているような
オ 悪い考えに支配されているような

Ⓑ「枷」

ア 行動や思考を妨《さまた》げるもの
イ 自由や人権を奪《うば》うもの
ウ 判断や決意を迷わすもの
エ 能力の限界を定めるもの
オ 欲望や欲求を禁ずるもの

Ⓒ「風貌」

ア 性格や態度　**イ** 身なりや顔つき　**ウ** 姿勢や恰好
エ 風流なしぐさ　**オ** その人の素性《すじょう》

問三 【１】～【５】に入る言葉として適当なものを次の**ア**～**オ**の中からそれぞれ一つずつ選び、記号で答えなさい。

ア また　**イ** そして　**ウ** しかし
エ つまり　**オ** たとえば

問四 [i]～[iii]には体の一部を表す言葉が入ります。その言葉を次の**ア**～**カ**の中からそれぞれ一つずつ選び、記号で答えなさい。

ア 顔　**イ** 耳　**ウ** 眉《まゆ》　**エ** 目　**オ** 手　**カ** 口

問五 〰〰線⑴「いそいそ」・⑵「いざ」について、用法として正し

〔**文章Ｂ**〕

人称詞はたくさんあるが、今ある人称詞が表しているアイデンティティしか表現できないという制限がある。【**５**】、「ぼく」と「おれ」にはいくつかの違いがあるが、そのひとつは、のび太の「ぼく」とジャイアンの「おれ」の違いだろう。「ぼく」と「おれ」は、それぞれ、〈弱気な男子〉と〈ガキ大将〉のアイデンティティと結び付いている。だから、ある男子が、自分は「のび太」でも「ジャイアン」でもないと思っていても、その中間の自称詞はない。当然ながら、どれだけ数が多くても、だれのアイデンティティ表現にもしっくりくる自称詞を用意するには足りないのだ。（中略）

自分にあてがわれた自称詞にしっくりこないのは、性的マイノリティに限らない。小中学生の女子の中にも「わたし」や「あたし」ではなく、「うち」「ぼく」「おれ」などを使う人がいる。これまで、小中学生の女子が「ぼく・おれ」を使うのは、「ちかごろの女子は、男子のように自己主張したいからだ」と言われてきた。しかし、このような説明には、女子がことばを使ってどのようなアイデンティティを表現しようとしているのかを理解しようとする視点がない。

以下では、女子が「うち・ぼく・おれ」を使うのは、「わたし」や「あたし」では、自分のアイデンティティをぴったり表現できないからだという視点から、つまり、女子のアイデンティティ創造という視点から考えてみたい。（中略）

この異性愛の女性的セクシュアリティのジレンマを象徴《しょうちょう》しているのが「わたし」という自称詞である。「わたし」を使うことは、異性愛の「大人の女性になる」ことなのである。そう考えると、少女が「わたし」を使わない理由を理解することができる。

少女たちは、性の対象物である〈おませ〉にも、友だちから相手にされない〈おくて〉にもなりたくないから「わたし」以外の自称詞を使う。いつか「大人の女性」のジレンマを引き受けなければならないときが来るまでは、どちらの選択《せんたく》もしたくないのである。

新しい自称詞といっても、いきなり自分のことを「パピポ」などとまったく新しいことばを使っても理解してもらえないので、身近にある男子の「ぼく・おれ」や、関西方言の自称詞である「うち」を㋖シャクヨウしたのである。

少女が「ぼく・おれ・うち」を使うのは、決して男のようになりたいからではなく、そもそも日本語には「〇〇ちゃん」から「わたし」へと突然《とつぜん》「大人の女になる」自称詞しか用意されておらず、〈子ども〉でも〈女〉でもないアイデンティティを表現することばがないからなのだ。

このことに気づくと、少女の用いる「ぼく・おれ・うち」は、むしろ、新しい〈少女性〉の創造であることが分かる。⑥この意味で、少女の言葉づかいは、ことばの不足を超越《ちょうえつ》した創造的な行為だといえる。自分たちにぴったりのことばがない以上、これからも少女たちはさまざまな自称詞を創造しつづけるだろう。（中略）

ことばと人間関係に関しては、二つの考え方がある。ひとつは、先に関係があって、それに従ってことばを使うという考え方だ。‖学校の生徒と先生のあいだには上下関係があるから、生徒は先生に敬語を使う‖。

もうひとつは、ことばを変えることで関係を変えるという考え方だ。いくつかの企業で行われている「さんづけ運動」も、その一例だ。グローバル化が進んだ二〇〇〇年代を生き残るためには、会社も若い社員の意見を取り入れて変わらなければならない。そのためには、会議でも若い社員が自由に意見を言える㋗カンキョウを㋘トトノえる必要がある。これまでのように、社員が上司を「課長」や「社長」と呼んでいたのでは、上下関係が意識されて発言しにくい。そこで、お

称が「I」だけだったらどれほどシンプルか、と憧《あこが》れるような気持ちになるものです。

日本語には、敬語というものもあります。アメリカに住む知人が、

「どうして日本人は年齢のことにあんなにこだわるのかな？　こっちでは他人の年齢なんて気にしないのに」

と言っていました。【　4　】アメリカ企業《きぎょう》の日本支社で働く知人によれば、

「社内の人に年齢を聞くのもNG。私も、上司や部下が何歳か知らないもの」

ということなのだそう。

しかし日本には敬語があるからこそ、相手の年齢と自分の年齢を考えずにはいられないのです。相手が年上であることがわかっていて、タメ口で話すことができる日本人は少ない。その手の人は、「特殊《とくしゅ》に人懐《なつ》っこい人」もしくは「礼儀《れいぎ》知らず」と見られてしまうのですから。

社内の人に年齢を聞いてはいけないアメリカ企業の知人に、

「互《たが》いの年齢を知らないということは、じゃあ日本人社員同士でも全員、タメ口で話すわけ？」

と聞いてみたところ、

「それはさすがにできない……」

と言っていました。日本人同士で、明らかに自分より年上というⒸ風貌《ふうぼう》の人に対して、

「あなたの企画、良かったよ」

と言える人は、外資系でもさすがにいないのではないか。

同じように男女間においても、言葉の違いによって性差を意識せざるを得ないのが、我々日本人です。ではどちらかの言葉に統一すればいいのでは？　という気もするわけで、今時の女子高生はその実践《じっせん》者ということになる。

しかし④彼女達が話すのは、実はユニセックスな言葉ではなく、男言葉。であるが故に、どうしても聞いていると「すさまじい」という印象に。若くて勢いがある年代だからこそ、彼女達は言葉の男装をしているのです。

⑤では女言葉で統一してみるのは、どうでしょう。実際、テレビには女言葉で話す男性も多く登場。しかしやはり、それが女言葉であるが故に、彼等は「おねえ」としてカテゴライズされます。

おねえと言うと同性愛者というイメージですが、しかし最近は、おねえ言葉を話すけれど異性愛者、という男性もいます。男言葉の女子をも好きになることができる男子、そして女言葉の男子をも好きになることができる女子が、今は存在していることになる。

そんな彼等は、思考の部分でもフラットです。友人の息子である「翔吾」くんは、ガールフレンドから「腹減った」と言われたら、「下品な女だ」とも思わず、そして母親の［iii］をわずらわせるわけでもなく、インスタントとはいえ自分でラーメンを作ってあげるわけです。きっと、残業で疲《つか》れた妻に、自然にお茶を淹《い》れてあげられる大人になることでしょう。

先日は、おねえ言葉を㋕アヤツる上に女性的なファッションが好きなのだけれどヘテロセクシャルという男子が、自分の彼女とファッションやらメイクやらの話を楽しくしている姿を、テレビで見ました。彼等もとっても、楽しそうなのであり、そんな若者を見ていると、我々世代では考えられないほど、性差に対して柔軟《じゅうなん》な考えを持っていることがわかります。「やっぱり男らしい人でないと」「女らしい女が好きだ」といった感覚とはかけ離《はな》れたところで、彼等は人間として恋愛《れんあい》対象を見ているのではないか。

（酒井順子『男尊女子』―一部改変―　による）

と、フネさんは波平さんに敬語を使用しているのです。サザエさんは、が、娘《むすめ》のサザエさんは、夫婦がタメ口で話す世代。

「あらマスオさん、出かけるの？」

と言うのです。

妻が夫に敬語で話す夫婦は激減し、今や相当な高齢《こうれい》でないと、敬語夫婦はいないかもしれません。母親が父親に敬語を使用していたとしても、その娘は夫にタメ口を使うようになるのです。

しかしサザエさんとマスオさんもまだ、完全に現代風とは言えない言葉遣いをしています。サザエさんは「あなた」とか「マスオさん」と敬称《けいしょう》付きで呼ぶのに対して、マスオさんは「サザエ」と呼び捨て。波平夫婦よりも少ないけれど、そこには僅《わず》かな「女が下」の感覚がある。夫を「あなた」と呼ぶ人も、もういませんね。

そしてサザエさんは、「だよね」とか「だね」とは言いません。カツオくんに対しては乱暴な言葉を使うこともあるけれど、基本的には女言葉を使用しているところを見ると、サザエさんは我々よりも上の世代という㋓セッテイであることがわかるのでした。

マスオさんは妻の実家暮らしなので弱い立場という印象が強いですが、やはりサザエさんは決して、

「マスオー、腹減った」

とは言いません。

「今日はイクラちゃんが遊びに来たんだよ」

とも、言わないのです。

フネさんとサザエさんの年齢差は、二十数歳《さい》といったところでしょう。二十年余りで、言葉の男女差は、これだけ減少しました。であるならば、タラちゃんが青年になった頃には、彼女から、

「タラオーっ、腹減った」

と言われて、サザエさんをカリカリさせているかもしれない。

言葉の女装をしなくとも男女交際は可能、と思っている今時の若者のことを羨《うらや》ましく思うことが、私はあります。「腹減った」とボーイフレンドに言うことができる女子は、③男女の関係に対して、我々世代よりずっとフラットな考え方を持っているのではないか。

してみると、「中年が『だよね』とか言っているのは、どうも痛い」と思う私の言語感覚は、男尊女子のものなのでしょう。女装言葉を使用することによって、「私は強くも粗暴でもガサツでもありません」とアピールしようとしているのです。

英語には、多少のニュアンスの違いはあっても、男言葉と女言葉というものが存在しないようです。映画の㋔ジマクや吹《ふ》き替《か》えでは、女優さんの台詞《せりふ》が、

「私も行くわ」

などと女言葉になっていたりしますが、それは日本人の翻訳《ほんやく》者が女優の台詞ということで女言葉で書いているのであって、本当は男性と同じ言葉で話している。

そして私は、男女平等というものを考えた時に、日本語に男言葉と女言葉ががっちりと根付いているという事実が、かなりのⒷ枷《かせ》になっているように思うのでした。日本語は、「……だ」「……よね」「……わ」のように、語尾で男女の差が出るのみならず、一人称でも、「俺《おれ》」「僕」「あたし」「ウチ」と、男女の差が明らかに出る。女性の場合は、ずいぶん大人になっても、

「ユリはね」

などと、自分の名前を一人称として使用する人もいるものです。

それらの言葉はつまり、

「アタシは女よ」

「僕は男だ」

と主張しながら話すためのもの、ということになりましょう。一人

【2】今の若い女子を見ていると、男女交際の現場においても、そのまま男子的な言葉遣いをしているのです。我々だったら、㋐イチュウの男子の家に行って、

「翔吾ーっ、腹減った」

とはとても言えなかったもの。男子に好かれるためには、カジュアルながらも「女子っぽい」言葉遣いをしなくてはならないと思っていたし、彼の母親の前ではますます猫《ねこ》をかぶらなくてはならなかったので、

「翔吾くん、お腹空いちゃったカモ」

とつぶやく程度だったのではないか(我々の時代、「翔吾」などという名前の男子はいなかったが)。

そんな我々が中年になってからは、もう一段階、言葉の女装度合いを強めました。三十代頃までは、友達同士で会話をする時は、

「明日の待ち合わせ、三時だよね?」

「そうだよ」

「ちょっと遅《おく》れるかもしんない」

といった言葉遣いをしていたのですが、年をとるにつれて、その手の言葉遣いが粗暴《そぼう》に聞こえてきたのです。そういえば我々の親世代は、「だよね」とか「だよ」とは言っていなかった。親世代は、若い頃から「だよね」とは言わなかったのであろうが、我々は「だよね」のまま大人に。しかし中年の「だよね」は結構痛いなぁ……ということで、自然と、

「明日の待ち合わせ、三時よね?」

「そうよ」

「ちょっと遅れるかもしれないのよ」

といった女装言葉を使用するようになってきたのです。

しかし「よね」とか「のよ」は、若者からしたら古語のように聞こえることでしょう。「よね」「のよ」といった語尾《ごび》は、おそらく我々世代が最後の使い手になるのではないか。そして我々が年老いた時には、「最後の女言葉の話者」として、言語学者が聞き取り㋑チョウサに来たりするのではないか。

……と思ってしまうほど、若者達の言語のユニセックス化は進んでいる㋒モヨウ。小学生の姪《めい》の言葉遣いを聞いていても、アニメなどの影響《えいきょう》もあって、「お前」とか「死ね」とか、男の子と変わらない言葉を使用することがしばしばです。

スパルタ叔母《おば》である私は、

「お友達の間ではどんなに乱暴な言葉遣いをしてもいいけど、大人の前では丁寧《ていねい》な言葉を使わなくちゃダメだからね!」

と、厳しく指導してみるのです。しかし指導しつつも、「本当にそうなのかな?」と思う瞬間《しゅんかん》が。

【3】姪は、私の時代よりもうんと男女平等教育が進んだ中で育っているが故に、女言葉を使用していない。それを、「女の子なのにそんな言葉遣いをして!」と私が[ii]くじらを立てるのは、私が「女の子は女の子らしく話さないと」というⒶ旧弊《きゅうへい》な考えのもと、女装言葉を使用してきた昔の人間だからなのではないか。「言葉の女装をしなくてはモテない」という強迫《きょうはく》観念があるからこそ、姪に指導をしているだけなのではないか……、と。

昔の日本においては、今よりずっと言葉の男女差があったモヨウです。それも、男言葉と女言葉の違《ちが》いがあるのみでなく、夫は妻を「おい」「お前」と下僕扱《げぼくあつか》いなのに対して、妻は夫に敬語を使うという高低差もあった。

そんな習慣が今でもフリーズドライされているのは、「サザエさん」の中です。

「あらお父さん、お出かけですか」

二〇二二年度
世田谷学園中学校

【国　語】〈第一次試験〉（五〇分）〈満点：一〇〇点〉

〔注意〕解答の際には、句読点やカギカッコなどの符号《ふごう》も字数にふくむものとします。

次の文章Ａ・Ｂを読んで、後の問いに答えなさい。

〔文章Ａ〕

　高校生の息子を持つ友人がいます。息子には同級生の彼女《かのじょ》がいるのだそうで、家に遊びに来たりもするとのこと。

「でもね、最近の女子高生にはびっくりするわよ。家に来て、私には普通《ふつう》に挨拶《あいさつ》とかするんだけど、息子に対してはひどい言葉遣《づか》いなんだから」

と、友人。

　息子の彼女は、息子のことを「翔吾《しょうご》（仮名）ーっ」と、呼び捨てにするのだそう。【　１　】、

「翔吾ーっ、腹減った」

などと、言い放つのだそう。

「私ですら息子のことは『翔ちゃん』って呼んでるから、呼び捨てにされると何か腹が立っちゃうんだけどさ、でも今時の子ってこれが普通なのかしらね。うちの子も別に嫌《いや》がりもしないで、(1)いそいそラーメンとか作ってあげてるもの」

と、友人は言っておりました。

　確かに、最近の女子高生の会話を電車の中などで漏《も》れ聞くと、その言葉遣いがほとんど男子と同じであることに、驚《おどろ》きます。

「このパン、めっちゃうめーよ、やべぇ」

「ちげーよ、それパンじゃなくてドーナツ」

「同じだろ！　マジうぜー！」

「ウケるんですけどぉ〜」

みたいな会話を聞いていると、①大人としては「あらあら」と思うわけですが、そこで考えるのは「彼女達は、この先どのような言葉遣いをするようになるのか」ということ。

　思い返してみますれば、自分自身もまた、高校時代はひどい言葉遣いをしていました。

「このパン、クソまじー（「ひどく不味《まず》い」の意）。食べてみ」

「マジマジ？　本当だ、ザケンナ（「ふざけんな」の意）って感じだね！」

「だよね〜」

といった私達の会話を、当時の親世代の人は「何て下品な。この子達は大人になったらどうなるのかしら」と、［ｉ］をひそめて聞いていたのではないか。

　しかし我々世代は、同性の友達同士の間ではひどい言葉遣いをしていても、(2)いざ男女交際絡《がら》みの現場においては、②「言葉の女装」をしていたのです。高校生同士の合コンのようなものがしばしば開催《かいさい》されていたのですが、その現場においては、「クソ」とか「ザケンナ」といった言葉は、モテなくなるので封印《ふういん》。友達同士であれば、

「〇〇って、クッソ面白いよね！」

と言うところを、

「〇〇くんって、すっごく面白いね！」

などと、普段よりワントーン高い声で会話していたのです。もちろん、デートの場においても言葉の女装は継続《けいぞく》。そうこうしているうちに社会人になった頃《ころ》から、「クソ」とか「ザケンナ」といった言葉遣いは、友達同士の間でも自然としなくなりました。

2022年度

世田谷学園中学校 ▶解説と解答

算　数　＜第１次試験＞（60分）＜満点：100点（理数コースは200点）＞

解　答

1 (1)　1　(2)　9　(3)　2250円　(4)　16日　(5)　分速65m　(6)　20.56cm^2

2 (1)　37分後　(2)　21.2分後　**3** (1)　56cm　(2)　87.92cm　**4** (1)　9802
(2)　上から４段目の左から45番目　**5** (1)　12％　(2)　270 g　**6** (1)　4 cm　(2)
7 cm

解　説

1 **四則計算，周期算，倍数算，仕事算，速さ，面積**

(1)　$\left\{\left(\frac{1}{2}+\frac{5}{24}-\frac{1}{3}\right)\div 0.6-\frac{5}{2}\times 0.2\right\}\times 8=\left\{\left(\frac{12}{24}+\frac{5}{24}-\frac{8}{24}\right)\div\frac{3}{5}-\frac{5}{2}\times\frac{1}{5}\right\}\times 8=\left(\frac{9}{24}\times\frac{5}{3}-\frac{1}{2}\right)\times 8=\left(\frac{5}{8}-\frac{4}{8}\right)\times 8=\frac{1}{8}\times 8=1$

(2)　$\frac{11}{37}=11\div 37=0.297297\cdots$だから，小数点以下には｛2，9，7｝の３個の数字がくり返される。よって，20÷３＝６あまり２より，小数第20位の数字は，小数第２位の数字と同じで９とわかる。

(3)　ＡさんとＢさんは同じ金額の買い物をしたので，買い物の前後で２人の所持金の差は変わらない。また，買い物の前の所持金の比の差と，買い物の後の所持金の比の差は，５－３＝３－１＝２で同じである。よって，これらの比の，５－３＝２にあたる金額が900円とわかる。したがって，１にあたる金額は，900÷２＝450(円)なので，買い物の前のＡさんの所持金は，450×５＝2250(円)と求められる。

(4)　１人が１日にする仕事の量を１とすると，４人が８日間でした仕事の量は，１×４×８＝32となる。また，この仕事の量と残りの仕事の量の比は，$\frac{1}{5}:\left(1-\frac{1}{5}\right)=1:4$だから，残りの仕事の量は，$32\times\frac{4}{1}=128$とわかる。これを，４＋12＝16(人)ですると，128÷16＝８(日)かかるので，予定の仕事を仕上げるのに全部で，８＋８＝16(日)かかる。

(5)　分速200mで６分かけて進む距離《きょり》は，200×６＝1200(m)であり，分速155mで９分かけて進む距離は，155×９＝1395(m)だから，図に表すと右の図１のようになる。図１から，子どもが，９－６＝３(分)で歩く距離が，1395－1200＝195(m)とわかるので，子どもの速さは分速，195÷３＝65(m)と求められる。

図１

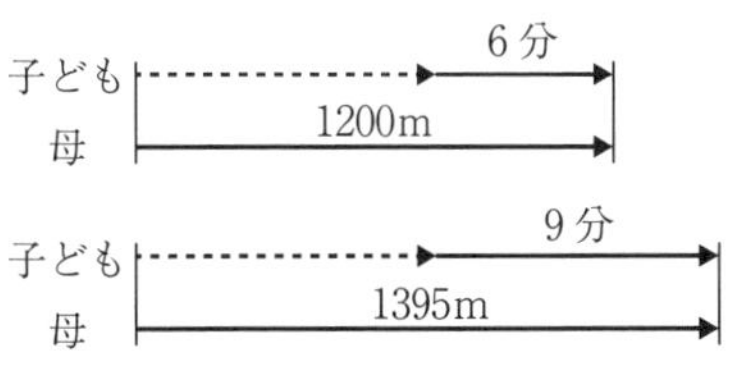

図２

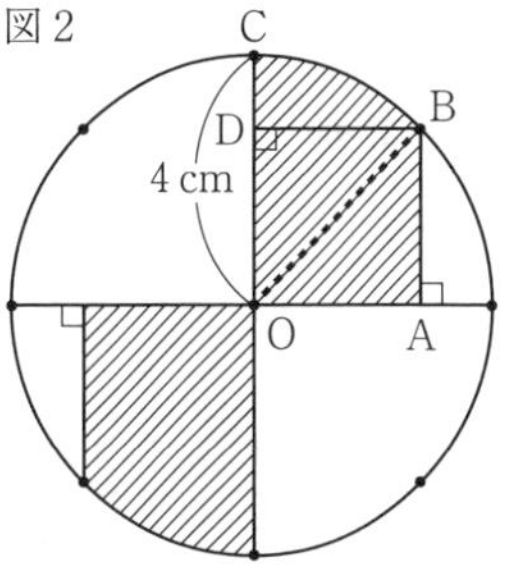

(6)　右上の図２で，おうぎ形OBCは円の$\frac{1}{8}$だから，面積は，$4\times 4\times 3.14\times\frac{1}{8}=2\times 3.14=6.28$(cm^2)と求められる。また，正方形の面積は，(対角線)×(対角線)÷２で求めることができるので，

正方形OABDの面積は，4×4÷2＝8(cm^2)とわかる。よって，三角形OABの面積は，8÷2＝4(cm^2)だから，斜線《しゃせん》部分1か所の面積は，6.28＋4＝10.28(cm^2)となる。これが2か所あるので，面積の合計は，10.28×2＝20.56(cm^2)とわかる。

2 旅人算

⑴　下の図1で，㋐の状態から㋑の状態になるのは，XがAよりも，200－20＝180(m)多く動いたときである。また，この間のXとAの速さの差は分速，85－80＝5(m)だから，㋐から㋑までの時間は，180÷5＝36(分)とわかる。さらに，㋑からXがAに追いつくまでの時間は，20÷(100－80)＝1(分)なので，XがAに追いつくのは，36＋1＝37(分後)である。

⑵　⑴と同様に考えると，下の図2で，㋒から㋓までの時間は，180÷(85－75)＝18(分)，㋓から㋔までの時間は，(20－15)÷(100－75)＝0.2(分)と求められる。また，㋔からXがBに追いつくまでの時間は，15÷(100－95)＝3(分)だから，XがBに追いつくのは，18＋0.2＋3＝21.2(分後)となる。

図1

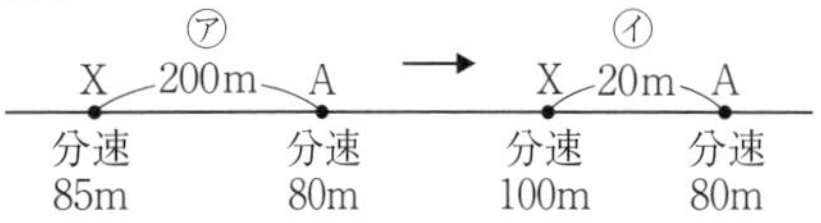

図2

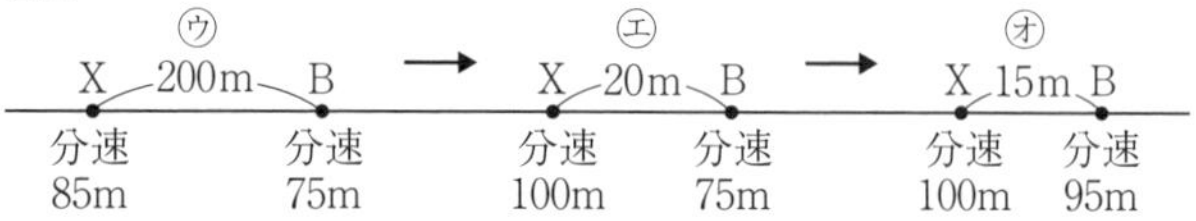

3 平面図形―長さ

⑴　右の図の矢印のように移動すると，太実線の長さは長方形ABCDのまわりの長さと同じになることがわかる。ここで，太点線1か所の長さを□cmとすると，ADの長さは，4＋5－□＋7＝16－□(cm)となる。また，ABの長さは，3＋4＋5＝12(cm)だから，長方形ABCDのまわりの長さは，(16－□＋12)×2＝(28－□)×2＝56－□×2(cm)と表すことができる。これに太点線2か所分の長さを加えると，この図形のまわりの長さは，56－□×2＋□×2＝56(cm)とわかる。

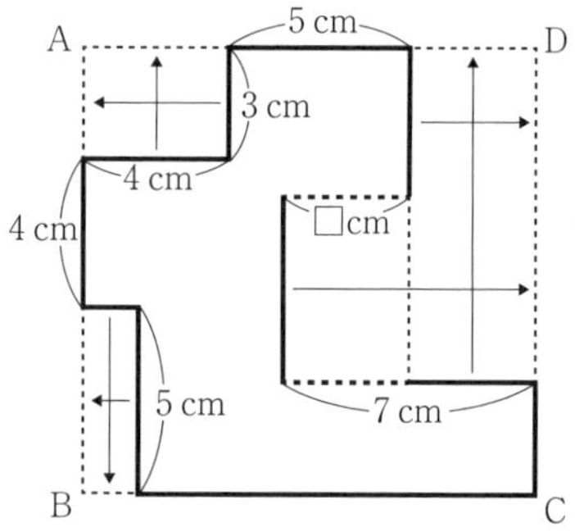

⑵　直径がa cmの半円と直径がb cmの半円の弧《こ》の長さの合計は，a×3.14÷2＋b×3.14÷2＝(a＋b)×3.14÷2(cm)となるので，直径が(a＋b)cmの半円の弧の長さと同じになる。同様に考えると，問題文中の図2のまわりの長さは，直径が56cmの半円の弧の長さと同じになるから，56×3.14÷2＝28×3.14＝87.92(cm)と求められる。

4 数列

図1

	1番目	2番目	3番目	4番目	5番目	…	99番目	100番目
1段目	1	2	9	10	25		ア	イ
2段目	4	3	8	11	24			
3段目	5	6	7	12	23			
4段目	16	15	14	13	22			
5段目	17	18	19	20	21			
⋮								

図2

	1番目	2番目	3番目	4番目	5番目	…	44番目	45番目
1段目	1	2	9	10	25			2025
2段目	4	3	8	11	24			2024
3段目	5	6	7	12	23			2023
4段目	16	15	14	13	22			2022
5段目	17	18	19	20	21			2021
⋮								

⑴　上の図１で，偶数《ぐうすう》段目の左から１番目の数と，１段目の左から奇数《きすう》番目の数は，同じ数を２個かけた数(平方数)になる。よって，アに入る数は，$99 \times 99 = 9801$なので，イに入る数は，$9801 + 1 = 9802$とわかる。

⑵　$45 \times 45 = 2025$より，上の図２のようになる。よって，2025からさかのぼると，2022は上から４段目の左から45番目の位置にかかれる。

5　濃度《のうど》

⑴　条件をまとめると，右の図１のようになる。A150ｇとC75ｇを混ぜると，濃度10％の食塩水が，$150 + 75 = 225$(ｇ)できる。ここで，(食塩の重さ)＝(食塩水の重さ)×(濃度)より，この食塩水に含《ふく》まれている食塩の重さは，$225 \times 0.1 = 22.5$(ｇ)とわかる。このうち，C75ｇに含まれていた食塩の重さは，$75 \times 0.06 = 4.5$(ｇ)なので，A150ｇに含まれていた食塩の重さは，$22.5 - 4.5 = 18$(ｇ)と求められる。よって，Aの濃度(ア)は，$18 \div 150 \times 100 = 12$(％)である。

図１

(食塩水A)　濃度ア％，重さ150ｇ
(食塩水B)　濃度10％，重さイｇ
(食塩水C)　濃度６％，重さ350ｇ

⑵　Cの$\frac{4}{7}$の重さは，$350 \times \frac{4}{7} = 200$(ｇ)だから，はじめに，A150ｇとC200ｇを混ぜた食塩水の濃度を求める。すると，食塩の重さは，$150 \times 0.12 + 200 \times 0.06 = 30$(ｇ)になるので，濃度は，$30 \div (150 + 200) \times 100 = \frac{60}{7}$(％)と求められる。また，Cの残りの重さは，$350 - 200 = 150$(ｇ)だから，BとCを混ぜたようすを図に表すと，右上の図２のようになる。図２で，$a : b = \left(10 - \frac{60}{7}\right) : \left(\frac{60}{7} - 6\right) = 5 : 9$なので，$イ : 150 = \frac{1}{5} : \frac{1}{9} = 9 : 5$となる。したがって，$イ = 150 \times \frac{9}{5} = 270$(ｇ)と求められる。

図２

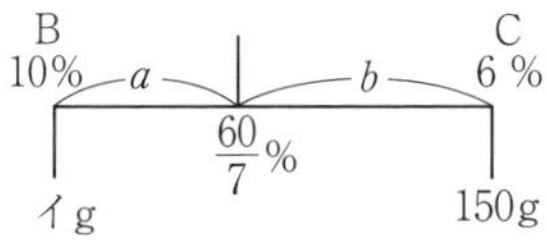

6　水の深さと体積

⑴　下の図①で，太線部分の長さは，$12 - (4 + 4) = 4$(cm)だから，斜線部分の面積は，$8 \times 12 - 4 \times 4 = 80$($cm^2$)となり，水中に入っているおもりの体積は，$80 \times 6 = 480$($cm^3$)とわかる。また，下の図②で，斜線部分の面積は，$4 \times 8 + (6 - 4) \times (8 - 4) = 40$($cm^2$)なので，水中に入っているおもりの体積は，$40 \times 6 = 240$($cm^3$)となる。よって，図①と図②で水中に入っているおもりの体積の差は，$480 - 240 = 240$(cm^3)である。さらに，図①と図②の水の深さの差は，$8 - 6 = 2$(cm)だから，水そうの底面積は，$240 \div 2 = 120$(cm^2)と求められる。したがって，図①からおもりを取り出すと，水の深さは，$480 \div 120 = 4$(cm)下がるので，おもりを入れる前の水の深さは，$8 - 4 = 4$(cm)とわかる。

⑵　⑴より，水の体積は，$120 \times 4 = 480$(cm^3)とわかる。また，下の図③で，アの段で水が入る部分の底面積は，$120 - 12 \times 6 = 48$(cm^2)だから，アの段に入る水の体積は，$48 \times 4 = 192$(cm^3)と求

図①

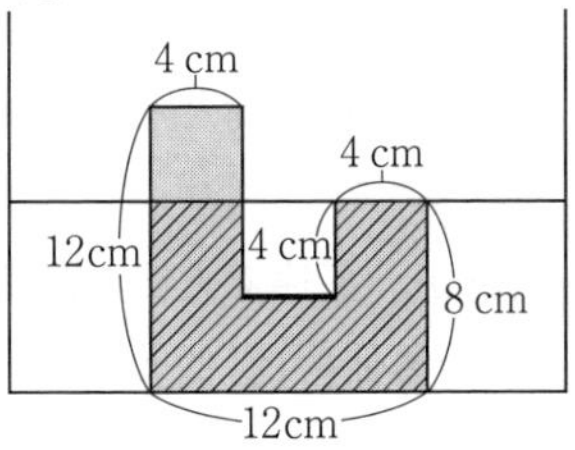

図②

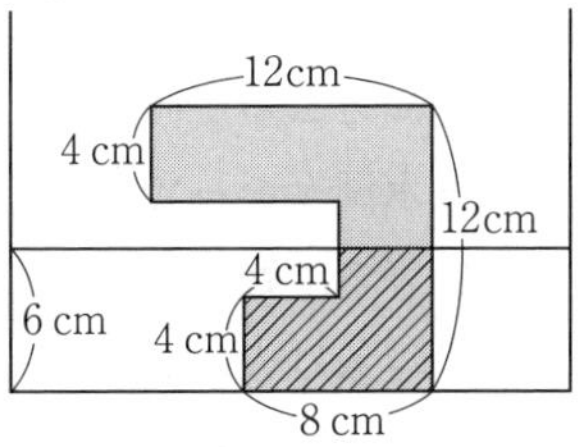

図③

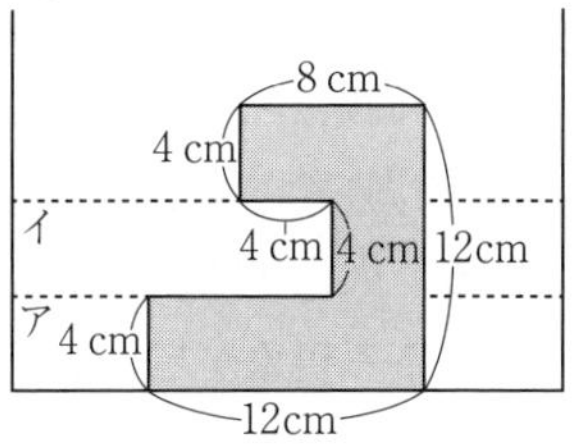

められる。同様に，イの段で水が入る部分の底面積は，120－（８－４）×６＝96(cm^2)なので，イの段に入る水の体積は，96×４＝384(cm^3)となる。すると，アの段とイの段に入る水の体積の合計は，192＋384＝576(cm^3)になるから，水はイの段の途中《とちゅう》まで入ることがわかる。また，実際にイの段に入る水の体積は，480－192＝288(cm^3)なので，イの段に入る水の深さは，288÷96＝３(cm)と求められる。よって，このときの水の深さは，４＋３＝７(cm)になる。

社　会　＜第１次試験＞（30分）＜満点：50点＞

解　答

1 **問１**　②　**問２**　(エ)　**問３**　(1)　⑫，熊本市　(4)　⑩，佐賀市　**問４**　(エ)　**問５**　火砕流　**問６**　(エ)　**問７**　(エ)　**問８**　(イ)　**問９**　(オ)　**問10**　(キ)　2 **問１**　(ア)　**問２**　(エ)　**問３**　(ウ)　**問４**　(ア)　**問５**　(ア)　**問６**　(エ)　**問７**　葛飾北斎　**問８**　(イ)　**問９**　大隈重信　**問10**　(オ)　3 **問１**　(1)　田中正造　(2)　ベトナム　**問２**　(例)　気温が上がると，貝塚が分布していた地域の周辺まで海水面が上昇するため，関東地方で居住できる地域がせまくなることが考えられる。　**問３**　(エ)　**問４**　［Ｘ］　⑤　［Ｙ］　④　**問５**　(例)　安価な輸入材の普及によってすぎやひのきの価格が低下し，国産材では利益が上がりにくくなったため。　**問６**　(例)　ペットボトルのゴミは，ペットボトル本体，ラベル，キャップでの分別が必要であるため，それぞれのゴミ箱を設置して分別をよびかける。　**問７**　工業化を進

解　説

1　北海道地方と九州地方の地形や産業などについての問題

問１　札幌市は北海道の道庁所在地で，北海道西部に広がる石狩平野を開拓してつくられた。なお，①は旭川市，③は釧路市，④は函館市の位置。

問２　有珠《うす》山は北海道南西部に位置する活火山で，ふもとには洞爺《とうや》湖が広がり，すぐ東には昭和時代の1940年代に形成された活火山の昭和新山がそびえる。有珠山には，火山活動のさいにねばり気の強いマグマが地中から上昇して形成される溶岩ドームがいくつもある。なお，大雪山は北海道中央部の⑤に位置する活火山。

問３　九州地方の県庁所在地では，福岡市と熊本市が政令指定都市に指定されており，ほかに比べて人口が多い。第３位以下は，鹿児島市→大分市→長崎市→宮崎市→佐賀市の順となっている。統計資料は『日本国勢図会』2021／22版による(以下同じ)。

問４　北海道の東部にある摩周《ましゅう》湖や南西部にある洞爺湖，鹿児島県の南部にある池田湖は，火山が噴火《ふんか》してできたくぼ地に水がたまってできたカルデラ湖である。一方，サロマ湖(北海道)・浜名湖(静岡県)・宍道《しんじ》湖(島根県)は，海だったところが砂州などによって切り離され，湖となった海跡湖(潟《せき》湖)で，淡水《たんすい》と海水が混ざり合う汽水湖となっている。

問５　火山が噴火すると，火山灰，火山ガス，軽石のような高温の噴出物が，高速で火山の斜面《しゃめん》を流れ下る現象が起こることがある。この現象は火砕流《かさいりゅう》とよばれ，1991年の雲仙岳(雲仙普賢《ふげん》岳，長崎県)の噴火にともなって発生した火砕流では，多くの人が犠牲《ぎせい》となった。

問６　［Ｘ］　北海道各地に分布する泥炭《でいたん》は，かれた植物が寒さなどのため十分に分解されないまま堆積《たいせき》したものである。　［Ｙ］　火山噴出物であるシラスは，保水性が低い。そのため，シラスの広がる地域では，稲作ではなく畑作や畜産を中心に農業が営まれている。

問７　釧路《くしろ》市は太平洋に面しているため，夏の降水量が多く，冬は乾燥する太平洋側の気候の特《とく》徴《ちょう》が見られる。しかし，北海道の気候に属するため，梅雨の影響《えいきょう》はきわめて少なく，気温も低い。よって，(エ)が選べる。なお，(ア)は宮崎市，(イ)は札幌市，(ウ)は福岡市の雨温図。

問８　４項目で０となっている［Ｘ］は，寒さの厳しい気候や火山灰土の広がる地質のため，酪農《らくのう》地帯となっている釧路市である。４市の中で野菜の産出額が飛びぬけて多い［Ｙ］には，野菜の促成栽培がさかんなことで知られる宮崎市があてはまる。また，米の産出額が飛びぬけて多い［Ｚ］は，北海道有数の米の産地である旭川市である。残った［Ｗ］に，福岡市があてはまる。

問９　(ア)　畜産物にかぎらず，農産物は遠方へ出荷されることもあるので，ある地域の産出額がその周辺地域での需要《じゅよう》の高さを示すことにはならない。　(イ)　肉用牛の産出額は，釧路市（８億円ほど）よりも福岡市（４億円ほど）のほうが少ない。　(ウ)　いずれのグラフからも，全国的な消費量は読み取れない。　(エ)　鶏《にわとり》の飼育数にはブロイラーだけでなく採卵鶏《さいらんけい》もふくまれるため，グラフから判断することはできない。

問10　北海道地方の工業は，出荷額に占《し》める食品工業の割合が多いことが特徴なので，［Ｙ］と［Ｚ］が北海道のもので，［Ｗ］と［Ｘ］が九州地方のものと判断できる。九州地方の工業は，八幡製鉄所をはじめとする鉄鋼・金属工業の出荷額が多かったが，近年は自動車を中心とする機械工業の割合が多くなった。したがって，［Ｗ］が1960年，［Ｘ］が2014年の九州地方のグラフとなる。北海道地方の工業は，高度経済成長期（1950年代後半～1970年代前半）の重化学工業の進展にともない，機械工業や化学工業の占める割合が増えていったと推測できるので，［Ｙ］が1960年のもの，［Ｚ］が2014年のものとなる。

２　各時代の歴史的なことがらについての問題

問１　青銅器は，鉄器とともに弥生時代に朝鮮半島から日本へと伝わった。(ア)は銅鐸《どうたく》とよばれる青銅器で，つるして音を出す祭器として用いられたと考えられている。

問２　北条氏は，鎌倉幕府を開く以前から源頼朝を支え，北条政子は頼朝の妻となった。鎌倉幕府では，将軍を補佐する役職として執権《しっけん》が置かれ，初代執権には政子の父の北条時政が就任した。その後，源氏の将軍が３代（頼朝・頼家・実朝《さねとも》）でとだえると，北条氏は執権として政治の権力をにぎるようになった（執権政治）。

問３　清少納言は平安時代中期の宮廷女官で，一条天皇のきさきの定子に仕えた。『枕草子』は清少納言がかな文字を用いて著した随筆《ずいひつ》で，四季の移り変わりや宮廷生活のようすなどがつづられている。なお，『方丈記《ほうじょうき》』は鴨長明《かものちょうめい》の随筆，『新古今《こきん》和歌集』は後鳥羽《ごとば》上皇の命令で藤原定家らが編さんした和歌集，『徒然草《つれづれぐさ》』は吉田兼好《けんこう》の随筆で，いずれも鎌倉時代に成立した。

問４　(ア)は「洛中《らくちゅう》洛外図屏風《びょうぶ》」とよばれる作品の一部（「洛」は京都のこと）で，京都八坂神社の祭礼の目玉である山鉾巡行《やまぼこじゅんこう》のようすがえがかれている。なお，(イ)は長崎の出島をえがいたもの，(ウ)は南蛮《なんばん》船の来航のようすをえがいた「南蛮屏風」，(エ)は1854年にペリーが横浜に上陸したようすをえがいたもの。

問５　［Ｘ］　菅原道真は894年に宇多天皇に遣唐使の停止を進言し，受け入れられた。右大臣になるほど重用されたが，左大臣の藤原時平のたくらみによって901年に大宰府《だざいふ》に左遷《させん》され，２年後にその地で亡くなった。阿倍仲麻呂《あべのなかまろ》は奈良時代に遣唐使として唐(中国)に渡った人物で，帰国の願いがかなわず，唐で亡くなった。　［Y］ 平将門は，935年に一族の領地争いなどをきっかけに反乱を起こし，関東地方の大部分を支配して新皇と名乗ったが，平貞盛《さだもり》や藤原秀郷《ひでさと》に平定された。竹崎季長《すえなが》は鎌倉時代の元寇《げんこう》(元軍の襲来《しゅうらい》)で活躍《かつやく》した武士で，そのようすが「蒙古《もうこ》襲来絵詞《えことば》」にえがかれている。

問６　1398年，室町幕府の第３代将軍足利義満(1394年に将軍職をしりぞき，太政《だいじょう》大臣となる)は，京都北山の山荘内に金閣(鹿苑寺《ろくおんじ》)を建てた。(ア)～(ウ)は足利義満の行ったことを正しく説明しているが，(エ)は第８代将軍足利義政にあてはまることがらである。

問７　葛飾北斎《かつしかほくさい》は，江戸時代後半に栄えた化政文化を代表する浮世絵師で，46枚からなる連作「富《ふ》嶽《がく》三十六景」はその代表作として知られる。

問８　徳川家康は1603年に朝廷から征夷《せいい》大将軍に任じられ，江戸に幕府を開いた。しかし，わずか２年で将軍職を子の秀忠にゆずり，代々徳川家で世の中を治めていくことを大名たちに示すと，みずからは大御所として影響力を保った。なお，(ア)は第11代将軍徳川家斉《いえなり》，(ウ)は第５代将軍徳川綱吉，(エ)は第３代将軍徳川家光について述べた文。

問９　大隈重信《おおくましげのぶ》は肥前藩(佐賀県)出身の政治家で，1882年にイギリス式の議会政治の実現をめざして立憲改進党を設立した。1898年には大隈が内閣総理大臣，板垣退助が内務大臣となって日本で最初の政党内閣を組織し，この内閣は隈板《わいはん》内閣とよばれた。

問10　［X］は1901年，［Y］は1914年以降(「ヨーロッパの戦争」とは1914年に始まった第一次世界大戦のこと)，［Z］は1872年のできごとなので，古いものから順に［Z］→［X］→［Y］となる。

3　環境問題や公害についての問題

問１　(1)　栃木県選出の衆議院議員であった田中正造は，足尾銅山から流された鉱毒によって渡良《わたら》瀬《せ》川流域の魚や農作物に深刻な被害がもたらされると，帝国議会で足尾銅山の操業停止を求めた。しかし，政府の対応が不十分であったため，1901年に議員を辞職して明治天皇に直訴《じきそ》を試みるなど，人生をかけて問題の解決に取り組んだ。　(2)　第二次世界大戦後，ベトナムが南北に分かれて対立すると，アメリカは1965年からこれに本格介入《かいにゅう》し，ベトナム戦争が激化した。このときアメリカ軍が大規模な空爆《くうばく》を行ったり，枯葉剤《かれはざい》を散布したりしたため，ベトナム各地で自然環境が破壊された。なお，1973年にベトナム戦争の停戦協定が結ばれ，1976年には南北ベトナムが統一された。

問２　貝塚は海の近くに形成されたので，その分布から当時の海岸線が推測できる。関東地方の貝塚分布では，かなり内陸にも貝塚が見られるので，もし地球温暖化によって寒冷な地域の氷が解け，海水面が上昇した場合，貝塚が見られる地域にまで海水が入りこみ，陸地が少なくなってしまうことが考えられる。

問３　［グラフ１］より，綿糸の輸出量が輸入量をこえたのは1897年のことだが，［年表］によると，日英通商航海条約は1899年に施行されている。

問４　**［X］**　⑤の熊本県の南西部に位置する水俣《みなまた》市では，1950年代ごろから，魚介類を食べた住民に手足のしびれや目・耳の障がいなどの症状《しょうじょう》があらわれ，水俣病と名づけられた。これは，化学工場の排水にふくまれていた有機水銀が八代海を汚染したために発生した公害病であった。

［Y］　④の三重県の北部に位置する四日市市では，石油化学コンビナートの工場から排出された

煙《けむり》にふくまれる亜硫酸《ありゅうさん》ガス(二酸化硫黄《いおう》)が原因で，四日市ぜんそくとよばれる公害病が発生した。

問５　［グラフ２］によると，1965年には輸入材より国産材の供給量のほうが多かったが，1970年代には輸入材が国産材を上回るようになった。国産材に比べて安価な輸入材が大量に出回るようになった結果，［グラフ３］にあるように国産のすぎ・ひのきの価格が下がっていき，国産材から得られる利益が減ったため，これを伐採する量も減っていったのだと推測できる。

問６　一般的なペットボトルは，ボトル本体がPET樹脂《じゅし》製で，キャップとラベルはこれと異なるプラスチックからつくられている。そのため，適切にリサイクルされるようにするには，捨てるさいにラベルとキャップを取り外し，別々に分けて捨てることが必要となる。

問７　かつて先進国は，「工業化を進めるうえで，ある程度の環境問題や公害が発生してしまうことは，仕方のないことだ」と考えて産業と経済を発展させ，現在の繁栄《はんえい》を手にするとともに，環境問題を引き起こした。これに対し，かつては先進国もそう考えて発展したのだから，自分たちだけ規制されるのは不公平だと訴《うった》える発展途上国もあり，産業の発展と環境の保全・改善の両立は国際的な問題となっている。

理　科　＜第１次試験＞（30分）＜満点：50点(理数コースは100点)＞

解　答

[1]　**問１**　(カ)　**問２**　(1)　(イ)　(2)　(ア)　**問３**　(1)　白くにごる。　(2)　二酸化炭素　(3)　水　**問４**　二酸化炭素　**問５**　(例)　(重曹が)加熱(されると)気体が発生(するから。)　**問６**　(重曹水が)アルカリ(性なので，油やタンパク質を)分解(するから。)　**問７**　(重曹が)胃酸(を)中和(するから。)　[2]　**問１**　**図１**…(カ)　**図２**…(ア)　**問２**　(1)　0.5倍　(2)　0.4倍　(3)　１倍　(4)　1.25倍　**問３**　(1)　**支点**…イ　**力点**…ア　**作用点**…ウ　(2)　２倍　(3)　0.4倍　**問４**　(1)　**支点**…ウ，エ　**力点**…ア，イ　**作用点**…イ，オ　(2)　8.3倍　[3]　**問１**　(1)　(例)　月　(2)　(エ)，(オ)　**問２**　(例)　環境が安定している　**問３**　多様　**問４**　(1)　Ｅ，Ｆ，Ｇ，Ｈ　(2)　(ア)，(エ)　**問５**　25.2年後

解　説

[1]　重曹《じゅうそう》についての問題

問１　重曹は，炭酸水素ナトリウムという物質である。

問２　(1)　BTB液は，酸性のときに黄色，中性のときに緑色，アルカリ性のときに青色になる。重曹水(炭酸水素ナトリウムの水よう液)はアルカリ性なので，青色になる。　(2)　フェノールフタレイン液は，酸性と中性のときは無色だが，アルカリ性のときはうすい赤色に変化する。重曹水は弱いアルカリ性なので，フェノールフタレイン液を加えるとうすい赤色に変化する。

問３　(1)，(2)　図１の実験では，試験管から出てきた気体によって石灰水が白くにごる。このことから，重曹を加熱すると二酸化炭素が発生することが確かめられる。　(3)　塩化コバルト紙は青色をしているが，水をつけたり水蒸気にふれたりする(水に反応する)と赤色に変化する。よって，試験管の口にある液体は，塩化コバルト紙の反応から水であることが確かめられる。なお，重曹を加熱すると炭酸ナトリウム，水，二酸化炭素に分解する。

問４　アルカリ性の重曹水に，水にとけると酸性の水よう液になるクエン酸を加えると，中和が起こり，二酸化炭素が発生する。入浴剤《ざい》にはこの性質を利用して細かい泡《あわ》を発生するものがある。

問５　ホットケーキやスポンジケーキの材料に含《ふく》まれている重曹は，加熱されると分解して，気体の二酸化炭素が発生する。この二酸化炭素が生地の中で細かい気泡《きほう》をたくさん作り，生地をふくらませる。

問６　アルカリ性の重曹水は，油やタンパク質を分解する性質をもっているので，これらの汚《よご》れを落とす掃除《そうじ》にも用いられる。

問７　胃から出される胃酸(胃液)は塩酸を多く含み，強い酸性であるが，胃そのものは胃酸にさらされながらもとけることはない。これは粘液《ねんえき》の膜《まく》が胃のかべを保護しているからである。しかし，胃酸が余計に出されたり粘液の膜がうすくなったりすると，胃のかべが傷ついて胃痛などの原因となる。そのさいは胃酸を中和して胃の中の酸性を弱めるために，胃薬にはアルカリ性の重曹が含まれていることがある。

２　てこのつりあいについての問題

問１　**図１**…ピンセットは，支点と作用点の間に力点があるてこである。支点から力点までの長さよりも，支点から作用点までの長さの方が長いので，力点に加えた力よりも小さな力が作用点に加わるが，作用点の動きは力点の動きよりも大きくなる。　**図２**…くぎ抜《ぬ》きは，作用点と力点の間に支点があるてこである。ふつう，支点から力点までの長さよりも，支点から作用点までの長さの方が短くなるようにして使い，このとき力点に加えた力よりも大きな力が作用点に加わる。

問２　ここでは，おもり１個の重さを１として考える。よって，求めた値がそのまま解答の数値となる。　(1)　棒を反時計回りに回転させるはたらきは，１×10＝10となる。よって，矢印の位置を上から支える力の大きさは，10÷20＝0.5となる。　(2)　棒を時計回りに回転させるはたらきは，１×10＝10となるので，矢印の位置を下から支える力の大きさは，10÷(10＋15)＝0.4になる。
(3)　まず上側の棒のつりあいを考えると，棒の右はしの近くで下側の棒をつるした糸には，１×12÷６＝２の力がかかる。よって，下側の棒では，上向きに２の力がはたらいているので，下向きに２の力がはたらくとつりあう。このとき，おもり１個の重さと矢印の位置を上から支える力の大きさの合計が２になればよいから，矢印の位置を上から支える力の大きさは，２－１＝１とわかる。
(4)　下側の棒において，棒を時計回りに回転させるはたらきは，２×10＝20だから，矢印の位置を下から支える力の大きさは，20÷(10＋６)＝1.25となる。

問３　(1)　図３で，ハサミに手で力を加えるアが力点であり，ハサミの２つの部分をつなぎあわせていて，刃《は》の動きの中心となるイが支点である。また，切るものと接するウが作用点になる。
(2)　図３で，アに加えた力の大きさを１とすると，ウに加わる力の大きさは，１×６÷３＝２と求められる。つまり，手で加えた力の２倍の力がかかる。　(3)　図４で，アに加えた力の大きさを１とすると，エに加わる力の大きさは，１×６÷７＝$\frac{6}{7}$である。よって，図４のエに加わる力の大きさは，図３のウに加わる力の大きさの，$\frac{6}{7}$÷２＝0.42…より，0.4倍である。

問４　(1)　図５のつめ切りは，アが力点，イが作用点，ウが支点となった上側のてこと，イが力点，エが支点，オが作用点となった下側のてこが組みあわさってできている。　(2)　上側のてこにおいて，手で加えた力(アを下向きにおす力)の大きさを１とすると，イにはたらく力の大きさは，１

×(3.6＋0.4)÷0.4＝10となる。よって，下側のてこにおいて，イに加わる力は10だから，オにかかる力の大きさは，10×(0.9＋3.6)÷(0.9＋3.6＋0.4＋0.5)＝8.33…になる。したがって，手で加えた力の約8.3倍の力がオにかかる。

3 銀河系の惑星《わくせい》についての問題

問１　星Ｓのまわりを，星Ｐが星Ｓに対していつも同じ面を向けて公転するのは，星Ｐの公転周期と自転周期が同じで，それらの向きも同じ場合である。このような例は地球のまわりを公転する月に見られるが，木星の衛星であるイオやエウロパのように，太陽系のほかの衛星にも，惑星に対しいつも同じ面を向けて公転しているものがある。

問２　Ｘの直前に「言いかえれば」とあるので，１つ前の文を参考にする。季節によって気温や水温などが大きく変わらず，海には波が立たず，天気の変化もないかもしれないと述べられているので，安定した環境《かんきょう》だといえる。

問３　季節や天気の変化があると，それぞれの環境に適したさまざまな生物が生息すると考えられる。つまり，星の環境に多様性があると，さまざまな環境で生命が進化し，生命の多様性も高まると考えられる。

問４　(1)　図２で，恒星《こうせい》(太陽)からの距離《きょり》が小さい順に，水星はＨ，金星はＦ，地球はＥ，火星はＧ，木星はＡ，土星はＢ，天王《てんのう》星はＣ，海王星はＤにそれぞれあてはまる。このうち，表面が岩石でできた地球型惑星は水星(Ｈ)，金星(Ｆ)，地球(Ｅ)，火星(Ｇ)の４つである。　**(2)**　(ア)　恒星からの距離の値が水星(Ｈ)より小さい0.01～0.1の範囲《はんい》で，惑星の半径の値が木星(Ａ)と同じ10くらいのところに，複数の点があるので，正しい。　(イ)　図２からは，それぞれの惑星の公転周期を知ることはできない。　(ウ)　図２で点が最も多く集まっているところは，惑星の半径の値が地球(Ｅ)より大きく，海王星(Ｄ)より小さい範囲にある。　(エ)　海王星(Ｄ)の恒星からの距離の値は100より小さいが，100の10倍の1000より大きい範囲にも点があるので，正しい。

問５　探査機の進む速さが光の20％$\left(=\frac{1}{5}\right)$のとき，同じ距離を進むのに探査機は光の５倍の時間がかかるので，探査機がハビタブル・プラネットに着くまでにかかる時間は，4.2×５＝21(年)である。そして，ハビタブル・プラネットから発信された写真のデータが地球に届くまでにかかる時間は，光の速さで進むので4.2年になる。したがって，21＋4.2＝25.2(年後)と求められる。

国　語　＜第１次試験＞(50分)＜満点：100点＞

解　答

問１　下記を参照のこと。　**問２**　Ⓐ　エ　Ⓑ　ア　Ⓒ　イ　**問３**　**１**　イ　**２**　ウ　**３**　エ　**４**　ア　**５**　オ　**問４**　**i**　ウ　**ii**　エ　**iii**　オ　**問５**　(1)　イ　(2)　エ　**問６**　ア　**問７**　(1)　イ　(2)　ア，カ　**問８**　(1)　イ　(2)　ア　(3)　エ　(4)　ア　(5)　ウ　**問９**　ウ　**問10**　男女平等教育が進んだ中で育っている(から)　**問11**　エ　**問12**　オ　**問13**　(例)　性別の差／年齢の差　**問14**　(1)　(例)　「わたし」という自称詞を用いずに本来なら男子が用いる自称詞を用いること。　(2)　ア　**問15**　ウ，オ　**問16**　(1)　**具体的な例や状況**…(例)　放課後に先生と生徒の間でゲームの話題になった。先生よりも生徒のほうがゲームに詳しく，生徒が先生に教えるような形になった。　⑵　**そこでのメリット…**（例）　先生はその生徒のゲームに対する知識や熱量に感心するとともに，彼に対する見方（評価）も少し変化した。このように，今までの尺度でお互いを測るのではなく，新しい見方や関係性が生まれる可能性がある点で，メリットがあるといえる。

●漢字の書き取り

問１　㋐　意中　㋑　調査　㋒　模様　㋓　設定　㋔　字幕　㋕　操（る）　㋖　借用　㋗　環境　㋘　整（える）　㋙　提案

解　説

〔文章Ａ〕の出典は酒井《さかい》順《じゅん》子《こ》の『男尊女子』，〔文章Ｂ〕の出典は中村桃子《なかむらももこ》の『「自分らしさ」と日本語』による。〔文章Ａ〕では，最近の女子高生の言葉遣《づか》いに対する筆者の感想から始まり，世代間の言葉遣いの違《ちが》い，言葉に表れる日本社会での男女の関係性などについて説明している。また，〔文章Ｂ〕では，日本語の人称詞《にんしょうし》を取り上げ，人称詞とアイデンティティの関係について述べている。

問１　㋐　心のなかでひそかに思っていること。　㋑　ものごとの実態を明らかにするために調べること。　㋒　推測される状況《じょうきょう》。　㋓　ものごとや条件をつくり定めること。　㋔　外国映画などで，会話の翻訳《ほんやく》を画面に文字で表したもの。　㋕　音読みは「ソウ」で，「操縦」などの熟語がある。　㋖　借りて使うこと。　㋗　まわりを取り巻く世界や状態。　㋘　音読みは「セイ」で，「整理」などの熟語がある。　㋙　議案や意見を出すこと。

問２　Ⓐ　「旧弊《きゅうへい》な」は，古い考え方やしきたりにとらわれているようす。　Ⓑ　「枷《かせ》」は，自由な考えや行動をじゃまするもの。　Ⓒ　「風貌《ふうぼう》」は，身なりや顔つきといった，外から見たその人のようす。

問３　**１**　友人の息子の彼女《かのじょ》が息子《むすこ》のことを「『翔吾《しょうご》（仮名）ーっ』と，呼び捨てにする」だけでなく，「『翔吾ーっ，腹減った』などと，言い放つ」と続けているので，前のことがらを受けて，さらに付け加える意味を表す「そして」があてはまる。　**２**　筆者の世代は「同性の友達同士の間ではひどい言葉遣いをしていても，いざ男女交際絡《がら》みの現場においては，『言葉の女装』をしていた」が，それに対して「今の若い女子を見ていると，男女交際の現場においても，そのまま男子的な言葉遣いをしている」と述べられているので，前のことがらを受けて，それに反する内容を述べるときに用いる「しかし」がふさわしい。　**３**　直前で「しかし指導しつつも，『本当にそうなのかな？』と思う瞬間《しゅんかん》が」と述べ，後では「私が～姪《めい》に指導をしているだけなのではないか」とその内容を言いかえているので，前に述べた内容を“要するに”とまとめて言いかえるときに用いる「つまり」があてはまる。　**４**　「アメリカに住む知人」の，アメリカ人と比べて日本人は年齢《ねんれい》にこだわるという話の後に，「アメリカ企業《きぎょう》の日本支社で働く知人」の「社内の人に年齢を聞くのもNG」という似たような話を続けているので，あることがらに次のことがらを付け加える働きの「また」があてはまる。

５　直前で述べた「今ある人称詞が表しているアイデンティティしか表現できないという制限がある」ことの例として，「『ぼく』と『おれ』は，それぞれ，〈弱気な男子〉と〈ガキ大将〉のアイデンティティと結び付いている」と述べているので，具体的な例をあげるときに用いる「たとえば」が合う。

問４　**ⅰ**　「眉《まゆ》をひそめる」は，心配なことや不快なことがあったときに顔をしかめること。　**ⅱ**

「目くじらを立てる」は，他人の小さな欠点を取り上げて責め立てること。　**iii**「手をわずらわせる」は，人に手間をとらせること。

問５　⑴「いそいそ」は，うれしいことなどがあって，心をはずませて行動するようす。　⑵「いざ」は，“さあ”の意味で，張り切って行動するときなどに発する言葉である。

問６　「あらあら」という言葉から，筆者が「ほとんど男子と同じ」言葉遣いをしている女子高生に驚《おどろ》き呆《あき》れる気持ちが読み取れる。なお，「彼女《かのじょ》達は，この先どのような言葉遣いをするようになるのか」と考えてはいるが，「この先どうなるのかと心配している」わけではないので，イは誤り。

問７　⑴　続く部分に注目すると，「同性の友達同士の間」で使っている「『クソ』とか『ザケンナ』といった言葉」は「封印《ふういん》」し，「『女子っぽい』言葉遣い」をすることを「言葉の女装」と言い表していることがわかる。よって，イが選べる。　⑵　波線部㋐の少し後に，「男子に好かれるためには，カジュアルながらも『女子っぽい』言葉遣いをしなくてはならないと思っていた」とあるので，アがふさわしい。また，空らん３の段落に「『女の子は女の子らしく話さないと』という旧弊な考えのもと，女装言葉を使用してきた」とあるので，カが選べる。

問８　⑴　波線部㋓の文に，「サザエさんは我々よりも上の世代という設定であることがわかる」とあるので，⑴にはイがあてはまる。　⑵「同性の友達同士の間ではひどい言葉遣いをしていても，いざ男女交際絡みの現場においては，『言葉の女装』をしていた」のは，筆者の世代である。　⑶女子の「言葉遣いがほとんど男子と同じである」のは，若者世代である。　⑷「あらお父さん，お出かけですか」のように，「フネさんは波平さんに敬語を使用している」と述べられている。⑸「サザエさんは，夫婦《ふうふ》がタメ口で話す世代」であるが，「サザエさんは『あなた』とか『マスオさん』と敬称付きで呼ぶのに対して，マスオさんは『サザエ』と呼び捨て」とあるので，ウが合う。

問９　空らん３の前後に注目すると，「男の子と変わらない言葉を使用する」姪に対して「大人の前では丁寧《ていねい》な言葉を使わなくちゃダメだからね！」と，厳しく指導しながらも，それは自分自身が「旧弊な考えのもと，女装言葉を使用してきた昔の人間だからなのではないか」，「『言葉の女装をしなくてはモテない』という強迫《きょうはく》観念があるからこそ」なのではないかと疑問をいだいているので，ウが合う。

問10　空らん３の直後に，「姪は，私の時代よりもうんと男女平等教育が進んだ中で育っているが故《ゆえ》に，女言葉を使用していない」とあるので，ここからぬき出せる。

問11　〔文章Ｂ〕では，小中学生の女子が「わたし」という自称詞を使わない理由を「異性愛の『大人の女性になる』こと」をさけるためだとしている。同じように，〔文章Ａ〕の女子高生も，大人の女性として見られることを拒否《きょひ》するために男言葉を話していると考えられる。

問12　筆者は，「言葉の男女差」は減少しているものの，「男女平等というものを考えた時に，日本語に男言葉と女言葉ががっちりと根付いているという事実が，かなりの枷になっているように思う」と述べている。つまり，どちらかに統一することで「男女平等」に近づけるのではないかと考えているのだが，ぼう線⑤の直前にあるように，女子高生が男言葉で話すと，「『すさまじい』という印象に」なってしまうので，反対に「女言葉で統一してみるのは，どうでしょう」と提案しているのである。

問13　〔文章Ａ〕の前半で男女の言葉遣いについて説明され，英語とは異なり日本語には「男言葉と女言葉がかっちりと根付いている」と述べられている。そしてぼう線④の直前の段落に，「言葉の違いによって性差を意識せざるを得ないのが，我々日本人です」とある。また，日本人がアメリカ人に比べて年齢にこだわることにふれ，「日本には敬語があるからこそ，相手の年齢と自分の年齢を考えずにはいられない」と説明されている。つまり，日本語を用いているときに意識しているのは，「性別の差」と「年齢の差」であるといえる。

問14 ⑴　直前に注目する。ここでは，少女が「『わたし』という自称詞」を使わずに，「ぼく・おれ・うち」を使うことを話題にしている。よって，「『わたし』という自称詞を使わずに，『ぼく・おれ・うち』という自称詞を使うこと」のようにまとめる。　⑵　少女たちの使っている「ぼく・おれ・うち」という言葉は，もともとあったものだが，それをこれまでとは違った意味合いで使っていることを「創造的」だというのである。

問15　〔文章Ａ〕では，最近の若者と筆者の世代を比較《ひかく》したり，「サザエさん」のなかでの世代間の言葉遣いを比較したりしながら，言葉遣いから見る社会における男女の関係について説明している。また，〔文章Ｂ〕では，人称詞の限界について述べた後で，ことばを変えることで社会も変わり，そのなかで自分のアイデンティティもつくられると結んでいる。よって，ウとオがふさわしい。

問16 ⑴　二重ぼう線部の直後に「ことばを変えることで関係を変える」という考え方が示されているように，生徒が先生に「タメ口で話す」ことで，生徒と先生の関係がふだんとは変わると考えられる。関係が変わることでメリットのある場面を考えて書く。　⑵　⑴の場面で，生徒の先生に対することばを変えた場合，関係がどのように変わり，どのようなメリットがあるのかを説明する。

2022年度　世田谷学園中学校

〔電　話〕　(03) 3411－８６６１
〔所在地〕　〒154－0005　東京都世田谷区三宿１－16－31
〔交　通〕　東急世田谷線・田園都市線 ―「三軒茶屋駅」より徒歩10分
井の頭線 ―「池ノ上駅」より徒歩20分

【算　数】〈算数特選試験〉(60分)〈満点：100点〉

〔注意〕1．1と2は答えだけを，3～5は求め方も解答用紙に書きなさい。
2．円周率《りつ》は3.14として計算しなさい。
3．問題にかかれている図は，必ずしも正確なものとは限りません。

1　下の図のように，Oを中心とする半径6cmの半円があります。角AOFは90°，角AFOは30°，角CGDは75°であるとき，次の問いに答えなさい。

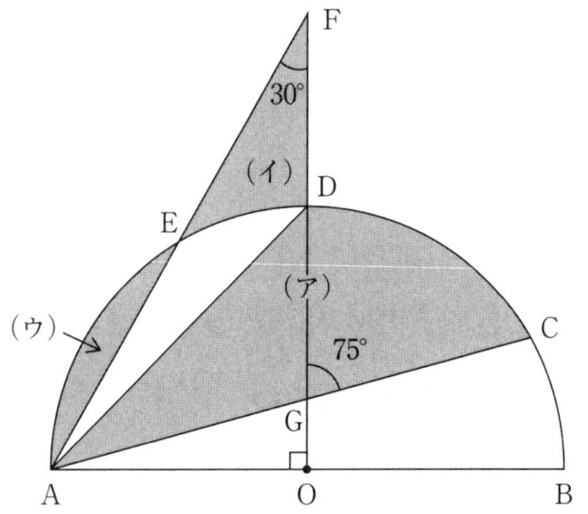

(1)　色のついた部分(ア)の面積は何cm^2ですか。

(2)　色のついた部分(イ)と(ウ)の面積の合計は何cm^2ですか。

2　１以上の整数nに対して，＜n＞を次のように決めます。

> ●　＜１＞＝１
>
> ●　nが２以上の偶数のとき
>
> ＜n＞は１からnまでの偶数をすべて足し合わせたものから，
>
> １からnまでの奇数をすべて引いた値
>
> ●　nが３以上の奇数のとき
>
> ＜n＞は１からnまでの奇数をすべて足し合わせたものから，
>
> １からnまでの偶数をすべて引いた値

たとえば，

＜６＞　＝２＋４＋６－１－３－５＝３

＜11＞　＝１＋３＋５＋７＋９＋11－２－４－６－８－10＝６

＜＜11＞＞＝＜６＞＝３

となります。

このとき，次の問いに答えなさい。

（１）＜150＞はいくつですか。また，

和　＜１＞＋＜２＞＋……＋＜149＞＋＜150＞

はいくつですか。

（２）＜＜150＞＞はいくつですか。また，

和　＜＜１＞＞＋＜＜２＞＞＋……＋＜＜149＞＞＋＜＜150＞＞

はいくつですか。

3 水平な床の上におかれた，底面の半径3cm，高さ4cmの円柱があります。下の図のように，この円柱の床についた面の中心が，同じ床の上にあるAB＝BC＝12cmの直角二等辺三角形の辺上を，AからBを通ってCまで移動します。

このとき，次の問いに答えなさい。

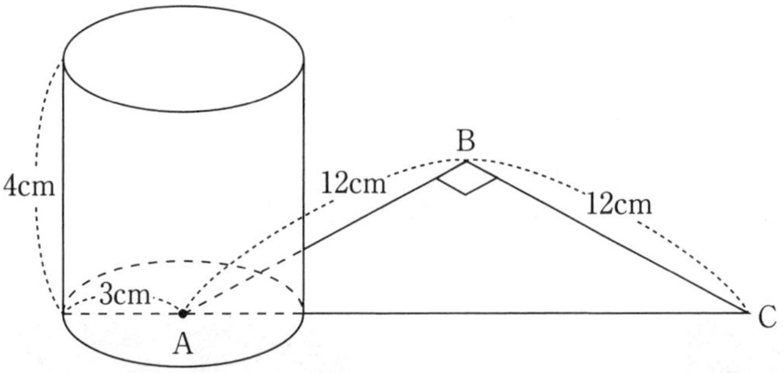

(1) 円柱の床についた面が通ってできる図形の面積は何cm^2ですか。

(2) 円柱が通ってできる立体の表面積は何cm^2ですか。

4 列車Xの走る線路と列車Yの走る線路は平行で，ともにトンネルAとトンネルBをくぐります。トンネルA，Bの間の距離は80mです。下の図のように，太郎さんは，トンネルから列車が出てくるのを，遠くからながめています。太郎さんからは2つのトンネルの間を走る列車のみ見えるものとします。ただし，列車Yのうち，列車Xと重なっている部分については見ることができません。列車Xの長さは200m，速さは時速36km，列車Yの長さは160mとします。

このとき，次の問いに答えなさい。

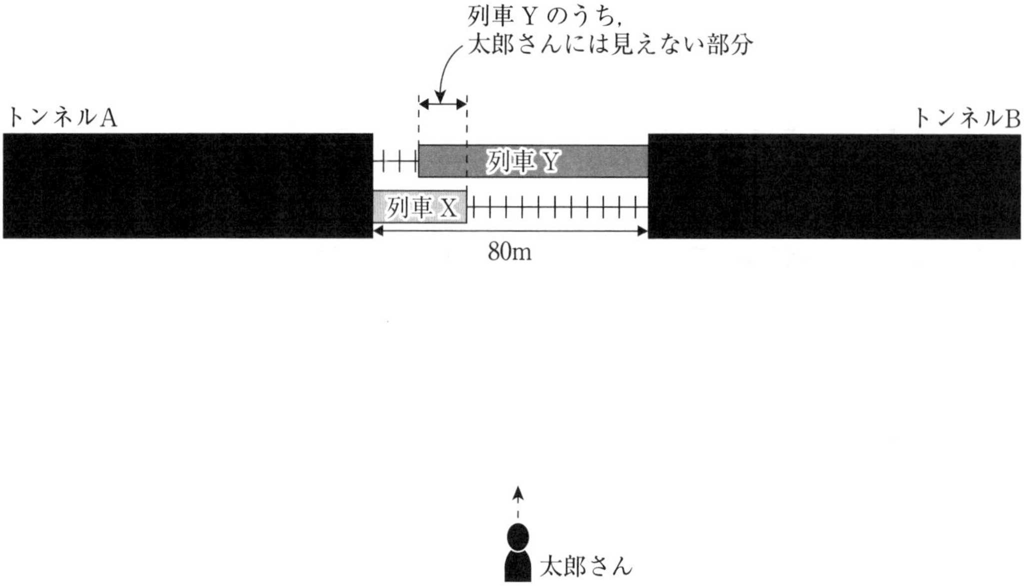

(1) 列車Xと列車Yが互いに逆の方向に進むとします。

列車XがトンネルAから出てきてトンネルBに入るまでの間，太郎さんは，トンネルBから出てトンネルAに入る列車Yを見ることができませんでした。そうなるような列車Yの速さのうち，最も遅《おそ》いものは時速何kmですか。

(2) 列車Xと列車Yが同じ方向に進むとします。

列車XがトンネルAから出てきてトンネルBに入るまでの間，太郎さんは，トンネルAから出てトンネルBに入る列車Yを見ることができませんでした。そうなるような列車Yの速さのうち，最も遅いものは時速何kmですか。

5 1回あたり，6点，9点，14点のいずれかの点数がもらえるゲームをします。図1は世田谷さんの点数の記録用紙で，6点を4回，9点を2回，14点を3回もらい，合計で84点もらったことを表しています。

このとき，次の問いに答えなさい。

世田谷　さん	太　郎　さん	次　郎　さん
(4，2，3)⇒ 84	(㋐，㋑，㋒)⇒ 193	(㋓，㋔，㋕)⇒ 139
図1	図2	図3

(1) 図2は太郎さんの記録用紙です。太郎さんは全部で20回ゲームをしました。㋑に入る数は，㋐の3倍より1小さい数です。㋐，㋑，㋒に入る数はそれぞれいくつですか。

(2) 図3は次郎さんの記録用紙です。数が大きい方から㋓→㋕→㋔の順になっているとき，㋓に入る数はいくつですか。考えられるものをすべて答えなさい。

2022年度

世田谷学園中学校

▶解　答

※　編集上の都合により，算数特選試験の解説は省略させていただきました。

算　数　＜算数特選試験＞（60分）＜満点：100点＞

解　答

1 (1) $27.84cm^2$　(2) $9.42cm^2$　2 (1) 〈150〉＝75，**和**…5700　(2) 〈〈150〉〉＝38，**和**…2888　3 (1) $170.325cm^2$　(2) $602.85cm^2$　4 (1) 時速72km　(2) 時速$30\frac{6}{7}$km　5 (1) ㋐ 4　㋑ 11　㋒ 5　(2) 7，10，17

2022年度　世田谷学園中学校

〔電　話〕　(03) 3411―８６６１
〔所在地〕　〒154-0005　東京都世田谷区三宿１―16―31
〔交　通〕　東急世田谷線・田園都市線―「三軒茶屋駅」より徒歩10分
井の頭線―「池ノ上駅」より徒歩20分

【算　数】〈第２次試験〉（60分）〈満点：100点(理数コースは200点)〉

〔注意〕　１．**1**～**4**は答えだけを，**5**と**6**は求め方も解答用紙に書きなさい。

２．円周率《りつ》は3.14として計算しなさい。

３．問題にかかれている図は，必ずしも正確なものとは限りません。

1　次の□にあてはまる数を求めなさい。

(1)　$\left(\frac{9}{10}+\Box\right)\times\frac{7}{8}-1+0.7\div\frac{8}{7}=0.75$

(2)　１個200円のコップを180個仕入れ，２割の利益を見込んで定価をつけて売りました。□個のコップが割れてしまい売れませんでしたが，それ以外のコップはすべて売れて，利益は5520円ありました。

(3)　４で割ると１あまり，５で割ると２あまる整数のうち，111に最も近い整数は□です。

(4)　3850円をＡ，Ｂ，Ｃの３人で分けたところ，ＡはＢの２倍より300円少なく，ＣはＡの２倍より200円多くなりました。このとき，Ｂがもらった金額は□円でした。

(5)　80円切手と100円切手を合わせて25枚買いました。80円切手にはらった代金は，100円切手にはらった代金より560円多くなりました。このとき，買った80円切手は□枚でした。

(6)　右の図は，長方形の中に２本の直線を引いたものです。２つの斜線部分の面積が等しいとき，CE の長さは□cm です。

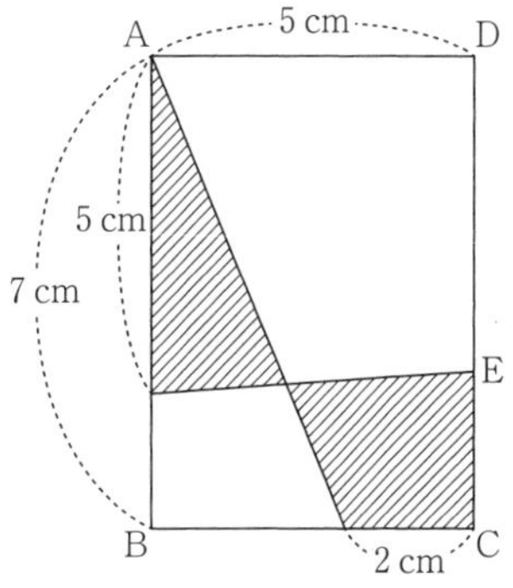

2　水そうに水が 100L 入っています。その水そうに一定の割合で水を注ぎながら，同時に一定の割合で排《はい》水すると20分で空になります。また，注ぐ水の量を60％にすると12分30秒で空になります。

このとき，次の問いに答えなさい。

(1)　水を注がないで排水すると，何分で水そうは空になりますか。

(2)　注ぐ水の量を60％にして，25分で水そうを空にするためには，排水する水の量を何％にすればよいですか。

3　ハイブリッド車は，ガソリンで動くエンジンと，電気で動くモーターの２つの動力を利用して動かすため，燃料であるガソリンの消費を抑えながら走行できる利点があります。電気の力で走行している間はガソリンの消費はありません。この走行状態を「ECO 運転」とよぶことにします。また，全体の走行距離に対する「ECO 運転」の走行距離の割合を『ECO 運転率』とし，百分率で表すこととします。たとえば，20km 走ったうち，15km を「ECO 運転」で走ったとき，『ECO 運転率』は75％となります。

あるとき，車が家を出発してからＡ地点までの走行距離は70kmで，『ECO 運転率』は42%でした。

このあと，運転を続けていくとき，次の問いに答えなさい。

(1) 車が家を出発してからＢ地点までの走行距離が90kmで，『ECO 運転率』が50%のとき，Ａ地点からＢ地点までの『ECO 運転率』は何%ですか。

(2) 車が家を出発してからＣ地点までの『ECO 運転率』が60%になりましたが，その後は「ECO 運転」を全くしなかったので，家からＤ地点までの『ECO 運転率』は50%に下がりました。AC 間の走行距離はCD 間の走行距離の２倍です。このとき，車が家を出発してからＣ地点までの走行距離は何kmですか。

4 右の図１は，底面Ａが正三角形，３つの側面Ｂ，Ｃ，Ｄがすべて同じ形の正三角すいです。この正三角すいを，Ａ→Ｂ→Ｃ→Ｄ→Ａ→Ｂ→Ｃ→Ｄ→Ａ→…の順に，水平な床の上で各面が床につくようにすべることなくたおしながら，床についたＡ，Ｂ，Ｃ，Ｄの三角形を図２のようにかき進めていきます。この操作を，すでにかかれた三角形とぴったり重なるまで続けました。

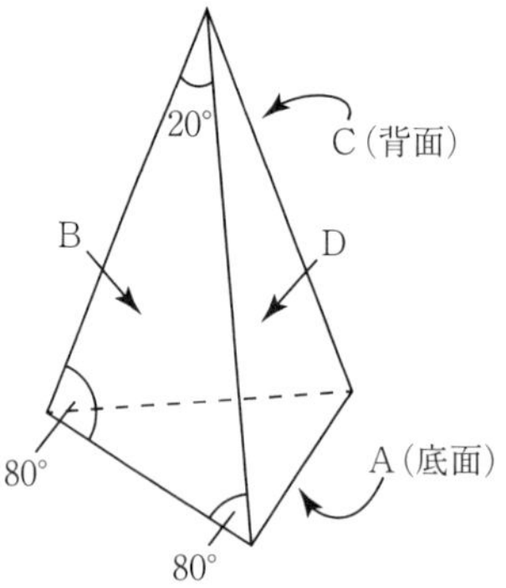

図１

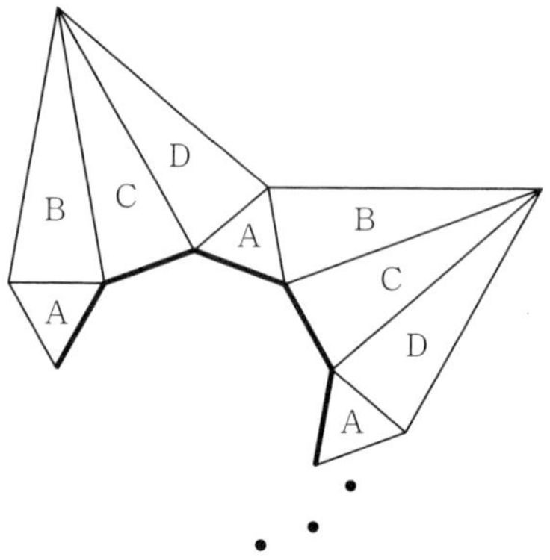

図２

このとき，次の問いに答えなさい。

(1) 図２の内側にできる図形の名前を答えなさい。ただし，太線はこの図形の一部です。

(2) 床の上にＢ，Ｃ，Ｄの三角形は全部で何個かかれていますか。ただし，ぴったり重なった三角形は１個として数えます。

5 ０時からの12時間で，図のように時計の長針と短針の作る角が90°になるときを考えます。

このとき，次の問いに答えなさい。

(1) そのようなときは何回ありますか。

(2) 長針と短針で分けられた２つの部分の文字盤《ばん》の数の和をそれぞれ考えます。

図の場合は

① 1＋2＋3＝6

② 4＋5＋6＋7＋8＋9＋10＋11＋12＝72

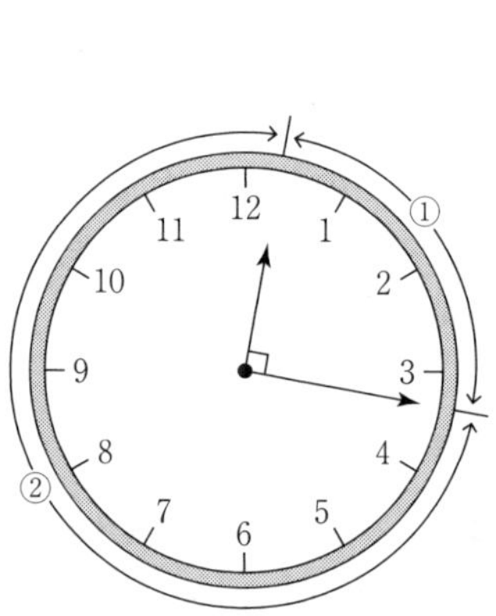

となります。この場合は，①，②の２つの数の比は１：12となっていますが，この比が５：８になるのは何時何分ですか。ただし，長針も短針も文字盤の数を指していないものとします。

6　太郎さんの家は地点Aに，次郎さんの家は地点Fにあります。下の図のように区間DEは平らでそれ以外は傾斜《けいしゃ》が同じ坂道です。

あるとき，太郎さんと次郎さんはそれぞれの家を同時に出発して，相手の家に向かい，太郎さんは71分で，次郎さんは63分で相手の家に着きました。

また，区間DEの道のりは180mです。2人とも上り坂では分速40m，下り坂では分速50m，平らな道では分速45mで歩きました。

このとき，次の問いに答えなさい。

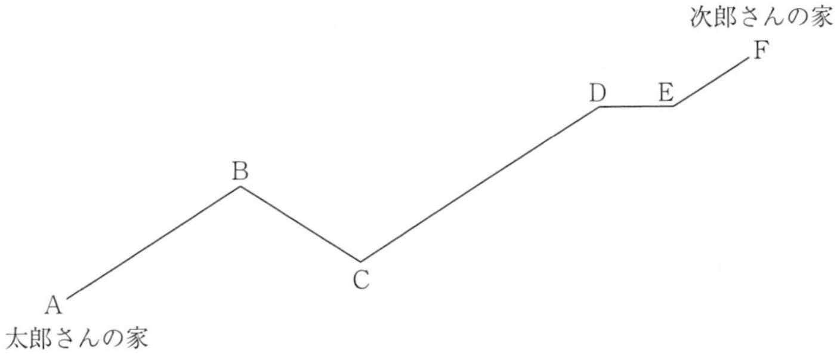

(1)　区間BCの道のりは何mですか。

(2)　区間CDの真ん中の地点と地点Bの標高が同じで，途中の地点Cで2人がちょうどすれ違うとすると，区間EFの道のりは何mですか。

【社　会】〈**第２次試験**〉（30分）〈満点：50点〉

1　世田谷君は，夏休みの自由研究の題材として，祖父母が暮らす群馬県の自然や歴史，産業などをよんだ「上毛かるた」を選びました。このかるたの読み札をもとに，５つのテーマで群馬県の特徴《とくちょう》をまとめました。次のテーマごとの文を読んで，あとの問いに答えなさい。

自然環境《かんきょう》

浅間のいたずら　鬼《おに》の押《おし》出し

県境に位置する(A)浅間山をはじめ，赤城《あかぎ》山や榛名《はるな》山などの火山が県内に複数あり，豊かな自然景観をうみ出している。

利根《とね》は　坂東一の川

古くは相模《さがみ》国の足柄《あしがら》山，箱根山以東を坂東と呼んでいた。利根川は坂東最大級の河川で，(B)流域面積が日本最大，長さは日本で２番目である。

観光地

伊香保《いかほ》温泉　日本の名湯

昔から名湯として知られる伊香保をはじめ，水上《みなかみ》など多数の温泉地があり，都道府県別の(C)自噴湧出《じふんゆうしゅつ》量では全国10位以内に入っている。

仙境《せんきょう》（１）沼《ぬま》　花の原

福島県や新潟県などにまたがる（　１　）国立公園の一部は，文化財保護法で国の(D)特別天然記念物に指定されている。

歴史上の人物

歴史に名高い　新田義貞《よしさだ》

天皇《てんのう》中心の政治をとりもどそうと考えた後醍醐《ごだいご》天皇の呼びかけにより，(E)新田義貞は幕府にせめこみ，幕府の滅亡《めつぼう》に力をつくした。

心の燈台《とうだい》　内村鑑三《かんぞう》

日本国内では(F)ある国との開戦を主張する意見が強まったが，キリスト教徒の内村鑑三はこの戦争に反対をした。

交通

関東と信越《しんえつ》
つなぐ高崎市

古くから交通の重要な地点として発展した高崎市は，複数の高速道路が走り，また，上越《じょうえつ》新幹線と(G)北陸新幹線の交差点にもなっている。

中山道《なかせんどう》しのぶ
安中杉《すぎ》並木

江戸《えど》時代に整備された五街道の一つである(H)中山道には，江戸を守るため碓氷《うすい》などに関所が置かれ，人々の通行などを監視《かんし》していた。

産業

県都（２）
生糸《いと》の市《まち》

県庁所在地の(　２　)市は，江戸時代から生糸やまゆの集散地で，明治時代に器械製糸所が創設されるなど，生糸の町として発展してきた。

桐生《きりゅう》は日本の
機どころ

桐生織《おり》は，通商産業大臣(現在の経済産業大臣)から(I)伝統的工芸品の指定を受け，現在も県を中心に桐生織が一層さかんになるように事業を実施《じっし》している。

問１　(１)・(２)にあてはまる地名・都市名をそれぞれ答えなさい。ただし，(２)は漢字で答えなさい。

問２　下線部(A)が位置する県の自然環境について述べた文として正しいものを，次の(ア)～(エ)の中から一つ選び，記号で答えなさい。

(ア)　ぶどうなどの果樹栽培《さいばい》がさかんな，甲府盆地《こうふぼんち》が位置する。

(イ)　越後《えちご》平野を流れて日本海に注ぐ，阿賀野《あがの》川が位置する。

(ウ)　厚い氷体をもつ万年雪におおわれた，立山が位置する。

(エ)　断層運動によってできたくぼ地が湖となった，諏訪《すわ》湖が位置する。

問３　下線部(B)が上位５位以内の河川の説明として誤っているものを，次の(ア)～(エ)の中から一つ選び，記号で答えなさい。

(ア)　利根川は関東平野を北西から南東につらぬき，群馬県と埼玉県，茨城県と千葉県の県境を流れて太平洋に注いでいる。

(イ)　石狩《いしかり》川は大きく蛇行《だこう》していた河川であったため三日月湖が形成され，治水工事により洪《こう》水《ずい》が減少してきた。

(ウ)　北上川は岩手県の中央をほぼ北から南に流れ，宮城県を通り石巻《いしのまき》市を流れて太平洋に注いでいる。

(エ)　木曽《きそ》川は滋賀県に源を発し岐阜県から愛知県を流れる河川で，河口付近の岡崎平野には輪中集落が多くみられた。

問４　下線部(C)の県について，次の地図中①～④の県に位置する温泉地として誤っているものを，あとの(ア)～(エ)の中から一つ選び，記号で答えなさい。

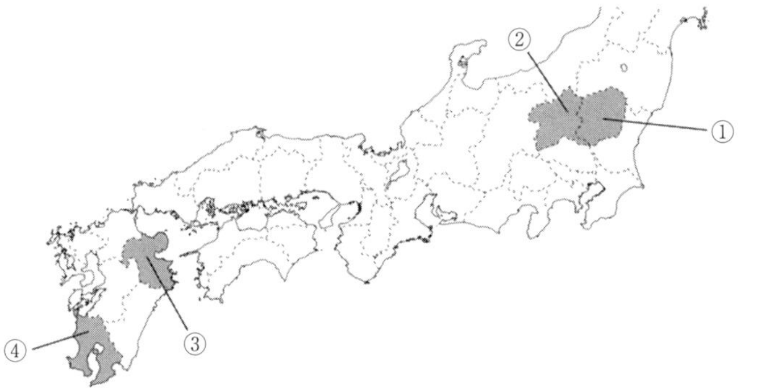

(ア)　①：鬼怒《きぬ》川

(イ)　②：草津《くさつ》

(ウ)　③：道後

(エ)　④：指宿《いぶすき》

問５　下線部(D)として正しいものを，次の(ア)～(エ)の中から一つ選び，記号で答えなさい。

(ア)　青森県の「阿寒《あかん》湖のマリモ」

(イ)　富山県の「ホタルイカ群遊海面」

(ウ)　福岡県の「秋吉台《あきよしだい》」

(エ)　沖縄県の「屋久島スギ原始林」

問６　下線部(E)について，この幕府が位置していた現在の都道府県の説明として正しいものを，次の(ア)～(エ)の中から一つ選び，記号で答えなさい。

(ア)　海岸沿いの埋立《うめたて》地には製油所や自動車関連などの工場がみられ，「みなとみらい21」地区では，造船所のあと地を使った再開発が行われている。

(イ)　平安時代に造られた都の道路網《もう》が現在も引きつがれているため，東西南北に延びる道路が碁盤《ごばん》目のように整然と交差している。

(ウ)　多くの情報が集まる特性を生かして，印刷・出版業やファッション性の高い商品の製造など，首都ならではの工業が発展している。

(エ)　古くから琵琶《びわ》湖や瀬戸《せと》内海を利用した船の行き来が盛んで，商業が発展していったことから，「水の都」や「天下の台所」と呼ばれていた。

問７　下線部(F)について，現在のこの国の位置として正しいものを，次のページの地図中①～④の中から一つ選び，番号で答えなさい。

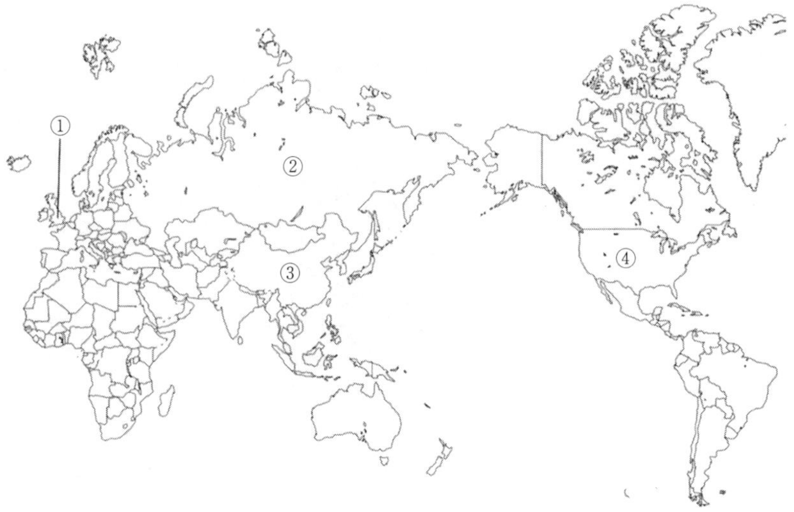

問８　下線部(G)について，次の表は新幹線の路線別輸送量を示したもので，表中(ア)～(エ)には東海道線，山陽線，上越線，北陸線のいずれかがあてはまります。北陸線にあてはまるものを，表中(ア)～(エ)の中から一つ選び，記号で答えなさい。

（※1 百万人キロ）

	2010年	2015年	2018年
(ア)	15,547	18,960	19,923
(イ)	753	3,888	3,808
(ウ)	4,303	4,913	5,125
(エ)	43,741	52,167	56,277

※1　百万人キロとは，旅客の数と同時にその乗車した距離《きょり》をあわせて考えるもので，旅客数に各旅客の乗車した距離をかけたものを全部合計して表している。

問９　下線部(H)が通過していた現在の都道府県の説明として誤っているものを，次の(ア)～(エ)の中から一つ選び，記号で答えなさい。

(ア)

水島地区には様々な分野の工場が集まり，鉄鋼や自動車，食品などが生産されている。

(イ)

豪雪《ごうせつ》の負担をさけるために屋根が急勾《こう》配《ばい》である，白川郷の合掌《がっしょう》造りは，世界文化遺産である。

(ウ)

高原の涼《すず》しい気候を利用した嬬恋《つまごい》村では，大規模にキャベツが栽培されている。

(エ)

北アルプスの美しい山々に囲まれた上高地は，中央高地の代表的な観光地である。

問10　下線部(I)と生産されている県名の組み合わせとして誤っているものを，次の(ア)～(エ)の中から一つ選び，記号で答えなさい。

(ア)　加賀友禅《ゆうぜん》：石川県

(イ)　南部鉄器：岩手県

(ウ)　伊万里《いまり》焼：山口県

(エ)　越前《えちぜん》和紙：福井県

データは「日本国勢図会 2020/21」，日本温泉協会HPによる

2　私たちにとって妖怪《ようかい》は，漫画《まんが》やゲームなどでおなじみの存在ですが，歴史の中では様々に姿を変えてきました。その中で有名な妖怪について紹介《しょうかい》した次の文を読んで，あとの問いに答えなさい。

［オニ］

元々，決まった形はなく様々な妖怪を指す言葉でした。江戸時代のころから，現在のように，牛の角を生やし，トラがらの腰巻《こしまき》をはいた姿でえがかれるようになります。

(A)平泉などには，アクロオウというオニの伝説があります。彼《かれ》は，桓武《かんむ》天皇から797年に征夷《せいい》大将軍に任命された（　１　）にたおされたと伝えられています。そのため，(B)朝廷《ちょうてい》に従わなかった人間がその正体だと考えられています。

［テング］

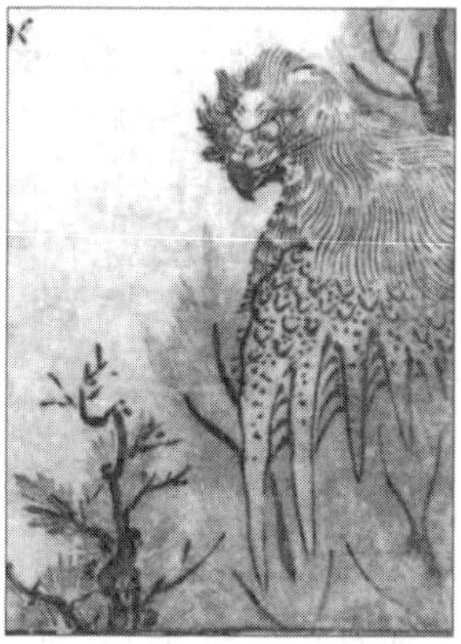

元々，山にひそむ姿の見えない存在とされていましたが，仏教が流行すると，その教えが広まることを邪魔《じゃま》する天魔《てんま》であると考えられるようになりました。

また，うらみをもって死んだ人間が死後，テングになるとも考えられていました。有名な話として，1156年に，後白河天皇と崇徳《すとく》上皇の対立から起こった（　２　）の乱に敗れた上皇は，うらみのあまりテングになったと伝えられています。

［ヌエ］

頭がサル，手足がトラでしっぽがヘビという姿をした妖怪で，古くは『古事記』や『(C)万葉集』にもみられます。『(D)平家物語』には，(E)源頼政《よりまさ》が，この妖怪を退治した話があります。

［ノヅチ］

ヘビの姿をした妖怪です。元々は『古事記』や『(F)日本書紀』にみられるカヤノヒメという女神でした。このように，元々は神だった存在が，時代を経て妖怪とされるようになることもあります。さらに近年には，「ツチノコ」の名前で一種の未確認生物としてあつかわれるようになりました。

［テラツツキ］

寺をおそう鳥の妖怪です。仏教を受け入れることに反対して，蘇我《そが》氏と(G)聖徳《しょうとく》太子によってほろぼされた（　3　）氏の霊《れい》がその正体とされています。

この妖怪は，江戸時代の(H)浮世絵《うきよえ》師，鳥山石燕《せきえん》によって創作された妖怪だと考えられています。江戸時代には妖怪が一種のキャラクターとなり，様々な創作妖怪が作られました。特に石燕の創作した妖怪の数は非常に多く，現在の我々の妖怪に対するイメージの大部分は，石燕と漫画家水木しげるによる影響《えいきょう》を受けています。

問１　（１）～（３）にあてはまる人名・語句をそれぞれ答えなさい。ただし，（２）・（３）は漢字で答えなさい。

問２　下線部(A)の地図上での位置①・②と，その説明［Ｘ］・［Ｙ］の組み合わせとして正しいものを，あとの(ア)～(エ)の中から一つ選び，記号で答えなさい。

［Ｘ］　平等院鳳凰《ほうおう》堂が建立された。

［Ｙ］　中尊寺金色堂が建立された。

	(ア)	(イ)	(ウ)	(エ)
位置	①	①	②	②
説明	［Ｘ］	［Ｙ］	［Ｘ］	［Ｙ］

問３　下線部(B)について，朝廷によって敵とされた人物を説明した文として正しいものを，次の(ア)～(エ)の中から一つ選び，記号で答えなさい。

(ア)　藤原純友《ふじわらのすみとも》は，山陰《さんいん》地方の海賊《かいぞく》を率いて朝廷に反乱を起こした。

(イ)　北条義時《よしとき》は，承久の乱の際に後鳥羽上皇により朝廷の敵とされた。

(ウ)　楠木《くすのき》正成《まさしげ》は，後醍醐天皇による建武の新政に対して反乱を起こした。

(エ)　徳川慶喜《よしのぶ》は，西南戦争の際に明治天皇により朝廷の敵とされた。

問４　下線部(C)に収められている和歌として正しいものを，次の(ア)～(エ)の中から一つ選び，記号で答えなさい。

(ア)

あをによし　奈良の都は　さく花の　にほふがごとく　今盛りなり

(イ)

白河の　清きに魚の　すみかねて　元のにごりの　田沼恋《たぬまこい》しき

(ウ)

泰平《たいへい》の　眠《ねむ》りをさます　上喜撰《じょうきせん》　たった四杯《はい》で　夜も眠れず

(エ)

地図の上　朝鮮《ちょうせん》国に　黒ぐろと　墨《すみ》をぬりつつ　秋風を聴《き》く

問５　下線部(D)が成立したころの社会の様子について述べた文として正しいものを，次の(ア)～(エ)の中から一つ選び，記号で答えなさい。

(ア)　土地の私有が認められたことで，荘園《しょうえん》の形成が始まっていた。

(イ)　二毛作が始まり，また，定期市が開かれるようになっていた。

(ウ)　明《みん》から輸入された銅銭が，取り引きに用いられるようになっていた。

(エ)　新田開発や干拓《かんたく》が行われ，備中ぐわなどの新しい農具もつくられた。

問６　下線部(E)は源氏の武士です。源氏について述べた文として正しいものを，次の(ア)～(エ)の中から一つ選び，記号で答えなさい。

(ア)　源義家《よしいえ》は，九州で起こった後三年合戦をしずめた。

(イ)　源頼朝《よりとも》は，武士として初めて太政大臣となった。

(ウ)　源義経《よしつね》は，壇《だん》ノ浦《うら》の戦いで平氏をほろぼした。

(エ)　源実朝《さねとも》は，日光東照宮で甥《おい》に暗殺された。

問７　下線部(F)が完成した時期として正しいものを，次の(ア)～(エ)の中から一つ選び，記号で答えなさい。

(ア)

平城京に都が移される

(イ)

平安京に都が移される

(ウ)

藤原道長が摂政《せっしょう》となる

(エ)

問８　下線部(G)の説明として正しいものを，次の(ア)～(エ)の中から一つ選び，記号で答えなさい。

(ア)　日本人がみな守るべき決まりとして，十七条の憲法を制定した。

(イ)　家がらに応じて役人に位をあたえる，冠位《かんい》十二階を定めた。

(ウ)　小野妹子《いもこ》を隋《ずい》に送り，隋に対して忠誠をちかった。

(エ)　彼の時代に栄えた文化を飛鳥《あすか》文化と呼び，玉虫厨子《たまむしのずし》がその代表である。

問９　下線部(H)をあらわした次の図［Ｘ］・［Ｙ］と，その作者名の組み合わせとして正しいものを，あとの(ア)〜(エ)の中から一つ選び，記号で答えなさい。

［X］

［Y］

	(ア)	(イ)	(ウ)	(エ)
図 作者名	［X］ 雪舟《せっしゅう》	［X］ 菱川師宣《ひしかわもろのぶ》	［Y］ 雪舟	［Y］ 菱川師宣

3 次の文を読んで，あとの問いに答えなさい。

日本の代表的な料理である(A)すしは，(B)外食産業でも多くの店舗《てんぽ》があります。そして，すしで使われる多くの魚介《ぎょかい》類が海外から輸入されています。一方，ほとんどが国内で生産されていると思われがちな野菜や果実も，近年は輸入量が増加しています。

日本の食料自給率は約40％で，先進国の中でも低くなっています。自由貿易協定や経済連携《れんけい》協定の締結《ていけつ》が進められ，安価な食料の輸入が増えたため，食料輸入大国となっています。

日本では，1995年に新食糧《しょくりょう》法が施行《しこう》され，主食である(C)米の生産や販売《はんばい》は市場での自由競争が基本となりました。また，米とともに他の農作物の輸入自由化が進められました。

政府は，1999年には食料・農業・農村基本法を制定し，農業生産の増大や食料自給率の向上によって，良質な食料を安定して供給することを目指しました。さらにこの法律では，農業が食料の生産以外にも，国土や自然環境の保全，水源の保全，棚田《たなだ》など美しい景観の維持《いじ》など，様々な役割を果たしていくことと，そのことによる(D)都市と農村の共生などを目指しています。

日本では，(E)第一次産業に従事する人の割合は就業人口全体の約３％で，農業に従事する人も減り続け，後継《こうけい》者不足になやむ農家も多くあります。

農業は，消費者の信頼《しんらい》にこたえ，安くて安全，良質な食料を生産するという重要な役割を担っています。この役割を果たすためには，(F)農家の経営の安定や効率化，意欲的に農業に取り組む人や農家の後継者への支援《しえん》，農地の有効な活用などの課題に取り組まなければなりません。政府が今後どのような農業政策を進めていくかが，重要になってきています。

その一方，近年では，産地名や生産者名の表示されている農作物が増えたり，(G)その地域で生産された農作物を学校給食の食材として使用したりするなどの取り組みが行われています。また，農薬や化学肥料などをできるだけ用いない安全な農作物を提供するなど，(H)生産者と消費者のつながりを深めようとする動きが進められています。

問1　下線部(A)のように，食がその国の文化とされるのは，その時代の農耕や人々の好みなどによって作り出されるものだからです。次の[X]・[Y]の食事の時代背景として正しいものを，あとの(ア)～(エ)の中から一つずつ選び，記号で答えなさい。

[X]

[Y]

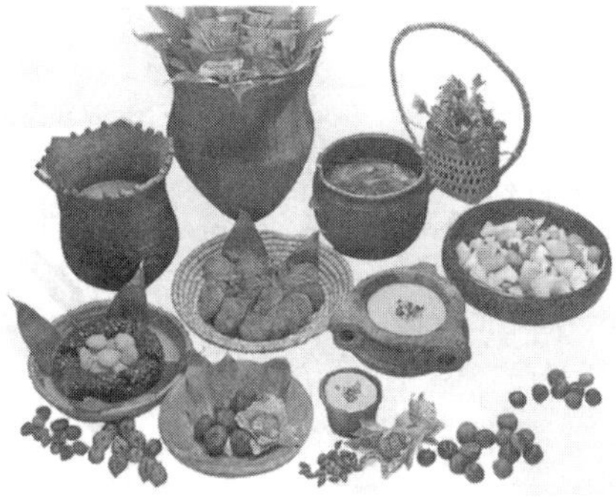

[X]	[Y]
野菜などからつくられたものが中心で，精進料理ともいう。	どんぐりなどの木の実や，海や川でとれた貝や魚が中心であった。

(ア)　近代化がすすみ，欧米《おうべい》諸国に向けて港が開かれた。
(イ)　大陸から移り住んだ人々により，稲作《いなさく》が伝わる前だった。
(ウ)　仏教が伝わり，肉食が禁止されることもあった。
(エ)　食の洋風化がすすみ，米の消費量が減少した。

問2　下線部(B)では，新型コロナウイルス感染拡大の影響によって，全体の売り上げが減少しました。その中で，ファストフード店の売り上げがあまり減少していない理由として考えられることを，次の[グラフ1]～[グラフ3]を参考にして説明しなさい。

[グラフ1]　1人1カ月当たりの食料消費支出額

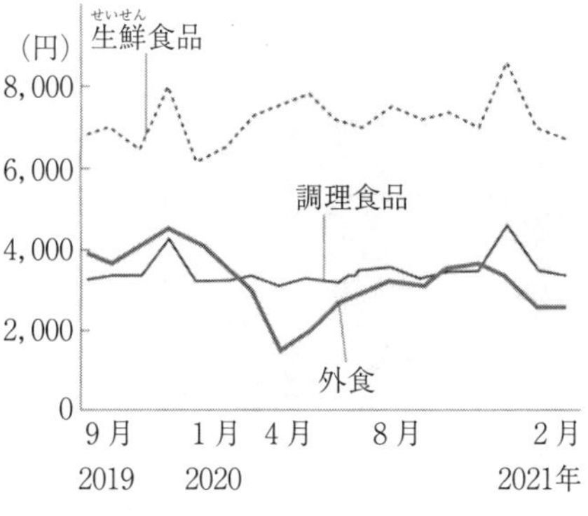

[グラフ2]　外食産業における業態別売上高(前年同月比)

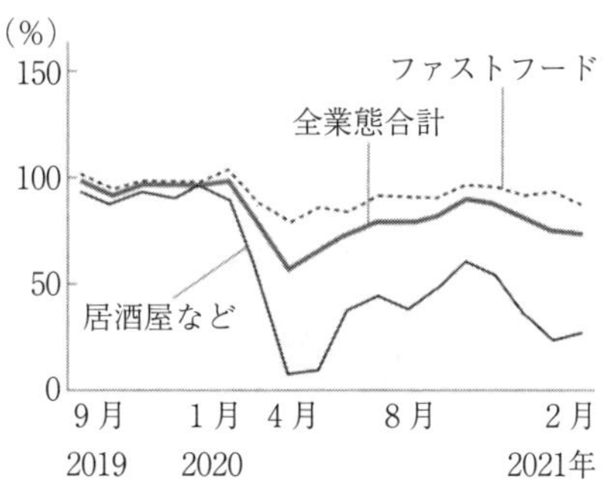

［グラフ３］　食べ物や飲み物をテイクアウトした飲食店の業態
（全体／複数回答，2020年５月）

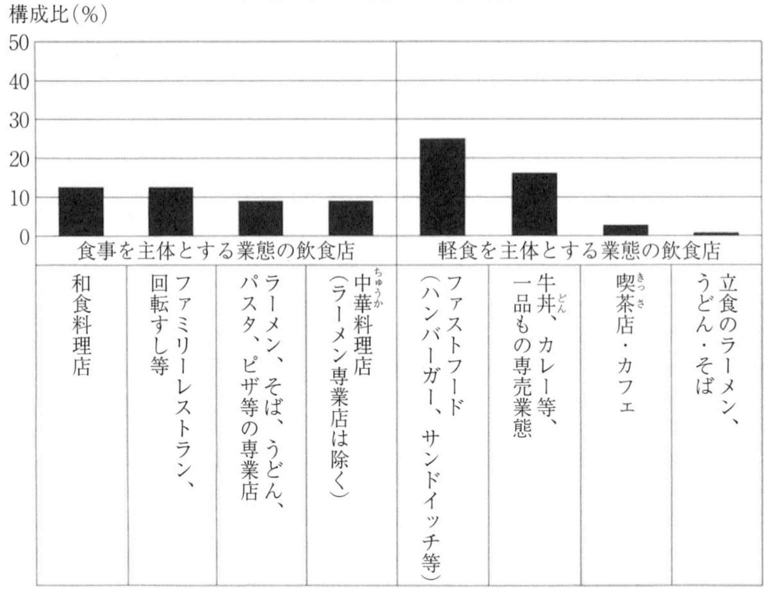

問３　下線部(C)がさかんな国を，次の［地図１］・［地図２］を参考にして，あとの［地図３］中①～④の中から一つ選び，番号で答えなさい。

［地図１］　アジアで人口が１億人以上の国

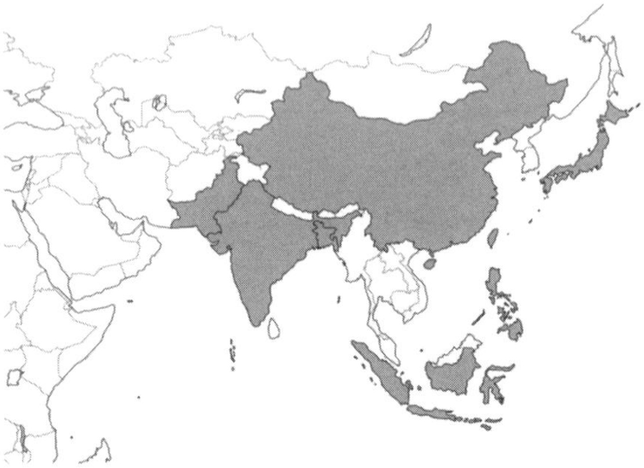

［地図２］　アジアの降水量

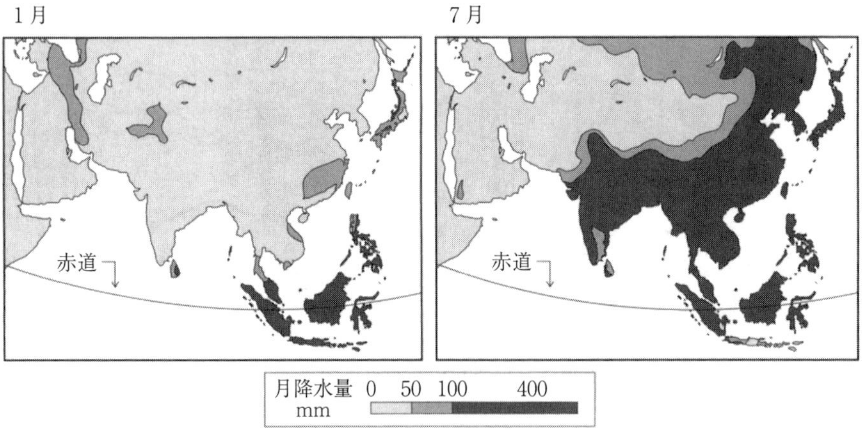

［地図３］

問４　下線部(D)について，東北自動車道沿いにあるＷ市には，高速道路の出入り口がありません。高速道路の出入り口をつくることは，これからの市の発展のためには欠かせないと考えられています。しかし，Ｗ市の財政には余裕《よゆう》がなく，高速道路の出入り口は一つしか建設できません。Ｘ・Ｙ・Ｚそれぞれの地区が，自分の地区に高速道路の出入り口をつくることを主張しています。次の地図や，あとの地区ごとの概要《がいよう》などをみて，Ｗ市が高速道路の出入り口を建設するべき地区を一つ選び，その地区を選んだ理由を説明しなさい。

＊　山がＹ地区とＺ地区の境界となっています。

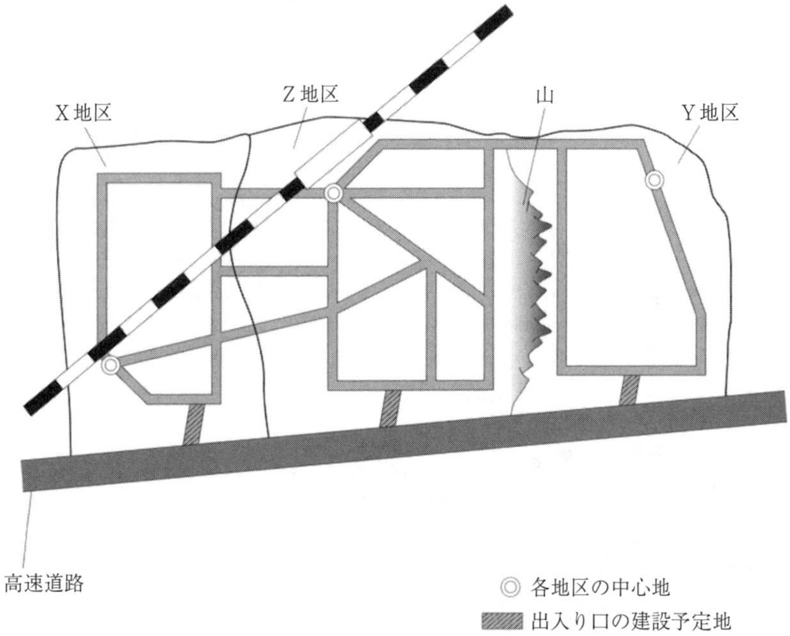

［Ｘ地区概要］

〈人口10万人：面積 30km^2〉　大規模なホテルや商業施設《しせつ》の建設をおさえ，古くからの街並みと自然の景観から，多くの観光客がやってくる。しかし，近年では，観光客が減少している。

［Ｙ地区概要］

〈人口25万人：面積 35km^2〉　古くから米作りが産業の中心となっている。ここで生産される米は大変評判がよく，近年では，インターネットでの売り上げも増えている。

［Ｚ地区概要］

〈人口30万人：面積 45km²〉　商業がさかんで，郊外《こうがい》には工業団地も建設されている。中心にはW市で唯一《ゆいいつ》の JR の駅があり，駅前ターミナルからはたくさんのバスが運行している。他地区からの人口の流入もあり，人口は増加傾向《けいこう》にある。

	Ｘ地区	Ｙ地区	Ｚ地区
65歳《さい》以上人口割合	35％	45％	20％
年平均所得	350万円	280万円	520万円
出入り口を建設するための費用	12億円	18億円	25億円
この地区に出入り口ができた場合の，市全体の経済効果	120億円	80億円	200億円
市議会議員の数	８人	12人	19人
Ｘ地区にできた場合，各地区の中心地からの所要時間	５分	60分	20分
Ｙ地区にできた場合，各地区の中心地からの所要時間	60分	10分	30分
Ｚ地区にできた場合，各地区の中心地からの所要時間	20分	40分	10分

問５　下線部(E)に関連して，次の［グラフ４］と［表］から読み取れる内容として正しいものを，あとの(ア)～(エ)の中から一つ選び，記号で答えなさい。

［グラフ４］　産業別就業人口の割合

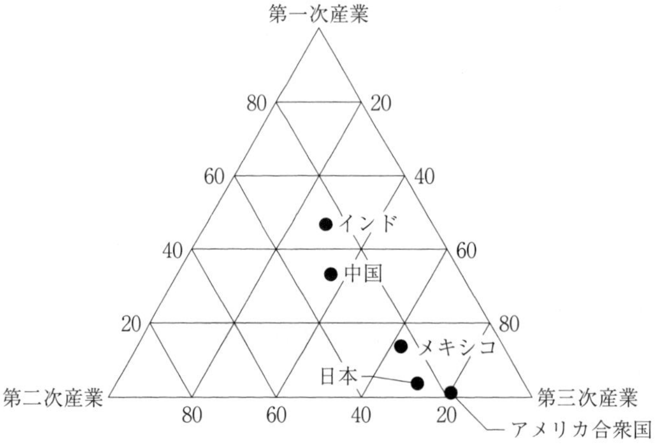

［グラフ４］の読み方の例
（日本）　第一次産業：約３％
第二次産業：約25％
第三次産業：約72％

［表］　１人あたり GDP

（ドル）

アメリカ合衆国	62,918
日本	39,082
メキシコ	9,695
中国	9,532
インド	2,055

(ア)　第一次産業就業人口の割合が高い国ほど１人あたり GDP が多い。

(イ)　第二次産業就業人口の割合が高い国ほど１人あたり GDP が多い。

(ウ)　第三次産業就業人口の割合が高い国ほど１人あたり GDP が多い。

(エ)　産業別就業人口の割合と１人あたり GDP の額に関連性はみられない。

問６　下線部(F)について，次の［グラフ５］・［グラフ６］から読み取れる日本の農家の問題点を，あとの(ア)～(エ)の中から一つ選び，記号で答えなさい。また，その対策として考えられ製品化できるものを，あとの［図１］～［図３］，農家へのアンケート結果をまとめた，［グラフ７］・

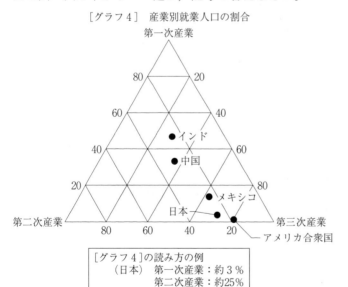

[グラフ8]を参考にして，具体的に答えなさい。

[グラフ5]　年齢《ねんれい》別農業就業人口

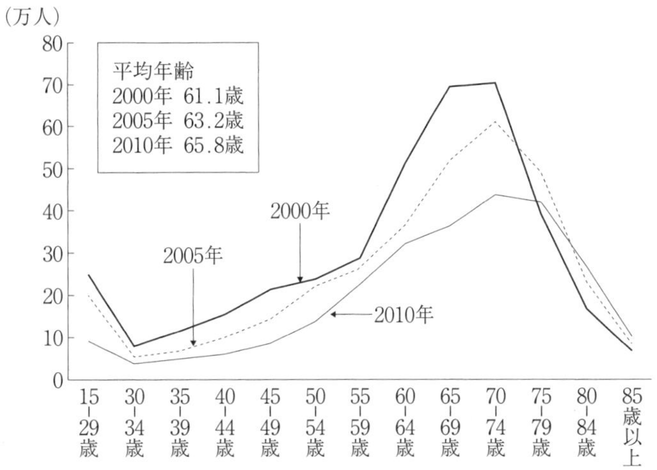

[グラフ6]　農業就業人口

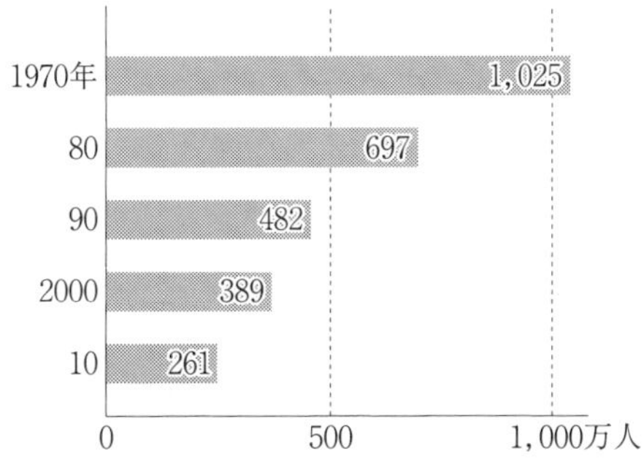

(ア)　所得の低下　　(イ)　人手不足　　(ウ)　品種改良のおくれ　　(エ)　輸入品との競合

[図1]

[図2]

[図3]

［グラフ７］ IT 機器等の今後の経営への利用目的(複数回答)

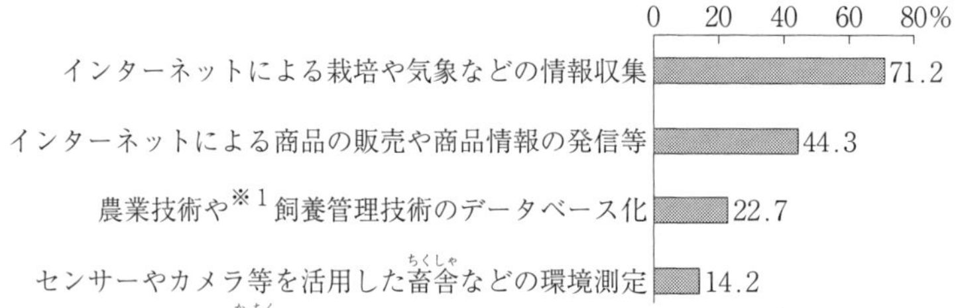

※１ 飼養とは，家畜《かちく》に飼料をあたえて育てること。 回答者数：765人

［グラフ８］ インターネットで収集したい情報(複数回答)

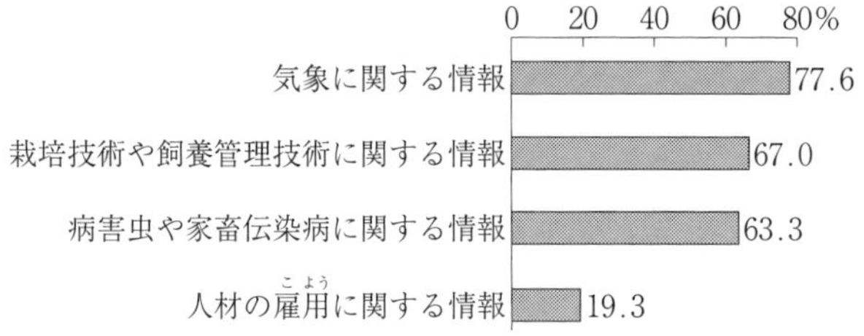

回答者数：545人

問７ 下線部(G)の効果として誤っているものを，次の(ア)～(エ)の中から一つ選び，記号で答えなさい。

(ア) 地産地消により，地元産業の出荷額が増える機会となる。

(イ) 地元の農業について知る機会となる。

(ウ) 地元で働く男女の雇用機会の格差について知る機会となる。

(エ) 地元の歴史や文化について考える機会となる。

問８ 下線部(H)は多くの利益を上げることを目的に活動しています。次の［グラフ９］・［グラフ10］をみて，レタス生産者が多くの利益を上げるためには，どのように出荷することが望ましいと思いますか，あなたの考えを説明しなさい。

［グラフ９］ レタスの卸売《おろしうり》価格の月別推移

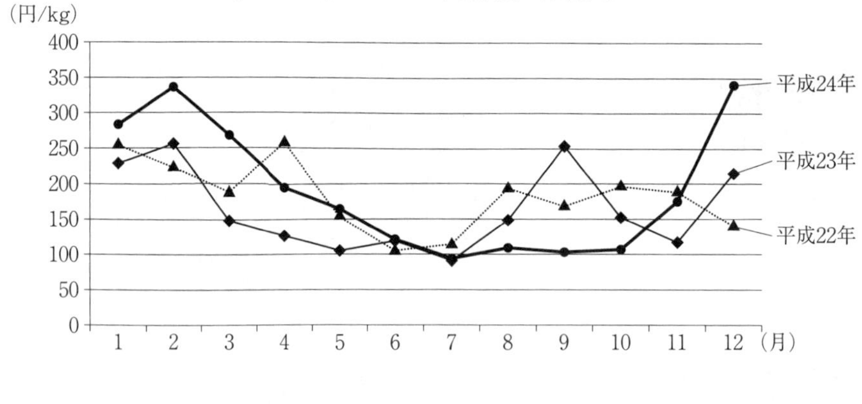

［グラフ10］　レタスの月別入荷実績(東京　平成23年)

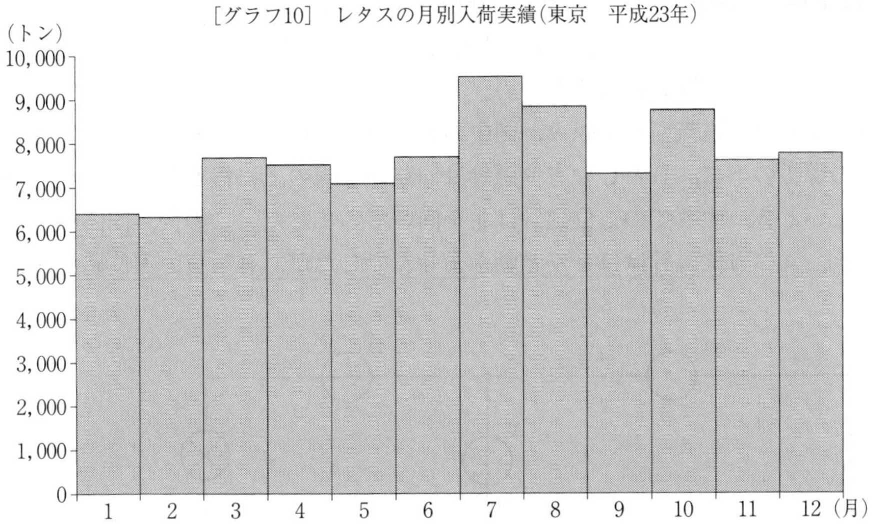

データは「世界国勢図会 2020/21」，農林水産省 HP などによる

【理　科】〈第２次試験〉（30分）〈満点：50点(理数コースは100点)〉

〔注意〕 数値を答える問題では，特に指示がない限り，分数は使わずに小数で答えてください。

1　次の文を読んで，あとの問いに答えなさい。

図１のように机の上に電気回路を組み，図中のＡ～Ｄに方位磁針を置きました。ＡとＤの方位磁針は回路の導線の下に，ＢとＣの方位磁針は回路の導線の上に置かれています。回路に電流が流れていないとき，すべての方位磁針は北を向いていました。この後，回路のスイッチをａに入れたとき，Ａの方位磁針はほとんど動きませんでしたが，Ｂ～Ｄの方位磁針には動きがありました。

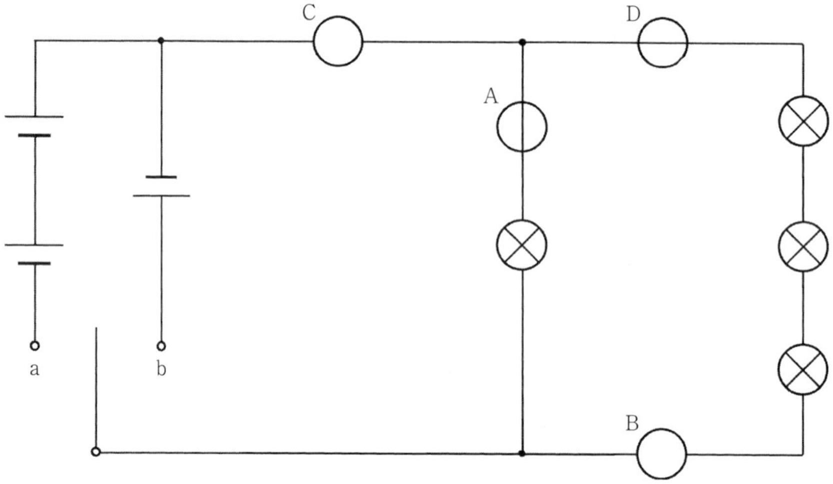

図１

問１　下線部のような状況《じょうきょう》になる理由としてあてはまるものを，次の(ア)～(エ)から１つ選び，記号で答えなさい。

(ア)　導線の電流から受ける磁力と地球の磁力の向きがＡの方位磁針では同じだった。

(イ)　回路に使われているスイッチがこわれていた。

(ウ)　回路に使われている電池が古く，十分な出力ができていなかった。

(エ)　回路に使われている豆電球のうち，２つが断線していた。

問２　問１の理由によって下線部のような状況になっているとき，Ｂ～Ｄの方位磁針の向きはどのようになっていますか。次の(ア)～(ウ)からそれぞれ１つ選び，記号で答えなさい。

(ア)　東側にふれている

(イ)　南側にふれている

(ウ)　西側にふれている

問３　回路のスイッチをａからｂに切りかえたとき，Ａ～Ｄの方位磁針をふれる角度が大きい順番に並べたものとして，適当なものを次の(ア)～(カ)から１つ選び，記号で答えなさい。ただし，ふれる角度の大きさが同じ程度と思われる組がある場合は，例のようにかっこでまとめて表すものとします。

例：Ａが一番大きく，ＢとＣが同じで，Ｄが一番小さいときは「Ａ，(ＢＣ)，Ｄ」と表す

(ア)　Ａ，Ｄ，Ｂ，Ｃ　　(イ)　(ＡＣ)，Ｄ，Ｂ

(ウ)　Ａ，Ｃ，(ＢＤ)　　(エ)　Ｂ，Ｄ，Ｃ，Ａ

(オ)　Ｃ，(ＡＢ)，Ｄ　　(カ)　Ｃ，Ｂ，(ＡＤ)

導線を**図２**のようにしたものは，電流を流すと導線全体ではたらく磁力の向きがそろうために「電磁石」と呼ばれます。また，らせん状に巻かれている導線の部分を特に「コイル」と呼びます。

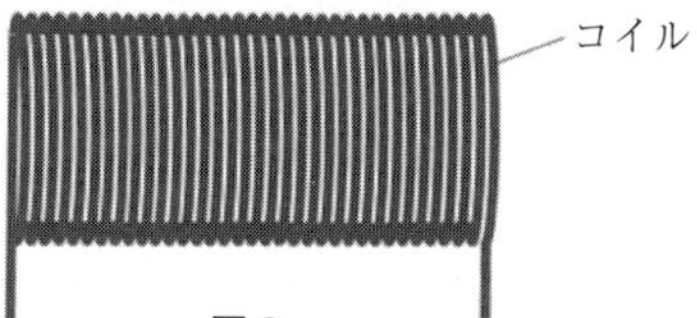

図２

問４　強い電磁石を作るために，「コイルのしんに，鉄などの磁石につきやすい金属の棒を入れる」といった工夫がありますが，他にはどのような工夫がありますか。次の**(ア)**～**(エ)**から適当なものをすべて選び，記号で答えなさい。

(ア)　電磁石につなぐ電源のプラス極とマイナス極を逆にする。

(イ)　電磁石につなぐ電源を強いものに変える。

(ウ)　コイルの巻き数を増やす。

(エ)　コイルの巻き数を減らす。

問５　コイルのしんに鉄以外のものを使うとき，何でできたしんがよいと考えられますか。次の**(ア)**～**(カ)**から最も適当なものを２つ選び，記号で答えなさい。

(ア)　コバルト　**(イ)**　アルミニウム　**(ウ)**　銅

(エ)　ガラス　**(オ)**　木片　**(カ)**　ニッケル

電磁石はさまざまな電気機器に利用されています。**図３**は，身近なものを材料にして，ある電気機器の構造を再現したものです。

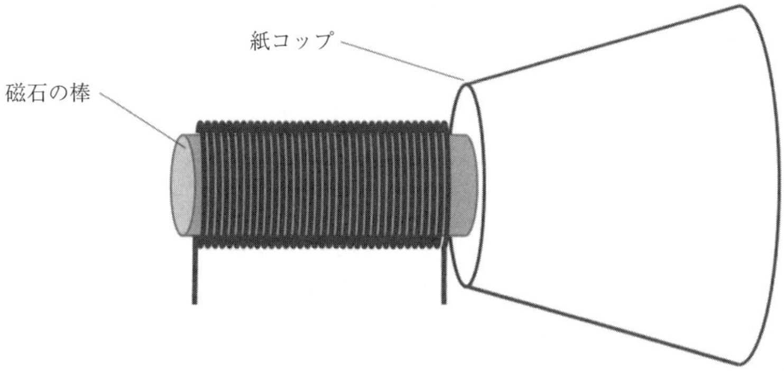

図３

問６　コイルを電源に接続し電流を流すと，磁石の棒と電磁石との間の磁力により，磁石の棒は動きます。磁石の棒を細かく振動《しんどう》させるためには，コイルに流す電流をどのようにすればよいですか。以下の文の空らん(**A**)，(**B**)にあてはまる語句を答えなさい。

コイルに流す電流の大きさと(　**A**　)を，細かく(　**B**　)させ続ける。

問７　**図３**の紙コップは，磁石の振動を広く空気中に伝えるはたらきをします。このことから，**図３**が再現している電気機器の名前を答えなさい。

2　次の文を読んで，あとの問いに答えなさい。

水は，古くから人間の生活に深く関わってきた身近な物質ですが，他の物質とは少しちがう性質をもっています。そんな「水」について考えてみましょう。

一般的《いっぱんてき》な物質の液体は，温度が上がるにつれ密度(物質１cm^3あたりの重さ)は小さくなります。しかし，水の場合はそのようすが少し変わってきます。次のページの**図１**は水の密度と温度の関係を示したグラフです。

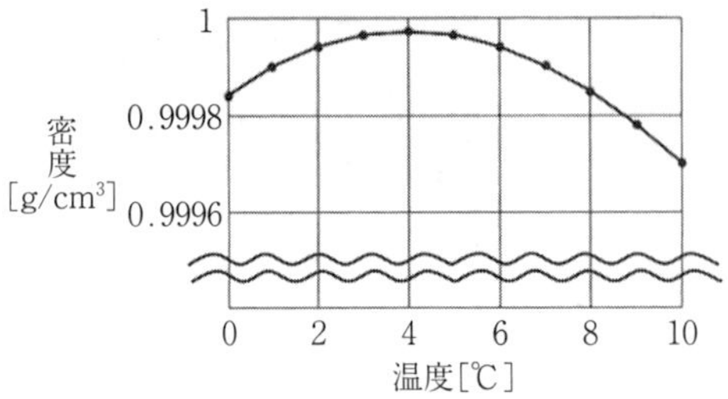

図１　水の密度

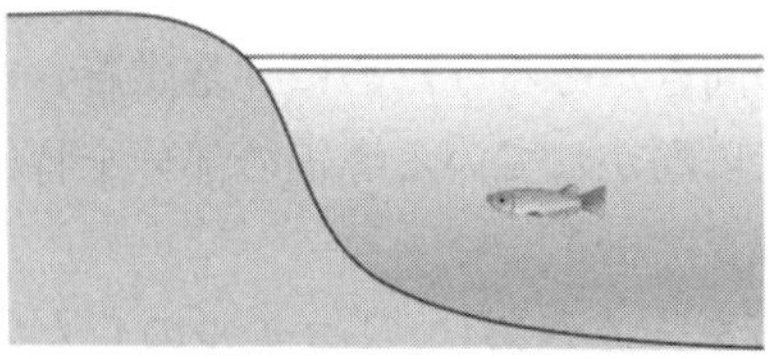

図２　氷の張った池の中の魚

このグラフを見ると，水の温度を０℃から上げていくと，密度は次第に大きくなって４℃のとき最大となり，さらに温度を上げると密度は小さくなっていくことがわかります。

また，一般的な物質は液体が固体になったときにその密度が大きくなりますが，水は０℃の氷に変化すると，その密度は減少して0.92g/cm^3となります。

問１　冬の寒い日に，大きな池の表面がこおっても池の魚は問題なく生活しています。それはなぜでしょう。これを説明した以下の文中の空らん(①)，(②)について，(①)には適当な語句を，(②)には数字と単位をそれぞれ答えなさい。

水が一般的な物質と同じ性質をもつならば，池の水は温度が低いほど池の(　①　)に移動して池全体がこおってしまうことになるが，実際には池の(　①　)におよそ(　②　)の水が存在するので，魚は生活することができる。

問２　４℃で200gの水を０℃の氷にしたとき，その体積は何cm^3になりますか。小数第２位を四捨五入して，小数第１位まで答えなさい。

問３　水は１gの温度を１℃上げるのに必要なエネルギー(比熱といいます)が特に大きい物質として知られています。この性質が風のふき方などにも大きく関係しています。

(1)　水１gの温度を１℃上げるのに必要なエネルギーを１カロリーとしたとき，240Lの水の温度を20℃から42℃に上げるのに必要なエネルギーは何キロカロリーですか。ただし，水の密度は１g/cm^3とします。また，１キロカロリーは1000カロリーです。

(2)　海辺では，昼間と夜間で風の向きが変わります。一般的に夜間，海岸でふく風はどちら向きですか。次の**(ア)**～**(ウ)**から１つ選び，記号で答えなさい。また，そのようになる理由をあとの**(エ)**～**(カ)**から１つ選び，記号で答えなさい。

風向き

(ア)　海から陸　　**(イ)**　陸から海　　**(ウ)**　どちらとも言えない

理由

(エ)　夜間は，海より陸の温度が高いから。

(オ)　夜間は，陸より海の温度が高いから。

(カ)　夜間は，太陽の光を受けないため陸と海が同じ温度となるから。

問４　ここまで水に関して２つの性質を見てきました。地球で生物が繁栄《はんえい》することができたのは，このような水の性質によるところも大きかったのではないでしょうか。

水中で産卵する魚類を考えると，水中の利点について，卵の乾燥《かんそう》を防ぐことができるという点はすぐに理解することができます。「乾燥を防ぐ」以外で生物にとって水中の方が陸上よりも有利であると考えられる点を簡単に答えなさい。

3 次の文を読んで，あとの問いに答えなさい。

生物は生きるためにいろいろな工夫をしています。その一つに，他の生物や周りの環境《かんきょう》に自身の外見を似せるという方法があります。これを擬態《ぎたい》といいます。

一部の生物はこの擬態を用いて厳しい野生の環境で生きぬいています。例えば，**図１**の(a)のベニモンアゲハは幼虫期に食した植物の有毒物質を体内にため込み，成体になっても体内に有毒物質が蓄積《ちくせき》されています。捕食者《ほしょくしゃ》である鳥類が捕食しても味が悪く，学習した鳥類はベニモンアゲハを捕食しなくなります。一方で有毒物質を持たないシロオビアゲハはベニモンアゲハに似ていない原型《げんけい》(b)と，ベニモンアゲハに擬態している擬態型(c)が知られています。(c)の擬態型はメスの一部のシロオビアゲハだけに見られ，オスはすべて原型です。そして，擬態型は原型に比べてきれいな翅《はね》をもつため目立ちやすく，鳥類に見つかりやすいことがわかっています。このように擬態型のシロオビアゲハは自身を目立たせることで外敵を寄せ付けないようにするタイプの擬態を行います。

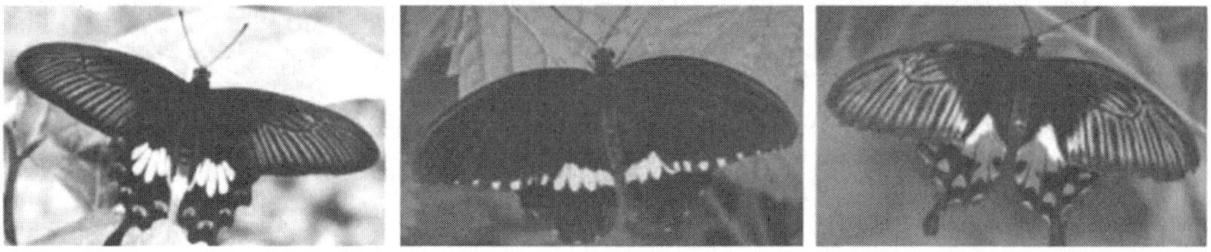

(a) ベニモンアゲハ　(b) シロオビアゲハ原型　(c) シロオビアゲハ擬態型

図１　チョウの図

1982年に琉球大学の上杉兼司《うえすぎけんじ》氏は，沖縄諸島《しょとう》でベニモンアゲハと，原型，擬態型のシロオビアゲハの数について調査しました。そのときに**図２**の毒蝶《ちょう》指数を用いて**図３**(b)の結果をまとめました。面白いことに，どの島でも毒蝶指数と擬態率は直線Ａのような関係にありました。また，原型と擬態型のシロオビアゲハが混在しており，擬態型の割合が100％となっている地域はありませんでした。この結果から，生息しているベニモンアゲハの数と擬態率には何らかの関係があることがわかりました。

$$\text{毒蝶指数}=\frac{\text{ベニモンアゲハの数}}{\text{ベニモンアゲハの数}+\text{擬態型のシロオビアゲハの数}}$$

図２　毒蝶指数の計算式

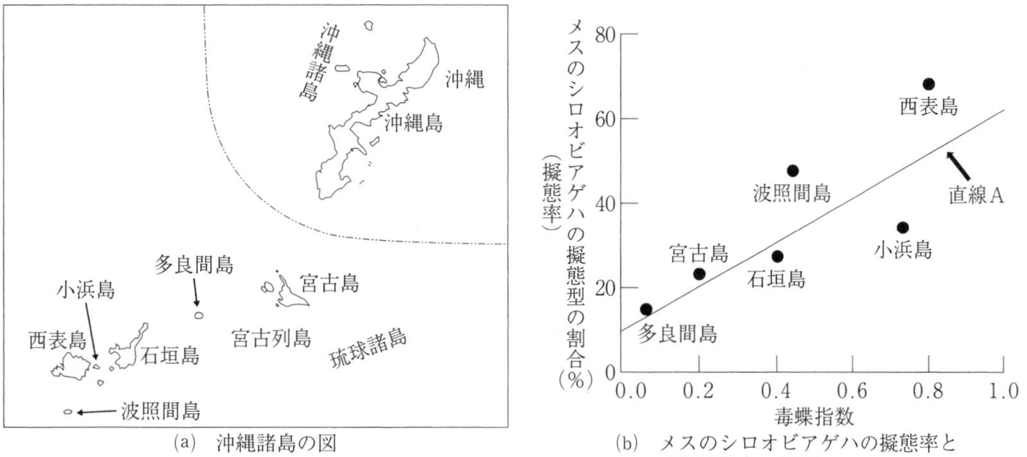

(a) 沖縄諸島の図　(b) メスのシロオビアゲハの擬態率と毒蝶指数との関係

図３　沖縄諸島のチョウの生息数の調査

問１　チョウは幼虫から成虫に成長する過程でさなぎの状態に変化します。同じような変化をするこん虫を，次の(ア)～(カ)から２つ選び，記号で答えなさい。

(ア)　バッタ　　(イ)　ハエ　　(ウ)　カブトムシ　　(エ)　トンボ　　(オ)　セミ　　(カ)　カマキリ

問２　次の擬態している生物(ア)～(ウ)の中で，他と異なる擬態をしているのはどれですか。(ア)～(ウ)の中から記号を１つ選び，その理由について本文中の言葉を使用して，説明しなさい。

(ア)　コノハチョウ
（チョウのなかま）

(イ)　ハナカマキリ
（カマキリのなかま）

(ウ)　トラカミキリ
（カミキリムシのなかま）

問３　**図１**(c)の擬態型のシロオビアゲハが捕食者である鳥類に捕食されづらくなるためにはある条件が必要です。それについて説明した下の文の空らんにあてはまる語句を本文中から抜き出し，空らん（**A**）は７文字，（**B**）は２文字で答えなさい。

捕食者である鳥類が（　**A**　）を捕食し，食べてはいけないと（　**B**　）する。

問４　島Ⅰ～Ⅱに生息するチョウの生息数を調べ，右の**表１**にまとめました。**図２**を参考にして，空らんＸにあてはまる数値を答えなさい。

表１　島のチョウの生息数と毒蝶指数

	島Ⅰ	島Ⅱ
ベニモンアゲハ	800匹《ひき》	300匹
シロオビアゲハ(原型)	200匹	1400匹
シロオビアゲハ(擬態型)	200匹	500匹
毒蝶指数	0.8	Ｘ

問５　**図３**からわかることを次の(ア)～(カ)から２つ選び，記号で答えなさい。

(ア)　沖縄本島から遠いほど，メスのシロオビアゲハの擬態率が高い。

(イ)　沖縄本島から遠いほど，メスのシロオビアゲハの擬態率が低い。

(ウ)　ベニモンアゲハの生息数が多い島では，メスのシロオビアゲハの擬態率が高い。

(エ)　ベニモンアゲハの生息数が多い島では，メスのシロオビアゲハの擬態率が低い。

(オ)　毒蝶指数が小さい島では，原型のシロオビアゲハの方が生存しやすい環境である。

(カ)　毒蝶指数が小さい島では，擬態型のシロオビアゲハの方が生存しやすい環境である。

問６　下線部について説明した下の文の空らん（①）～（③）について，あてはまる語句を下の記号(ア)～(ウ)から１つ選び，記号で答えなさい。ただし，空らん（**B**）は問３の空らん（**B**）と同じ２文字が入ります。

擬態型のシロオビアゲハが増えると，捕食者が（　①　）を捕食する機会が増えてしまい，（　②　）を捕食する機会が減る。これにより捕食者が（　**B**　）できずに（　①　）を捕食してしまうので，相対的に目立ちにくい（　③　）の割合が増える。一方で，ベニモンアゲハが増えることにより，捕食者が（　②　）を捕食する機会が増え，捕食者が（　**B**　）することで（　①　）は捕食されにくくなる。これにより（　①　）の割合が増える。

［記号］

(ア)　ベニモンアゲハ　　(イ)　擬態型のシロオビアゲハ　　(ウ)　原型のシロオビアゲハ

てしまうとも言えるね。

B　なんかある意味悲しいというか、こわいというか。やっぱり筆者みたいにルールを「ゆるめる」ことって無理なんじゃないの。

C　諦めないで考えようよ。自分の立場に関係なく、ルールを「ゆるめる」ためにはどうしたらいいのだろう。

設問一　**X** に当てはまる表現として適当なものを次の**ア**～**オ**の中から一つ選び、記号で答えなさい。

ア　ルールを変えようと試行錯誤《さくご》するうちに、より良い規則が必要だと気が付いたんだね。

イ　自分に権力があると自覚するころには、昔からの規則を重視するようになっているんだね。

ウ　規律を変えられる権力を持った時には、それを変えようとは思えなくなっているんだね。

エ　規則に縛られすぎたために、規則の変更《へんこう》について考えることが嫌《いや》になってしまったんだね。

オ　ルールを変えるふりをし続けたけど、最後には権力に対する欲望に勝てなかったんだね。

設問二　‖線「自分の立場に関係なく、ルールを『ゆるめる』ためにはどうしたらいいのだろう」とありますが、この**C**君の疑問に対する回答を考えて書きなさい。ただし、以下の順序で解答欄《らん》に合わせて記述すること。

(1)　現在の社会のなかで自分が「ゆるめる」べきだと考えるルールや常識の事例を具体的に一つ挙げなさい。

(2)　(1)のどのような点を「ゆるめる」べきだと考えますか。その理由を含めて、解答欄に合うかたちで説明しなさい。

(3)　どのような手段や方法を用いて「ゆるめる」ことで(2)を達成できると考えますか。端的《たんてき》に説明しなさい。ただし、「強者になる」などの立場の変化を手段や方法とすることはできません。

えなさい。

ア　忍耐や自制といった昔の美徳に従って生きていく際には役立つが、それが直接的に順調な出世につながるかどうかは、その人の性格によってしまうというもの。

イ　現代では自信を持って意見を発信することは肯定的に評価されるものだが、ルールを守ることにとらわれた人たちにはその良さが伝わりづらいというもの。

ウ　一般的な常識を守っていくことは健常者にとっては心地よいが、弱者にとっては一方的に定められたルールで抑圧《よくあつ》されているように感じてしまうというもの。

エ　創造的な行為《こうい》をする場合には新しい規律がその正しさを証明してくれるが、現代ではそれさえも不確かなものになりやすく、上手くいかないこともあるというもの。

オ　これまでの常識に従って行動する場合は順調にゆくが、変化の目まぐるしい現代ではそのような常識は通用せず、人々の考えを硬直させてしまうというもの。

問十五　――線⑬「新しい地平線が出現して、気が楽になります」とありますが、これはどういうことですか。筆者の主張をふまえて説明しなさい。

問十六　次の会話文は本文について**A**、**B**、**C**の三人が話し合ったものです。これを読んで後の設問一・二に答えなさい。

A　筆者の問題意識って、いろいろな場面ですぐに使えそうだよね。

B　この文章を読んだ「体育脳」の人たちは変わってくれるんじゃないかな。

C　ぼくはそんなにうまくいかないと思うよ。今ある規律を守れという人って、新しい意見を聞いてすぐに変わると思う？

B　うーん。そういわれると変われない気もしてきたよ。なぜかはわからないけど。

A　それって多分、変わりたくないからなんじゃないかな。

C　単純だけどその通りなんだよ。厳密にいうと、変わることのデメリットのほうが多いと感じているんだ。

B　どういうこと？　具体的に説明してよ。

C　たとえば、昔からある規律を守って順調に出世した人が社長になるとする。社長だから、規律を新しく作る側になるよね。

B　それくらいわかるよ。で、社長はどういうルールを作るのさ。

C　大きく分けて三つのパターンが考えられる。一つ目は強者である自分にとって都合の良い新しいルール。二つ目は自分の従ってきたものと同じようなルール。三つ目は、自分にとっては都合が悪いが常識にとらわれない新しいルール。

A　一つ目の自分にとって都合の良いルールは、二つ目とあまり変わらないよね。

C　弱者にとってはね。社長にとってはよりお得なのが一つ目ってだけで。

B　なるほど！　変わらないのも納得がいくよ。自分に不利なものを選びたくないから、変わりたくないわけか。

A　しかも、やっと社長になったのに、普通《ふつう》、自分に不都合なことを進んでしようとはしないよなあ。

B　そう考えると深刻だなあ。社長だって昔は「ルールを変えてやろう」と思って出世のために頑張《がんば》ったのかもしれないのにさ。

C　鋭《するど》いね。今いる「ルールに従うことを是とする」人達だって、きっと最初から頭がガチガチだったわけじゃないんだと思うよ。

A　［　**X**　］

C　ルールを変えようとした人が、そのルールに考えを変えられ

い。

ア　いつどんな機会にマイノリティや弱者の側になるかわからず、運によって左右されるものだから。

イ　強者―弱者という役割は場面に応じていつでも入《い》れ替《か》わることがあり、固定することはできないから。

ウ　頭で弱者のことを理解していても、自分が強者の側でいる際に弱者の立場を想像することは難しいから。

エ　自分が強者だという考えは想像でしかないうえ、人の考えは場面に応じて変化することも多いから。

オ　きっかけさえあれば立場が変化しうることに加えて、状況や環境によってもその見方が変わるから。

問十　――線⑧「頭で理解することは無理だ」とありますが、それはなぜですか。その理由となる筆者の考えとして適当な一文を、本文中から二十字以上二十五字以内で探し、最初の五字をぬき出しなさい。

問十一　――線⑨「『車いすの人が体育館を借りるのは難しい』という話」とありますが、この話をした際の「上原さん」の心情はどのようなものだと考えられますか。その説明として適当なものを次の**ア**～**オ**の中から一つ選び、記号で答えなさい。

ア　変則的に対応する手間をかけたくないという施設側の考えは、車いすの使用が施設を汚し傷つけるという間違った認識から生じており、誤解されている現状に対して腹を立てている。

イ　施設側の人が車いすの人に偏《かたよ》った先入観を持っているゆえに、障害者がスポーツをすることのできる施設は少ないのであり、施設の人の時代遅《おく》れな考えについてむなしく感じている。

ウ　施設を損傷させるのではないかという考えの背景には、障害者は健常者よりも劣っているという差別的な感情があると考えられ、自分たちへの配慮《はいりょ》を欠いた発言に対して深く悲しんでいる。

エ　日本では車いすの人についての正確な知識が広まっておらず、世の中の多くの人が間違った思いこみをしており、自分たちの境遇《きょうぐう》への無理解に対して激しい憤《いきどお》りを感じている。

オ　これまでの社会は健常者を中心としてきたため、現在はその反省として障害者が優遇されなくてはならないにもかかわらず、特別扱《あつか》いされないことに対して強く不満に思っている。

問十二　――線⑩「ぼくはその障害がＰＯＰであることにこだわりたい」とありますが、それはなぜですか。その理由として**適当でないもの**を次の**ア**～**オ**の中から一つ選び、記号で答えなさい。

ア　皆でできるものだととらえてもらうことで、健常者と障害者とが関わる場を増やしたいから。

イ　とにかくカジュアルに感じてもらうことで、スポーツが苦手な人を少しでも減らしたいから。

ウ　まずは興味を持ってもらうことで、多くの人に障害に類似した感覚を味わってほしいから。

エ　楽しそうだと思ってもらうことで、障害者のほうがむしろ幸せであると知ってほしいから。

オ　最初に魅力的なものだと考えてもらうことで、ゆるスポーツをできるだけ広めたいから。

問十三　――線⑪「スポーツと社会の価値観、両方をゆるめている」とありますが、これは具体的にどういうことですか。本文の内容をふまえて八十字以内で説明しなさい。

問十四　――線⑫「『ルールを崩すとは何事だ！』」とありますが、このような考えの良い点と悪い点とはどのようなものですか。その説明として適当なものを次の**ア**～**オ**の中から一つ選び、記号で答

問五　――線②「自然と笑顔がこぼれていました」とありますが、この時の筆者の心情はどのようなものだと考えられますか。適当なものを次の**ア**～**オ**の中から一つ選び、記号で答えなさい。

ア　上達を実感して苦手意識が解消されたという気持ち。
イ　シュートを決めることができて嬉《うれ》しい気持ち。
ウ　仲間とスポーツをすることが楽しい気持ち。
エ　苦手だったスポーツが好きなものになったという気持ち。
オ　チームメイトからの励《はげ》ましに喜びを感じたという気持ち。

問六　――線③「『かっこいいなあ澤田のシュート姿(笑)』」とありますが、この言葉を聞いて筆者はどのように感じましたか。その説明として適当なものを次の**ア**～**オ**の中から一つ選び、記号で答えなさい。

ア　スポーツは不得意だと言っていた自分がゴールを決めたことについて、皆が喜びを示してくれていると感じた。
イ　見るからにスポーツを苦手とする自分が格好つけてシュートをしたことに対して、皆があざ笑っていると感じた。
ウ　今日からスポーツを好きになれそうだと考えた自分に対して、チームメイトが現実の非情さを教えていると感じた。
エ　シュートを決められるとは思われていなかった自分が点を入れたことについて、皆からからかわれていると感じた。
オ　自分がシュートを決めたせいで見せ場がとられてしまったことについて、チームメイトにねたまれていると感じた。

問七　――線④「500歩サッカー」と――線⑤「イモムシラグビー」の特性を対応させて比較する表を次に挙げました。表中の Ⅰ ～ Ⅳ にあてはまるものを後の**ア**～**ケ**の中からそれぞれ一つずつ選び、記号で答えなさい。

観点	**500歩サッカー**	**イモムシラグビー**
競技をする人数	もとになった競技よりも少ない人数で行う。	Ⅰ
競技のルール	500歩以上動くと退場させられる。	Ⅱ
運動量	Ⅲ	競技者の意志にゆだねられている。
使用する機器	Ⅳ	特別なものを使用しない。

ア　もとになった競技と同じ人数で行う。
イ　もとになった競技よりも多い人数で行う。
ウ　もとになった競技よりも少ない人数で行う。
エ　相手の身体に触れてはならない。
オ　相手から身体を触れられたらボールを手放さねばならない。
カ　競技者を疲れさせる運動量となる。
キ　競技者に負担をかけないための制限がある。
ク　特別なものを使用する。
ケ　特別なものを使用しない。

問八　――線⑥「『障害者』にしてしまう」とありますが、これはどういうことですか。本文の内容をふまえて二十字以内で説明しなさい。

問九　――線⑦「健常者―障害者、強者―弱者、マジョリティ―マイノリティという構造って、とても不安定で脆いもの」とありますが、そのように述べることができるのはなぜですか。その理由として適当なものを次の**ア**～**オ**の中から一つ選び、記号で答えなさい。

（澤田智洋『ガチガチの世界をゆるめる』　―一部改変―　による）

㊟ 黒歴史…今となっては恥《は》ずかしい、できればなかったことにしたい過去などを意味する表現。
デバイス…装置や機械のこと。
ラグビー…二つのチーム（1チームにつき7～15人）に分かれ、楕円《だえん》形《けい》のボールを奪い合って得点を競うスポーツ。
マジョリティ…多数派。多数者。
マイノリティ…少数派。少数者。
イマジン…想像。
企業戦士…会社のために私心を捨て、自身の身をけずってでも働くサラリーマンなどを指す表現。
クリエイティビティ…創造力・想像力。
ホワイトカラー…事務系など、デスクでの仕事を中心に労働に従事する人を指す言葉。

問一　〰〰線㋐～㋔のカタカナを漢字に直しなさい。

問二　――線Ⓐ～Ⓓの言葉の意味として適当なものを、それぞれ後の**ア**～**オ**の中から一つ選び、記号で答えなさい。

Ⓐ「とっつきやすい」
ア　こっけいだ　**イ**　親しみが持てる
ウ　興味深い　**エ**　容易に着手できる
オ　やりがいを感じる

Ⓑ「太刀打ち」
ア　心の底から楽しむこと
イ　抵抗《ていこう》すること
ウ　相手の立場になって理解すること
エ　相手を倒《たお》すために戦うこと
オ　張り合って争うこと

Ⓒ「美徳」
ア　見る者を夢中にする姿
イ　我慢《がまん》する必要はないと許すこと
ウ　魅力を感じられる対象
エ　生まれつき備わっている長所
オ　人としてのふさわしいあり方

Ⓓ「しなやかに」
ア　柔軟《じゅうなん》に　**イ**　鮮《あざ》やかに
ウ　確実に　**エ**　素早く
オ　余裕《よゆう》をもって

問三　本文中の［Ａ］～［Ｅ］に入る言葉として適当なものを、次の**ア**～**オ**の中からそれぞれ一つずつ選び、記号で答えなさい。
ア　まずは　**イ**　つまり　**ウ**　さらに
エ　たしかに　**オ**　むしろ

問四　――線①「まったく気が乗らない」とありますが、それはなぜですか。その理由として適当なものを次の**ア**～**オ**の中から一つ選び、記号で答えなさい。
ア　チームスポーツが不得手なだけでなく、小さいころから自分の意思を人に伝えることが苦手だったから。
イ　仕事の忙しさを理由に長年スポーツを避《さ》けていたため、不恰好なプレーを見せることになると確信したから。
ウ　スポーツをやることが決まったら存在感を消すほどに、物心ついたときからスポーツを嫌《きら》っていたから。
エ　苦手なスポーツをやることになっただけでなく、皆《みんな》の前で恥ずかしい姿をさらすような気がしたから。
オ　自分の勤める会社ではいつも存在感が薄《うす》いうえ、スポーツでもメンバーに頼《たよ》りにされていないから。

は注意されません。

　このゆるさこそが「ゆるスポーツ」なんです。イモムシラグビーは既存の「スポーツ」の概念《がいねん》をゆるめているんです。そして、「障害者は健常者に保護される存在だ」という常識もゆるめている。⑪スポーツと社会の価値観、両方をゆるめているんです。

　そもそも、スポーツって特にガチガチに固まっている世界だと思いませんか？

　特に日本のスポーツシーンは常にシリアスで、ユーモアが少ない。やたら緊張《きんちょう》感のある空気が㋓タダヨっています。ぼくはそんな空気の被害《ひがい》者だったので、スポーツを自分にとって居心地《いごこち》の良い場所にゆるめたいと思いました。

　日本には「体育会系」というジャンルがありますよね。忍耐《にんたい》や自制といったⒸ美徳に従って、先生や監督《かんとく》・コーチの指示を徹底《てってい》して守る学生時代を送ることで、会社に入ってからも、ルールに従って、順調に出世していく人たちのことです。

　でも、運動部に入っていなくても、いわゆる「既存のルールを遵《じゅん》守《しゅ》するのが是《ぜ》」という価値観をもったまま大人になる「体育脳」の人は、日本に多いと感じます。で、この「体育脳」の功罪は確実にあります。いま仕事がうまくいっていない年配男性たちの中に、この「体育脳」の人が多いと感じています。

　なぜなら、この不確実すぎる時代においては、確信をもってリードしてくれるリーダーなんて少ないからです。また、昨日のルールが今日通用しなくなることも起こり得る日々です。だから、どこかで脱《だっ》・体育脳をしないと、自分がどんどんしんどくなるんじゃないかなと思います。

　でも、そういう人たちが大企業《だいきぎょう》の偉《えら》い人の中には多くて、一番ゆるスポーツのことを理解してくれません。⑫「ルールを崩《くず》すとは何事だ！」「スポーツを馬鹿《ばか》にしているのか！」みたいな反応が返ってくるんです。ぼく自身、その気持ちもわかります。

　日本の近代スポーツというのはそもそも、規律に従って動く優秀《ゆうしゅう》な軍人（現代では企業戦士）を育成するためのものですから、クリエイティビティを発揮《はっき》してゆるめるものではない！　と思われているのでしょう。

　でも、これからはますますホワイトカラーの仕事は減っていきます。業務の自動化・AI化がますます進んでいくと、そこで仕事を奪《うば》われて困るのは誰なのか。それは「会社の命令は絶対！」で、上司や昨日までの常識に従いつづける「体育脳」の人たちです。

　だからこそ、「今のルール」に縛《しば》られている体育脳のみなさんに、そろそろ思い切って自分自身をゆるめてみませんか？　⑬新しい地平線が出現して、気が楽になりますよ、ということをなんとか伝えたいのです。

　また、何かをゆるめるとは、新しいルールをつくることです。しかも、自分最適に。だからこそ、このやり方を知っておくと、どんな不規則な時代にもⒹしなやかに対応できますし、どんな状況でも自分らしく生きることができます。

　ぼくは、自分が苦手なスポーツをゆるめたことで、自分が生きる世界を前よりも好きになっています。

　一方で、スポーツ以外にも硬直《こうちょく》した㋔リョウイキは、日本中にたくさんあります。

　日に日にぼくがゆるめたい世界は増えているのです。

たら「ないんじゃないかな」と。

そこから、這ってプレイするスポーツなら、体育館も借りられるし、さらに車いすの人と健常者が一緒《いっしょ》に試合ができるかもしれないと思い至りました。

で、ここからが肝《きも》なのですが、普通に「這ってプレイするスポーツ」を考えると、両足をガムテープでグルグル巻きにしてとか、そういう話になるんです。でも、それって楽しいでしょうか？　なんか拷《ごう》問《もん》みたいじゃないですか？

ゆるスポーツを考えるとき、何か障害をつくって、みんなを新しい障害者に変えるんですけど、⑩ぼくはその障害がＰＯＰであることにこだわりたいんです。

ＰＯＰというのは、Ⓐとっつきやすい、笑える、魅力《みりょく》的、みたいなことです。その情報に触《ふ》れたときに、「なんか楽しそう」と真っ先に思ってもらいたいんです。

だから、「這ってプレイするスポーツ」をつくろうと思ったときも、どうすればＰＯＰになるかを考えました。で、這うもので素敵なものは何だろう？　と考えて、ぼくは『はらぺこあおむし』という絵本を連想しました。

『はらぺこあおむし』、誰でも一度は見たことがあるんじゃないでしょうか。あのカラフルな色彩《しきさい》、これは楽しそうだなと思ったんです。プレイヤー全員があのイモムシになっていたら素敵だなと。そこから、まずイモムシウェアが生まれました。

次に、どういうスポーツだったらみんなに「やってみたい」と思ってもらえるかを考えました。まず思ったのは……這うのは疲《つか》れるので、フィールドは狭《せま》くしようということです（笑）。そう、ゆるスポーツはこんな風に自由につくっていくんです。

そこから「既存《きそん》のどのスポーツと掛《か》け合わせるのがいいだろうか」を考えていきました。

イモムシウェアを着ていると足が使えないので、サッカーと組み合わせるのは難しい。ドリブルが必要なバスケも難しい。イモムシウェア以外にさらに用具が必要なスポーツ（卓球《たっきゅう》とかテニスとか）も、準備が大変になるのでイヤだなと。こうして、選択肢《せんたくし》をどんどん減らしていったら、ラグビーが残りました。

ラグビーは、手でボールを持ってトライし、得点が入ります。イモムシウェアを着ていても、上半身は動かせるからトライなら決められるので最適です。こうやって理詰《りづ》めで考えていく中で、イモムシラグビーのルールが完成したのです。

で、実際にプレイしてみたら面白《おもしろ》いことに、車いすユーザーの上原さんが大活躍《だいかつやく》するんです。普段から這っているので、ひとりだけレベルが違《ちが》う。這うというよりスイスイ泳ぐような動きで、健常者は誰もⒷ太刀《たち》打ちできない。

このイモムシラグビーの何が良かったかというと、ひとつ目は車いすを使わなくてもプレイできるので、どんな場所でも遊びやすくなったこと。ふたつ目は、障害者が健常者よりも強いし、活躍するという、みんなの持っている一般《いっぱん》的な常識をひっくり返すことができたこと。

ちなみに健常者の方にこっそり教えると、イモムシラグビーは無理に動かなくてもいいんです。トライゾーンのそばで、じっと待機していてもいい。トライゾーンの近くにいて、パスを受けたら、そのままゴロゴロ転がってトライするという戦術もアリです。運動が苦手な方でも、イモムシトライを連発できることがよく起こります。コツさえつかめば、誰でも活躍できるスポーツです。「人生で初めてトライを決めた！」と喜ぶ方も大勢います。試合中、ただ寝転がっていても誰にも怒《おこ》られません。いっそのこと試合中にそのまま本当に眠《ねむ》ってしまっても、チームメイトからは起こされるかもしれませんが、審判《しんぱん》から

⑦健常者―障害者、強者―弱者、マジョリティ―マイノリティという構造って、とても不安定で脆《もろ》いものなんです。

それなのに、自分がマジョリティの立場でいるときは、マイノリティの置かれている状況《じょうきょう》を想像するのはとても難しいことです。たとえば、目が見えない人の暮らしについて、頭では理解したとしても、実際の生活や彼《かれ》らの困りごとについて、目が見える人が正しく想像することは困難です。

そもそも人間はみんな想像力が欠如《けつじょ》しています。いくら頭で考えても理解できるわけがないんです。それが人間という生物の限界なんです。「イマジン」は万能ではありません。

ぼくはそう思っています。

でも、そこで思考停止して、「どうせわかり合えるわけがない」と諦《あきら》めてしまうと、世界はガチガチに分断されたままになってしまいますよね。

ぼくは、そんな世界をゆるめたいんです。

だから、新しい「ゆるスポーツ」をたくさんつくって、広めようとしています。健常者が障害者の立場や気持ちを、⑧頭で理解することは無理だと思っているからこそ、ゆるスポーツはどれも「障害者の疑《ぎ》似《じ》体験」になっているんです。

【中略】

イモムシラグビーは、車いすで普段《ふだん》生活している人の疑似体験です。

この競技は、ぼくが初めて障害者の独自性に着目し、戦略的につくったゆるスポーツでした。その成り立ちを、ここで少し詳《くわ》しくご説明します。

ぼくの友人に上原大祐《うえはらだいすけ》さんという、車いすのパラ・アスリートがいます。

ある日、上原さんから⑨「車いすの人が体育館を借りるのは難しい」という話を聞かされました。車いすの方が公営の体育館を借りようとすると「床《ゆか》が傷つくんじゃないか」「タイヤ痕《こん》で設備が汚《よご》れるんじゃないか」などの理由で、いまだに拒否されることが多いそうです。そもそも傷は簡単につくものではないし、タイヤは体育館に入るときに拭《ふ》けばいいし、万が一床が汚れても、試合後に拭けばいいだけの話なのに。施設《しせつ》側が先入観をもっていたり、単純に「面倒《めんどう》くさい、イレギュラーに対応したくない」という気持ちがあるのでしょう。

「日本の車いすユーザーって、なかなかスポーツができないんだよ」

上原さんは、そう憤慨《ふんがい》していました。パラ・アスリートなのに、スポーツをできる環境《かんきょう》が限られているって、何かがおかしいと言わざるをえません。

そこで、「だったら車いすを使わないスポーツをつくればいいんじゃないか」と、ぼくは思ったんです。それなら施設側も、文句の言いようがないなと。

ぼくはまず、車いすに乗っていない状態の上原さんを観察することにしました。

彼の家に遊びに行くと、玄関《げんかん》に車いすを置いて、家の中では這って生活していました。「お茶を持ってくるよ」と言うと、さっとキッチンへ這っていくんですね。その動作が、すごく素早かったんです。毎日這って生活しているから、這うための筋肉が腕《うで》についているんです。ためしにぼくも這ってみたのですが、まったくうまく動けませんでした。

上原さんに「車いすユーザーって、家の中では這って生活してる人が多いの？」と聞いたら、「もちろん全員ではないけど、そういう人はいるよ」と言われたんです。で、這うスポーツってある？ と聞い

ここで、２つほど具体的な競技を紹介してみましょう。

[C]、「④５００歩サッカー」。

これは、５対５でやるサッカーなのですが、名前のとおり試合中は５００歩しか動いてはいけないというルールがあります。

プレイヤーは「５００歩サッカーデバイス」という、歩数を計測するデバイスを腰《こし》につけてプレイし、動いたぶんだけ残り歩数が減っていくんです。[D]、１歩動いたら１ゲージ減る。思い切り走ると、その運動の激しさによって３ゲージや５ゲージ、一気に減ることもあります。で、残り歩数がゼロになったら、その選手は退場しなくちゃいけない。

[E]、もうひとつ仕掛《しか》けがあって、選手が３秒以上㋒セイシして休むと、１秒に１ゲージ、残り歩数が回復するんです。つまり、「休む＝回復する」ということもプレイの一種になるんですね。

で、これだと、サッカーが得意な選手がいつもどおりプレイすると、たちまち残り歩数がゼロになって退場しなくちゃいけなくなってしまう。逆に、ぼくのようにあんまり走らない人間が生き残るスポーツなのです。

もうひとつ、「⑤イモムシラグビー」という競技もご紹介しましょう。

これは世界ゆるスポーツ協会の立ち上げ初期に生まれたのですが、いまだに大人気の競技です。

５対５でやるラグビーなのですが、選手は全員イモムシウェアという下半身が動かせなくなるウェアを身につけます。なので、ラグビーなのに立って走ることもタックルすることもできず、全員が地べたに寝《ね》そべって、這《は》ったり転がったりしながらラグビーボールをゴールまで運んでいくのです。

で、ラグビーと同じようにトライゾーンにトライを決めると得点が入ります。また、ボールを持っているプレイヤーは、相手プレイヤーからタッチされたら３秒以内に味方にパスしなくてはいけない、というルールもあります。

これ、試合時間中ずっと這い回らなくてはいけないので、けっこう運動量が多いスポーツなのですが、そこも含《ふく》めて人気なんです。

この２つの競技の紹介で、ひょっとしたら勘《かん》の良い読者の方はピンときたかもしれません。そうなんです、実はゆるスポーツでぼくが目指していることは、「健常者」を⑥「障害者」にしてしまうことなんです。

これは、ぼく自身がスポーツ障害者だという自覚からの発想です。

いきなりですが、これを読んでいるみなさんはいわゆる健常者ですか？　それとも障害者ですか？

言い方を変えます。あなた自身は、今のこの社会でマジョリティですか？　マイノリティですか？　もしくは自分のことを強者だと思っていますか？　それとも弱者だと思っていますか？

もしもみなさんが自分のことをマジョリティ・強者だと思っていても、いつどんなきっかけでマイノリティ・弱者の側になってしまうか、わかりません。

ぼくは日常生活では今のところ、いわゆる健常者ですが、スポーツの場面になると「障害者」としか言いようがないほど、みんながで きることができません。

そもそもある人が場面によっては強者だけど、別の場面では弱者になることだってあります。たとえば、会社では部下からの信頼《しんらい》も厚い部長が、家に帰れば居場所がなくて家族から口もきいてもらえない、なんて話はよく聞きますよね。

二〇二二年度
世田谷学園中学校

【国　語】〈第二次試験〉（五〇分）〈満点：一〇〇点〉

〔注意〕解答の際には、句読点やカギカッコなどの符号《ふごう》も字数にふくむものとします。

次の文章を読んで、後の問いに答えなさい。

物心ついた頃《ころ》からスポーツが苦手でした。みんなよりも足が遅《おそ》く、陸上はもちろん球技なども全然ダメで、学校の体育の授業はイヤでイヤで仕方ありませんでした。

少しだけ、ぼくの「スポーツ黒歴史」をご紹介《しょうかい》します。

【中略】

22歳《さい》のときに広告代理店に入社しました。仕事が忙《いそが》しいことを理由に、10年間でスポーツをしたのは2回だけ。これでスポーツから逃《に》げ切れると思ってホッとしました。でもある日、先輩《せんぱい》から「週末に会社メンバーでフットサルをやるから、どうしても来てほしい」と誘《さそ》われてしまいました。まったく行きたくありませんが、立場の弱いサラリーマンに拒否《きょひ》権なんてありません。イヤな予感がします。

①まったく気が乗らないまま、当日がやってきました。プレイ中に自分に㋐カしたタスクはひとつだけ。「存在感を消すこと」です。その甲斐《かい》あってか、試合中ぼくの足元にボールが来ることはほとんどありませんでした。

間もなく試合終了《しゅうりょう》。安心したのも束《つか》の間、ぼくのところへ、ボールが転がってきました。そして、たまたま目の前にはゴールが。不恰好《ぶかっこう》なフォームでボールを蹴《け》ると、なんとそのままゴールネットへと突《つ》き刺《さ》さりました。自分でも信じられませんでした。

「今日からスポーツを好きになれるかも！」

②自然と笑顔がこぼれていました。しかし、試合終了後に待っていたのは、チームメイトたちからのこんな言葉でした。

③「かっこいいなあ澤田《さわだ》のシュート姿（笑）」

「澤田が決めちゃったよ（笑）」

誰《だれ》もが嘲笑《ちょうしょう》を浮《う》かべていたのです。そのときみんなに合わせて「いやー自分でも驚《おどろ》きですよ！　あはは」と笑いながら、心に決めました。

こらスポーツ！　もう㋑コンリンザイ、二度と関《かか》わらないからな！

まあ、[A]自分でも、きっとへっぴり腰《ごし》でシュートしていたんだろうなと思います。ぼくみたいな人間のことをよく「スポーツ音痴《おんち》」とか言いますけど、自分としてはそんなレベルじゃない、という自覚があって、[B]「スポーツ障害者」と言ってもらった方がすっきりする。ぼくにとってそれくらいスポーツは天敵だったのです。

そんな、スポーツにまったく居場所を見いだせなかったぼくが生み出したのが「ゆるスポーツ」です。

おかげさまで、最近はテレビなどでも紹介されているので、「ゆるスポーツ」という名前だけは聞いたことがある、なんて方もいらっしゃるかもしれませんね。

ゆるスポーツとは、名前のとおり「スポーツ」を「ゆるめた」ものです。

2022年度

世田谷学園中学校 ▶解説と解答

算 数 ＜第２次試験＞（60分）＜満点：100点（理数コースは200点）＞

解 答

1 (1) $\frac{2}{5}$ (2) 7個 (3) 117 (4) 650円 (5) 17枚 (6) 2.2cm 2 (1) 8分 (2) 68% 3 (1) 78% (2) $116\frac{2}{3}$km 4 (1) 正九角形 (2) 27個 5 (1) 22回 (2) 11時$43\frac{7}{11}$分 6 (1) 600m (2) 200m

解 説

1 逆算，売買損益，整数の性質，分配算，つるかめ算，面積

(1) $0.7\div\frac{8}{7}=\frac{7}{10}\times\frac{7}{8}=\frac{49}{80}$より，$\left(\frac{9}{10}+\square\right)\times\frac{7}{8}-1+\frac{49}{80}=0.75$，$\left(\frac{9}{10}+\square\right)\times\frac{7}{8}=0.75-\frac{49}{80}+1=\frac{3}{4}-\frac{49}{80}+1=\frac{60}{80}-\frac{49}{80}+\frac{80}{80}=\frac{91}{80}$，$\frac{9}{10}+\square=\frac{91}{80}\div\frac{7}{8}=\frac{91}{80}\times\frac{8}{7}=\frac{13}{10}$ よって，$\square=\frac{13}{10}-\frac{9}{10}=\frac{4}{10}=\frac{2}{5}$

(2) 仕入れ値の合計は，200×180＝36000(円)だから，売り上げの合計は，36000＋5520＝41520(円)とわかる。また，１個の定価は，200×(１＋0.2)＝240(円)なので，売れた個数は，41520÷240＝173(個)と求められる。よって，売れなかった個数は，180－173＝７(個)である。

(3) ４で割ると１あまる数は，４の倍数よりも，４－１＝３小さい数である。同様に，５で割ると２あまる数は，５の倍数よりも，５－２＝３小さい数となる。よって，両方に共通する数は，４と５の公倍数よりも３小さい数である。また，４と５の最小公倍数は，４×５＝20だから，このような数は，20の倍数よりも３小さい数である。111÷20＝５あまり11より，111に近い数は，20×５－３＝97，または，20×６－３＝117となり，111により近いのは117とわかる。

(4) Ｂがもらった金額を①円とすると，Ａがもらった金額は，①×２－300＝②－300(円)となる。すると，Ｃがもらった金額は，(②－300)×２＋200＝②×２－300×２＋200＝④－600＋200＝④－400(円)となるので，３人がもらった金額の合計は，(②－300)＋①＋(④－400)＝⑦－700(円)と表すことができる。これが3850円だから，⑦－700＝3850より，①＝(3850＋700)÷７＝650(円)と求められる。よって，Ｂがもらった金額は650円である。

(5) 80円切手だけを25枚買うと，80円切手にはらう代金は，80×25＝2000(円)，100円切手にはらう代金は，100×０＝０(円)なので，その差は，2000－０＝2000(円)となる。80円切手と100円切手を１枚ずつ交換《こうかん》すると，80円切手にはらう代金は80円減り，100円切手にはらう代金は100円増えるから，差は，80＋100＝180(円)ずつ縮まる。代金の差を560円にするには，2000－560＝1440(円)縮めればよいので，1440÷180＝８(枚)ずつ交換すればよい。よって，80円切手の枚数は，25－８＝17(枚)とわかる。

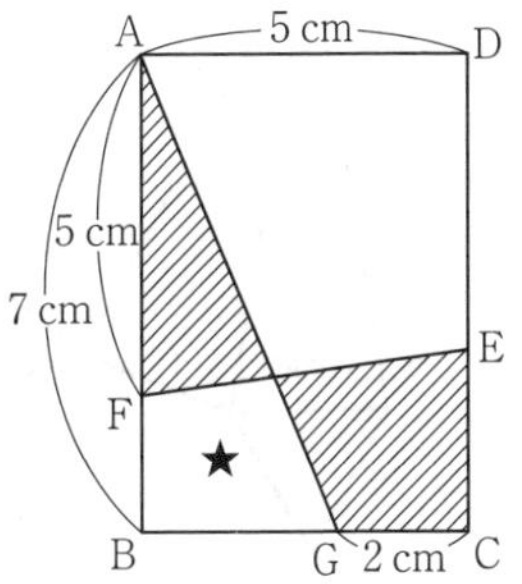

(6) 右の図で，２つの斜線《しゃせん》部分の面積が等しいから，両方に★の部分を加えると，三角形ABGと台形FBCEの面積も等しくなる。また，

BGの長さは，５－２＝３(cm)なので，三角形ABGの面積は，３×７÷２＝10.5(cm²)と求められ，台形FBCEの面積も10.5cm²とわかる。さらに，FBの長さは，７－５＝２(cm)だから，CEの長さを□cmとすると，(２＋□)×５÷２＝10.5(cm²)と表すことができる。よって，□＝10.5×２÷５－２＝2.2(cm)とわかる。

[2] ニュートン算

⑴　１分間に排水《はいすい》する量を①Ｌとする。また，１分間に[1]Ｌの割合で水を注ぐとすると，20分で空になるから，１分間に，100÷20＝５(Ｌ)の割合で減ることになる。さらに，１分間に[0.6]Ｌの割合で水を注ぐと12分30秒で空になるので，１分間に，$100\div12\frac{30}{60}$＝８(Ｌ)の割合で減ることになる。よって，右上の図のように表すことができる。この図で，[1]－[0.6]＝[0.4]にあたる量が，８－５＝３(Ｌ)だから，[1]にあたる量は，３÷0.4＝7.5(Ｌ)となり，①にあたる量は，7.5＋５＝12.5(Ｌ)と求められる。したがって，水を注がないで排水すると，100÷12.5＝８(分)で空になる。

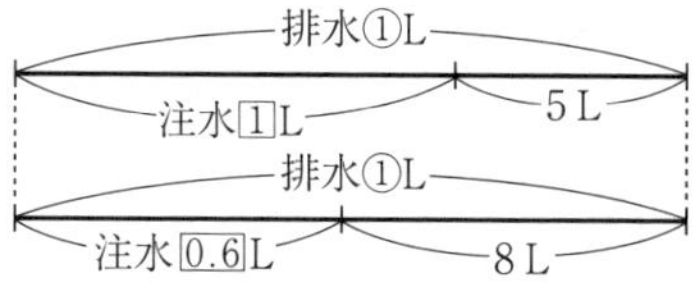

⑵　25分で空にするには，１分間に，100÷25＝４(Ｌ)の割合で減らせばよい。また，１分間に注ぐ量は，7.5×0.6＝4.5(Ｌ)なので，１分間に，４＋4.5＝8.5(Ｌ)の割合で排水すればよい。よって，このときの排水する割合は，8.5÷12.5×100＝68(％)である。

[3] 割合と比，平均とのべ

⑴　家からＡ地点までのECO運転の走行距離《きょり》は，70×0.42＝29.4(km)である。また，家からＢ地点までのECO運転の走行距離は，90×0.5＝45(km)なので，Ａ地点からＢ地点までの，90－70＝20(km)のうち，ECO運転の走行距離は，45－29.4＝15.6(km)とわかる。よって，この間のECO運転率は，15.6÷20×100＝78(％)と求められる。

⑵　各地点までの距離を右の図のように表すと，家からＣ地点までのECO運転の走行距離は，[10]の60％だから，[10]×0.6＝[6]である。また，家からＤ地点までのECO運転の走行距離は，([10]＋⑩)の50％だから，([10]＋⑩)×0.5＝[5]＋⑤となる。この２つの走行距離は同じなので，[6]＝[5]＋⑤より，[6]－[5]＝[1]が⑤にあたる。よって，[10]＝⑤×10＝㊿とわかり，㊿－⑳＝㉚が70kmにあたる。したがって，家からＣ地点までの走行距離は，㊿＝$70\times\frac{50}{30}=\frac{350}{3}=116\frac{2}{3}$(km)と求められる。

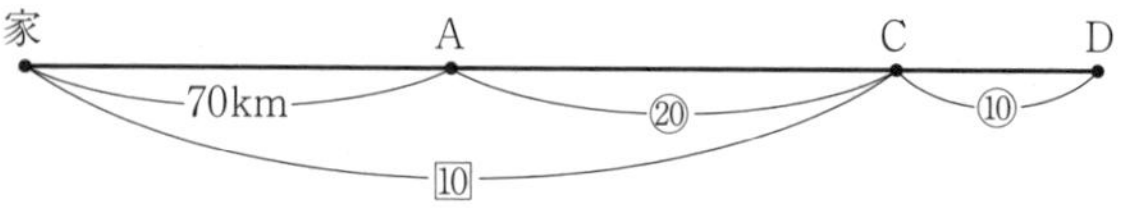

[4] 平面図形─角度，構成

図①

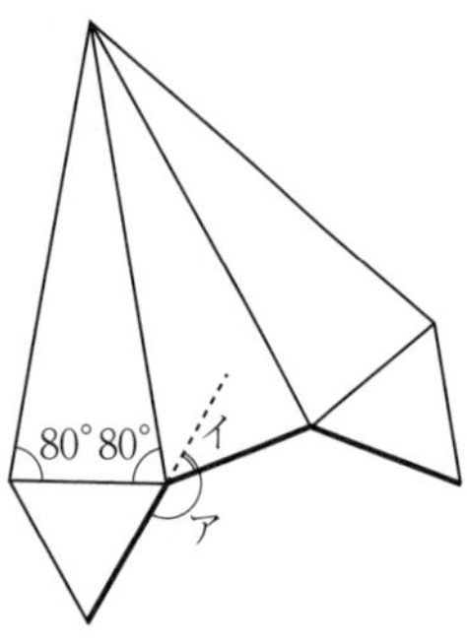

図②

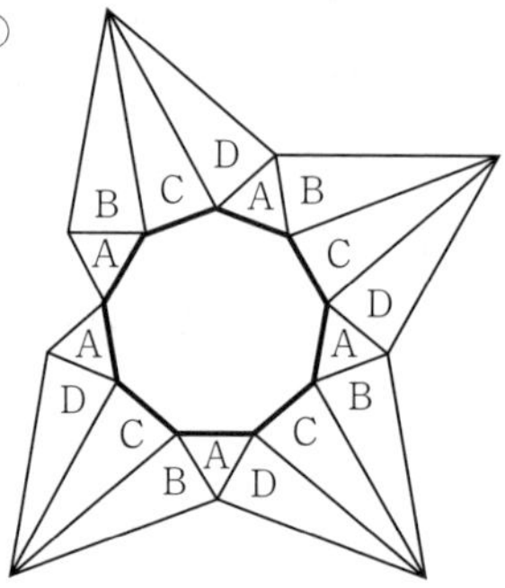

図③

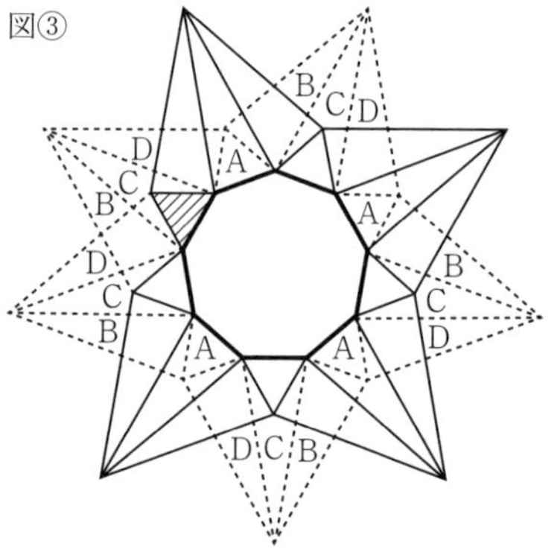

(1) 上の図①で，アの角の大きさは，360－(60＋80＋80)＝140(度)だから，イの角の大きさは，180－140＝40(度)である。また，多角形の外角の和は360度なので，360÷40＝9より，太線が作る図形は正九角形とわかる。

(2) 1周目は上の図②，2周目は上の図③の点線部分のようになる。すると，2周目の斜線部分の正三角形が1周目の正三角形とぴったり重なることがわかる。このとき，床にかかれたB，C，Dの三角形は，1周目は，3×4＝12(個)，2周目は，3×5＝15(個)ある。よって，全部で，12＋15＝27(個)と求められる。

5 時計算

(1) 「0時と1時の間」に2回，「1時と2時の間」に2回，…，「11時と12時の間」に2回，のように，1時間に2回ずつある。ただし，ちょうど3時のときは，「2時と3時の間」と「3時と4時」の間で2回かぞえられてしまう。同様に，ちょうど9時のときは，「8時と9時の間」と「9時と10時」の間で2回かぞえられてしまう。よって，この2回を除くと，全部で，2×12－2＝22(回)とわかる。

(2) 文字盤《ばん》の数の和は，1＋2＋…＋12＝(1＋12)×12÷2＝78なので，小さい方の和が，$78\times\frac{5}{5+8}=30$になるときを考える。このとき，90度の部分に含《ふく》まれる文字盤の数は3個だから，30＝9＋10＋11より，右の図のようになるときとわかる。図で，アが短針，イが長針だとすると，8時と9時の間で2回目に90度になるときなので，9時ちょうどになってしまう。これは条件に合わないから，アが長針，イが短針であり，11時と12時の間で2回目に90度になるときとわかる。また，長針は1分間に，360÷60＝6(度)，短針は1分間に，360÷12÷60＝0.5(度)動くから，長針は短針よりも1分間に，6－0.5＝5.5(度)多く動く。長針が短針よりも90度多く動くには，$90\div5.5=\frac{180}{11}$(分)かかるから，図の時刻は12時の$\frac{180}{11}$分前である。よって，12時－$\frac{180}{11}$分＝12時－$16\frac{4}{11}$分＝11時$43\frac{7}{11}$分と求められる。

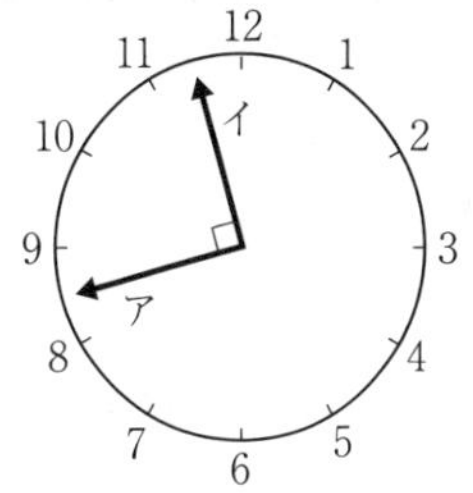

6 速さと比

(1) 太郎さんにとっての上り(AB，CD，EF)を合わせた道をPQ，太郎さんにとっての下り(BC)をQRとして図に表すと，右の図1のようになる。ここで，2人が平地(DE間)にかかる時間は，180÷45＝4(分)だから，太郎さんがPR間にかかる時間は，71－4＝67(分)，次郎さんがRP間にかかる時間は，63－4＝59(分)となる。また，図1のように，PQ間に，QR＝QSとなる地点Sをとると，上りと下りの速さの比は，40：50＝4：5なので，太郎さんがPS間にかかる時間と次郎さんがSP間にかかる時間の比は，$\frac{1}{4}:\frac{1}{5}$＝5：4とわかる。この差が，67－59＝8(分)だから，比の1にあたる時間は，8÷(5－4)＝8(分)となり，太郎さんがPS間にかかる時間は，8×5＝40(分)と求められる。よって，太郎さんがSR間にかかる時間は，67－40＝27(分)であり，このうちSQ間とQR間にかかる時間の比が5：4なので，QR間にかかる時間は，$27\times\frac{4}{5+4}$＝12(分)とわかる。したがって，QR間(BC間)の道のりは，50×12＝600(m)と求められる。

図1

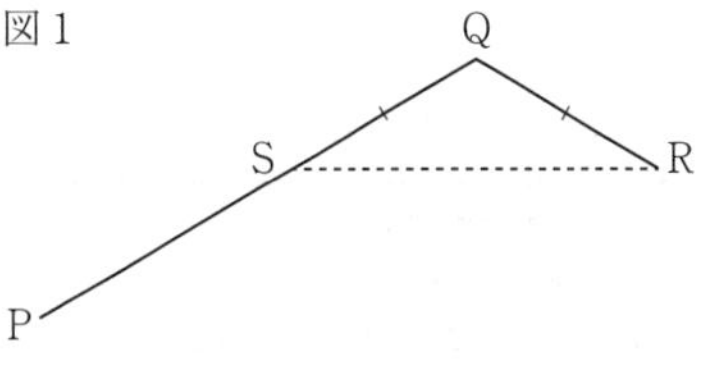

(2) CD間の真ん中の地点をG，次郎さんが地点Eにいるときに太郎さんがいる地点をHとすると，

坂道の傾斜《けいしゃ》は同じだから，右の図２のようになる。２人は地点Cですれ違《ちが》うので，太郎さんがBにいるとき，次郎さんはGにいる。また，次郎さんがEG間にかかる時間は，４＋600÷50＝16(分)であり，太郎さんが16分で上る道のりは，40×16＝640(m)だから，HB間の道のりは640mとわかる。さらに，図１で太郎さんがPQ間にかかる時間は，67－12＝55(分)なので，PQ間の道のりは，40×55＝2200(m)となり，AB間とEF間の道のりの和は，2200－(600＋600)＝1000(m)と求められる。よって，④＋⑤＝⑨にあたる道のりが，1000－640＝360(m)だから，EF間の道のりは，360×$\frac{5}{4+5}$＝200(m)とわかる。

図２

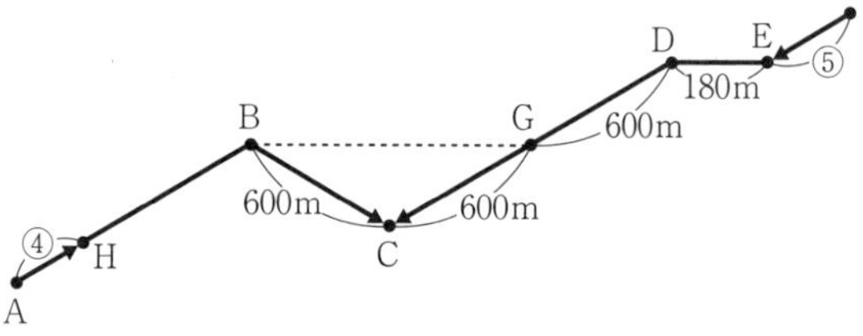

社　会　＜第２次試験＞（30分）＜満点：50点＞

解　答

1　**問１**　**１**　尾瀬　**２**　前橋　**問２**　(エ)　**問３**　(エ)　**問４**　(ウ)　**問５**　(イ)　**問６**　(ア)　**問７**　②　**問８**　(イ)　**問９**　(ア)　**問10**　(ウ)　**2**　**問１**　**１**　坂上田村麻呂　**２**　保元　**３**　物部　**問２**　(イ)　**問３**　(イ)　**問４**　(ア)　**問５**　(イ)　**問６**　(ウ)　**問７**　(イ)　**問８**　(エ)　**問９**　(エ)　**3**　**問１**　［X］　(ウ)　［Y］　(イ)　**問２**　(例)　テイクアウトやデリバリーの利用客が多かったから。　**問３**　②　**問４**　(例)　X地区…観光客がさらに増えることは，経済効果もあり，市のイメージアップにもつながることから，X地区につくることが最もよい選択であると考える。(Y地区…インターネットによる米の売り上げも増加しているため，出荷の利便性から，Y地区につくることが最もよい選択であると考える。)(Z地区…人口が最も多く，市全体への経済効果が一番高いことや，工業団地からの製品の出荷の利便性などから，Z地区につくることが最もよい選択であると考える。)　**問５**　(エ)　**問６**　(イ)／(例)　無人の収穫トラクター　**問７**　(ウ)　**問８**　(例)　出荷量が少なく市場での価格が高い冬の時期に出荷することが，最も利益を上げることができると考えられる。

解　説

1　日本の自然や産業などについての問題

問１　**１**　尾瀬沼《おぜぬま》は，群馬・福島・新潟の各県にまたがる尾瀬ヶ原の東部に位置する湖で，ミズバショウの群落がみられることなどで知られる。尾瀬沼をふくむ尾瀬ヶ原とその周辺の山々などは，尾瀬国立公園に指定されている。　**２**　群馬県の県庁所在地は前橋市で，江戸時代に城下町として発展した。このころから生糸やまゆの集散地となり，製糸業が栄えた。

問２　浅間山は，長野県と群馬県にまたがる活火山である。長野県の中央部には，地殻変動で生じたくぼみに水がたまってできた断層湖である諏訪《すわ》湖が位置している。なお，(ア)は山梨県，(イ)は新潟県，(ウ)は富山県の自然環境について述べた文。

問３　木曽川は長野県中西部の鉢盛《はちもり》山を水源とし，岐阜県・愛知県を流れて濃尾《のうび》平野を形成したのち，三重県北東部で伊勢湾に注ぐ。岡崎平野は愛知県中部に広がる平野で，矢作《やはぎ》川や明治用水が流れる。なお，日本の河川の流域面積は，利根川，石狩川，信濃川，北上川，木曽川の順に大きい。

問４　鬼怒《きぬ》川は①の栃木県，草津は②の群馬県，道後は愛媛県，指宿《いぶすき》は④の鹿児島県に位置する温泉地である。なお，③の大分県は全国で最も温泉の湧出《ゆうしゅつ》量が多い。

問５　阿寒《あかん》湖は北海道東部，秋吉台は山口県中西部にある。また，屋久島は鹿児島県に属している。

問６　1333年，後醍醐《ごだいご》天皇のよびかけに応じた新田義貞《にったよしさだ》は，現在の神奈川県鎌倉市に置かれていた鎌倉幕府に攻《せ》めこみ，これをほろぼした。(ア)は，神奈川県の県庁所在地である横浜市について説明している。なお，(イ)は京都府，(ウ)は東京都，(エ)は大阪府の説明。

問７　20世紀初めごろ，日本では南下政策をすすめるロシアとの開戦論が広まった。1904年に日露戦争が始まったが，内村鑑三はキリスト教徒の立場から反戦を唱えた。ロシアはユーラシア大陸の北半分を占《し》める，世界で最も大きい国である。なお，①はイギリス，③は中国，④はアメリカ。

問８　北陸新幹線(北陸線)は，1997年に東京駅—長野駅間が長野新幹線として部分開業した(東京駅—大宮駅間は東北・上越新幹線と，大宮駅—高崎駅間は上越新幹線と線路を共用)。その後，2015年に長野駅—金沢駅(石川県)間が開業したことで，輸送量が大きくのびた。よって，(イ)があてはまる。なお，(ア)は山陽線，(ウ)は上越線，(エ)は東海道線。

問９　中山道は江戸時代に整備された街道の１つで，江戸の日本橋を起点として，埼玉県，(ウ)の群馬県，(エ)の長野県，(イ)の岐阜県を通り，滋賀県の草津で東海道と合流して京都の三条大橋に至った。(ア)は岡山県の説明で，五街道のいずれもここは通らない。

問10　16世紀末に豊臣秀吉が行った朝鮮出兵のさい，九州地方の大名は朝鮮から多くの陶工《とうこう》を日本に連れて帰り，彼らによって肥前国(佐賀県)で有田焼が始められた。有田焼は伊万里《いまり》港から出荷されて各地に広まったため，伊万里焼ともよばれている。

２　各時代の歴史的なことがらについての問題

問１　**１**　坂上田村麻呂《さかのうえのたむらまろ》は平安時代初め，桓武天皇から征夷《せいい》大将軍に任命され，朝廷に従わない東北地方の蝦夷《えみし》を平定するために遠征《えんせい》し，現在の岩手県に胆沢《いさわ》城(奥州市)などを築いて朝廷の勢力範囲《はんい》を拡大させた。　**２**　1156年，朝廷の実権をめぐる崇徳《すとく》上皇と後白河天皇の争いに藤原氏の内部争いが結びつき，保元の乱が起こった。源氏・平氏もそれぞれの軍に分かれて戦ったが，平清盛と源義朝《よしとも》(頼朝の父)を味方につけた後白河天皇方が勝利し，崇徳上皇は讃岐《さぬき》(香川県)に流された。

３　538年(一説に552年)に仏教が伝えられると，朝廷内では受け入れに賛成する蘇我《そが》氏と，反対する物部《もののべ》氏の間で争いが起こった。この争いは，587年に蘇我馬子と聖徳太子が物部守屋《もりや》を倒したことで決着した。

問２　平安時代後半の1124年，①の平泉(岩手県)を根拠《こんきょ》地としていた奥州藤原氏の初代清衡《きよひら》は，浄土《じょうど》信仰にもとづく阿弥陀《あみだ》堂として中尊寺金色堂を建てた。なお，平等院鳳凰《ほうおう》堂は，1053年に藤原頼通《よりみち》が京都の宇治に建てた阿弥陀堂である。また，②は仙台(宮城県)の位置。

問３　(ア)「山陰地方」ではなく「瀬戸内地方」が正しい。　(イ)承久《じょうきゅう》の乱について正しく説明している。なお，北条義時は鎌倉幕府の第２代執権《しっけん》である。　(ウ)「楠木正成《くすのきまさしげ》」ではなく「足利尊氏」が正しい。楠木正成は最期まで後醍醐天皇のために戦い，1336年に足利尊氏にやぶれて自害した。　(エ)「西南戦争」(1877年)ではなく「戊辰《ぼしん》戦争」(1868～69年)が正しい。なお，西南戦争では，西郷隆盛が新政府軍の敵とされた。

問４　『万葉集』は現存する最古の和歌集で，奈良時代末に大伴家持《おおとものやかもち》らによって編さんがすすめられたと考えられている。『万葉集』には，天皇・皇族から農民に至るまでさまざまな身分の人がよんだ約4500首の和歌が収められており，小野老《おののおゆ》がよんだ(ア)もこれにふくまれる。「奈良の都」とは，このころの都であった平城京のことである。なお，(イ)と(ウ)は江戸時代によまれた狂歌《きょうか》，(エ)は明治時代に石川啄木《たくぼく》がよんだ短歌。

問５　『平家物語』は鎌倉時代に成立した軍記物語で，平氏が栄えてからほろぶまでのようすが，源平の戦いを中心にえがかれている。鎌倉時代には，稲をかりとったあとの土地で裏作として麦をつくる二毛作が畿内《きない》を中心に広まった。また，農業や手工業の発達によって商品の流通が活発になり，寺社の前や交通の便のよいところでは月３回の定期市（三斎市《さんさいいち》）が開かれるようになった。なお，(ア)は奈良時代，(ウ)は室町時代，(エ)は江戸時代にあてはまる。

問６　(ア)　後三年合戦は1083～87年に東北地方で起こった戦いで，源義家の力を借りた藤原清衡が勝利し，東北地方を支配した。　(イ)　1167年，平清盛は武士として初めて太政《だいじょう》大臣となった。(ウ)　源義経について正しく説明している。　(エ)　「日光東照宮」（栃木県）ではなく「鶴岡八幡《つるがおかはちまん》宮《ぐう》」（神奈川県）が正しい。「甥《おい》」とは，実朝《さねとも》の兄で，鎌倉幕府の第２代将軍であった頼家の子の公《く》暁《ぎょう》である。

問７　『日本書紀』は720年に完成した公式な国家成立史で，神話の時代から持統天皇の時代までのできごとが年代順に漢文で記されている。平城京に都が移されたのは710年，平安京に都が移されたのは794年，藤原道長が摂政《せっしょう》となったのは1016年のことである。

問８　(ア)　604年，聖徳太子は十七条の憲法を定め，役人（豪族）が守るべき心がまえを示した。(イ)　603年，聖徳太子は，家がらに関係なく，能力や功績に応じて有能な人物を役人に取り立てるため，冠位十二階を定めた。　(ウ)　607年に聖徳太子は小野妹子を遣隋使として隋（中国）に派遣した。このとき，聖徳太子は，それまでのように中国に臣下として忠誠をちかうのではなく，新しい関係での国交樹立をめざした。　(エ)　聖徳太子のころの文化について正しく説明している。

問９　［Ｘ］は室町時代に雪舟《せっしゅう》がえがいた水墨画《すいぼくが》「四季山水図」の一部，［Ｙ］は江戸時代に菱川《ひしかわ》師宣《もろのぶ》がえがいた浮世絵「見返り美人図」である。

3　農業を題材とした問題

問１　［Ｘ］の精進《しょうじん》料理は，禅宗《ぜんしゅう》の広まりとともに確立されたと考えられており，殺生《せっしょう》や肉食を禁じる仏教の思想が反映されている。［Ｙ］は縄文時代の人々の食事をあらわしたもので，弥生時代に稲作が広まるまで，人々は狩《か》りや漁，木の実の採取によって食料を得ていた。なお，(ア)は江戸時代末から明治時代初め，(エ)は昭和時代中ごろのこと。

問２　新型コロナウイルス感染拡大の影響《えいきょう》によって外食が避《さ》けられるようになったことから，外食産業の売り上げは大きく落ちこんだ。一方で，自宅で食事をする人が増えたため，ファストフードのテイクアウトや，食べ物のデリバリーサービスの利用客は増加した。

問３　米はアジア原産と考えられており，夏の気温が高く，降水量が多い地域で栽培されている。国別の生産量は，①の中国が第１位で，以下，インド，インドネシアと続く。この３か国は，いずれも人口が１億人以上で，７月の降水量が多いという共通点がある。統計資料は『日本国勢図会』2021／22年版による。

問４　Ｘ地区に高速道路の出入り口をつくると，減少傾向にある観光客が増える可能性が高い。Ｙ地区につくると，米の出荷量の増加によって年平均所得が上がり，三地区の格差の縮小につながる。

Ｚ地区につくると，市全体の経済効果が一番高く，商業や工業の輸送にも便利である。

問５　(ア)，(イ)　［グラフ４］によると，第一次産業就業人口・第二次産業就業人口ともに，インド，中国，メキシコ，日本，アメリカ合衆国の順に割合が高いが，これは［表］の１人あたりGDPの多い順と一致しない。　(ウ)，(エ)　［表］の５か国のうち，アメリカ合衆国と日本は１人あたりGDPが30000ドルを超えているが，メキシコや中国，インドは10000ドルに満たない。［グラフ４］の産業別就業人口の割合では，アメリカ合衆国や日本，メキシコは第三次産業就業人口の割合が60％を超えているが，中国とインドは40％に満たない。第三次産業就業人口の割合と１人あたりGDPの額に関連性がみられるのであれば，第三次産業就業人口の割合の高いメキシコの１人あたりGDPは，アメリカ合衆国や日本に近い額になるが，そうではないため，両者の関連性は少ないと考えられる。

問６　［グラフ５］と［グラフ６］からは，日本の農家の高齢化と人手不足(農業就業人口の減少)が読み取れる。［図１］はドローン(無人飛行機)，［図２］は農作業の補助をしてくれる機械，［図３］は人工衛星を利用した農業用機械の自動操縦のようすで，こうしたものや，［グラフ７］と［グラフ８］で示されたようなIT環境《かんきょう》を活用して，より少ない人で効率よく農業を行っていく必要がある。

問７　自分たちの住む地域で生産された農産物・水産物をその地域で消費する地産地消には，地元の農業・文化・歴史を知ることができるという効果があるが，地元で働く男女の雇用《こよう》機会の格差がわかるわけではない。

問８　競争相手の少ない時期に野菜をつくって出荷すれば，より高い値段で売ることができ，多くの利益が上げられる。そのため，入荷量が少なく，卸売《おろしうり》価格の高い12～２月に出荷することが望ましいと考えられる。

理　科　＜第２次試験＞（30分）＜満点：50点(理数コースは100点)＞

解　答

[1] **問１**　(ア)　**問２**　**Ｂ**　(ウ)　**Ｃ**　(ア)　**Ｄ**　(ウ)　**問３**　(ウ)　**問４**　(イ)，(ウ)　**問５**　(ア)，(カ)　**問６**　**Ａ**　向き　**Ｂ**　変化　**問７**　スピーカー　[2] **問１**　①　底　②　４℃　**問２**　217.4cm^3　**問３**　(1)　5280キロカロリー　(2)　**向き**…(イ)　**理由**…(オ)　**問４**　(例)　急激な温度変化が起こりにくい。　[3] **問１**　(イ)，(ウ)　**問２**　**記号**…ウ　**理由**…(例)　目立たせることで外敵を寄せ付けないようにしているから。　**問３**　**Ａ**　ベニモンアゲハ　**Ｂ**　学習　**問４**　0.375　**問５**　(ウ)，(オ)　**問６**　①　(イ)　②　(ア)　③　(ウ)

解　説

[1] 電流と磁石についての問題

問１　図１で，スイッチをａに入れると，Ａの方位磁針を置いた導線には上から下に向けて電流が流れる。すると，電流の流れに対して右回り(時計回り)の磁力線が発生して，導線の下に置いたＡの方位磁針のＮ極は図の右方向に向こうとする。しかし，スイッチを入れてもＡの方位磁針はほとんど動かなかったと述べられているので，図は右側が北の方角で，Ａの方位磁針のＮ極は電流を流す前から右を向いていて，スイッチをａに入れると(ア)のようになったと考えられる。なお，(イ)，(ウ)，(エ)が原因だと，Ａの方位磁石だけでなく，ほかの方位磁針も動かない。

問２　スイッチをａに入れると，Ｂの方位磁針が置いてある導線には右から左に向けて電流が流れるため，導線の上に置いたＢの方位磁針のＮ極は上方向（西側）に向こうとする。Ｃの方位磁針が置いてある導線には左から右に向けて電流が流れるので，導線の上に置いたＣの方位磁針のＮ極は下方向（東側）を向こうとする。Ｄの方位磁針が置いてある導線には左から右に向けて電流が流れる。よって，導線の下に置いたＤの方位磁針のＮ極は上方向（西側）を向こうとする。

問３　スイッチをａに入れてもｂに入れても，Ｂの方位磁針の下を通る導線とＤの方位磁針の上を通る導線には同じ強さの電流が流れる。したがって，Ｂの方位磁針とＤの方位磁針はふれる角度の大きさが同じになるため，(ウ)が選べる。

問４　電磁石を強くするためには，コイルに鉄しんを入れることのほかに，コイルに流れる電流を強くする（電源を強いものにする）ことや，コイルの巻き数を増やすことをすればよい。

問５　コイルに入れる鉄しん（鉄の棒）のかわりに，磁石につきやすい金属であるコバルトやニッケルでできた棒を用いても，強い電磁石を作ることができる。

問６　図３で，コイルに流す電流の向きを変えると，磁石の棒が紙コップの底をたたいたり，底からはなれたりする。また，コイルに流す電流の大きさを変えることで，磁石の棒が紙コップの底をたたく強さを変えることができる。よって，コイルに流す電流の大きさと向きを細かく変化させ続けることによって，紙コップの底をたたく磁石の棒の動きをさまざまに変化させることができる。

問７　スピーカーは，音から変換《へんかん》させた電気信号（コイルに流れる電流の細かい変化）を，図３のようなしくみで再び音にもどす電気機器である。

２ 水の体積変化についての問題

問１　一般《いっぱん》的な液体は，温度が低くなるほど密度（１cm^3あたりの重さ）は大きくなり，固体になるとさらに密度が大きくなる。そのため，もし水もこのような性質を持つとすれば，気温が下がって水面の水が冷やされると，密度が大きくなるため底の方へしずみ，それがくり返される。さらに，水がこおっても氷は底の方にしずんだままとなるため，最終的には池全体がこおる。ところが実際には，図１より，水は４℃のときに密度が最も大きい。よって，池の水が４℃まで下がったあとは，水面の水が冷やされても，底の方の４℃の水より密度が小さいためしずまない。そして，水面付近の水だけがどんどん冷やされてこおり，しかも氷は水より密度が小さくうかぶので，底の方には４℃の水が存在したままとなる。したがって，池の魚はこおらずに底の方で生き続けることができる。

問２　水がこおって氷になると，姿や体積は変化するが，重さは変化しない。よって，200ｇの氷の体積を求めればよい。氷の密度は0.92ｇ/cm^3なので，200÷0.92＝217.39…より，217.4cm^3とわかる。

問３　(1)　水の密度を１ｇ/cm^3とすると，240Ｌの水の重さは，１Ｌ＝1000cm^3より，１×240×1000＝240000（ｇ）である。これを，42－20＝22（℃）上げるのに必要なエネルギーは，１×240000×22＝5280000（カロリー），5280000÷1000＝5280（キロカロリー）になる。　(2)　海の水は陸地よりも温まりにくく冷めにくいため，温度が下がる夜間は，陸の方が海より温度が下がり，海の方が陸より温度が高くなる。すると，海上の空気の方が陸上の空気より温度が高くなるため，海上の空気が上昇《じょうしょう》し，陸から海に向かう空気の流れ（風）ができる。

問４　温まりにくくて冷めにくい水の中は，陸上に比べて温度変化が小さいため，変温動物である魚類を考えると生活しやすい環境《かんきょう》といえる。

3 シロオビアゲハの擬態《ぎたい》についての問題

問１　チョウの他ハエやカブトムシは，卵→幼虫→さなぎ→成虫の順に成長し，この育ち方を完全変態という。一方，バッタ，トンボ，セミ，カマキリは，卵→幼虫→成虫の順に成長し，この育ち方を不完全変態という。

問２　コノハチョウとハナカマキリは，他の生物や周りの環境に自分の外見を似せる擬態を行っている。これに対し，トラカミキリは，自身を目立たせることで外敵を寄せ付けないようにするタイプの擬態を行っている。

問３　捕《ほ》食者である鳥類のうち，体内に有毒物質を持ったベニモンアゲハを食べ，その味が悪いことを学習したものが，ベニモンアゲハを食べなくなり，それに擬態したシロオビアゲハも食べなくなる。

問４　図２にある毒蝶《ちょう》指数の計算式を用いると，分子はベニモンアゲハの数にあたる300，分母はベニモンアゲハの数と擬態型のシロオビアゲハの数の和にあたる，300＋500＝800なので，毒蝶指数は，$\frac{300}{800}$＝0.375と求められる。

問５　(ア)，(イ)　多良間島は宮古島と比べて，沖縄本島から遠いのに擬態率は低い。また，石垣《いしがき》島は多良間島と比べて，沖縄本島から遠いのに擬態率は高い。よって，沖縄本島からの距離《きょり》と擬態率には規則性が見られないといえる。　(ウ)，(エ)　毒蝶指数は，ベニモンアゲハの数が多くなればなるほど，計算式の分母と分子の数字が近づいていくため，1.0に近づく。そして，図３の(b)を見ると，毒蝶指数が1.0に近づくにつれて擬態率が高くなっている。したがって，ベニモンアゲハの数が多いところでは擬態率が高くなると考えられる。　(オ)，(カ)　毒蝶指数が小さいほど擬態率が低くなっている。擬態率が低いということは，擬態型であることの方が原型であることよりも捕食されやすいことを意味する。つまり，原型の方が生存しやすい環境といえる。

問６　体内に有毒物質を持たない擬態型のシロオビアゲハが増えて，捕食者がこれを食べてばかりいると，ベニモンアゲハを捕食し，味が悪いことを学習する機会が減る。すると，目立ちやすい擬態を行うことが逆効果となり，擬態型のシロオビアゲハが次々と捕食されてしまうので，原型のシロオビアゲハの方が生き残りやすくなる。その結果，原型のシロオビアゲハの割合が増えることになる。

国語　＜第２次試験＞（50分）＜満点：100点＞

解答

問１　下記を参照のこと。　**問２**　Ⓐ　エ　Ⓑ　オ　Ⓒ　オ　Ⓓ　ア　**問３**　**A**　エ　**B**　オ　**C**　ア　**D**　イ　**E**　ウ　**問４**　エ　**問５**　イ　**問６**　エ　**問７**　Ⅰ　ウ　Ⅱ　オ　Ⅲ　キ　Ⅳ　ク　**問８**　（例）　以前はできていたことをできなくすること。　**問９**　オ　**問10**　そもそも人　**問11**　ア　**問12**　エ　**問13**　（例）　緊張感を保ってルールを守ることや高い身体能力を良いものとするスポーツの考えと，障害者は健常者よりも弱者だという一般的な固定概念を同時に取り払っているということ。　**問14**　オ　**問15**　(例)　自らの周りにあるものの規律を変化させていくことで，社会のなかで自分らしく生きていくことが可能になり，安心できるということ。　**問16**　**設問１**　ウ　**設問２**　(1)　(例)　主要教科の授業は教室内で皆で静かに受講するものだというルール。　(2)　(例)　主要教科の学習であっても学校でしかできないものではない(ため)教室という場所に限定している(ことをゆるめるべきだと考える。)　(3)　(例)　インターネットやアプリケーションを用いて，自宅にいながらにして学校の授業を皆で受けられるようにゆるめる。

●漢字の書き取り

問１　㋐　課　㋑　金輪際　㋒　静止　㋓　漂　㋔　領域

解説

出典は澤田智洋《さわだともひろ》の『ガチガチの世界をゆるめる』による。昔からスポーツが苦手だった筆者が考えた「ゆるスポーツ」は，既存《きそん》のスポーツの概念《がいねん》をゆるめ，社会の常識もゆるめるものである。筆者は，それぞれがルールに縛《しば》られている世界をゆるめることで，自分らしく生きることができるようになると述べている。

問１　㋐　義務として負わせること。　㋑　絶対に。決して。　㋒　動かないでじっとしていること。　㋓　音読みは「ヒョウ」で，「漂流」などの熟語がある。　㋔　ある力や作用がおよぶ範囲《はんい》。

問２　Ⓐ　「とっつきやすい」は，取りかかりやすいさま。　Ⓑ　「太刀《たち》打ち」は，まともに張り合うこと。　Ⓒ　「美徳」は，道義にかなったすばらしい行いや考え方。　Ⓓ　「しなやかに」は，柔軟《じゅうなん》で弾力《だんりょく》のあるようす。

問３　**A**　筆者はチームメイトたちから「かっこいいなあ澤田のシュート姿」と皮肉を言われたのだが，「自分でも，きっとへっぴり腰《こし》でシュートしていたんだろうなと思います」と述べているので，“言われてみるとその通り”という意味の「たしかに」があてはまる。　**B**　筆者は，自分自身のことを「スポーツ音痴《おんち》」というレベルではなく「『スポーツ障害者』と言ってもらった方がすっきりする」と述べているので，二つのことを並べて，前のことがらより後のことがらを選ぶ気持ちを表す「むしろ」がふさわしい。　**C**　直前で「ゆるスポーツ」について「２つほど具体的な競技を紹介《しょうかい》してみましょう」と述べた後で，一つ目に「500歩サッカー」をあげているので，“はじめに”という意味の「まずは」が合う。　**D**　直前で述べた「動いたぶんだけ残り歩数が減っていく」という内容を「１歩動いたら１ゲージ減る～一気に減ることもあります」と言いかえているので，前に述べた内容を“要するに”とまとめて言いかえるときに用いる「つまり」がふさわしい。　**E**　直後に「もうひとつ仕掛《しか》けがあって」と，「500歩サッカーデバイス」の仕掛けについてつけ加えているので，前のことがらに別のことがらをつけ加えるときに使う「さらに」があてはまる。

問４　前の部分に注目する。筆者は，「物心ついた頃《ころ》からスポーツが苦手」で「学校の体育の授業はイヤでイヤで仕方」なかったと述べている。「広告代理店に入社」してからも「仕事が忙《いそが》しいことを理由に」スポーツをほとんどせず「これでスポーツから逃《に》げ切れると思ってホッと」していたところに，先輩《せんぱい》からフットサルに来てほしいと誘《さそ》われ「イヤな予感」がしていたとあるので，エが選べる。

問５　直前に「今日からスポーツを好きになれるかも！」とあるように，昔からずっと苦手でイヤだったスポーツで，シュートを決めることができて喜んでいることがわかるので，イがふさわしい。なお，「上達を実感」したわけではないので，アは誤り。

問６　チームメイトの「澤田が決めちゃったよ」という言葉からは，彼《かれ》らがそれを意外だと感じていることがわかる。そして，口では「かっこいいなあ澤田のシュート姿」などと言っているチームメイトの「誰《だれ》もが嘲笑《ちょうしょう》を浮《う》かべていた」とあるので，エがふさわしい。

問７　Ⅰ「イモムシラグビー」は「５対５でやる」と書かれているので，ウが選べる。　Ⅱ「イモムシラグビー」のルールが説明されている部分に注目すると，「ボールを持っているプレイヤーは，相手プレイヤーからタッチされたら３秒以内に味方にパスしなくてはいけない」とある。　Ⅲ「試合中は500歩しか動いてはいけないというルール」があるので，キが選べる。　Ⅳ「500歩サッカー」では「プレイヤーは『500歩サッカーデバイス』という，歩数を計測するデバイスを腰につけてプレイ」するとあるので，クがふさわしい。

問８　傍線《ぼうせん》部⑩の直前に「ゆるスポーツを考えるとき，何か障害をつくって，みんなを新しい障害者に変える」とある。これは，「500歩サッカー」では「500歩しか動いてはいけないというルール」によって，「イモムシラグビー」では「イモムシウェアという下半身が動かせなくなるウェアを身につけ」ることによって，ふだんできていることをできなくしていることを表している。

問９　直前に注目すると，「自分のことをマジョリティ・強者だと思っていても，いつどんなきっかけでマイノリティ・弱者の側になってしまうか」わからないし，「ある人が場面によっては強者だけど，別の場面では弱者になること」もあると述べられている。よって，オが選べる。

問10　少し前に注目すると，傍線部⑧の例として「目が見えない人の暮らしについて，頭では理解したとしても，実際の生活や彼《かれ》らの困りごとについて，目が見える人が正しく想像することは困難です」とある。そしてその理由として「そもそも人間はみんな想像力が欠如《けつじょ》して」いるのだと述べられている。

問11　「車いすの人が体育館を借りるのは難しい」理由は，「床《ゆか》が傷つくんじゃないか」とか「タイヤ痕《こん》で設備が汚《よご》れるんじゃないか」といった「施設《しせつ》側」の「先入観」や「『面倒《めんどう》くさい，イレギュラーに対応したくない』という気持ち」だろうと述べられている。そのことで「日本の車いすユーザー」が「なかなかスポーツができない」ことに上原《うえはら》さんは「憤慨《ふんがい》して」いたとあるので，アがふさわしい。

問12　続く部分に注目すると，「その情報に触《ふ》れたときに，『なんか楽しそう』と真っ先に思ってもらいたい」とある。そのように思ってもらうことで，たくさんの人にゆるスポーツを体験してほしいと考えているのである。「障害者のほうがむしろ幸せであると知ってほしい」とは述べていないので，エがふさわしくない。

問13　続く部分で「特に日本のスポーツシーンは常にシリアスで，ユーモアが少ない。やたら緊張《きんちょう》感のある空気が漂《ただよ》っています」と述べられている。また，スポーツには「『既存のルールを遵守《じゅんしゅ》するのが是《ぜ》』という価値観」もあると述べられている。スポーツが苦手で，そのようなスポーツに「まったく居場所を見いだせなかった」筆者が「スポーツを自分にとって居心地の良い場所にゆるめたいと思い」「ゆるスポーツ」を生み出したのである。もう一つの「社会の価値観」というのは，直前に述べられている「『障害者は健常者に保護される存在だ』という常識」のことである。

問14　傍線部⑫の考え方は，二つ前の段落の「『既存のルールを遵守するのが是』という価値観」と同じで，このような価値観をもったまま大人になることを筆者は「体育脳」と呼んでいる。「規律に従って動く」のが求められるのならそれでよいが，現代は「昨日のルールが今日通用しなくなることも起こり得《う》る日々」なので，「どこかで脱《だつ》・体育脳をしないと，自分がどんどんしんどくなるんじゃないか」と述べている。したがって，オがふさわしい。

問15　続く部分に注目する。筆者は，「上司や昨日までの常識に従いつづける」ことで社会の変化に適応できず困ることになる「『体育脳』の人たち」に対して「自分最適に」「新しいルールをつくること」で「どんな状況《じょうきょう》でも自分らしく生きることができ」，困ることなく過ごせると述べている。

問16　**設問１**　少し前のＢの発言に「社長だって昔は『ルールを変えてやろう』と思って出世のために頑張《がんば》ったのかもしれない」とある。ところが，社長になると「自分に不都合なことを進んでしようとはしな」くなるのであるから，ウがふさわしい。　**設問２**　**(1)**　自分の身近なもので，常識となっていることを具体的に書くとよい。　**(2)**　「ゆるめる」べきだと考える理由をわかりやすく説明し，(1)のなかでも特に問題である部分にしぼって，解答欄《らん》に合わせて書く。　**(3)**　(2)の後半で述べたことを「ゆるめる」ために，どのような手段や方法が考えられるかをわかりやすく説明する。

2022年度　世田谷学園中学校

〔電　話〕 (03) 3411－８６６１
〔所在地〕 〒154-0005　東京都世田谷区三宿１－16－31
〔交　通〕 東急世田谷線・田園都市線―「三軒茶屋駅」より徒歩10分
井の頭線―「池ノ上駅」より徒歩20分

【算　数】〈第３次試験〉（60分）〈満点：100点(理数コースは200点)〉

〔注意〕 1．**1**～**4**は答えだけを，**5**と**6**は求め方も解答用紙に書きなさい。

2．円周率《りつ》は3.14として計算しなさい。

3．問題にかかれている図は，必ずしも正確なものとは限りません。

1　次の□にあてはまる数を求めなさい。

(1)　$\frac{3}{4}\times\left(0.625+\frac{1}{7}\right)+\left(\frac{6}{7}+\frac{3}{8}\right)\div1\frac{1}{3}=$□

(2)　12％の食塩水が500ｇあります。水を□ｇ蒸発させると16％の食塩水になります。

(3)　池のまわりに，12ｍおきに木を植えるのと18ｍおきに木を植えるのとでは，木の本数に22本の差がでます。この池のまわりの長さは□ｍです。

(4)　Ａが１人ですると６時間，Ｂが１人ですると８時間かかる仕事があります。この仕事を，最初の□時間は２人で一緒にして，残りをＡが１人ですると，２人が仕事をはじめてから４時間30分で終わります。

(5)　川ぞいに２つの町があります。ある船がこの２つの町を往復するのに，上りは６時間かかり，下りは３時間かかりました。川の流れの速さが時速２kmのとき，２つの町は□km離《はな》れています。

(6)　下の図の斜線部分の面積は□cm^2です。

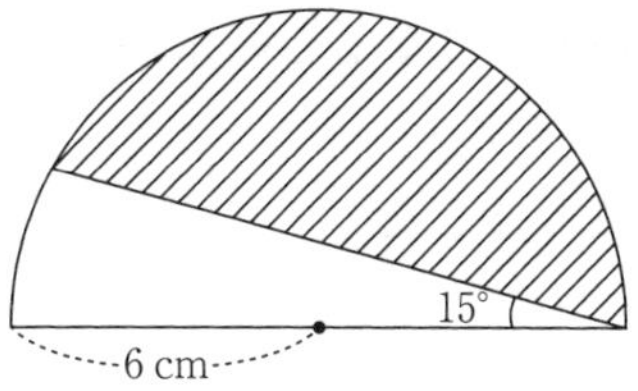

2　バスが何人かの乗客を乗せて出発しました。１つ目の停留所では乗客の$\frac{1}{3}$が降り，６人が乗りました。２つ目の停留所では乗客の$\frac{1}{5}$が降り，２人が乗りました。３つ目の停留所では乗客の$\frac{1}{2}$が降り，３人が乗りました。４つ目の停留所では，乗客16人全員が降りました。その後，だれも乗りませんでした。

このとき，次の問いに答えなさい。

(1)　バスがはじめに出発したときの乗客は何人ですか。

(2)　このバスの運賃はどれだけ乗っても１人220円です。このバスに支《し》払《はら》われた運賃の合計は何円ですか。

3　右の図の三角形ABCで，点Ｄは辺ABを1：2に，点Ｅは辺BCを2：3に分ける点で，点Ｆは辺ACの真ん中の点です。さらに，AEとDFとの交点をＧとします。

このとき，次の問いに答えなさい。

(1)　三角形DEFと三角形ABCの面積の比を，最も簡単な整数で答えなさい。

(2)　三角形ADGと三角形EFGの面積の比を，最も簡単な整数で答えなさい。

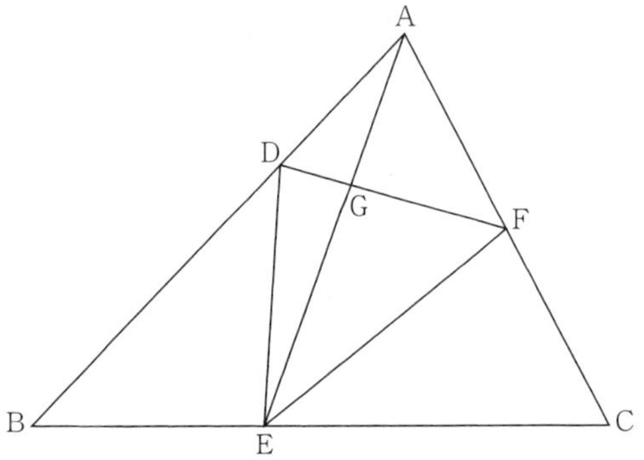

4　右の図のように表面積が432cm^2の立方体ABCD-EFGHがあります。

このとき，次の問いに答えなさい。

(1)　辺AE，BF，CG，DH上にそれぞれ点Ｋ，Ｌ，Ｍ，Ｎをとり，その４点を通る平面で切断します。切断面がひし形となるとき，ひし形KLMNの短い方の対角線の長さは何cmですか。

(2)　辺AE，FG，CDの真ん中の点をそれぞれ点Ｐ，Ｑ，Ｒとし，その３点を通る平面で切断します。切断面のまわりの長さは何cmになりますか。

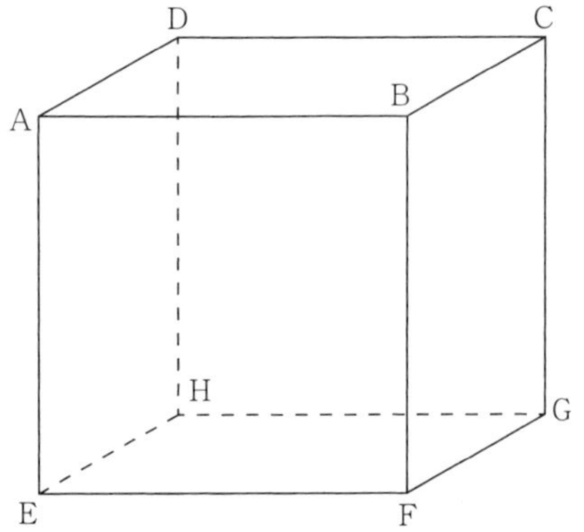

5　ある工場では，貯水タンクから毎分125Ｌの割合で排《はい》水し続けます。このタンクは，貯水量が400Ｌまで減ると一定の割合で給水がはじまり，貯水量が7400Ｌになると給水が止まります。給水がはじまってから，給水が止まるまで，毎回50分かかります。

ある日，午前７時に貯水量が400Ｌになったので給水がはじまりました。

このとき，次の問いに答えなさい。

(1)　１分間に給水する量は何Ｌですか。

(2)　この日の午前11時の時点で貯水量は何Ｌですか。

6　あるお店ではハンバーガー単品を150円，ポテト単品を100円で売っています。また，ハンバーガーとポテトのセットを200円で売っています。

このとき，次の問いに答えなさい。

(1)　ある日，ハンバーガーとポテトが合計240個売れて，売り上げの合計が27600円でした。この日単品で売れたハンバーガーは何個ですか。

(2)　次の日，ハンバーガー単品を200円に，セットを260円に値上げしました。その日はハンバーガーとポテトが合計100個売れて，売り上げが14280円でした。また，単品で売れたポテトの個数は，セットで売れたポテトの個数より２個多かったです。この日単品で売れたハンバーガーは何個ですか。

【社　会】〈第3次試験〉（30分）〈満点：50点〉

1　次の表は，健児君が2021年1月～6月のできごとについて，特に興味，関心をもった事柄《ことがら》や，それに対する意見などをまとめたものです。表をみて，あとの問いに答えなさい。

<table>
<tr><td colspan="3">2021年1月～6月のできごと</td></tr>
<tr><td>月</td><td>参考にした資料・写真</td><td>事柄</td></tr>
<tr><td>1月</td><td>新聞記事

日本最東端《たん》にある島</td><td>政府は(A)日本最東端にある島の周辺の海底に埋蔵《まいぞう》されているレアメタルについて，採掘《さいくつ》の商業化を進める方針を固めた。2028年末までに採掘技術を確立させ，排他《はいた》的経済水域内での採掘場所も決める予定である。</td></tr>
<tr><td colspan="3">［意見など］　レアメタルとはニッケルやコバルトなど，産出量が少なく，費用や技術の面でほり出すことが難しい金属のことです。日本は多くを(B)中国や他国からの輸入に依存《いぞん》しています。ぼくは今後の将来に向けて，レアメタルの採掘技術を確立させ，有効に活用できるようになってほしいと思いました。</td></tr>
<tr><td>2月</td><td>新聞記事

アウン＝サン＝スー＝チー氏</td><td>民主化が進んでいた(C)ミャンマーで，クーデターが起こった。ミャンマー国軍は国家権力を自分達の手に入れ，民主化の中心にいたアウン＝サン＝スー＝チー氏を拘束《こうそく》したと明かした。</td></tr>
<tr><td colspan="3">［意見など］　ミャンマーは，(D)東南アジアに位置する国です。長い間，軍事政権が続き国民の自由は制限されていましたが，アウン＝サン＝スー＝チー氏の民主化運動の成果により，政治体制も変化していました。だからこそ，ぼくは1日でも早く，国民が安心して暮らすことができる民主的な国家にもどれるように願っています。</td></tr>
</table>

<table>
<tr>
<td>3月</td>
<td>新聞記事と農林水産省の
ホームページ

宇佐市の用水路</td>
<td>(E)大分県の宇佐市は，市内を流れる農業用水路「広瀬《ひろせ》井路」と「平田井路」の世界かんがい施設《しせつ》遺産への登録を目指し，国際かんがい排水《はいすい》委員会の日本国内委員会に申請《しんせい》した。今後，国際会議で認定されれば，県内初の登録となる。</td>
</tr>
<tr>
<td colspan="3">［意見など］　歴史的，技術的，社会的価値のあるかんがい施設を登録するために，世界かんがい施設遺産制度が創設されました。建設から100年以上が経過し，かんがい農業の発展に貢献《こうけん》した施設などが登録されるそうです。ぼくは，日本の農業を支えてきたこれらのかんがい施設の価値がさらに認められ，地域の活性化につながることを期待しています。</td>
</tr>
<tr>
<td>4月</td>
<td>外務省ホームページ

バイデン大統領</td>
<td>アメリカ合衆国が主催《しゅさい》する(F)気候サミットがオンライン形式で開催《かいさい》された。バイデン大統領は世界の40の国や地域の首脳を招待した。サミットの主なテーマは，主要経済国による今後10年間の取り組み，途上《とじょう》国の支援《しえん》，クリーンエネルギーへの移行などであった。</td>
</tr>
<tr>
<td colspan="3">［意見など］　2015年に(G)COP21がフランスで開催され，この会議で採択《さいたく》された協定では，世界共通の長期目標として，気温上昇《じょうしょう》を産業革命期に比べ1.5℃までにおさえるように努力することを定めました。ぼくは，それを実現するためにも，日本をふくめた世界の国の人々がおたがいに協力し，連携《れんけい》して，真剣《しんけん》に取り組んでいかなければならないと思いました。</td>
</tr>
</table>

<table>
<tr><td>5月</td><td>新聞記事と環境《かんきょう》省のホームページ

奄美《あまみ》大島の自然</td><td>17の遺跡《いせき》で構成される「北海道・北東北の縄文遺跡群」が(H)世界文化遺産に，国際的にも希少な固有種がみられる「奄美大島・徳之島《とくのしま》・沖縄島北部及《およ》び西表《いりおもて》島」が(I)世界自然遺産に，それぞれ登録される見通しとなった。</td></tr>
<tr><td colspan="3">[意見など]　2021年５月現在で，日本国内の世界遺産は文化遺産が19件，自然遺産が４件で圧倒《あっとう》的に自然遺産が少ないです。ぼくは，日本の各地には美しい自然が残り，希少な動植物が生息する場所はまだあると思います。今後も世界自然遺産の登録地が増えていくように，人々が生態系の維持《いじ》に努めていくべきだと思いました。</td></tr>
<tr><td>6月</td><td>新聞記事

ジョンソン首相</td><td>日本を議長とする(J)TPP委員会が，オンライン形式で行われた。そこでイギリスによるTPP11加入要請《ようせい》を受けて，委員会はその加入を歓迎《かんげい》し，手続き開始および加入作業部会の設置を決定した。</td></tr>
<tr><td colspan="3">[意見など]　ぼくは(K)EUを離脱《りだつ》したイギリスがどのようにして他国と関わり，自国の経済発展のために貿易を進めていくのか非常に注目していました。イギリスのTPP11加盟が認められれば，2018年に協定が発効して以来，初めて新たな国が加わることになります。そうなれば貿易の枠《わく》組みがさらに広がり，国際経済の発展にもつながると思いました。</td></tr>
</table>

[まとめ]　今回の調べ学習を通じて，自分の知らなかったことを数多く知ることができて，とても勉強になりました。これからも自分の知識を増やし，興味，関心の幅《はば》を広げるためにも，日ごろから国内外を問わずに報道されているニュースなどにふれて，自分なりの意見をもっていくことが大切だと感じました。

問１　下線部(A)に関連して，日本の最東端と最西端に位置する島の組み合わせとして正しいものを，次の(ア)～(エ)の中から一つ選び，記号で答えなさい。ただし，正しいものがない場合は，(オ)と答えなさい。

	(ア)	(イ)	(ウ)	(エ)
最東端	与那国《よなぐに》島	与那国島	南鳥島	南鳥島
最西端	沖ノ鳥島	南鳥島	沖ノ鳥島	与那国島

問２　下線部(B)の説明として誤っているものを，次の(ア)～(エ)の中から一つ選び，記号で答えなさい。ただし，誤っているものがない場合は，(オ)と答えなさい。

(ア)　世界一人口の多い国で，人口の約９割が漢族である。

(イ)　首都の上海《シャンハイ》では万国博覧会が開かれ，世界から注目を集めた。

(ウ)　人口増加をおさえるため，夫婦が産み育てる子供の数を制限してきた。

(エ)　春節は昔からの伝統的な行事で，日本の正月行事に共通するものがある。

問３　下線部(C)のヤンゴン市と福岡市は，水道整備の支援をきっかけに交流を重ね姉妹都市となっています。福岡市について述べた文として誤っているものを，次の(ア)～(エ)の中から一つ選び，記号で答えなさい。ただし，誤っているものがない場合は，(オ)と答えなさい。

(ア)　地形的特徴《とくちょう》から波がおだやかなため，古くから港町として発展してきた。

(イ)　政令指定都市であり，市の外からも多くの人が通勤，通学をしている。

(ウ)　地理的に韓国《かんこく》と近いことから，貨物船やフェリーが行きかっている。

(エ)　政府の出先機関や企業《きぎょう》の支店が集中する，九州の中心都市である。

問４　下線部(D)の10カ国からなる東南アジア諸国連合と日本は，数十年以上にわたりアジア地域の平和と安定，発展と繁栄《はんえい》のために協力関係を築いてきました。この東南アジア諸国連合の略称《りゃくしょう》をアルファベットで答えなさい。

問５　下線部(E)に位置しないものを，次の(ア)～(エ)の中から一つ選び，記号で答えなさい。

(ア)　霧島《きりしま》山

(イ)　湯布院

(ウ)　国東《くにさき》半島

(エ)　八丁原《はっちょうばる》地熱発電所

問６　下線部(F)について，2030年に向けた温室効果ガスの削減《さくげん》目標として，菅義偉《すがよしひで》総理大臣(当時)は，2013年度から何％の削減を目指すと宣言しましたか。正しいものを，次の(ア)～(エ)の中から一つ選び，記号で答えなさい。

(ア)　６％　　(イ)　26％

(ウ)　46％　　(エ)　66％

問７　下線部(G)が開催されたフランスの都市名を答えなさい。

問８　下線部(H)として誤っているものを，次の(ア)～(エ)の中から一つ選び，記号で答えなさい。

(ア)

(イ)

(ウ)

(エ)

問９　下線部(I)について，次の地図中①～④の自然遺産の説明として正しいものを，あとの(ア)～(エ)の中から一つ選び，記号で答えなさい。

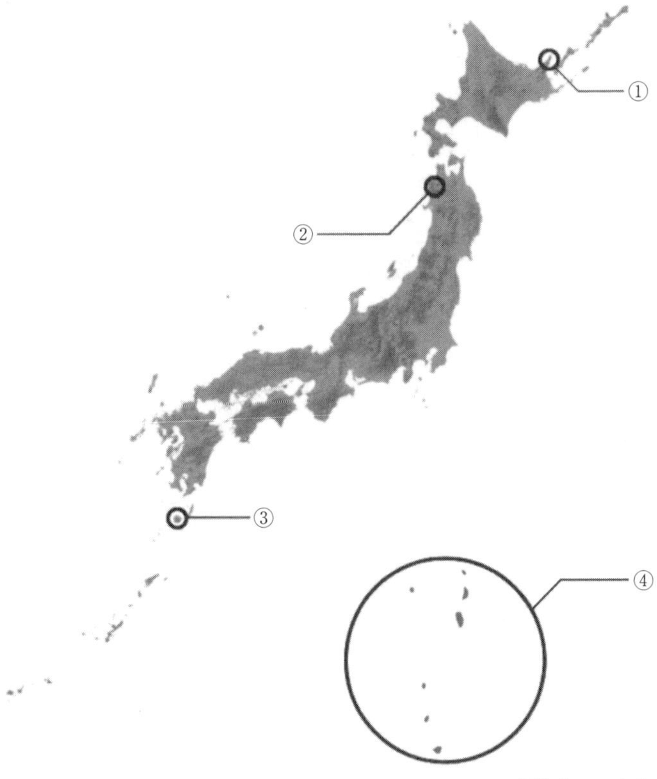

※環境省HPより

(ア)　①の知床《しれとこ》では，海氷の影響《えいきょう》を受けた海と陸の生態系の豊かなつながりをみることができる。

(イ)　②の白神山地では，標高に応じた温度変化によって，亜熱帯《あねったい》からはじまる様々な植生の生態系をみることができる。

(ウ)　③の宮古島では，一度も大陸と陸続きになったことがない島の著しく高い固有種率と，現在進行形の生物進化の自然をみることができる。

(エ)　④の小笠原《おがさわら》諸島では，東アジアで最大の原生的なブナ林や，世界の他の地域のブナ林よりも多様性に富んだ自然をみることができる。

問10　下線部(J)について述べた文として誤っているものを，次の(ア)～(エ)の中から一つ選び，記号で答えなさい。ただし，誤っているものがない場合は，(オ)と答えなさい。

(ア) 非課税分野や新しい貿易課題をふくんだ総合的な協定である。

(イ) アメリカは自国の産業の保護や雇用《こよう》の維持などを理由に離脱した。

(ウ) 経済の自由化を目的とした経済連携協定である。

(エ) 日本をふくむ環《かん》太平洋諸国11カ国によりTPP11協定が結ばれた。

問11 下線部(K)の説明として誤っているものを，次の(ア)～(エ)の中から一つ選び，記号で答えなさい。ただし，誤っているものがない場合は，(オ)と答えなさい。

(ア) ヨーロッパの政治的，経済的な統合をより一層進めるために組織された。

(イ) 多くの加盟国間では，パスポートなしで自由に国境をこえられる。

(ウ) 共通の通貨であるユーロが導入され，全ての加盟国で使用されている。

(エ) 加盟国が増え，EU内部の経済的な地域格差が問題となっている。

データは「データブック オブ・ザ・ワールド 2021」などによる

2 日本の各時代の特徴について述べた次の文を読んで，あとの問いに答えなさい。

日本列島に稲作《いなさく》が伝わったことで，社会は大きく変化して(A)クニが誕生しました。その後，中国や朝鮮《ちょうせん》の影響を受けて(B)律令《りつりょう》制を導入し，天皇《てんのう》を中心とする古代国家が形成されました。

(C)平安時代後期，(D)武士が朝廷《ちょうてい》の政治にも大きな影響をあたえ，さらに幕府をつくり力を持つようになりました。しかし，天皇や朝廷，大寺院も政治や土地の支配に一定の影響力を持っており，日本を一つにまとめる権力が，中世社会にはなかなか生まれませんでした。

16世紀にヨーロッパ諸国がアジアに進出を始めると，交易や(E)布教などを通じて世界は一体化へと向かいます。近世の日本は，アジアやヨーロッパ諸国との交流や統制の中で展開していったことが特徴です。戦国の社会が権力者により全国的に統一されていく過程で，武士を支配身分とする政治や社会の仕組みが形成されました。(F)17世紀に成立した(G)江戸《えど》幕府による全国の支配が安定すると，19世紀前半に至るまで戦乱のない時代が続きます。長期にわたる平和の維持は，全国の都市や農村を経済的に発展させ，(H)都市や地方の文化が生まれました。

18世紀から19世紀半ばにかけて，市民革命や産業革命を達成して近代国家となった欧米《おうべい》列強は，本格的にアジアへ進出しました。日本も「鎖《さ》国《こく》」から開国へと転じ，幕末の動乱の中で，(I)明治維新《いしん》が起こりました。欧米列強と同じような文明国になることを目標に，「富国強兵」，「殖産《しょくさん》興業」などのスローガンをかかげて改革に取り組み，(J)不平等条約の改正にも成功し，近代化を達成しました。

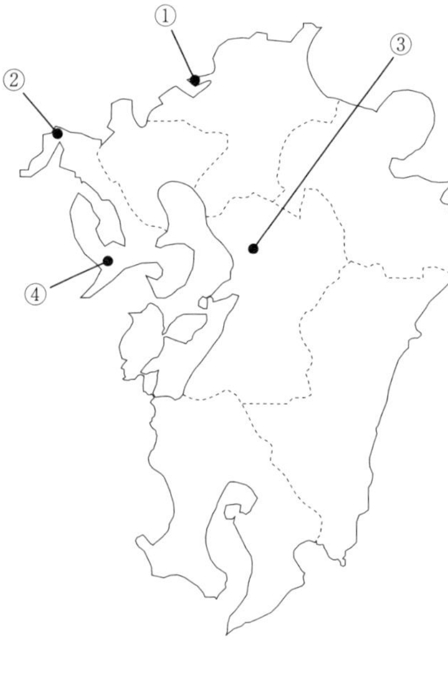

問1 下線部(A)に関連して，「漢委奴国王《かんのわのなのこくおう》」ときざまれた金印が発見された場所として正しいものを，右の地図中①～④の中から一つ選び，番号で答えなさい。

問2 下線部(B)に関連して，8世紀初めには唐《とう》の法律にならった大宝律令がつくられ，全国を支配する仕組みが定められました。律令国家の下で，人々にかけられた負担の内容として誤っているものを，次の(ア)〜(エ)の中から一つ選び，記号で答えなさい。

(ア)　租《そ》として，収穫《しゅうかく》した稲《いね》の一部を納める。

(イ)　調として，布や地方の特産物を納める。

(ウ)　庸《よう》として，労役や兵役などの義務を負う。

(エ)　防人《さきもり》として，九州北部の警備を行う。

問３　下線部(C)に貴族が行っていたこととして誤っているものを，次の(ア)〜(エ)の中から一つ選び，記号で答えなさい。

(ア)

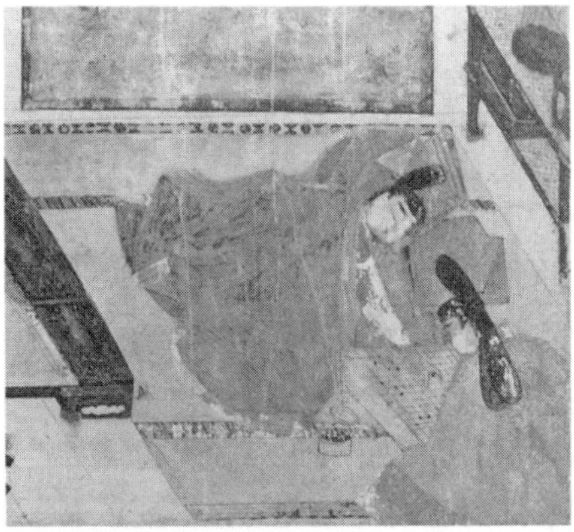

大陸から伝わった囲碁《いご》が楽しまれた。

(イ)

まりをけり続けてその回数を競う，けまりが親しまれた。

(ウ)

書院造《しょいんづくり》の床《とこ》の間をかざる生け花がさかんであった。

(エ)

「五七五七七」の形式で表す和歌がよまれた。

問4　下線部(D)について，平氏一族の繁栄を願って，平清盛《きよもり》が次の経典を納めた場所として正しいものを，あとの(**ア**)～(**エ**)の中から一つ選び，記号で答えなさい。

［経典］

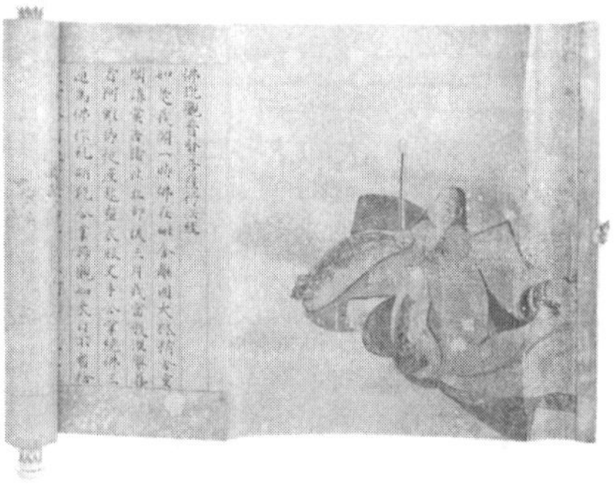

(**ア**)

(**イ**)

(**ウ**)

(**エ**)

問5　下線部(E)について，全国統一を進めた2人の武将にインタビューを行いました。次の［X］・［Y］の人物がこたえた内容の正誤の組み合わせとして正しいものを，あとの(ア)～(エ)の中から一つ選び，記号で答えなさい。

［X］

わしは宗教勢力を従わせようとして比叡山《ひえいざん》延暦寺《えんりゃくじ》や一向宗と戦い，キリスト教を禁止したのじゃ。

［Y］

わしは初めキリスト教の布教を禁止していたが，国内統一の手助けになると考え，宣教師の来航を公認したぞ。

	(ア)	(イ)	(ウ)	(エ)
［X］	正	正	誤	誤
［Y］	正	誤	正	誤

問6　下線部(F)の交通について述べた，次の［X］・［Y］の正誤の組み合わせとして正しいものを，あとの(ア)～(エ)の中から一つ選び，記号で答えなさい。

［X］　全国を結ぶ海運のなかで，北海道や東北地方の産物を，太平洋まわりで大阪に運ぶ船を北前船といった。

［Y］　主要な都市を結ぶ五街道は，幕府や大名などの公用のためだけに用いられ，一般庶民《いっぱんしょみん》の通行は認められなかった。

	(ア)	(イ)	(ウ)	(エ)
［X］	正	正	誤	誤
［Y］	正	誤	正	誤

問７　下線部(G)について，次の４枚のカードと関わりの深い将軍名を答えなさい。

青木昆陽《こんよう》

大岡忠相《ただすけ》

町火消

目安箱

問８　下線部(H)について，次の俳句をよんだ江戸時代の俳人として正しいものを，あとの(ア)～(エ)の中から一人選び，記号で答えなさい。

古池や　蛙《かわず》飛びこむ　水の音
五月雨《さみだれ》を　集めて早し　最上《もがみ》川

(ア)　松尾《まつお》芭蕉《ばしょう》　(イ)　近松門左衛門《もんざえもん》　(ウ)　東洲斎《とうしゅうさい》写楽　(エ)　小林一茶

問９　下線部(I)に関連して，次の紙幣《しへい》にえがかれている人物名を答えなさい。

財務省は紙幣を2024年度に一新するとして，１万円札の見本を発表した。図柄《ずがら》は日本資本主義の父とされた人物を採用した。

問10　下線部(J)について，条約改正への歩みを述べた次の(ア)～(オ)を古いものから順に並べたとき３番目にくるものを一つ選び，記号で答えなさい。

(ア)　日英同盟を結ぶ。

(イ)　岩倉使節団が欧米に向けて日本を出発する。

(ウ)　治外法権が撤廃《てっぱい》される。

(エ)　ノルマントン号事件が起こる。

(オ)　鹿鳴館《ろくめいかん》が完成する。

3　次の文を読んで，あとの問いに答えなさい。

外国との交流には色々な形があります。今回はその中の一つ，「留学」についてみてみましょう。留学とは，外国の技術や制度，学問などを外国に直接わたって学ぶことをいいます。

(A)中央政権が派遣《はけん》した使節で留学として海外にわたった最初の記録は，遣隋使《けんずいし》であると考えられます。遣隋使に続き，遣唐使《けんとうし》としても中国に留学生を派遣しました。この時代の主な外交窓口は(B)大宰府《だざいふ》でしたので，中国に渡航《とこう》する際には大宰府を経由することが多かったようです。そして，留学生として派遣された人材は官僚《かんりょう》として活躍《かつやく》を期待された人だけでなく，空海や最澄《さいちょう》などの僧《そう》も多くいました。

遣唐使の停止以降は，国が主導して留学生を派遣することはなくなりました。その一方，朝鮮半島や中国から商人が来日するようになり，交流は盛んになっていきました。このような情勢の中でも中国へわたろうとする僧はいましたが，11世紀後半になると渡航する僧も減り，史料にも残らなくなりました。

再び，(C)留学する僧が出てくるのは12世紀後半です。この時代の留学僧は中国にある仏教の聖地巡礼《じゅんれい》などのために，宋《そう》商船を利用して渡航しました。戦前の研究者である木宮泰彦《やすひこ》は，1187年から90年間で115人の僧が中国にわたったとしています。13世紀にはさらに多くの僧が中国にわたりました。しかし，明《みん》が成立して，日明貿易が行われるようになると，明による統制もあり，中国へ留学する僧は激減しました。その一方，中国商人を代表とした外国人の来日は多かったため，中国や朝鮮半島の技術などが日本に伝わることになりました。戦国時代になると，ヨーロッパからの技術や知識も入ってきました。そのため，他国の文化などを学ぶ手段として直接外国に行かなくてもよかったのかもしれません。

江戸時代になると，幕府は「鎖国」政策を行い日本人の海外渡航を禁止したため，留学生として外国にわたることができなくなりました。それでも外国への興味や関心が完全になくなることはありませんでした。海外留学はできませんでしたが，(D)オランダや中国との交流地であった長崎を訪れる人はいました。また，幕府がキリスト教に関係のない書物の輸入を許可したこともあり，ヨーロッパの学問をオランダ語で学ぶ蘭学《らんがく》が発達しました。

幕末，ペリーが幕府に開国をせまったときに，吉田松陰《しょういん》はペリーの船に乗りこみ，アメリカへの留学を果たそうとしました。この試みは失敗し，彼は牢《ろう》に入れられてしまいました。これは極端《きょくたん》なできごとではありますが，当時の知識人が外国への興味や関心を強く持っていたことが分かります。

明治時代に入ると，西洋の新たな技術や制度を取り入れることが重要課題となったため，(E)政府は留学生を派遣しました。この留学生たちは帰国後，日本の近代化に大きく貢献しました。そして，中国や朝鮮などの東アジアから日本に留学してくる人たちの受け入れも始めました。また，新渡戸稲造《にとべいなぞう》のように，海外へ留学した人物の中には，日本国内のみならず，世界で活躍する者もいました。

戦後，留学生の数が増え始め，1971年の留学目的の出国者数が5,701人であったのが，1981

年には14,547人と約３倍に増えています。そして(F)現在の留学事情ですが，国が派遣する留学以外に私費で留学する人も増えています。留学する人は1980年代後半からさらに増え，2000年代前半が約８万人とピークをむかえましたが，現在は減少しています。そのため，(G)2013年に文部科学省は留学促進《そくしん》キャンペーン「トビタテ！留学JAPAN」を開始して，海外への留学生を増やそうとしています。

問１　下線部(A)について，中国にわたった人物を紹介《しょうかい》した次の資料から読み取れる内容として誤っているものを，あとの(ア)～(エ)の中から一つ選び，記号で答えなさい。

高向玄理《たかむこのげんり》	遣隋使として派遣された。日本に帰国後，政治顧問《こもん》として活躍した。のちに遣唐使としても派遣され，中国滞在《たいざい》中に病死した。
道昭	遣唐使として派遣され，『西遊記』で有名な三蔵法師に学んだ。帰国後は仏教の発展に力をつくしただけではなく，社会福祉《ふくし》事業を積極的に行った。記録に残る，日本で最初に火葬《かそう》された人物でもある。
井真成《せいしんせい》	遣唐使として派遣されたが，日本名は不明である。中国で病死し，※１墓誌が2004年に中国の西安で発見された。墓誌には当時の唐の皇帝《こうてい》，玄宗《げんそう》がその死をおしんだと記されている。 ※１　墓誌とは，墓石に故人の姓名《せいめい》や経歴などを記して墓に納めたもの。
円仁《えんにん》	遣唐使として派遣されたが，希望する場所で学ぶことを唐が許可しなかったため，ひそかに巡礼を行った。のちに唐が外国人僧の国外追放を行ったため，商人の船を利用して帰国した。
高岳親王《たかおかしんのう》	皇太子であったがその地位を追われ，空海の弟子となった。朝廷の許可を得て，仏教を学ぶために私的に中国へわたった。中国では仏教が衰退《すいたい》していたため，皇帝の許しを得てインドにわたろうとしたが，旅の途中《とちゅう》で亡くなった。

(ア)　中国へわたった人たちの中には，日本に帰国することができずに，滞在中に亡くなる者もいた。

(イ)　朝廷が主導して留学生を派遣したため，帰国後に文化面で活躍した者だけではなく，政治にたずさわる者もいた。

(ウ)　学問を修めるために中国へわたった人たちは皆《みな》身分が低かったため，記録に名前が残らない者も多かった。

(エ)　留学生は朝廷の管理を受ける存在であったが，唐への渡航や帰国で公式な船を利用しなかった者もいた。

問２　下線部(B)は現在の福岡県に位置します。次の表中(ア)～(エ)には福岡県，北海道，大阪府，沖縄県のいずれかがあてはまります。福岡県として正しいものを，表中(ア)～(エ)の中から一つ選び，記号で答えなさい。

	2018年10月から１年間の人口増減率(%)		2019年10月の年齢《ねんれい》別人口割合(%)			2020年の留学生数(人)
	※2自然増減率	※3社会増減率	０～14歳	15～64歳	65歳以上	
(ア)	－0.26	0.19	13.1	58.9	27.9	17,816
(イ)	0.20	0.19	16.9	60.9	22.2	2,683
(ウ)	－0.31	0.27	11.8	60.5	27.6	25,383
(エ)	－0.64	－0.04	10.8	57.4	31.9	4,110
全国平均	－0.38	0.17	12.1	59.5	28.4	

※2　自然増減とは，［出生数－死亡数］を示したもの。
※3　社会増減とは，［入国者数－出国者数］＋［都道府県間転入者数－都道府県間転出者数］を示したもの。

問３　下線部(C)について，本文と次の［年表］から考えられる，［X］・［Y］の正誤の組み合わせとして正しいものを，あとの(ア)～(エ)の中から一つ選び，記号で答えなさい。

［年表］

年代	できごと
1130年代	平忠盛《ただもり》，肥前国(現佐賀・長崎県)で独自に宋との交易を行う
1140年代	平忠盛の子である平清盛，安芸《あき》国(現広島県)の長官に任命される
1150年代	平清盛，播磨《はりま》国(現兵庫県)の長官に任命される 平清盛，大宰府の役人に任命される
1160年代	後白河法皇，※4舎利殿を中国で建立したい意志を示す 日本から派遣された使者が宋にわたり，仏教について質問する
1170年代	宋から日本に使者が派遣され，摂津《せっつ》国福原(現神戸市)に来る 宋から使者が派遣され，後白河法皇と平清盛におくり物が届く
1180年代	平清盛，摂津国福原京に遷都《せんと》するが，すぐに京都に都を戻す 福原に近接する大輪田泊《おおわだのとまり》が修築され，宋商船が入港する 平氏が滅亡《めつぼう》する

※4　舎利殿とは，釈迦《しゃか》の遺骨をおさめておく建物のこと。

［X］　平氏は宋と貿易を行っていたことから，留学僧の援助《えんじょ》もしていたと考えられる。
［Y］　後白河法皇や平清盛は，留学僧を通じて国内での仏教理解を深めることを望んでいたと考えられる。

	(ア)	(イ)	(ウ)	(エ)
［X］	正	正	誤	誤
［Y］	正	誤	正	誤

問４　下線部(D)では，排水に風車が多く利用されてきました。次のページの［写真］と［資料］を参考にして，水車ではなく風車が利用されてきた理由を説明しなさい。

［写真］

［資料］

2019年末にオランダ政府は「オランダは正式名称《めいしょう》ではない。2020年１月以降，オランダを指す正式名称はネーデルラントに統一する。」と発表しました。ネーデルラントとは「低い土地」という意味で，国土の約４分の１は海面より低い干拓《かんたく》地です。年間を通じて風向きの変わらない偏西風《へんせいふう》の影響を受けます。

オランダの都市には，アムステルダムやロッテルダムのように，堤防《ていぼう》の意味を表す「ダム」が語尾《ごび》についている地名もあります。

問５　下線部(E)について，右のグラフから読み取れる内容として明らかに誤っているものを，次の(ア)～(エ)の中から一つ選び，記号で答えなさい。

＊グラフにない場合は０人を示す

(ア)　第一次世界大戦が開始されるまで，女性の留学生はわずかであった。

(イ)　1920年代には，女性の留学生がほぼ毎年派遣されるようになった。

(ウ)　留学生の合計人数を比べると，1920年代は1880年代の約３倍に増えた。

(エ)　日清《にっしん》戦争から日露《にちろ》戦争までの間，留学生が100人をこえる年はなかった。

問６　下線部(F)について，次の［表１］・［表２］から読み取れる内容として誤っているものを，あとの(ア)～(エ)の中から一つ選び，記号で答えなさい。

［表１］　日本から高等教育機関への長期留学者とその割合（2018年）

国・地域	留学者数（人）	割合（％）
アメリカ合衆国	18,105	30.8
中国	14,230	24.2
台湾《たいわん》	9,196	15.7
イギリス	2,670	4.5
オーストラリア	2,429	4.1
ドイツ	1,916	3.3
カナダ	1,783	3.0
韓国《かんこく》	1,558	2.7
世界計	58,720	100

［表２］　日本の貿易総額上位５カ国・地域（2019年）

順位	国・地域
１位	中国
２位	アメリカ合衆国
３位	韓国
４位	台湾
５位	オーストラリア

(ア)　ヨーロッパの国々や地域へ留学する人の割合が約２割をしめている。

(イ)　英語圏《けん》の国々や地域へ留学する人の割合が約４割をしめている。

(ウ)　東アジアの国々や地域へ留学する人の割合が約４割をしめている。

(エ)　貿易上位５カ国・地域へ留学する人の割合が７割以上をしめている。

問７　下線部(G)について，日本からの留学生を増やしていくためにはどのような方法がありますか。文部科学省の立場になって，その方法を説明しなさい。

問８　本文から読み取れる内容として正しいものを，次の(ア)～(エ)の中から一つ選び，記号で答えなさい。

(ア)　明治時代以降，留学生はすべて国から派遣された人であった。

(イ)　室町時代まで，留学生は僧が多く，日本の政治や文化の発達に貢献した。

(ウ)　江戸幕府が鎖国をしていた時期でも，海外に留学する人は多かった。

(エ)　戦後になるまで，私費による留学は全く認められることはなかった。

問９　インターネットなどの利用により，日本にいても世界の人々との交流は容易にできるようになりましたが，留学する人は今も一定数います。その理由を説明しなさい。

データは「日本国勢図会 2020/21」，『学制百年史』，文部科学省 HP，
米国国際教育研究所 HP，独立行政法人日本学生支援機構 HP による

【理　科】〈第３次試験〉（30分）〈満点：50点(理数コースは100点)〉

〔注意〕 数値を答える問題では，特に指示がない限り，分数は使わずに小数で答えてください。

1　物質の燃焼や熱の伝わり方について，次の問いに答えなさい。

問１　**図１**はろうそくの炎《ほのお》のようすです。炎の一番外側の部分から順にA，B，Cとしています。この部分を説明した次の(1)～(3)は，A～Cのどの部分を説明したものですか。**図１**のA～Cからそれぞれ１つずつ選び，記号で答えなさい。

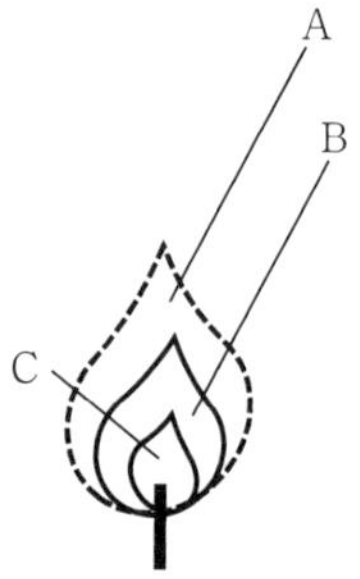

図１

	説明した文１	説明した文２
(1)	完全燃焼していて最も温度が高い部分	しめらせた木を炎の中にさしこむと，この部分にあたったところが初めに黒くこげる。
(2)	ろうの気体が残っている部分	ガラス管の先をこの部分に入れると，白いけむりが出てきて火をつけると燃える。
(3)	不完全燃焼し最も明るい部分	ガラス管を炎の中にさしこむと，この部分にあたったところにすす(炭素のつぶ)がつく。

問２　物質には，ろうそくのろうのように炎を出して燃えるものもあれば，金属の鉄のように炎を出さずにじっくりと燃えていくものもあります。

(1)　物体が炎を出して燃えることを燃焼といいます。燃焼を説明した次の文の空らん(あ)と(い)にあてはまる語句を答えなさい。

燃焼とは（　あ　）や（　い　）を出しながら酸素と激しく結びつくこと

(2)　鉄のくぎを加熱すると赤黒くなりゆっくりと酸素と結びついていき，表面が黒くなります。スチールウール(鉄を毛のように繊維《せんい》状にしたもの)を丸めて加熱すると燃焼し，内部まで完全に黒くなります。くぎの加熱後の物質をDとし，スチールウールの加熱後の物質をEとします。物質DとEについて説明した次の文のうち，正しいものはどれですか。次の(ア)～(エ)からすべて選び，記号で答えなさい。

(ア)　Dは電気を通さなかったが，Eは電気を通した。

(イ)　DもEもどちらも金属光沢がなくなった。

(ウ)　DもEもどちらも加熱前より軽くなった。

(エ)　Dは磁石についたが，Eはほとんど磁石につかなかった。

問３　３種類の金属(アルミニウムと鉄と銅)の熱伝導と熱ぼう張を調べるために，２つの実験を行いました。

＜実験１＞　**図２**のように金属の棒の先端《せんたん》を80℃に保った熱湯につけ，もう一方を手で持ち，手に温かさが伝わるまでの時間をそれぞれの金属ごとに計測したところ，下の**表**のようになった。ただし，金属の太さはどれも同じ，長さはすべて20cmとし，初めの金属の棒の温度は室温と同じで，実験はアルミニウム，鉄，銅の順番に行った。

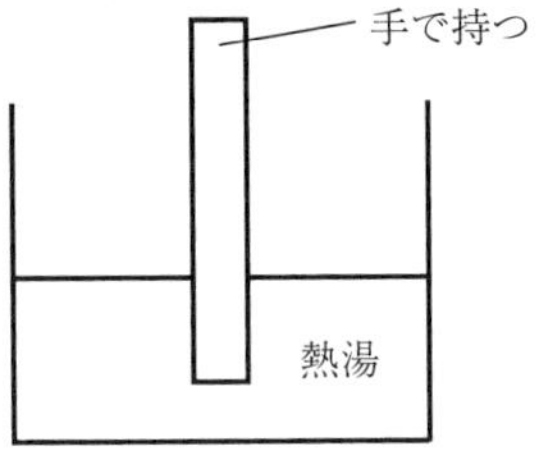

図２

表

金属	計測した時間[秒]
アルミニウム	53秒
鉄	時間がかかり過ぎ，金属に手のぬくもりが伝わってしまい計測ができなかった。
銅	51秒

＜実験２＞　線ぼう張比かく実験器という装置を使って，金属が加熱によってどのくらいぼう張するのかを調べた。長さ１mの金属棒について，温度を100℃高めたとすると，アルミニウムは約2.4mm，鉄は約1.2mm，銅は約1.6mmのびることがわかった。

(1)　＜実験１＞の結果から考えられることを説明した次の文の中で，科学的に正しいと言える考え方はどれですか。次の(ア)～(オ)から２つ選び，記号で答えなさい。

(ア)　銅とアルミニウムの結果は同じような数値だが，結果の数値を信用すれば，熱の伝わりやすさは，銅，アルミニウム，鉄の順番になると考えていいだろう。

(イ)　鉄の計測に失敗したため，アルミニウムと銅の計測も信用できないので，すべての実験が失敗したと考えるべきである。

(ウ)　鉄の計測に失敗したのは，２番目に実験を行ったからである。それぞれの金属を持った３人の人間が同時に行えば，鉄の計測も正しく行え，科学的により正しい実験になっただろう。

(エ)　手に温かさが伝わったかどうかが感覚によるものなので，アルミニウムと銅に関する熱の伝わりやすさは，どちらも同じ程度と考えるべきである。よって銅とアルミニウムがほぼ同じ伝わりやすさで，鉄だけが伝わりにくいと考えられる。

(オ)　金属の棒の長さを10cmにすれば鉄の計測もできるし，アルミニウムと銅の計測時間に差がつかないことの解決策になりそうだ。

(2)　金属の種類によるぼう張のちがいを利用したものにバイメタルがあります。**図３**のように，金属Ｆと金属Ｇを組み合わせ，左側を固定したバイメタルのうち，温度が上がると下に曲がるバイメタルはどれですか。次の(ア)～(カ)からすべて選び，記号で答えなさい。

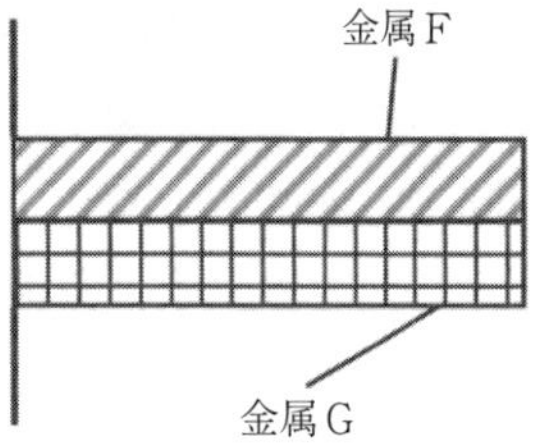

図３

(ア)　金属Ｆがアルミニウムで金属Ｇが鉄

(イ)　金属Ｆがアルミニウムで金属Ｇが銅

(ウ)　金属Ｆが鉄で金属Ｇが銅

(エ)　金属Ｆが鉄で金属Ｇがアルミニウム

(オ)　金属Ｆが銅で金属Ｇがアルミニウム

(カ)　金属Ｆが銅で金属Ｇが鉄

問４　水に対する熱の伝わり方を調べるために，＜実験３＞を行いました。これについてあとの問いに答えなさい。ただし，熱は水の温度変化だけに使われるものとします。

＜実験３＞　ビーカーＨと水そうに温度と量のちがう水が入っている。**図４**のように，ビーカーＨを水そうの水につけて，それぞれの温度変化を調べた。ビーカーＨには100ｇの水が，水そうにはそれよりも多い水が入っている。実験を始めてからの温度変化をまとめると，下の**図５**のようになった。

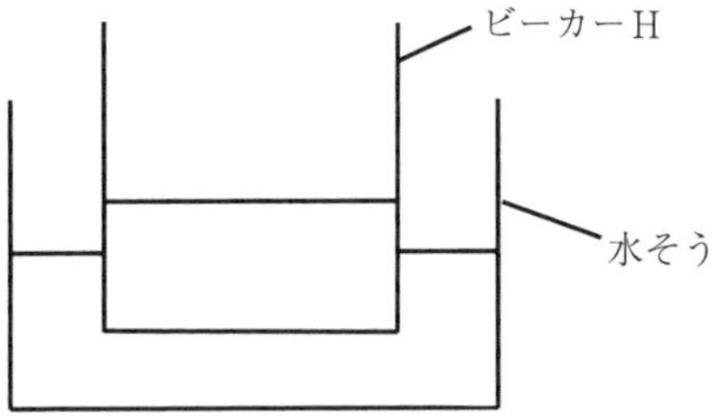

図４

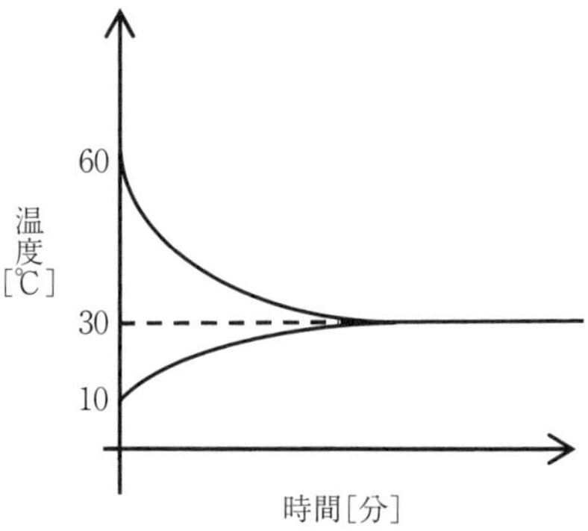

図５

(1)　＜実験３＞を開始したとき，ビーカーＨと水そうに入っていた水の温度はそれぞれ何℃ですか。

(2)　水そうに入っていた水は何ｇですか。

(3)　＜実験３＞のあと，ビーカーＨの水をすべて水そうに移しました。ここでビーカーＨとは別のビーカーに75ｇ，100℃の水を入れて水そうの水につけ＜実験３＞と同じ操作を行いました。最終的に水の温度は何℃で一定になりますか。小数第２位を四捨五入して，小数第１位まで答えなさい。

2　次の文を読んで，あとの問いに答えなさい。

異なるこさの塩酸Ａ～Ｆと，あるこさの水酸化ナトリウム水よう液Ｇがあります。さまざまな量の水酸化ナトリウム水よう液Ｇを完全に中和するのに必要な塩酸Ａ～Ｆの量を調べたところ，**図１**のような結果になりました。

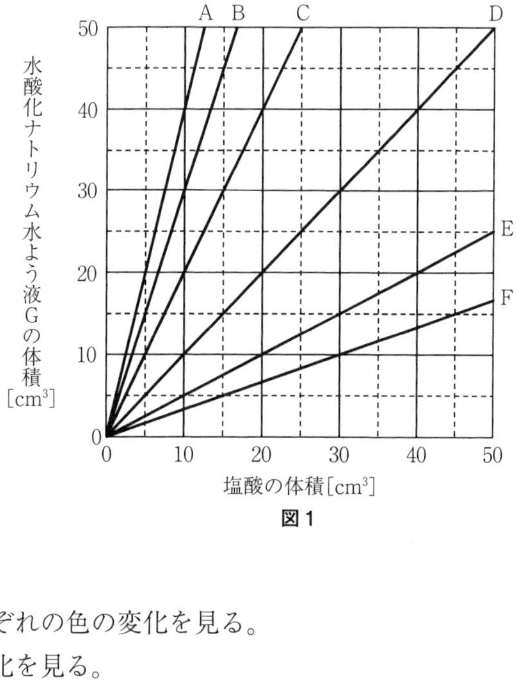

図１

問１　塩酸と水酸化ナトリウム水よう液を混ぜたとき，水よう液が中性になったことを確かめる方法としてまちがっているものはどれですか。次の**(ア)**～**(オ)**から２つ選び，記号で答えなさい。

(ア)　緑色のBTB液を加えて，色の変化を見る。

(イ)　赤色のフェノールフタレイン液を加えて，色の変化を見る。

(ウ)　青色と赤色のリトマス紙をつけて，それぞれの色の変化を見る。

(エ)　青色の塩化コバルト紙をつけて，色の変化を見る。

(オ)　アルミニウムの粉末を加えて，とけるかどうかを調べる。

問２　25cm^3の水酸化ナトリウム水よう液Gを中和するには，何cm^3の塩酸Fが必要か答えなさい。

問３　50cm^3の水酸化ナトリウム水よう液Gに2.5cm^3の塩酸Cを加えてよくかき混ぜました。この水よう液に，さらに塩酸Eを加えて中和するには，何cm^3の塩酸Eが必要になるか答えなさい。

問４　塩酸A～Fを５cm^3ずつ混ぜて，30cm^3の塩酸Hをつくりました。

(1)　30cm^3の塩酸Hをちょうど中和するのに必要な水酸化ナトリウム水よう液Gは何cm^3ですか。小数第２位を四捨五入して，小数第１位まで答えなさい。

(2)　塩酸Hのこさは塩酸Dの何倍ですか。小数第２位を四捨五入して，小数第１位まで答えなさい。

30cm^3の塩酸Dに棒Xと，白金という金属の棒をひたし，導線で電流計，電源装置，豆電球をつないで**図２**のような回路をつくりました。この塩酸Dに水酸化ナトリウム水よう液Gを少しずつ加えていき，流れる電流の強さを調べました。

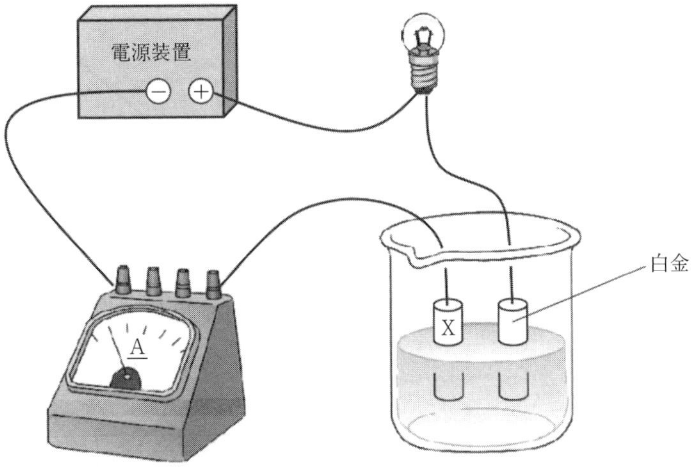

図２

問５　**図２**の棒Xに次の(ア)～(エ)の物質を用いる実験をそれぞれ行ったところ，ある物質を用いた実験では電流が流れず，豆電球は光りませんでした。また，別のある物質を用いた実験では，豆電球は光ったものの，実験を長い時間続けるには不向きであることがわかりました。これについて，次の問いに答えなさい。

(ア)　ガラス

(イ)　黒鉛《こくえん》(鉛筆《えんぴつ》のしん)

(ウ)　鉄

(エ)　銅

(1)　豆電球が光らなかったのは，**図２**のXに何を用いたときですか。上の**(ア)**～**(エ)**から１つ選び，記号で答えなさい。また，このとき電流が流れなかった理由を答えなさい。

(2)　この実験を長い時間続けるのに不向きなのは，**図２**のXに何を用いたときですか。上の**(ア)**～**(エ)**から１つ選び，記号で答えなさい。また，長時間の実験に不向きな理由を答えなさい。

(3)　**図２**のビーカー中の水よう液がアルカリ性になるまで水酸化ナトリウム水よう液Gを加

えたとき，電流の強さはどのように変化すると考えられますか。次の(ア)〜(カ)から最も適当なものを１つ選び，記号で答えなさい。ただし，水は電気を通さず，塩酸は食塩水よりも電気をよく通すものとします。

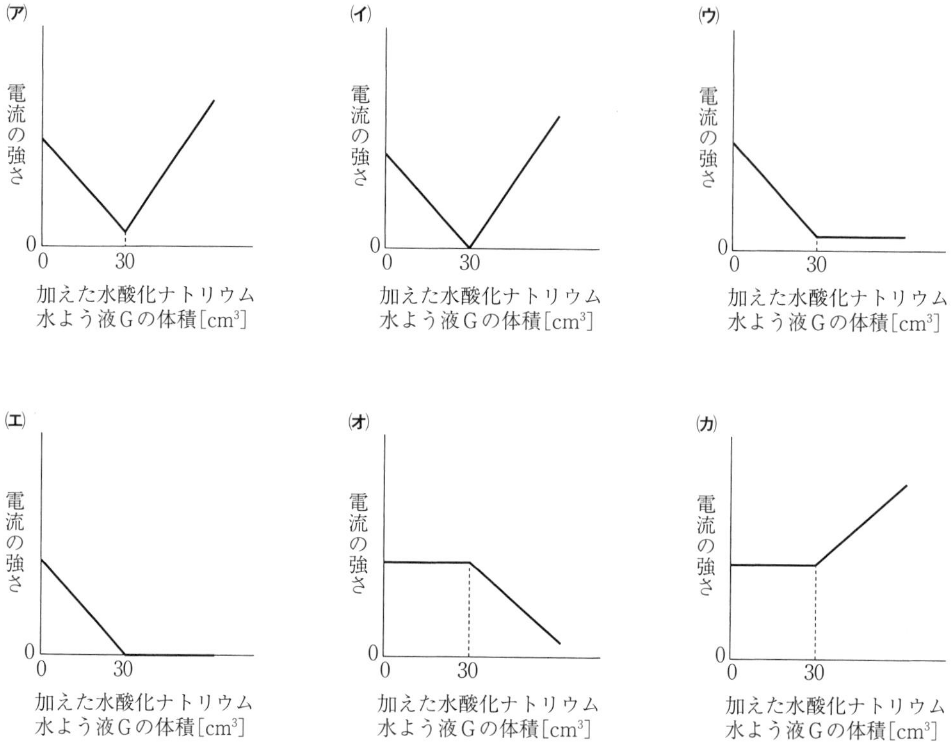

3　次の文を読んで，あとの問いに答えなさい。

東京都には全部で11の有人島があります。その多くは火山でできた島です。その中でもっとも北にある島は大島といいます。本州の東京都からは南方に約 120km 離《はな》れており，自然がとても豊かで，※日本ジオパークの１つに認定されています。

大島には，いつ噴火《ふんか》してもおかしくない活火山の三原山があります。かつて噴火した溶岩《ようがん》の跡《あと》が多くの場所で見られるだけでなく，火山灰でできた地層も見られます。また，大島の気候は，海に囲まれていることから，本州の東京都とは違《ちが》った気候になっています。

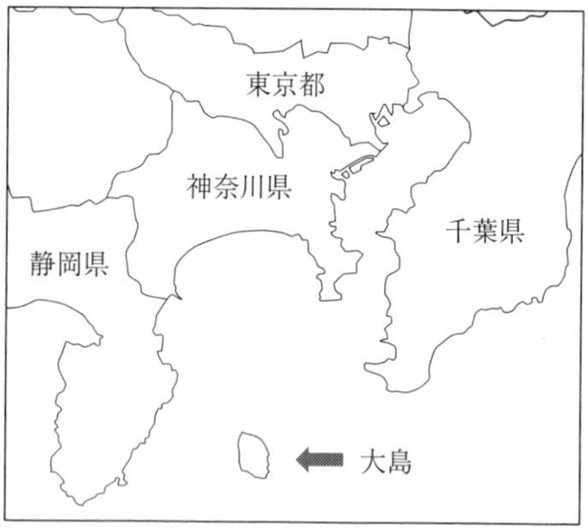

図１　大島の場所

※　日本ジオパークとは「大地の公園」を意味し，地学的に魅力《みりょく》があると認定された場所を示しています。現在，日本には大島を含《ふく》めて44か所あります。

問１　大島の岩石を観察すると，ほとんどが黒色をしています。また，カンランセキやチョウセキが多く含まれています。この岩石は何岩だと考えられますか。岩石の名前を答えなさい。

問２　大島で見られる地層で，特に有名なのは地層大切断面です。**図２**はその地層の一部です。

(1)　**図２**の地層では，白い点線の部分のように連続していない所も見られます。この重なり方のことを何といいますか。漢字３字で答えなさい。

(2)　**図２**の白い点線の上の地層は曲がっていますが，しゅう曲ではありません。このような積もり方をするためには，どのような場所でこの地層ができたと考えられますか。20字以内で答えなさい。

(3)　**図２**の地層の中には，大島の火山噴火では見られない火山灰が含まれます。これはなぜだと考えられますか。20字以内で説明しなさい。

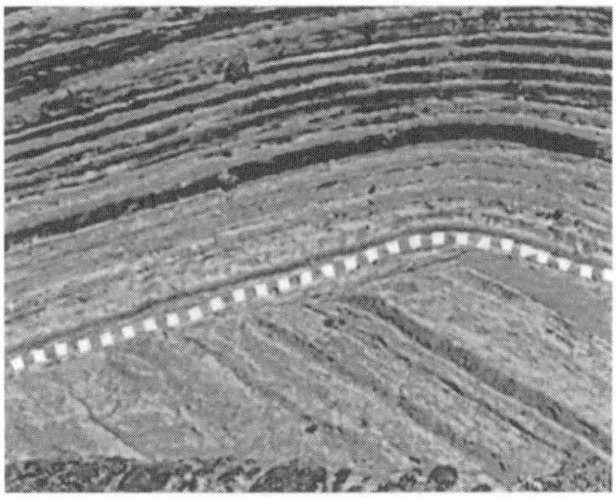

図２　地層大切断面

問３　大島の最近の火山活動は1986年に起きました。この時の噴火で，大島の住人全員が本州に避難《ひなん》しました。火山島では，いつこのようなことが起きてもおかしくありません。火山噴火で想定される災害に関する文でまちがっているものはどれですか。次の(ア)～(エ)から１つ選び，記号で答えなさい。

(ア)　噴火の時，細かい鉱物が火山灰として舞《ま》い上がるため，道路に積もった火山灰を除去する時には，速やかに下水管に流していくことが重要である。

(イ)　噴火の時，噴石《ふんせき》が小さければ遠くまで飛んでくる危険性があるため，十分に注意することが大切である。

(ウ)　冬に噴火が起こると，雪がとけることで，周囲の岩石や土壌《どじょう》をまきこみ激しい泥流《でいりゅう》が起こることがあるため，より注意が必要である。

(エ)　火山ガスには二酸化硫黄《いおう》や硫化《りゅうか》水素といった人体に有害のガスが含まれるため，発生していそうな場所には近づかないことが大切である。

問４　気象庁の観測所がある大島と東京都千代田区の30年間分の平均気温を比較《ひかく》すると**図３**のようになります。

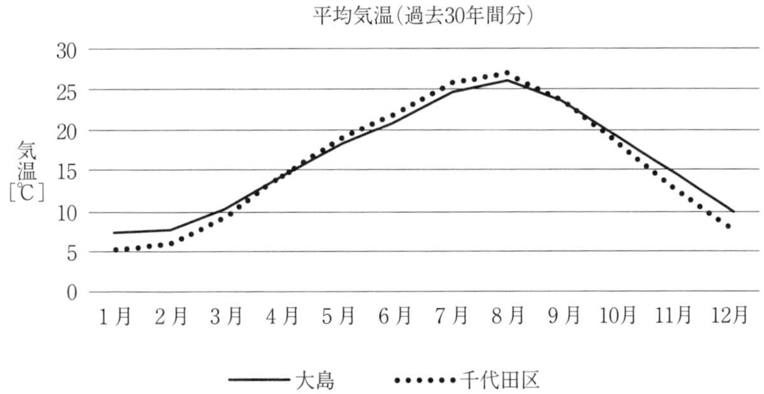

図３　大島と千代田区の平均気温の比較

(1)　大島と千代田区の平均気温の違いとして適当なものを，次の(ア)～(エ)から１つ選び，記号で答えなさい。

(ア)　１年間を通して大島のほうが平均気温は高い。

(イ)　１年間を通して大島のほうが平均気温は低い。

(ウ)　平均気温は，夏は大島のほうが高くなり，冬は大島のほうが低くなる。

(エ)　平均気温は，夏の大島のほうが低くなり，冬は大島のほうが高くなる。

(2)　下線部について，海に囲まれることで(1)のような気候の違いになる理由は何だと考えられますか。30字以内で説明しなさい。

問５　大島は本州より南方に位置することから台風が訪れやすく，大島のような海に囲まれた島では大きな被害《ひがい》をもたらすことがあります。**図４**のように台風が位置している場合について，次の問いに答えなさい。

(1)　大島に吹《ふ》く風の向きはどの方向ですか。(ア)～(エ)から最も適当なものを１つ選び，記号で答えなさい。

(2)　台風が通過する時，海水面が上昇《じょうしょう》する現象をもたらし，人家に浸水《しんすい》などの被害を与《あた》えることがあります。この現象は何といいますか。漢字２字で答えなさい。

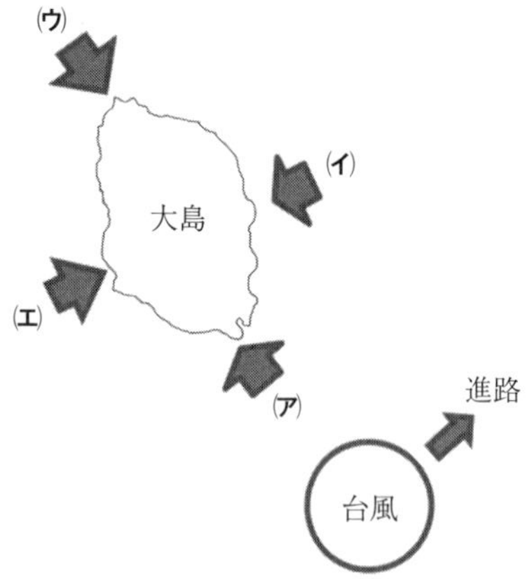

図４　大島付近の台風の進路

エ　場内の緊張感《きんちょうかん》が高まる中、おじさんとおねえさんの命をブランコとして救い、人々の感動あふれる場面を作り上げるのに力を使ったから。

オ　サーカスを興奮しながら見物し続けた上、最後に緊張感あふれる空中ブランコを夢中になって見たため、つかれきってしまったから。

〔Ⅱ〕　弟のノートの記述を重ねて考えると、このときの弟はどのような状態であるととらえることができますか。その説明として適当なものを次の**ア**～**オ**の中から一つ選び、記号で答えなさい。

ア　弟がノートに「この世とあっちがわとのあいだでゆらゆらとゆれている」と記している通り、このときの弟は生と死の境界に触れたことで、夢うつつの状態になっている。

イ　弟のノートに「サーカスのしんずい」と記している通り、このときの弟は一つの技能を極《きわ》めることに全力をつくす大切さを知ったことで、無《む》我《が》夢中《むちゅう》の状態になっている。

ウ　弟のノートに「いろんなものがぶらんこにのせられてぐにゃぐにゃになっていく」と記している通り、身体がやわらかくなる可能性を知ったことで、興奮した状態になっている。

エ　弟のノートに「それがくうちゅうぶらんこの、ほんとうのげんりなのに」と記している通り、サーカスの世界の真実を見極めたことで、自画自賛の状態になっている。

オ　弟のノートに「ぼくには、ちくしょう、うまくかけやしない」と記している通り、このときの弟は人間としての本当の楽しみに触《ふ》れたことで、混乱した状態になっている。

〔Ⅲ〕　弟はサーカスについて、見る前はどのようなものだと考えていましたか。弟のノートの文中から二十字以内の一文を探し、始めと終わりの四字をぬき出して答えなさい。

〔Ⅳ〕　弟のノートの記述をふまえて、弟のノートを読んでいる「私」の視点から見たとき、「まるで芯を抜かれたみたいに、ぐったりと座りこんでいた」弟はどういう状態にあるように見えると考えられますか。＝＝線**(X)**「弟のおはなしそっくりそのままに」という言葉の指し示す内容をよく考え、分かりやすく説明しなさい。

の説明として適当なものを次の**ア**～**オ**の中から一つ選び、記号で答えなさい。

ア　サーカスに対するおそろしい感覚がやわらぎ、おばあちゃんへの新たないたずらを考えていて、サーカスに行ってヒントを探そうという気持ちになっている。

イ　サーカスに対するおそろしい感覚がやわらぎ、おばあちゃんとのわだかまりも解消されていて、サーカスに行くことにも前向きな気持ちになりつつある。

ウ　サーカスに対する期待の感情が高まってきて、おばあちゃんとの過去を忘れようとしており、もういたずらするのはやめようという気持ちになっている。

エ　サーカスに対する期待の感情が高まってきて、おばあちゃんへのいたずらを再考しているが、気付かれないようにおとなしくしていようという気持ちになっている。

オ　サーカスに対する期待の感情が高まってきて、おばあちゃんと表向きの和を築こうとしており、サーカスへの出発に向けて明るい気持ちになりつつある。

問十二　――線⑩「お前、今度のサーカスにはね、ライオンがいるよ」とありますが、このようにおばあちゃんが言ったのはなぜですか。その理由として適当なものを次の**ア**～**オ**の中から一つ選び、記号で答えなさい。

ア　弟の動物へのいたずらをやめさせようと思い、弟にライオンが登場するのを教えることで、動物でも何かの役に立てることを伝えようとしたから。

イ　弟が空中ブランコのことしか知らないと感じ、弟にライオンが登場するのを教えることで、今度のサーカスが特別なものだと知らせようとしたから。

ウ　弟への仕打ちが少し行きすぎていたと思い、弟にライオンが登場するのを教えることで、豪華な出し物がそろっていることをうったえようとしたから。

エ　もう一息で弟が決断できるだろうと感じ、弟にライオンが登場するのを教えることで、いっしょにサーカスに行こうという気持ちにさせようとしたから。

オ　うなだれる弟に追い打ちをかけられると思い、弟にライオンが登場するのを教えることで、サーカスのおそろしさを見物する前に体感させようとしたから。

問十三　――線⑪「背中をぶるぶる震わせて」とありますが、このときの弟の状態について、四十字以内で記しなさい。

問十四　――線⑫「空中ぶらんこのショーがはじまった」とありますが、観客がショーに集中していることがわかる一文を本文中より探し、最初の五字をぬき出して答えなさい。

問十五　――線⑬「まるで芯を抜かれたみたいに、ぐったりと座りこんでいた」とありますが、それについて次の各問いに答えなさい。

〔Ⅰ〕その理由として適当なものを次の**ア**～**オ**の中から一つ選び、記号で答えなさい。

ア　おばあちゃんにむりやり連れてこられたサーカスを見て、自分が思った以上に楽しかったものの、見ることにはつかれてしまったから。

イ　本当はお母さんといっしょに見物したかったのに、おばあちゃんと見物することになって残念に思い、力が出なくなってしまったから。

ウ　酔っぱらったお父さんの姿など見たくはなかったのに、せっかくのサーカスで見ることになってがっかりし、気落ちしてしまったから。

オ　家族はおばあちゃんもふくめて五人いるのに、サーカスのチケットを四枚しかもらうことができなかったから。

問五　――線②「弟は泣いてイヤがった」とありますが、「私」はその理由をどのように考えていますか。「から。」につながる十五字以内の表現を本文中より探し、ぬき出して答えなさい。

問六　――線③「おばあちゃんにしてみれば、弟が小鬼にみえていただろう」とありますが、そう思った理由として適当なものを次の**ア**～**オ**の中から一つ選び、記号で答えなさい。

ア　おばあちゃんはいたずらばかりしかける弟の頭に、角を生やしているのがはっきり見えていただろうから。

イ　おばあちゃんはサーカスに行くのを泣いていやがる弟を、何とか退治しなければと思っていただろうから。

ウ　おばあちゃんは弟のいたずらが減らないために、うらで鬼が糸を引いているのを見ぬいていただろうから。

エ　おばあちゃんは弟のいたずらのアイデアは、サーカスに入れるには役に立つと思っていただろうから。

オ　おばあちゃんは弟が数限りなくいたずらをしかけてくるのに対して、にくらしい気持ちでいただろうから。

問七　――線④「どうなるのかなあ」とありますが、このときの弟の心情はどのようなものですか。その説明として適当なものを次の**ア**～**オ**の中から一つ選び、記号で答えなさい。

ア　おばあちゃんのことをおそろしく感じながらも、それを気づかれまいととぼけてごまかそうとしている。

イ　ようやく戸棚から出られたのをうれしく思って、おばあちゃんの問いに何とか答えようとしている。

ウ　おばあちゃんの化粧の変化に興味を感じながらも、全身に迫るおそろしさを隠しきれずにいる。

エ　考えても自分では答えが出せないのを悲しく思って、おばあちゃんからのおそろしい答えを待っている。

オ　自分がいったいどうなってしまうのか不安に思って、おばあちゃんの答えに強い関心と期待をいだいている。

問八　――線⑤「これでくうちゅうぶらんこのいっちょうあがり」とありますが、ノートによると弟はどのようにして「くうちゅうぶらんこ」ができると考えていますか。その説明として適当なものを次の**ア**～**オ**の中から一つ選び、記号で答えなさい。

ア　人がたこに変化するまで毎日お酢を飲ませて、そのたこを素材としてくうちゅうぶらんこにする。

イ　サーカスで最も力持ちの者が、木や鉄にお酢や特別なスプレーをかけてくうちゅうぶらんこにする。

ウ　サーカスで最も力持ちの者が、伸び縮み自在の素材を加工してくうちゅうぶらんこにする。

エ　木や鉄を使わずにお酢を素材として加工し、最後に特別なスプレーをかけてくうちゅうぶらんこにする。

オ　人に毎日お酢を飲ませて身体を柔らかくさせ、その身体を素材としてくうちゅうぶらんこにする。

問九　――線⑥「くうちゅうぶらんこは、いきているんでしょうか。それともしんじゃってるんでしょうか」とありますが、このときの弟はどのように考えていますか。六十字以上八十字以内で記しなさい。

問十　――線⑦「こむずかしい」・――線⑧「よくわかんない」とありますが、「私」がそのように感じた理由を、「私」と弟の違いから説明しなさい。

問十一　――線⑨「涙ぐんだまま弟は首を振った」とありますが、このときの弟を「私」はどのように見ていると考えられますか。そ

の気まぐれにはまいったよな、ってふうにタバコをふかしながら腕組《うでぐ》みをしていた。

まだかい、とおじさんが身ぶりでいう。

もうちょっと待って、とおねえさんは大げさに片ひじをまわす。

場内には爆笑《ばくしょう》が起き、私もなんだかすごくおかしくって、おなかの㋗ソコをかき回されたみたいに笑ってた。

それから何度も何度もふたりは宙を舞《ま》った。さいごに重々しいドラムロールが響き、おじさんとおねえさんは黒い目隠《めかく》しをした。場内はしんとして、きしみの音がまた急に大きくなったみたい。

きしっ、きしっ、きしっ、きしっ。

まずおじさんが飛んだ。さかさになったおねえさんの両手は彼《かれ》の細い足首をしっかり受けとめた。大波のような拍手。ドラムロールがさらに高まり、二度、三度とぶらんこはふれていき、とうとう、おじさんの足をつかんだままおねえさんは、身をしならせて飛んだ。おじさんの手がみえないぶらんこに伸ばされる、あ！　みないっせいに息をのんだ、あれじゃ届かない、ふたりとも落ちる！

でも大丈夫。届いた。余裕《よゆう》さえあった。私の目にはぶらんこのほうからおじさんの手のなかに伸びていったようにみえた。ほんのちょっとだけ。二、三センチ。(X)弟のおはなしそっくりそのままに。

私たちの上をぶらんこはなにもなかったようにゆれ、目隠しを取って踏み台に立つふたりの芸人に、えんえん拍手は鳴り止まなかった。父さんはもちろん、おばあちゃんまで腰を浮《う》かせて手をたたきつづけ、最前列の階段のところで弟は、⑬まるで芯《しん》を抜《ぬ》かれたみたいに、ぐったりと座りこんでいた。

次の日、弟は六歳になったんだ。

（いしいしんじ『ぶらんこ乗り』―一部改変―　による）

㊟　サーカス…動物を使った芸や、人の曲芸などを見せる一団や、その見せもののこと。

ビロード…きぬ・わた・毛などでおった、やわらかくつやのある織物。

踊り子…おどりを仕事にする女の人。ダンサー。

道化…動作やことばで、人をわらわせること。また、それをする人。

スパンコール…金属やプラスチックの薄《うす》い小片で、光を受けるときらきら輝《かがや》くもの。

問一　～～線㋐～㋗の片仮名をそれぞれ漢字に直しなさい。

問二　〔A〕～〔E〕に入る言葉として適当なものを、次のア～オの中からそれぞれ一つずつ選び、記号で答えなさい。

ア　わんわん　　イ　ばちばち　　ウ　けらけら

エ　ざわざわ　　オ　じろじろ

問三　[i]～[iv]に入る言葉として適当なものを、次のア～エの中からそれぞれ一つずつ選び、記号で答えなさい。

ア　ぜったい　　イ　もちろん

ウ　あんまり　　エ　どうにも

問四　――線①「私はちょっぴり残念だった」とありますが、その理由として適当なものを次のア～オの中から一つ選び、記号で答えなさい。

ア　自分はもう子どもではないのに、サーカスに行かれることを喜んでみせなければならなかったから。

イ　サーカスにはお母さんともいっしょに行きたかったのに、そのお母さんとは行けそうもないから。

ウ　お母さんがいっしょにサーカスに行けない理由が、どれも私が納得できるものではなかったから。

エ　いっしょにお出かけできると思っていたお母さんが、まさか風邪ぎみだとは気づいていなかったから。

おばあちゃんはわざとらしげにうっとりと目をつむってみせた。

弟はもう私たちに向きなおっていた。無言の問いかけに父さんは目線でこたえた。ああ、ほんとうだよ、おばあちゃんのいうとおりだ。私だってこたえてやった。ほんとすごいのよ、くまが逆立ちして前脚《まえあし》でペダルをこぐの、うしろ脚はものすごいいきおいで［ E ］拍手《はくしゅ》しながらね。

「自転車に？　くまが？」

弟の唇《くちびる》がきっと結ばれた。五歳のくせに、まるでなにか決断したみたいな表情だった。すっくと立ち上がって部屋にはいり、五分後、着替《きが》えてでてきた㋓カッコウは、遠い寒い国のお坊《ぼっ》ちゃんそのもので、おばあちゃんと㋔ナランで歩くと通行人がいったいなにごとかとふりかえってみたくらいだ。

サーカスは前評判どおり、豪華《ごうか》な出し物をそろえていた。自転車に乗るどころか、くまが檻《おり》ごとステージから消える、なんてマジックショーまであって、けど私にはがっかり。くさいし、酔《よ》っぱらいがたくさんいて、なにいってるのかよくわからない大声をばあばあ上げてるし。これじゃせっかくのオシャレが台無し。ワンピースが泣いてる。父さんまで酔っぱらったみたいになって、私の横顔眺めながら、あ、母さんに㋕ニてきたねえ実に、なんてくだらないことばっかぼそぼそいってるし。

おばあちゃんは席から動かずじっと芸人たちをみつめていた。ときどきハンドバッグから巨大《きょだい》な扇《おうぎ》を出して、気取ったふうにあおぎながら、はあ、はあ、と息ついてたっけ。楽しんでたんだと思う。

そして弟といったら、あのはしゃぎっぷりはもう。最前列にでていって、係のひとに注意されてもこりずに何度でもいちばん前までいって、身をのりだして、くま、しまうま、おっとせいに小猿《こざる》、ライオンやチンパンジーなんかに焦《こ》げるような視線を送ってた。道化に付け鼻もらったときなんか、⑪背中をぶるぶる震《ふる》わせて、こっちをふりむいた目には涙までためてるみたいだった。

うれしいんだなあ、よかった、って父さんはとなりでいった。おばあちゃんもめずらしく静かに笑ってたっけ。

そのうち⑫空中ぶらんこのショーがはじまった。はじめてみるほんものはビルの㋖オクジョウぐらいの高さからぶらさがってて、全身銀色のタイツに身をつつんだ若い男が右左と大きくゆれて、それだけでもじゅうぶんおそろしいのに、急に音楽が鳴り出して、今までみてたのはただの練習だったんだってわかった。右手から、真っ白い衣装《いしょう》に真っ赤な薔薇《ばら》の刺繍《ししゅう》を入れたひげのおじさん。左手には、スパンコールだけで作ったみたいな光るレオタードのおねえさん。音楽はワルツに変わり、ふたりは踏《ふ》み台を蹴《け》って薄《うす》あかりのなかに飛び出した。

ぶらんこは驚《おどろ》くほどゆっくりうごいた。楽隊の音はけっこう大きかったのに、ぶらんこのきしみが場内にはっきり響《ひび》いてたのをおぼえてる。

みしり、みしり、みしり。

おじさんのほうが手を伸《の》ばし、おねえさんは水泳選手のターンのようにそっちへ身を投げた。つながる手と手。客席から大拍手。きしみの音が、ふたり分の重みのせいか、少しばかり高くなったみたい。

きしっ、きしっ、きしっ。

まわりのひとたちはみんな口を開けて、雨水を待ってるみたいな顔つきでぶらんこをみあげてる。

弟はといえば、［ iv ］、座ってなんかいなかった。背中をぴーんとつっぱらせて、ぶらんこに張られたロープに背骨がつながってるみたいに、ゆれに合わせてからだをしならせ、しならせ、しならせ。

左のぶらんこにもどったおねえさんは、さかさになったままお化粧をはじめて、右手のおじさんは、これまたさかさにぶらさがって、女

のなれのはてなのです。サーカスのひとはこどもをさらってきて、バケツになんばいもおすをのませます。

さいしょはたいしてへんかはでません。けれどそのうち、ふとしたひょうしにてあしがさかさにまがってる。たこみたいだ。それでもまいにち、おす、おす、おす。からだはまがるだけでなく、びよんびよーんとのびちぢみして、さいごには、かたちまで、なにがなんだかわからなくなってしまう。サーカスいちのちからもちがこどもをまるめてのばし、まるめてのばし、しあげにスプレーをかけてかためて、⑤これでくうちゅうぶらんこのいっちょうあがり。

きょくげいちゅうのぶらんこのりが、あ、あと2センチゆびがたりない、そうおもったとき、くうちゅうぶらんこをけります。するとぶらんこは、ぐいっとやわらかいおなかをのばし、それでぶらんこのりは、むこうでゆれているびじょのゆびさきをみごとにつかむことができる。はくしゅかっさい。

さて、⑥くうちゅうぶらんこは、いきているんでしょうか。それともしんじゃってるんでしょうか。

寝床《ねどこ》で腹ばいになった弟に、私、今日のは iii いい出来じゃないね、といった。弟は残念そうに、わかってる、とだけこたえると、頭から毛布をひきかぶっちゃった。

この日からしばらくノートには、サーカスについての⑦こむずかしい文章がしょっちゅうでてくる。

「サーカスは、この世のはてにたっている。テントときいろいあかり、〔D〕したひとごみ。よるのえきみたいだ。サーカスはあっちがわにつれていかれるターミナルえきみたいなものなんだ」

「この世とあっちがわとのあいだでゆらゆらとゆれている、くうちゅうぶらんこ、それこそがサーカスのしんずい。いろんなものがぶらんこにのせられてぐにゃぐにゃになっていく。それがくうちゅうぶらんこの、ほんとうのげんりなのに、ぼくには、ちくしょう、うまくかけやしない」

私にはなんだか⑧よくわかんない。

もちろん売り飛ばされるなんて本気で考えちゃいなかったろう、けれどノートによれば弟は、あのこなりの考えから、どうやらサーカスを真剣《しんけん》にこわがってたみたい。だからこそ弟はあんなにも必死になって、小さな指を柱にかけ、父さんが引っ張っても私がくすぐってもその場を動こうとしなかったんだろう。

おばあちゃんが弟に近づいてった。オシャレしてる。オシャレしたおばあちゃんはうちのひとじゃないみたい。どこか遠い寒い国のお金持ちみたいで、真っ黒い羽がついたコートを着て、そんなおばあちゃんは、ちょうど戸棚の前でそうやったみたいに腰を折って弟に顔を寄せた。この日のお化粧は完璧《かんぺき》だった。

「売りやしないよ」

とおばあちゃんはいった。

「おまえみたいないいこ、どこに売ったりするもんか」

⑨涙ぐんだまま弟は首を振《ふ》った。おばあちゃんは眉《まゆ》を寄せ、申し訳なさそうに弟の髪《かみ》をなでた。弟のほうでも、申し訳ない、なんてふうにがっくりうなだれちゃって、それをみているうちおばあちゃんははっと手を止め、そうそう、そうだった、とうなずいたんだった。

「⑩お前、今度のサーカスにはね、ライオンがいるよ」

「ライオン？」

弟は目を上げた。

「しまうまもいるそうだよ。くまがラッパふいたり、自転車に乗るんだそうだよ」

二〇二二年度
世田谷学園中学校

【国　語】〈第三次試験〉（五〇分）〈満点：一〇〇点〉

〔注意〕解答の際には、句読点やカギカッコなどの符号《ふごう》も字数にふくむものとします。

次の文章を読んで、後の問いに答えなさい。

サーカスのチケットをくれたのは、㋐ユウビンキョクのおばさんだった。親戚《しんせき》からまわってきたんだけれど、［ i ］日程が合わなくて、よかったらお㋑タクで使ってくださいな。

チケットは四枚。母さんは、私ひと混《ご》みが苦手だし風邪《かぜ》ぎみだから、と気弱そうに笑った。それに、今週じゅうに仕上げたい作品がまだ手つかずなのよ、と。①私はちょっぴり残念だったけど、はじめてみるほんもののサーカスに胸を躍《おど》らせてもいた。それに、なんたってお出かけ。オシャレができる。私、たしかに、そのころは学校のどの男の子にもケンカで負けたことなかった。でも、それでも、一年に二回ほどしか出してもらえない真っ黒ビロードのワンピースに袖《そで》を通せると思うと、爪先《つまさき》立ちでくるくるまわりたくなっちゃうんだった。

②弟は泣いてイヤがった。㋒コウエンの当日になっても、［ ii ］行かない、行きたくない、と柱につかまり〔 A 〕騒《さわ》いだ。

これは、おばあちゃんのせい。

小学校に上がる前から、弟は数限りないいたずらをおばあちゃんにしかけた。どれもアイデアたっぷりで、私、いちいち感心したんだけど、③おばあちゃんにしてみれば、弟が小鬼《こおに》にみえていただろう。心臓が丈夫《じょうぶ》でなけりゃ、五回は死んじゃってたと思う。ある朝、寝顔《ねがお》に踊《おど》り子みたいな化粧《けしょう》を施《ほどこ》されたおばあちゃんは、鏡をみるなり、朝ごはんとちゅうの弟を戸棚《とだな》にほうりこんだ。五歳《さい》の弟はかいている。

「おばあちゃんはひどい。ぼくのくびねっこをつかんで戸だなにおしこんで、だしてくれたときにはおもてはとっくにくらくなってた」

これはちがう。たしか十分ほどでおばあちゃんは戸を開けたんだ。そしてぼろぼろにはげ落ちた化粧のまま、地獄《じごく》の池からよみがえったような顔つきで、おそろしげにこういったんだ。

「お前、今度あたしにくだらないことしかけてごらん。どうなるかわかるね」

「④どうなるのかなあ」

弟は涙《なみだ》をあわてて拭《ぬぐ》った。あきらかに虚勢《きょせい》張って、私には、本気でおばあちゃんの顔におびえているのがわかった。

「今度こんなことしたらね」

おばあちゃんは腰《こし》をかがめ、顔を弟にぐいと突《つ》きつけ、

「お前にお酢《す》飲ませて、カラダをぐにゃんぐにゃんにして、サーカスにたたき売るんだよっ！」

私と母さん、父さんは〔 B 〕と笑ったんだけど、弟は真っ青な表情のまま凍《こお》りついてた。朝ごはんには手をつけず、夜にはテーブルについたおばあちゃんを〔 C 〕眺《なが》めながら、お皿の料理をいつまでも突っついていた。お酢なんてはいってないよ、私がいうと、知ってるよ、と怒《おこ》ってるみたいにこたえて、ほうれんそうを小さな口にむりやりに押《お》しこんだっけ。

その夜弟がきかせてくれたおはなしがノートにのってる。

「くうちゅうぶらんこのげんり」

くうちゅうぶらんこは、ほかのぶらんことはちがっている。木やてつでできているのではありません。あれは、ひとです。ひと

2022年度

世田谷学園中学校　▶解　答

※　編集上の都合により，第３次試験の解説は省略させていただきました。

算　数　＜第３次試験＞（60分）＜満点：100点(理数コースは200点)＞

解　答

[1] (1) $1\frac{1}{2}$　(2) 125 g　(3) 792m　(4) 2時間　(5) 24km　(6) 38.1cm^2
[2] (1) 36人　(2) 10340円　[3] (1) 4：15　(2) 5：18　[4] (1) 12cm　(2) 36cm　[5] (1) 265 L　(2) 4320 L　[6] (1) 72個　(2) 29個

社　会　＜第３次試験＞（30分）＜満点：50点＞

解　答

[1] **問1** (エ)　**問2** (イ)　**問3** (オ)　**問4** ASEAN　**問5** (ア)　**問6** (ウ)　**問7** パリ　**問8** (ア)　**問9** (ア)　**問10** (オ)　**問11** (ウ)　[2] **問1** ①　**問2** (ウ)　**問3** (ウ)　**問4** (イ)　**問5** (エ)　**問6** (エ)　**問7** 徳川吉宗　**問8** (ア)　**問9** 渋沢栄一　**問10** (エ)　[3] **問1** (ウ)　**問2** (ア)　**問3** (ア)　**問4** (例)　オランダは土地の高低差が少なく低地が多いため，水の力を利用する水車では排水をすることが難しく，年間を通じて安定した風の力を利用できる風車の方が動力源として適しているから。　**問5** (ウ)　**問6** (ア)　**問7** (例)　学校内に留学をすすめるポスターを張り，１年に１回各学校で留学に関する公演会などを行う。　**問8** (イ)　**問9** (例)　現地へ行くことで，普段の食生活や風習を実感し，文化や生活に直接触れることができるため。

理　科　＜第３次試験＞（30分）＜満点：50点(理数コースは100点)＞

解　答

[1] **問1** (1) A　(2) C　(3) B　**問2** (1) **あ** 光　**い** 熱　(2) (イ)，(エ)　**問3** (1) (ア)，(エ)　(2) (ア)，(イ)，(カ)　**問4** (1) **ビーカーH**…60℃　**水そう**…10℃　(2) 150 g　(3) 46.2℃　[2] **問1** (イ)，(エ)　**問2** 75cm^3　**問3** 90cm^3　**問4** (1) 54.2cm^3　(2) 1.8倍　**問5** (1) **記号**…(ア)　**理由**…(例)　ガラスは電気を通さないから。(2) **記号**…(ウ)　**理由**…(例)　鉄は塩酸にとけてしまうから。　(3) (ア)　[3] **問1** 玄武岩　**問2** (1) 不整合　(2) (例)　谷や尾根のように斜面状になっている場所。　(3) (例)　大島以外の火山噴火によって飛来したため。　**問3** (ア)　**問4** (1) (エ)　(2) 風が

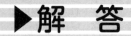

海上を通るため，海水の温度の影響を受けた風が吹くから。　**問５**　(1)　(イ)　(2)　高潮

国語　＜第３次試験＞（50分）＜満点：100点＞

解答

問１　下記を参照のこと。　**問２**　**A**　ア　**B**　ウ　**C**　オ　**D**　エ　**E**　イ　**問３**　**i**　エ　**ii**　ア　**iii**　ウ　**iv**　イ　**問４**　イ　**問５**　サーカスを真剣にこわがってた(から。)　**問６**　オ　**問７**　ア　**問８**　オ　**問９**　(例)　曲芸中のブランコ乗りが蹴ることでブランコが伸びるのは，命令されて動くことはできているが自分の意志で動いているとはいえず，人間としては死んでしまっているといえる。　**問10**　(例)　弟はサーカスをきっかけとして生と死について深く考えようとしているが「私」は生死について考えてはいないから。　**問11**　イ　**問12**　エ　**問13**　(例)　サーカスの出し物がどれも楽しく，特別な体験をして興奮が抑えきれない状態。　**問14**　まわりのひ　**問15**　〔Ⅰ〕　オ　〔Ⅱ〕　ア　〔Ⅲ〕　サーカス〜ている。　〔Ⅳ〕　(例)　弟はサーカスを見たことにより生と死の間を漂い，弟自身も死の世界に近づいている状態。

●漢字の書き取り

問１　㋐　郵便局　㋑　宅　㋒　公演　㋓　格好(恰好)　㋔　並　㋕　似　㋖　屋上　㋗　底

Dr.福井の 入試に勝つ！脳とからだのウルトラ科学

睡眠時間や休み時間も勉強!?

みんなは寝不足になっていないかな？　もしそうなら大変だ。睡眠時間が少ないと，体にも悪いし，脳にも悪い。なぜなら，眠っている間に，脳は海馬《かいば》という部分に記憶をくっつけているんだから。つまり，自分が眠っている間も頭は勉強しているわけだ。それに，成長ホルモン（体内に出される背をのばす薬みたいなもの）も眠っている間に出されている。昔から言われている「寝る子は育つ」は，医学的にも正しいことなんだ。

寝不足だと，勉強の成果も上がらないし，体も大きくなりにくく，いいことがない。だから，睡眠時間はちゃんと確保するように心がけよう。ただし，だからといって寝すぎるのもダメ。アメリカの学者タウブによると，10時間以上も眠ると，逆に能力や集中力がダウンしたという研究報告があるんだ。

睡眠時間と同じくらい大切なのが，休み時間だ。適度に休憩するのが勉強をはかどらせるコツといえる。何時間もぶっ続けで勉強するよりも，50分勉強して10分休むことをくり返すようにしたほうがよい。休み時間は，散歩や体操などをして体を動かそう。かたまった体をほぐして，つかれた脳を休ませるためだ。マンガを読んだりテレビを見たりするのは，頭を休めたことにならないから要注意！

頭の疲れに関連して，勉強の順序にもふれておこう。算数の応用問題や理科の計算問題，国語の読解問題などを勉強するときには，脳のおもに前頭葉という部分を使う。それに対して，国語の知識問題（漢字や語句など）や社会などの勉強では，おもに海馬《かいば》という部分を使う。したがって，それらを交互に勉強すると，１日中勉強しても疲れにくい。

Dr.福井（福井《ふくい》一成《かずしげ》）…医学博士。開成中・高から東大・文Ⅱに入学後，再受験して翌年東大・理Ⅲに合格。同大医学部卒。さまざまな勉強法や脳科学に関する著書多数。

当社発行物の無断使用は固くお断りいたします。御使用の前はまずご相談ください。

当社発行物には500点余の首都圏中・高過去問をはじめ、６点の学校案内、そのほかいくつかの情報誌などがございます。その多くが年度版で、限られたスタッフが来るべき受験シーズン前に余裕を持って受験生へ届けられるよう、日夜作業にあたり出版を重ねております。

その中で、最近、多くの印刷物やネット上において当社発行物からの無断使用が見受けられ、一部で係争化しているところもございます。事例といたしましては、当社の新刊発行を待ち、それを流用して毎年ネット上に新改訂として掲載していたＡ社、当社過去問から三百箇所をはぎ合わせ「自社制作につき無断転載禁止」とし、集客材としてホームページに掲載していたＢ社、当社版誌面を無断スキャンし、記述式解答は一部殆ど丸取りして動画を制作していた家庭教師グループＣ社、当社発行物の表紙を差し替え、内容を複製し配布していた塾のＤ社などほか数社がございます。

当社発行物の全部もしくは一部を無断使用することは固くお断りいたします。

当社コンテンツの中にはリーズナブルな設定でご提供している事例もたくさんございますので、ご利用されたい方はまずは、お気軽にご相談くださいますようお願いします。同時に、当社発行物を無断で使用している媒体などにつきましての情報もお寄せいただければ幸いです（呈薄謝）。

株式会社 声の教育社

2025年度用

中学スーパー過去問

■編集人　声の教育社・編集部
■発行所　株式会社 声の教育社
〒162-0814　東京都新宿区新小川町8-15
☎03-5261-5061(代)　FAX03-5261-5062
https://www.koenokyoikusha.co.jp

※本書の内容についての一切の責任は当社にあります。内容・解説・解答・その他は当社ホームページよりお問い合わせ下さい。

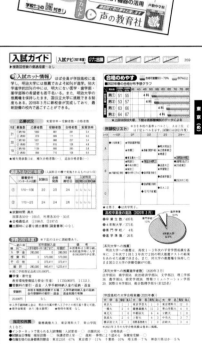

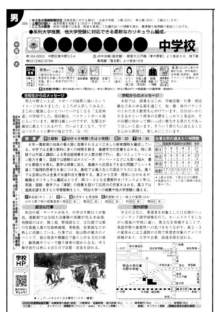

よくある解答用紙のご質問

01

実物のサイズにできない

拡大率にしたがってコピーすると，「解答欄」が実物大になります。配点などを含むため，用紙は実物よりも大きくなることがあります。

02

A3用紙に収まらない

拡大率164％以上の解答用紙は実物のサイズ（「出題傾向＆対策」をご覧ください）が大きいために，Ａ３に収まらない場合があります。

03

拡大率が書かれていない

複数ページにわたる解答用紙は，いずれかのページに拡大率を記載しています。どこにも表記がない場合は，正確な拡大率が不明です。

04

１ページに２つある

１ページに２つ解答用紙が掲載されている場合は，正確な拡大率が不明です。ほかの試験回の同じ教科をご参考になさってください。

世田谷学園中学校

【別冊】入試問題解答用紙編

解答用紙は本体からていねいに抜きとり、別冊としてご使用ください。

※　実際の解答欄の大きさで練習するには、指定の倍率で拡大コピーしてください。なお、ページの上下に小社作成の見出しや配点を記載しているため、コピー後の用紙サイズが実物の解答用紙と異なる場合があります。

●入試結果表

年度	回	項目	国語	算数	社会	理科	4科合計	合格者
2024	第１次	配点(満点)	100	100	50	50	300	最高点
		合格者平均点	62.4	61.4	27.6	33.5	184.9	243
		受験者平均点	57.7	49.3	24.7	29.3	161.0	最低点
		キミの得点						168
	第２次	配点(満点)	100	100	50	50	300	最高点
		合格者平均点	65.2	59.3	26.3	35.5	186.3	250
		受験者平均点	59.3	49.8	23.2	32.2	164.5	最低点
		キミの得点						161
	第３次	配点(満点)	100	100	50	50	300	最高点
		合格者平均点	51.7	56.0	33.6	35.4	176.7	206
		受験者平均点	42.4	40.0	29.1	29.5	141.0	最低点
		キミの得点						165
	※理数コースの合格者最低点は、303(第１次)、287(第２次)、289(第３次)。							
2023	第１次	配点(満点)	100	100	50	50	300	最高点
		合格者平均点	65.5	63.6	30.7	28.2	188.0	245
		受験者平均点	58.4	50.3	28.7	24.6	162.0	最低点
		キミの得点						170
	第２次	配点(満点)	100	100	50	50	300	最高点
		合格者平均点	70.5	70.5	25.9	23.2	190.1	240
		受験者平均点	64.2	57.8	23.3	19.8	165.1	最低点
		キミの得点						171
	第３次	配点(満点)	100	100	50	50	300	最高点
		合格者平均点	66.1	79.0	29.2	35.9	210.2	236
		受験者平均点	56.6	62.5	24.8	31.4	175.3	最低点
		キミの得点						201
	※理数コースの合格者最低点は、323(第１次)、292(第２次)、338(第３次)。							
2022	第１次	配点(満点)	100	100	50	50	300	最高点
		合格者平均点	56.3	82.2	33.2	28.0	199.7	243
		受験者平均点	49.5	65.8	29.8	23.1	168.2	最低点
		キミの得点						178
	第２次	配点(満点)	100	100	50	50	300	最高点
		合格者平均点	57.4	61.4	34.3	33.1	186.2	237
		受験者平均点	50.8	50.9	31.6	29.9	163.2	最低点
		キミの得点						159
	第３次	配点(満点)	100	100	50	50	300	最高点
		合格者平均点	62.2	77.2	35.8	31.1	206.3	257
		受験者平均点	56.0	62.4	31.0	25.2	174.6	最低点
		キミの得点						192
	※理数コースの合格者最低点は、351(第１次)、287(第２次)、336(第３次)。							
〔※注〕理数コースの場合、試験問題は同じだが、国(100)・算(200)・社(50)・理(100)の合計450点満点となる。								
〔参考〕満点(合格最低点)　2024年：算数特選100(本科56　理数74)　2023年：算数特選100(本科46　理数57)　2022年：算数特選100(本科40　理数63)								

※　表中のデータは学校公表のものです。ただし、4科合計は各教科の平均点を合計したものなので、目安としてご覧ください。

声の教育社

2024年度　世田谷学園中学校

算数解答用紙　第1次

番号		氏名		評点	／100

1

(1)	(2)	(3)	(4)	(5)	(6)
	個		: :		度

2

(1)	(2)
円	円

3

(1)	(2)
:	cm^2

4

(1)	(2)
頭	日

5

(1) (求め方)

答え. cm^2

(2) (求め方)

答え. :

6

(1) (求め方)

答え. :

(2) (求め方)

答え. km

(注) この解答用紙は実物を縮小してあります。B５→A３(163%)に拡大コピーすると、ほぼ実物大の解答欄になります。

〔算　数〕100点(推定配点)

1 各５点×6　2〜6 各７点×10　≪理数コースについては合計点を２倍し200点満点とする≫

２０２４年度　世田谷学園中学校

社会解答用紙　第１次

番号		氏名		評点	／50

1

問1	問2	問3	問4	問5	問6	問7	問8

問9	問10	問11	問12

2

問1	(1)	(2)	(3)

問2	問3	問4	問5	問6	問7	問8	問9	問10

3

問1	

問2	問3	品目名	増加単位数

問4		
問5	取り組み	
	理由	

問6	問7	問8
%	%	

（注）この解答用紙は実物を縮小してあります。Ｂ５→Ｂ４（141％）に拡大コピーすると，ほぼ実物大の解答欄になります。

〔社　会〕50点（学校配点）

1　問１　１点　問２～問４　各２点×３　問５～問12　各１点×８　2　問１～問７　各１点×９　問８～問10　各２点×３　3　問１　３点　問２，問３　各２点×２<問３は完答>　問４　３点　問５～問８　各２点×５

２０２４年度　世田谷学園中学校

理科解答用紙　第１次

番号		氏名		評点	／50

1

問１		問２	（１）	１週間後		３週間後		（２）	１週間後		３週間後	
問３	（１）		（２）		問４		問５		問６			
問７	（１）		（２）		問８		問９					

2

問１	①		②		
問２	cm				
問３	g/cm				
問４					
問５	（１）	g	（２）	cm	
問６	g				
問７	（１）	Ｂ：Ｄ＝　　　：	（２）	g	

3

問１	Ｘ		Ｙ			
問２	(あ)		(い)		(う)	
問３						
問４	銅原子：酸素原子　＝　　　：					
問５	アルミニウム原子：酸素原子　＝　　　：					
問６	g					
問７						

（注）この解答用紙は実物を縮小してあります。Ｂ５→Ｂ４(141%)に拡大コピーすると、ほぼ実物大の解答欄になります。

〔理　科〕50点(学校配点)

1　問１～問４　各１点×８　問５　２点　問６～問９　各１点×５　2　問１～問３　各１点×４　問４～問６　各２点×４　問７　各３点×２　3　問１～問３　各１点×６＜問２は各々完答＞　問４～問６　各３点×３　問７　２点＜完答＞　≪理数コースについては合計点を２倍し100点満点とする≫

２０２４年度　　世田谷学園中学校

国語解答用紙　第一次

番号		氏名		評点	／100

問一	㋐		㋑		㋒		㋓		㋔	
	㋕		㋖		㋗		㋘		㋙	
問二	ⅰ		ⅱ		ⅲ					
問三	Ⓐ		Ⓑ		Ⓒ					
問四	Ⅰ		Ⅱ		Ⅲ		Ⅳ		Ⅴ	
問五										
問六										
問七										
問八	④ 母親		⑤ 父親							
問九										
問十										
問十一										
問十二										
問十三	(1)		(2)		(3)					
問十四	X									
問十五										
問十六										

（注）この解答用紙は実物を縮小してあります。Ｂ５→Ａ３（163%）に拡大コピーすると、ほぼ実物大の解答欄になります。

〔国　語〕100点(学校配点)

問１～問４　各１点×21　問５～問７　各４点×３　問８　各５点×２　問９　４点　問10～問12　各５点×３　問13　(1)　４点　(2)，(3)　各５点×２　問14　４点　問15，問16　各10点×２

２０２４年度　世田谷学園中学校　算数特選

算数解答用紙　No.1

番号		氏名		評点	／100

1

（1）	（2）
枚	枚

2

（1）	（2）
白：　個，黒：　個，斜線：　個	白：　個，黒：　個，斜線：　個

3

（1）	（2）
：	分後

4

（1）	（2）	
	（並べ方）	（並べる碁石）　個

2024年度　　世田谷学園中学校　算数特選

算数解答用紙　No.2

5

(1)（求め方）

答え.　分速　　　m

(2)（求め方）

答え.　　　m

6

(1)　点RとOの距離（cm）

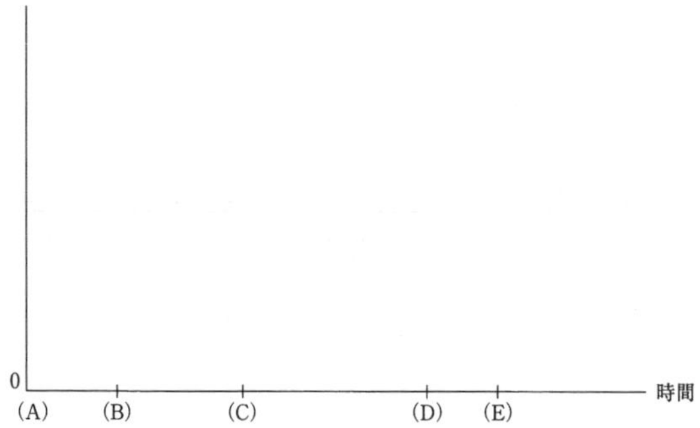

(2)（求め方）

答え.　点RとOの距離は　　　cm

（番号）

（理由）

（注）この解答用紙は実物を縮小してあります。182%拡大コピーをすると、ほぼ実物大の解答欄になります。

〔算　数〕100点(推定配点)

1, 2　各7点×4＜2は各々完答＞　3, 4　各8点×4＜4の(2)は完答＞　5, 6　各10点×4＜6の(2)は完答＞

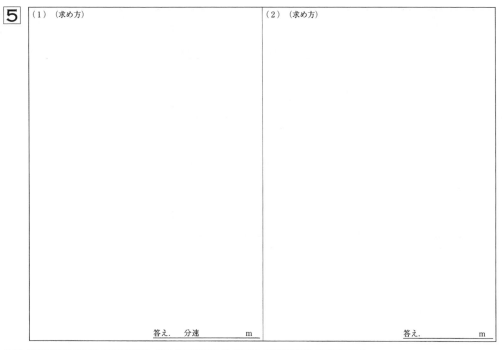

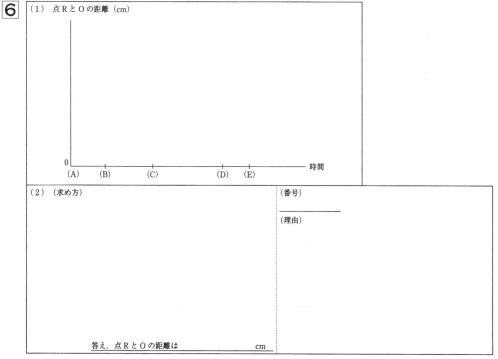

2024年度　世田谷学園中学校

算数解答用紙　第2次

番号		氏名		評点	／100

1

(1)	(2)	(3)	(4)	(5)	(6)
		km	通り		cm

2

(1)	(2)
	段目の左から　　番目

3

(1)	(2)
A：　箱，B：　箱，C：　箱	Bから　箱，Cから　箱

4

(1)	(2)
cm^2	cm^2

5

(1)（求め方）	(2)（求め方）
答え.　時　分	答え.　午後　時　分

6

(1)（求め方）	(2)（求め方）
答え.　cm^2	答え.　cm^2

（注）この解答用紙は実物を縮小してあります。Ｂ５→Ａ３（163％）に拡大コピーすると、ほぼ実物大の解答欄になります。

〔算　数〕100点（推定配点）

1　各５点×６　2～6　各７点×10＜3は各々完答＞　≪理数コースについては合計点を２倍し200点満点とする≫

２０２４年度　世田谷学園中学校

社会解答用紙　第２次

番号		氏名	

評点	／50

1

	[木曽川]	[利根川]	問２	問３	問４	問５
問１						

問６	問７	問８	問９

問10

2

	(1)	(2)	問２	問３	問４
問１					

問５	問６	問７	問８	問９	問10	問11

3

問１	問２	問３	問４	問５

問６	

問７
円

問８	

問９		
	記号	
	理由	

（注）この解答用紙は実物を縮小してあります。Ｂ５→Ｂ４（141%）に拡大コピーすると、ほぼ実物大の解答欄になります。

〔社　会〕50点（学校配点）

1　問１～問７　各１点×８　問８～問10　各２点×３　**2**　問１～問９　各１点×10　問10，問11　各２点×２　**3**　問１～問５　各２点×５　問６　３点　問７　２点　問８　３点　問９　記号…１点，理由…３点

２０２４年度　　世田谷学園中学校

理科解答用紙　第２次

番号		氏名	

評点	／50

1

問１	A		B	
問２	A		B	
問３	g			
問４	cm^3			
問５	cm^3			
問６	(1)	g	(2)	cm^3
問７	g			

2

問１	cm	問２		問３	
問４					
問５					
問６					
問７	(1)		(2)		

3

問１								
問２	あ		い		う			
問３								
問４								
問５	(1)	D		E		F	(2)	

（注）この解答用紙は実物を縮小してあります。Ｂ５→Ｂ４（141%）に拡大コピーすると，ほぼ実物大の解答欄になります。

〔理　科〕50点（学校配点）

1　問１，問２　各１点×４　問３～問６　各２点×５　問７　３点　2　問１，問２　各２点×２　問３　１点　問４　３点　問５～問７　各２点×４　3　問１～問４　各２点×６＜問１は完答＞　問５　(1)　各１点×３　(2)　２点　≪理数コースについては合計点を２倍し100点満点とする≫

２０２４年度　世田谷学園中学校

国語解答用紙　第二次

番号		氏名		評点	/100

問一	㋐	く	㋑		㋒		㋓		㋔	ら
問二	ⓐ		ⓑ		ⓒ		ⓓ			
問三	1		2		3					
問四	A		B		C		D			
問五										
問六										
問七	X		Y							
問八	・									
問九										
問十										
問十一										
問十二										
問十三										
問十四										
問十五										
問十六										
問十七										
問十八	X		Y		Z					
問十九										

（注）この解答用紙は実物を縮小してあります。Ｂ５→Ａ３（163％）に拡大コピーすると、ほぼ実物大の解答欄になります。

〔国　語〕100点(学校配点)

問1～問4　各1点×16　問5～問8　各3点×6　問9　5点　問10　8点　問11　4点　問12～問17　各5点×6　問18　各3点×3　問19　10点

２０２４年度　世田谷学園中学校

算数解答用紙　第３次

番号		氏名		評点	／100

1

(1)	(2)	(3)	(4)	(5)	(6)
		通り	%	時間	cm^2

2

(1)	(2)
cm^3	cm

3

(1)	(2)
：	

4

(1)	(2)
cm^2	cm^2

5

(1)（求め方）

答え.　ア：

(2)（求め方）

答え.　イ：　　　　ウ：

6

(1)（求め方）

答え.　A：分速　　　m,　B：分速　　　m

(2)（求め方）

答え.　　　　分後

（注）この解答用紙は実物を縮小してあります。Ｂ５→Ａ３(163%)に拡大コピーすると、ほぼ実物大の解答欄になります。

〔算　数〕100点(推定配点)

1　各５点×６　2～6　各７点×10＜5の(2)，6の(1)は完答＞　≪理数コースについては合計点を２倍し200点満点とする≫

２０２４年度　世田谷学園中学校

社会解答用紙　第３次

番号		氏名		評点	／50

1

問1 (1)	問1 (2)	問2 (A)	問2 (B)	問3	問4	問5

問6	問7	問8	問9	問10

2

問1 (1)	問1 (2)	問2	問3	問4	問5

問6	問7	問8	問9	問10	問11

3

問1	問2

問3	

問4	問5 [図５]	問5 [図６]

問6	
〈企業〉	
〈消費者〉	

問7	

問8

（注）この解答用紙は実物を縮小してあります。Ｂ５→Ｂ４（141%）に拡大コピーすると、ほぼ実物大の解答欄になります。

〔社　会〕50点(学校配点)

1 問１～問６　各１点×８　問７　２点　問８　１点　問９，問10　各２点×２　2 問１～問８　各１点×９　問９～問11　各２点×３　3 各２点×10

２０２４年度　　世田谷学園中学校

理科解答用紙　第３次

番号		氏名		評点	／50

1

問１	②		③		④		⑦		⑧		問２	
問３	名前		器官									
問４	番号		A		B							
問５	白米											
	こんにゃく											

2

問１							
問２	（１）	倍					
	（２）	mA					
問３	①	倍	②	倍	③	mA	④	mm^2
問４	mA	問５	cm	問６	℃	問７	℃

3

問１	（１）		（２）	
問２				
問３				
問４				
問５				
問６	実験後のジャガイモ			
問７				

（注）この解答用紙は実物を縮小してあります。Ｂ５→Ａ３（163％）に拡大コピーすると、ほぼ実物大の解答欄になります。

〔理　科〕50点（学校配点）

1 問１　各１点×５　問２　２点＜完答＞　問３　各１点×２　問４　番号　１点　Ａ　１点　Ｂ　２点　問５　各２点×２　2 問１～問３　各１点×７　問４，問５　各２点×２　問６，問７　各３点×２　3 問１　各２点×２　問２，問３　各１点×２　問４～問６　各３点×３　問７　１点　≪理数コースについては合計点を２倍し100点満点とする≫

２０２４年度　世田谷学園中学校

国語解答用紙　第三次

番号		氏名		評点	／100

問一	㋐		㋑		㋒		㋓	
	㋔		㋕		㋖		㋗	
問二	A		B		C			
問三	Ⅰ		Ⅱ		Ⅲ		Ⅳ	
	Ⅴ		Ⅵ					
問四								
問五								
問六	1		2					
問七								
問八								
問九	Ⅰ		Ⅱ		Ⅲ			
問十	Ⅰ	あ	い	う	え	お		
		か						
	Ⅱ							
問十一	最初		〜	最後		こと		
問十二								
問十三								
問十四								

（注）この解答用紙は実物を縮小してあります。Ｂ５→Ａ３（163%）に拡大コピーすると、ほぼ実物大の解答欄になります。

〔国　語〕100点(学校配点)

問１〜問３　各１点×17　問４，問５　各４点×２　問６　各３点×２　問７，問８　各４点×２　問９　Ⅰ　３点　Ⅱ，Ⅲ　各４点×２　問10　Ⅰ　あ〜お　各２点×５　か　３点　Ⅱ　８点　問11　４点　問12　５点　問13，問14　各10点×２

２０２３年度　　世田谷学園中学校

算数解答用紙　第１次

番号		氏名	

評点	／100

1

(1)	(2)	(3)	(4)	(5)	(6)
	個	点	日間	m	：　2

2

(1)	(2)
頂点：　　個，辺：　　本，面：　　個	cm^2

3

(1)		(2)
A 午前　　時　　分	B 午前　　時　　分	分間

4

(1)	(2)
L	午後　　時　　分

5

(1)（求め方）	(2)（求め方）
答え.　　%	答え.　　g

6

(1)（図）	(2)（図）
（求め方）	（求め方）
答え.　　cm^2	答え.　　cm^2

（注）この解答用紙は実物を縮小してあります。Ｂ５→Ａ３（163%）に拡大コピーすると、ほぼ実物大の解答欄になります。

〔算　数〕100点(学校配点)

1　各５点×6　2～6　各７点×10＜2の(1)，3の(1)は完答，6は各々完答＞　≪理数コースについては合計点を２倍し200点満点とする≫

２０２３年度　世田谷学園中学校

社会解答用紙　第１次

番号		氏名	

評点	／50

1

問1 (1)	問1 (2)	問2	問3	問4	問5	問6	問7

問8	問9	問10	問11	問12

2

問1 (1)	問1 (2)	問1 (3)	問1 (4)

(5)	(6)	問2	問3	問4	問5	問6	問7	問8

3

問1	問2

問3	
問4	

問5	問6	問7	問8	問9

問10	

（注）この解答用紙は実物を縮小してあります。Ｂ５→Ｂ４(141%)に拡大コピーすると、ほぼ実物大の解答欄になります。

〔社　会〕50点(学校配点)

1　問1〜問10　各1点×11　問11，問12　各2点×2　2　問1〜問6　各1点×11　問7，問8　各2点×2　3　問1，問2　各1点×2　問3　3点　問4　4点　問5　1点　問6〜問10　各2点×5

２０２３年度　世田谷学園中学校

理科解答用紙　第１次

番号		氏名		評点	／50

1

問１	(1)		(2)						
	(3)	(ア)		(イ)		(ウ)		(エ)	
問２		問３		問４		問５			
問６	(1)		(2)	mA	(3)	倍			

2

問１		問２		問３	塩酸：水　＝　　：	問４	cm^3
問５							
問６	倍	問７	倍				

3

問１	A		B						
問２	左目		右目		問３	X		Y	
問４									
問５									

〔理　科〕50点(学校配点)

（注）この解答用紙は実物を縮小してあります。Ｂ５→Ｂ４(141%)に拡大コピーすると、ほぼ実物大の解答欄になります。

1　問１～問３　各１点×9＜問３は完答＞　問４　２点＜完答＞　問５　１点＜完答＞　問６　(1)，(2)各２点×２　(3)　３点　2　問１　１点　問２～問４　各２点×３　問５～問７　各３点×３　3　問１　各１点×２　問２　各２点×２　問３　各１点×２　問４　２点　問５　５点　≪理数コースについては合計点を２倍し100点満点とする≫

二〇二三年度　世田谷学園中学校

国語解答用紙　第一次

番号		氏名		評点	/100

問一	㋐		㋑	らし	㋒	に	㋓	れ	㋔	
	㋕		㋖		㋗	り	㋘	い	㋙	
問二	ⓐ		ⓑ		ⓒ					
問三	1		2		3		4			
問四	Ⅰ		Ⅱ		Ⅲ					
問五										
問六	・									
問七										
問八										
問九										
問十										
問十一										
問十二	X		Y		Z					
問十三										
問十四										
問十五										
問十六	(1)	i		ii		(2)				
問十七	i									
	ii									
問十八										

（注）この解答用紙は実物を縮小してあります。B５→A３（163%）に拡大コピーすると、ほぼ実物大の解答欄になります。

〔国　語〕100点(学校配点)

問１～問４　各１点×20　問５　３点　問６　各２点×２　問７　３点　問８　４点　問９　８点　問10　３点　問11　５点　問12　X，Y　各３点×２　Z　２点　問13，問14　各４点×２　問15　５点　問16 (1)　各４点×２　(2)　５点　問17　i　４点　ii　６点　問18　６点

2023年度　世田谷学園中学校　算数特選

算数解答用紙　No.1

番号		氏名		評点	／100

1

(1)	(2)
cm^2	cm^2

2

(1)	
計算結果	中置記法の計算式

(2)	
(ア) ～ (エ)	組合せ
	通り

3

(1) (求め方)	(2) (求め方)
答え.　　　：	答え.　　　頭以下

(注) この解答用紙は実物を縮小してあります。175%拡大コピーをすると、ほぼ実物大の解答欄になります。

2023年度　世田谷学園中学校　算数特選

算数解答用紙　No. 2

4

(1)（求め方）

答え.　　番目,　和は

(2)（求め方）

答え.

5

(1)（三角形BDEの面積の求め方）

答え. 三角形BDEの面積は　　cm^2

（切り口の図）

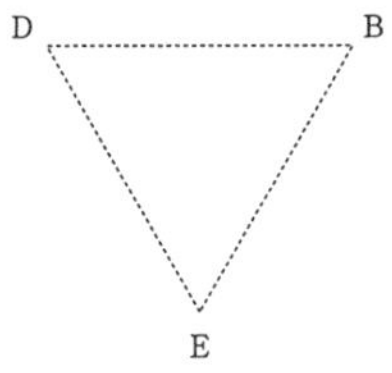

（切り口の面積の求め方）

答え. 切り口の面積は　　cm^2

(2)（切り口の図）

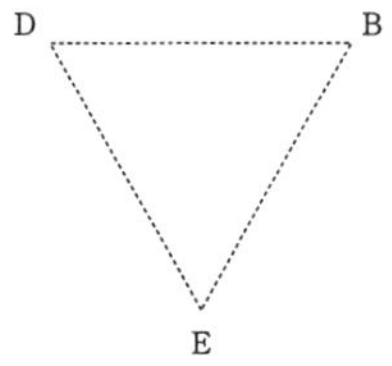

（切り口の面積の求め方）

答え.　　cm^2

〔算　数〕100点(推定配点)

1, 2　各7点×4＜2は各々完答＞　3～5　各12点×6＜4の(1)は完答, 5は各々完答＞

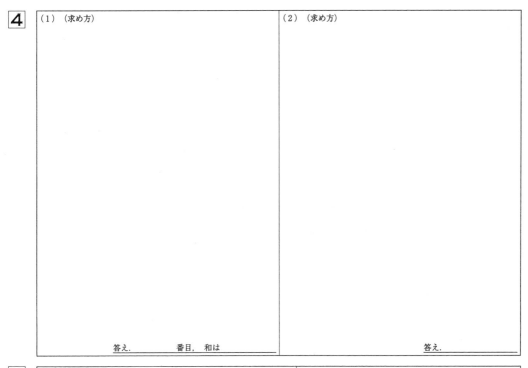

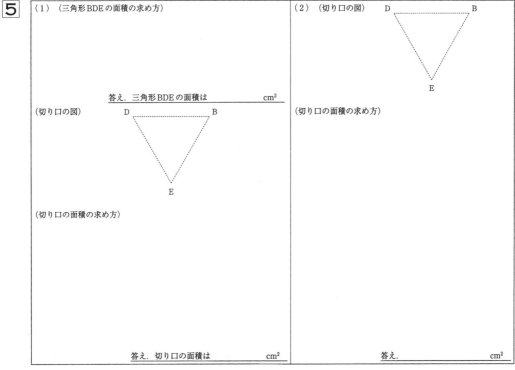

2023年度　　世田谷学園中学校

算数解答用紙　第2次

番号		氏名		評点	／100

1

(1)	(2)	(3)	(4)	(5)	(6)
	通り	段	円		cm

2

(1)	(2)
才	才

3

(1)	(2)
cm^2	cm^2

4

(1)	(2)
人	人

5

(1)（求め方）	(2)（求め方）
答え.　　：	答え.　　分　　秒後

6

(1)（求め方）

答え.　位置　　　，長さ　　　cm

(2)　　（求め方）

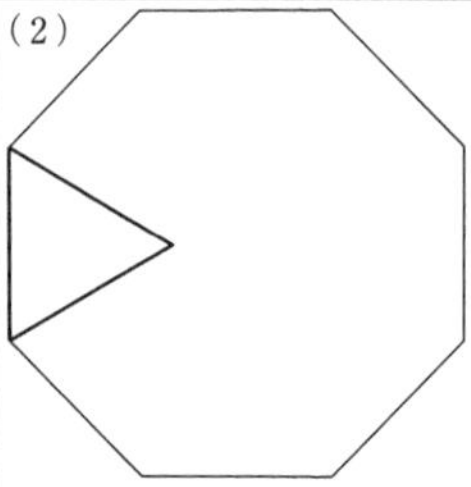

答え.　　　cm

〔算　数〕100点(学校配点)

（注）この解答用紙は実物を縮小してあります。B５→A３(163%)に拡大コピーすると、ほぼ実物大の解答欄になります。

1　各5点×6　2～6　各7点×10＜6は各々完答＞　≪理数コースについては合計点を2倍し200点満点とする≫

２０２３年度　世田谷学園中学校

社会解答用紙　第２次

番号		氏名		評点	／50

1

問1	問2	問3	問4	問5	問6	問7	問8	問9

問10	問11	問12
		月　日　時

2

問1	問2	問3	問4	問5	問6	問7	問8

問9	問10	問11	問12

3

問1 (1)	問1 (2)	問1 (3)	問2

問3

問4	問5 (1)	問5 (2)	問6

問7	
記号	
理由①	
理由②	

問8	
目的①	
目的②	

（注）この解答用紙は実物を縮小してあります。Ｂ５→Ｂ４（141％）に拡大コピーすると、ほぼ実物大の解答欄になります。

〔社　会〕50点（学校配点）

1　問１〜問10　各１点×10　問11，問12　各２点×２　2　問１，問２　各２点×２　問３〜問12　各１点×10　3　問１，問２　各１点×４　問３〜問５　各２点×４　問６　１点　問７　記号…１点，理由…各２点×２　問８　各２点×２

２０２３年度　世田谷学園中学校

理科解答用紙　第２次

番号		氏名		評点	／50

1

問１		問２			
問３					
問４	X		Y		Z
問５					
問６	B		C		

2

問１		問２		問３			
問４	A		B		問５		問６　g
問７　g	問８　cm³	問９　g					

3

問１										
問２	(1)		(2)		問３		問４	(1)	度	(2)
問５	(1)	にじが　　　　から								
	(2)	にじが　　　　から								

（注）この解答用紙は実物を縮小してあります。Ｂ５→Ｂ４（141％）に拡大コピーすると、ほぼ実物大の解答欄になります。

〔理　科〕50点(学校配点)

1　問１〜問３　各２点×３　問４　１点＜完答＞　問５　３点　問６　各２点×２　2　問１，問２　各１点×２　問３　２点　問４　３点＜完答＞　問５　１点　問６〜問９　各３点×４　3　各２点×８　≪理数コースについては合計点を２倍し100点満点とする≫

二〇二三年度　世田谷学園中学校

国語解答用紙　第二次

番号		氏名		評点	/100

問一	㋐　㋑　㋒　㋓　㋔
問二	Ⓐ　Ⓑ　Ⓒ　Ⓓ
問三	1　2　3　4　5
問四	Ⅰ　Ⅱ　Ⅲ　Ⅳ　Ⅴ
問五	
問六	
問七	
問八	(1) A　B　C　D (2)
問九	思春期の子どもたちにとって　　立場。
問十	
問十一	子どもが好ましいという価値観。
問十二	
問十三	
問十四	● ●
問十五	
問十六	
問十七	(1) 1　2　3　4 (2) メリット デメリット

（注）この解答用紙は実物を縮小してあります。B5→A3（163%）に拡大コピーすると、ほぼ実物大の解答欄になります。

〔国　語〕100点(学校配点)

問1～問4　各1点×19　問5，問6　各3点×2　問7　4点　問8　(1)　各1点×4　(2)　3点　問9　6点　問10　4点　問11　6点　問12～問16　各5点×6　問17　(1)　各2点×4　(2)　各5点×2

２０２３年度　世田谷学園中学校

算数解答用紙　第３次

番号		氏名		評点	／100

1

(1)	(2)	(3)	(4)	(5)	(6)
	%			円	cm^2

2

(1)	(2)
cm^2	cm^2

3

(1)	(2)
回	回

4

(1)	(2)
点	点

5

(1) (求め方)

答え. cm^2

(2) (求め方)

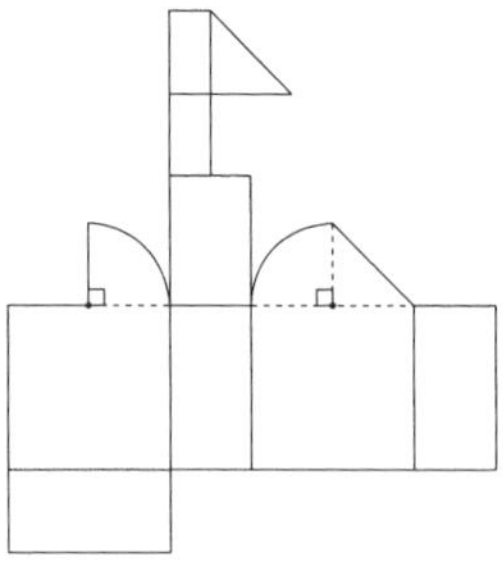

答え. cm^3

6

(1) (求め方)

答え. km

(2) (求め方)

答え. km

(注) この解答用紙は実物を縮小してあります。Ｂ５→Ａ３(163%)に拡大コピーすると、ほぼ実物大の解答欄になります。

〔算　数〕100点(学校配点)

1 各５点×6　2～6 各７点×10＜5の(2)は完答＞　≪理数コースについては合計点を２倍し200点満点とする≫

2023年度　世田谷学園中学校

社会解答用紙　第3次

番号		氏名	

評点	／50

1

問1 (1)	問1 (2)	問2	問3	問4	問5

問6	問7	問8 [X]	問8 [Y]	問9	問10	問11

2

問1	問2 (2)	問2 (3)	問2 (4)	問2 (5)

問3	問4	問5	問6	問7	問8	問9	問10	問11

3

問1	問2	問3	問4

問5	

問6	
良い点	
問題点	

問7	問8	問9

問10	
方法①	
方法②	

（注）この解答用紙は実物を縮小してあります。B5→B4（141%）に拡大コピーすると、ほぼ実物大の解答欄になります。

〔社　会〕50点(学校配点)

1　問1～問8　各1点×9＜問1は完答＞　問9～問11　各2点×3　2　問1　2点　問2～問11　各1点×13　3　問1～問4　各1点×4　問5　3点　問6　各2点×2　問7　1点　問8～問10　各2点×4

２０２３年度　世田谷学園中学校

理科解答用紙　第３次

番号		氏名		評点	／50

1

問１		問２			問３			問４	水素	アンモニア	
問５		問６									
問７		問８									
問９											

2

問１	a		b		c		d		e		f	
問２	（１）		（２）		問３		問４					
問５	（１）	cm	（２）	秒後								

3

問１	ア		イ		ウ	
問２						
問３						
問４		問５	としての役割	問６		
問７	オオクチバスの駆除により　　　　ため					

（注）この解答用紙は実物を縮小してあります。Ｂ５→Ｂ４（141％）に拡大コピーすると、ほぼ実物大の解答欄になります。

〔理　科〕50点(学校配点)

1　問１～問４　各１点×６　問５～問８　各２点×４　問９　３点　2　問１，問２　各１点×８　問３，問４　各２点×２＜問３は完答＞　問５　(1)　２点　(2)　３点　3　問１，問２　各１点×４　問３　３点　問４，問５　各２点×２　問６　各１点×２　問７　３点　≪理数コースについては合計点を２倍し100点満点とする≫

二〇二三年度　世田谷学園中学校

国語解答用紙　第三次

番号		氏名		評点	/100

問一	㋐		㋑		㋒		㋓			
	㋔		㋕		㋖		㋗			
問二	i		ii		iii		iv		v	
問三	A		B		C		D		E	
問四	Ⓐ		Ⓑ		Ⓒ					
問五										
問六										
問七										
問八	A									
	B									
問九										
問十										
問十一	I									
	II									
問十二										
問十三	A		B		C		D		E	
問十四										
問十五	I	働き。								
	II									

（注）この解答用紙は実物を縮小してあります。B5→A3（163%）に拡大コピーすると、ほぼ実物大の解答欄になります。

〔国　語〕100点（学校配点）

問1～問4　各1点×21　問5～問7　各4点×3　問8　各3点×2　問9　5点　問10　4点　問11　I　8点　II　6点　問12　5点　問13　各2点×5　問14　5点　問15　I　6点　II　12点

２０２２年度　　世田谷学園中学校

算数解答用紙　第１次

番号		氏名		評点	／100

1

（1）	（2）	（3）	（4）	（5）	（6）
		円	日	分速　m	cm^2

2

（1）	（2）
分後	分後

3

（1）	（2）
cm	cm

4

（1）	（2）
	上から　段目の左から　番目

5

（1）（求め方）	（2）（求め方）
答え.　%	答え.　g

6

（1）（求め方）	（2）（求め方）
答え.　cm	答え.　cm

（注）この解答用紙は実物を縮小してあります。Ｂ５→Ａ３（163%）に拡大コピーすると、ほぼ実物大の解答欄になります。

〔算　数〕100点（学校配点）

1　各５点×６　2～6　各７点×10　≪理数コースについては合計点を２倍し200点満点とする≫

２０２２年度　世田谷学園中学校

社会解答用紙　第１次

番号		氏名		評点	／50

1

問1	問2	問3 (1) 番号	問3 (1) 都市名	(4) 番号	(4) 都市名	問4

問5	問6	問7	問8	問9	問10

2

問1	問2	問3	問4	問5	問6	問7	問8

問9	問10

3

問1 (1)	問1 (2)

問2

問3	問4 [X]	問4 [Y]

問5

問6

問7				

(注) この解答用紙は実物を縮小してあります。Ｂ５→Ｂ４(141%)に拡大コピーすると、ほぼ実物大の解答欄になります。

〔社　会〕50点(学校配点)

1 問1，問2　各1点×2　問3　番号…各1点×2，都市名…各2点×2　問4～問10　各1点×7　2　問1～問5　各1点×5　問6～問10　各2点×5　3　問1　各2点×2　問2　3点　問3～問5　各2点×4　問6　3点　問7　2点

２０２２年度　世田谷学園中学校

理科解答用紙　第１次

番号		氏名		評点	／50

1

問1		問2	(1)		(2)					
問3	(1)								(2)	
	(3)									
問4										
問5	重曹が		されると			するから。				
問6	重曹水が		性なので，油やタンパク質を			するから。				
問7	重曹が		を			するから。				

2

問1	図1		図2									
問2	(1)	倍	(2)	倍	(3)	倍	(4)	倍				
問3	(1)	支点		力点		作用点		(2)	倍	(3)	倍	
問4	(1)	支点			力点			作用点			(2)	倍

3

問1	(1)		(2)							
問2										
問3			問4	(1)		(2)				
問5	年後									

（注）この解答用紙は実物を縮小してあります。Ｂ５→Ａ３(163%)に拡大コピーすると、ほぼ実物大の解答欄になります。

〔理　科〕50点(学校配点)

1 問1，問2　各1点×3　問3　(1)　2点　(2)，(3)　各1点×2　問4　1点　問5～問7　各3点×3　2 問1　各1点×2　問2　(1)，(2)　各1点×2　(3)，(4)　各2点×2　問3　(1)，(2)　各1点×2＜(1)は完答＞　(3)　2点　問4　(1)　2点＜完答＞　(2)　3点　3 問1　(1)　1点　(2)　3点＜完答＞　問2　3点　問3　2点　問4　(1)　2点＜完答＞　(2)　各1点×2　問5　3点　≪理数コースについては合計点を2倍し100点満点とする≫

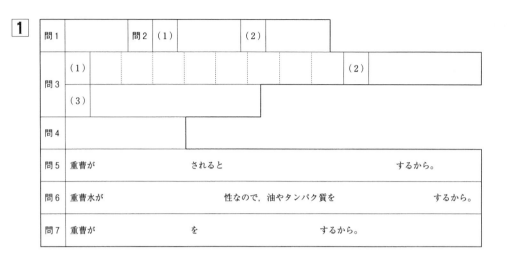

二〇二三年度　世田谷学園中学校

国語解答用紙　第一次

番号		氏名		評点	/100

問一　㋐　㋑　㋒　㋓　㋔
　　　㋕　る　㋖　㋗　㋘　える　㋙

問二　Ⓐ　Ⓑ　Ⓒ

問三　1　2　3　4　5

問四　i　ii　iii

問五　(1)　(2)

問六

問七　(1)　(2)

問八　(1)　(2)　(3)　(4)　(5)

問九

問十　から

問十一

問十二

問十三

問十四　(1)　(2)

問十五

問十六　(1)具体的な例や状況
　　　　(2)そこでのメリット

（注）この解答用紙は実物を縮小してあります。B５→A３(163%)に拡大コピーすると、ほぼ実物大の解答欄になります。

〔国　語〕100点(学校配点)

問１～問５　各１点×23　問６　４点　問７　各３点×３　問８　各１点×５　問９～問12　各５点×４　問13　各３点×２　問14　(1)　８点　(2)　５点　問15　各４点×２　問16　12点

２０２２年度　　世田谷学園中学校　算数特選

算数解答用紙　No.１

番号		氏名	

評点	／100

1

(1)	(2)
cm²	cm²

2

(1)	
＜150＞＝	和：
(2)	
＜＜150＞＞＝	和：

3

(1) (求め方)	(2) (求め方)
答え.　　　cm²	答え.　　　cm²

(注) この解答用紙は実物を縮小してあります。169％拡大コピーをすると、ほぼ実物大の解答欄になります。

２０２２年度　　　世田谷学園中学校　算数特選

算数解答用紙　No.２

4

（1）（求め方）

答え.　時速　　　　km

（2）（求め方）

答え.　時速　　　　km

5

（1）（求め方）

答え.　㋐　　　㋑　　　㋒

（2）（求め方）

答え.

〔算　数〕100点(推定配点)

1，2　各７点×４＜2は各々完答＞　3～5　各12点×６＜5は各々完答＞

2022年度　世田谷学園中学校

算数解答用紙　第２次

番号		氏名		評点	／100

1

(1)	(2)	(3)	(4)	(5)	(6)
	個		円	枚	cm

2

(1)	(2)
分	%

3

(1)	(2)
%	km

4

(1)	(2)
	個

5

(1)（求め方）	(2)（求め方）
答え.　　　回	答え.　　　時　　　分

6

(1)（求め方）	(2)（求め方）
答え.　　　m	答え.　　　m

（注）この解答用紙は実物を縮小してあります。Ｂ５→Ａ３(163%)に拡大コピーすると、ほぼ実物大の解答欄になります。

〔算　数〕100点(学校配点)

1　各５点×６　2～4　各７点×６　5　(1)　５点　(2)　９点　6　各７点×2　≪理数コースについては合計点を２倍し200点満点とする≫

2022年度　世田谷学園中学校

社会解答用紙　第2次

番号		氏名		評点	／50

1

問1 (1)	問1 (2)	問2	問3	問4	問5	問6	問7	問8

問9	問10

2

問1 (1)	問1 (2)	問1 (3)	問2	問3	問4	問5

問6	問7	問8	問9

3

問1 [X]	問1 [Y]

問2

問3

問4 地区	問4

問5	問6 記号	問6 考えられる製品	問7

問8

（注）この解答用紙は実物を縮小してあります。B５→A３(163%)に拡大コピーすると、ほぼ実物大の解答欄になります。

〔社　会〕50点(学校配点)

1　問1～問3　各2点×4　問4～問10　各1点×7　2　問1，問2　各2点×4　問3～問9　各1点×7　3　問1～問3　各2点×4　問4　3点　問5　2点　問6　記号…1点，考えられる製品…2点　問7，問8　各2点×2

2022年度　世田谷学園中学校

理科解答用紙　第2次

番号		氏名		評点	／50

1

問1		問2	B		C		D		問3		問4	
問5			問6	A		B		問7			

2

問1	①		②					
問2	cm^3							
問3	(1)	キロカロリー	(2)	向き		理由		
問4								

3

問1												
問2	記号		理由									
問3	A								B			
問4		問5			問6	①		②		③		

（注）この解答用紙は実物を縮小してあります。Ｂ５→Ｂ４(141%)に拡大コピーすると，ほぼ実物大の解答欄になります。

〔理　科〕50点(学校配点)

1　問1　2点　問2　各1点×3　問3～問7　各2点×6＜問4，問5は完答＞　2　問1　各1点×2　問2　3点　問3　(1)　3点　(2)　各2点×2　問4　3点　3　問1　各1点×2　問2　記号…1点，理由…2点　問3　各2点×2　問4～問6　各3点×3＜問5，問6は完答＞　≪理数コースについては合計点を2倍し100点満点とする≫

二〇二三年度　世田谷学園中学校

国語解答用紙　第二次

番号		氏名		評点	/100

問一	㋐		㋑		㋒		㋓		㋔	
問二	Ⓐ		Ⓑ		Ⓒ		Ⓓ			
問三	A		B		C		D		E	
問四										
問五										
問六										
問七	Ⅰ		Ⅱ		Ⅲ		Ⅳ			
問八										
問九										
問十										
問十一										
問十二										
問十三										
問十四										
問十五										
問十六	設問一									
	設問二	(1)								
		(2)	ため　ことをゆるめるべきだと考える。							
		(3)								

（注）この解答用紙は実物を縮小してあります。B５→A３（163%）に拡大コピーすると、ほぼ実物大の解答欄になります。

〔国　語〕100点(学校配点)

問１〜問３　各１点×14　問４〜問６　各４点×３　問７　各１点×４　問８〜問12　各５点×５　問13　12点　問14　６点　問15　12点　問16　設問１　６点　設問２　各３点×３

２０２２年度　世田谷学園中学校

算数解答用紙　第３次

番号		氏名		評点	／100

1

（1）	（2）	（3）	（4）	（5）	（6）
	g	m	時間	km	cm^2

2

（1）	（2）
人	円

3

（1）	（2）
:	:

4

（1）	（2）
cm	cm

5

（1）（求め方）	（2）（求め方）
答え.　　　L	答え.　　　L

6

（1）（求め方）	（2）（求め方）
答え.　　　個	答え.　　　個

（注）この解答用紙は実物を縮小してあります。Ｂ５→Ａ３(163%)に拡大コピーすると、ほぼ実物大の解答欄になります。

〔算　数〕100点(学校配点)

1　各５点×６　2～4　各７点×６　5　(1)　６点　(2)　８点　6　(1)　６点　(2)　８点　≪理数コースについては合計点を２倍し200点満点とする≫

２０２２年度　世田谷学園中学校

社会解答用紙　第３次

番号		氏名		評点	／50

1

問1	問2	問3	問4	問5	問6	問7	問8	問9

問10	問11

2

問1	問2	問3	問4	問5	問6	問7	問8

問9	問10

3

問1	問2	問3

問4	

問5	問6

問7	

問8

問9	

（注）この解答用紙は実物を縮小してあります。Ｂ５→Ｂ４（141%）に拡大コピーすると、ほぼ実物大の解答欄になります。

〔社　会〕50点（学校配点）

1　問１～問６　各１点×６　問７～問11　各２点×５　2　問１～問５　各１点×５　問６～問10　各２点×５　3　問１～問３　各２点×３　問４　３点　問５～問９　各２点×５

２０２２年度　世田谷学園中学校

理科解答用紙　第３次

番号		氏名		評点	／50

1

問１	（１）		（２）		（３）					
問２	（１）	（あ）		（い）		（２）				
問３	（１）			（２）						
問４	（１）	ビーカーH	℃	水そう	℃	（２）	g	（３）	℃	

2

問１			問２	cm^3	問３	cm^3
問４	（１）	cm^3	（２）	倍		
問５	（１）	記号		理由		
	（２）	記号		理由		
	（３）					

3

問１		
問２	（１）	
	（２）	
	（３）	
問３		
問４	（１）	
	（２）	
問５	（１）	（２）

（注）この解答用紙は実物を縮小してあります。Ｂ５→Ａ３（163％）に拡大コピーすると、ほぼ実物大の解答欄になります。

〔理　科〕50点（学校配点）

1 問１　各１点×３　問２　(1)　各１点×２　(2)　２点＜完答＞　問３　(1)　各１点×２　(2)　２点＜完答＞　問４　(1)　１点＜完答＞　(2)　２点　(3)　３点　2 問１　各１点×２　問２，問３　各２点×２　問４　(1)　３点　(2)　２点　問５　(1)，(2)　記号…各１点×２，理由…各２点×２　(3)　１点　3 問１　１点　問２　(1)　１点　(2)，(3)　各２点×２　問３　２点　問４　(1)　１点　(2)　３点　問５　(1)　２点　(2)　１点　≪理数コースについては合計点を２倍し100点満点とする≫